LES ŒUVRES SPIRITUELLES
DU BIENHEUREUX PÈRE
JEAN DE LA CROIX

JEAN DE LA CROIX

ŒUVRES COMPLÈTES

tome I

TRADUITES DE L'ESPAGNOL PAR
LE P. CYPRIEN DE LA NATIVITÉ DE LA VIERGE
CARME DÉCHAUSSÉ
ÉDITION ÉTABLIE ET PRÉSENTÉE PAR
LUCIEN-MARIE DE SAINT-JOSEPH
CARME DÉCHAUSSÉ

Quatrième édition, revue et corrigée

DESCLÉE DE BROUWER

Ire édition, en deux volumes : 1945-1947
2e édition, en un volume : 1949
3e édition, en un volume : 1959

Les index de cette édition sont regroupés dans le volume II

Imprimi potest Parisiis, die 30 Septembris 1958
FR. ANDREAS A CRUCE
Prov. Parisien.

Imprimatur Parisiis, die 3 Octobris 1958
JACOBUS LE CORDIER
Vic. Gen.

2, passage de la Boule-Blanche, 75012 Paris
ISBN 978-2-220-05872-6

Je veux le dire ici, parce que c'est chose fort nécessaire, non seulement pour les âmes qui marchent avec un si heureux succès, mais aussi pour toutes les autres qui cherchent leur Bien-Aimé.

SAINT JEAN DE LA CROIX
Vive Flamme, str. III, vers 3.

Un de mes livres les plus chers est saint Jean de la Croix. Je pense souvent à vous en le lisant. Vous qui connaissez si bien les scolastiques, avez-vous lu les mystiques? Une page ou deux – une goutte – de saint Jean de la Croix chaque jour, vous reposerait un peu dans vos travaux si fatigants du Maroc; ce serait un peu d'eau fraîche au milieu d'une chaude journée de voyage. Bien des choses vous iraient, répondraient à votre cœur, dans ces pages où tout parle d'oublier tout le créé, pour se perdre dans l'immense, l'unique et l'éternel bien.

CHARLES DE FOUCAULD
à Henri de Castries

PIE XI PAPE

AD PERPETUAM REI MEMORIAM

Le 27 décembre 1726, Notre prédécesseur de vénérée mémoire, le pape Benoît XIII, mit au nombre des saints saint Jean de la Croix, qui, premier profès de l'ordre des Carmes Déchaussés, réforma avec Thérèse de Jésus l'ordre des Carmes. Or la bulle de canonisation ne loue pas seulement dans ce saint l'austérité et l'exercice de toutes les vertus qui rendent sa vie admirable, elle célèbre aussi longuement sa science des choses sacrées. En vérité la Providence divine l'avait suscité au XVIe *siècle parmi d'autres personnages célèbres par la sainteté et la doctrine, qui illustrèrent alors l'Église catholique, pour réparer les pertes et les ruines causées à la mystique Épouse du Christ par les hérétiques protestants et pour réfuter leurs erreurs spéciales.*

Né dans la ville de Fontiveros en Espagne, le 24 juin 1542, il entra dans l'ordre des Carmes à l'âge de vingt et un ans et suivit les études de philosophie et de théologie dans la célèbre université de Salamanque. En 1567, année de son ordination au sacerdoce, il connut sainte Thérèse, qui avait déjà amené les Sœurs du Carmel à une observance plus stricte, et désirait vivement introduire aussi cette réforme chez les religieux Carmes; Jean adhéra pleinement aux projets de Thérèse et en favorisa avec zèle les premières réalisations; il revêtit l'habit des Carmes réformés et se mit à observer leur Règle. C'est ainsi qu'il fut choisi comme maître des novices et premier recteur de la maison d'Alcalá de Hénarès, mais peu après, nommé confesseur des Sœurs de l'ancienne observance d'Avila, il fut enlevé de force et jeté en prison.

Détenu en captivité pendant neuf mois, il célèbre l'union mystique de l'âme chrétienne avec le Christ son Époux, et exprime les multiples effets de l'oraison, ainsi que les suaves sentiments qu'elle y ressent, dans un écrit: le Cantique Spirituel; *plus tard, il le complétera par des considérations et des annotations.*

Après sa miraculeuse délivrance, il compose d'autres écrits, soit au couvent du Calvaire, soit dans les autres maisons où ses charges le conduisent; gratifié de lumières quasi surnaturelles, il montre aux âmes la voie de la perfection, par l'étude pénétrante des grâces célestes. Bien qu'elles traitent de questions ardues et obscures, la Montée du

Carmel, la Nuit Obscure, la Vive Flamme d'amour *et plusieurs autres œuvres ou lettres de sa plume possèdent une doctrine spirituelle si riche et s'adaptent si heureusement à l'esprit des lecteurs qu'on les présente, à juste titre, comme le code et le guide de l'âme fidèle, désireuse de parvenir à une vie plus parfaite.*

Aussi la bulle de canonisation affirme-t-elle avec raison que Jean de la Croix écrivit des livres remplis d'une sagesse céleste; *ce jugement d'un si grand poids a reçu l'adhésion de presque tous les esprits. Après sa mort survenue en l'an de grâce 1591, et au cours des siècles, saint Jean de la Croix acquit une telle autorité en mystique, que les auteurs écrivant sur cette science et les saints personnages le prennent sans cesse comme un maître de sainteté et de piété; ils puisent les principes de leurs traités de spiritualité dans sa doctrine et ses écrits comme à une source très pure du sentiment chrétien, et de la pensée de l'Église.*

C'est pourquoi, dès 1891, à l'occasion du IIIe centenaire de sa mort, plusieurs cardinaux, ainsi que l'épiscopat espagnol, supplièrent instamment Notre Prédécesseur, le pape Léon XIII, de vouloir bien déclarer saint Jean de la Croix Docteur de l'Église; ensuite les recteurs des universités catholiques et les supérieurs des communautés religieuses ne cessèrent d'adresser à ce sujet des vœux au Saint-Siège.

Le supérieur actuel des Carmes Déchaussés a saisi l'occasion de la prochaine célébration du IIe centenaire de la canonisation du Saint pour apporter le vœu unanime du chapitre général de son ordre, et Nous supplier de vouloir honorer saint Jean de la Croix du titre de Docteur de l'Église. Ces vœux reçoivent les suffrages des cardinaux de la Sainte Église Romaine, de très nombreux archevêques et évêques, de personnages en vue du clergé et du peuple fidèle, des universités et maisons d'études; il Nous a donc paru opportun de confier cette importante question pour avis et étude approfondie à la Sacrée Congrégation des Rites. Pour obéir à Notre commandement, celle-ci désigna d'office des rapporteurs qualifiés pour ce travail. Après demande et réception de leurs avis particuliers et de leurs rapports imprimés, il ne restait plus qu'à prier la Sacrée Congrégation des Rites de considérer les trois conditions qui, depuis Notre Prédécesseur de vénérée mémoire, le pape Benoît XIV, sont requises dans un Docteur de l'Église Universelle: sainteté insigne, doctrine éminente et déclaration du Souverain Pontife; et de voir s'il pouvait être procédé à la déclaration de saint Jean de la Croix comme Docteur de l'Église Universelle. Dans sa réunion ordinaire du 27 juillet dernier, tenue au Vatican, les cardinaux de la Sainte Église Romaine, préposés à la Sacrée Congrégation des Rites, après un rapport de Notre vénérable frère Antoine, cardinal Vico, évêque de Porto et Sainte-Rufine, préfet de cette Sacrée Congrégation, après avoir entendu Notre cher fils Charles Salotti, promoteur général de la foi, répondirent à l'unanimité par l'affirmative.

Ainsi, accédant de tout cœur aux vœux des Carmes Déchaussés et de toutes les personnes qui s'y unissent, par les présentes Lettres, de science certaine et après mûre délibération, en vertu de la plénitude du pouvoir apostolique, Nous établissons et déclarons saint Jean de la Croix, confesseur, Docteur de l'Église Universelle, nonobstant toutes constitutions, ordonnances apostoliques ou autres déclarations contraires. Nous décidons que les présentes Lettres sont et resteront toujours fermes, valides et efficaces ; elles ont et garderont leurs effets pleins et entiers, il faut en juger et en décider ainsi ; dès maintenant est irrité et vain tout acte contraire par lequel quiconque ou quelque autorité que ce soit tenterait d'en décréter autrement, que ce soit sciemment ou par ignorance.

Donné à Rome près de Saint-Pierre, sous l'anneau du Pêcheur, le 24 août de l'an 1926, de Notre Pontificat le cinquième.

Pie XI, Pape.

APPROBATION
DE L'ILLUSTRE UNIVERSITÉ D'ALCALÁ

Nous avons vu et lu avec grand soin et beaucoup de diligence ces livres du vénérable Père Jean de la Croix, premier Carme Déchaussé, lesquels nous ont été mis entre les mains par M. le Recteur et par la Faculté de cette noble Université d'Alcalá, à l'instance et poursuite du Très Révérend Père Général des Carmes Déchaussés, où non seulement nous n'avons rien trouvé qui soit contraire à notre sainte Foi catholique, ni aux mœurs, ni à la doctrine des SS. Pères, mais tout ce qui y est contenu nous semble très utile pour le gouvernement des âmes spirituelles, et pour les détromper des illusions où elles tombent, faisant trop de cas de quelques visions ou révélations qui leur causent du dommage, et encore à d'autres. A quoi la doctrine dont ces livres sont remplis servira d'antidote. Et, à la vérité, quiconque les lira avec attention connaîtra que l'auteur les a écrits avec un particulier esprit de Dieu, et par une spéciale faveur de sa bonté, tant il déduit subtilement la matière qu'il traite, et tant il explique fort à propos les autorités de la Sainte Écriture qu'il allègue pour son sujet. C'est pourquoi, pour les causes susdites, et particulièrement la doctrine de ces livres étant si sûre, et si utile aux maîtres et directeurs des âmes spirituelles, nous sommes d'avis qu'on les imprime et qu'on les ait continuellement devant les yeux. En foi de quoi nous avons signé la présente.

A Alcalá, le 16 de mai 1618.

D. Martin de Sauregui, *Recteur.*
F. Jean Gonçalez.
D. André Merin.
M. F. Laurens Guttière.
M. P. Pierre d'Oviedo.
M. le Recteur et MM. les Professeurs de Théologie l'ont signé.

Il est ainsi.

Louis de la Serne,
Notaire et Secrétaire.

TABLE DES SIGLES

ÉCRITURE SAINTE

*Dans les références marginales, nous utilisons (sauf pour les livres de l'*Ecclésiaste *et de l'*Ecclésiastique*) les abréviations de la Bible de Jérusalem.*

Saint Jean de la Croix, qui cite l'Écriture assez librement et de mémoire souvent, suit le texte de la Vulgate. Ce texte est en quelques cas assez différent de celui que les travaux de l'exégèse moderne ont permis de restituer et que l'on trouve par exemple dans la traduction de la Bible de Jérusalem.

Saint Jean de la Croix appelle d'autre part 1er *et* 2ème livres des Rois *nos* 1er *et* 2ème livres de Samuel, *et* 3ème *et* 4ème livres des Rois *nos* 1er *et* 2ème livres des Rois.

Ac	Actes des Apôtres
Ap	Apocalypse
Ba	Livre de Baruch
2 Ch	2ème livre des Chroniques (= II Paralipomènes)
1 Co	1ère épître aux Corinthiens
2 Co	2ème épître aux Corinthiens
Col	Épître aux Colossiens
Ct	Cantique des Cantiques
Dn	Livre de Daniel
Dt	Deutéronome
Eccl	L'Ecclésiaste (= Qohélet)
Eccli	L'Ecclésiastique (= Le Siracide)
Ep	Épître aux Éphésiens
Est	Livre d'Esther
Ex	Exode
Ez	Livre d'Ézéchiel
Ga	Épître aux Galates
Gn	Genèse
Ha	Livre d'Habacuc
He	Épître aux Hébreux
Is	Livre d'Isaïe

Jb	Livre de Job
Jc	Épître de saint Jacques
Jdt	Livre de Judith
Jg	Livre des Juges
Jn	Évangile selon saint Jean
1 Jn	1ère épître de saint Jean
Jon	Livre de Jonas
Jos	Livre de Josué
Jr	Livre de Jérémie
Lc	Évangile selon saint Luc
Lm	Lamentations de Jérémie
Lv	Lévitique
2 M	2ème livre des Maccabées
Mc	Évangile selon saint Marc
Mi	Livre de Michée
Mt	Évangile selon saint Matthieu
Nb	Livre des Nombres
Os	Livre d'Osée
1 P	1ère épître de saint Pierre
2 P	2ème épître de saint Pierre
Ph	Épître aux Philippiens
Pr	Livre des Proverbes
Ps	Livre des Psaumes
1 R	1er livre des Rois
2 R	2ème livre des Rois
Rm	Épître aux Romains
Rt	Livre de Ruth
1 Sm	1er livre de Samuel
2 Sm	2ème livre de Samuel
Sg	Livre de la Sagesse
Tb	Livre de Tobie
1 Th	1ère épître aux Thessaloniciens
1 Tm	1ère épître à Timothée

ŒUVRES DE SAINT JEAN DE LA CROIX

Montée I, 1	*Montée du Mont Carmel*, livre I, chapitre 1
Montée II	*Montée du Mont Carmel*, livre II
Montée III	*Montée du Mont Carmel*, livre III
N. O. I, 1	*Nuit Obscure*, livre I, chapitre 1

N. O. II	*Nuit Obscure*, livre II
Cant., I, 1	*Cantique Spirituel*, strophe I, vers 1
V. F., I, 1	*Vive Flamme*, strophe I, vers 1

AUTRES ABRÉVIATIONS

B. A. C.	*Biblioteca de Autores Cristianos, Vida y obras completas de San Juan de la Cruz.* 4ª edición, 1960.
B. M. C.	*Biblioteca Mística Carmelitana*, editada por el P. Silverio de Santa Teresa, Burgos, 1915-1935, 20 vol.
B. N. M.	Bibliothèque Nationale de Madrid.
BRUNO	*Saint Jean de la Croix*, par le P. Bruno de Jésus-Marie, Paris, Desclée De Brouwer, 2ème éd., 1961.
P. G.	Patrologie grecque, Migne.
P. L.	Patrologie latine, Migne.
Reforma	*Reforma de los Descalzos de Nuestra Señora del Carmen...* par différents auteurs, Madrid, 1655-1739, 7 vol.
SILVERIO	*Obras y Procesos de San Juan de la Cruz, Doctor de la Iglesia*, por el P. Silverio de Santa Teresa, B. M. C., t. X à XIV, Burgos, 1929-1931.

INTRODUCTION
À
SAINT JEAN DE LA CROIX

« Frère Albert de la Vierge, portier de los Mártires, allait mourir. 'Son visage était enflammé et jetait comme un éclat céleste, ce qui le rendait si merveilleusement beau que tous en étaient dans le ravissement et versaient, en silence, des larmes de consolation... Soudain, Frère Albert s'écria d'une voix forte: Ah! je l'ai vu, ah! je l'ai vu, ah! je l'ai vu! Et aussitôt, ramenant ses bras, il les croisa sur sa poitrine. Comme déjà il commençait à fermer les yeux, notre vénérable Père Jean de la Croix s'empressa de lui faire cette question: Frère Albert, qu'avez-vous vu? Et il répondit: L'amour, l'amour, et demeura en extase...' [1] »

« En ce temps où les carmélites habitaient encore chez Don Luis del Mercado, l'une d'elles vit le saint et, à ses pieds, Doña Ana de Peñalosa en larmes, comme une autre Madeleine, et lui, le visage levé, disait: 'Rien, rien, rien, jusqu'à laisser sa peau et le reste pour le Christ' [2]. »

Ana de Peñalosa: une de ces âmes royales [3] que le saint aimait. Toute femme du monde qu'elle était, elle pratiqua si bien les leçons de son père et maître qu'un jour il put écrire pour elle le plus élevé de ses traités: la *Vive Flamme*.

La seule présence du saint avait suffi pour cristalliser autour de lui, parmi les plus humbles comme parmi les plus distingués de la société, toute une phalange d'hommes et de femmes vivant profondément dans l'intimité divine. De ce fait, classique dans l'histoire de l'Église, Bergson a donné l'explication en des termes qu'on ne peut que transcrire: « Pourquoi les saints ont-ils entraîné derrière eux des foules? Ils ne demandent rien et pourtant ils obtiennent. Ils n'ont pas besoin d'exhorter; ils n'ont qu'à exister, leur existence est un appel... Les vrais mystiques s'ouvrent simplement au flot qui les envahit. Sûrs d'eux-mêmes, parce qu'ils sentent en eux quelque chose de meilleur qu'eux, ils se

1. BRUNO DE J.-M., *Saint Jean de la Croix*, 2e éd., Paris, Desclée De Brouwer, p. 302. C'est à la deuxième édition que nous renverrons toujours.
2. *Ibid.*, p. 275.
3. L'expression se trouve dans BRUNO, pp. 236, 251, etc.

révèlent grands hommes d'action, à la surprise de ceux pour qui le mysticisme n'est que vision, transport, extase... Le besoin de répandre autour d'eux ce qu'ils ont reçu, ils le ressentent comme un élan d'amour... Allons plus loin. Si la parole d'un grand mystique ou de quelqu'un de ses imitateurs trouve un écho chez tel ou tel d'entre nous, n'est-ce pas qu'il peut y avoir en nous un mystique qui sommeille et qui attend seulement une occasion de se réveiller[1] ? »

« Personne ne nous a embauchés », répondaient les ouvriers au maître de la vigne[2]. Saint Jean de la Croix entendit souvent cette plainte; il eut grande pitié de ceux qui attendent tout le jour sans rien faire, faute de guide. Il n'avait pas à créer – Dieu seul crée, absolument parlant – mais encore fallait-il que les dons reçus par beaucoup ne restassent pas enfouis dans une stérilité qui aurait risqué, à la fin, de faire loi. Ce que H. Bremond a exprimé si heureusement à propos de Madame Acarie, nous pouvons le dire, avec plus de raison encore, de saint Jean de la Croix: « Dieu seul fait les saints et les mystiques, mais l'appel qu'il adresse à ceux qu'il a choisis est souvent presque imperceptible. Beaucoup ne l'entendent pas ou n'osent pas l'entendre. Soit faiblesse, soit humilité et prudence mal comprises, ils paralysent, ils étouffent même leur grâce. Or, et c'est ici la grande loi providentielle qui règle la plupart des ascensions surnaturelles, la parole, la simple vue d'une âme vraiment sainte et manifestement possédée de Dieu, révèle leur propre don à ces timides, à ces hésitants, à ces élus qui s'ignorent. Devant cette toile vivante qui leur est soudain présentée, fascinés et encouragés tout ensemble, ils sont trop modestes sans doute pour répéter à leur tour le fameux mot du génie qui s'éveille, *ed anch'io*, mais leur vocation n'en est pas moins fixée par cette rencontre décisive, et ils prennent d'un pas résolu ce haut sentier qui, la veille encore, leur paraissait inabordable, leur faisait peur. Telle a été l'histoire certaine d'un grand nombre de chrétiens, de chrétiennes, de prêtres même, de prêtres surtout, dont Madame Acarie a libéré la grâce[3]. »

Cette expression est peut-être de celles qui traduisent le mieux l'action de saint Jean de la Croix auprès de nombreux pèlerins

1. *Les deux sources de la morale et de la religion*, pp. 29-30 et 101.
2. *Mt* 20,7.
3. *Histoire littéraire du sentiment religieux en France*, t. II, pp. 227-228.

du Carmel, à qui il fallut sa main douce et ferme pour oser tenter l'ascension désirée mais redoutée. Or son action ne s'éteignit pas avec sa vie. Quelques manuscrits de ses œuvres demeuraient, que l'on copiait avidement, au-dedans comme au-dehors des grilles des carmels, et qu'on emportait partout, d'abord en Espagne, puis bientôt en France, en Belgique, en Italie. Car il fallut attendre vingt-sept ans après la mort du saint pour que parût la première édition de ses œuvres: encore était-elle incomplète!

Jamais cependant son rayonnement n'eut autant de puissance que depuis ce 24 août 1926 où le titre de docteur de l'Église fut décerné par Pie XI à l'humble premier déchaux. Le Pape ne dit-il pas[1] que l'on considère à juste titre les écrits du saint « comme le code et le guide de l'âme fidèle, désireuse de parvenir à une vie plus parfaite »? Il consacre ainsi l'autorité de ces écrits, reconnaissant officiellement qu'ils sont « une source très pure du sentiment chrétien et de la pensée de l'Église ».

Dans tous les milieux, le saint du Carmel compte maintenant d'enthousiastes disciples. Entraînés par le courant d'admiration qui croît sans cesse, beaucoup abordent sans préparation la lecture de la *Montée du Mont Carmel*. Ce n'est pas sans inconvénient. Plus d'un, en effet, demeure déconcerté dès les premières pages et, faute de comprendre, cache sa déception derrière l'écran d'une estime lointaine, se résignant à faire de la lecture de saint Jean de la Croix l'apanage de quelques initiés.

On n'entreprend certes pas cette lecture comme celle d'un conte d'almanach pieux. Et s'il est faux de prétendre qu'elle doit être le fait d'un petit nombre de spécialistes, il serait téméraire de nier qu'une préparation soit indispensable.

Rien ne peut égaler la préparation orale. Rien ne peut aider à comprendre par le dedans les pages essentielles de la doctrine sanjuaniste, comme de les parcourir près de quelqu'un qui les a lui-même bien comprises, pour avoir essayé de les vivre.

A défaut de préparation orale, nous voudrions, par cette introduction, permettre, aux nombreux admirateurs du saint qui restent à distance, de dissiper leurs appréhensions, et leur donner les indications sommaires grâce auxquelles ils pourront réaliser sans témérité leur désir de lecture. Peut-être même ces pages aideront-elles quelques lecteurs, épris déjà de la « substan-

1. In *Bulle du Doctorat*, citée plus haut, pp. IX-XI.

tielle doctrine[1] » du docteur mystique, à mieux goûter le pain de famille dont ils savent par expérience tout le bienfait.

À QUI S'ADRESSE SAINT JEAN DE LA CROIX?

Pour nous dispenser d'échafauder sur ce point des opinions personnelles, saint Jean de la Croix a pris soin de désigner, dès le prologue de la *Montée*, les destinataires de ses écrits: « Mais il semble qu'encore qu'on écrivît de ce sujet d'une manière plus achevée et parfaite qu'on ne le fait ici, cela néanmoins ne serait goûté que du petit nombre; attendu qu'on ne traite pas ici de choses fort morales et savoureuses pour tous les spirituels qui veulent aller à Dieu par les douceurs et les saveurs, mais une doctrine substantielle et solide tant pour les uns que pour les autres, s'ils veulent passer à la nudité d'esprit de laquelle nous parlons ici. Ni non plus mon principal dessein n'est de parler à tous, mais seulement à quelques personnes de notre sainte religion des primitifs du Mont Carmel, tant religieux que religieuses – lesquels m'en ont requis – et à qui Dieu fait la grâce de les mettre en la sente de cette montagne, lesquels, étant déjà bien dénués des choses temporelles de ce siècle, entendront mieux cette doctrine de la nudité d'esprit[2]. »

Il a donc écrit principalement pour les carmes et les carmélites qui le lui ont demandé[3]. Est-ce à dire que d'autres ne puissent faire leur profit de ses ouvrages? Ces autres ne sont-ils pas au contraire expressément désignés quand le saint note qu'il écrit « tant pour les uns que pour les autres, s'ils veulent passer à la nudité d'esprit »? Autre chose est qu'une doctrine soit formulée immédiatement à l'intention d'auditeurs déterminés – et cela peut influer sur le style et sur le choix des images destinées à illustrer la doctrine, des cas concrets qui montrent son terrain d'application – autre chose qu'elle n'ait de valeur que pour eux. L'humble restriction de fait, apportée par celui qui n'avait nulle ambition humaine, ne doit pas nous faire oublier l'universalité de droit d'une doctrine qui a reçu un singulier relief depuis que l'Église a décerné à saint Jean de la Croix le titre de docteur.

1. *Montée*, Prologue, p. 78.
2. *Ibid.*
3. Le fait qu'il ait rédigé la *Vive Flamme* à la demande d'Ana de Peñalosa ne modifie pas en réalité ce jugement d'ensemble.

Plus d'une fois, d'ailleurs, saint Jean de la Croix a senti qu'il dépassait le cadre de ses auditeurs immédiats. La logique même de son enseignement l'amenait à généraliser. Nombreux sont les exemples, cités à l'appui de la doctrine de la *Montée*, qui sont empruntés à la vie chrétienne en général et non à la vie carmélitaine. Certes, la *Montée* s'adresse en principe à des carmes et des carmélites. Ne faut-il pas cependant mettre en exergue à toute l'œuvre du saint cette phrase de la *Vive Flamme* où l'affirmation d'universalité se revêt de solennité: « Je veux le dire ici, parce que c'est chose fort nécessaire, non seulement pour les âmes qui marchent avec un si heureux succès, mais aussi pour toutes les autres qui cherchent leur Bien-Aimé [1]. »

J. Baruzi l'a dit en des lignes qui paraissent bien être exactement mesurées à la réalité: « C'est aux carmes et aux carmélites qu'il s'adressera avant tout. Et la phrase où il nous en assure prend maintenant tout son sens. Elle survient après que Jean de la Croix, jetant un regard attristé sur les êtres que nul ne comprend, un regard sévère sur les faux maîtres, un regard aigri [2] sur ceux qui se plaisent aux fadeurs spirituelles, se réfugie auprès de ceux qui ont eu le mérite de se dépouiller matériellement et dès lors 'entendront mieux cette doctrine de la nudité d'esprit'. Mouvement d'ailes qui se replient, mais où nous ne devons pas oublier l'universalité d'un dessein. Quiconque trouvera, loin de l'ordre des carmes et des carmélites, le même oubli du monde et la même transformation en Dieu, aura également gravi la montagne du Carmel [3]. »

Il faut écarter, de toutes manières, le fantôme de l'extraordinaire: visions, révélations, lévitations, etc. Saint Jean de la Croix est d'Église. Il écrit pour quiconque est simplement décidé à embrasser la croix sur laquelle le Christ est mort dans le suprême dénuement, pour « réconcilier et unir le genre humain par grâce avec Dieu [4] ». Il ne faut pas mettre la lumière sous le boisseau, ce boisseau fût-il représenté par un ordre religieux répandu de par le monde.

1. *V. F.*, III, 3, p. 773.

2. Cette épithète n'est peut-être pas des plus heureuses dans le cas de saint Jean de la Croix, chez qui on peut penser qu'un sentiment aussi trouble que l'aigreur n'avait pas de place à l'époque où il écrivait la *Montée*.

3. *Saint Jean de la Croix et le problème de l'expérience mystique*, 2e éd., Paris, Alcan, 1931, p. 393.

4. *Montée* II, 7, p. 144.

Mais il faut bien entendre cette universalité. Ceux à qui s'adresse pratiquement saint Jean de la Croix sont des êtres épris de sainteté, ou du moins capables de s'en éprendre; ils sont déjà en route vers la cime du Carmel. Ceux-là, il n'est que trop vrai, sont le petit nombre. On a de plus justement noté que si, en droit, saint Jean de la Croix s'adresse à toutes les âmes, il les considère cependant à un certain moment de leur développement spirituel [1].

Il est aisé de pressentir le retentissement concret de ces réflexions dans la conduite des âmes. Aussi est-il nécessaire de les préciser, à partir de l'expérience plus encore qu'au moyen de considérations spéculatives.

Des lecteurs possibles de saint Jean de la Croix, il convient d'éliminer les personnes chez qui de graves déficiences psychiques s'opposent à tout essai de « sanjuanisation ». Ce serait dangereuse utopie, voire coupable naïveté, que de nier ou de négliger l'importance pratique de la causalité matérielle (physiologique et psychologique en l'occurrence). Il est des âmes plus difformes que des corps, des âmes dont le soin relève d'abord d'un psychiatre. Ces cas extrêmes sont trop clairs pour qu'on s'y arrête.

Par ailleurs, il est bien vrai que si l'on prend, dans l'œuvre de saint Jean de la Croix, ce qui n'en est pas la partie la plus originale – les conseils ascétiques, sur lesquels il s'étend assez longuement – on peut en recommander la lecture à tous ceux qui ont besoin de renoncement et de mortification. Mais, ce faisant, on ne tient pas compte des véritables exigences du saint, et l'on risque de déformer sa doctrine. Car il est essentiel à l'ascèse sanjuaniste d'être orientée vers la mystique, et c'est sans doute la raison de son intransigeance théorique. De plus, on se sert ainsi de saint Jean de la Croix pour une fin que permettraient d'atteindre aussi bien, sinon mieux, les auteurs purement ascétiques, mieux adaptés semble-t-il au besoin en question.

Pourtant – la vérité n'exige-t-elle pas d'être exposée avec des nuances parfois délicates? – même dans des cas où la vocation mystique n'est pas apparente, le contact, ne serait-il qu'indirect ou partiel, avec la doctrine abrupte du docteur mystique peut être extrêmement fécond. Sympathie spirituelle, résonance morale – consanguinité d'âme, dirait Claudel – peu importe le nom qu'on donne à ce fait, mais c'est un fait: grâce à la doctrine

1. Cf. J. MARITAIN, *Les degrés du savoir*, note des pp. 686-687.

de saint Jean de la Croix, certains parviennent à mener, sous des apparences banales peut-être, une vie dont tout le ressort est dans les perspectives ouvertes par les pages les plus élevées du *Cantique Spirituel* ou de la *Vive Flamme*. Il semble qu'il y ait ici un champ d'application beaucoup plus étendu qu'on ne le penserait à première vue. Des âmes enfoncées dans des habitudes de péché ne pourront se relever périodiquement et reprendre la lutte que si elles sont stimulées par l'air vif des cimes que le saint découvre à notre regard. Guérison par contraste, attestée par des expériences qui ne sont pas tellement exceptionnelles. Pour certains êtres tombés très bas, les splendeurs de l'intimité divine feront seules efficacement contrepoids aux attraits violents de l'abîme d'en bas.

Et ceci nous amène à penser qu'on invoquerait sans doute bien à tort le petit nombre d'âmes manifestant de réelles aptitudes à la vie mystique, pour conclure à l'inopportunité de la vulgarisation – dans le bon sens du mot – de la doctrine sanjuaniste. Ne faudrait-il pas retourner l'objection? Le nombre de ces âmes n'est-il pas si restreint précisément parce qu'on parle trop peu *comme il convient* de la vie mystique et de la doctrine sanjuaniste? La position prise par le philosophe et l'historien que nous citions au seuil de cette introduction [1] paraît bien reposer sur des arguments de valeur universelle. S'il est vrai qu'une certaine intempérance de langage peut avoir de fâcheuses conséquences, même dans les milieux les mieux préparés à entendre parler de vie mystique, il n'en est pas moins vrai – tant s'en faut! – que beaucoup ont ignoré leur grâce, ou n'ont pas osé y croire, jusqu'au jour où saint Jean de la Croix, en personne ou par ses œuvres, est venu leur donner la chiquenaude qui les a fait partir sur le chemin de leur montée. L'histoire de la vie mystique dans l'Église n'est-elle pas, de ce point de vue, celle de cristallisations successives, s'opérant autour d'un saint, ou d'une sainte, comme autour d'un noyau central? Un semblable phénomène de cristallisation paraît se produire aujourd'hui autour des écrits de saint Jean de la Croix. Le considérer avec scepticisme serait singulièrement dommageable à ceux qui en subissent l'influence.

C'est tout ensemble une souffrance et un stimulant de constater que cette cristallisation pourrait s'étendre beaucoup plus qu'elle ne le fait.

1. Cf. ci-dessus, pp. 1 et 2.

Mais, objectera-t-on, comment penser que la doctrine sanjuaniste puisse être faite pour la majorité des âmes, que la moindre tentation révèle si faibles? Peut-on parler de perfection de l'amour à ceux qui sont incapables de sortir d'une vie de péché ou d'accepter une souffrance?

A quoi il faut répondre que seul l'amour – dont nous entretient uniquement saint Jean de la Croix – pourra sauver ces êtres si faibles. Seul il leur donnera de comprendre le sens positif de la souffrance, tel que le montre le saint. L'attitude spirituelle de pauvreté et d'espérance qui fait le fond de l'œuvre sanjuaniste n'est impossible ni interdite, *a priori*, à personne.

Devant l'idéal de perfection de l'Évangile, toutes les âmes sont des infirmes. Peut-être que pour beaucoup l'appel de saint Jean de la Croix sera l'occasion, qu'elles attendent, de se mettre en branle.

Prenons garde de ne pas rabaisser la doctrine au niveau de fait où se trouvent les âmes, mais essayons plutôt, loyalement, d'ouvrir les âmes aux exigences de droit de la doctrine.

Quand il s'agit, dans des cas individuels, de réalisation pratique des consignes données par le saint, il convient de procéder avec discrétion. De tout temps on a signalé avec raison, quoique parfois avec une insistance qui risque de rendre les lecteurs timorés, les dangers d'une lecture prématurée de saint Jean de la Croix. Tout lecteur de saint Jean de la Croix étant comme sommé de devenir réellement son disciple, il faut regarder de près le terrain auquel on va confier la graine. Il ne faut pas être de ceux qui jettent aveuglément l'appel du saint en toute rencontre individuelle. La doctrine de la *Montée* ne fait sans doute qu'expliciter les exigences de perfection que le Christ, dans l'Évangile, propose à ses disciples. Mais de l'une comme des autres il faut dire: « Tous ne comprennent pas ce langage [1]. »

S'il convient donc de mettre, dans un contact individuel, toute la prudence que le saint recommande lui-même quand il s'agit de l'appel prochain à la contemplation, il ne convient pas moins, en public, de présenter la doctrine de saint Jean de la Croix non comme une doctrine ésotérique, mais comme une doctrine offerte à tous ceux qui acceptent d'y mettre le prix. Le saint ne parlait pas autrement à ses contemporains, et ses contemporains – à quelques nuances près – devaient connaître

1. *Mt* 19, 11.

les mêmes faiblesses que les nôtres. Serait-il donc erroné de redire après lui, sans aucune exaltation comme sans aucune minimisation, que la vie mystique est proposée à toutes les âmes éprises d'idéal, et que toutes peuvent y aspirer, encore que Dieu soit maître de ses dons et qu'il ne soit obligé envers personne?

Saint Jean de la Croix écrit, à propos des premières faveurs mystiques: « L'âme doit désirer avec tout désir de venir à ce qu'elle ne peut savoir en cette vie et qui ne peut tomber en son cœur [1]. »

Comme il écrira plus tard, à propos d'une des plus hautes faveurs décrites au *Cantique Spirituel*: « Partant, c'est une chose bien à désirer que chaque âme demande que le vent du Saint Esprit souffle par son jardin [2]. »

QUE CHERCHER DANS LES ŒUVRES DE SAINT JEAN DE LA CROIX?

Beaucoup ont commencé par lire sainte Thérèse d'Avila, avant d'aborder les œuvres de son collaborateur. Ils ont goûté le charme de ses exclamations sur l'eucharistie, se sont enchantés de ses tendresses pour le Sauveur et la Vierge et de tant de pages si personnelles et si vibrantes. Comparativement, les premiers chapitres de la *Montée du Mont Carmel* leur font l'effet de ne laisser croître qu'une végétation désertique, laquelle disparaît même, par moment, pour faire place au sable des dunes, arides et désespérément nues. Les quelques oasis rencontrées au cours de la lecture, pour être belles, sont rares. Pourquoi ne parle-t-il pas de la messe, de l'amour de la Vierge, de la passion de Notre Seigneur? Plainte instinctive de certains lecteurs douloureusement surpris.

Mais c'est précisément que saint Jean de la Croix s'adresse à des personnes qu'il sait suffisamment informées de tout cela pour en vivre. Quiconque voudrait être rassuré n'aurait qu'à lire, dans sa biographie, avec quelle ferveur il célébrait la messe, comment il ressentait dans son corps même, lors de telle semaine sainte, les douleurs de la passion, avec quel amour d'enfant il chantait des cantiques à la Vierge lorsqu'il se sentait triste.

1. *Montée* II, 4, p. 131.
2. XXVII, 4, p. 644.

S'il n'aborde pas ces grands sujets, c'est qu'il a autre chose à dire, autre chose que personne n'avait encore dit comme lui, et qu'après lui on n'a pu redire qu'en le citant [1].

Il apprend aux chrétiens désireux de sainteté le chemin direct qui mène à Dieu. En toutes circonstances et dans tous les états de vie, dans les dévotions privées comme dans la liturgie, il y a une attitude d'âme qui s'impose à qui veut arriver au sommet du Carmel. Quelle que soit la montagne de votre vie, il y a une manière d'en faire l'ascension par les chemins à pic: c'est elle que veut vous enseigner celui qui en a fait l'expérience avant vous. Il y a dans toute vie spirituelle, sous des réalisations concrètes infiniment variées, une ligne théorique identique, et c'est elle que trace la plume de saint Jean de la Croix, dans le dessin du Mont de Perfection [2] d'abord, puis dans les commentaires de ses poèmes.

On a pu dire très justement [3]: ce que la *Somme Théologique* est dans le domaine du savoir spéculatif – cette synthèse universelle, et en quelque sorte définitive, qui n'exclut pas bien d'autres travaux et recherches, mais qui leur marque à l'avance leur place – l'œuvre de saint Jean de la Croix l'est dans le domaine du savoir pratique, celui qui enseigne la science des voies qui mènent à Dieu. C'est dans la lumière des principes posés par le saint docteur qu'il faut lire les traités spirituels (ceux qui existent déjà et qu'il suppose connus, ou ceux dont il appelle la rédaction au cours de la vie de l'Église) qui envisagent tel aspect particulier de la vie spirituelle, telle réalisation concrète de la marche vers Dieu, sous forme de telle ou telle dévotion.

Toute l'œuvre de saint Jean de la Croix n'est que la description de la reprise en main, par l'Esprit Saint, de l'humaine créature, impure et infirme, pour une transformation de son activité, doublement déficiente (psychologiquement et moralement), qui

1. On objectera que cette dernière phrase pourrait s'appliquer aussi bien à sainte Thérèse. C'est exact. Mais alors que la sainte écrit le plus souvent soit pour se faire connaître de ses directeurs, soit pour laisser à ses filles le souvenir des faits survenus durant les fondations de ses monastères, le saint écrit immédiatement par pitié pour les âmes qui ont besoin de « cette si admirable doctrine d'autant moins pratiquée par les spirituels, si je l'ose dire, qu'elle leur est plus nécessaire » (*Montée* II, 7, p. 141). Même quand la sainte écrit « quelque chose sur l'oraison », comme dans le *Chemin de la Perfection*, son tempérament, sa formation, la pensée de ses filles, à qui elle s'adresse, l'amènent à aborder des sujets que saint Jean de la Croix, en logicien et en théologien formé à Salamanque, écarte comme n'allant pas droit au but qu'il poursuit. Ceci explique pour une bonne part la différence de climat de leurs écrits.

2. Cf. ci-dessous, pp. 68-69.

3. Cf. J. MARITAIN, *Les degrés du savoir*, pp. 616 sq.

puisse l'amener à une *manière*[1] divine de penser, d'aimer et d'agir. Comme tous les vrais optimistes, le saint ne craint pas de montrer la hauteur de l'idéal à atteindre et les difficultés redoutables à vaincre. Il sait que la force sur laquelle il compte ne sera jamais épuisée. Au terme, parvenue à cette union divine dont parle chaque page, l'âme ne sera plus qu'un instrument très souple entre les mains de Dieu. Elle sera entièrement entraînée dans le courant d'amour qui unit le Père et le Fils dans l'Esprit au sein de la Trinité. Elle réalisera pleinement la prière du Christ au soir de la Cène: « Qu'ils soient un comme nous sommes un[2]. »

Il semble bien que Jean de la Croix n'ait dit que cela. Saisir cette unique chose, au-delà de la complication matérielle de l'exposé, à travers des formules qui portent une date dans la littérature ou la théologie, sous des images empruntées parfois à une époque historique caractérisée, nous permet de nous « installer dans sa pensée[3] » et de rejoindre « la simplicité de son intuition originelle[4] ». De cette intuition, on peut donner la formule suivante: comment appeler, accueillir et épanouir la transformation de notre être et notre agir humain, impur et infirme, par l'Esprit de Dieu, tout-puissant et infiniment pur.

La meilleure image qui ait servi au saint pour exprimer cette intuition est celle de la bûche embrasée par le feu. Grâce à elle, la *Vive Flamme*, dont elle est le noyau central, parvient à synthétiser tout l'enseignement sanjuaniste. Même l'image de la nuit, pourtant plus riche de symbolisme, ne rend pas aussi heureusement la « simplicité de l'intuition originelle » du docteur mystique.

Problème de vie, s'il en est, pour les pauvres créatures que nous sommes: vivre de la vie de Dieu, bénéficier des ressources infinies de l'activité divine, mettre en face de nos faibles disponibilités le coefficient de la toute-puissance, animer notre âme au Souffle même de Dieu, être vraiment enfants de Dieu, participants de la nature divine, et agir comme tels!

Quoi qu'en pensent certains et quelles que soient les divergences de vues sur le détail des interprétations, on peut dire que les quatre grands traités du docteur mystique, tels qu'ils nous

1. Constatation révélatrice: le mot *méthode* paraît bien ne pas se présenter une seule fois dans l'œuvre du docteur mystique.

2. *Jn* 17,22.

3. BERGSON, *La pensée et le mouvant*, p. 137.

4. *Ibid.*

sont parvenus, forment un tout complet[1]: la *Montée du Mont Carmel* et la *Nuit Obscure* montrent, la première, le travail personnel de dépouillement fourni, avec l'aide de la grâce, par l'âme en marche vers Dieu – travail personnel qui, sur terre, ne cessera jamais tout à fait et qu'il faut sous-entendre aux autres écrits du saint – la seconde, l'action purifiante de Dieu, que l'âme subit passivement. Ce sont deux aspects, parfois simultanés, d'une même phase, douloureuse souvent, de la vie spirituelle. Le *Cantique Spirituel*, qui se situe dans des perspectives de mystique nuptiale déjà tout orientées vers la lumière, reprend[2] cet itinéraire où la *Nuit* l'avait laissé: ce sont les splendeurs de l'union à Dieu, dans la joie de l'amour récompensé dès ici-bas. La *Vive Flamme* décrit enfin le sommet de cette union, un sommet que tous sans doute n'atteignent pas mais qui reste dans la ligne de l'itinéraire tracé dès le début de la *Montée*. Cet itinéraire embrasse tout le chemin que parcourt l'être humain, depuis le moment où il se décide à se donner à Dieu pour de bon, jusqu'à celui où l'amour divin arrive en lui à une telle intensité qu'il en meurt, dans une joie qui n'est déjà plus d'ici-bas. De la totalité et de l'unité de l'itinéraire, le dessin du Mont de Perfection[3] donne une représentation schématique puissamment évocatrice. On peut dire que tout le développement de la doctrine sanjuaniste est pré-contenu dans la « figure qui se trouve au commencement de (la *Montée*)[4] ».

QUEL EST CELUI QUI TRACE CET ITINÉRAIRE?

Le milieu si particulier dans lequel vécut saint Jean de la Croix, la formation intellectuelle différente de la nôtre qui fut

1. La *Montée* et la *Nuit* s'arrêtent en cours d'exposé sans qu'on puisse déterminer, dans l'état actuel des recherches, si ces écrits ont été laissés inachevés ou si la fin du commentaire a été perdue ou détruite. Il nous semble que cet inachèvement partiel n'empêche pas l'ensemble des écrits sanjuanistes de présenter une réelle continuité.

2. Au moins dans la version traduite par le P. Cyprien, que nous avons choisi de présenter; cf., ci-dessous, notre introduction au *Cantique Spirituel*, Aperçu historique, pp. 498-500.

3. Cf. ci-dessous, pp. 68-69.

4. *Montée* I, 13, p. 117. C'est en suivant le dessin du Mont, donné par le saint et placé par chacune d'elles dans son bréviaire (au témoignage de Madeleine du Saint-Esprit), que les carmélites de Beas écoutaient le père Jean leur exposer, dès 1579 peut-être, ce qui allait devenir peu à peu la *Montée* et la *Nuit*. Cf. BRUNO, p. 243; SILVERIO, t. X, pp. 176, 197, 325, 340; voir aussi, *ibid.*, t. XIII, p. 400, et t. XIV, p. 14, les dépositions d'Anne de Saint-Albert et Martin de Saint-Joseph.

la sienne, l'époque déjà lointaine à laquelle il écrivit ses traités sont autant de raisons qui peuvent rendre sa lecture difficile. Ce fait paraîtra étrange à ceux qui font aisément abstraction des formes extérieures pour prêter attention à l'essentiel d'une doctrine. Mais c'est un fait dont il faut tenir compte. En effet, parmi ceux qu'attire le docteur mystique, nombreux sont ceux qui n'ont pas reçu une formation intellectuelle assez poussée pour faire la part du vêtement humain dont se couvrent des vérités qui, en soi, n'ont pas de date et n'appartiennent pas à une civilisation plutôt qu'à une autre.

Saint Jean de la Croix est un espagnol, un castillan de pure race: il est né à Fontiveros, en Vieille-Castille. Il fait passer dans son œuvre quelque chose de la fougue et de l'intransigeance qui caractérisent l'au-delà des Pyrénées. Pour bien comprendre cela, il faut avoir vu les corps tirés en hauteur, au point d'en paraître disproportionnés, et les flammes jamais lasses de tendre vers le ciel, que le Greco peignait à Tolède tandis que Jean de la Croix, à quelques pas de l'atelier du peintre, subissait l'horrible épreuve de sa captivité.

Né en 1542, mort en 1591, il est un castillan du XVIe siècle, le siècle de Philippe II, l'âge d'or de l'Espagne littéraire. De ce point de vue, il serait aisé de relever chez lui des expressions, des exemples concrets, des jugements que nous ne pouvons apprécier qu'en les replaçant dans leur cadre historique.

Cet absolutisme qui vient à Jean de la Croix de sa race et de son époque a été probablement accentué par la formation philosophique qu'il reçut à l'université de Salamanque. Ce goût des distinctions et des divisions, que la *Montée* et la *Nuit* surtout manifestent, ce besoin de tout ramener à de grands principes trempés comme des lames d'acier, cette conception de l'homme sur laquelle le saint appuie le plan d'ensemble de ses deux premiers ouvrages, bien d'autres points de détail témoignent, pour une bonne part, de l'influence exercée sur le docteur mystique par l'illustre université salmantine.

Qu'on saisisse bien notre pensée. Nous ne voulons pas suggérer – comme le faisait un jour, à propos d'un autre saint, un auteur un peu trop pressé – que si Jean de la Croix était un français de notre époque, il écrirait sur certains points le contraire de ce qu'il a enseigné. Le principe du détachement absolu prêché par le chantre de la *Nuit* vaut pour tous les chrétiens, de quelque époque qu'ils soient et à quelque milieu qu'ils appartiennent.

Ce qui changerait sans doute, ce sont les exemples dont le saint illustre sa doctrine, c'est l'accent mis sur tel ou tel danger, plus actuel en Espagne au XVIe siècle qu'en France au XXe, c'est surtout ce quelque chose d'indéfinissable qui fait qu'un auteur pense et s'exprime d'une manière qui porte la marque des préoccupations et des aspirations de son époque – et il n'est point deux époques de l'humanité qui soient entièrement identiques, de ce point de vue.

Un exemple éclairera notre pensée. Certains se sont étonnés de la véhémence avec laquelle Jean de la Croix s'élève contre le culte exagéré des images et des statues. Pour un peu ils verraient en lui un iconoclaste.

Il suffit pourtant d'un voyage en Espagne, de l'examen de quelques documents photographiques, ou de la lecture de descriptions datant du XVIe siècle – la *Vie de sainte Thérèse par elle-même* en fournirait d'excellentes – pour donner une idée de l'enfantillage (faut-il dire du mauvais goût?) de ceux et de celles qui habillaient les statues des saints comme des poupées, les chargeant d'or et de soieries, et qui passaient le plus clair de leur temps à écraser, sous des ornements tirés des salons et des boudoirs, les oratoires dans lesquels ils ne songeaient guère à prier.

Rien d'étonnant à ce que le saint se soit senti en droit de protester contre de tels abus. Mais si la sobriété de l'art moderne paraît ne plus donner prise, au même degré, aux cinglantes apostrophes de la *Montée*, il n'en est pas moins vrai que, pour nous comme pour nos prédécesseurs du XVIe siècle espagnol, les images pieuses, qui sont un moyen, certes, d'honorer Dieu et les saints et d'exciter notre dévotion, ne sont qu'un moyen: jamais il ne doit avoir la primauté sur l'esprit et la dévotion intérieure qu'il est chargé de nourrir.

En bien des points, la doctrine sanjuaniste prendrait son exacte valeur si on tenait compte du climat et des circonstances historiques au milieu desquels elle a vu le jour. L'obstination avec laquelle saint Jean de la Croix demande qu'on s'en tienne purement à la foi et à l'enseignement de l'Église, manifeste par contraste la hantise des désordres nés de l'enseignement des *Illuminés*[1]. Et il n'était pas nécessaire que l'histoire nous donnât des noms de directeurs maladroits: le prologue de la *Montée* et

1. On sait que le mouvement des *Alumbrados* subit entre autres, à cette époque, une indéniable influence luthérienne.

les apostrophes de la *Vive Flamme* nous laissent clairement deviner leur visage.

Il convient d'ajouter: si on tenait compte aussi de la personnalité de l'auteur qui enseigne cette doctrine. Or cette personnalité non seulement porte la marque de son milieu originel, mais possède par elle-même des traits trop fortement accusés pour que l'œuvre entière ne s'en ressente.

Plus on étudie saint Jean de la Croix et plus on est frappé de l'extraordinaire richesse de ses dons, pleinement mis en valeur par un ensemble d'événements grâce auxquels il a pu devenir par excellence le guide des âmes qui cheminent à l'intimité divine.

Dons de la sensibilité et de l'intelligence, développés par une excellente culture supérieure et par un contact au moins indirect avec les milieux intellectuels et poétiques de la meilleure Espagne littéraire. A première vue les dons de la volonté apparaissent moins en relief: « Dans son écriture, pas un trait qui dise: je veux », notait un graphologue. Peut-être la souplesse de son âme entièrement abandonnée à l'action divine – au point de n'avoir plus d'autres initiatives que celles venant de Dieu même – rend-elle moins sensible la richesse volontaire. Pourtant les rigueurs qu'il s'imposa dès la montée commençante, les réalisations surprenantes d'efficacité de ses fondations, le don de gouvernement dont il fit preuve à un haut degré dans les charges si diverses et parfois si délicates qui lui furent confiées, les décisions nombreuses et variées qu'il eut à prendre au cours d'une existence féconde en incidents de toutes sortes, manifestent un équilibre intérieur dans lequel la volonté ne le cède en rien à la netteté du jugement et à la délicatesse de la sensibilité.

Sur le plan surnaturel, le rôle privilégié de saint Jean de la Croix découle d'abord de ce fait qu'il a vécu personnellement en plénitude ce qu'il écrit pour autrui. Le premier jet de sa plume, celui qui n'est pour personne et qui réclame la libre richesse de la poésie, chante uniquement sa propre expérience. Les dépositions des témoins de sa vie disent assez l'exubérance de cette expérience, dont le saint lui-même rend raison: « Dieu donnant la richesse et l'excellence, en ce qui est des prémices de l'esprit, aux têtes, selon la plus grande ou plus petite succession que leur doctrine et leur esprit devaient avoir [1]. » La doctrine et l'esprit du premier déchaux devaient avoir une grande succession.

1. *V. F.*, II, 2, p. 746.

Certaines munificences divines, en raison desquelles on a pu être tenté de croire que l'expérience des saints est d'une autre espèce que celle du chrétien « moyen », ne s'expliquent entièrement que par la mission de ces saints dans l'Église: en éclairer beaucoup d'autres des feux dont eux-mêmes furent embrasés.

Mais à son expérience personnelle saint Jean de la Croix ajoute, pour en faire la source des conseils qu'il donne ou pour y trouver leur vérification vivante, celle des âmes nombreuses dont il fut le conseiller. C'est un immense champ d'expérience – l'un des plus riches de l'histoire de l'Église – que lui fournit la réforme naissante du Carmel. A vingt-six ans, il connaît intimement la mère Thérèse de Jésus. Le meilleur de son activité sacerdotale est consacré, sa vie durant, aux carmes et aux carmélites, auxquels il faut ajouter tous ceux qui, en dehors du cloître, éprouvent la faim de connaître quelque chose de cette flamme mystérieuse que chantent ses poèmes et que son regard laisse deviner.

Il ne lui manque même pas cette qualité mystérieuse qu'on appelle le don d'expression. Sainte Thérèse a noté, au livre de sa *Vie*, que c'est une grâce nouvelle de pouvoir exprimer clairement la grâce éprouvée [1]. En vers et en prose, saint Jean de la Croix a su dire, non seulement les lignes essentielles, mais aussi les plus fines nuances de la symphonie intérieure que Dieu lui donnait à entendre.

Seule une longue fréquentation des écrits du docteur mystique permet de découvrir cet ensemble de dons qui fait le caractère particulièrement complet de sa personnalité. L'un de ses premiers éditeurs en exprimait ainsi son admiration: « Et bien qu'en la sublimité de sa doctrine et en l'éminence de son style on découvre assez qu'il les a écrites avec la lumière d'une intelligence plus qu'humaine, si est-ce que l'humaine pure et simple ne lui a pas manqué pour écrire ses secrets du ciel, en quoi sa connaissance est merveilleuse, étant autant acquise en l'école qu'en l'expérience, comme en celle des lettres, en la lecture sainte, en la subtilité scholastique, en la pénétration mystique, en la suffisance morale et en toute sorte de science propre aux saints, dont son esprit était avantageusement muni [2]. »

1. Cf. Sainte Thérèse de Jésus, *Œuvres Complètes*, *Vie*, ch. xvii, traduction des carmélites de Paris-Clamart, 2e éd., Fayard, 1962, t. I, p. 157; traduction de Marcelle Auclair, Desclée De Brouwer, 1964, p. 111.

2. Jérôme de Saint-Joseph, *Introduction et Avis général pour la lecture de ces livres*.

LA VIE, COMMENTAIRE NÉCESSAIRE DES ŒUVRES

On comprend alors pourquoi la biographie du saint est l'introduction nécessaire à la lecture de ses œuvres. Grâce à Dieu, en français cette biographie existe, « écrite par un religieux du Carmel doublé d'un excellent historien [1] ». Il n'est plus nécessaire d'en faire l'éloge. Qu'il nous suffise d'en conseiller la lecture à quiconque cherche comment préparer une étude féconde des écrits du docteur mystique.

Puisque Jean de la Croix est de ceux qui ont commencé par faire ce qu'ils ont enseigné, comme il est dit de notre Seigneur Jésus lui-même, on nous permettra bien, avec toutes les transpositions requises, d'appliquer au disciple ce que le P. de Grandmaison écrivit du Maître: « Pour soucieux qu'il soit d'effacer sa personne derrière son message, un prophète ne peut s'empêcher de se mêler, dans une large mesure, à l'enseignement qu'il transmet... On doit donc s'attendre à trouver dans le message de Jésus des révélations sur sa personne. L'originalité de l'Évangile sur ce point consiste justement dans l'étroite union, allant pour une grande part jusqu'à l'identification, de la personne avec le message [2]. »

L'œuvre de saint Jean de la Croix est riche de toute sa vie, dont pourtant elle ne parle pas. Il est difficile de comprendre l'une sans connaître l'autre, qui en est l'âme. Baruzi a justement écrit: « Si les mystiques qui se racontent eux-mêmes risquent de nous faire méconnaître ce qui, en eux, s'élaborait au-delà de leur regard, ceux, en revanche, qui se sont réfugiés dans leur œuvre ont peut-être transcrit de cette manière les plus fines nuances de leur nature. Saint Jean de la Croix appartient à ce second type [3]. »

Sans doute ne verra-t-on pas autre chose, dans la biographie du saint, que dans ses écrits. Mais certains traits apparaîtront en pleine lumière, que le caractère à première vue impersonnel des écrits risque de laisser dans l'ombre. Aussi clairement que dans les œuvres, on verra dans la vie les exigences souvent crucifiantes de la sainteté. Et l'on y verra, mieux que dans les œuvres, la tendresse du saint, son exquise délicatesse dans la conduite des âmes. Saint Jean de la Croix, comme tous les saints, avait, n'en

1. Ainsi s'exprime J. Maritain dans sa préface au *Saint Jean de la Croix* du P. Bruno, p. 11.
2. *Jésus-Christ*, t. I, p. 3.
3. *Op. cit.*, p. 228.

déplaise à Huysmans, le cœur *liquide*. Comment ne pas être ému de sa tendresse (est-il nécessaire d'ajouter: surnaturalisée, ce qui suppose que la tendresse naturelle était, non pas détruite, mais assumée sur un autre plan?) pour sa mère, son frère, les carmélites auxquelles il aimait se dévouer, et même pour cette vieille mauresque que nul autre ne voulait confesser[1]? Il aurait pu, comme maint autre le fit, chasser à coups de fouet la tentatrice qui voulait le faire pécher; il la renvoya doucement, après l'avoir réconciliée avec Dieu[2].

D'un abord réservé, presque insignifiant, il impressionnait un peu au début. Mais il laissait bien vite transparaître le cœur de saint qui se cachait sous cet extérieur volontairement modeste, ce cœur dont la bonté faisait briller ses yeux noirs, dans un visage toujours pâle. Une fois qu'on l'avait connu, on ne pouvait s'empêcher de l'aimer. A Ségovie, lors de son priorat, quand il était sorti en ville, ne fût-ce que pour quelques heures, ceux de ses fils qui l'apercevaient à son retour accouraient au-devant de lui pour baiser ses mains ou son scapulaire, comme s'il se fût agi de gagner un grand jubilé. Et si l'un de ceux qui venaient ainsi au-devant de lui avait l'âme tourmentée par la tristesse ou le corps accablé de fatigue, le père Jean, sans qu'on ait eu à l'en aviser, prenait par la main celui qui avait besoin de réconfort, et, avec un sens exquis de la souffrance d'autrui, lui parlait de la joie de souffrir pour l'amour. Alors, comme par enchantement, le sourire renaissait sur ces lèvres qui l'avaient désappris[3].

C'était surtout dans le tête-à-tête de la direction que son ascendant se révélait. Manifestement il lisait dans les cœurs. On ne lui disait que deux mots, et déjà il avait tout compris. On venait pour lui avouer qu'on n'en pouvait plus de souffrir, et on repartait avec le désir de souffrir davantage pour le Christ. Il se faisait tellement attentif à l'œuvre de Dieu dans les âmes, que la moindre des carmélites – la déposition de telle sœur converse de Beas le dit bien – se sentait enveloppée d'autant d'intérêt que la vénérable Anne de Jésus, la grande collaboratrice de sainte Thérèse.

Les traits de ce genre abondent et permettent de fixer un portrait du saint qui illuminera jusqu'aux pages les plus austères de la *Montée*.

1. Cf. BRUNO, p. 283.
2. *Ibid.*, p. 342.
3. *Ibid.*, p. 346.

Quiconque d'ailleurs s'est longuement imprégné des écrits du saint pourra témoigner de la richesse de vie qui circule à travers des pages en apparence purement didactiques, tout comme elle circule dans les événements si révélateurs de son existence terrestre.

Bien des auteurs, littérateurs, philosophes, théologiens, ont mis en relief les lignes essentielles de la synthèse doctrinale du premier déchaux. Et ils ont rendu un immense service, ceux qui ont ainsi laborieusement tracé les lignes de ce dessin. Mais comment ne pas l'avouer : trop souvent il nous semble que ce dessin n'est qu'une grisaille, et que ce dessin est mort. La considération théorique des principes spirituels en jeu a fait oublier parfois la vie qui les anime, en particulier dans les descriptions du *Cantique* ou dans les *Poésies*. Il est vrai que nous touchons ici à ce qui appartient à l'ordre de l'existence et qui, comme tel, n'est pas directement conceptualisable ni réductible à des définitions. Mais, sans définir par genre et espèce, ne peut-on suggérer la réalité vivante d'un être si peu replié sur lui-même par son immense richesse intérieure, qu'il ressentait au contraire comme un tourment le besoin de la communiquer. Cette richesse de vie, après des dépouillements douloureux, puis dans une lumière béatifiante, a amené Jean de la Croix à un tel don de soi, que l'un des aspects peut-être les plus originaux de ses écrits, l'un des plus féconds aussi, est de rendre ce don sensible à l'âme du lecteur.

Nous entendons bien ici ne pas opposer la plénitude doctrinale des écrits du saint à la puissance de vie dont ils témoignent, encore moins préférer la seconde à la première. Mais il nous semble que c'est un grand dommage d'avoir trop souvent souligné la rigoureuse intransigeance intellectuelle de l'œuvre, sans mettre en égale lumière le dynamisme vital qui en a inspiré la rédaction et qui en imprègne encore l'expression.

On ne dira jamais assez à quel point la vie, sous toutes ses formes, anime les manifestations les plus hautes de la pensée sanjuaniste : vie de la sensibilité la plus exquise, vie de l'affectivité volontaire naturelle la plus riche, vie de l'amour surnaturel le plus ardent – et il faut se garder de confondre ces trois domaines, parfois si intimement unis pourtant. Cette vitalité multiforme se manifeste dans l'œuvre du saint en des parenthèses célèbres qui font éclater les cadres de la logique ; elle jaillit en des exclamations qui laissent deviner la tendresse surnaturelle la plus vive : « Oh ! si les spirituels savaient quels biens et quelle abondance d'esprit ils perdent, faute de retirer leur appétit de choses puériles[1]... »; elle se sent à l'emploi de tels mots préférés, au choix de certaines expressions qui deviennent comme des professions de foi vivifiante: au début du prologue de la *Montée*, par exemple, quand il parle des « ténèbres et travaux, soit spirituels, soit temporels, que ces âmes heureuses ont coutume de souffrir[2] ». Ne disons rien ici de la vie qui s'exprime dans les pages les plus lyriques et dans les poésies. C'est de toute l'œuvre, jusqu'en ses abstractions les plus sèches, qu'il faut entendre ces réflexions, car partout la vie y coule et elle anime tout.

COMMENT LIRE SAINT JEAN DE LA CROIX?

Sans doute est-il possible, puisque ce fut fait, de ne voir en saint Jean de la Croix qu'un intellectuel obstiné à mettre un principe d'intelligibilité dans les expériences concrètes les plus éloignées des principes. Mais quiconque aura entrevu, à lire les analyses précédentes, que saint Jean de la Croix n'est pas un pur intellectuel, pressentira aussi que la lecture de ses œuvres n'est pas uniquement affaire de travail cérébral. Une certaine attitude intérieure, voire une certaine rectitude morale, s'impose. Il est indispensable de chercher l'accord avant de se mettre à lire les pages ardentes de la *Nuit* ou de la *Vive Flamme*, si l'on veut en pénétrer la richesse vivante. Une certaine syntonie spirituelle permettra seule de capter, dans la lecture, les ondes nées des vibrations de l'âme du saint.

Certes, il faut commencer par lire saint Jean de la Croix avec toute son intelligence. Il nous a prévenus qu'il entendait nous donner une *doctrine substantielle*[3]. Prenons-la donc comme il nous la donne. Car nous trouverons chez lui une pensée aussi solidement établie sur le roc intellectuel que l'est, sur son socle rocheux, l'alcázar de Ségovie. Aux grandes bifurcations des chemins, il tient à poser les principes qui vont éclairer la marche, à montrer la seule lumière qui va rester si l'on s'engage dans l'ascension vespérale ou nocturne. D'un mot il évoque l'ensemble d'un traité de théologie dogmatique ou morale. Et pour comprendre tel ou tel chapitre, ce n'est pas trop d'avoir présent

1. *Montée* I, 5, p. 92.
2. P. 75.
3. *Montée*, Prologue, p. 78.

à l'esprit tout l'enseignement du dogme sur l'habitation de la Trinité dans l'âme des justes ou sur les vertus théologales.

Faut-il signaler, par exemple, l'extrême importance de ce point de l'itinéraire où succède, à la grand-route de la méditation, le sentier de l'oraison contemplative? Dieu nous garde de parler ici de bifurcation. Sans indiquer d'autre chemin – sans nier, il est vrai, qu'il puisse en exister un autre – le saint note le moment décisif où cesse la grand'route, non pas brusquement mais par une sorte de dégradé, et où, sur un simple sentier, peut-être sur une piste à peine visible, il faut continuer la montée. C'est alors que, se plaçant à deux points de vue différents, il expose les fameux trois signes [1], qu'il développe et commente, sur lesquels il s'attarde même, avec une insistance révélatrice: il s'agit de l'articulation capitale de sa doctrine.

Ce n'est pas trop, non plus, de toute l'acuité de notre regard intérieur pour saisir un aspect constant de cette doctrine, qui se révèle, à la pratique, l'un des plus féconds. Nous voulons parler du caractère positif, obstinément souligné par le saint, des renoncements qu'il exige, comme des épreuves passivement subies qu'il décrit. Dans la tradition mystique de l'Église, les maîtres avaient déjà insisté sur les renoncements nécessaires à qui doit suivre le Christ portant sa croix. Et ceci, qui vaut pour tous les chrétiens, prend un caractère d'exigence pressante pour ceux qui veulent mettre de plus près leurs pas dans ceux du Seigneur. Bien d'autres aussi, avant Jean de la Croix, avaient parlé des souffrances intérieures et extérieures de ceux qui cheminent à l'intimité divine, car cheminer ainsi, c'est beaucoup plus pâtir que faire. Plus d'une fois le livre de Job avait servi aux pères ou aux commentateurs pour décrire le chemin qui mène au banquet de la Sagesse.

Mais, à notre connaissance, aucun d'entre eux n'avait autant que lui mis en lumière l'enrichissement positif du moindre renoncement volontaire et l'accroissement de vie spontanément provoqué par les dépouillements intérieurs les plus douloureux. Jean de la Croix a le sens des béatitudes. Dès le prologue de la *Montée du Mont Carmel* [2], il rappelle aux âmes en qui « tout n'est plus que souffrance [3] », au dedans comme au dehors, qu'elles

1. Cf. *Montée* II, 13, 14 et 15, pp. 163-174; *N. O.* I, 9 et 10, pp. 403-409. Voir aussi *V. F.*, III, 3, pp. 774-787.
2. P. 75.
3. *N. O.* I, 11, p. 410.

sont « heureuses ». Il le leur dit, non pas dans une exaltation morbide née d'un appétit malsain de la souffrance – car il n'est que trop vrai que cet appétit malsain existe, et il faut savoir mettre en garde contre lui – mais en leur montrant que cette souffrance en elles n'est que l'envers de la toile, la rançon douloureuse d'un très beau travail, le crépitement fumeux et malodorant d'une bûche qui ne se met à pleurer sa sève noirâtre que parce qu'elle commence à devenir du feu. « Je me suis faite perdante et j'ai gagné », chante l'épouse du *Cántico*[1], soulignant ainsi les richesses de l'abnégation. Peut-être les exclamations de la *Vive Flamme* sont-elles plus claires encore : « O Cautère délectable... qui sens la vie éternelle et qui payes toute dette, en tuant, de la mort tu as fait la vie[2]. » C'est ce paradoxe de la vie par la mort qui, dans l'ascèse, fonde le recours à la manière anagogique et qui, dans les épreuves mystiques les plus avancées, éclaire le travail, douloureux comme un enfantement et comme lui fécond, des âmes qui pâtissent pour l'amour. Quiconque a compris cela a saisi l'un des aspects essentiels de la doctrine sanjuaniste. Il a trouvé aussi pour éclairer sa route une des lumières les plus riches qui soient.

Il ne manque pas d'autres raisons pour lesquelles l'œuvre de saint Jean de la Croix exige toute l'application intellectuelle du lecteur. Et c'est peut-être faute de cette application que certains ont commis pratiquement des erreurs qui pourraient bien expliquer la réserve inquiète de quelques directeurs au sujet de la lecture de saint Jean de la Croix.

L'absolutisme qui caractérise le docteur mystique, et que nous avons souligné, se traduit dans ses œuvres par des principes intransigeants et une netteté de décision qui, dans l'abstrait, ne laisse place à aucune échappatoire. D'où le risque, pour un lecteur peu averti, de passer à des applications pratiques hâtives et erronées. Mais il faut se rappeler que la science morale, même pratico-pratique, ne tient pas la place de la prudence. L'une édicte des principes, d'ordre plus ou moins général ; l'autre est seule qualifiée pour régler dans chaque cas particulier la décision à prendre. Il faut savoir d'autre part que saint Jean de la Croix lui-même prend soin d'apporter souvent des réserves et des restrictions à son absolutisme : « Mais il faut prendre garde, touchant cela,

1. XXI, 5.
2. II, 1, 4, 5, 6.

qu'encore que nous ayons tant démontré qu'il est nécessaire de rejeter ces choses[1] et que les confesseurs ne mettent point les âmes sur ce propos, néanmoins les pères spirituels ne leur en doivent montrer aucun dégoût, ni les en détourner, ni les mépriser de telle sorte que les âmes se resserrent et n'osent plus les découvrir; et que ce serait occasion de tomber en maints inconvénients, s'ils leur fermaient la porte pour les dire[2]... » Il faut enfin veiller à lire les divers passages qui traitent d'un même point de doctrine, si l'on veut avoir toute la pensée du saint. Les déviations proviennent presque toujours d'une vue partielle et fragmentaire. Ainsi a-t-on pu voir des commentateurs adopter sur certains points précis des positions diamétralement opposées, pour n'avoir pas pris la peine de relever tous les textes qui concernent ces points.

En un mot, il ne faut pas être tellement féru des principes qu'on en oublie les indispensables nuances de leurs applications concrètes. Mais il ne faut pas davantage qu'un souci exclusif du concret fasse oublier les intangibles principes.

Pour ces raisons, entre bien d'autres, il convient de lire les œuvres de saint Jean de la Croix avec toute son intelligence.

Mais le cœur connaît parfois ce qui échappe à la raison, et c'est pour cela qu'il faut lire saint Jean de la Croix avec tout son cœur. Nous n'entendons nullement parler ici de quelque sentimentalité vague, mais du *cœur* au sens pascalien et plus encore biblique, c'est-à-dire cette faculté de connaître intuitivement avec le meilleur de notre esprit, entraîné par les puissances affectives au-delà de sa stricte capacité, et nous donnant une sorte de divination qui nous met en harmonie profonde avec ce que nous cherchons à savoir. A certains moments, il sera bon de laisser au cœur le premier rôle. Car il est un fait d'expérience, dont on trouve de nombreux témoignages dans les dépositions des premiers disciples du saint et dont, sans aucun doute, plus d'un de ses disciples modernes pourrait témoigner à son tour: c'est que les pages ardentes du saint qui aima tant l'Amour et le chanta si bien, font éprouver au lecteur un contact d'âme plus bienfaisant, dans un moment d'épreuve ou d'angoisse, que tous les raisonnements. Dans l'œuvre de Jean de la Croix, nous l'avons dit, c'est sa vie qui est passée. Quiconque va à lui, non

1. Les connaissances spirituelles distinctes par voie surnaturelle.
2. *Montée* II, 22, p. 217.

seulement avec toute son intelligence, mais encore avec tout son cœur, subira l'influence de celui qui n'est pas seulement un écrivain castillan de l'âge d'or de la littérature espagnole, mais un saint penché sur ses disciples, si modestes soient-ils, pour leur enseigner, dans le silence d'une lecture qui n'est pas simplement intellectuelle, la science qu'il a mission de leur enseigner.

Chez lui, comme chez tous ceux qui ont mis leur vie dans leur œuvre, les mots sont comme les sacrements de la vie qui les a inspirés[1]. Peu importe qu'à certains moments on ne comprenne pas distinctement ce qu'on lit. Le saint a pris la peine de nous en prévenir dans le prologue du *Cantique Spirituel*[2]. Il y a du moins contact d'âmes, il y a transfusion de vie, et c'est peut-être le meilleur bénéfice que nous puissions attendre de la lecture de saint Jean de la Croix, celui qui ne s'inscrira pas sur des fiches savantes, mais s'incarnera dans notre vie et deviendra le sang de notre âme.

Qui s'étonnerait de notre insistance sur cet élément non strictement intellectuel qui doit intervenir dans la lecture d'un docteur de l'Église, méconnaîtrait le caractère propre des écrits de ce docteur. Même dans la *Montée du Mont Carmel*, le plus didactique de ses ouvrages, il ne fait pas un cours scolaire. Il a eu pitié des âmes qui piétinent ou s'égarent, faute de maître, alors qu'elles pourraient apporter des trésors à l'Église. Certaines ne sont-elles pas chargées de richesses spirituelles, comme des vaisseaux marchands venant des Indes fabuleuses? Et les voici immobilisées en pleine mer par moins que rien. Le saint prend la plume – car il souffre de les voir ainsi bloquées – pour les amener à un don plus total, à une plénitude de vie plus grande. Ce souci des vivants auxquels il s'adresse inspire sa manière d'écrivain. Il connaît, certes, la division classique des dons du Saint Esprit et ne se fait pas faute d'y faire allusion une fois ou l'autre. Mais classer les essences, en notant les différences spécifiques, n'est pas son affaire. Les dons du Saint Esprit agissent-ils en nous à l'état pur, sagement, à leur tour, et selon leur ordre de gradation ascendante? La vie spirituelle ne comporte-t-elle pas plutôt tout un com-

1. C'est pourquoi, ainsi que nous le disions plus haut, *tout lecteur de saint Jean de la Croix est comme sommé de devenir son disciple*. Il est impossible de comprendre vraiment sa doctrine, sans s'essayer à la vivre. C'est un fait, souvent constaté, que tel passage de ses écrits prend un sens tout nouveau après certaines expériences personnelles. Saint Jean de la Croix n'habite pas le ciel du pur noétique.

2. P. 526.

plexe d'influences surnaturelles, où plusieurs dons, sans compter les vertus, simultanément agissent? C'est pourquoi il nous semble difficile, pour ne pas dire déformant, de vouloir projeter à tout prix les tranches de vie que nous donne saint Jean de la Croix, sur la surface plane des essences de la théologie spéculative. Il utilise la théologie spéculative, mais il entend bien la dépasser. Rien de ce qui est spéculation pure ne le retient. Il est dominé par une unique préoccupation: non point spéculer, mais réaliser, puis aider ceux qui viennent à lui à réaliser à leur tour en faisant à leur manière son expérience.

Dans cette perspective qui est la sienne, il se montre particulièrement attentif à certains traités de la théologie ou, à l'occasion, de la philosophie. Tel traité, qui fournit ample matière à distinctions et discussions chez les théologiens spéculatifs, est pratiquement passé par lui sous silence: Jean de la Croix paraît avoir oublié les *disputationes*, auxquelles il participa jadis, sur le constitutif formel de la Divinité. Tel autre traité, rarement controversé par les hérétiques ou qui n'a guère servi à exercer la rivalité des écoles théologiques, mais dont le contenu intéresse directement la vie spirituelle, intervient presque à chaque page. La nécessité de la grâce, le rôle des vertus théologales, la passivité de l'âme sous le régime des dons du Saint Esprit, partout il en est question, au moins par manière de sous-entendu.

Du point de vue théologique, signalons un autre aspect de la manière du saint. Au lieu d'étudier statiquement les réalités surnaturelles, il s'attache à en montrer la puissance d'expansion. Ce dynamisme de la vie divine en nous, souvent négligé dans l'étude théorique, est des plus féconds à envisager. Quand saint Jean de la Croix parle de la grâce en tel passage de ses œuvres, on sent qu'elle est en quelque sorte plus qu'une réalité vivante: elle devient sous sa plume une personne, et il trouve, pour évoquer cette participation à la vie divine que Dieu désire encore plus que nous et qu'il enfante en nous, une expression pleine de saveur vitale: *la amorosa madre de la gracia de Dios*, « cette mère amoureuse qu'est la grâce de Dieu »[1]. Il circule du sang dans de telles phrases.

Manifester, par une patiente recherche analytique sans laquelle il n'est pas de vraie synthèse, la puissance de vie qui anime les œuvres du saint serait un travail passionnant qui exigerait des

1. *N. O.* I, 1, p. 385.

dons de critique littéraire, de psychologue, de théologien, bien d'autres encore, ceux du cœur et de l'âme surtout. Car un pur spectateur ne pourra jamais faire comprendre saint Jean de la Croix. Il y faut un acteur.

Mais si cet aspect vital de l'œuvre du saint a besoin, pour être exposé dans un travail littéraire, d'un écrivain qui ne soit pas novice, il ne réclame pas, de ceux qui veulent simplement le percevoir en pureté de cœur, des dons extraordinaires, l'expérience en fait foi. Nous pensons que, dans la lecture de saint Jean de la Croix, le meilleur à mettre en œuvre est cette frange d'intuition qui borde notre esprit et dont le « cœur » peut tellement augmenter la puissance. Nous ne sommes pas là dans le domaine de la pure connaissance intellectuelle. Nous sommes dans un domaine complexe, maintenant bien mis en lumière par des philosophes, des théologiens et surtout des exégètes (car la « connaissance » biblique se situe précisément dans ce domaine), un domaine où la volonté éprise et le cœur aimant voient plus loin et souvent plus sûr que le cerveau le mieux aiguisé.

L'exemple de sainte Thérèse de l'Enfant-Jésus illustrerait heureusement ces réflexions. Compte tenu de quelques rares citations [1], aurait-on cru, à lire l'*Histoire d'une Ame*, et croirait-on, à lire les *Manuscrits Autobiographiques*, que Thérèse avait lu, relu et « vécu » les œuvres de son bienheureux père? L'indépendance absolue de sa terminologie et son insouciance complète à retracer les grandes articulations de l'itinéraire sanjuaniste cachent pourtant une surprenante identité foncière.

En un certain sens, mais non en tous les sens, il faut lire saint Jean de la Croix en français du XXe siècle, si nous voulons, nous, français du XXe siècle, profiter de cette lecture. Il faut encore avoir le souci de laisser l'Esprit souffler où il veut et comme il veut. Ne pas chercher à faire entrer notre vie spirituelle dans le moule d'un livre, fût-il écrit par un docteur de l'Église. Et surtout ne pas vouloir artificiellement reproduire ce qu'on ne peut, à moins d'un grossier mensonge, qu'humblement subir. Sainte Thérèse de Lisieux demandait à Dieu d'opérer en elle ce qu'elle lisait. Et elle avoua, sur son lit de mort, que toutes ses espérances étaient réalisées [2]. Apprendre par cœur la *Montée du Mont Carmel* ne servirait de rien à qui n'aurait pas ce souple

1. Les trois manuscrits autobiographiques, *A*, *B* et *C*, en renferment dix.
2. *Novissima verba*, p. 167.

désir de la revivre de façon personnelle, de se l'assimiler dans une attitude de don intérieur et non de reconstitution volontariste, et par conséquent factice. Il n'est même pas défendu de mettre sous les vers de Jean de la Croix, à la manière aussi de la sainte de Lisieux, un commentaire beaucoup plus humble, sans doute, mais bien à soi. Dans sa simplicité, l'œuvre de Thérèse est infiniment plus proche de celle du docteur mystique que bien des travaux érudits. Dans les écrits du saint qui, toutes proportions gardées, sont, comme les paroles de Notre Seigneur [1], « esprit et vie », elle a saisi, avec son intelligence claire, l'essentiel de l'esprit, et elle a puisé à pleins bords la vie qu'elle y découvrait sans mesure.

Dès le début de sa lecture, elle avait cherché l'accord. Elle l'avait, à vrai dire, obtenu sans beaucoup peiner. Durant des années, cette lecture l'avait nourrie, au point que, de mémoire, elle pouvait citer des passages entiers [2]. Quand la lecture cessa – n'étant plus nécessaire – elle continua de vivre toujours plus profondément ce qu'elle avait cessé de lire.

C'est un émerveillement de découvrir l'unité du rythme qui entraîne les deux mélodies : celle plus grave que chante le saint docteur castillan du XVIe siècle ; l'autre, plus gracieuse, de l'humble moniale française du XIXe. La seconde suppose la première sans jamais la répéter. C'est un même souffle, et pourtant l'originalité demeure entière.

On pourrait, à propos des deux saints, évoquer une de ces admirables fugues d'un des maîtres de l'orgue. Après l'exposé d'un premier thème, répété par les différentes voix, un deuxième thème entre, apparemment différent du premier et comme étranger à lui. Mais bientôt, l'artiste fait entendre ensemble les deux thèmes : chacun d'eux suit sa ligne mélodique, mais tous deux sont si parfaitement construits sur le même rythme que c'est merveille de les sentir dissemblables et pourtant unis dans une unité supérieure. Vraie jouissance pour l'oreille et pour l'esprit : les divergences matérielles, les lignes mélodiques différentes se fondent dans l'unité d'un même rythme.

Le même rythme d'âme entraîne ainsi Jean de la Croix et Thérèse de l'Enfant-Jésus sur le chemin de l'amour, dans le respect de leur personnalité propre.

1. Cf. *Jn* 6,63.
2. Cf., in *Manuscrits Autobiographiques*, t. II : « Notes et Tables », p. 58, le témoignage de sœur Marie de la Trinité.

Les considérations les plus savantes sur la sainteté peuvent nous laisser froids, mais un saint rencontré sur le chemin de notre montée nous entraîne par la main, comme malgré nous. Pour plus d'un d'entre nous déjà, trop las de son fardeau de renoncements, Jean de la Croix a été ce cyrénéen inespéré. Quand on a eu le bonheur de le rencontrer, d'une rencontre qui va jusqu'au fond de l'âme, on monte sans plus murmurer, quand ce n'est pas en chantant, même si le cœur saigne et qu'on ne se sent plus la force de mettre un pied devant l'autre.

Saint Jean de la Croix continue par ses écrits ce qu'il fit de son vivant. En ce qui concerne son influence humaine, comme d'ailleurs en tout le reste, il vécut le premier en plénitude la vocation du Carmel réformé. Ses fils ne peuvent la vivre à leur tour que dans la mesure où ils s'inspirent de son exemple.

Il aurait pu sans témérité affronter les chaires des universités les plus illustres, comme celles des cathédrales les plus célèbres. Il fit d'ailleurs l'un et l'autre – ou équivalemment – quand il le fallut. Mais sa vocation de déchaux l'attirait dans un sillage moins voyant, où la manière humaine avait moins de part. Ce qu'il enseigne en fait de dépouillement de soi et de renoncement à tout ce qui est moins que Dieu, il paraît bien l'avoir réalisé. Sans doute est-ce pourquoi, dans sa vie comme dans son œuvre, on a de la peine à fixer les traits qui révèlent une personnalité humaine puissante en ressources. Il possédait cette personnalité, mais on la pressent plus qu'on ne la découvre. Elle est insaisissable, même quand elle se laisse deviner. Saint Jean de la Croix ne vivait ni n'écrivait en vue du public.

Aussi a-t-on plutôt l'impression d'être devant une transparence. Dans les pages qu'il écrivit, comme dans les années qu'il vécut, ne rayonne plus guère que la limpidité de la chaude lumière de Dieu. La richesse de sa vie intérieure, les clartés qu'il reçut, l'amour surtout auquel les dons de l'Esprit le portèrent, nous ne pouvons guère que les conjecturer vaille que vaille ici-bas.

Mais le dynamisme surnaturel qui anima sa vie agit, au-delà de sa mort, avec une puissance que le rayonnement humain des « grands hommes » ne semble pas posséder : plus de trois cents ans après sa mort, les âmes éprises de vie, de vraie vie profonde, viennent encore se réchauffer au foyer qui brûla au cœur du pauvre de Duruelo.

AVERTISSEMENT

Tous ceux qui ont lu dans le texte original la « substantielle doctrine[1] » de saint Jean de la Croix souhaitent trouver, pour la diffusion de cette doctrine, une traduction française qui soit exacte, sans fadeur ni platitude. Ils voudraient même – ce rêve est-il réalisable? – un texte à travers lequel se puisse deviner quelque chose de la saveur littéraire de pages qui appartiennent à la meilleure littérature espagnole.

L'ouvrier d'une telle traduction devrait être à la fois un excellent hispanisant, un théologien habitué à conserver aux mots techniques leur valeur doctrinale, un lettré sensible au nombre d'une phrase, et encore un poète qui sût donner au texte français le charme mystérieux dont le lyrisme sanjuaniste pare souvent une pensée très dense.

Un carme parisien du XVIIe siècle, le père Cyprien de la Nativité, paraît bien avoir été cet ouvrier aux dons multiples.

Malgré les traductions déjà nombreuses qui se sont succédées depuis trois cents ans, la sienne continue à se détacher. Elle réaliserait l'idéal rêvé si deux obstacles ne l'en empêchaient partiellement. D'une part, un ton archaïque (parfois simplement une orthographe ancienne qui déconcerte le lecteur moderne). De l'autre, ce qui est plus grave, l'inexactitude des textes espagnols utilisés par le carme de la rue de Vaugirard.

Pour éclairer ce deuxième point, il faut rappeler brièvement les conditions dans lesquelles s'opéra la diffusion des œuvres de saint Jean de la Croix.

Depuis sa captivité de Tolède, en 1578, jusqu'à sa mort, en 1592, Jean de la Croix n'a cessé d'écrire. Nombre de dépositions attestent qu'il faisait copier ses écrits par ses fils et ses filles, à qui il les remettait par petits cahiers ou sur feuilles détachées[2] à mesure de leur composition, qui, pour la Montée *et la* Nuit Obscure, *eut lieu lentement et non sans de nombreuses interruptions[3]. Ce travail de transcription ne l'empêchait sans doute pas de conserver des autographes, puisque le médecin qui le soignait à Ubeda, au moment de sa mort, témoigne que*

1. *Montée*, Prologue, p. 78.
2. Cf. *Vida y obras completas de S. Juan de la Cruz*, 4a ed., *B. A. C.*, 1960, p. 287.
3. *Ibid.*, p. 405.

le saint lui remit alors des manuscrits de certaines de ses œuvres, qu'il transportait avec lui et qui étaient écrits de sa main[1].

Or aucun autographe des grands traités ne nous est parvenu et les copies que nous possédons ne semblent représenter qu'une partie de celles qui existèrent.

Cet énorme déficit est en partie le résultat de la persécution que Jean de la Croix eut à subir, à la fin de sa vie, de la part de ses frères réformés[2]. *En Andalousie, où se poursuivit une enquête diffamatoire, les carmélites et les amis du saint, sur son conseil probablement, se défirent de tous les* autographes *(lettres et traités) qu'ils avaient en leur possession et qui, dans le climat de l'époque, auraient suffi à compromettre gravement leur auteur auprès de l'Inquisition.*

Après la mort du saint, les copies de ses œuvres recommencèrent à circuler. Les manuscrits actuellement connus présentent des variantes parfois importantes et leur fidélité pose des questions difficiles à résoudre en l'absence d'autographes.

C'est en 1618 seulement que vit le jour, par les soins de l'ordre, la première édition, dite complète, des œuvres du saint: le Cantique Spirituel *n'y figure pas et l'ensemble des textes, comme c'était alors la coutume, a subi de la part de l'éditeur, le P. Diego de Jésus Salablanca, des remaniements, des suppressions et des interpolations considérables. Cette « correction » avait été jugée, par les supérieurs de l'ordre, indispensable à la présentation publique d'une doctrine dont la hardiesse risquait, vu les circonstances des temps, d'être mal venue. Les textes ainsi remaniés, auxquels s'étaient ajoutés progressivement le* Cantique *et d'autres écrits mineurs, seront, avec quelques variantes dans les corrections, les seuls à être édités jusqu'en 1912, date de la première édition critique, celle du P. Gerardo de S. Juan de la Cruz. Par le fait même, toutes les traductions, dans les divers pays, entre 1618 et 1912, reproduisent les défauts des textes espagnols. C'est le cas de la traduction du père Cyprien, qui date de 1641.*

*Quiconque a fréquenté cette traduction en a immédiatement senti le charme. En dépit de ses inexactitudes, qui sont celles des textes espagnols du XVII*e *siècle, elle a été louée par les érudits. «En France, – écrivait J. Baruzi dans la première édition de l'ouvrage que nous citions plus haut*[3] *– la traduction qu'a publiée en 1641 le P. Cyprien*

1. Cf. Bruno, p. 391, qui donne en note les références de ce témoignage.
2. Cf. Bruno, pp. 377 sqq., et notre introduction aux *Lettres*, ci-dessous, pp. 817-818.
3. *Saint Jean de la Croix et le problème de l'expérience mystique*, 1re édition, Alcan, Paris, p. 720.

de la Nativité est d'une rare finesse. » *Le même auteur ajoutait :* « *Pour deviner les œuvres théoriques de saint Jean de la Croix en leur exacte nature, le lecteur français devra, aidé surtout par le P. Cyprien de la Nativité de la Vierge, interroger, en attendant une édition critique véritable, les pages de l'*Edición crítica[1]. »

Ne disons rien ici de la traduction en vers français des trois poèmes principaux de saint Jean de la Croix. Paul Valéry en a révélé naguère la valeur, qu'il juge considérable pour la poésie française[2]. *Nous en parlerons au moment de présenter l'œuvre poétique du saint.*

Dans l'avertissement au lecteur, le père Cyprien note que les œuvres de saint Jean de la Croix contiennent « *des communications d'esprit si pleines d'esprit, que, sans participer à l'esprit avec lequel elles ont été couchées par écrit, à peine les pourrons-nous entendre, mais jamais les goûter ni savourer aucunement* ». *Ce n'est certes pas la traduction du père Cyprien qu'on pourra accuser de manquer de sens spirituel. Ni non plus de qualité littéraire. Tant le père Cyprien devait savourer à la fois la substance de la doctrine qu'il traduisait, et le riche vêtement dont il la trouvait parée en espagnol !*

On peut regretter de savoir si peu de chose sur le père Cyprien. La Bibliotheca Carmelitana *de Côme de Villiers insère, parmi beaucoup d'autres, cette notice :* « *Cyprien de la Nativité de la Vierge, français, appelé dans le monde André de Compans, naquit à Paris le 26 novembre 1605. Il y fit profession chez les Carmes déchaussés le 18 septembre 1633. Tandis qu'il paraissait avoir établi sa fortune dans le monde, après avoir parcouru maintes régions de l'Orient, Préfet du Trésor Royal, possédant plusieurs langues, il suivit si fidèlement les inspirations divines que, une fois admis parmi les Carmes, il se donna tout entier à Dieu et à l'utilité du prochain, par la parole et par la plume, et qu'il passa toute sa vie dans l'exercice des vertus, jusqu'au jour de sa mort, qui eut lieu à Paris le 16 septembre 1680*[3]. »

La liste de vingt-cinq ouvrages, dont plusieurs ont dû demander des années de travail, publiée à la suite de cette notice, révèle une activité littéraire intense. Dès le début, cette activité est attirée par saint Jean de la Croix. Cinq ans après sa profession, à peine ses études théologi-

1. *Ibid.*, p. 721.

2. Une très belle plaquette, publiée chez Louis Rouart et Fils par Paul Valéry, a fait connaître au public *Les cantiques spirituels de saint Jean de la Croix, traduits en vers françois par le R. P. Cyprien, carme déchaussé.* L'importante préface que Paul Valéry leur a consacrée commence par ces lignes : « Je propose aux amateurs des beautés de notre langage de considérer désormais l'un des plus parfaits poètes de France dans le R. P. Cyprien de la Nativité de la Vierge, carme déchaussé, jusqu'ici à peu près inconnu. »

3. P. 355.

ques terminées, le père Cyprien ne publiait-il pas, en 1638, une réédition de la traduction française de la vie de saint Jean de la Croix par le père Joseph de Jésus-Marie Quiroga? La ferveur de l'éloge que le fils fait de son père, dans l'épître dédicatoire à la Reine, n'a rien d'un lieu commun littéraire. Pour lui, saint Jean de la Croix est avant tout le guide des âmes contemplatives. *C'est ce qui le poussera, trois ans plus tard, en 1641, à traduire les œuvres du saint.* L'avertissement au lecteur *laisse entendre que le grand mérite du premier déchaux est « d'avoir marqué des maximes et donné des règles pour acheminer les âmes à la contemplation ». Dans ses œuvres, « les âmes parfaites trouvent une doctrine céleste, une pâture divine et des secrets admirables, qu'elles avaient peut-être expérimentés devant que de les connaître ou les entendre ». Cyprien, on le sent, parle d'expérience. Et si les dons spirituels ne suppléent pas aux dons littéraires requis d'un bon traducteur, ils confèrent à ce traducteur une aisance singulière. Elle se manifeste ici par un indéniable bonheur d'expression.*

Le vocabulaire du père Cyprien est d'une richesse qui va parfois jusqu'à la truculence : tel passage de la Vive Flamme *soutiendrait la comparaison avec les* Provinciales. *La saveur de vieux mots, perdus pour le malheur de notre langue, rehausse singulièrement le ton de maintes pages qu'une traduction plus moderne risquerait d'affaiblir.*

On reproche à sa syntaxe d'être parfois lourde. Ce reproche est fondé. Mais quand on a longuement comparé la traduction à l'original, quand on les a lus parallèlement plusieurs fois, on doit bien reconnaître que la période du père Cyprien, bourrée d'incises au point d'en être plus d'une fois embarrassée, se moule de très près sur la phrase du saint. La pensée du docteur mystique s'exprime souvent en une phrase ample, où les nuances et les précisions accumulées en cours de route révèlent un contrôle constant de l'expression proposée et un souci aigu de ne pas déformer ce qu'il était pourtant si difficile de dire avec les mots de tous les jours. Le plus souvent, à côté de formules brèves, frappées à l'emporte-pièce, le saint laisse sa plume suivre les riches méandres d'une pensée jamais lasse de rebondir, comme une vague qui se redresse quand on croyait qu'elle allait mourir sur le sable. Telle phrase ne remplit pas moins d'une page, et l'exemple n'est pas unique. Ce qui aurait pu être un juste reproche à l'adresse du père Cyprien devient presque un éloge, quand il s'agit du traducteur de saint Jean de la Croix.

Le travail du carme parisien étant le fruit de l'heureuse rencontre de tant de qualités, il n'en fallait pas davantage pour qu'un carme du

XXe siècle songeât à rééditer le travail de son « ancien ». Il était nécessaire toutefois de remédier autant que possible aux obstacles signalés plus haut.

Pour cela le texte a été soigneusement revu sur l'édition critique espagnole du père Silverio[1]*, les leçons des manuscrits les plus sûrs étant plus d'une fois adoptées de préférence à celles que le père Silverio retient. Cette révision a donné lieu à maintes suppressions ou additions, à des inversions et corrections de différentes sortes. Ne voulant pas réserver cette édition aux seuls érudits, nous avons renoncé à les signaler.*

En second lieu, l'orthographe a été modernisée, les mots trop désuets ont été changés – mais le moins possible, juste ce qu'il fallait (du moins était-ce notre désir) pour qu'un lecteur non initié aux archaïsmes pût lire le texte sans chopper contre des difficultés de vocabulaire.

Nous avons conservé la ponctuation du père Cyprien, sauf quand elle s'éloignait vraiment de celle du saint. Pour rendre plus claires les phrases les plus longues, nous avons eu recours aux tirets : sans rompre le nombre d'une période qu'il eût été impossible de couper à moins de la trahir, ils rendent sensibles les pauses de la pensée qui se ressaisit, se précise et reprend le rythme un moment suspendu.

Seules les œuvres de Dieu sont parfaites. Cette réédition, que nous avons essayé d'améliorer pour la troisième fois en tenant compte des travaux les plus récents, comporte certainement bien des lacunes. Nous n'aurons aucune peine à les reconnaître et nous remercions d'avance les lecteurs qui voudraient bien nous les signaler.

Que l'on nous permette, en tout cas, de faire nôtre le souhait final du père Cyprien dans son introduction : « Notre Seigneur en tire sa gloire et vous votre avancement. Ainsi soit-il. »

1. SILVERIO DE SANTA TERESA, *Obras de San Juan de la Cruz, Doctor de la Iglesia, B. M. C.*, tomes X-XIV, Burgos, 1929-1931.

Portrait de Jean de la Croix
Couvent des Carmélites, Bruxelles

INTRODUCTION
À
LA MONTÉE DU MONT CARMEL

I. LE SOMMET À ATTEINDRE

Les premières lignes du prologue [1] font clairement entrevoir le terme vers lequel saint Jean de la Croix veut acheminer ses disciples. Il s'agit d'« arriver à la divine lumière de l'union parfaite de l'amour de Dieu, telle qu'elle est possible en cette vie ». En cours de route, de nombreux traits viendront préciser la nature de ce terme: « l'union et la transformation de l'âme en Dieu par amour » [2]. Les profondeurs jusqu'où descend la transformation seront analysées avec une rare maîtrise de la pensée et de l'expression. La puissance d'assimilation que possède la grâce, la faculté, dont jouit l'amour, de créer la ressemblance, les obstacles qui se rencontrent et qui sont décrits avec sérénité, les différents degrés auxquels les âmes peuvent être destinées, rien ne manque à cette reconnaissance importante du but à atteindre.

Encore ne faudrait-il pas commettre la maladresse de faire, de l'union à Dieu par amour, une sorte d'absolu mathématique. Il n'y a pas à transposer dans le domaine spirituel la rigueur mécanique des lois de la physique. Cette union à Dieu par amour, étant proportionnelle aux aptitudes de chaque âme, est chose essentiellement relative. Sous une certaine uniformité d'expression, saint Jean de la Croix laisse entendre, à qui veut bien lire avec soin, la multiplicité et la variété des réalisations individuelles.

En son essence, le but demeure le même pour tous. Si saint Jean de la Croix parle souvent des différents degrés auxquels on peut parvenir, si même, faisant allusion au manque de générosité des âmes, il note douloureusement le petit nombre de celles qui atteignent leur taille adulte, jamais il ne fait mention d'un but différent: dans quel évangile en aurait-il trouvé la notion?

La fréquence avec laquelle ce but de l'union d'amour est invoqué comme argument, montre que, malgré son apparence didactique, la *Montée* est une œuvre relevant du savoir pratique. Pour être un métaphysicien de race, saint Jean de la Croix n'en est pas moins d'abord un praticien.

1. P. 75.
2. *Montée* II, 5, p. 133.

Le père Gerardo de S. Juan de la Cruz, dans son *Introduction à la Montée* [1], met en lumière l'insistance de saint Jean de la Croix à ramener le regard du lecteur vers le sommet de la perfection. Or ce n'est pas chez lui un artifice emprunté à la rhétorique, mais la conséquence du caractère vital de son œuvre. Le terme à atteindre fait sentir son dynamisme sur toutes les pages. Même quand il n'est pas expressément mentionné, il exerce son influence, se laissant deviner par transparence. La structure générale de l'œuvre de saint Jean de la Croix, le plan adopté, les divisions proposées, le comportement décrit là où il peut y avoir activité personnelle, l'attitude conseillée quand il n'est plus question que de pâtir ou de subir, tout est directement commandé par la recherche de cette union avec Dieu par amour. De là sans doute la note d'absolu, l'allure virginale des pages écrites dans cet unique souci.

L'amour est le terme consommant la ressemblance, réalisant l'union. Il est aussi le moyen. Il est déjà présent au point de départ. La synthèse de la pensée de saint Jean de la Croix se fera autour de la notion d'amour, ou elle sera faussée. Sans nullement méconnaître l'importance du facteur intellectuel chez celui qui n'a pas été en vain le brillant étudiant de Salamanque, il faut rappeler ce primat de l'amour, aussi bien dans la fixation du but que dans le choix des moyens.

Un mot servira souvent à saint Jean de la Croix pour désigner tantôt l'un, tantôt les autres : celui de *contemplation*. Qu'on ne s'y trompe pas. Comme le mot d'oraison pour sainte Thérèse, celui de contemplation pour saint Jean de la Croix est un mot particulièrement riche, dont la compréhension englobe l'ensemble des rapports de l'âme avec Dieu. Cette contemplation n'est pas un exercice. Car c'est toute la vie qui est emportée dans son mouvement, comme dans celui de l'oraison thérésienne. On a justement noté que, dans les écrits sanjuanistes, il y a équivalence pratique entre les différents termes : contemplation, union avec Dieu, perfection. La contemplation à laquelle saint Jean de la Croix achemine son disciple n'est pas le fruit d'une activité principalement cérébrale, ni une attitude foncièrement intellectualiste : elle est la clairvoyance d'un amour qui, ayant tout donné pour l'Aimé, lui demeure uni sans obstacle, dans la foi.

1. *Edición crítica*, t. I, p. 6.

II. LE SENTIER DE PERFECTION

Deux ouvrages décrivent l'itinéraire, le plus souvent douloureux, de l'âme en marche vers le sommet de l'union: la *Montée du Mont Carmel* et la *Nuit Obscure*. Ils représentent deux manières distinctes d'envisager le même cheminement. L'un, la *Montée*, décrit le rôle actif de l'âme, ses initiatives, voire ses « inventions [1] », au sens que reçoit ce mot dans le vocabulaire de l'amour. Ce rôle actif appartient à l'âme, soit lorsqu'elle s'efforce avec l'aide de la grâce de faire les premiers pas sur le sentier à pic du Mont de Perfection, soit lorsqu'elle doit pratiquer une ascèse bien plus subtile, sous l'emprise de la grâce qui l'emporte en direction de l'unique sommet, par-delà toute initiative personnelle et sans plus aucun chemin tracé. L'autre ouvrage, la *Nuit Obscure*, montre l'initiative divine subvenant à l'impuissance humaine. Cette initiative est nécessaire, quels que soient la bonne volonté et les efforts de l'âme. Elle marque un changement de principe et de règle dans les démarches spirituelles. Mais elle suppose toujours, de la part de l'âme, réaction et même préparation. Il en sera ainsi jusqu'au sommet de la vie spirituelle, que décriront le *Cantique Spirituel* et la *Vive Flamme*.

Si l'on voulait – et ce fut fait – représenter matériellement cette double façon d'envisager l'itinéraire spirituel, sous l'aspect actif et sous l'aspect passif, on pourrait tracer une ligne verticale correspondant à l'activité humaine. Puis, à partir d'un certain point de cette ligne, un arc de cercle, naissant d'elle et s'en écartant pour la rejoindre au sommet, matérialiserait l'initiative divine.

La plupart du temps, au début de la vie spirituelle, l'âme que Dieu appelle fournit seule – du moins la grâce ordinaire en vertu de laquelle elle agit lui en laisse-t-elle l'impression – un effort laborieux, à la manière des enfants des hommes. C'est l'ascèse qui prédomine. Bientôt – plus ou moins tôt, selon la générosité que les âmes mettent à se dépouiller pour Dieu de tout ce qui est moins que Dieu – l'emprise divine se manifeste, parallèlement à l'activité de l'âme. La *Montée* commence avant la *Nuit Obscure*. Du point de vue de la chronologie, il y a décalage au point de départ des deux ouvrages. Puis tous deux exposent des états qui sont souvent simultanés: un synchronisme apparaît entre les

1. *Montée* I, 14, p. 119.

deux descriptions. Non que, par exemple, la nuit des sens sous son aspect actif (étudiée dans la *Montée*) aille nécessairement de pair avec la nuit des sens sous son aspect passif (étudiée dans la *Nuit Obscure*). Mais chacun des points de l'itinéraire passif, décrit dans la *Nuit Obscure*, exige de la part de l'âme une attitude active, exposée dans la *Montée*, à l'un ou l'autre moment du cheminement.

Faut-il, après cela, dire longuement que les deux ouvrages sont inséparables? D'excellents arguments, plusieurs fois retracés, prouvent que, dans la pensée de saint Jean de la Croix et dans son projet initial, ils ne faisaient qu'un seul ouvrage, composé de deux grandes parties: *Montée* et *Nuit*. Ce que nous appelons en bref la *Nuit Obscure* est plus explicitement désigné par le saint lui-même comme la *Nuit Obscure de la Montée du Mont Carmel*[1]. Aussi est-il normal que les deux ouvrages se fondent sur un même poème, celui de la *Nuit*, et comportent les mêmes divisions essentielles.

La nuit – qui est le symbole du renoncement à soi et aux choses, volontairement assumé (*Montée*), ou passivement subi (*Nuit Obscure*) – se réalise d'abord dans la partie sensible de l'être: d'où la nuit active du sens et, parallèlement, sa nuit passive; puis dans la partie spirituelle: et c'est, d'une part la nuit active de l'esprit, de l'autre sa nuit passive. D'où le schéma suivant:

NUIT	active (*Montée*)	1° du sens – 2° de l'esprit
	passive (*Nuit Obscure*)	1° du sens – 2° de l'esprit

Pour nous en tenir à la *Montée*, ce sont là ses deux divisions essentielles, dont la deuxième (la nuit de l'esprit) se subdivise selon les trois facultés de l'âme: intelligence, mémoire, volonté, mises respectivement en relation avec la foi, l'espérance et la charité[2].

1. En *V.F.*, I, 4, p. 732 (cette appellation ne se trouve pas dans tous les manuscrits, cf. SILVERIO, t. IV, p. 20). Ailleurs (*Montée* I, 1, p. 82 et 13, p. 115), le saint désigne la *Nuit* comme la « quatrième partie » ou le « quatrième livre » de l'unique ouvrage *Montée-Nuit*, dont les trois premiers livres sont les livres I, II et III de la *Montée*. Ailleurs encore (*Montée* II, 6, p. 139) il l'appelle le « second livre », c'est-à-dire la deuxième partie de l'unique ouvrage *Montée-Nuit*.
2. Cf. *Montée* II, 6, pp. 137-139.

Ce qui donne cet autre schéma:

Montée	Livre I	Nuit du sens en général (ch. 1-12) Nuit active du sens (ch. 13-15)	
	Livre II	Nuit active de l'esprit:	Intelligence
	Livre III	id.	Mémoire (ch. 1-14) Volonté (ch. 15-fin)

Le prologue de la *Montée* est nettement commun à la *Montée* et à la *Nuit Obscure*, qui est le seul des ouvrages de saint Jean de la Croix à n'en pas avoir – ce qui est logique, si, comme nous l'avons dit, il n'est qu'une partie de l'ensemble *Montée-Nuit*. Nombre de traits du prologue ne conviennent d'ailleurs bien qu'à la *Nuit*.

Au livre I de la *Montée*, une remarque similaire s'impose: les deux premiers chapitres sont communs à l'ensemble *Montée-Nuit*. Ils énoncent des principes généraux et apportent des définitions qui serviront indifféremment aux deux ouvrages. Puis il est question de la nuit du sens. Mais les dix chapitres qui suivent (3-12) peuvent aussi bien concerner la nuit passive que la nuit active. Ils constituent un long présupposé doctrinal sur les « appétits sensibles ».

A rigoureusement parler, la nuit active du sens ne commence qu'au chapitre 13. Il suffit de lire attentivement le début de ce chapitre pour voir que saint Jean de la Croix, après avoir encore donné des indications valables et pour la nuit active et pour la nuit passive, marque à ce moment la bifurcation et oriente son travail exclusivement vers la nuit active du sens. Trois brefs mais admirables chapitres exposent toute sa pensée sur ce sujet.

Les deux autres livres de la *Montée* concernent la nuit active de l'esprit. Successivement, le saint étudie les renoncements qui s'imposent du point de vue de l'intelligence, puis de la mémoire, enfin de la volonté. Cette dernière partie s'interrompt à peu près au même endroit dans tous les manuscrits. A-t-elle été achevée par le saint? Aucun document, aucun argument de critique interne ou externe ne permet de le dire. Si d'autres chapitres ont existé, ils ont fait l'objet d'une destruction systématique, soit du vivant de saint Jean de la Croix et sur son ordre, soit après sa mort, par précaution.

III. LA NUIT DU SENS

L'étude exhaustive de la nuit du sens ne peut se faire uniquement d'après le livre I de la *Montée*. Puisque la sensibilité ne peut être un obstacle à l'union avec Dieu que dans la mesure où une complaisance consciente et volontaire y est impliquée, elle ne sera vraiment purifiée qu'au moment où l'intelligence et la volonté le seront. L'étude de la nuit du sens, pour être complète, exige donc qu'on emprunte bien des traits aux autres livres de la *Montée*.

La nuit active du sens est l'œuvre caractéristique des *débutants* ou *commençants*. Dans la terminologie de saint Jean de la Croix, ce qui constitue principalement le fait d'être un débutant est l'usage de la méditation [1]. Le mot *débutant* n'a donc pas un sens d'abord chronologique, mais qualificatif. On peut être un débutant toute sa vie. On peut pratiquement brûler cette étape, du moins en ce qui concerne l'usage de la méditation. Jamais pourtant on ne peut se dispenser de passer par la nuit active du sens. Tous doivent s'efforcer de mortifier leur être sensible, dans la mesure même où il peut être, par le moyen des *appétits* désordonnés, un obstacle à l'union divine. La nature et le degré de nocivité des différents appétits sensibles sont l'objet d'une analyse fouillée et parfois cruelle dans sa clairvoyance.

Contrairement à ce que l'on pense d'ordinaire, il y a dans saint Jean de la Croix tous les éléments requis pour une étude de la méditation. Sans doute n'en parle-t-il pas *ex professo*. Mais lui qui, au témoignage de Joseph de Jésus-Marie Quiroga, excellait à faire pratiquer la méditation à ses novices de façon à les acheminer sûrement vers la contemplation, n'a pas omis de donner à son sujet maintes indications fort utiles.

Le thème ordinaire de la méditation, qui est la vie du Christ [2], le mécanisme psychologique qui la caractérise (point de départ à base de travail imaginatif, puis construction intellectuelle aboutissant à une attitude affective plus ou moins prolongée), la nécessité de cette méditation, la manière de la simplifier ou de

1. Cf. *N. O.* I, 1, p. 384.
2. Cf. *Montée* I, 13, p. 116.

l'orienter vers un simple regard intérieur chargé d'amour, le moment difficile de la transition vers une manière caractérisée par l'emprise divine, tout cela est noté avec l'expérience d'un psychologue au regard clair, et souvent compatissant: on pourrait, dans ce domaine, épargner aux âmes tant de maladresses et de souffrances !

Un texte important de la *Montée*[1], que d'autres viennent étoffer, montre que saint Jean de la Croix n'ignore pas une forme de méditation purement intellectuelle ou philosophique. S'il sait que la méditation est ordinairement une mise en œuvre de l'intelligence supposant un travail de l'imagination (qu'il est d'ailleurs loisible à chacun de réduire à sa plus simple expression), il sait aussi que certains esprits, plus vifs et plus subtils, arrivent à se dégager pratiquement de l'opération des sens intérieurs et à s'occuper en une joute de concepts, où l'illusion d'ailleurs se glissera facilement. Mais tout cela, si raffiné que ce soit, n'est encore qu'œuvre d'homme et doit cesser pour que Dieu puisse faire son œuvre à lui.

Pour le docteur mystique, la méditation n'a pas d'autre but que d'orienter vers la contemplation. Aussi est-ce exclusivement en fonction de la contemplation qu'il aborde la méditation. On pourrait sans paradoxe parler du caractère contemplatif de la méditation sanjuaniste, tout comme on peut parler du caractère mystique de son ascèse. C'est même la seule manière exacte de parler de l'une et de l'autre.

Car s'il est vrai que pour saint Jean de la Croix la méditation est essentiellement orientée vers la contemplation, l'ascèse décrite dans la nuit active du sens est essentiellement orientée vers la mystique. C'est ce qui lui donne son caractère propre et ce qui fait l'originalité profonde du début de la *Montée*, qu'un regard superficiel pourrait prendre pour un traité d'ascèse classique.

On a pu écrire: « Les règles de la mortification seront, pour un Jean de la Croix, mystiques et non proprement ascétiques[2]. » Elles le sont par cette orientation foncière vers l'union avec Dieu par amour. Elles le sont par le dynamisme étrange qui les anime et dont témoignent les pages redoutables et ardentes du chapitre 13, au livre I de la *Montée*. Elles le sont par leur structure même, que manifestera clairement, au livre III, la nuit active de la volonté, mais que les chapitres 13 et 14 du livre I mettent

1. II, 29, p. 240.
2. J. BARUZI, *op. cit.*, p. 419.

suffisamment en lumière pour que nous en disions immédiatement un mot.

Parlant du désir des choses créées dont ordinairement la volonté est si affamée, dont elle « a coutume de s'enflammer, afin d'en jouir », il écrit que pour vaincre cet amour et cette affection « il était besoin d'une autre plus grande inflammation d'un autre meilleur amour »[1].

Ce n'est pas là un *a parte* jailli de l'âme naturellement ardente du saint, ni une échappée hors du raisonnement: mais c'est l'exposé même de ce qui constitue l'ascèse sanjuaniste, de la sensibilité comme de la volonté. On répugne à prononcer le mot de *méthode*. Celui de *manière* conviendrait mieux. C'est celui qu'emploie le père Élisée des Martyrs, ce religieux qui, après avoir longuement fréquenté saint Jean de la Croix, écrivit les souvenirs de ses contacts avec le saint[2]. Cette manière – dont on trouverait, chez saint François de Sales et d'autres, bien des exemples concrets, sinon un exposé théorique – consiste, en cas de tentation ou en face d'un renoncement, non à recourir à des arguments situés sur le terrain même de la tentation (comme le seraient le bénéfice de la vertu à acquérir, le danger de céder au vice menaçant, etc.) mais à faire de l'amour et de l'amour seul le moyen, non pas de résistance à la tentation, mais de dépassement de la tentation. Toute l'efficacité d'une telle manière consiste, non à agir par force, mais à transposer l'activité de l'âme, à l'absorber toute d'un seul coup sur le plan de l'amour.

Au lieu d'argumenter par un *sed contra* laborieux et plus ou moins efficace, l'âme, d'un coup d'aile, cherche à rejoindre Dieu présent en elle, afin de lui dire son amour. Elle laisse là aussi bien la tentation que les complaisances inavouées qu'on trouve à y penser, même pour la combattre. Acte d'amour anagogique, dit le saint en un terme qui paraît bien un peu barbare, mais qui évoque (en grec) ce coup d'aile de l'oiseau devant qui on vient de jeter un filet. Or c'est en vain qu'on jette le filet en face de ceux qui ont des ailes[3]. La tentation ne peut mordre sur une âme occupée à dire son amour à l'unique Ami. Quand tu lui es uni, « le mal n'arrive pas jusqu'à toi », dit le psaume[4].

1. *Montée* I, 14, p. 119.
2. Cf. SILVERIO, t. XIII, p. 348. La relation du P. Elisée des Martyrs est citée ci-dessous: *Opuscules*, V, pp. 1024-1026.
3. Cf. *Ps* 123 (124), 7.
4. *Ps* 90 (91), 10.

Dès la nuit du sens, la manière anagogique, qui sera surtout utilisée dans la nuit de la volonté, est pleinement mise en œuvre.

Cette manière ne donne-t-elle pas la raison profonde d'une affirmation souvent faite par ceux qui ont étudié l'ascèse sanjuaniste: malgré une rigueur apparente, qui pourrait faire croire à un certain pessimisme, il ne s'agit pas, en pratiquant cette ascèse jalouse, d'opérer la moindre destruction au plan de l'être. Il n'est question d'anéantir aucune possibilité physique de sensation. Il s'agit de supprimer toute complaisance volontaire égoïste en une activité sensible qu'il n'est pas en notre pouvoir, en bien des cas, et qu'il n'est d'ailleurs pas requis de supprimer.

Ce que le saint ne veut pas, c'est qu'on soit « affectionné à », « qu'on mette son cœur à », « qu'on s'éprenne de », « qu'on aime à », « qu'on mette sa joie à » voir, sentir, entendre, toucher, goûter. Il ne prétend pas détruire quoi que ce soit de notre être naturel (car il est parfait en soi, cet être créé par Dieu [1]) ni des choses extérieures (« qui d'elles-mêmes sont bonnes [2] »), mais toute trace d'attachement volontaire, facilement jouisseur et déréglé, à ces choses extérieures perçues par nos sens.

Il est indispensable de lire la nuit active du sens et toute la *Montée* dans ces perspectives, sous peine de fausser la pensée du saint. « Quiconque veut aimer [3] autre chose avec Dieu, sans doute ne fait pas grande estime de Dieu [4]. » Et ceci explique « le premier dommage principal que les appétits font à l'âme, qui est de résister à l'esprit de Dieu », de la priver de Dieu [5]. Le but poursuivi par le saint, la manière *anagogique* d'y acheminer les âmes sont tout entiers contenus dans ces lignes. Nous avons ici une notion essentielle à l'œuvre du saint.

Ce qui confirme le bien-fondé de cette interprétation positive de l'ascèse sanjuaniste, c'est le terme auquel elle aboutit. Non seulement il n'y est pas question de destruction des puissances sensibles, mais il s'y manifeste une connaissance et une jouissance des créatures qui sont le fait d'une sensibilité désormais purifiée. Il semble même qu'on doive parler d'un affinement de la sensibilité. L'âme se découvre des subtilités, des délicatesses dont elle

1. Cf. *Montée* I, 9, p. 104.
2. Cf. *Montée* II, 17, p. 183.
3. Le saint prend le verbe aimer en son sens fort: aimer d'un amour qui identifie à l'objet aimé et qui met cet objet « en balance avec Dieu », comme le dit la fin de la phrase.
4. *Montée* I, 5, p. 93.
5. *Montée* I, 6, p. 97.

ne s'était jamais avisée jusque-là, des modes nouveaux et plus délicats de jouir, de souffrir et d'aimer. Dans le *Cantique Spirituel*, le saint, commentant le troisième vers de la quinzième strophe, écrit : l'âme « dit que son Ami est ce *concert silencieux*, parce qu'en lui se connaît et se goûte cette harmonie de musique spirituelle [1] ». Or cette harmonie est celle que font toutes les créatures dont l'âme perçoit en Dieu la symphonie, pareille à celle de « nombreux ménétriers qui jouent de leurs instruments » [2]. Au terme du *Cantique*, l'âme demande cette « chose grandement délectable », qui est de connaître *le bocage avec ses charmes*, c'est-à-dire toutes les créatures « dans leur relation à Dieu » [3]. Le dernier vers du *Cantique* ne montre-t-il pas la partie sensible de l'âme « tellement purifiée et en quelque sorte spiritualisée » qu'elle se recueille pour « participer et jouir à sa manière des grandeurs spirituelles que Dieu communique à l'esprit » [4] ?

Nous avons tenu à insister sur cette première partie de la *Montée*. Ordinairement elle est assez mal comprise, et par suite déconcertante pour certains lecteurs. Elle nous semble au contraire importante et caractéristique. La saisir en sa profondeur permettra de mieux comprendre le reste de l'œuvre de saint Jean de la Croix, sur lequel nous pourrons ne pas nous étendre aussi longuement.

IV. LA NUIT DE L'INTELLIGENCE

La nuit active de l'intelligence (livre II) repose sur la notion de foi. Pour l'esprit puissamment synthétique de saint Jean de la Croix, tout se résume en une vue nette de ce qu'est la foi par rapport au but à atteindre : l'union à Dieu. Or, la foi est la saisie obscure de la vérité divine. Ce qu'elle nous fait atteindre, c'est la réalité divine elle-même. Peu importe, en un sens, que les mots utilisés pour exprimer ce qui en soi est ineffable soient des mots humains. Peu importe que nous ayons à agencer, parfois péniblement, des concepts d'homme pour traduire ce que la foi nous dit de la vie de Dieu. Malgré cette infirmité de notre mode de connaître, c'est bien Dieu même que nous fait atteindre la foi.

1. P. 599.
2. *Ibid.*, citant *Ap* 14,2.
3. XXXIX, 3, pp. 683-684.
4. XL, 5, p. 688.

Au ciel, la vision béatifique, c'est Dieu *vu*. Sur terre, la foi, c'est Dieu *cru*. Sous cette différence accidentelle, c'est Dieu qui, de part et d'autre, est saisi.

Ajoutons que la foi dont parle saint Jean de la Croix n'est pas la foi théorique et abstraite d'un manuel de théologie. C'est la foi telle qu'elle se réalise dans la vie; c'est la foi d'une âme qui croit; la foi riche de tout l'amour qu'elle soutient et qu'elle éclaire, riche normalement, de l'illumination des dons du Saint Esprit. Quand saint Jean de la Croix parle de la foi pure, c'est pour l'opposer, non à la charité, mais aux mélanges naturels et sensibles dont elle doit être débarrassée. La foi pure de saint Jean de la Croix est une foi vive, enrichie par l'amour et rendue pénétrante par les dons du Saint Esprit.

Dans ces perspectives, il est bien juste de dire que la foi est le seul moyen prochain de l'union à Dieu. C'est pourquoi le livre II de la *Montée*, qui concerne la nuit active de l'intelligence, est tout entier un hymne à la foi : de l'union à Dieu elle est l'admirable moyen, le seul moyen propre, proportionné, proche, approprié. Par elle seule « l'âme s'unit à Dieu selon l'entendement[1] ».

Cette notion de foi permet de marcher en sécurité entre deux écueils : l'agnosticisme, qui nie la possibilité d'une connaissance quelconque de Dieu, et l'illuminisme, qui se targue d'atteindre Dieu clairement dans un au-delà de la foi. Jean de la Croix n'est ni un agnostique ni un illuminé. Ni un agnostique, car, tout en affirmant la transcendance divine et en rappelant que rien de créé ne peut nous donner une idée adéquate de Dieu, il sait que la foi nous le fait atteindre *lui-même*. Ni un illuminé, car, s'il assure qu'on peut l'atteindre, il sait bien que nul ne peut le voir tel qu'il est sans mourir. Par la foi nous atteignons Dieu, mais dans l'obscurité. Un des plus beaux poèmes du saint chante cette « joie de connaître Dieu en foi » :

Bien sais-je la source qui jaillit et fuit,
Malgré la nuit[2] !

Le livre II de la *Montée* présente donc une sorte de confrontation de la foi et de toutes les autres connaissances possibles.

1. *Montée* II, 6, p. 137.
2. *Poème* VIII, p. 927.

Pierre de touche infaillible, la foi écarte les connaissances inférieures, si riches soient-elles de considérations humaines et si piquantes pour notre curiosité naturelle. Elle attire et donne leurs lettres de créance aux connaissances dans lesquelles elle se reconnaît elle-même. C'est, en suivant l'ordre logique, une analyse serrée des connaissances qui peuvent éclairer l'intelligence humaine.

Saint Jean de la Croix est peut-être le premier auteur qui ait donné tant d'importance à l'ascèse de l'intelligence. Concrètement, l'ascèse de la sensibilité et de la volonté draine presque tout l'effort des auteurs ascétiques. Saint Jean de la Croix estime pourtant que, l'intelligence étant purifiée comme il convient, tout l'être humain sera entraîné dans le juste sillon tracé par celle de nos facultés qui a mission d'éclairer la marche. C'est la foi qui assure cette purification. Elle seule doit servir de règle: ascèse intransigeante qui évite à l'âme de s'égarer ou, au moins, de gaspiller son temps et ses forces.

C'est peut-être dans la nuit de l'intelligence que se réalise le mieux le titre de la *Montée*: « ...pour qu'ils sachent se débarrasser de tout le temporel et ne s'embarrasser pas avec le spirituel, et demeurer en souveraine nudité et liberté d'esprit, laquelle est requise pour la divine union [1]. »

Cette importance de la foi, et de l'ascèse de l'intelligence qu'elle implique, est telle qu'elle a pu favoriser une interprétation intellectualiste de l'œuvre du saint. Mais non, le sens ultime de la mystique sanjuaniste n'est pas la volupté de connaître! Non, le dernier mot de l'auteur de la *Montée* ne va pas à chanter une joie purement noétique! Il n'est que de se rappeler les affirmations inconditionnées de saint Jean de la Croix sur le primat de l'amour. Tout ramener à une dialectique aboutissant à une connaissance raffinée de soi par soi et des choses en soi, c'est méconnaître la nature de la foi, telle que nous la présente le saint. C'est oublier que la pureté qu'il requiert d'elle exclut bien tout alliage de sensibilité inférieure, mais non pas l'appoint de l'amour. Au contraire, bientôt l'amour se montrera plus clairvoyant que l'intelligence et, par charité, lui communiquera quelque chose de sa lumière [2], dans cette « foi très illuminée » dont parle la *Vive Flamme* [3].

1. P. 71.
2. Cf. *Montée* II, 32, p. 248.
3. III, 6, p. 801.

Cette notion dynamique de la foi est au cœur des problèmes que soulève la purification active de l'intelligence. Une lecture approfondie de saint Jean de la Croix devrait permettre de les bien poser et montrer comment il les a résolus.

Relevons seulement, comme étant particulièrement importante, l'étude des « trois signes par lesquels on connaît en quel temps il convient de laisser la méditation et le discours pour passer à l'état de contemplation » (chapitre 13). Cette étude doit être complétée par celle qui est faite, d'un point de vue différent, au chapitre 9 du livre I de la *Nuit.* Presque toujours, nous l'avons signalé, l'analyse faite dans la *Montée* et les consignes données en conséquence, ont leur parallèle passif dans la *Nuit.* Seuls les besoins de l'exposition ont fait séparer ce que la réalité vécue unit en un seul état concret. Qu'il nous suffise de signaler l'intérêt considérable de ces chapitres dans l'itinéraire sanjuaniste, et de renvoyer à ce que nous en avons dit dans l'introduction générale [1].

Le chapitre 14 comporte une étude extrêmement nuancée de la « connaissance générale et confuse [2] » de Dieu. Pour être saisi dans toutes ses nuances, il doit être mis, lui aussi, en parallèle avec les différents textes de la *Nuit* qui traitent du même sujet. Cette connaissance générale – elle est dite générale en ce qu'elle exclut toute appréhension distincte – est à la fois connaissance et amour. Elle est le fruit d'une chaude lumière; le saint l'appelle « notice amoureuse générale [3] ». Ce qui la caractérise, c'est qu'elle ne comporte aucun élément distinct dont l'intelligence puisse se saisir pour voir clair, ni dont la volonté puisse prendre motif pour aimer. Elle est bien plus une attitude spirituelle qu'un acte précis. D'ailleurs, l'âme ne peut que recevoir cette connaissance générale. Souvent, au moment où elle la reçoit, elle ne s'aperçoit de rien. C'est ensuite qu'elle a l'impression de se réveiller. Car elle-même n'opère ni avec les sens, ni avec les autres puissances. Il y a, dans cette attitude nouvelle, un germe dont les splendeurs de l'union à Dieu manifesteront la fécondité cachée. La foi pure peut bien apparaître au début comme une pousse sans couleur et toute frêle: en réalité, elle recèle une puissance de vie dont les développements peuvent être infinis. L'essence de ce que saint

1. Ci-dessus, p. 21.
2. P. 167.
3. *Ibid.*, p. 166.

Jean de la Croix veut nous dire, et dont « on traite peu, en la manière (qu'il fait) [1] », est dans ces pages.

Le chapitre suivant (15) montre quel esprit de mesure accompagne, chez saint Jean de la Croix, le sens de l'absolu. Que de nuances concrètes, quelle délicatesse dans l'art des transitions ! Quelle souplesse dans ces indications d'un praticien ! Pourquoi donc ces pages ont-elles eu le malheur de provoquer des commentaires parfois si raides et si éloignés du texte qu'ils prétendaient éclairer ?

Pour recevoir la lumière qui se communique à elle passivement – c'est-à-dire sans qu'elle opère rien avec les puissances – l'âme n'a rien à faire sinon d'être attentive à Dieu, amoureusement. Il suffit qu'elle reçoive ce qu'on lui donne. L'obstacle ne pourrait être que dans une activité désormais inutile, qui paralyserait une œuvre meilleure que celle qu'elle peut accomplir elle-même. Aucune industrie de sa part n'est alors nécessaire. Mais, en fait, avant que l'âme n'arrive à cette attitude de pure réceptivité, que de gaucheries ! Et quelle tension parfois dans la manière de recevoir, au point d'empêcher en partie le don que Dieu fait ou du moins d'en entraver le développement. Ce qui est demandé, c'est une « pure nudité et pauvreté d'esprit [2] ». Le saint exhorte son disciple à « se tenir avec un amoureux regard en Dieu, en tranquillité d'esprit [3] ». Toute la délicate ascèse requise ici vise à ne pas empêcher la réception de la chaude lumière, gratuitement donnée.

Si saint Jean de la Croix avait connu certaines techniques modernes d'expression, il aurait certainement parlé de relaxation. Selon ces techniques il faut une souplesse totale des muscles, parfaitement abandonnés à leur poids naturel. Toute raideur, toute crispation est une entrave ou un obstacle. Dans le domaine de la musique par exemple, pour recevoir sans le contrarier l'influx mystérieux du rythme écrit et le traduire musicalement, l'artiste doit se mettre dans un état de détente réceptive. Il doit être pure capacité de traduction du rythme. Et si la perfection de son jeu n'est pas créée par la relaxation, elle est entièrement conditionnée par elle. Or il existe une technique de la relaxation, comportant une véritable rééducation. Faute de la connaître, beaucoup ignorent tout de la souplesse d'un rythme vivant.

1. *Ibid.*, p. 172.
2. I, 15, p. 174.
3. *Ibid.*

Il en est de même dans le domaine spirituel. L'âme n'a qu'à recevoir. Encore faut-il qu'une ascèse appropriée l'ait mise en état de recevoir. Cette ascèse est objet d'application : on doit s'y entraîner. Elle n'est nullement cause de la lumière donnée. Elle en conditionne pourtant la réception. Faute de la connaître, plus d'une âme multipliera les efforts maladroits et se crispera dans une attitude contractée, ce qu'il eût fallu par-dessus tout éviter. Par compassion pour ces âmes, arrêtées au seuil du chemin étroit qui mène à la joie, le saint décrit, en ce chapitre 15, la transition difficile entre la méditation et le simple regard, chargé d'amour, vers Dieu.

Malheur aux forgerons qui mesurent un travail au seul bruit qu'il produit ! Bien à plaindre aussi ceux qui plaquent une étiquette sur les descriptions du saint et veulent à tout prix faire entrer sa doctrine dans le moule carré de catégories qui ne peuvent qu'en brutaliser les contours délicats. Ses analyses à lui sont vraies, parce qu'elles sont humblement soumises à l'expérience de la vie.

Aucun chapitre, sans doute, ne montre mieux que celui-ci l'interpénétration de l'ascèse et de la mystique, la nécessité d'étudier parallèlement l'action de Dieu et les conditions de sa réception qui sont au pouvoir de l'homme.

A préparer ainsi les âmes, à les disposer pour recevoir la lumière divine, le saint met une sorte de jalousie. La foi, dont cette lumière est un aspect concret, est tellement supérieure à tout ce que les sens, l'intelligence même, les visions et les révélations peuvent nous apprendre de Dieu ! Dieu est transcendant, au sens strict du mot. Et la foi aussi transcende toutes les autres connaissances. Sur le chemin spirituel, à côté de cette pure lumière de foi décrite aux chapitres 14 et 15, aucune autre lumière ne peut demeurer. De là l'intransigeance du saint à éliminer, dans les chapitres suivants, tout ce qui est moins que la foi et, au contraire, à exalter tout ce en quoi la foi se retrouve.

La nuit active de l'intelligence est substantiellement contenue en effet dans cette distinction de la foi d'avec les autres lumières et dans ce culte de la foi à l'exclusion des autres lumières. Si le saint paraît avoir quelque brutalité en ce domaine, c'est une brutalité libératrice, où l'on sent toute sa compassion pour ceux qui s'engagent non pas sur le chemin de l'esprit égaré – celui où l'on recherche les biens de la terre – mais sur le chemin de l'esprit imparfait – celui où l'on recherche les biens du ciel sans la nudité et la pauvreté d'esprit requises pour les trouver.

Il faut le souligner, chez saint Jean de la Croix cette jalouse estime de la foi est le fondement d'un amour passionné pour celui qu'il souffre tellement de voir « si peu connu de ceux-là mêmes qui se tiennent pour ses amis [1] »: « Notre Sauveur », comme il aime à dire en une expression où la tendresse se joint à l'action de grâce. La nuit de l'intelligence comporte deux admirables chapitres (7 et 22) qui devraient suffire à écarter pour jamais la pensée que saint Jean de la Croix ait pu rêver d'une union à Dieu en dehors du Christ. Ces deux chapitres ne sont pas deux pièces de méditation isolées. Ils sont un organe essentiel dans le corps vivant de la doctrine sanjuaniste. Notre Sauveur a fondé la foi en sa plénitude, tandis qu'auparavant elle ne s'élaborait que progressivement, par l'intermédiaire des prophètes et des saints de l'Ancien Testament. Aussi, à ceux qui prétendraient ne pas se contenter, en pratique, de la foi que le Christ nous a apportée, le Père éternel pourrait répondre: « Tu veux des paroles ou des révélations qui ne sont que partie; et si tu le regardes bien, tu trouveras le tout; parce qu'il est toute ma parole et ma réponse, toute ma vision et toute ma révélation [2]. » Le Christ est l'unique lumière, l'unique chemin. Son enseignement contient toute la foi. Son exemple a tracé la route qu'il nous faut suivre: le chemin étroit qui va jusqu'au dépouillement total de la croix. Oh! celui qui pourrait « entendre le mystère de la porte et du chemin du Christ pour s'unir à Dieu [3] », comme il serait savant! L'ardeur si passionnée, le lyrisme si haut de ces deux chapitres ne sont pas le fait d'un amour quelconque du saint pour celui dont il aimait vénérer, à Ségovie, l'émouvante image peinte sur cuir. Ils sont le fait d'un amour fondé sur une vérité essentielle: il est impossible d'arriver à l'union de Dieu par une autre voie que celle de la foi enseignée par Notre Seigneur et du dépouillement total dont le Sauveur nous a donné l'exemple sur la croix. Ce dépouillement est seul pleinement logique avec la foi et, en ce sens, la dixième station du chemin de la croix traduit un aspect capital de la doctrine sanjuaniste. La foi du Christ Époux, qui aura soutenu l'âme durant les affres de la nuit obscure, s'épanouira bientôt en chant de liesse: les premiers mots de l'épouse

1. *Montée* II, 7, p. 144.
2. II, 22, p. 210.
3. II, 7, p. 144.

introduite dans le jardin tant désiré de l'union parfaite, où elle repose, le cou doucement appuyé sur les bras de l'Aimé[1], ses premiers mots sont pour chanter les mystères de l'Incarnation, celui, surtout, en lequel, sous le pommier, symbole de la croix, le Christ s'est à jamais fiancé les âmes[2]. La foi, douloureuse ou comblée, que chante le docteur mystique, descend de la croix teintée du sang du Crucifié, et c'est la seule qu'il connaisse.

Volontiers – on en a du moins souvent l'impression – le saint simplifierait son exposé et se contenterait d'affirmer la nécessité de s'en tenir à la foi, de croître en elle. L'essentiel est d'arriver par elle à l'union de Dieu le plus vite possible. Ainsi l'exprimera-t-il clairement dans la *Vive Flamme*: « C'est une affaire de grande importance pour l'âme d'exercer en cette vie les actes d'amour, afin que, se perfectionnant en peu de temps, elle ne s'arrête longtemps, ici-bas ou là-haut, sans voir Dieu[3]. »

Il ne faut pas nier sans doute que certaines faveurs, de caractère nettement préternaturel, ne puissent aider l'âme[4]. Mais la foi, fille de la pauvreté spirituelle, aide l'âme incomparablement plus et ne comporte aucun des inconvénients que traînent après soi ces faveurs extraordinaires. Dans le dénuement volontaire de toute appréhension intellectuelle distincte, la foi grandit et, « aussi, conjointement, la charité de Dieu s'enracine et se glisse davantage en l'âme »[5]. Dans la fidélité au renoncement intérieur et extérieur, les trois vertus théologales, inséparablement, s'accroissent.

Aussi le saint aurait-il pu « conclure tout ensemble » l'étude de toutes les appréhensions distinctes en « y donnant le commun conseil de ne les prétendre ni désirer »[6]. Il continue cependant et achève l'étude de la purification de l'intelligence par l'analyse des différentes connaissances qui peuvent surnaturellement être données à l'âme. On l'a dit justement: il n'y a « rien de plus émouvant, dans l'histoire du mysticisme catholique, que cette marche vers l'union, à travers l'épreuve des appréhensions surnaturelles distinctes[7] ».

1. *Cant.*, XXVIII, p. 645.
2. *Cant.*, XXIX, p. 650.
3. I, 6, p. 739.
4. *Montée* II, 24, p. 222.
5. *Ibid.*, p. 223.
6. *Montée* II, 23, p. 219.
7. BARUZI, *op. cit.*, p. 533.

Chemin faisant, le saint aborde bien des problèmes qui tous intéressent la vie spirituelle: compréhension de l'Écriture Sainte, lien entre l'obéissance et la foi, relations avec le maître spirituel, rapports entre foi et raison. Plusieurs de ces problèmes seront souvent repris. Comme ils ne touchent qu'indirectement à la pure ligne de l'itinéraire sanjuaniste, nous ne faisons que les mentionner.

Ce dont le saint ne se lasse jamais, c'est de chanter l'excellence de la foi. Elle est la tunique blanche dont l'âme se pare, dans la *Nuit*, pour favoriser son évasion nocturne[1]. Elle est la fontaine cristalline, située à l'entrée du jardin de l'union parfaite[2]. L'important, c'est, non de savoir beaucoup, mais d'aimer beaucoup: il suffit d'une foi bien dépouillée « pour enflammer beaucoup la volonté, sans nous jeter dans d'autres abîmes de curiosité, où ce sera merveille s'il n'y a quelque danger »[3].

Concrètement, la foi, poussée jusqu'au bout de ses exigences, entraîne tellement l'être entier vers Dieu, qu'on ne peut plus démêler aisément ce qui relève de la foi et ce qui appartient à l'amour dans l'attitude d'une âme qui concentre sur Dieu son regard. De là cette expression admirable, encore que spéculativement inexacte, tirée du prologue du *Cantique*: « ...la foi, en laquelle nous aimons Dieu sans le comprendre[4]. » Une foi qui fait aimer! C'est qu'il y a des regards qui sont, pour traduire l'amour, plus expressifs que des paroles.

Pour en arriver là, toujours la même attitude ascétique. Le dernier conseil donné par le saint, aux dernières lignes de la nuit de l'intelligence, est encore pour recommander, à propos des sentiments spirituels, le dénuement et la pauvreté: « Que l'âme se tienne résignée, humble et se comporte passivement » en ces notices; qu'elle demeure humble, désappropriée[5].

Sous l'emprise divine, seule une souplesse totale, obstinément conservée à travers toutes les joies et toutes les épreuves de l'esprit, permettra à l'âme, dans un regard de foi riche de tout son amour, d'atteindre Dieu.

1. *N. O.* II, 21, p. 481.
2. *Cant.*, XII, 1, p. 576.
3. *Montée* II, 29, p. 242.
4. P. 526.
5. *Montée* II, 32, p. 249.

V. LA NUIT DE LA MÉMOIRE

Selon la synthèse proposée au chapitre 6 du livre II de la *Montée du Mont Carmel*, saint Jean de la Croix, après avoir étudié dans ce livre II la purification de l'intelligence par la foi, expose au livre III d'abord la purification de la mémoire par l'espérance, puis la purification de la volonté par la charité.

Le Père Crisógono[1] et Jacques Maritain[2] ont montré le bien-fondé de ce rattachement de l'espérance à la mémoire et la fécondité, dans l'ordre pratique, de cette position. Pour n'être pas l'une des plus développées, cette partie de l'œuvre du saint est l'une des plus originales, une de celles où se manifeste le mieux son génie propre : mettre de la lumière, un ordre logique, un principe d'intelligibilité dans un domaine où bien d'autres auteurs avaient déjà donné les mêmes conseils, mais ils en sentaient d'instinct la nécessité, sans en voir le fondement réel : ce rattachement de la mortification de la mémoire à la vertu théologale d'espérance.

Tout ce dont nous pouvons faire « réserve » en nous-mêmes, tout ce dont nous tenons « particulier registre »[3] – connaissances imaginaires, d'origine naturelle ou surnaturelle, et connaissances d'ordre spirituel[4] – est catalogué par le saint comme objet de la mémoire. Indiquons tout de suite que, là encore, ce qui lui importe est moins le souvenir comme tel, que les « affections de propriété » à ce souvenir[5]. Nous retrouvons une indication déjà donnée à propos de l'activité sensible[6].

Comment ne pas être frappé par le fait que presque toutes les consignes du saint s'adressent à des êtres déjà en route vers le sommet du Mont de Perfection, des êtres à qui Dieu fait déjà sentir son initiative et qui subissent plus ou moins pleinement l'emprise divine ? Bien des conseils notés ici supposent une âme située au moins dans la nuit des sens, parfois dans la nuit de l'esprit. Il sera souvent nécessaire, pour bien saisir la pensée du saint, de se reporter aux descriptions de la *Nuit*. Ce n'est sans doute pas la dernière fois que nous aurons à signaler ce synchronisme

1. *San Juan de la Cruz. Su obra científica y su obra literaria*, tome I, p. 122.
2. *Les degrés du savoir*, pp. 655-658.
3. *Montée* III, 2, p. 259.
4. Cf. *Montée* III, 1, p. 253.
5. *Montée* III, 15, p. 281.
6. Cf. ci-dessus, p. 45.

des deux œuvres complémentaires. Il y aurait à fournir, tout au long de la nuit active de la mémoire, des indications chronologiques qui seraient précieuses, et parfois le saint y a pourvu lui-même.

Il a d'ailleurs pressenti que ses notations étonneraient. On remarque quelquefois – notamment aux chapitres 2 et 13 – une certaine vivacité de ton : un objecteur entre en scène auquel le saint répond au style direct et non sans passion. Le souffle d'une conviction née de l'expérience lui permet de parler d'autorité.

La première chose à faire est de se rappeler à quoi tendent les conseils du saint. Non pas à instruire des débutants, mais à guider « ceux qui ont commencé d'entrer dans l'état de contemplation[1] », ceux qui sont déjà sous l'emprise divine. Pour eux il s'agit de « tirer la mémoire hors de ses gonds naturels », et « de l'élever à la souveraine espérance »[2]. Moins que jamais, de peur d'être déconcerté, il ne faut perdre de vue la splendeur de la fin : cette paix d'une âme fixée en Dieu, délivrée de toute impressionnabilité, rectifiée jusque dans ses premiers mouvements, obstinée à ne regarder que Dieu, obtenant de lui tout autant qu'elle espère. « Pour un si grand bien, que ne faut-il point endurer et souffrir, avec patience et espérance[3] ? »

Chose curieuse, le principe fondamental de cette nuit de la mémoire n'est exposé que par manière de conclusion, au dernier chapitre (15). Plus d'une fois, il est vrai, il avait été esquissé en cours de route. Le docteur mystique le formule avec la logique de l'absolu qui lui est chère : « ...ce que l'on espère, c'est ce qu'on ne possède ; et tant moins on possède d'autres choses, plus il y a de capacité et d'habileté pour espérer ce qu'on espère, et par conséquent plus il y a d'espérance ; et tant plus on possède de choses, moins on est capable et habile pour espérer, et conséquemment moins il y a d'espérance[4]. » La relation de l'espérance à la pauvreté, qui permettra tant de riches applications concrètes, passe par la notion de possession. Or, il n'y a pas que les richesses temporelles pour rendre injuste.

Les « âmes propriétaires[5] » ne seront jamais des âmes d'espérance. Il ne faut pas minimiser les exigences divines : elles sont

1. *Montée* II, 6, p. 139.
2. *Montée* III, 2, p. 254.
3. *Ibid.*, p. 259.
4. *Montée* III, 15, p. 281.
5. *Montée* II, 26, p. 228.

intransigeantes. Et le saint les rappelle dans leur intransigeance, mais aussi, comme toujours, en montrant leur bienfait: ne mènent-elles pas au « bien souverain de l'union », dans laquelle « Dieu possède désormais les puissances comme Seigneur absolu »[1]?

Beaucoup cependant accepteraient volontiers – si tant est! – la pauvreté extérieure, à condition de pouvoir conserver le trésor de leurs souvenirs: ce bien qui est à nous d'une façon absolument unique, qui n'est vraiment qu'à nous, et que nul ne peut nous ravir.

Mais non! le saint demande que volontairement on fasse le vide en ce domaine. Pourquoi hésiter puisque rien ne « peut tant aider à l'amour de Dieu que le moindre acte de foi vive et d'espérance[2] ». Comme la foi transcende toutes les connaissances, ainsi l'espérance transcende toutes les possessions et réclame qu'on se dépouille de toutes, surtout des possessions du dedans. « Mais il y en a beaucoup qui ne se veulent priver de la douceur et du goût de la mémoire en les notices et, pour ce sujet, ne parviennent à la souveraine possession et tout entière douceur[3]. »

Quelles indications concrètes résulteront de ce principe fondamental de la pauvreté intérieure? Nous retrouvons ici l'attitude ascétique précédemment décrite dans la nuit de l'intelligence. Ascétique? Est-ce bien dit? Oui, si l'on n'oublie pas que l'ascèse sanjuaniste est toujours orientée vers la mystique, qu'elle concerne même, ici, une âme ayant déjà l'expérience de la vie mystique, c'est-à-dire une âme plus ou moins passive sous l'emprise divine.

Considération du but à atteindre; manière anagogique de dépasser les difficultés plutôt que de leur résister en force; aspect positif des renoncements, envisagé de préférence à leur aspect négatif; et surtout attitude fondamentale de souplesse et de disponibilité, qui seule permet à l'action divine de s'exercer sans entraves, telles sont les lignes maîtresses de l'ascèse sanjuaniste.

Jamais peut-être le saint n'a mieux décrit cette façon de se tenir parfaitement disponible à l'initiative divine, sans aucune crispation ni tension. Il faut laisser « la mémoire libre et désembarrassée[4] ». Alors, dans cette mémoire toute en souplesse,

1. *Montée* III, 2, p. 256.
2. *Montée* III, 8, p. 269.
3. *Montée* III, 7, p. 267.
4. *Montée* III, 2, p. 259.

passera le rythme divin de l'espérance: « L'âme par cet oubli et cette retraite de toutes choses est disposée pour être mue du Saint Esprit et enseignée par lui [1]. »

S'il sent l'âme contractée, comme un exécutant maladroit qui se crispe, le saint multiplie les invitations à la détente, à la remise de soi entre les mains de la Toute-Bonté. « Que l'on demeure clos, sans souci ni peine [2]. » Et si l'âme se trouble, si elle est saisie de peur, dans ses ténèbres: « Qu'elle ne perde point le soin de prier et qu'elle attende en nudité et vide, car son bien ne tardera pas [3]. »

A certains moments néanmoins, l'âme aura l'impression que, sur le plan humain, les trous qu'elle éprouve dans la mémoire lui font subir une véritable diminution, à ses propres yeux et aux yeux des autres. Mais « le spirituel ne se doit point ennuyer de cela, car Dieu ne manquera pas de venir en son temps »; vient ensuite l'argument qui dispense de tout autre: « et pour un si grand bien, que ne faut-il point endurer et souffrir avec patience et espérance [4] ? »

En face des tentations, et même des simples invitations constituées par des images ou des connaissances distinctes qui viennent à la mémoire et qui ne peuvent servir à acheminer l'âme vers Dieu, c'est toujours le coup d'aile anagogique qui est conseillé: « ...sans s'y arrêter, qu'il tourne soudain l'âme à Dieu en vide de tout cela avec une affection amoureuse [5]. »

Il ne s'agit certes pas d'oublier les subtilités de l'orgueil ni les exigences de l'humilité. Il ne faut pas non plus sous-estimer le péril des illusions que le démon peut si facilement faire naître dans l'âme, à la faveur de souvenirs entretenus avec instinct de propriété. Mais, par-dessus tout, il faut se rappeler que le but poursuivi par l'âme doit commander son attitude par rapport à toutes choses. C'est pourquoi, même si des visions, paroles, sentiments ou révélations se produisent, elle ne doit « faire cas de la lettre et écorce, mais seulement de prendre garde d'avoir l'amour de Dieu qu'elles causent intérieurement en l'âme [6] ».

C'est l'amour qui décidera s'il faut ou non se souvenir. L'essentiel est de ne « se vouloir enivrer » de l'image, mais seulement de

1. *Montée* III, 6, p. 265.
2. *Montée* III, 3, p. 262.
3. *Ibid.*
4. *Montée* III, 2, p. 259.
5. *Montée* III, 15, p. 281.
6. *Montée* III, 13, p. 277.

« tirer son profit de l'amour »[1]. En ce cas, se souvenir n'est pas « vouloir retenir en soi », en propriétaire, la richesse de l'image, c'est bien plutôt « vivifier l'amour et la connaissance de Dieu »[2].

En tout cela l'insistance du saint va à redire que toutes les richesses d'images, toutes les curiosités ou subtilités de l'intelligence ne valent pas la substance d'un acte de foi et d'espérance, lequel achemine l'âme directement à l'union de Dieu par amour. C'est l'amour qui, seul, importe: « L'âme peut employer tout le temps et la diligence qu'elle eût dépensé à examiner ces connaissances (de la mémoire), en un meilleur et plus utile exercice, qui est celui de la volonté envers Dieu, et à s'étudier à chercher la nudité et pauvreté spirituelle et sensitive[3]. »

Car rien ne peut disposer une âme à être mue par l'Esprit d'amour, à l'exemple de « la très glorieuse Vierge Notre Dame[4] », comme la souplesse qu'opère en elle la pauvreté absolue, riche d'une « espérance opiniâtre[5] ».

VI. LA NUIT DE LA VOLONTÉ

« Ce ne serait rien fait de purifier l'entendement pour le fonder en la vertu de foi, et la mémoire en celle de l'espérance, si nous ne purifiions aussi la volonté par rapport à la troisième vertu qui est la charité[6]. » Tout ce qui a été fait pour l'entendement et la mémoire doit être réalisé également pour la volonté.

Dieu nous garde de confondre l'opération de la volonté avec le sentiment qui peut, ou non, l'accompagner[7]. De même que l'intelligence doit demeurer « dans le vide de ses connaissances », croyant « par-dessus tout ce qu'elle peut entendre », ainsi la volonté doit adhérer à Dieu « dans le vide et l'obscurité de ses sentiments », par-dessus tous ceux qu'elle peut éprouver: faire cela, c'est aimer de façon sûre et vraie, « au goût de la foi »[8].

Il y a d'autant plus à faire que les « passions » de la volonté sont bien souvent « déréglées ». En effet, que d'« appétits, affections et

1. *Montée* III, 13, p. 278.
2. *Montée* III, 14, p. 280.
3. *Montée* III, 13, p. 275.
4. *Montée* III, 2, p. 257.
5. *N. O.* II, 21, p. 483.
6. *Montée* III, 16, p. 282.
7. *Montée* III, 17, p. 286.
8. *Ibid.*, pp. 286-287.

opérations déréglées[1] », même dans une âme qui « s'exerce de propos délibéré dans la voie spirituelle[2] » !

Les excès auxquels conduisent certaines passions permettent de voir en quoi consiste ce dérèglement. Il n'est pas dans les choses elles-mêmes : elles ont été créées bonnes. Mais dans la manière de s'y attacher comme si elles constituaient le bien suprême, auquel on doive sacrifier tout le reste : « Bien qu'il soit vrai que les biens temporels, de soi, ne font pas nécessairement pécher, néanmoins, parce que d'ordinaire le cœur de l'homme, comme faible, s'y attache d'affection et laisse Dieu (ce qui est péché, car le péché, c'est laisser Dieu), pour ce sujet le Sage dit qu'il ne sera pas exempt de péché[3]. » Dieu seul est digne de tout notre amour. Or certains font des choses leur dieu, et ce que saint Jean de la Croix reproche à de telles gens, c'est précisément de « payer le tribut de leur amour[4] » à l'argent ou à quelque autre objet que ce soit.

Pour comprendre les règles de la purification de la volonté données par le saint, il faut une fois de plus se rappeler son dessein. Car le terme qu'il entend faire atteindre à ses disciples mesure les exigences des conseils qu'il leur donne. Bien d'autres auteurs ont traité le même sujet que lui. Mais le timbre propre de cette dernière partie de la *Montée* est entièrement différent de celui des traités d'ascèse pure. Une simple parenthèse, au chapitre 24 (22), permet de mesurer la différence d'ambition dans le but à atteindre, fondant la différence d'exigence dans les moyens à mettre en œuvre. A propos de certaines joies sensibles, qui ne sont pas de soi coupables, le saint note qu'on doit pourtant s'en dépouiller. Puis, comme se ravisant, il ajoute : « ...encore que je ne veux nier que maintes vertus ne puissent être avec assez d'imperfections ; mais avec ces joies qui ne sont éteintes, il n'y peut avoir de pur et savoureux esprit intérieur[5]. » Le saint devait sourire doucement, en écrivant ces lignes, et évoquer les textes qu'il connaissait bien des troisièmes demeures de sainte Thérèse. Car « pratiquer la vertu » comme on le fait dans ces demeures est tellement différent de posséder « le pur et savoureux esprit intérieur » !

1. *Montée* III, 16, p. 283.
2. *N. O.* I, 9, p. 406.
3. *Montée* III, 20 (ancien chapitre 18, cf. ci-dessous, page 63, note 8), p. 289, citant *Eccli* 11,10.
4. *Montée* III, 21 (19), p. 296.
5. *Montée* III, 24 (22), p. 302.

Le point de départ et le terme étant précisés, il reste à fixer un « fondement » qui serve de « lumière » à l'âme, dans son ascension vespérale ou nocturne, ou encore de « bâton » pour assurer sa marche [1]. Le saint formule ce fondement au chapitre 19 (17): « La volonté ne se doit réjouir sinon de ce qui est à l'honneur et gloire de Dieu, et le plus grand honneur que nous lui saurions rendre, c'est de le servir suivant la perfection évangélique – et ce qui est hors de cela n'est d'aucune valeur ni profit à l'homme [2]. »

Ne nous y trompons pas. Cette expression « le servir » est une formule pleine de respect par laquelle le saint entend signifier le don total de soi, c'est-à-dire l'amour. Au chapitre 29 (27), en un passage important, deux expressions équivalentes jailliront, à une ligne d'intervalle, de sa plume: « pour l'amour de Dieu seul », « pour servir Dieu seulement » [3]. Servir Dieu, c'est, par excellence, l'aimer.

Ce fondement fait l'unité de toute la nuit active de la volonté. Rappelant le premier précepte: « Tu aimeras le Seigneur ton Dieu de tout ton cœur et de toute ton âme et de toute ta force [4] », le saint ajoute que ce texte constitue la somme de la vie spirituelle, la somme aussi de son enseignement: « ce qui contient tout ce que l'homme spirituel doit faire et ce que je lui veux ici enseigner pour s'approcher vraiment de Dieu en union de volonté par le moyen de la charité [5]. » On ne peut exprimer plus clairement la primauté de l'amour. La doctrine de saint Jean de la Croix est la doctrine de l'amour.

En quoi consiste l'amour? Essentiellement il consiste à avoir sa volonté conforme à celle de Dieu, en sorte que « de deux volontés il n'en est plus fait qu'une [6] ». D'où naît la ressemblance de l'âme avec Dieu, ou mieux, sa transformation en lui [7].

Cette union qui réalise la transformation exige que toute la force de l'âme soit appliquée à aimer, selon l'admirable texte du psalmiste, trois fois cité et commenté par le saint au cours de ses œuvres: « Je garderai ma force pour vous [8]. »

1. *Montée* III, 19 (17), p. 289.
2. *Ibid.*
3. P. 316.
4. *Dt* 6,5.
5. *Montée* III, 16, p. 283.
6. *Montée* I, 11, p. 109, et II, 5, p. 133. Cf. III, 16, p. 283.
7. *Montée* II, 5, p. 134.
8. *Ps* 58 (59), 10, cité *Montée* I, 10, p. 107; III, 16, p. 283, et *N. O.*, p. 451.

En droit, on pourrait concevoir un amour purement philosophique, qui fasse abstraction de la souffrance et s'en tienne à une union de volonté dans une sérénité de type métaphysique. Mais, concrètement, le saint a dit dans quel état de dérèglement se trouvent nos affections. Aussi note-t-il justement qu'en fait, aimer c'est « travailler à se dépouiller et dénuer pour Dieu de tout ce qui n'est point Dieu [1] ». Ailleurs il avait affirmé que vouloir manquer de toute douceur sentie et « avoir inclination à choisir pour le Christ ce qu'il y a de plus insipide, soit de Dieu, soit du monde, cela est amour de Dieu [2] ». Cette pensée lui est familière. On la retrouve sous une forme voisine dans l'une de ses maximes: « L'amour ne consiste pas à sentir de grandes choses, mais à connaître un grand dénuement et une grande souffrance pour l'Aimé [3]. »

Nous sommes à cent lieues d'une ascèse volontariste, où l'on considérerait le progrès dans la vertu comme un bien en soi, alors que toutes les vertus ne sont rien sans l'amour. Bien caractéristique de la position du saint est l'admirable chapitre 27 (25) où il étudie dans quelle mesure on peut mettre sa joie dans les vertus que l'on possède. Avec quelle satisfaction Thérèse de l'Enfant-Jésus devait-elle lire la fin de ce chapitre ! Elle qui prononçait à contre-cœur ce verset du psaume: *Inclinavi cor meum ad faciendas justificationes tuas in æternum,* PROPTER RETRIBUTIONEM [4], et qui, en le récitant, s'empressait de protester intérieurement du désintéressement de son amour [5], elle devait éprouver une grande consolation en retrouvant cette même pensée sous la plume de son père. Car, en ce qui concerne « les bons exercices et les bonnes œuvres », il faut « recueillir la joie en Dieu, désirant de le servir par elles, et – se purifiant et demeurant en obscurité de cette joie – vouloir que Dieu soit le seul qui s'en délecte et les savoure en secret, sans aucun autre respect ou intérêt que l'honneur et la gloire de Dieu [6] ». Dans une exclamation vraiment lyrique du deuxième livre de la *Nuit,* le saint déplorera le trop petit nombre de ceux qui en agissent ainsi: « Hélas ! mon Dieu et mon Seigneur, combien il y en a qui vont

1. *Montée* II, 5, p. 135.
2. *Montée* II, 7, p. 142.
3. *Maxime* 165, p. 990.
4. *Ps* 118 (119), 112: « J'ai incliné mon cœur à faire toujours tes volontés, à cause de la récompense », ainsi que l'a compris la Vulgate.
5. Cf. SAINTE THÉRÈSE DE L'ENFANT-JÉSUS, *Conseils et Souvenirs,* p. 289.
6. *Montée* III, 29 (27), p. 316.

chercher de la consolation et du goût en vous, et vous cherchent afin que vous leur fassiez des grâces et des faveurs. Mais ceux qui veulent vous plaire et vous donner quelque chose à leurs dépens, laissant en arrière tout intérêt particulier, sont en fort petit nombre[1]. » Qu'il s'agisse de renoncer aux grâces extraordinaires qu'on appelle charismes, au sens étroit du mot (« Que sert et vaut devant Dieu ce qui n'est point amour de Dieu[2]? »); qu'il faille régler le culte des images pieuses (choisissez celle qui « vous excite davantage à l'amour de Dieu[3] »); qu'il soit question de n'importe quelle autre attache, une seule chose à faire: qu'on « ramasse la force de la volonté en Dieu[4] », ce en quoi on accomplira bien le premier précepte, celui de l'amour de Dieu pardessus toutes choses.

Le caractère gravement incomplet du livre III de la *Montée* apparaît à qui examine les divisions qu'un exposé achevé de la nuit active de la volonté aurait comportées, divisions que le saint annonce au chapitre 16 de ce livre III[5]: toute la force de l'âme « consiste en ses puissances, passions et appétits[6] » et principalement dans les quatre passions maîtresses: joie, espérance, douleur, crainte, « et tout cela est gouverné par la volonté »[7]. Or, seule la joie est traitée, pas même entièrement.

En deux chapitres (17 et 18)[8], le saint montre qu'aucun des biens dont la volonté peut se réjouir ne lui sert de « moyen pro-

1. II, 19, p. 477.
2. *Montée* III, 32 (30), p. 323.
3. *Montée* III, 37 (35), p. 334.
4. *Montée* III, 30 (28), p. 318.
5. P. 283.
6. *Ibid.*
7. *Ibid.*
8. Ces deux chapitres, à propos desquels les critiques étaient alors en désaccord, ne se trouvaient pas à cette place dans nos éditions précédentes. Sous le titre « Deux fragments », nous les avions joints à divers opuscules rassemblés en fin de volume (2ᵉ édition, pp. 1356-1362; 3ᵉ édition, pp. 1360-1366). Nous appuyant sur leur ton et leur doctrine, nous les présentions cependant comme des fragments de la *Montée*. Mais leur rattachement précis à cet ouvrage restait incertain. C'est pourquoi nous avions pris le parti de les laisser indépendants.

Depuis, les historiens ont poursuivi leurs recherches. Dans son ouvrage: *Estudios sobre san Juan de la Cruz y nuevos textos de su obra*, le père José Antonio de Sobrino a publié en 1950 une copie de ces deux « fragments » faite, aux environs de 1619 et d'après un texte très ancien (le saint y porte encore le nom de père), par Don Pedro de san Agustin, moine basilien du couvent de Tardón, en Andalousie. La copie commence ainsi: « Les deux chapitres qui suivent nous viennent d'un manuscrit du père frère Jean de la Croix, *et le premier est le seizième du troisième livre de la Montée du Carmel.* » (*Op. cit.*, pp. 166-172.) D'autres spécialistes signalent que dans la plus ancienne traduction française

portionné » pour s'unir à Dieu; qu'elle doit donc « se vider » de son appétit naturel de jouir par rapport à tous ces biens.

Au chapitre 19 (17), les biens en question sont passés en revue et répartis en six catégories:

biens temporels (richesses, etc.)
biens naturels (dons du corps et de l'âme)
biens sensibles (objets des sens extérieurs et intérieurs)
biens moraux (vertus)
biens surnaturels (au sens étroit de surnaturel – extraordinaire)
biens spirituels (tout ce qui peut aider l'âme à aller à Dieu: images, oratoires, prédicateurs, etc.)

A propos de chacune de ces catégories, mais sans achever l'étude de la sixième, le saint examine successivement, aux chapitres 20 (18) à 47 (45):

1. Comment « dresser » la volonté à Dieu en ces biens.
2. Les dommages qu'il y a de s'y complaire.
3. Les bienfaits qui résultent du détachement.

Le travail de la vie spirituelle, en ce qui concerne la volonté, consiste à « dresser », « acheminer », « diriger », « élever » le cœur à Dieu en ces biens, « pour s'approcher vraiment de Dieu en union de volonté par le moyen de la charité[1] ». Le saint est jaloux de la pureté du don qui doit être fait. Il ne s'agit pas seulement d'offrir ou de sacrifier matériellement des choses. Il faut en tout cela qu'on agisse « rien que pour l'amour de Dieu »,

connue du troisième livre de la *Montée* (manuscrit 1270 de la Bibliothèque municipale de Lyon) les chapitres 16 et 17 (fol. 173r° à 175v°) reproduisent également le texte des deux « fragments » (sur tout ceci, voir: Dom CHEVALLIER, *Saint Jean de la Croix, Docteur des âmes*, Aubier, 1959, pp. 202-208, et ORCIBAL, « La Montée du Carmel a-t-elle été interpolée? », in *Revue de l'Histoire des Religions*, 1964, pp. 178-182 et 203-204).

Le doute n'est plus possible: les fragments sont deux chapitres « dépaysés » de la nuit active de la volonté dans laquelle ils doivent reprendre leur place, au livre III de la *Montée*.

Étant donné que notre édition tient pour un premier chapitre du livre III de la *Montée* ce que le manuscrit de Lyon et le Tardonense tiennent pour un prologue, ce n'est pas comme chapitres 16 et 17 que nous intégrons les fragments, mais comme chapitres 17 et 18. Ils y dessinent, avec le chapitre 16 et l'ancien chapitre 17, devenu chapitre 19, un enchaînement logique parallèle à celui que dessinent, au cours de la nuit de l'intelligence, les chapitres 7, 8, 9 et 10 du livre II de la *Montée*.

Afin d'éviter que cette intégration de deux chapitres nouveaux ne rende trop difficile la référence aux travaux basés sur nos éditions précédentes, nous donnerons entre parenthèses, pour les chapitres qui ont changé de numéro, l'indication de l'ancien numéro. Cette solution a l'inconvénient de la lourdeur, mais elle nous paraît nécessaire pour assurer la transition.

1. *Montée* III, 16, p. 283.

« rien que pour plaire à Dieu », « rien que pour lui faire plaisir ». « Car la raison pourquoi Dieu doit être servi, c'est seulement pour être ce qu'il est, sans interposer d'autres fins [1]. »

Ne serions-nous pas ici à l'origine de ce que nous avons appelé la *manière anagogique*? A tous les plans de l'être, celle-ci apparaît comme une réalisation pratique du *fondement* de la nuit active de la volonté. A propos de la nuit du sens, nous notions que cette manière consistait à faire, de l'amour et de l'amour seul, le moyen, non pas de résistance à la tentation, mais de dépassement de la tentation. Or, ce qui a été ébauché dans la nuit du sens est ici amené à son plein épanouissement. Bien qu'elle ne soit pas nommée, la manière anagogique est l'âme de l'ascèse sanjuaniste, dont elle fait l'unité, en particulier dans la nuit active de la volonté.

La base psychologique sur laquelle repose cette manière est indiquée au chapitre 16: « Ces quatre passions règnent en l'âme et la combattent d'autant plus que la volonté est moins forte en Dieu et plus dépendante des créatures [2]. » C'est dire que plus la volonté sera fortement unie à Dieu par l'amour, plus les vertus croîtront et moins les passions auront de prise.

Quand donc le disciple du saint se trouve en butte à la tentation, venant par exemple des attraits de la beauté corporelle, bien sûr il peut et doit songer à la vanité de toutes ces apparences qui ne sont que « fumée et un air de cette terre [3] ». Mais surtout – et ceci est purement sanjuaniste – « il doit... dresser le cœur à Dieu en liesse et réjouissance de ce qu'il est en soi toutes ces grâces et beautés très éminemment, dans un degré infini, pardessus toutes les créatures [4] ». Oh! l'éloquence de ces pléonasmes accumulés à dessein!

Nous ne pensons pas qu'aucun autre auteur ait ainsi exposé systématiquement cette *manière* qui, en bien des cas, se révèle seule efficace. Elle nous paraît s'irradier dans toute la nuit active de la volonté. Non qu'elle soit proposée de façon exclusive. Il ne manque pas, en effet, d'indications d'ascèse classique, voire d'allure scolastique, mais ce n'est pas là que réside l'originalité du saint. Les nombreuses allusions à la manière anagogique de combattre les tentations et d'acquérir les vertus nous paraissent

1. *Montée* III, 40 (38), p. 340.
2. P. 284.
3. *Montée* III, 23 (21), p. 300.
4. *Ibid.*

constituer au contraire l'élément vital qui donne son unité à la nuit de la volonté.

L'admiration avec laquelle le saint revient sur l'expression du fondement: « servir Dieu », à propos de tous les biens de la terre, à propos même de ceux du ciel qui ne sont pas d'abord l'amour, n'est qu'une manifestation de cette manière. L'admiration n'est-elle pas une des formes les plus touchantes, parfois les plus naïves, de l'amour?

Sous des modalités à peine diverses, mais sans cesse renouvelées, c'est toujours la même perspective: « De même que l'âme, s'approchant (de Dieu) par l'affection de la volonté, de là tous les biens lui arrivent, ainsi, s'en éloignant par l'affection des créatures, tous les maux et dommages l'accablent à proportion de la joie et de l'affection dont elle se joint à la créature – car cela est se séparer de Dieu [1]. »

Cette manière met immédiatement à la disposition de l'âme le « très grand et principal profit » qu'il y a de retirer sa joie des créatures, « qui est de laisser le cœur libre pour Dieu » [2].

Elle devient encore le critère auquel on reconnaît la qualité des autres amours qui sont dans l'âme. Si, pratiquant fidèlement cette manière, on s'aperçoit que l'amour qu'on a pour le prochain, loin de diminuer, s'accroît, c'est qu'il est selon Dieu et qu'il a « une même raison et une même cause » que l'amour de Dieu [3]. Il faut le dire également de l'amour des choses sensibles [4].

Elle a, cette manière, une convenance absolue avec le but à atteindre. Elle fait déjà posséder un peu le terme dans la façon de tendre vers lui. L'impureté des objets de tentation « ne fait plus d'impression à l'âme », et « le spirituel » acquiert « une convenance angélique avec Dieu, faisant de son âme et son corps un digne temple du Saint Esprit » [5]. Ce qui caractérise le terme (cette convenance angélique) est déjà dans la manière d'y tendre (en dépassant d'un coup d'aile la tentation). Une lutte corps à corps ne laisserait-elle pas quelque trace de souillure en l'âme?

Comment expliquer autrement que par cette manière l'expression à première vue impropre, mais si pleine de sens, qu'on rencontrera plus tard, au *Cantique Spirituel*: « On peut aussi

1. *Montée* III, 21 (19), p. 292.
2. *Montée* III, 22 (20), p. 298.
3. *Montée* III, 25 (23), p. 304.
4. Cf. *Montée* III 26 (24), p. 307.
5. *Montée* III, 25 (23), p. 305.

entendre ces fraîches matinées pour les actes d'amour *par lesquels* on acquiert les vertus[1]. » Le moyen d'acquérir telle vertu n'est pas strictement l'acte de cette vertu, mais l'acte d'amour.

Il faudrait citer bien d'autres textes où l'on retrouve les formules typiques de la manière anagogique. Quelque goût sensible s'offre-t-il, « soit par hasard, soit autrement?... le spirituel... ne se doit servir de lui que pour Dieu, élevant à lui la joie de l'âme[2] ».

Bien d'autres avant saint Jean de la Croix avaient dit qu'on ne quitte les choses que par amour pour Dieu[3]. Aucun sans doute n'avait autant que lui montré comment l'amour seul peut être le *moyen* de les quitter, en donnant de les remplacer par quelque chose de tellement meilleur qu'il n'est plus question de lutte, mais de préférence. Il se peut que parfois la préférence soit laborieuse[4] (encore que le labeur qu'on y trouve soit à son tour objet d'amour et même de préférence), mais bientôt elle se manifeste d'une fécondité admirable et s'irradie dans la joie du *Cantique* et de la *Vive Flamme*.

Car l'amour sera bientôt le thème presque exclusif de saint Jean de la Croix. Amour angoissé et douloureux de la *Nuit*, amour triomphant du *Cantique*, amour consommant de la *Vive Flamme*. Ce n'est pas le moindre mérite de saint Jean de la Croix d'avoir montré que, dès les premiers renoncements, dès les premières luttes, alors que le terme est encore si loin, il n'est déjà question que d'aimer.

1. XXII, 2, p. 626. C'est nous qui soulignons.
2. *Montée* III, 26 (24), p. 308.
3. Cf. *Montée* III, 28 (26), p. 313.
4. Au sens originel de « fait avec peine et souffrance ». Saint Augustin disait déjà: *In eo quod amatur, aut non laboratur, aut et labor amatur*, « Là où il y a de l'amour, ou bien il n'y a pas de labeur, ou bien le labeur est aimé » (*De bono vid.*, c. 21).

LE MONT DE PERFECTION

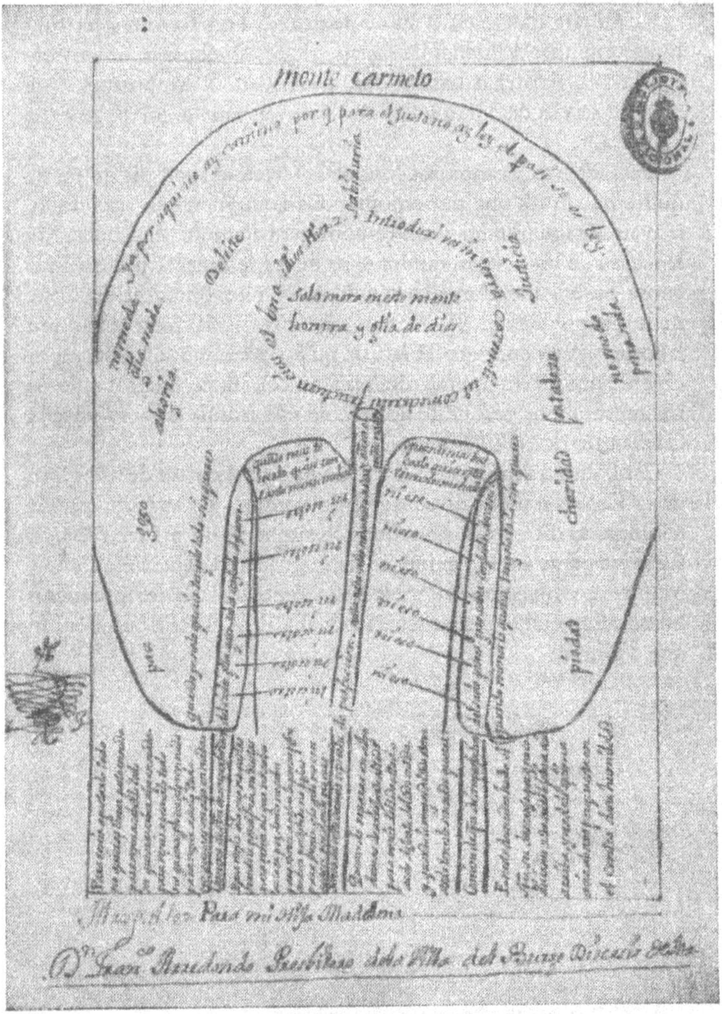

LE MONT DE PERFECTION
Copie notariée d'une esquisse tracée par saint Jean de la Croix
B. N. M., *Ms* 6296, f. 7 r°.

Mont Carmel

Il n'y a plus de chemin par ici, parce qu'il n'y a pas de loi pour le juste

Je vous ai introduits
dans la terre du Carmel

pour que vous vous rassasiiez
de ses fruits et de ses biens

Seuls habitent sur cette Montagne
l'honneur et la gloire de Dieu

Plus rien
ne me donne
joie

Sagesse

Plus rien
ne me donne
peine

paix joie allégresse
délice

force charité piété
justice

&
même
sur
la
montagne
rien

Plus je les ai
cherchés
avec moins
je me suis
trouvé

Plus j'ai voulu
les chercher
avec d'autant
moins
je me suis
trouvé

depuis	repos	*ni ceci*	rien	*ni cela*	repos	*moins*
que	consolation	*ni ceci*	rien	*ni cela*	consolation	*je le*
je ne	savoir	*ni ceci*	rien	*ni cela*	savoir	*veux*
le veux	joie	*ni ceci*	rien	*ni cela*	joie	*& plus*
plus	gloire	*ni ceci*	rien	*ni cela*	possession	*j'ai*
j'ai	du				de la	*tout*
tout	ciel				terre	*sans le*
sans le						*chercher*
chercher						

ESPRIT
DE
PERFECTION

CHEMIN
D'ESPRIT
IMPARFAIT

CHEMIN
D'ESPRIT
ÉGARÉ

SENTIER
DU
MONT
CARMEL

N. B. Voir au verso la traduction des versets qui forment la base du mont et qui « enseignent à monter au sommet », comme le dit la *Montée* (I, 13, p. 117).

LE CHEMIN D'UNION AVEC DIEU

Pour venir à goûter tout,
Ne veuillez avoir de goût en rien.

Pour venir à savoir tout,
Ne veuillez savoir quelque chose en rien.

Pour venir à posséder tout,
Ne veuillez posséder quelque chose en rien.

Pour venir à être tout,
Ne veuillez être quelque chose en rien.

Pour venir à ce que vous ne goûtez,
Allez par où vous ne goûtez.

Pour venir à ce que vous ne savez,
Allez par où vous ne savez.

Pour venir à ce que vous ne possédez,
Allez par où vous ne possédez.

Pour venir à ce que vous n'êtes,
Allez par où vous n'êtes.

Quand vous vous arrêtez en quelque chose,
Vous cessez de vous jeter au tout.

Car pour venir du tout au tout,
Vous devez vous laisser du tout au tout.

Et quand une fois vous aurez tout,
Vous devez le tenir sans rien vouloir.

Car si vous voulez avoir quelque chose en tout,
Vous ne tenez pas purement en Dieu votre trésor.

En cette nudité, l'esprit trouve son repos,
parce que, ne convoitant rien,
rien ne le fatigue vers le haut
et rien ne l'opprime vers le bas,
car il est dans le centre de son humilité.

N. B. A quelques variantes près, ces versets redisent ceux du chapitre 13 du livre I de la *Montée*, pp. 117-118.

LA MONTÉE
DU MONT CARMEL

TRAITE COMMENT UNE ÂME POURRA SE DISPOSER POUR ARRIVER PROMPTEMENT À LA DIVINE UNION, DONNE AVIS ET DOCTRINE TRÈS AVANTAGEUX, TANT POUR LES COMMENÇANTS QUE POUR LES AVANCÉS, POUR QU'ILS SACHENT SE DÉBARRASSER DE TOUT LE TEMPOREL ET NE S'EMBARRASSER PAS AVEC LE SPIRITUEL ET DEMEURER EN SOUVERAINE NUDITÉ ET LIBERTÉ D'ESPRIT, LAQUELLE EST REQUISE POUR LA DIVINE UNION:

COMPOSÉE

PAR LE VÉNÉRABLE PÈRE JEAN DE LA CROIX, CARME DÉCHAUX

ARGUMENT

Toute la doctrine dont je veux traiter en cette Montée du Mont Carmel est comprise dans les cantiques suivants, lesquels aussi contiennent la manière de monter jusques au sommet de cette montagne, qui est le haut état de perfection que nous appelons ici union de l'âme avec Dieu. Et puisque ce que je dirai sera fondé là-dessus, je les ai voulu mettre ici ensemble, pour faire entendre et voir tout d'un coup la substance de mes écrits, bien qu'en l'exposition il faudra mettre chaque couplet à part, et pareillement chaque vers, selon que le requerra la matière en son explication. Elle dit donc ainsi :

CANTIQUE

DE L'ÂME, OÙ ELLE CHANTE L'HEUREUSE AVENTURE QU'ELLE A EUE DE PASSER PAR L'OBSCURE NUIT DE LA FOI, EN NUDITÉ ET EN PURIFICATION, À L'UNION DE SON BIEN-AIMÉ [1].

1. *Par une nuit obscure,*
Ardente d'un amour plein d'angoisses,
Oh ! l'heureuse fortune !
Je sortis sans être vue,
Ma maison étant désormais accoisée [2].

1. Le P. CYPRIEN DE LA NATIVITÉ a donné de ce poème une traduction en vers français dont Paul Valéry a dit toute la valeur et dont il a même loué la fidélité. Mais le langage de saint Jean de la Croix a une précision technique. Autre chose est qu'une traduction soit littérairement fidèle, autre chose qu'elle reproduise les termes mêmes d'un auteur tel que le docteur mystique. C'est la raison pour laquelle, ici et dans le commentaire, nous avons remplacé par une traduction plus littérale, la belle traduction du P. CYPRIEN, que nous publions avec les *Poésies*, pp. 903-913. (Note de l'Éditeur et Traducteur.)

2. C'est-à-dire paisible, en repos.

N. B. Toutes les notes que l'on trouvera en bas de page sont de l'Éditeur.

II. *A l'obscur et en assurance,*
Par l'échelle secrète, déguisée,
Oh! l'heureuse fortune!
A l'obscur et en cachette,
Ma maison étant désormais accoisée.

III. *Au sein de la nuit bénie,*
En secret – car nul ne me voyait,
Ni moi je ne voyais rien –
Sans autre lueur ni guide
Hors celle qui brûlait en mon cœur.

IV. *Et celle-ci me guidait,*
Plus sûre que celle du midi,
Où Celui-là m'attendait
Que je connaissais déjà,
Sans que nul en ce lieu ne parût.

V. *O nuit! toi qui m'as guidée,*
O nuit! plus aimable que l'aurore,
O nuit! toi qui as uni
L'Aimé avec son aimée,
L'aimée en son Aimé transformée.

VI. *Sur mon cœur couvert de fleurs,*
Qui se gardait, entier, pour lui seul,
Il reste là – endormi –
Et moi, je le caressais,
L'éventant de l'éventail des cèdres.

VII. *L'air qui soufflait du créneau,*
Quand je lui caressais les cheveux,
De sa main sereinement
Venait me blesser au cou,
Et tenait en suspens tous mes sens.

VIII. *Je me tins coi, dans l'oubli,*
Le visage penché sur l'Aimé.
Tout cessa. Je restai là,
Abandonnant mon souci,
Parmi les fleurs des lis, oublié.

PROLOGUE

Pour déclarer et donner à entendre cette nuit obscure par laquelle passe l'âme pour arriver à la divine lumière de l'union parfaite de l'amour de Dieu (comme on la peut avoir en cette vie), il faudrait une autre expérience et une autre lumière de science que la mienne. Car il y a tant et de si profondes ténèbres et travaux, soit spirituels, soit temporels, que ces âmes heureuses ont coutume de souffrir pour parvenir à cet état de perfection, que la science humaine ne le saurait comprendre, ni l'expérience le déclarer. Celui-là seul qui y aura passé les aura pu sentir, mais non pas les dire.

C'est pourquoi, pour traiter quelque chose de cette nuit obscure, je ne me fierai ni en l'expérience, ni en la science, parce que l'une et l'autre me peuvent tromper et me peuvent manquer, mais – ne laissant point de m'aider de ces deux choses, en ce qui se pourra – je me servirai, pour tout ce que, avec la faveur divine, j'aurai à dire (au moins pour le plus important et obscur à entendre), de la divine Écriture, laquelle prenant pour guide nous ne pouvons errer, puisque celui qui parle en elle est le Saint Esprit. Et si je tombe en erreur en quelque chose, faute de bien entendre ce que je dirai d'après elle comme sans elle, ce n'est pas mon intention de m'éloigner du bon sens et de la doctrine de la sainte Mère l'Église catholique. Car en tel cas je me soumets entièrement non seulement à son commandement, mais à tout meilleur avis et plus sain jugement.

J'ai été porté à cela, non par le pouvoir que je connaisse en moi pour une si difficile entreprise, mais par la confiance que j'ai dans le Seigneur qu'il m'aidera à en dire quelque chose, à cause de la grande nécessité qu'en ont maintes âmes : lesquelles commençant le chemin de la vertu et Notre Seigneur les voulant mettre en cette nuit obscure – afin de passer par là à l'union divine – elles ne passent pas outre, parfois pour n'y vouloir entrer ou pour ne s'y laisser conduire, parfois pour ne le bien entendre et n'avoir des guides capables et éveillés qui les mènent jusqu'au sommet. Et ainsi, c'est une chose digne de compassion de voir beaucoup d'âmes auxquelles Dieu donne du talent et des grâces pour passer plus avant (qui, avec du courage, parviendraient à ce haut état), demeurer néanmoins dans une façon basse de traiter avec Dieu, pour ne vouloir, ou ne savoir, ou faute de les acheminer et de leur enseigner à se détacher de ces commencements.

Et bien qu'enfin Notre Seigneur les favorise tant que de les faire passer sans ceci ni cela, elles arrivent néanmoins beaucoup plus tard et avec plus de peine et moins de mérite, pour ne s'être accommodées à Dieu, se laissant mettre librement dans le pur et certain chemin de l'union. Car, encore qu'il soit véritable que Dieu qui les guide les puisse conduire sans de tels aides, cependant, ne se laissant pas conduire, elles cheminent moins, résistant à leur guide, et ne méritent pas tant, parce qu'elles n'appliquent pas la volonté; et en cela même, elles souffrent davantage. Car il y a des âmes, lesquelles, au lieu de s'abandonner à Dieu et de s'avantager de ses grâces, empêchent Dieu par leur opération indiscrète ou par leur répugnance: semblables en cela aux enfants qui, ne voulant pas que leurs mères les portent, crient et s'opiniâtrent afin qu'on les laisse marcher à terre; et ainsi ils n'avancent pas, et s'ils font quelques démarches, ce sont toujours des pas d'enfant.

Donc, pour savoir se laisser conduire par Dieu, quand Sa Majesté veut les faire passer plus avant, tant pour les commençants que pour ceux qui sont au rang des avancés nous donnerons avec son aide une doctrine et des avis pour le leur faire entendre ou au moins pour qu'ils se laissent conduire par Dieu. Parce que quelques confesseurs et pères spirituels, n'ayant pas la lumière et l'expérience de ces chemins, ont coutume de nuire et d'empêcher plutôt ces âmes que de les aider et de les avancer en
Gn 11, ce chemin: ressemblant aux ouvriers de la tour de Babel qui,
7-8 devant fournir une matière convenable, donnaient et appliquaient une autre fort différente, faute de s'entendre, et ainsi il ne se faisait rien.

C'est pourquoi, en de tels moments, c'est une chose si rude et pénible quand une âme ne s'entend pas et ne trouve personne qui l'entende! Car il arrivera que Dieu la mène par un très haut chemin de contemplation obscure et d'aridité, où il lui semble être perdue, et qu'étant ainsi pleine d'obscurité, de travaux, de
Jb 4; détresses et de tentations elle rencontrera de ces consolateurs
8; 11 de Job qui lui diront que c'est mélancolie, désolation ou

quelque humeur, et que ce pourra être quelque malice cachée et que pour cela Dieu l'a ainsi délaissée. Et aussitôt, ils jugent que cette âme doit avoir été très méchante, puisqu'elle souffre de telles choses.

Quelque autre encore lui dira qu'elle retourne en arrière, puisqu'elle ne trouve point de goût ni de consolation, comme auparavant, dans les choses de Dieu. Et ainsi ils redoublent la peine et l'angoisse de cette pauvre âme; parce qu'il arrivera que la plus grande peine qu'elle sente provienne de la connaissance de sa propre misère, où elle voit plus clair que le jour qu'elle est pleine de maux et de péchés – car Dieu lui donne cette lumière de connaissance en cette nuit de contemplation, comme nous dirons ci-après – et comme elle trouve quelqu'un conforme à son avis, qui lui dit que cela est par sa faute, la peine et détresse de l'âme croissent sans mesure et ont coutume d'en venir à tel point que la mort est un moindre tourment. Ces confesseurs, non contents de ceci, pensant que cela procède des péchés, font que de telles âmes épluchent leurs vies passées et leur font faire plusieurs confessions générales et les crucifient de nouveau – n'entendant pas que ce n'est peut-être le temps de ceci ni de cela, mais de les laisser ainsi en la purification[1] où Dieu les tient, les consolant et encourageant à vouloir cela tant qu'il plaira à Dieu. Car jusqu'alors, quoi qu'elles fassent et quoi qu'ils disent, il n'y a point de remède. Nous en traiterons après, Dieu aidant, et nous dirons comment l'âme se doit alors gouverner, et aussi le confesseur envers elle, et par quels indices on pourra connaître si c'est une purification de l'âme, et en cas que cela soit, si c'est du sens ou de l'esprit (ce qui est la nuit obscure dont nous parlons), et comment on pourra connaître si c'est mélancolie ou autre imperfection touchant le sens ou l'esprit. Car aussi, il pourra y avoir quelques âmes qui penseront – ou bien leurs confesseurs – que Dieu les conduit par ce chemin de la nuit obscure de la purification spirituelle et ce ne sera peut-être qu'une imperfection de ces âmes. Et aussi parce qu'il y a plusieurs âmes qui pensent n'avoir point d'oraison et néanmoins en ont beaucoup, et d'autres, au contraire, qui pensent en avoir beaucoup et n'en ont que fort peu.

Il y en a d'autres qui font compassion, tant elles se lassent et travaillent, et néanmoins elles tournent en arrière parce qu'elles

1. Voir, ci-dessous, la note de la page 81.

mettent le fruit de leur avancement en ce qui ne profite pas, mais au contraire en ce qui nuit et qui empêche; et d'autres qui, avec repos et quiétude, profitent beaucoup. Il y en a d'autres, lesquelles, avec les grâces mêmes et les faveurs que Dieu leur fait pour s'avancer, s'embarrassent et se mettent de l'empêchement et n'avancent pas dans ce chemin. Dans lequel il arrive à ceux qui le suivent plusieurs choses, de joies et de peines, d'espérances et de douleurs: les unes qui procèdent de l'esprit de perfection, les autres d'imperfection – de quoi nous tâcherons, avec l'aide de Dieu, de dire quelque chose, afin que ceux qui liront ceci voient en quelque manière le chemin qu'ils tiennent et celui qu'il leur faut tenir, s'ils prétendent de parvenir au haut de cette montagne.

Or d'autant que cette doctrine est de la nuit obscure par où l'âme doit aller à Dieu, que le lecteur ne s'étonne point si elle lui semble un peu obscure – j'entends quand il commencera à la lire. Mais, passant outre, il comprendra mieux le commencement, parce qu'avec l'un on explique et déclare l'autre. Et le lisant une autre fois, j'estime que cela lui semblera plus clair et la doctrine plus saine. Que si quelques personnes ne sont pas satisfaites de cette doctrine, cela proviendra de mon peu de savoir et de mon style bas et grossier, parce que la matière, de soi, est bonne et fort nécessaire. Mais il semble qu'encore qu'on écrivît de ce sujet d'une manière plus achevée et parfaite qu'on ne le fait ici, cela néanmoins ne serait goûté que du petit nombre; attendu qu'on ne traite pas ici de choses fort morales et savoureuses pour tous les spirituels qui veulent aller à Dieu par les douceurs et les saveurs, mais une doctrine substantielle et solide tant pour les uns que pour les autres, s'ils veulent passer à la nudité d'esprit de laquelle nous parlons ici.

Ni non plus mon principal dessein n'est de parler à tous, mais seulement à quelques personnes de notre sainte religion des primitifs du Mont Carmel, tant religieux que religieuses – lesquels m'en ont requis – et à qui Dieu fait la grâce de les mettre en la sente de cette montagne; lesquels, étant déjà bien dénués des choses temporelles de ce siècle, entendront mieux cette doctrine de la nudité d'esprit.

LIVRE PREMIER

OÙ IL EST DIT
CE QUE C'EST QUE NUIT OBSCURE,
ET COMBIEN IL EST NÉCESSAIRE
DE PASSER PAR LÀ
POUR PARVENIR À L'UNION AVEC DIEU.
ET SPÉCIALEMENT IL EST
TRAITÉ DE LA NUIT OBSCURE
DU SENS ET DE L'APPÉTIT,
ET DES DOMMAGES QU'ILS FONT À L'ÂME

Chapitre premier

PREMIER CANTIQUE. DES DEUX DIFFÉRENCES DE NUITS PAR LESQUELLES PASSENT LES SPIRITUELS, SELON LES DEUX PARTIES DE L'HOMME, LA SUPÉRIEURE ET L'INFÉRIEURE, ET LE CANTIQUE SUIVANT EST DÉCLARÉ :

Cantique Premier

Par une nuit obscure,
Ardente d'un amour plein d'angoisses,
Oh ! l'heureuse fortune !
Je sortis sans être vue,
Ma maison étant désormais accoisée.

En ce premier cantique, l'âme chante la condition et l'aventure heureuses qu'elle eut à sortir de toutes choses et des appétits et des imperfections qui se trouvent en la partie sensitive de l'homme, à cause du désordre de la raison. Pour entendre ceci, il faut savoir qu'une âme, pour parvenir à l'état de perfection, doit d'abord passer ordinairement par deux principales sortes de nuits que les spirituels appellent purgations ou purifications [1] de l'âme et que nous appelons ici nuits, attendu que l'âme, en l'une et en l'autre, chemine comme de nuit, en obscurité. La première nuit ou purification est de la partie sensitive de l'âme, dont nous traitons au présent cantique et dont nous traiterons en la première partie de ce livre. La seconde est de la partie spirituelle dont il est parlé au second cantique, qui suit, et dont nous traiterons aussi en la seconde et en la troisième partie,

1. Saint Jean de la Croix utilise indifféremment les mots *purgación* et *purificación*. Quand le mot *purgation* se présentait dans la traduction de Cyprien, nous l'avons habituellement remplacé par *purification*.

quant à l'actif; car, quant au passif, ce sera en la quatrième partie[1].

Et cette première nuit appartient aux commençants, au temps que Dieu les commence à mettre dans l'état de contemplation, à laquelle aussi participe l'esprit, comme nous le dirons à son temps. Et la seconde nuit ou purification appartient aux avancés, au temps que Dieu les veut déjà mettre dans l'état de l'union avec Dieu; laquelle est une purification plus obscure, ténébreuse et terrible, comme il sera dit après.

Explication du cantique

L'âme veut dire sommairement en ce cantique qu'elle sortit (Dieu la tirant) seulement pour l'amour de lui, embrasée de son amour, en une nuit obscure, qui est la privation et purification de tous ses appétits sensitifs, touchant les choses extérieures du monde et celles qui étaient délectables à sa chair, comme aussi les goûts de sa volonté. Ce qui se passe en cette purification du sens. C'est pourquoi elle dit qu'elle sortit, sa maison étant déjà en repos – à savoir la partie sensitive – tous ses appétits étant déjà accoisés et endormis en elle et elle à eux. Car on ne sort point des peines et angoisses des cachots des appétits, jusqu'à ce qu'ils soient amortis et endormis. Et c'est ce qu'elle appelle son heureuse aventure, de sortir sans être vue, c'est-à-dire sans qu'aucun appétit de sa chair ni d'autre chose l'en pût détourner. Comme aussi parce qu'elle sortit de nuit, Dieu la privant de tous ses appétits – ce qui était une nuit pour elle. Et ce lui fut un bonheur que Dieu la mît en cette nuit, d'où il lui arriva tant de biens et où elle n'eût pu entrer d'elle-même, parce que personne ne peut de soi-même se dénuer de tous ses appétits pour aller à Dieu.

Voilà succinctement la déclaration du cantique dont nous interpréterons chaque verset et expliquerons ce qui concerne notre propos. Et on usera du même style dans les autres cantiques, comme j'ai dit dans le prologue: premièrement on mettra et exposera chaque cantique, et ensuite chaque verset.

1. C'est-à-dire la *Nuit Obscure*.

Chapitre 2

IL EXPLIQUE QUELLE EST CETTE OBSCURE NUIT PAR LAQUELLE L'ÂME DOIT AVOIR PASSÉ À L'UNION

Par une nuit obscure

Ce passage de l'âme à l'union divine peut être appelé nuit pour trois causes. La première, pour le terme d'où l'âme sort, parce que l'appétit doit être privé de toutes les choses du monde qu'il possède, en négation de toutes[1] – ce qui est une espèce de nuit pour tous les sens de l'homme. La seconde cause est de la part du moyen ou du chemin que l'âme doit tenir pour arriver à cette union, qui est la foi – laquelle pour l'entendement est obscure comme une nuit. La troisième est de la part du terme où elle va, qui est Dieu – lequel se peut pareillement appeler nuit obscure pour l'âme en cette vie. Lesquelles trois nuits doivent passer par l'âme, ou pour mieux dire, l'âme doit passer par elles, pour parvenir à l'union avec Dieu. Dans le livre de Tobie, nous avons la figure de ces trois nuits dans les trois Tb 6, nuits que l'ange commanda au jeune Tobie de passer avant 18-22 de toucher sa femme. En la première, il lui commanda de (17-18) rôtir le cœur du poisson sur le feu, ce qui signifie le cœur affectionné et attaché aux choses du monde, lequel, pour commencer d'aller à Dieu, il faut brûler et purifier de tout ce qui est créature au feu de l'amour de Dieu. Et en cette purification se chasse le démon[2], lequel a pouvoir sur l'âme qui est attachée au goût des choses corporelles et temporelles.

En la seconde nuit, il lui dit qu'il serait reçu et admis en la compagnie des saints patriarches, qui sont les pères de la foi. Parce que l'âme passant par la première nuit – c'est à savoir, en se privant de tous les objets des sens – elle entre aussitôt en la seconde nuit, demeurant seule en la foi (non en tant qu'elle exclut la charité, mais les autres connaissances de l'entendement,

1. Saint Jean de la Croix n'emploie à peu près jamais le mot *renunciar* et ses dérivés, mais, comme ici, *negar*, *negación*, que le P. Cyprien traduit le plus souvent par renoncer, renoncement, abnégation. Nous sommes revenus, en quelques cas, à nier, négation.

2. Saint Jean de la Croix emploie toujours le mot démon (*demonio*), que Cyprien traduit le plus souvent par diable. Nous revenons à démon.

comme nous le dirons après) qui est chose qui ne tombe point sous les sens.

En la troisième nuit, l'ange lui dit qu'il obtiendrait la bénédiction qui est Dieu, lequel moyennant la seconde nuit – qui est la foi – se communique à l'âme si secrètement et si intimement que c'est une autre nuit pour elle, en tant que cette communication se va faisant beaucoup plus obscure que les autres, comme nous dirons ci-après. Cette troisième nuit passée, c'est-à-dire cette communication de Dieu en l'esprit étant achevée (ce qui se fait ordinairement l'âme étant en une grande ténèbre), s'ensuit aussitôt l'union avec l'Épouse, qui est la Sagesse de Dieu. Comme aussi l'ange dit à Tobie que la troisième nuit passée, il jouirait de son épouse en la crainte du Seigneur, laquelle étant parfaite l'amour de Dieu l'est aussi – ce qui est quand, par la voie d'amour, se fait la transformation de l'âme.

Ces trois parties de nuit sont toutes une seule nuit; mais celle-ci a trois parties, comme la nuit. Car la première, qui est celle du sens, est comparée à l'avant-minuit[1], qui est quand on achève d'être privé de l'objet sensible des choses. La seconde, qui est la foi, ressemble à la minuit, qui est entièrement obscure. Et la troisième, qui est Dieu, à l'aurore, à laquelle suit immédiatement la lumière du jour. Et pour le donner mieux à entendre, nous traiterons de chacune de ces causes à part.

Chapitre 3

AUQUEL ON COMMENCE À TRAITER DE LA PREMIÈRE CAUSE DE CETTE NUIT, QUI EST LA PRIVATION DE L'APPÉTIT EN TOUTES CHOSES, ET DE LA RAISON POUR LAQUELLE ON L'APPELLE NUIT

Nous appelons ici nuit la privation du goût en l'appétit de toutes choses; car tout ainsi que la nuit n'est qu'une privation de la lumière, et par conséquent de tous les objets que l'on peut

1. Cyprien traduit par première nuit le mot espagnol *primanoche* pour lequel nous proposons l'expression avant-minuit.

voir en elle – ce qui fait que la puissance visive demeure en l'obscurité et réduite à néant – de même on peut dire et appeler la mortification de l'appétit une nuit pour l'âme, parce que se priver du goût de l'appétit en toutes choses, c'est demeurer en l'obscurité et réduite à néant. Parce que, comme la puissance visive s'entretient par le moyen de la lumière et se nourrit des objets visibles – ce qui cesse quand la lumière vient à manquer – de même l'âme, par le moyen de l'appétit, s'entretient et se repaît de toutes les choses qui peuvent être goûtées par ses puissances – lequel étant lui aussi apaisé ou pour mieux dire mortifié, l'âme cesse de se repaître du goût de tous les objets, et ainsi elle demeure en l'obscurité et réduite à néant selon l'appétit.

Mettons un exemple en toutes les puissances. L'âme privant son appétit du goût de tout ce qui plaît à l'ouïe, elle est en l'obscurité et réduite à néant selon cette puissance; et se privant du goût de tout ce qui peut être agréable à la vue, elle est aussi en l'obscurité et réduite à néant selon cette puissance; et se privant du goût de toute la suavité d'odeurs que par le sens de l'odorat l'âme peut goûter, ni plus ni moins elle est selon cette puissance en l'obscurité et réduite à néant; et niant aussi le goût de toutes les nourritures qui peuvent lui flatter le palais, l'âme est aussi en l'obscurité et réduite à néant; et finalement, l'âme se mortifiant en tous les délices et contentements qu'elle peut recevoir du sens du toucher, de la même manière elle est selon cette puissance en l'obscurité et réduite à néant.

De manière que l'âme qui aura nié et rejeté le goût de toutes choses, mortifiant son appétit en elles, nous pouvons dire qu'elle est comme en l'obscurité d'une nuit, qui n'est en elle qu'un vide de toutes choses.

La cause de ceci consiste en ce que, comme disent les philosophes, aussitôt que Dieu a créé l'âme dans le corps, elle est comme une table rase et lisse où il n'y a rien d'écrit: et, sinon ce qu'elle connaît par les sens, rien ne lui est naturellement communiqué d'ailleurs. Et ainsi, pendant qu'elle est dans le corps, elle est comme celui qui est en une obscure prison, lequel ne sait rien hors ce qu'il peut voir par les fenêtres de cette prison; et s'il ne voyait par là, il ne verrait rien d'autre part. Ainsi l'âme, naturellement, ne peut atteindre à aucune chose, si ce n'est à ce qui lui est communiqué par l'entremise des sens, qui sont les fenêtres de sa prison.

D'où vient que si elle nie et rebute ce qu'elle peut recueillir par les sens, nous pouvons bien dire qu'elle demeure en obscurité et vide; puisque, suivant ce que nous avons dit, elle ne peut naturellement recevoir de lumière par d'autres lucarnes que celles que nous avons dites. Car encore que véritablement elle ne puisse manquer d'ouïr, de voir, de flairer, de goûter et de sentir, néanmoins elle n'en tient pas plus compte et elle n'en est pas plus embarrassée, si elle le nie et le rebute, que si elle ne le voyait, ni ne l'entendait, etc. De même que celui qui ferme les yeux demeure dans l'obscurité comme l'aveugle qui n'est pas capable de voir. A raison de quoi le psalmiste disait:
Ps 87 *Je suis pauvre et en travaux dès ma jeunesse.* Il s'appelle pauvre
(88),16 (bien qu'il fût évidemment riche) parce que n'ayant point sa volonté aux richesses, c'était autant que si, en effet, il eût été pauvre. Mais, au contraire, s'il eût été effectivement pauvre et qu'il ne l'eût pas été de volonté, il n'eût pas été véritablement pauvre, puisque l'âme était riche et remplie dans l'appétit. C'est pourquoi nous appelons cette nudité nuit pour l'âme, vu que nous ne traitons pas ici de la privation des choses – car cela ne dépouille point l'âme si elle en a l'appétit – mais de la nudité du goût et de l'appétit qu'on y prend : c'est ce qui laisse l'âme libre et vide, quoiqu'elle les possède, parce que les choses de ce monde n'occupent point l'âme et ne lui sont d'aucun dommage, puisqu'elles ne pénètrent point en elle, mais seulement la volonté et l'appétit qui demeurent en elle. Cette première espèce de nuit, comme nous le dirons après, appartient à l'âme selon la partie sensitive, et c'est l'une des deux par lesquelles nous avons dit plus haut que l'âme doit passer pour arriver à l'union.

Disons maintenant combien il faut qu'elle sorte de sa maison, en cette nuit obscure du sens, pour s'unir à Dieu.

Chapitre 4

OÙ IL EST DIT COMBIEN IL EST NÉCESSAIRE À L'ÂME DE PASSER À BON ESCIENT PAR CETTE NUIT OBSCURE DU SENS, QUI EST LA MORTIFICATION DE L'APPÉTIT, POUR S'ACHEMINER À L'UNION DE DIEU

La cause pour laquelle il est nécessaire à l'âme (pour arriver à la divine union avec Dieu) de passer cette nuit obscure de la mortification des appétits et abnégation[1] des goûts en toutes choses, c'est parce que toutes les affections qu'elle a aux créatures sont devant Dieu comme de pures ténèbres, dont l'âme étant couverte, elle n'est pas capable d'être illustrée et possédée en la pure et très simple lumière de Dieu, si auparavant elle ne les rejette de soi – vu que la lumière ne peut convenir avec les ténèbres, puisque, comme dit saint Jean, *les ténèbres ne purent* Jn 1,5
recevoir la lumière.

La raison en est parce que deux contraires, selon ce que nous enseigne la philosophie, ne peuvent demeurer ensemble en un même sujet. Puisque les ténèbres, qui sont les affections des créatures, et la lumière, qui est Dieu, sont contraires et n'ont aucune ressemblance ni convenance entre eux – selon ce que saint Paul enseigne aux Corinthiens en disant: *Quelle convenance* 2 Co
peut-il y avoir entre la lumière et les ténèbres? – de là vient que la 6,14
lumière de l'union divine ne peut s'établir en l'âme si auparavant on n'en bannit les affections.

Et pour mieux prouver ce qui a été dit, il faut savoir que l'affection et l'attachement de l'âme à la créature égale l'âme avec la créature; et tant plus grande est l'affection, tant plus elle la rend égale et la fait semblable; car l'amour fait une ressemblance entre l'amant et la chose aimée. C'est pourquoi David disait, parlant de ceux qui mettaient leur cœur dans les idoles: *Que ceux qui les font leur soient semblables, et tous ceux qui* Ps 113
s'y confient. Et ainsi, celui qui aime la créature demeure aussi (115),8
vil que cette créature et en quelque façon davantage; parce que l'amour n'égale pas seulement, mais de plus assujettit l'amant à ce qu'il aime. D'où vient que, pour le même cas que l'âme

1. Littéralement: négation. Même remarque pour les pages 142, 143, 223, 343, 344, 398, 399, 780.

aime quelque chose, elle se rend incapable de la pure union de Dieu et de sa transformation. Car la bassesse de la créature est beaucoup moins capable de la hauteur du Créateur que les ténèbres de la lumière, parce que toutes les choses de la terre et du ciel
Jr 4,23 comparées avec Dieu ne sont rien, comme dit Jérémie: *J'ai regardé la terre et elle était vide et n'était rien, comme aussi les cieux et ils n'avaient point de lumière.* En disant qu'il vit la terre vide, il donne à entendre que toutes les créatures qu'elle contient n'étaient rien, ni la terre non plus; et de dire qu'il regarda les cieux et ne vit point de lumière, cela signifie que toutes les lumières du ciel comparées à Dieu sont de pures ténèbres. De sorte que toutes les créatures en cette manière ne sont rien, et nous pouvons dire que les affections que l'on a pour elles sont moins que rien, puisqu'elles empêchent et privent de la transformation en Dieu, comme les ténèbres ne sont rien et moins que rien, puisqu'elles sont privation de la lumière. De même que celui qui est en ténèbres ne saisit pas la lumière, semblablement l'âme qui s'affectionne à la créature ne pourra saisir Dieu, et jusqu'à ce qu'elle se purifie de cette affection, elle ne le saurait posséder ici-bas par une pure transformation d'amour ni là-haut par claire vision. Pour mieux éclaircir ceci, parlons plus en particulier.

Tout l'être des créatures, comparé à l'être infini de Dieu, n'est rien. De là vient que l'âme qui y met son affection n'est non plus rien devant Dieu et moins que rien – attendu que, suivant ce qui a été dit, l'amour fait l'égalité et la ressemblance, et de plus rend inférieur celui qui aime. Et partant, cette âme ne pourra en aucune façon s'unir avec l'être infini de Dieu, vu que ce qui n'est pas ne peut convenir avec ce qui est. Et, descendant en particulier à quelques exemples, toute la beauté des créatures, comparée avec la beauté infinie de Dieu, est une extrême difformité, suivant le dire de Salomon en ses Pro-
Pr 31,30 verbes: *La grâce est trompeuse et la beauté est vaine.* Et ainsi, l'âme qui est affectionnée à la beauté de quelque créature est souverainement laide devant Dieu. C'est pourquoi cette âme ne se pourra transformer en la beauté qui est Dieu, parce que la laideur n'atteint point à la beauté. Et toute la grâce et gentillesse des créatures, comparée à la grâce de Dieu, est une chose très déplaisante et d'un très grand dégoût. De là vient que l'âme qui est éprise des grâces et attraits des créatures est souverainement mal gracieuse et insipide devant Dieu et ainsi ne peut être

capable de sa grâce infinie et de sa beauté; car ce qui est déplaisant est fort éloigné de ce qui est infiniment agréable. Et toute la bonté des créatures du monde, comparée à l'infinie bonté de Dieu, se peut appeler malice, parce que *personne n'est bon que Dieu seul.* C'est pourquoi l'âme qui met son cœur dans les biens du monde est souverainement méchante devant Dieu. Et comme la malice ne comprend point la bonté, ainsi cette âme ne pourra s'unir à Dieu, lequel est la souveraine bonté. Lc 18. 19

Et toute la sagesse du monde et toute l'habileté humaine, comparée avec la sagesse infinie de Dieu, est une pure et extrême ignorance, selon ce que saint Paul écrit aux Corinthiens: *La sagesse de ce monde est folie devant Dieu.* D'où vient que l'âme qui fera cas de tout son savoir et de son adresse pour venir à s'unir à la sagesse divine est très ignorante devant lui et en sera fort éloignée; parce que l'ignorance ne sait ce que c'est que sagesse, comme dit saint Paul: que cette sagesse paraît à Dieu sottise. Parce que, devant Dieu, ceux qui pensent savoir quelque chose sont les plus ignorants, desquels l'Apôtre dit, écrivant aux Romains, que *s'estimant sages ils sont devenus fous.* Et ceux-là seulement ont la sagesse de Dieu, lesquels comme des enfants ignorants déposent leur savoir et marchent avec amour à son service, laquelle manière de sagesse saint Paul a aussi enseignée aux Corinthiens: *Si quelqu'un d'entre vous pense être sage, qu'il se fasse ignorant pour être sage, car la sagesse de ce monde est folie auprès de Dieu.* De sorte que l'âme, pour s'unir à la sagesse divine, doit plutôt cheminer par ignorance que par savoir. 1 Co 3,19 Rm 1,22 1 Co 3,18-19

Et toute la seigneurie et toute la liberté du monde au regard de la liberté et de la domination de l'esprit de Dieu n'est qu'une extrême servitude, angoisse et captivité. Partant, l'âme qui s'affectionne à des grandeurs, ou à d'autres dignités semblables, et aux libertés de son appétit est tenue devant Dieu et traitée non en fille, mais en chétive esclave et en prisonnière, faute d'avoir voulu suivre sa sainte doctrine qui enseigne que celui qui veut être le plus grand soit le moindre et que celui qui veut être le moindre soit le plus grand. Et ainsi cette âme ne pourra arriver à la royale liberté d'esprit qui s'acquiert en cette union divine, vu que la servitude ne peut avoir aucune part avec la liberté, laquelle ne peut demeurer en un cœur sujet à diverses volontés – à cause que ce cœur est captif – mais bien dans celui qui est libre, qui est un cœur de fils. Pour ce sujet Sara dit à son mari Abraham qu'*il chassât hors de sa maison* Mt 20, 26-27 Gn 21,10 *l'esclave et son fils*, disant que *le fils de l'esclave ne devait point être héritier avec le fils de la libre.*

Et tous les plaisirs et tous les goûts de la volonté dans les choses de la terre, comparés à toutes les délices que Dieu est, ne sont que souveraine peine, tourment et amertume. Et partant, celui qui y met son cœur est devant Dieu digne de souveraine peine, tourment et amertume et ne pourra parvenir aux délices de l'embrassement de l'union de Dieu, vu qu'il est digne de peine et d'amertume.

Toutes les richesses et toute la gloire de ce qui est créé, comparées avec la richesse qui est Dieu, sont une très grande pauvreté et une extrême misère. Et partant, l'âme qui en aime la possession est extrêmement pauvre et misérable devant Dieu et, pour ce sujet, ne pourra arriver à l'état heureux des richesses et de la gloire – qui n'est autre chose que la transformation en lui – pour autant que ce qui est pauvre et misérable est extrêmement éloigné de ce qui est souverainement riche et glorieux. C'est pourquoi la Sagesse divine, se plaignant de personnes semblables qui se rendent laides, viles, misérables et pauvres, aimant ce qui est beau et riche selon l'opinion du monde,
Pr 8, s'écrie dans les Proverbes: *Je parle à vous, ô hommes, et ma voix*
4-6 *s'adresse aux enfants des hommes, entendez, petits, l'astuce et la*
18-21 *dextérité, et vous qui êtes fous, prenez garde, écoutez, parce que je dois parler des choses grandes... Avec moi sont les richesses et la gloire et les superbes richesses et la justice, car mon fruit est meilleur que l'or et la pierre précieuse, et mes générations*, c'est-à-dire ce que vous engendrez de moi en vos âmes, *est meilleur que l'argent choisi. Je marche dans les voies de la justice, au milieu des sentiers du jugement, pour enrichir ceux qui m'aiment et remplir parfaitement leurs trésors.* Où la Sagesse divine parle à ceux qui mettent leur cœur et leur affection en quelque chose du monde que ce soit, comme il a été dit. Et elle les appelle *petits*, à cause qu'ils sont semblables à ce qu'ils aiment, qui est fort petit. Et, pour ce sujet, elle leur dit qu'ils entendent l'astuce et prennent garde qu'elle traite de choses grandes, et non de petites, comme eux. Que les grandes richesses et la gloire qu'ils aiment sont avec elle et en elle et non pas où ils pensent, que les hautes richesses et la justice demeurent en elle. Car encore qu'il leur semble que les choses de ce monde le soient, elle les avertit de prendre garde que les siennes sont meilleures, disant que le fruit qu'ils y trouveront leur vaudra mieux que l'or et les pierres précieuses,

et ce qu'elle engendre dans les âmes est meilleur que l'argent choisi qu'ils aiment tant. En quoi on doit comprendre toute sorte d'affection qu'on puisse avoir en cette vie.

Chapitre 5

OÙ SE POURSUIT CE QUI A ÉTÉ DIT, MONTRANT PAR DES AUTORITÉS ET DES FIGURES DE L'ÉCRITURE SAINTE COMBIEN IL EST NÉCESSAIRE À L'ÂME D'ALLER À DIEU PAR CETTE NUIT OBSCURE DE LA MORTIFICATION DE L'APPÉTIT EN TOUTES CHOSES

Par ce qui a été dit, on peut voir d'une certaine manière la distance qu'il y a de tout ce que les créatures sont en soi à ce que Dieu est en soi, et comme les âmes qui en affectionnent quelques-unes sont dans cette même distance de Dieu; parce que (suivant ce qui a été dit) l'amour cause l'égalité et la ressemblance. Ce que saint Augustin avait bien reconnu, parlant à Dieu de cette sorte en ses Soliloques[1]: « Misérable que je suis! quand est-ce que mon obliquité et mon imperfection pourra convenir avec votre droiture? Vous êtes vraiment bon, et moi méchant; vous êtes pieux, et moi impie; vous êtes saint, et moi misérable; vous êtes juste, et moi injuste; vous êtes lumière, et moi aveugle; vous êtes vie, et moi mort; vous êtes la médecine, et je suis le malade; vous êtes la vérité souveraine, et moi toute vanité. » Ce saint dit tout cela.

Partant, c'est une ignorance extrême de l'âme de penser qu'elle pourra passer à ce haut état d'union avec Dieu si, premièrement, elle ne vide l'appétit de toutes les choses naturelles et surnaturelles qui le peuvent empêcher, comme nous le déclarons plus avant; puisqu'il y a une extrême distance d'elles à ce qui est donné en cet état, qui est la pure transformation en Dieu. Car, pour ce sujet, Notre Seigneur, nous enseignant ce chemin, dit en saint Luc: *Quiconque ne renonce à tout ce qu'il possède* par la volonté, *ne peut être mon dis-* Lc 14,33

1. *Soliloq.*, c. 2: P. L. 40, 866.

ciple. Et cela est bien clair; parce que la doctrine que le Fils de Dieu est venu enseigner a été le mépris de toutes choses, afin de pouvoir recevoir le prix de l'esprit de Dieu en soi. Donc, en tant que l'âme ne s'en défait point, elle n'a point de capacité pour recevoir l'esprit de Dieu en pure transformation.

Ex 16, Nous avons la figure de ceci dans l'Exode, qui porte que
3-4 Dieu ne fit pleuvoir la céleste nourriture[1] qu'était la manne aux enfants d'Israël, que lorsqu'ils n'eurent plus de la farine qu'ils avaient apportée d'Égypte. Donnant à entendre par là qu'il faut premièrement renoncer à toutes choses, parce que cette nourriture des anges ne convient point au palais qui veut prendre du goût en celle des hommes. Et non seulement l'âme qui s'arrête et se repaît des goûts étrangers se rend incapable de l'esprit divin, mais encore ceux-là déplaisent grandement à la divine Majesté, lesquels, prétendant la nourriture de l'esprit, ne se contentent pas de Dieu seul, mais y veulent entremettre l'appétit et l'affection d'autres choses. Ce qui paraît encore
Nb 11,4 dans le même livre[2] de la Sainte Écriture, où il est dit qu'eux, ne se contentant pas de cette nourriture légère, désirèrent et demandèrent de la viande; et Notre Seigneur fut fort courroucé de ce qu'ils avaient voulu mêler une nourriture si basse et si grossière avec un mets si sublime et si délicat; lequel, quoiqu'il fût ainsi, avait néanmoins le goût et la substance de toutes
Ps 77 sortes d'aliments. C'est pourquoi (dit David) *ils avaient encore*
(78), *leurs viandes en la bouche et l'ire de Dieu descendit sur eux*, faisant
30-31 tomber le feu du ciel et embrasant de nombreux milliers d'eux, tenant pour chose indigne qu'ils eussent appétit d'un autre aliment, celui du ciel leur étant donné.

Oh! si les spirituels savaient quels biens et quelle abondance d'esprit ils perdent, faute de retirer leur appétit de choses puériles, et comme ils trouveraient en cette simple nourriture de l'esprit le goût de toutes choses, s'ils ne les voulaient pas savourer! Mais ils ne le goûtent pas. Car la cause pour laquelle ceux-ci ne recevaient pas le goût de toutes les nourritures contenu dans la manne, c'était parce qu'ils n'appliquaient pas leur appétit à elle seule. De manière qu'ils ne trouvaient en la manne tout le goût et la force qu'ils eussent pu désirer,

1. Ici et ailleurs, Cyprien a traduit l'espagnol *manjar* par viande. Nous revenons à nourriture.
2. *Sic*.

non que la manne ne l'eût pas, mais parce qu'ils voulaient autre chose. Quiconque veut aimer quelque autre chose avec Dieu, sans doute ne fait pas grande estime de Dieu, puisqu'il met en une balance avec Dieu ce qui en est totalement éloigné, comme il a été dit.

L'on sait déjà bien par expérience que, quand la volonté s'affectionne à une chose, elle l'estime davantage que toutes les autres (quoiqu'elles soient beaucoup meilleures que celle-là) si elle ne trouve autant de goût en elles. Que si elle veut goûter de l'une et de l'autre, nécessairement elle fera injure à la principale, à cause de l'égalité qu'elle met entre elles. Or, n'y ayant chose qui se puisse égaler à Dieu, l'âme lui fait grande injure d'aimer autre chose que lui, ou de s'y attacher. Et puisqu'il en est ainsi, que serait-ce si elle l'aimait plus que Dieu?

Ceci est encore marqué lorsque Dieu commanda à Moïse de venir à la montagne pour parler avec lui: non content de lui avoir enjoint d'y monter seul, laissant les enfants d'Israël au bas, il défendit que les bêtes mêmes ne prissent leur pâture à la vue de la montagne. Donnant par là à connaître que l'âme qui voudra grimper sur cette montagne de la perfection pour communiquer avec Dieu, ne doit pas seulement renoncer à toutes choses et les laisser en bas; mais ne doit encore laisser repaître les appétits – qui sont les bêtes – à la vue de la montagne, je veux dire en d'autres choses qui ne sont pas purement Dieu, dans lequel tout appétit cesse, c'est-à-dire en l'état de perfection. Et ainsi, il est nécessaire que le chemin et la montée vers Dieu soit un soin ordinaire de faire cesser et de mortifier les appétits; et l'âme arrivera d'autant plus tôt qu'elle se hâtera davantage en ceci. Mais jusqu'à ce qu'ils cessent, il n'y aura moyen d'arriver, quelques vertus qu'on exerce, parce qu'on ne les obtient pas avec perfection – laquelle consiste à tenir l'âme vide, dénuée et purifiée de tout appétit. De quoi nous avons une peinture vive dans la Genèse, où nous voyons que le patriarche Jacob voulant aller sur le mont Béthel pour y ériger un autel à Dieu sur lequel il lui pût offrir un sacrifice, il commanda auparavant trois choses à ses gens: la première, qu'ils jetassent loin d'eux tous les dieux étrangers; la seconde, qu'ils se purifiassent; la troisième, qu'ils changeassent d'habits. Par ces trois choses, il est donné à entendre que l'âme qui voudra monter en cette montagne pour y faire de soi-même un autel sur lequel on offre à Dieu un sacrifice de pur amour, de louange et de

Ex 34, 2-3

Gn 35, 2-3

pure révérence, avant que de monter au haut de la montagne doit avoir parfaitement accompli ces trois choses: la première, qu'elle bannisse de soi tous les dieux étrangers – qui sont toutes les affections et attachements étrangers; la seconde, qu'elle se purifie du reliquat que ces appétits lui ont laissé en l'âme, par la nuit obscure du sens – les niant et s'en repentant d'une façon ordinaire; et la troisième qu'elle doit avoir pour parvenir à cette haute montagne, est le changement d'habits: lesquels, moyennant l'œuvre des deux premières choses, Dieu lui changera de vieux en nouveaux, mettant en l'âme une nouvelle façon d'entendre Dieu en Dieu – laissant l'ancienne intelligence de l'homme – et un nouvel amour de Dieu en Dieu – la volonté étant désormais dépouillée de ses vieilles affections et de ses goûts d'homme; et mettant l'âme en une nouvelle connaissance et en un abîme de contentement – les autres connaissances et vieilles images étant désormais mises à part; et faisant cesser tout ce qui est du vieil homme – qui est l'habileté de l'être naturel – et le revêtant d'une nouvelle habileté surnaturelle, selon toutes ses puissances. De sorte que désormais son opération humaine soit changée en divine, qui est ce qu'on obtient en état d'union, en laquelle l'âme ne sert d'autre chose que d'autel où Dieu est adoré par le sacrifice de louange et d'amour, et Dieu seul est en une telle âme. C'est pourquoi Dieu commandait que l'autel sur lequel devait se trouver
Ex 27,8 l'arche du Testament fût vide au dedans, pour donner à entendre à l'âme combien Dieu la veut vide de toutes choses, afin qu'elle soit un digne autel où soit Sa Majesté. Sur lequel autel il ne permettait non plus qu'il y eût du feu étranger, ni que son
Lv 10,1 et 2 propre feu y manquât jamais; de manière que Nadab et Abiud, qui étaient les enfants du souverain prêtre Aaron, ayant offert du feu étranger sur son autel, Notre Seigneur, courroucé de cela, les tua aussitôt devant l'autel. Afin de nous apprendre qu'en l'âme, pour être digne autel, il n'y doit point manquer d'amour de Dieu et on n'y doit point non plus mêler d'amour étranger.

Dieu ne permet pas qu'une autre chose demeure en un avec
1 Sm 5,3-5 lui. D'où nous lisons, au premier livre des Rois[1], que les Philistins mettant l'arche du Testament au temple où était leur idole, chaque jour au matin l'idole gisait par terre et en pièces.

1. C'est-à-dire notre premier livre de Samuel.

Dieu ne consent point qu'il y ait d'autre appétit que celui-ci – et Il veut qu'il soit là où Il est – à savoir, garder sa loi parfaitement et porter sur soi la croix de Jésus-Christ. Aussi nous ne trouvons pas qu'il soit dit en la Sainte Écriture que Dieu ait commandé de mettre autre chose en l'arche où était la manne, que le livre de la Loi et la verge de Moïse, qui signifie la croix. Parce que l'âme qui ne prétendra rien que de garder parfaitement la loi de Dieu et de porter la croix de Jésus-Christ, sera la vraie arche et aura en soi la vraie manne, qui est Dieu, quand elle viendra à garder en soi parfaitement cette loi et cette verge, sans aucune autre chose. Ex 16, 34 et 25,16 Dt 31, 26 et Nb 17, 16-26

Chapitre 6

OÙ IL EST TRAITÉ DES DEUX PRINCIPAUX DOMMAGES QUE LES APPÉTITS CAUSENT EN L'ÂME, L'UN PRIVATIF ET L'AUTRE POSITIF

Pour entendre plus clairement et plus abondamment ce que dessus, il est à propos de représenter et de dire ici comment ces appétits causent deux principaux dommages en l'âme: l'un, en ce qu'ils la privent de l'esprit de Dieu; l'autre, en ce qu'ils lassent, tourmentent, obscurcissent, souillent et affaiblissent l'âme en laquelle ils demeurent, conformément au dire de Jérémie: *Mon peuple a fait deux maux: ils m'ont laissé, moi qui suis la source d'eau vive, et se sont creusé des citernes rompues qui ne peuvent tenir les eaux.* Lesquels deux maux – à savoir la privation et le mal positif – sont causés par n'importe quel acte désordonné d'appétit. Et premièrement, pour parler du privatif, il est clair que par le même cas que l'âme s'affectionne à une chose qui tombe sous le nom de créature, tant plus cet appétit est enraciné en l'âme, tant moins elle est capable de Dieu; parce que (comme disent les philosophes) deux contraires ne peuvent demeurer en un même sujet, nous l'avons dit aussi au chapitre 4. L'affection de Dieu et celle des créatures étant contraires, il s'ensuit que l'affection des créatures et l'affection de Dieu ne peuvent demeurer ensemble en la volonté. Car quelle proportion y a-t-il de la créature au Créateur, du sensuel au spirituel, du visible à l'invisible, du temporel à l'éternel, de la nourriture céleste, pure, spirituelle avec la nourriture du sens Jr 2,13 entièrement sensible, de la nudité de Jésus-Christ à l'attachement à quelque chose?

Tout ainsi donc qu'en la génération naturelle[1] on ne peut introduire une forme sans qu'auparavant on ne chasse du sujet la forme contraire qui précède – laquelle demeurant est un empêchement à l'autre, à cause de la contrariété que les deux ont entre elles – de même, en tant que l'âme s'assujettit à l'esprit sensible, l'esprit purement spirituel ne peut entrer en
Mt 15,26 elle. C'est pourquoi Notre Seigneur dit en saint Matthieu *qu'il n'est pas convenable de prendre le pain des enfants et de le donner aux*
Mt 7,6 *chiens*. Et ailleurs: *Ne donnez pas*, dit-il, *ce qui est saint aux chiens*. Où il compare aux enfants de Dieu ceux qui, renonçant à tous les appétits des créatures, se disposent à recevoir purement l'esprit de Dieu; et ceux qui veulent repaître leur appétit dans les créatures, il les compare aux chiens. Parce que les enfants mangent à la table de leur père et à son plat – ce qui est se repaître de son esprit – là où les chiens mangent les miettes qui tombent dessous la table.

Sur quoi il faut savoir que toutes les créatures sont des miettes qui tombent de la table de Dieu. Partant, celui-là est justement appelé chien qui se repaît des créatures; et pour ce sujet on lui ôte le pain des enfants, puisqu'il ne veut pas se lever de la table des créatures[2] pour s'asseoir à la table de l'esprit incréé de son Père. Aussi ces gens sont toujours et justement affamés, comme des chiens, attendu que les miettes ne font qu'aiguiser l'appétit au lieu d'assouvir la faim. Et
Ps 58 (59), 15-16 David parlant d'eux a dit qu'*ils seront faméliques comme des chiens et rôderont autour de la ville* et que *ne se voyant point rassasiés, ils murmureront*. Car c'est le propre de celui qui a des appétits, d'être toujours mécontent et ennuyé, comme celui qui endure la faim. Mais quelle convenance y a-t-il entre la faim que causent les créatures et le rassasiement qu'opère l'esprit de Dieu? Partant, cette satiété incréée de Dieu ne peut entrer en l'âme si on n'en bannit premièrement cette autre faim créée de l'appétit, vu que, comme il a été dit, deux contraires ne peuvent demeurer en un même sujet – à savoir, au cas présent, la faim et la satiété.

On voit par là combien ce que Dieu fait, en nettoyant et purifiant l'âme de ses contraires, est plus que de la créer de

1. Au sens philosophique de « production d'une chose » même inanimée.
2. Mot à mot: puisqu'il ne veut pas s'élever des miettes des créatures.

rien. Parce que ces contrariétés d'affections et d'appétits contraires sont plus opposées et résistantes à Dieu que le néant, qui ne résiste point. Ce qui suffira touchant le premier dommage principal que les appétits font à l'âme, qui est de résister à l'esprit de Dieu, d'autant que nous en avons déjà beaucoup dit ci-dessus.

Parlons maintenant du second effet qu'ils y opèrent. Il est de plusieurs sortes, car les appétits lassent l'âme, la tourmentent, l'obscurcissent, la souillent et l'affaiblissent – desquelles cinq choses nous traiterons en détail.

Quant au premier, il est clair que les appétits lassent et fatiguent l'âme, parce que ce sont comme de petits enfants inquiets et très difficiles à contenter, qui demandent toujours à leur mère tantôt une chose, tantôt une autre, et ne demeurent jamais satisfaits. Et comme celui-là se fatigue et se lasse, qui creuse par convoitise d'un trésor, ainsi l'âme s'ennuie et se lasse pour obtenir ce que ses appétits lui demandent; et bien qu'elle en vienne à bout, néanmoins toujours elle se lasse parce qu'elle n'est jamais satisfaite; et, au bout, elle creuse des citernes rompues qui ne peuvent garder l'eau pour étancher la soif. C'est ce que dit Isaïe: *Après s'être lassé il a encore soif et son* Is 29,8
appétit est vide. Et l'âme qui a des appétits se lasse et se fatigue, parce que c'est comme un fiévreux qui se trouve mal jusqu'à ce que la fièvre l'ait quitté, et en qui la soif s'augmente à chaque moment. Car, comme il est dit au livre de Job, *quand il aura* Jb 20,22
satisfait son appétit, il demeurera plus pressé et contraint. La chaleur de l'appétit s'est augmentée en son âme, ainsi toute sorte de douleur tombera sur lui. L'âme se lasse et s'afflige avec ses appétits, parce qu'elle en est navrée et émue et troublée comme l'eau par les vents, et ainsi ils l'agitent sans lui donner repos, ni en un lieu, ni en une chose. Isaïe parle de ces âmes en cette sorte: *Le cœur* Is 57,20
du méchant ressemble à une mer qui bouillonne. Or, celui-là est méchant qui ne dompte pas ses appétits. L'âme se lasse et se fatigue qui désire accomplir ses appétits. Parce que c'est comme celui qui ayant faim ouvre la bouche pour l'emplir de vent: au lieu de se rassasier, il se dessèche davantage, parce que ce n'est pas là son aliment. Et Jérémie dit de cette âme que *dans* Jr 2,24
le désir de sa volonté elle a attiré à soi le vent de son affection. Et après, pour donner à entendre l'aridité en laquelle cette âme demeure, il dit par forme d'avis: *Retire ton pied*, c'est-à-dire Jr 2, 25
ta pensée, *de la nudité, et ta gorge de la soif*, c'est-à-dire ta volonté

de l'accomplissement de l'appétit, vu que cela cause une plus grande sécheresse. Et ainsi, comme se lasse et se fatigue celui qui est énamouré quand, au jour de son espérance, il a manqué sa touche[1], ainsi l'âme se lasse et se fatigue avec tous ses appétits et leur accomplissement, puisque tous lui causent un plus grand vide et une plus grande faim. Car, comme on dit communément, l'appétit ressemble au feu qui croît si l'on y met du bois, lequel étant tout consumé, il faut qu'il s'éteigne de force. L'appétit est même en ceci de pire condition: car le feu, à mesure que le bois se consume, s'amortit peu à peu; mais l'appétit, s'étant une fois augmenté par son assouvissement, ne se diminue pas par le défaut de matière; au lieu de s'alentir, comme le feu auquel la matière manque, il défaille en son travail, parce que la faim est accrue et la nourriture diminuée. De quoi parle
Is 9,20 (19) Isaïe lorsqu'il dit: *Il penchera vers la droite et il aura faim, et mangera à la gauche sans se rassasier;* parce que ceux qui ne mortifient leurs appétits restent justement affamés quand ils inclinent au chemin de Dieu (qui est la droite), parce qu'ils ne méritent pas le rassasiement du doux esprit. Et quand ils mangent vers la gauche (ce qu'ils font accomplissant leurs appétits en quelque créature), justement ils ne sont rassasiés, vu que, laissant tout ce qui peut seul satisfaire, ils se repaissent de ce qui les affame davantage. Partant, il est clair que les appétits lassent et fatiguent l'âme.

Chapitre 7

COMMENT LES APPÉTITS TOURMENTENT L'ÂME: CE QUI EST PROUVÉ PAR DES COMPARAISONS ET AUTORITÉS

La seconde manière de mal positif que les appétits causent en l'âme, c'est qu'ils la tourmentent et affligent, comme celui, qui, étant lié à quelque chose, est serré étroitement par des cordes et n'a point de repos jusqu'à ce qu'il soit délivré de ce
Ps 118 (119),61 tourment. David dit de ceux-là au psaume 118: *Les cordeaux de mes péchés* (qui sont les appétits) *m'ont enserré tout autour.* Et, comme celui qui se couche nu sur des épines et des pointes se

1. Expression réaliste pleine de saveur sous la plume du saint.

tourmente et s'afflige, ainsi l'âme se tourmente et s'afflige quand elle se vautre dans ses appétits. Parce qu'ainsi que des épines, ils blessent, affligent, attachent et laissent de la douleur. David dit qu'*ils l'ont entouré comme des mouches à miel, le poignant de leurs aiguillons et s'enflammant contre lui, comme un feu parmi les épines*, parce que dans les appétits, qui sont les épines, le feu de l'angoisse et du tourment s'augmente. Ps 117 (118),12

Et comme le laboureur tourmente et pique le bœuf attaché à la charrue, avec le désir de la moisson qu'il espère, ainsi la concupiscence afflige l'âme sous l'appétit pour obtenir ce qu'elle veut. Ce qui paraît au désir qu'avait Dalila de savoir où gisait la force de Samson, qui la fatiguait et tourmentait tant que *son âme défaillit jusqu'au mourir* (comme dit l'Écriture Sainte). L'appétit est un tourment d'autant plus grand à l'âme qu'il est plus fort; de manière qu'il y a autant de tourment qu'il y a d'appétit; et tant plus elle est possédée d'appétits, tant plus elle a de tourments, s'accomplissant en cette âme, même dès cette vie, ce qui est dit, en l'Apocalypse, de Babylone par ces paroles: *Autant qu'elle a voulu s'exalter et assouvir ses appétits, tourmentez-la d'angoisse à proportion.* Et de la façon qu'est tourmenté celui qui tombe entre les mains de ses ennemis, ainsi est traversée et affligée l'âme qui se laisse emporter à ses appétits. Dont nous voyons la figure dans le livre des Juges, auquel on lit que ce fort Samson, qui était auparavant fort, libre et juge d'Israël, étant tombé au pouvoir de ses ennemis ils lui ôtèrent la force, lui arrachèrent les yeux et, l'ayant lié, lui firent tourner une meule de moulin, où ils le tourmentèrent et affligèrent beaucoup. Le semblable arrive à l'âme où ces ennemis: les appétits, vivent et dominent; car la première chose qu'ils lui font, c'est de l'affaiblir et aveugler, comme nous dirons ci-après, et aussitôt ils l'affligent et la tourmentent, l'attachant à la meule de la concupiscence, et les cordes dont elle est garrottée sont ses propres appétits. Jg 16,16 Ap 18,7 Jg 16,21

C'est pourquoi, Dieu ayant compassion de ceux qui, avec tant de peine et à si grands frais, procurent d'étancher la soif et d'assouvir la faim de l'appétit dans les créatures, il leur dit par Isaïe: *Vous tous qui avez soif* d'appétits, *venez aux eaux et vous tous qui n'avez point d'argent* de propre volonté et appétits, *hâtez-vous, achetez de moi et mangez. Venez, et achetez de mon vin et de mon lait,* qui est paix et douceur spirituelle, *sans argent* de propre volonté *et sans me donner en échange aucun travail,* Is 55, 1-2 comme vous en donnez pour vos appétits. *Pourquoi donnez-vous l'argent* de votre propre volonté *pour ce qui n'est pas pain,* c'est-à-dire qui n'est pas esprit divin, *et mettez-vous le travail* de vos appétits *en ce qui ne vous peut rassasier? Venez à moi, et m'écoutez, mangez des biens que vous désirez et votre âme se délectera en la graisse.*

Or, venir en cet embonpoint, c'est sortir de tous les goûts de la créature; car la créature tourmente et l'esprit de Dieu
Mt recrée. Et ainsi Il nous appelle en saint Matthieu disant: *Vous*
11,28 *tous qui travaillez, et êtes affligés et chargés du fardeau* de vos soucis et appétits, sortez de là et *venez à moi, et je vous recréerai, et vous trouverez pour vos âmes le repos* dont vos appétits vous
Ps 37 privent, lesquels, comme dit le prophète, *sont une charge fort*
(38),5 *pesante.*

Chapitre 8

COMMENT LES APPÉTITS OBSCURCISSENT ET AVEUGLENT L'ÂME

Le troisième dommage que les appétits font en l'âme, c'est qu'ils l'aveuglent et l'obscurcissent. Car tout ainsi que les vapeurs obscurcissent l'air et servent d'obstacle à la lumière du soleil, ou comme le miroir terni ne peut recevoir clairement l'image, ou bien comme l'eau trouble ne représente clairement le visage de celui qui s'y mire; de même, l'âme qui est captive de ses appétits est en ténèbres selon l'entendement et ne donne lieu au soleil de la raison naturelle ni à celui de la Sagesse surnaturelle de Dieu, pour l'investir et pour l'illuminer. Sur quoi
Ps 39 le psalmiste a dit à ce propos: *Mes iniquités m'ont saisi et il ne*
(40),13 *m'a été possible de voir.*

Et en cela même que l'âme est obscurcie en l'entendement, elle s'engourdit en la volonté, et devient rude en la mémoire, déréglée en sa due opération. Parce que, comme ces puissances dépendent de l'entendement en leurs opérations, il est clair que,
Ps 6,4 lui étant empêché, elles doivent être troublées et déréglées. Et ainsi, dit le prophète David, *mon âme est fort troublée*. Ce qui est de même que s'il disait: elle est dévoyée en ses puissances. Parce que, comme nous avons dit, l'entendement n'est pas capable de recevoir l'illustration de la sagesse de Dieu, non plus que l'air rempli de nuages, la lumière du soleil; ni la

volonté n'est habile pour embrasser Dieu en soi avec un pur amour, non plus que le miroir terni de l'haleine n'est point propre pour représenter clairement le visage qui lui est présenté; et la mémoire semblablement, qui est offusquée par les ténèbres de l'appétit, ne saurait avec sérénité être informée de l'image de Dieu, de même que l'eau bourbeuse ne peut faire voir clairement le visage de celui qui s'y mire.

L'appétit obscurcit aussi et aveugle l'âme, parce qu'en tant qu'appétit il est aveugle, n'ayant de soi aucun entendement en lui, car c'est la raison qui est toujours son guide d'aveugle. D'où vient que toutes les fois que l'âme se guide par son appétit, elle s'aveugle. Car c'est comme si celui qui voit se servait pour guide de celui qui ne voit point: ce qui est comme s'ils étaient tous deux aveugles. Et de là s'ensuit cela même que Notre Seigneur dit en saint Matthieu: *Si un aveugle mène l'autre, ils tomberont tous deux en la fosse.* Peu servent les yeux au papillon, puisque l'appétit de la beauté de la lumière le fait brûler, ébloui, à la flamme. Et ainsi, nous pouvons dire que celui qui se repaît de l'appétit est comme un poisson ébloui auquel la lumière sert plutôt de ténèbres pour ne point voir les embûches que lui dressent les pêcheurs. Ce que David donne bien à entendre, disant de telles gens: *Le feu tomba sur eux*, qui échauffe de sa chaleur et éblouit de sa lumière. Ce que l'appétit fait aussi en l'âme, à savoir, d'allumer la concupiscence et d'éblouir l'entendement de sorte qu'il ne puisse voir sa lumière. Parce que la cause de l'éblouissement, c'est que, mettant une autre lumière différente devant les yeux, la puissance visive se repaît en celle qui lui est immédiatement présentée et ne voit plus l'autre. Or, comme l'appétit s'approche alors si près de l'âme qu'il est en l'âme, elle trébuche en cette première lumière et se repaît en elle, et ainsi il ne la laisse jouir de sa lumière de claire intelligence, et elle ne la verra point jusqu'à ce qu'on ait ôté l'éblouissement de l'appétit.

Mt 15,14

Ps 57 (58),9

C'est pourquoi il y a grand sujet de déplorer l'ignorance de quelques-uns qui se surchargent de pénitences extraordinaires et de plusieurs autres exercices (qu'ils font par propre volonté); ils pensent qu'il leur suffira de ceci ou de cela pour parvenir à l'union de la Sagesse divine, mais ils s'abusent, s'ils ne tâchent avec diligence de nier leurs appétits. Que si les âmes employaient la moitié de leur travail en cela, elles profiteraient plus en un mois par cette voie qu'en plusieurs années par tous les autres exercices. Car, comme il est nécessaire de cultiver la terre pour la rendre fertile – autrement elle ne rapporte que de mauvaises herbes – de même il faut mortifier les appétits pour l'avancement de l'âme. Sans cela, j'ose dire que pour croître en la perfection et en la connaissance de Dieu et de soi-même, tout ce qu'elle fera ne lui servira pas davantage que la semence qu'on répand sur une terre qui n'est point labourée. Partant, l'on n'ôtera point les ténèbres et la stupidité de l'âme jusqu'à ce qu'on amortisse les appétits, parce qu'ils sont comme la cataracte, ou comme des poussières en l'œil, qui empêchent la vue jusqu'à tant qu'on les ait ôtées.

D'où vient que David voyant l'aveuglement de telles gens, et combien leurs appétits empêchent leurs âmes de voir la clarté de la vérité, et combien Dieu est indigné contre eux, il
Ps 57 les avertit d'y prendre garde: *Avant que vos épines* (qui sont les
(58),10 appétits) *n'entendent, comme des vivants Il les absorbera en sa colère*. Car, avant que les appétits qui vivent en l'âme puissent entendre Dieu, Dieu *les absorbera*, en cette vie ou en l'autre, avec châtiment et correction – ce qui sera par la purification. Et il dit qu'*Il les absorbera en sa colère*, parce que ce qu'on souffre en la mortification des appétits est châtiment du dégât qu'ils ont fait en l'âme.

Oh! si les hommes savaient de quel bien de lumière divine les prive cet aveuglement que leurs affections et leurs appétits leur causent, et en quels maux et dommages ils les précipitent tous les jours, faute de les mortifier! A vrai dire, il ne faut pas qu'ils se fient au bon entendement ni aux dons qu'ils ont reçus de Dieu pour penser que, s'il y a affection ou appétit, il n'obscurcira, n'aveuglera et ne fera peu à peu trébucher de mal en pis. Car qui eût dit qu'un homme si consommé en sagesse et rempli des dons de Dieu, comme était Salomon, devait tomber en un tel aveuglement et en une telle lâcheté de volonté que d'ériger des autels à tant d'idoles et les adorer en sa vieillesse? Or, pour cela, il ne lui fallut pas davantage que l'amour qu'il
1 R 11,4 portait aux femmes et la négligence de renoncer à ses appétits
et aux délices de son cœur. Car il dit de soi-même, dans l'Ecclé-
Eccl siaste, qu'il n'a refusé à son cœur ce qu'il lui a demandé. Et
2,10 cet abandon à ses appétits eut tel pouvoir qu'encore qu'à la vérité au commencement il fût retenu, néanmoins, pour ne les avoir mortifiés, peu à peu ils l'aveuglèrent et lui obscurcirent l'entendement jusqu'à éteindre cette grande lumière de sagesse

que Dieu lui avait donnée, de manière que sur la fin de son âge il oublia Dieu.

Que s'ils eurent tant de pouvoir sur lui, qui connaissait si parfaitement la distance qu'il y a entre le bien et le mal, que ne pourront contre notre ignorance les appétits qui ne sont domptés? Vu que, comme Dieu dit des Ninivites au prophète Jonas, *nous ne savons ce qu'il y a entre la gauche et la droite*. Car à Jon 4,11
chaque pas nous tenons le mal pour le bien et le bien pour le mal: et ceci vient de notre cru. Mais que sera-ce, en comparaison, si l'appétit se joint à nos ténèbres naturelles, sinon ce que déplore Isaïe, parlant à ceux qui aiment à suivre leurs appétits? *Nous avons tâtonné le mur comme si nous eussions été aveugles, et* Is 59,10
nous avons cheminé à tâtons comme sans yeux; et notre aveuglement est venu jusque-là que nous nous sommes heurtés en plein midi comme si c'était en obscurité. Car celui qui est aveuglé de l'appétit a cela, qu'étant au milieu de la vérité et de ce qui est convenable, il ne le discerne pas plus que s'il était dans les ténèbres.

Chapitre 9

COMMENT LES APPÉTITS SOUILLENT L'ÂME: CE QUI EST PROUVÉ PAR COMPARAISONS ET AUTORITÉS DE LA SAINTE ÉCRITURE

Le quatrième dommage que les appétits causent à l'âme, c'est qu'ils la souillent et la tachent, conformément à ce que dit l'Ecclésiastique: *Qui touchera la poix en demeurera taché*. Et pour Eccli
lors on touche la poix quand on accomplit l'appétit de sa 13,1
volonté en quelque créature. Où il faut remarquer que le Sage compare les créatures à la poix. Car il y a plus de différence entre l'excellence de l'âme et tout ce que les créatures ont de meilleur, qu'il n'y a d'un clair diamant ou de l'or fin à la poix. Et comme, si l'on mettait sur de la poix l'or ou le diamant qui seraient échauffés, ils en seraient noircis et souillés à proportion que leur chaleur l'aurait fondue et attirée; de même l'âme qui est chaude d'appétit, jointe à quelque créature, dans la chaleur de son appétit en attire sur soi de l'immondice et en demeure tachée.

Et il y a plus de différence entre l'âme et les autres créatures corporelles qu'entre une très claire liqueur et un bourbier fort sale. D'où vient que, comme cette liqueur se gâterait si on la jetait dans un bourbier, de même l'âme qui s'attache par affection à la créature se salit, puisqu'en cela elle se rend semblable à elle.

Et comme les traits de suie gâteraient un visage d'une rare et parfaite beauté, de même les appétits désordonnés souillent et enlaidissent l'âme qui les a – laquelle, en soi, est une image de Dieu très belle et fort accomplie. C'est pourquoi Jérémie, déplorant la grande difformité que lui causent ces affections désordonnées, décrit premièrement sa beauté et après sa laideur,
Lm 4, 7-8 disant: *Ses cheveux*[1] – c'est à savoir: de l'âme – *sont plus blancs que la neige, plus resplendissants que le lait, plus rouges que l'ancien ivoire, plus beaux que le saphir. Leur face s'est noircie plus que les charbons et on ne les reconnaît plus dans les lieux publics.* Par les cheveux nous entendons ici les affections et les pensées de l'âme, lesquelles, dirigées à ce que Dieu a ordonné – à savoir: à lui-même – sont plus blanches que la neige, plus claires que le lait, plus vermeilles que l'ivoire et plus belles que le saphir. Par ces quatre choses, l'on entend toutes sortes de beauté et d'excellence des créatures corporelles, au-dessus desquelles est l'âme et ses opérations, qui sont les nazaréens ou cheveux susdits; lesquels, étant mal dirigés et mis où Dieu ne les a pas ordonnés – c'est-à-dire employés dans les créatures – Jérémie dit que leur face devient et demeure plus noire que les charbons. Parce que les appétits désordonnés en les choses de ce siècle font tout ce mal et encore davantage en la beauté de l'âme. De sorte que s'il nous fallait traiter exprès comment les appétits défigurent l'âme, nous ne trouverions chose, pour pleine de toiles d'araignées et de serpents qu'elle soit, ni laideur de corps mort, ni n'importe quelle autre chose immonde et sale qu'on puisse trouver en cette vie ou imaginer, à quoi nous la puissions comparer. Car encore que, à la vérité, l'âme déréglée, quant à son être naturel, soit aussi parfaite que Dieu l'a créée, néanmoins, quant à l'être de raison, elle est laide, abominable, sale et obscure, avec tous les maux que nous allons ici déduisant, et beaucoup plus. De manière qu'un seul appétit désordonné, comme nous dirons ci-après, quoiqu'il ne soit pas de matière de péché mortel, suffit pour rendre une âme si assujettie, sale et laide, qu'en aucune manière elle ne puisse convenir avec Dieu en une

1. Vulgate: *Nazaraei ejus*, ses nazaréens.

union, jusqu'à ce que l'appétit soit purifié. Or, quelle sera la difformité de celle qui est entièrement désordonnée en ses passions et abandonnée à ses appétits, et combien sera-t-elle éloignée de Dieu et de sa pureté?

On ne saurait exprimer en paroles, ni même concevoir avec l'entendement, les diverses immondices que la diversité d'appétits cause en l'âme. Car si cela se pouvait dire et donner à entendre, ce serait une chose étonnante et de grande compassion, de voir comment chaque appétit, selon sa force et sa qualité, plus grande ou plus petite, fait sa tache et laisse en l'âme l'assiette de sa propre immondice et laideur; et comment en un seul désordre de la raison il peut y avoir en soi d'innombrables différences de saletés, plus grandes ou plus petites, chacune selon sa condition. Car de même que l'âme du juste, en une seule perfection qui est la droiture de l'âme, a un grand nombre de très riches dons et plusieurs belles vertus – chacune gracieuse et différente selon la multitude et différence des affections amoureuses qu'il a exercées envers Dieu – ainsi, l'âme déréglée, selon la variété de ses appétits en les créatures, a une misérable variété d'ordures et de bassesses, telles que les dits appétits la peignent en elle.

Cette diversité d'appétits est bien figurée dans Ézéchiel, où Ez 8,
il est dit que Dieu montra à ce prophète en l'intérieur du temple 10-16
toutes les ressemblances des animaux qui rampent sur la terre
et toute l'abomination des bêtes immondes, peintes autour des
parois. Et lors, Dieu dit à Ézéchiel: *Fils de l'homme, n'as-tu pas* Ez 8,12
*vu les abominations que font ceux-ci, chacun dans le lieu le plus
secret de sa chambre?* Et Dieu lui commanda d'entrer plus avant
et lui dit qu'il verrait de plus grandes abominations, et il vit là
les femmes assises qui pleuraient le dieu d'amour Adonis. Dieu lui Ez 8,14
commanda encore de passer outre et qu'il verrait des crimes
plus énormes. Là, il aperçut *vingt-cinq vieillards qui tournaient le* Ez 8,16
dos au temple. Les différences des serpents et animaux immondes qui étaient peintes dans la première partie du temple sont les pensées et conceptions que l'entendement fait de toutes les choses basses de la terre et de toutes les créatures, telles qu'elles se peignent dans le temple de l'âme quand elle embarrasse avec elles son entendement, lequel est la première chambre de l'âme. Les femmes qui étaient plus avant, en la seconde demeure, pleurant leur dieu Adonis, sont les appétits qui logent en la seconde puissance de l'âme, qui est la volonté; lesquels sont

comme pleurant en tant qu'ils désirent ce en quoi la volonté s'affectionne – qui sont les serpents et les reptiles déjà peints en l'entendement. Et les hommes qui étaient dans la troisième chambre sont les images et représentations des créatures que la mémoire, qui est la troisième partie de l'âme, conserve et va ruminant en soi. Or il est dit que ces personnes tournaient le dos au temple, parce que, quand l'âme embrasse absolument et parfaitement quelque chose de la terre selon ses trois puissances, on peut bien dire qu'elle tourne le dos au temple de Dieu, qui est la droite raison de l'âme, laquelle n'admet en soi aucune chose de créature.

Or, pour entendre quelque chose de ce sale désordre de l'âme en ses appétits, ce qui a été dit suffira pour le présent. Parce que, s'il fallait traiter en particulier de la laideur moindre que font et causent en l'âme les imperfections et leur diversité; et de celle que font les péchés véniels et leur grande diversité, laideur qui est plus grande que celle des imperfections; comme aussi de celle que causent les appétits du péché mortel – qui est l'entière laideur de l'âme – et de leur grande diversité, selon la diversité et la multitude de toutes ces trois choses, ce ne serait jamais fait, ni un entendement angélique ne suffirait à le pouvoir entendre. Ce que je dis et ce qui convient à notre propos, c'est que chaque appétit, encore qu'il soit de la moindre imperfection, tache et souille l'âme.

Chapitre 10

COMMENT LES APPÉTITS ATTIÉDISSENT ET AFFAIBLISSENT L'ÂME EN LA VERTU

Le cinquième dommage que les appétits causent à l'âme, c'est qu'ils l'attiédissent et débilitent, afin qu'elle n'ait de la force pour suivre la vertu et pour y persévérer. Car, par le fait même que la force de l'appétit est divisée en plusieurs parts, il en reste moins vigoureux que s'il s'attachait entièrement à une seule chose; et tant plus il est partagé, tant moins il lui demeure de force pour chaque chose. C'est pourquoi les philosophes disent que la vertu unie est plus forte qu'elle-même étant divisée. D'où il est évident que si l'appétit de la volonté se répand en autre chose que la vertu, il demeurera bien faible

pour la vertu. Et ainsi l'âme qui partage sa volonté à des bagatelles, ressemble à l'eau qui, ayant par où s'écouler en bas, ne monte point en haut, et ainsi demeure inutile. C'est pourquoi le patriarche Jacob compara son fils Ruben à l'eau épanchée, attendu qu'en certain péché il avait lâché la bride à ses appétits, disant: *Tu t'es répandu comme l'eau, tu ne croîtras pas.* Gn 49,4
Comme s'il eût dit: parce que tu t'es laissé écouler aux appétits comme l'eau, tu n'avanceras point en vertu.

Et, comme l'eau chaude étant découverte perd facilement la chaleur, et les drogues aromatiques étant à l'air vont perdant la senteur et la force de leur bonne odeur, de même l'âme qui n'est pas recueillie en un seul appétit de Dieu perd la chaleur et la vigueur dans la vertu. Ce que David connaissant bien, il disait, parlant à Dieu: *Je garderai ma force pour vous*, c'est-à-dire Ps 58
je ramasserai la force de mes appétits pour vous seul. (59),10

Outre ce, les appétits affaiblissent la vertu de l'âme car ils sont comme des rejetons autour de l'arbre, qui en tirent le suc et l'empêchent de fructifier. C'est pourquoi le Seigneur, parlant de ces âmes, dit: *Malheur à celles qui seront enceintes ou qui* Mt
seront nourrices en ces jours, appliquant cette grossesse et cette 24,19
nourriture aux appétits, lesquels s'ils ne sont retranchés soustrairont de plus en plus la vertu de l'âme et croîtront pour sa ruine, comme les rejetons de l'arbre. Pour ce sujet Notre Seigneur nous donne ce conseil de *ceindre nos reins*, qui signifient Lc 12,35
ici nos appétits. Lesquels, en effet, ressemblent aussi aux sangsues qui sucent le sang des veines. Car le Sage les appelle ainsi dans les Proverbes: *Les sangsues* (c'est à savoir, les appétits) Pr 30,15
sont des filles qui disent toujours: apporte, apporte.

Par où il appert que les appétits ne causent aucun bien en l'âme, au contraire, ils en tirent celui qu'ils y trouvent. Et si on ne les mortifie, ils n'ont point de cesse jusqu'à ce qu'ils aient fait ce qu'on dit des vipereaux, qu'ils mangent les entrailles de leur mère à mesure qu'ils croissent dans son ventre et la tuent, vivant ainsi aux dépens de leur mère. C'est ce que font les appétits qui ne sont mortifiés: car ils tuent enfin l'âme en Dieu, faute qu'elle ne les a étouffés d'abord – d'où vient qu'il est dit dans l'Ecclésiastique: *Otez-moi les concupiscences du ventre* – et Eccli 23,
eux seuls sont ce qui vit en elle. 6(5)

Et bien qu'ils n'arrivent pas jusque-là, c'est néanmoins une grande compassion de voir comment les appétits qui vivent en la pauvre âme la traitent, combien ils la rendent déplaisante à soi-même, fâcheuse au prochain, pesante et paresseuse aux choses de Dieu. Car il n'y a mauvaise humeur qui rende un malade si pesant et empêché de cheminer, ni qui le dégoûte tant de manger, comme l'appétit des créatures rend l'âme pesante et triste à suivre la vertu. Et ainsi la cause ordinaire de l'ennui et de la tardiveté de maintes âmes au chemin de la vertu, c'est qu'elles ont des appétits et des affections qui ne sont purement adressés à Dieu.

Chapitre 11

OÙ IL EST PROUVÉ QUE L'ÂME SE DOIT PRIVER DES MOINDRES APPÉTITS, POUR ARRIVER À L'UNION DIVINE

Il me semble qu'il y a déjà longtemps que le lecteur désire s'enquérir s'il est nécessaire, pour atteindre à ce haut état de perfection, qu'une entière mortification de tous les appétits, petits ou grands, ait précédé; ou s'il suffit d'en mortifier quelques-uns et laisser les autres, au moins ceux qui paraissent de peu de conséquence. Parce que cela semble chose rude et très difficile d'arriver à une telle pureté et nudité qu'on n'ait plus de volonté et d'affection à chose que ce soit.

A quoi l'on répond premièrement qu'il est vrai que tous les appétits ne sont pas aussi préjudiciables les uns que les autres et n'embarrassent pas tous l'âme de même façon. Je parle des volontaires, car les appétits naturels empêchent peu ou point l'union de l'âme, quand ils ne tirent aucun consentement et ne passent les premiers mouvements (tous ceux dans lesquels la volonté raisonnable n'a eu aucune part, ni avant ni après), car il est impossible de les ôter, c'est-à-dire de les mortifier entièrement en cette vie; et ceux-là ne préjudicient pas en sorte qu'on ne puisse arriver à l'union divine, encore qu'ils ne soient totalement mortifiés (comme je le dis), parce qu'il peut bien arriver qu'ils soient en la nature et que cependant l'âme demeure en sa liberté, quant à ce qui est de l'esprit raisonnable. Car il arrivera parfois que l'âme sera en une profonde union d'oraison de quiétude en la volonté et qu'ils demeurent actuellement en la partie sensitive de l'homme, la partie supérieure qui est en oraison n'ayant aucune part en eux. Mais quant à tous les autres appétits volontaires – soit de péché mortel, qui sont les plus graves, soit de péché véniel, qui sont plus légers, soit seulement des imperfections, qui sont encore moins graves – il les faut évacuer entièrement et l'âme doit être épurée de tous, pour petits qu'ils soient, si elle veut parvenir à cette totale union. La raison en est que l'état de cette union divine consiste en ce que l'âme tienne sa volonté dans une totale transformation en la volonté de Dieu, de manière qu'il n'y ait en elle de chose contraire à la volonté de Dieu, mais qu'en tout et pour tout son mouvement soit la seule volonté de Dieu.

C'est pourquoi nous disons qu'en cet état de deux volontés il n'en est fait qu'une, c'est à savoir la volonté de Dieu. En sorte que la volonté de Dieu soit aussi la volonté de l'âme. Or, si cette âme voulait quelque imperfection, laquelle déplaît à Dieu, elle ne serait pas transformée en la volonté de Dieu, puisque l'âme voudrait ce que Dieu ne veut pas. D'où il appert que l'âme, pour s'unir parfaitement avec Dieu par amour et volonté, doit auparavant être évacuée de tout appétit de la volonté, même des plus petits. C'est-à-dire que, sciemment et volontairement, elle ne consente avec la volonté à aucune imperfection et qu'elle ait le pouvoir et la liberté d'y résister aussitôt qu'elle s'en apercevra. Je dis : sciemment, car sans y prendre garde ou sans l'entendre, ou sans être en son pouvoir, elle tombera bien en des imperfections ou des péchés véniels et dans les appétits naturels dont nous avons parlé. Car il est écrit, de tels péchés qui ne sont pas tant volontaires et qui sont subreptices, *que le juste tombera sept fois le jour, et qu'il se relèvera.* Pr 24,16
Mais le moindre des appétits volontaires – qui sont péchés véniels d'advertance – si on ne le surmonte, suffit (comme je l'ai dit) pour empêcher. J'entends parler de l'habitude qui n'est pas mortifiée. Attendu qu'il y a parfois des actes de différents appétits, mais ils ne nuisent pas tant quand les habitudes sont mortifiées. Encore qu'il faille aussi venir à ne les pas avoir, pour autant qu'ils procèdent encore d'une imperfection habituelle. Mais quant à certaines habitudes d'imperfections volontaires qu'on ne surmonte jamais, il est vrai que non seulement elles empêchent l'union divine, mais encore l'avancement en la perfection.

Ces imperfections habituelles sont comme d'être grand parleur, d'avoir un petit attachement à quelque chose dont on ne se défait jamais, comme par exemple à quelque personne, habit, livre, cellule, à telle sorte de nourriture, et à d'autres petites conversations et petits goûts à vouloir goûter des choses, savoir, entendre et autres semblables. La moindre de ces imperfections à laquelle l'âme s'attachera ou s'habituera apporte un tel préjudice pour pouvoir croître et s'avancer en la vertu, que, si l'on tombait tous les jours en plusieurs autres imperfections et péchés véniels isolés – qui ne viennent d'une coutume ordinaire de quelque mauvaise propriété ordinaire – cela n'empêcherait pas autant que l'affection de l'âme attachée à quelque chose. Car tant qu'elle s'y attachera, quoique ce soit une bagatelle, elle ne saurait avancer en la perfection. Qu'importe qu'un oiseau soit attaché d'un fil mince ou d'une corde? Car, pour fin que soit le fil, l'oiseau y demeurera attaché comme à la corde, tant qu'il ne le brisera pas pour voler. Il est vrai que le fil est plus facile à rompre; mais, pour facile que ce soit, s'il ne le rompt, il ne pourra prendre l'essor. Ainsi en est-il de l'âme qui s'est liée à quelque chose, laquelle, avec toutes ses vertus, ne parviendra jamais à la liberté de l'union divine. Car l'appétit et l'attachement de l'âme ont une propriété semblable à celle qu'on attribue par rapport au navire à la rémora qui est un poisson fort petit et, néanmoins, s'étant attachée à un navire, elle l'arrête tellement qu'il ne peut passer au port ni naviguer. Véritablement, c'est une chose déplorable de voir des âmes chargées, comme de grands navires, de richesses, d'œuvres et d'exercices spirituels, de vertus et faveurs que Dieu leur fait, et qui, pour n'avoir le courage d'en finir avec un petit goût, un attachement ou une affection (car c'est tout un), ne vont jamais de l'avant ni n'arrivent au port de la perfection, alors qu'il ne fallait plus qu'un tire-d'aile, et achever de rompre ce fil d'attachement, ou ôter cette adhérente rémora de l'appétit.

Certes, on doit grandement déplorer que, Dieu leur ayant fait rompre d'autres plus grosses cordes d'affections de péchés et de vanités, faute de quitter une puérilité que Dieu leur a dit de combattre pour l'amour de lui – laquelle n'est pas davantage qu'un petit fil ou cheveu – cela les empêche de parvenir à un si grand bien. Et le pis est qu'à cause de cet attachement, non seulement ils n'avancent pas, mais encore ils retournent en arrière, perdant ce qu'ils avaient cheminé et gagné en un temps si long et avec tant de travail. Car on sait bien qu'en cette voie, ne s'avancer pas c'est retourner en arrière, et ne pas gagner c'est perdre. Ce que Notre Seigneur nous a voulu donner

à entendre par ces paroles: *Celui qui n'est pas avec moi est contre* Mt
moi; et celui qui n'amasse pas avec moi répand. Celui qui néglige 12,30
de boucher un petit trou d'un vase est en danger de perdre
toute la liqueur qui est dedans, comme l'Ecclésiastique nous
l'enseigne, disant: *Celui qui méprise les petites choses tombera* Eccli
peu à peu. Car comme, selon cet auteur, *d'une seule étincelle le* 19,1
feu s'augmente, ainsi une imperfection suffit pour en attirer Eccli 11,34
une autre et celle-là encore d'autres; de sorte que presque ja- (32)
mais on ne verra une âme négligente à vaincre un appétit, n'en avoir beaucoup d'autres qui naissent de la même faiblesse et de la même imperfection qu'elle a en celui-ci. Et ainsi elle va toujours tombant; et nous avons vu en plusieurs personnes auxquelles Dieu faisait la grâce de les faire bien avancer dans un grand détachement et une signalée liberté que, pour seulement commencer à s'attacher à quelque affection, sous couleur de bien, de conversation et d'amitié, l'esprit s'écoulait par là, et le goût de Dieu, comme aussi la sainte solitude; de sorte qu'on les voyait déchoir de cette allégresse et intégrité des exercices spirituels; bref, qu'elles venaient à perdre le tout, faute d'avoir retranché ce commencement de goût et appétit sensitif, se gardant en solitude pour Dieu.

En cette voie, il faut toujours cheminer pour arriver, ce qui se fait en ôtant toujours les affections, sans les entretenir; et on ne saurait parvenir au terme jusqu'à ce qu'on les ait toutes ôtées. Car, comme le bois ne se transforme en feu si un seul degré de chaleur manque en sa disposition, de même l'âme ne se transformera en Dieu, ayant une seule imperfection – encore que ce soit moins qu'un appétit volontaire. Car, comme nous dirons ci-après en la nuit de la foi, l'âme n'a qu'une volonté, et si elle s'occupe ou embarrasse en quelque chose, elle ne demeure pas libre, seule et pure, comme il est requis pour la transformation divine. Nous avons une figure de ceci au livre des Juges, où il est porté que l'ange vint aux enfants d'Israël et leur dit que, parce qu'ils n'avaient pas exterminé cette nation ennemie, mais qu'au contraire ils avaient fait alliance avec
quelques-uns d'entre eux, *pour ce sujet, il les laisserait parmi eux* Jg 2,3
pour ennemis, afin qu'ils leur fussent occasion de chute et de perdition. Et, justement, Dieu en use ainsi à l'endroit de quelques âmes: lesquelles, après les avoir tirées du monde et après avoir tué les géants de leurs péchés et exterminé la multitude de leurs ennemis – qui sont les occasions qu'ils avaient au monde – seulement

afin qu'elles entrassent avec plus de liberté en cette terre promise de l'union divine, voyant que, nonobstant, elles font des amitiés et s'allient à un tas de menues imperfections au lieu de les mortifier, pour cela, Notre Seigneur s'ennuie et les laisse trébucher en leurs appétits de mal en pis.

Nous avons aussi en Josué une figure de cela, lorsque Dieu lui commanda, au temps qu'il devait prendre possession de la terre promise, qu'il ruinât tellement ce qui était en la ville de
Jos 6,21 Jéricho qu'il n'y laissât aucune chose vivante, ni homme, ni femme, ni enfant, ni vieillard, ni aucun des animaux, et qu'ils ne prissent et ne désirassent rien de toutes les dépouilles. Ce qui nous donne à entendre que, pour entrer en cette union divine, tout ce qui vit en l'âme doit mourir, le peu et le beaucoup, le petit et le grand, et qu'elle doit demeurer sans aucune convoitise de tout cela, et aussi détachée que si elle n'était pas pour cela, ni cela pour elle. Ce que saint Paul nous enseigne,
1 Co 7,29-31 écrivant aux Corinthiens en ces termes: *Je vous avertis, mes frères, que le temps est court; ce qui reste et ce qui est expédient, c'est que ceux qui ont des femmes soient comme s'ils n'en avaient point, et ceux qui pleurent,* pour les choses de ce monde, *comme s'ils ne pleuraient point; et ceux qui se réjouissent, comme s'ils ne se réjouissaient point; et ceux qui achètent, comme s'ils ne possédaient point; et ceux qui usent de ce monde, comme s'ils n'en usaient point.* Ce que l'Apôtre dit, nous enseignant combien l'âme doit être dégagée de toutes les choses pour aller à Dieu.

Chapitre 12

OÙ L'ON TRAITE COMMENT RÉPONDRE À L'AUTRE DEMANDE, EN DÉCLARANT QUELS SONT LES APPÉTITS QUI SUFFISENT POUR CAUSER EN L'ÂME LES DOMMAGES DÉDUITS

Nous pourrions nous étendre beaucoup en cette matière de la nuit du sens, y ayant beaucoup à dire des dommages que causent les appétits, non seulement en toutes les façons qui ont été déclarées, mais encore en plusieurs autres. Néanmoins, ce qui a été dit suffira pour ce qui fait notre propos, parce qu'il me semble avoir assez donné à entendre comment leur mortification s'appelle nuit, et comment il est expédient d'entrer en cette nuit pour aller à Dieu. Une chose se présente seulement avant que de traiter de la manière d'y entrer, pour conclure cette partie.

C'est un doute que le lecteur pourrait avoir sur ce qui a été dit; à savoir, en premier lieu, si un appétit quelconque suffit pour opérer en l'âme les deux maux susdits: à savoir le privatif – qui prive l'âme de la grâce de Dieu – et le positif – qui cause en elle les cinq dommages principaux que nous avons dits. Secondement, si le moindre appétit, de quelque espèce qu'il soit, suffit pour causer tous ces dommages ensemble, ou si seulement les uns en causent un et les autres un autre; si les uns donnent un tourment, les autres une lassitude, les autres des ténèbres, etc.

Pour réponse, je dis premièrement, que si nous parlons du dommage privatif, qui est de priver l'âme de Dieu, seulement les appétits volontaires qui sont en matière de péché mortel peuvent et opèrent ce mauvais effet totalement; car en cette vie ils privent l'âme de la grâce, et en l'autre, de la gloire, qui est posséder Dieu. Quant au second, je dis que ceux qui sont de matière de péché mortel, et les volontaires de matière de péché véniel, comme aussi ceux qui sont de matière d'imperfection, chacun d'eux suffit pour causer en l'âme tous ces dommages positifs ensemble; lesquels, encore qu'en certaine manière ils soient privatifs, nous les appelons ici positifs, parce qu'ils répondent à la conversion vers la créature, comme le privatif répond à l'aversion de Dieu.

Mais il y a cette différence que les appétits de péché mortel causent un entier aveuglement, tourment, immondice et faiblesse, etc.; tandis que les autres qui sont de péché véniel ou d'imperfection ne causent pas ces maux en un degré total et consommé, vu qu'ils ne privent pas de la grâce – privation qui établirait leur prise de possession, parce que la mort de la grâce est leur vie. Néanmoins ils enfantent quelque chose de ces maux, bien que faiblement, selon la débilité de la grâce qu'ils causent en l'âme: de manière que cet appétit qui refroidira la grâce davantage causera plus de tourment, d'aveuglement et d'impureté. Mais il faut noter qu'encore que chaque appétit cause ces maux que nous appelons positifs, il y en a, toutefois, qui causent principalement et directement les uns, et d'autres, les autres, et tous les autres par conséquence. Car quoiqu'il soit vrai qu'un appétit sensuel enfante tous ces maux, pourtant principalement et proprement il souille l'âme et le corps. Bien qu'un appétit d'avarice les cause tous, néanmoins principalement et directement il engendre l'affliction. Quoiqu'un appétit de vaine gloire – ni plus ni moins – les apporte tous, pourtant principalement et directement il cause les ténèbres et l'aveuglement. Et encore qu'un appétit de gourmandise les produise tous, toutefois il cause spécialement la tiédeur en la vertu; et ainsi des autres.

Or la raison pourquoi tout acte d'appétit volontaire produit en l'âme tous ces effets ensemble, c'est pour la contrariété qu'il a directement avec tous les actes de vertu qui font germer en l'âme les effets contraires. Car tout ainsi qu'un acte de vertu produit et engendre en l'âme conjointement suavité, paix et consolation, lumière, netteté et force, de même un appétit désordonné cause tourment, peine, lassitude, aveuglement et faiblesse. Comme toutes les vertus croissent en l'exercice d'une seule, ainsi tous les vices s'augmentent et font croître leurs suites en l'âme par l'exercice d'un seul. Et bien que tous ces maux ne s'aperçoivent pas lorsque l'appétit s'accomplit – parce que le goût qu'on y trouve ne le permet pas pour lors – néanmoins, on sent bien, avant ou après, les maux qu'il a laissés. Ce qui se donne bien à entendre par ce livre que l'ange, en
Ap 10,9 l'Apocalypse, commanda à saint Jean de manger; lequel, dans la bouche lui causa de la douceur, mais dans le ventre, de l'amertume. Parce que, lorsqu'on met l'appétit en exécution il est doux et paraît bon; mais après on éprouve son amertume: ce que pourra bien juger celui qui s'y laisse emporter. Encore que je n'ignore pas qu'il s'en trouve d'aucuns si aveugles et si insensibles qu'ils ne le sentent pas, parce que, ne s'acheminant pas à Dieu, ils ne voient pas ce qui les empêche d'arriver à Dieu.

Je ne parle point ici des autres appétits naturels qui ne sont pas volontaires, ni des pensées qui ne passent point les premiers mouvements, ni d'autres tentations où il n'y a point de consentement – parce qu'ils ne causent aucun de ces maux en l'âme. Car bien que le trouble et la passion qu'ils émeuvent alors fassent paraître à la personne qui en est agitée qu'ils la souillent et l'aveuglent, néanmoins il n'en va pas ainsi; bien plutôt ils lui causent les profits contraires. Parce que, en tant qu'elle leur résiste, elle acquiert de la force, de la pureté, de la lumière et de la consolation, avec plusieurs autres biens; conformément à ce que Notre Seigneur dit à saint Paul que *la vertu se perfectionne en l'infirmité.* 2 Co 12,9

Mais les appétits volontaires causent tous les maux que nous avons dits, et encore davantage. C'est pourquoi le principal soin qu'ont les maîtres spirituels, c'est de mortifier aussitôt leurs disciples de toutes les sortes d'appétits, les laissant en vide de ce qu'ils désirent, pour les délivrer d'une si grande misère.

Chapitre 13

OÙ IL EST TRAITÉ DE LA MANIÈRE ET DU MOYEN QU'ON DOIT TENIR POUR ENTRER EN CETTE NUIT DU SENS

Il reste maintenant à donner quelques avis pour savoir et pouvoir entrer en cette nuit du sens. Pour cette fin, il faut savoir que l'âme ordinairement entre en cette nuit sensitive en deux manières: l'une active, l'autre passive. L'active est tout ce que l'âme peut faire et fait de sa part pour y entrer, dont nous traiterons en les avis suivants. Et la passive est quand l'âme ne fait rien[1], mais c'est Dieu qui l'opère en elle, et elle se comporte comme patiente; de quoi nous parlerons dans le quatrième livre[2], quand nous traiterons des commençants. Et parce qu'avec l'aide de Dieu, nous leur donnerons en ce lieu plusieurs avis selon la multitude des imperfections qu'ils ont coutume de commettre en ce chemin, je ne m'y étendrai pas beaucoup ici. Joint aussi que ce n'en est pas le propre lieu, puisque à présent nous traitons seulement des causes pour lesquelles ce passage s'appelle nuit, et quelle est cette nuit, et combien elle a de parties. Mais parce qu'il semble que ce serait trop concis et moins profitable de ne donner maintenant quelque remède ou avis pour pratiquer cette nuit des appétits, j'ai voulu mettre ici en abrégé le moyen qui s'ensuit, et je ferai de même à la fin de chacune de ces deux autres parties ou causes de cette nuit, dont je traiterai aussitôt avec l'aide de Dieu.

Encore que les avis suivants, pour vaincre les appétits, soient courts et en petit nombre, j'estime qu'ils ne sont pas

1. Certains éditeurs glosent justement: comme d'elle-même ou par son industrie.
2. C'est-à-dire la *Nuit Obscure*.

moins utiles et efficaces qu'ils ne sont brefs; de manière que celui qui s'y voudra exercer à bon escient n'aura besoin de nuls autres, vu que ceux-ci les comprennent tous.

Le premier est qu'il ait un appétit ordinaire d'imiter le Christ en toutes choses, se conformant à sa vie, laquelle il doit considérer pour savoir l'imiter, et se comporter en toutes choses comme Il ferait lui-même.

Le second est que, pour bien faire cela, quelque goût qui s'offre aux sens, s'il n'est purement pour l'honneur et la gloire de Dieu, qu'il y renonce et s'en prive pour l'amour de Jésus-Christ, lequel en cette vie n'eut et ne voulut avoir autre goût
Jn 4,34 que de faire la volonté de son Père – ce qu'il appelait sa nourriture et son repas. Par exemple, s'il se présente quelque goût à entendre des choses qui n'importent en rien au service de Dieu, qu'il n'y prenne goût ni les veuille entendre. Et s'il se délecte à voir des choses qui ne l'aident pas davantage à Dieu, qu'il rejette ce goût et détourne sa vue de tels objets. Et s'il s'offre du goût à parler ou en quelque autre chose que ce soit, qu'il pratique le même. Comme aussi en tous les sens, pour autant qu'il pourra bonnement s'en exempter. Car autrement, il suffira qu'il n'y prenne aucun goût, bien que ces choses se passent en lui. Et de cette manière, il doit tâcher de mortifier promptement les sens et les laisser vides de ce goût, comme à l'obscur. Et avec ce soin, il s'avancera beaucoup en peu de temps.

Or, pour mortifier et pacifier les quatre passions naturelles – qui sont la joie, l'espérance, la crainte et la douleur – de la paix et de l'accord desquelles procèdent ces biens et tous les autres, le total remède est le suivant, qui est de grand mérite et la cause de grandes vertus.

Qu'il tâche de s'incliner toujours:

Non au plus facile, mais au plus difficile.

Non au plus savoureux, mais au plus insipide.

Non à ce qui donne plus de goût, mais à ce qui en donne moins.

Non au repos, mais à ce qui est pénible.

Non à la consolation, mais plutôt à la désolation.

Non au plus, mais au moins.

Non au plus haut et plus précieux, mais au plus bas et plus méprisé.

Non à vouloir quelque chose, mais à ne vouloir rien.

Non à rechercher le meilleur des choses temporelles, mais le pire, et à désirer d'entrer en toute nudité, vide et pauvreté de tout ce qu'il y a au monde, pour le Christ.

Et il faut qu'il embrasse ces œuvres de bon cœur et tâche d'y réduire la volonté. Car s'il les exerce avec cœur, en peu de temps il trouvera en elles un grand délice et consolation, opérant avec ordre et discrétion.

Tout ce qui a été dit, étant bien mis en pratique, suffit pour entrer en la nuit sensitive; mais nous ajouterons de surcroît une autre manière d'exercice qui enseigne à mortifier *la concupiscence de la chair et la concupiscence des yeux et l'orgueil de la* 1 Jn
vie, qui sont les choses que saint Jean dit régner dans le monde 2,16
et desquelles dérivent tous les autres appétits.

1. Il tâchera de travailler à son mépris et désirera que tous fassent de même.

2. Il tâchera de parler à son désavantage et désirera que tous fassent de même.

3. Il tâchera d'avoir une basse estime de soi et désirera que tous fassent de même.

Pour conclusion de ces avis et règles, il est à propos de rapporter ici les vers qui sont écrits en la Montée du Mont – qui est la figure qui se trouve au commencement de ce livre [1] – lesquels enseignent à monter au sommet, qui est le haut point de l'union. Car, bien qu'il soit vrai qu'ils traitent du spirituel et intérieur, néanmoins ils parlent aussi de l'esprit d'imperfection selon le sensible et l'extérieur, comme il se peut voir en les deux chemins qui sont aux côtés du sentier de perfection. Et ainsi, nous les entendrons ici en ce sens, à savoir, selon le sensible; puis en la seconde partie de cette nuit, nous les prendrons selon le spirituel.

Ils disent donc ceci:

– Pour venir à goûter tout, ne veuillez avoir de goût en rien.

– Pour arriver à posséder tout, ne veuillez posséder quelque chose en rien.

– Pour venir à être tout, ne veuillez être quelque chose en rien.

– Pour venir à savoir tout, ne veuillez savoir quelque chose en rien.

1. Ci-dessus, pp. 68-69.

– Pour venir à ce que vous ne goûtez, allez par où vous ne goûtez.
– Pour venir à ce que vous ne savez, allez par où vous ne savez.
– Pour venir à ce que vous ne possédez, allez par où vous ne possédez.
– Pour venir à ce que vous n'êtes, allez par où vous n'êtes.

LE MOYEN POUR N'EMPÊCHER LE TOUT

– Quand vous vous arrêtez en quelque chose, vous ne vous jetez pas au tout.
– Car pour venir du tout au tout, vous devez vous nier du tout au tout.
– Et quand une fois vous aurez tout, il le faut tenir sans rien vouloir.
– Car si vous voulez avoir quelque chose en tout, vous ne tenez pas purement en Dieu votre trésor.

En cette nudité, l'esprit trouve sa quiétude et son repos; parce que, ne convoitant rien, rien ne le fatigue vers le haut et rien ne l'opprime vers le bas, parce qu'il est dans le centre de nos humilité; vu que, quand il convoite quelque chose, en cela même il se lasse.

Chapitre 14

OÙ EST DÉCLARÉ LE SECOND VERSET DU CANTIQUE

Ardente d'un amour plein d'angoisses

Après avoir expliqué le premier verset de ce cantique, qui traite de la nuit sensitive, donnant à entendre quelle est cette nuit du sens et pourquoi elle s'appelle nuit; comme aussi ayant montré l'ordre et le moyen qu'il faut tenir pour y entrer activement, il faut ensuite traiter de ses propriétés et de ses effets admirables, qui sont contenus dans les vers suivants dudit cantique que je toucherai succinctement – en vue d'expliquer ces vers – comme je l'ai promis dans le prologue. Puis je viendrai aussitôt au second livre qui traite de l'autre partie de cette nuit, qui est la spirituelle.

L'âme dit donc qu'étant embrasée d'un amour angoisseux, elle passa et sortit par cette nuit obscure du sens à l'union de son Bien-Aimé. Car, pour vaincre tous les appétits et pour renoncer aux goûts de toutes choses, par l'amour et l'affection desquelles la volonté a coutume de s'enflammer afin d'en jouir, il était besoin d'une autre plus grande inflammation d'un autre meilleur amour, qui est celui de son Époux, afin qu'ayant son goût et sa force en lui, elle eût de la vaillance et de la constance pour rejeter facilement tous les autres.

Et non seulement il est nécessaire, pour vaincre la force des appétits sensitifs, d'avoir l'amour de son Époux, mais aussi d'être enflammée d'amour et d'anxiété. Parce qu'il arrive en effet que la sensualité est mue et attirée aux choses sensibles avec de telles angoisses de l'appétit, que si la partie spirituelle n'est enflammée de ce qui est spirituel avec d'autres plus grandes angoisses, elle ne pourra vaincre le joug naturel, ni entrer en cette nuit du sens, et n'aura pas assez de courage pour demeurer en l'obscurité de toutes choses, se privant de l'appétit d'elles toutes. Mais de dire quelles et de combien de sortes sont ces angoisses d'amour que les âmes ressentent dans les commencements de ce chemin d'union; de dire aussi les diligences qu'elles font et les inventions qu'elles trouvent pour sortir de leur maison, qui est la volonté propre, dans la nuit de la mortification de leurs sens, et combien ces angoisses de l'Époux leur font trouver faciles et doux et savoureux les travaux et périls de cette nuit, cela n'appartient à ce lieu, et on ne peut l'exprimer. Il vaut mieux l'avoir et le considérer que de l'écrire. Partant, nous passerons à l'exposition des autres vers au chapitre suivant.

Chapitre 15

OÙ SONT DÉCLARÉS LES AUTRES VERS DU CANTIQUE

Oh! l'heureuse fortune!
Je sortis sans être vue,
Ma maison étant désormais accoisée.

Elle prend pour figure le misérable état de la captivité, duquel celui qui se délivre sans que pas un des geôliers l'empêche tient cela pour une *heureuse fortune*. Car l'âme, après le péché originel, est à vrai dire comme captive en ce corps mortel, sujette aux passions et aux appétits naturels; du siège et de la sujétion desquels elle se tient heureuse d'être sortie sans être aperçue – c'est-à-dire sans être empêchée ni retenue d'aucun d'eux.

Car, pour cela, il lui a profité de *sortir en l'obscure nuit*, ce qui est en la privation de tous les goûts et en la mortification de tous les appétits, comme nous avons dit. Et cela, *sa maison étant désormais accoisée* – à savoir, la partie sensitive, qui est la maison de tous les appétits, étant désormais en repos par la défaite et l'endormissement d'eux tous. Parce que jusqu'à ce que les appétits soient assoupis par la mortification en la sensualité, et que la sensualité même soit désormais apaisée en eux, de sorte qu'elle ne contrarie plus l'esprit, l'âme ne sort point à la vraie liberté, pour jouir de l'union de son Bien-Aimé.

Fin du premier livre

LIVRE SECOND

DE LA MONTÉE DU MONT CARMEL

OÙ IL EST TRAITÉ
DU PLUS PROCHE MOYEN DE
MONTER À L'UNION AVEC DIEU,
QUI EST LA FOI,
ET DE LA SECONDE PARTIE DE CETTE NUIT
QUE NOUS AVONS DIT APPARTENIR À L'ESPRIT,
CONTENUE AU SECOND CANTIQUE
QUI EST CELUI QUI SUIT

Chapitre premier[1]

Cantique Second

A l'obscur et en assurance,
Par l'échelle secrète, déguisée,
Oh! l'heureuse fortune!
A l'obscur et en cachette,
Ma maison étant désormais accoisée.

L'âme, en ce second couplet, chante l'heureuse aventure qu'elle a eue à dénuer l'esprit de toutes les imperfections spirituelles et de tous les appétits de propriété au spirituel. Ce qui lui fut un plus grand bonheur, à cause qu'il y a plus de difficulté d'accoiser cette maison de la partie spirituelle, et de pouvoir entrer en cette obscurité intérieure qui est la nudité d'esprit en toutes choses, tant sensibles que spirituelles, s'appuyant seulement sur la pure foi et montant par elle à Dieu. C'est pourquoi je l'appelle ici *échelle* et *secrète*, parce que tous les degrés et tous les articles qu'elle a sont secrets et cachés à tous sens et à tout entendement. Aussi, l'âme demeure privée de toute lumière de sens et d'entendement, sortant hors de toutes bornes naturelles et raisonnables, pour monter par cette divine échelle de la foi, qui grimpe et pénètre jusques au profond de Dieu.

C'est pourquoi elle dit qu'elle allait *déguisée*, parce qu'elle avait sa livrée et son vêtement et sa façon naturelle d'agir changée en divine, montant par foi. Et ainsi ce déguisement empêchait qu'elle ne fût connue ni détenue du temporel, ni du raisonnable, ni du démon: aucune de ces choses ne lui peut nuire, tant qu'elle chemine en foi. Et non seulement cela, mais l'âme va si couverte et cachée et si éloignée de toutes les tromperies du démon, que véritablement (comme il se dit aussi ici)

1. Certains manuscrits (suivis par plusieurs éditeurs et traducteurs) tiennent ce chapitre I pour un prologue. Il s'ensuit, dans le numérotage des chapitres, un premier décalage qui se trouve, en certains cas, redoublé à partir de nos chapitres 12 et 13, dont plusieurs éditeurs font un seul chapitre 11.

L'existence de ces divers numérotages explique en partie l'incohérence de la plupart des renvois internes qui apparaissent au cours des livres II et III de la *Montée*.

elle chemine en ténèbres et en cachette, à savoir, pour le démon, auquel la lumière de la foi est plus que des ténèbres.

Et ainsi, nous pouvons dire de l'âme qui marche par là, qu'elle va inconnue et cachée au démon, comme il sera dit ci-après plus clairement. C'est pourquoi elle dit qu'elle sortit *à l'obscur et en assurance;* parce que celui qui est si heureux de pouvoir cheminer par l'obscurité de la foi, la prenant pour guide d'aveugle – sortant de toutes les imaginations naturelles et raisons spirituelles – marche fort sûrement, comme nous l'avons dit. Et pour ce, elle dit encore qu'elle sortit par cette nuit spirituelle *sa maison étant désormais accoisée*, c'est à savoir la partie spirituelle et raisonnable; de manière que, quand l'âme parvient à l'union de Dieu, elle a ses puissances naturelles, ses impétuosités et anxiétés sensibles accoisées en la partie spirituelle. Aussi ne dit-elle pas qu'elle sortit ici avec angoisses, comme en la première nuit du sens. Car pour aller en la nuit du sens et se dénuer du sensible, il fallait des pressures d'amour sensible pour achever de sortir. Mais pour achever d'accoiser la maison de l'esprit, il est requis seulement que toutes les puissances et tous les goûts et appétits spirituels soient niés en pure foi. Ce qu'étant fait, l'âme se joint avec l'Aimé dans une union de simplicité, de pureté, d'amour et de ressemblance.

Il faut remarquer que le premier couplet, parlant de la partie sensitive, dit qu'elle sortit *par une nuit obscure;* ici, parlant de la spirituelle, il est dit qu'elle sortit *à l'obscur*, à cause que les ténèbres de la partie spirituelle sont plus grandes, comme l'obscurité est plus ténébreuse que la nuit: pour ce qu'en la nuit – tant obscure soit-elle – on ne laisse pas de voir quelque chose; mais en l'obscurité on ne voit rien. Et ainsi, en la nuit du sens il y a encore quelque clarté, parce que l'entendement et la raison demeurent sans s'aveugler. Mais cette nuit spirituelle – qui est la foi – est une privation entière, tant pour le sens que pour l'entendement. D'où vient que l'âme dit en celle-ci qu'elle allait *à l'obscur et en assurance*, ce qu'elle n'a pas dit en l'autre. Car tant moins l'âme opère avec sa propre habileté, plus sûrement elle va, puisqu'elle chemine davantage en foi. Nous déclarerons ceci amplement en ce second livre, dans lequel je demande au dévot lecteur son attention, parce que nous y dirons des choses bien importantes au véritable esprit. Et quoiqu'elles soient quelque peu obscures, on y ouvre tellement la voie des unes aux autres que, comme je me persuade, tout s'entendra très bien.

Chapitre 2

OÙ L'ON COMMENCE À TRAITER DE LA SECONDE PARTIE OU CAUSE DE CETTE NUIT, QUI EST LA FOI. ET AVEC DEUX RAISONS IL EST PROUVÉ QU'ELLE EST PLUS OBSCURE QUE LA PREMIÈRE ET QUE LA TROISIÈME

Il nous faut maintenant traiter de la seconde partie de cette nuit, qui est la foi, laquelle est le moyen admirable que nous disions pour aller au terme, qui est Dieu – lequel nous disions aussi qu'il est à l'âme, quant à l'ordre de nature, troisième cause ou partie de cette nuit. Car la foi, qui est le moyen, est comparée à la minuit. Si bien que nous pouvons dire qu'elle est plus obscure pour l'âme que la première et, en certaine manière, que la troisième. Car la première, qui est celle du sens, est comparée à l'avant-minuit, qui est lorsque la vue de tout objet sensible cesse, et ainsi elle n'est pas encore si éloignée de la lumière que la minuit. La troisième partie, à savoir l'avant-jour, qui avoisine immédiatement la lumière du jour, n'est pas si obscure que la minuit, vu qu'il n'y a rien entre elle et l'illustration et information de la lumière du jour; et cette partie de la nuit est comparée à Dieu. Car, bien qu'il soit véritable que Dieu est à l'âme une aussi obscure nuit que la foi, parlant naturellement, toutefois ces trois parties de la nuit étant déjà achevées – qui sont naturellement une nuit à l'âme – Dieu illustre l'âme surnaturellement avec le rayon de sa lumière divine, lequel est le principe de la parfaite union qui suit la troisième nuit, sitôt qu'elle est passée; et ainsi on peut dire qu'elle est moins obscure. La seconde nuit est aussi plus obscure que la première parce que celle-ci appartient à la partie inférieure de l'homme – qui est la sensitive – et par conséquent plus extérieure; et celle-là, qui est la nuit de la foi, appartient à la partie supérieure de l'homme – qui est la raisonnable – et par conséquent plus intérieure et plus obscure, puisqu'elle la prive de la lumière raisonnable ou, pour mieux dire, l'aveugle. Et ainsi elle est bien comparée à la minuit, qui est la plus intime et la plus obscure partie de la nuit.

Nous avons donc maintenant à prouver comment cette seconde partie, qu'est la foi, est nuit pour l'esprit, comme la première l'est au sens. Puis nous déduirons ses contraires, et comment l'âme se doit disposer activement pour y entrer, réservant à son lieu – à savoir au troisième livre [1] – de parler du moyen passif, qui est ce que Dieu opère sans elle pour l'y mettre.

Chapitre 3

COMMENT LA FOI EST NUIT OBSCURE À L'ÂME. – CE QUI EST PROUVÉ PAR RAISON ET AUTORITÉS ET FIGURES DE LA SAINTE ÉCRITURE

La foi, disent les théologiens, est une habitude [2] de l'âme certaine et obscure. Et la raison pourquoi elle est une habitude obscure, c'est parce qu'elle fait croire des vérités révélées par Dieu même, lesquelles sont au-dessus de toute lumière naturelle et surpassent tout entendement humain, sans aucune proportion. D'où vient que cette excessive lumière de la foi qui est donnée à l'âme lui est une obscure ténèbre, parce que le plus surmonte le moins et nous en prive: tout de même que la lumière du soleil éclipse toutes les autres lumières – en telle sorte que leur lumière ne paraît point quand elle luit – et surmonte notre puissance visive. Elle l'aveugle même et la prive de la vue qui lui est donnée, pour autant que sa lumière est excessive et fort disproportionnée à la puissance visive. Ainsi, la lumière de la foi par son grand excès opprime et vainc celle de notre entendement, lequel s'étend seulement de soi à la science naturelle, encore qu'il ait puissance pour le surnaturel, quand Notre Seigneur le voudra mettre en un acte surnaturel.

Si bien qu'il ne peut savoir de soi aucune chose sinon par la voie naturelle – ce qui est seulement ce qu'il acquiert par les sens. Pour lequel effet, il doit avoir les phantasmes [3] et les figures des objets présents en eux-mêmes ou en leurs ressem-

1. Il s'agit de la *Nuit Obscure*.
2. C'est-à-dire une qualité permanente de l'être (*habitus*).
3. C'est-à-dire les images.

blances, autrement il ne pourra rien entendre; car, comme disent les philosophes, de l'objet présent et de la puissance s'engendre la connaissance. D'où vient que si on disait à quelqu'un des choses qu'il n'eût jamais connues et dont il n'eût jamais vu la ressemblance, il ne lui en demeurerait non plus de lumière que si on ne lui en avait rien dit. Par exemple, si l'on disait à quelqu'un qu'en une certaine île il se trouve un animal qu'il n'a jamais vu et si on ne lui disait à quoi il ressemble de ce qu'il a vu en d'autres animaux, il ne lui en demeurerait pas plus de notice[1] ni de figure qu'auparavant, quoi qu'on lui en pût dire. Ceci s'entendra mieux par un exemple plus clair. Si l'on disait à un aveugle-né, qui n'a jamais vu aucune couleur, que le blanc et le jaune sont de la sorte, encore qu'on le lui répétât souvent, il n'entendrait pas plus d'une manière que d'une autre, parce qu'il n'a jamais vu de telles couleurs ni leurs ressemblances pour en pouvoir juger; seulement leur nom lui demeurerait, parce qu'il l'a pu recevoir par l'ouïe, mais la forme et figure, non: car il ne l'a jamais vue.

De cette façon la foi agit à l'endroit de l'âme, laquelle foi nous dit des choses que nous n'avons jamais vues ni entendues auparavant, ni en elles, ni en leurs ressemblances, vu qu'elles n'en ont point. Aussi n'avons-nous d'elle aucune lumière de science naturelle; vu que ce qu'elle nous dit n'est proportionné à aucun sens; nous le savons néanmoins par l'ouïe, croyant ce qu'elle nous enseigne, soumettant et aveuglant notre lumière naturelle. Car, comme dit saint Paul: *la foi nous vient par l'ouïe*, Rm
ce qui revient à dire: la foi n'est point une science qui entre 10,17
par aucun sens, mais est seulement le consentement de l'âme à ce qui entre par l'ouïe.

Et encore la foi surpasse beaucoup plus que ce qui a été donné à entendre par les exemples déduits. Car non seulement elle ne fait point d'évidence ou de science, mais (comme nous avons dit) elle prive et aveugle de toutes autres connaissances ou science, afin qu'on puisse bien juger d'elle. On acquiert les autres sciences avec la lumière de l'entendement; mais celle de la foi s'acquiert sans elle, en la niant par la foi, laquelle même se perd par notre propre lumière, si on ne l'obscurcit. C'est pourquoi Isaïe dit: *Si vous ne croyez, vous n'entendrez pas*[2]. Il est Is 7,9

1. C'est-à-dire de connaissance.
2. D'après la Septante.

donc clair que la foi est une nuit obscure à l'âme et en cette façon elle lui donne lumière. Et tant plus elle l'obscurcit, tant plus grande lumière de soi elle lui donne, parce qu'elle éclaire en aveuglant, selon le dire d'Isaïe: car si vous ne croyez, vous n'aurez point de lumière. Aussi, la foi est figurée par cette nuée qui divisait les enfants d'Israël des Égyptiens, étant sur le point d'entrer en la mer Rouge: sur quoi l'Écriture dit que
Ex *c'était une nuée obscure et qui éclairait la nuit.* Chose admirable
14,20 qu'étant ténébreuse elle éclairât la nuit! C'était parce que la foi, qui est une nuée obscure et ténébreuse pour l'âme (qui est aussi une nuit, puisque en présence de la foi l'âme demeure privée de sa lumière naturelle et aveugle), avec sa ténèbre éclaire et donne lumière à la ténèbre de l'âme, afin qu'ainsi le maître fût semblable au disciple. Car l'homme qui est en ténèbres ne peut convenablement être illuminé que par une autre ténèbre,
Ps 18 comme nous l'enseigne David, disant: *Le jour dégorge* et respire
(19),3 *la parole au jour; et la nuit apprend la science à la nuit.* C'est-à-dire le jour, qui est Dieu en la béatitude – où il est déjà jour – communique et prononce aux anges et aux âmes bienheureuses, qui sont aussi un jour, la Parole qui est son Fils, afin qu'ils le connaissent et en jouissent. Et la nuit, qui est la foi dans l'Église militante – où il est encore nuit – montre la science à l'Église, et par conséquent à quelque âme que ce soit, laquelle est une nuit, vu qu'elle ne jouit pas encore de la claire sagesse béatifique; et en présence de la foi, elle est comme aveugle de sa lumière naturelle.

De manière que ce qu'on doit tirer d'ici, c'est que la foi, parce qu'elle est une nuit obscure, donne lumière à l'âme qui est en obscurité, pour que vienne à se vérifier ce que dit aussi
Ps 138 David à ce propos, disant: *La nuit sera mon illumination en mes*
(139),11 *délices.* Comme qui dirait: dans les plaisirs de ma pure contemplation et union avec Dieu, la nuit de la foi me servira de guide. En quoi il donne clairement à entendre que l'âme doit être en ténèbres pour avoir lumière pour faire ce chemin.

Chapitre 4

OÙ IL EST TRAITÉ EN GÉNÉRAL COMMENT L'ÂME DOIT AUSSI ÊTRE EN L'OBSCURITÉ EN CE QUI EST DE SA PART, POUR ÊTRE BIEN CONDUITE PAR LA FOI À UNE TRÈS HAUTE CONTEMPLATION

Je crois qu'on donne assez à entendre comme la foi est une obscure nuit pour l'âme et aussi comme l'âme doit être obscure ou demeurer obscurcie de sa lumière pour se laisser guider par la foi à ce terme sublime d'union. Mais afin que l'âme le sache faire, il sera à propos de déclarer un peu plus en détail cette obscurité que l'âme doit avoir pour entrer en cet abîme de la foi. C'est pourquoi en ce chapitre je parlerai d'elle en général, et puis après, avec la faveur divine, je déduirai plus en particulier le moyen qu'il faut tenir, de peur d'y faillir ou d'empêcher un tel guide.

Je dis donc que l'âme, pour se bien conduire par la foi à cet état, non seulement doit demeurer en obscurité selon la partie qui regarde les créatures et le temporel (qui est la partie sensitive et inférieure dont nous avons déjà parlé); mais encore qu'elle se doit aveugler et obscurcir selon la partie qui regarde Dieu et le spirituel (qui est la raisonnable et la supérieure dont nous traitons à présent). Car il est évident qu'une âme, pour parvenir à la transformation surnaturelle, doit s'obscurcir et s'absenter de tout ce que contient son naturel, qui est le sensible et le raisonnable. Pour ce que surnaturel signifie ce qui monte au-dessus du naturel; partant, le naturel demeure au-dessous. Car, comme cette transformation et cette union ne peuvent tomber sous le sens et l'habileté humaine, il faut que l'âme se vide parfaitement et volontairement de tout ce qui peut tomber en elle, soit d'en haut, soit d'en bas, je dis: d'affection et de volonté, en ce qui est de sa part. Car qui empêchera Dieu de faire ce qui lui plaira en l'âme résignée, anéantie et dénuée? Donc, elle doit se vider de tout ce qui peut tomber en sa capacité, de façon qu'encore qu'elle ait plusieurs choses surnaturelles, elle doit toujours demeurer comme en étant dénuée, et en ténèbres comme l'aveugle, s'appuyant sur la foi obscure et la prenant pour guide et lumière, sans s'appuyer sur aucune des choses qu'elle entend, goûte, sent ou imagine. Parce que tout cela n'est que ténèbres, qui la feront errer; et la foi surpasse toute cette sorte d'entendre, de goûter, de sentir et d'imaginer. Que si elle ne s'aveugle en cela, demeurant entièrement en ténèbres, elle n'arrivera point à ce qui est davantage, qui est ce qu'enseigne la foi.

L'aveugle, s'il n'est entièrement aveugle, ne se laisse pas bien conduire par son guide; car pour un peu qu'il voie, il pense que le premier chemin est le meilleur, parce qu'il n'en voit pas d'autres meilleurs. Et ainsi, il peut faire errer celui qui le guide et voit mieux que lui; car, enfin, il peut commander plutôt que son guide. Ainsi l'âme, si elle s'appuie en son savoir, ou en sa manière de goûter ou de sentir de Dieu – comme toutes ces choses, pour grandes qu'elles soient, sont fort petites et dissemblables de ce que Dieu est – pour aller par ce chemin, elle erre facilement ou s'arrête, faute d'être entièrement aveugle en foi, qui est sa vraie guide.

He 11,6 C'est aussi ce qu'a voulu dire saint Paul, quand il a dit qu'*il faut que celui qui s'approche de Dieu croie qu'il est.* Il veut dire que celui qui doit s'unir à Dieu doit croire son être. Comme s'il disait que celui qui doit venir à se joindre à Dieu par union ne doit aller en entendant ou en s'appuyant au goût, au sens ou à l'imagination, mais en croyant son être, qui ne tombe point en l'entendement, ni en l'appétit, ni en l'imagination, ni en aucun autre sens, ni durant cette vie ne se peut savoir; au contraire, tout le plus haut qu'on peut sentir et goûter de Dieu ici-bas est infiniment distant de ce qu'il est et de sa pure posses-
Is 64,4 sion. Et ainsi Isaïe et saint Paul disent: *L'œil n'a jamais vu ni*
(3) *l'oreille n'a point ouï et n'est point tombé au cœur ni en la pensée de*
1 Co 2,9 *l'homme, ce que Dieu a préparé à ceux qui l'aiment.* Or, de quelque manière que l'âme prétende de s'unir parfaitement par grâce en cette vie avec Celui avec lequel elle doit être unie en l'autre par gloire – ce qui est un bien que l'œil n'a vu, comme dit saint Paul, ni l'oreille n'a entendu et qui n'est point tombé dans le cœur de l'homme vivant encore dans la chair – il est évident que, pour venir à s'unir parfaitement avec lui en cette vie par grâce et amour, elle doit être en obscurité de tout ce qui peut entrer par l'œil et de tout ce qu'on peut recevoir par l'ouïe, de ce qu'on peut imaginer avec la fantaisie[1] et comprendre par le cœur, qui signifie ici l'âme. Partant, l'âme se détourne grandement du chemin de ce haut état d'union, quand elle s'attache

1. C'est-à-dire l'imagination créatrice.

à quelque manière d'entendre, à quelque sentiment, ou à quelque imagination, ou jugement, ou volonté, ou façon de faire, ou à quelque autre œuvre ou chose propre, ne sachant se défaire et dénuer de tout cela. Car (comme nous avons dit) le terme où elle va est par-dessus toutes choses, encore que ce soit le plus haut savoir et goûter; et ainsi, par-dessus tout il faut passer au non-savoir.

Partant, en ce chemin, entrer dans le chemin c'est laisser son chemin, ou, pour mieux dire, c'est passer au terme et laisser son mode, c'est entrer en ce qui n'a point de mode, qui est Dieu. Car l'âme qui parvient à cet état n'a plus de modes ni de manières, et encore moins ne s'attache ni ne peut s'attacher à eux. Je dis: des modes d'entendre, ni de goûter, ni de sentir, encore qu'elle contienne en soi tous les modes, de même que celui qui n'a rien et qui possède tout. Car ayant le courage de 2 Co
passer de son naturel limité, quant à l'intérieur et l'extérieur, 6,10
elle entre en domaine[1] surnaturel qui n'a aucun mode, contenant en substance tous les modes. D'où vient qu'arriver ici, c'est sortir de là, sortant d'ici et de là et s'éloignant de soi, pour monter, de ce bas, à ce plus haut que tout.

C'est pourquoi, l'âme s'écartant de tout ce qu'elle peut savoir et entendre spirituellement et naturellement, elle doit désirer avec tout désir de venir à ce qu'elle ne peut savoir en cette vie et qui ne peut tomber en son cœur. Et laissant en arrière tout ce qu'elle goûte et sent temporellement et spirituellement, et tout ce qu'elle peut goûter et sentir en cette vie, elle doit désirer avec tout désir de parvenir à ce qui excède tout sentiment et tout goût. Et afin de demeurer vide et libre pour un tel bien, elle ne doit aucunement s'attacher à tout ce qu'elle recevra en son âme spirituellement ou sensiblement (comme nous dirons ci-après, quand nous traiterons de ceci en particulier), estimant toutes choses bien au-dessous. Car, tant plus elle pense ce que c'est qu'elle entend, goûte et imagine et tant plus elle l'estime, que ce soit spirituel ou non, tant plus elle ôte du souverain bien et se retarde d'y parvenir. Et tant moins elle pense ce qu'est ce qu'elle peut avoir, pour grand qu'il soit, au regard du souverain bien, tant plus elle l'exalte et l'estime, et par conséquent, tant plus elle s'en avoisine. Et, de cette façon, l'âme dans l'obscurité s'approche grandement de l'union

1. Mot à mot: en limite.

par le moyen de la foi, laquelle aussi est obscure et qui de cette manière lui donne une lumière admirable. Certainement, si l'âme voulait voir, elle s'obscurcirait auprès de Dieu, bien plutôt que celui qui ouvre les yeux pour contempler la grande clarté du soleil.

Partant, en cette voie, s'aveuglant en ses puissances, elle verra
Jn 9,39 la lumière, suivant ce que le Sauveur dit en l'Évangile : *Je suis venu en ce monde pour le jugement, afin que ceux qui ne voient pas voient ; et que ceux qui voient deviennent aveugles.* Ce qui se doit entendre à la lettre, touchant ce chemin spirituel, à savoir que l'âme qui sera en obscurité et s'aveuglera en toutes ses lumières propres et naturelles, verra surnaturellement ; et celle qui se voudra arrêter à quelque sienne lumière sera d'autant plus aveugle et arrêtée en la voie de l'union.

Or, afin de procéder avec moins de confusion, il me semble qu'il sera nécessaire de donner à entendre au chapitre suivant ce qu'est ce que nous appelons union de l'âme avec Dieu ; parce que cela, étant compris, éclaircira beaucoup ce que nous dirons après ; et partant je trouve que c'est ici le vrai lieu d'en parler. Car, encore que nous interrompions le fil de notre discours, ce ne sera pas hors de propos ; puisque en ce lieu cela servira pour donner lumière à ce qu'on traite ; et ainsi ce chapitre sera comme une parenthèse – placé dans un même enthymême [1] – après laquelle nous en viendrons à traiter en particulier des trois puissances de l'âme à l'égard des trois vertus théologales, touchant cette seconde nuit.

Chapitre 5

OÙ IL EST DÉCLARÉ CE QUE C'EST QUE L'UNION DE L'ÂME AVEC DIEU, ET CECI AVEC UNE COMPARAISON

Par les choses qui ont été dites, se donne quelque peu à entendre ce que nous appelons union de l'âme avec Dieu, et par ce moyen ce que nous en dirons ici sera plus intelligible. Ce n'est pas notre intention d'expliquer à présent quelles sont ses divisions ni ses parties, parce que ce ne serait jamais fait si je

1. Forme spéciale de raisonnement qui consiste à énoncer un syllogisme incomplet.

me mettais maintenant à déclarer quelle est l'union de l'entendement, quelle est celle de la volonté, et aussi celle de la mémoire; quelle est l'union passagère et quelle est l'union permanente en ces puissances; et enfin quelle est l'union totale passagère et permanente en ces puissances ensemble. De cela nous irons traitant à chaque pas du discours, tantôt de l'un, tantôt de l'autre. D'ailleurs cela ne convient pas maintenant pour donner à entendre ce que nous avons ici à dire d'elles, et cela s'entendra beaucoup mieux en son lieu, lorsque, discourant de la matière même, nous aurons devant les yeux le vif exemple joint à l'intelligence du sujet. Alors, on entendra et on remarquera chaque chose et on en pourra mieux juger.

Je parle ici seulement de cette union totale et permanente selon la substance de l'âme et selon ses puissances quant à l'habitude obscure d'union; parce que, quant à l'acte, nous en parlerons après et dirons, avec l'aide de Dieu, comment nous n'avons et ne pouvons avoir d'union permanente en cette vie dans les puissances, mais seulement passagère.

Donc, pour entendre quelle est cette union dont nous traitons, il faut savoir que Dieu demeure en toutes les âmes, fût-ce celle du plus grand pécheur du monde, et qu'il y est présent en substance. Et cette manière d'union est toujours faite entre Dieu et toutes les créatures, selon laquelle il les conserve en leur être; de sorte que si elle venait à leur manquer, elles s'anéantiraient aussitôt et ne seraient plus. Ainsi, quand nous parlerons de l'union de l'âme avec Dieu, ce ne sera pas de cette présence substantielle de Dieu qui est toujours faite en toutes les créatures, mais de l'union et de la transformation de l'âme en Dieu qui n'est pas toujours faite, mais qui se fait seulement lorsqu'il y a une ressemblance d'amour. Et, partant, celle-ci se nommera union de ressemblance, comme l'autre s'appelle union essentielle ou substantielle. Celle-là est naturelle; celle-ci surnaturelle. Elle est quand les deux volontés, à savoir celle de l'âme et celle de Dieu, sont conformes en un, n'y ayant aucune chose en l'une qui répugne à l'autre. Ainsi, quand l'âme ôtera entièrement de soi ce qui répugne et n'est pas conforme à la volonté divine, elle demeurera transformée en Dieu par amour.

Ce qui ne s'entend pas seulement de ce qui répugne selon l'acte, mais aussi selon l'habitude: de manière que non seulement les actes volontaires d'imperfection doivent être bannis, mais aussi les habitudes de toutes ces imperfections doivent être anéanties. Et pour autant que toute créature et toutes ses actions et habiletés ne conviennent ni n'arrivent à ce qui est Dieu, pour ce sujet, l'âme se doit dénuer de toute créature et de toutes ses actions et habiletés – à savoir de son entendre, de son goûter et sentir – afin que, chassant tout ce qui est dissemblable et non conforme à Dieu, elle vienne à recevoir la ressemblance de Dieu, ne demeurant en elle aucune chose qui ne soit volonté de Dieu, et qu'ainsi elle se transforme en lui. D'où vient qu'encore que la vérité soit (comme nous avons dit) que Dieu est toujours en l'âme, lui donnant et conservant l'être naturel avec sa présence, néanmoins il ne lui communique pas toujours le surnaturel. Car celui-ci ne se communique pas, si ce n'est par amour et par grâce, en laquelle toutes les âmes ne sont pas; et celles qui y sont, ce n'est pas en pareil degré; parce que les unes sont en un plus haut, les autres en un moindre degré d'amour. D'où vient que Dieu se communique plus à l'âme qui est plus avantagée en amour, ce qui consiste à avoir sa volonté plus conforme à celle de Dieu. Et celle qui l'a totalement conforme et semblable est totalement unie et transformée en Dieu surnaturellement. C'est pourquoi, selon ce que nous avons déjà fait entendre, tant plus une âme est revêtue des créatures et de leurs habiletés – selon l'affection et l'habitude – tant moins a-t-elle de disposition à cette union, puisqu'elle ne donne lieu entier à Dieu, afin qu'il la transforme au surnaturel. De sorte que l'âme n'a besoin que de se dénuer de ces contrariétés et dissemblances naturelles afin que Dieu, qui se communique naturellement à elle par nature, se communique à elle surnaturellement par grâce.

Et c'est ce que saint Jean a voulu donner à entendre par ces
Jn 1,13 paroles : *Qui ne sont point nés des sangs, ni de la volonté de la chair, ni de la volonté de l'homme, mais de Dieu.* Comme s'il disait : Il a donné le pouvoir d'être faits enfants de Dieu (c'est-à-dire de se pouvoir transformer en Dieu) seulement à ceux qui ne sont point nés des sangs (c'est-à-dire qui ne sont point nés des complexions et compositions naturelles), ni non plus de la volonté de la chair (c'est-à-dire de l'arbitre de quelque habileté ou capacité naturelle), ni moins encore de la volonté de l'homme (en quoi est compris tout mode et manière de juger et concevoir avec l'entendement). Il n'a donc donné pouvoir à aucun de ceux-là d'être faits enfants de Dieu; mais seulement à ceux qui sont nés de Dieu, c'est-à-dire à ceux qui,

renaissant par grâce, en mourant premièrement à tout ce qui est du vieil homme, s'élèvent au-dessus de soi au surnaturel, recevant de Dieu cette autre naissance et cette filiation, qui est au-dessus de tout ce qui se peut penser. Car, comme dit le même saint Jean autre part, *si quelqu'un n'est rené de l'eau et du Saint Esprit, il ne peut voir le royaume de Dieu.* Il veut dire: Jn 3,5
celui qui ne renaîtra point au Saint Esprit ne pourra voir ce royaume de Dieu, qui est l'état de perfection. Or, renaître au Saint Esprit en cette vie, consiste en ce qu'une âme vienne à être très semblable à Dieu en pureté, sans avoir en soi aucun mélange d'imperfection; et ainsi se peut faire une pure transformation par participation d'union, quoique non pas essentiellement.

Afin qu'on entende mieux l'un et l'autre, mettons une comparaison. Le rayon du soleil bat dans une vitre. Si la vitre est couverte de taches ou de vapeurs grossières, il ne la pourra éclaircir ni la transformer entièrement en sa lumière, comme si elle était pure et nette de toutes ces taches. Au contraire, tant moins il l'éclaircira qu'elle sera moins dépourvue de ces voiles et taches; et tant plus, qu'elle sera plus nette. Et ce ne sera pas la faute du rayon, mais de la vitre. Parce que si elle était entièrement nette et pure, il l'éclaircirait et la transformerait tellement qu'elle paraîtrait le rayon même et rendrait la même lumière que le rayon; bien que, à la vérité, la vitre, malgré sa ressemblance au rayon, ait son être naturel distinct de celui du rayon; mais nous pouvons dire que cette vitre est rayon ou lumière par participation. Ainsi, l'âme est comme une vitre dans laquelle bat toujours, ou pour mieux dire, en laquelle demeure toujours par nature cette lumière divine de l'être de Dieu, comme il a été dit.

L'âme, donc, faisant place (c'est-à-dire ôtant de soi tout voile et toute tache de créature, ce qui se fait en tenant la volonté parfaitement unie avec celle de Dieu – parce qu'aimer est travailler à se dépouiller et dénuer pour Dieu de tout ce qui n'est point Dieu), elle demeure aussitôt éclaircie et transformée en Dieu. Et il lui communique son être surnaturel de telle sorte qu'elle paraît Dieu même et a ce que Dieu même possède. Et il se fait une telle union, lorsque Dieu départit cette surnaturelle faveur à l'âme, que toutes les choses de Dieu et de l'âme sont unes en transformation participée; et elle semble plus être Dieu qu'être âme, et même elle est Dieu par participation; encore qu'à la vérité son être naturel soit aussi distinct de celui de Dieu qu'il l'était auparavant, quoiqu'elle soit transformée; comme aussi la vitre a son être distinct de celui du rayon, lorsqu'elle en est éclairée.

De ceci l'on voit plus clairement que la disposition pour cette union, comme nous l'avons dit, n'est pas l'entendre de l'âme, ni goûter ni sentir ni imaginer de Dieu ni de quelque autre chose que ce soit, mais seulement la pureté et l'amour, qui est une nudité totale et une résignation parfaite pour Dieu seul. Et comme il n'y peut avoir de transformation parfaite s'il n'y a de parfaite pureté, aussi selon la pureté sera l'illustration, l'illumination et l'union de l'âme avec Dieu, en moindre ou en plus haut degré; bien que, comme je dis, elle n'arrive pas à être entièrement parfaite, si l'âme n'est entièrement parfaite et claire et nette.

Ce qui s'entendra pareillement par cette comparaison. Voici une image très accomplie, ayant des excellences nombreuses et extraordinaires, avec des émaux très délicats et très subtils, et il y en a quelques-uns si fins que, pour leur délicatesse et perfection, on ne peut bien les discerner. A cette image, celui qui aura la vue moins claire et moins épurée n'y apercevra pas tant d'excellence et de délicatesse; mais un autre qui aura la vue un peu plus épurée en découvrira mieux l'excellence et la perfection; et si quelqu'un a encore la vue plus épurée, il y remarquera encore plus de perfection; enfin, celui qui aura la vue la plus claire et la plus nette y verra plus de perfection et d'excellence. Parce qu'il y a tant à voir en cette image que, quoi qu'on en découvre, il en reste beaucoup davantage à remarquer.

Aussi pouvons-nous dire que les âmes se comportent de même manière avec Dieu en cette illustration ou transformation. Car bien qu'à la vérité une âme, selon son peu ou plus de capacité, puisse être arrivée à cette union, néanmoins toutes n'y parviennent pas en pareil degré; parce que c'est comme il plaît au Seigneur de le donner à un chacun: ce qui est en la manière que les bienheureux le voient au ciel, parce que les uns le voient plus, les autres moins, encore que tous voient Dieu et que tous soient contents, vu que leur capacité est satisfaite.

D'où vient qu'encore qu'en cette vie nous trouvions des âmes en un repos et une paix égale en leur état de perfection, et que chacune demeure satisfaite, néanmoins l'une pourra être élevée beaucoup plus haut que l'autre en cette union, et toutes demeurer également satisfaites en tant que leur capacité est satisfaite. Mais celle qui ne parvient pas à la pureté requise par sa capacité, n'arrive jamais à la vraie paix et satisfaction, vu qu'elle n'est pas arrivée à la nudité et au vide en ses puissances, comme il est nécessaire à la simple union.

Chapitre 6

OÙ IL EST TRAITÉ COMMENT LES TROIS VERTUS THÉOLOGALES DOIVENT ÉTABLIR EN LA PERFECTION LES TROIS PUISSANCES DE L'ÂME ET COMMENT CES VERTUS FONT EN ELLE DU VIDE ET DES TÉNÈBRES

Ayant donc à traiter du moyen d'introduire les trois puissances de l'âme, l'entendement, la mémoire et la volonté, en cette nuit spirituelle – qui est le moyen pour arriver à l'union divine – il est nécessaire de donner à entendre premièrement, en ce chapitre, comment les trois vertus théologales – la foi, l'espérance et la charité, qui se rapportent à ces trois puissances comme leurs propres objets surnaturels et moyennant lesquelles l'âme s'unit à Dieu selon ses puissances – font le même vide et la même obscurité chacune en sa puissance: la foi en l'entendement, l'espérance en la mémoire et la charité dans la volonté. Après, nous dirons comment il faut perfectionner l'entendement dans la ténèbre de la foi et la mémoire dans le vide de l'espérance et comment aussi la volonté doit s'ensevelir dans la privation et le dénuement de toute affection pour aller à Dieu. Cela fait, on verra clairement combien il est nécessaire à l'âme, pour marcher sûrement au chemin spirituel, d'aller par cette nuit obscure, appuyée sur ces trois vertus qui la vident de toutes les choses et l'obscurcissent en elles. Parce que, comme nous avons dit, l'âme en cette vie ne s'unit point à Dieu par l'entendre, ni par le jouir, ni par l'imaginer, ni par quelque autre sens; mais seulement par la foi selon l'entendement, et par l'espérance selon la mémoire, et par l'amour selon la volonté.

Toutes lesquelles vertus, comme nous avons dit, font un vide dans les puissances: la foi dans l'entendement cause un vide et une obscurité d'entendre; l'espérance en la mémoire fait un vide de toute possession et la charité dans la volonté un vide et un dénuement de toute affection et de toute jouissance de tout ce qui n'est point Dieu. Car nous voyons déjà que la foi nous dit ce que l'entendement ne saurait comprendre. C'est
He 11,1 pourquoi saint Paul la définit *la substance des choses qu'on espère.* Et quoique l'entendement y consente avec fermeté et certitude, néanmoins ce ne sont pas choses qui se découvrent à lui: autrement il n'y aurait plus de foi, laquelle, encore qu'elle rende l'entendement certain, pourtant elle ne le rend pas clair, mais obscur.

Quant à l'espérance, il n'y a point de doute qu'elle met aussi la mémoire en vide et en ténèbres des choses de cette vie et de celles de l'autre. Car l'espérance est toujours de ce que l'on ne possède pas, parce que, si on le possédait, ce ne serait plus espérance. D'où vient que saint Paul dit aux Romains: *L'espé-*
Rm *rance que l'on voit n'est plus espérance; car ce que quelqu'un voit* –
8,24 c'est-à-dire ce que quelqu'un possède – *comment l'espérera-t-il?* Donc cette vertu fait aussi un vide, puisqu'elle est de ce que l'on n'a pas et non de ce que l'on a.

La charité, ni plus ni moins, fait en la volonté un vide de toutes choses, vu qu'elle nous oblige d'aimer Dieu sur toutes choses; ce qui ne peut être qu'en écartant l'affection d'elles toutes pour la mettre entièrement en Dieu. D'où vient que le
Lc Christ dit en saint Luc: *Celui qui ne renonce pas à toutes les*
14,33 *choses qu'il possède* avec la volonté, *ne peut pas être mon disciple.* Et ainsi, toutes ces trois vertus mettent l'âme en obscurité et dans un vide de tout.

Et nous devons ici remarquer la parabole que notre Ré-
Lc dempteur dit en saint Luc, de cet ami qui fut obligé d'aller à
11,5 minuit demander à son ami les trois pains, qui signifient ces trois vertus. Et il dit qu'il les demandait à la minuit, pour donner à entendre que l'âme, en l'obscurité de toutes les choses selon ses puissances, doit acquérir ces trois vertus et en cette nuit se perfectionner en elles. Nous lisons dans Isaïe, des
Is 6,2 deux Séraphins que ce prophète vit aux côtés de Dieu, chacun ayant six ailes, qu'avec deux ils se couvraient les pieds, ce qui signifiait aveugler et amortir les affections de la volonté envers toutes choses pour Dieu; et qu'avec deux autres ailes ils se

couvraient la face, ce qui signifiait les ténèbres de l'entendement devant Dieu; et qu'ils volaient avec les deux autres, pour donner à entendre le vol de l'espérance vers les choses qu'on ne possède pas, espérance qui est élevée au-dessus de tout ce qu'on peut posséder, soit d'ici-bas, soit de là-haut, hors de Dieu.

Il faut donc induire les trois puissances de l'âme à ces trois vertus, informant chacune des puissances par chacune des vertus, la dénuant et mettant en obscurité de tout ce qui n'appartiendra point à ces trois vertus. Et c'est ici la nuit spirituelle que nous appelions ci-dessus active, attendu que l'âme fait ce qu'elle peut de son côté pour y entrer. Et comme en la nuit sensitive nous avons donné le moyen de vider les puissances sensitives de leurs objets sensibles quant à l'appétit, afin que l'âme sorte de son terme pour entrer au moyen qui est la foi, ainsi en cette nuit spirituelle, avec la faveur de Dieu, nous donnerons le moyen de vider et purifier les puissances spirituelles de tout ce qui n'est point Dieu, et de les faire demeurer en l'obscurité de ces trois vertus, qui sont le moyen et la disposition (comme nous l'avons dit) pour l'union de l'âme avec Dieu.

En laquelle manière on est en toute sûreté contre les ruses du démon et contre l'efficace de l'amour-propre et de ses branches, qui est ce qui a coutume de tromper très subtilement et d'empêcher les personnes spirituelles de s'avancer, pour ne savoir se dénuer en se gouvernant selon ces trois vertus. Et ainsi, elles ne parviennent jamais à la substance et pureté du bien spirituel, et ne marchent par un chemin si droit et si court qu'elles pourraient faire.

Toutefois, on doit prendre garde que maintenant je parle spécialement à ceux qui ont commencé d'entrer dans l'état de contemplation; parce que, pour les commençants, ceci se doit traiter un peu plus amplement, comme nous le ferons dans le second livre [1], quand nous traiterons de leurs propriétés.

1. C'est-à-dire la *Nuit Obscure*, considérée ici comme la seconde partie de l'unique ouvrage que composent ensemble la *Montée* et la *Nuit* (cf. notre introduction à la *Montée*, ci-dessus, pp. 39-41). De fait, le saint annonce au début de la *Nuit* (I, 1, p. 384) qu'il va « déduire quelques propriétés des commençants ».

Chapitre 7

OÙ IL EST DÉCLARÉ COMBIEN EST ÉTROIT LE SENTIER QUI CONDUIT À LA VIE ÉTERNELLE, ET COMBIEN CEUX QUI Y VEULENT CHEMINER DOIVENT ÊTRE DÉNUÉS ET DÉSEMBARRASSÉS. – ON COMMENCE À PARLER DE LA NUDITÉ DE L'ENTENDEMENT

Pour traiter maintenant de la nudité et de la pureté des trois puissances de l'âme, il faudrait un autre plus grand savoir et un autre esprit que le mien, afin qu'on pût bien faire entendre aux spirituels combien est étroit ce chemin, lequel – selon ce qu'a dit Notre Sauveur – conduit à la vie; afin qu'étant bien persuadés de cette vérité, ils ne s'étonnassent pas du vide et de la nudité où nous devons laisser en cette nuit les puissances de l'âme. C'est pourquoi on doit bien remarquer les paroles que Notre Sauveur dit de ce chemin, en saint Matthieu, au cha-
Mt 7,14 pitre 7, c'est à savoir: *Combien la porte est étroite et combien est resserré le chemin qui conduit à la vie, et combien il y en a peu qui le trouvent!* Où l'on doit beaucoup remarquer l'exagération et le renchérissement que contient cette parole: *Combien*, car c'est comme s'il disait: En vérité, elle est fort étroite, et plus que vous ne pensez!

L'on doit aussi peser qu'il dit premièrement que *la porte est étroite*, pour nous faire entendre qu'afin que l'âme entre par cette porte du Christ qui est le commencement du chemin, il faut auparavant qu'elle se resserre et qu'elle dépouille sa volonté de toutes choses sensibles et temporelles, aimant Dieu pardessus toutes – ce qui appartient à la nuit du sens, dont nous avons parlé. Et aussitôt il ajoute que *le chemin est resserré*, à savoir: de la perfection, donnant à entendre que pour aller par le chemin de perfection, non seulement il faut entrer par la porte étroite, s'évacuant du sensible, mais il se faut aussi étrécir, se désappropriant et se désembarrassant purement en ce qui est de la part de l'esprit. Si bien que nous pouvons rapporter ce qu'il dit de *la porte étroite* à la partie sensible de l'homme, et ce qu'il dit du *chemin resserré*, nous le pouvons entendre de la partie spirituelle et raisonnable. Et en ce qu'il dit que *fort peu le trouvent*, on doit remarquer la cause, à savoir, parce qu'il n'y en a guère qui sachent et qui veuillent entrer en cette extrême nudité et vide de l'esprit. Parce que ce sentier du haut mont de perfection – attendu qu'il tire en haut et qu'il est étroit – demande de tels voyageurs qu'ils n'aient aucune charge qui les appesantisse quant aux choses qui regardent la partie inférieure, ni chose qui les embarrasse quant à celles qui regardent la supérieure. Car, puisque c'est un trafic où seulement Dieu est cherché et gagné, aussi Dieu seul est celui qu'on doit chercher et gagner.

D'où l'on voit clairement que non seulement l'âme doit être dépêtrée de tout ce qui est de la part des créatures, mais aussi elle doit cheminer désappropriée et anéantie de tout ce qui est de la part de l'esprit. Aussi Notre Seigneur, nous instruisant et nous introduisant en ce chemin, propose en saint Marc cette doctrine si admirable – d'autant moins pratiquée par les spirituels, si je l'ose dire, qu'elle leur est plus nécessaire – laquelle, pour être tant à notre propos, je rapporterai ici tout entière et la déclarerai selon son sens véritable et spirituel. Il dit donc ceci: *Quiconque veut suivre mon chemin, qu'il* Mc
se nie soi-même, et qu'il porte sa croix et me suive. Car celui qui 8,34-35
veut sauver son âme la perdra, et celui qui la perdra pour moi la gagnera. Oh! qui pourrait faire entendre, pratiquer et goûter ce qu'est ce conseil que nous donne ici Notre Sauveur de renoncer à nous-mêmes, pour montrer aux spirituels combien le moyen qu'ils doivent tenir en ce chemin est différent de celui que beaucoup d'entre eux pensent – se persuadant que n'importe quelle sorte de retraite et de réformation dans les choses est suffisante! Et d'autres se contentent de pratiquer vaille que vaille les vertus, continuent l'oraison et suivent la mortification, mais ils n'arrivent pas à la nudité et pauvreté ou aliénation ou pureté spirituelle (car c'est tout un) que le Seigneur nous conseille ici; parce que, malgré cela, ils vont repaissant et revêtant leur naturel de consolations et sentiments spirituels, plutôt que de le dénuer et de le nier en ceci et en cela pour Dieu. Ils pensent qu'il suffit de le nier en ce qui est du monde, et non pas de l'anéantir et purifier en la propriété spirituelle. D'où vient que, se présentant quelque chose de cette solidité et perfection qui est l'anéantissement de toute suavité en Dieu, en aridité, en dégoût et en travail – ce qui est la pure croix spirituelle et la nudité de l'esprit pauvre du Christ – ils fuient cela comme la mort et seulement vont recherchant des douceurs et communications savoureuses en Dieu – ce qui n'est

pas renoncer à soi-même, ni nudité d'esprit, mais gourmandise spirituelle. En quoi ils se rendent spirituellement ennemis de la croix du Christ; parce que le vrai esprit recherche plutôt ce qu'il y a d'insipide en Dieu que le savoureux, et s'incline plutôt à pâtir qu'à être consolé, et plutôt à être privé de tout bien pour Dieu qu'à le posséder, et plutôt aux aridités et aux afflictions qu'aux douces communications, sachant que cela est suivre le Christ et renoncer à soi-même; et il se peut que de faire autrement soit se rechercher soi-même en Dieu, ce qui est fort contraire à l'amour. Parce que se chercher soi-même en Dieu, c'est chercher les caresses et récréations de Dieu; mais chercher Dieu en soi, c'est non seulement vouloir être privé de l'un et de l'autre pour Dieu, mais aussi avoir inclination à choisir pour le Christ ce qu'il y a de plus insipide, soit de Dieu, soit du monde – et cela est amour de Dieu!

Oh! qui pourrait donner à entendre jusqu'où Notre Seigneur veut porter cette abnégation! Sans doute elle doit être comme une mort et un anéantissement temporel, naturel et spirituel en tout, quant à l'estime de la volonté, dans laquelle se trouve toute abnégation. Et c'est ce que Notre Sauveur a voulu dire
Mc 8,35 ici que *celui qui voudra sauver son âme la perdra* – c'est à savoir, que celui qui voudra posséder quelque chose ou la chercher pour soi, la perdra; *et celui qui perdra son âme pour moi la gagnera* – c'est-à-dire que celui qui renoncera pour le Christ à tout ce que sa volonté peut désirer et goûter, faisant choix de ce qui ressemble plus à la croix (ce que le même Seigneur
Jn 12,25 appelle en saint Jean *abhorrer son âme*), celui-là la gagnera.

Et c'est aussi ce que Sa Majesté enseigne aux deux de ses
Mt 20, 20-23 disciples qui lui demandaient la droite et la gauche, lorsque, tranchant le fil de leur ambition[1], il leur offrit le calice qu'il devait boire comme une chose plus précieuse et plus assurée en cette vie que la jouissance. Ce calice est de mourir à son naturel en le dénuant et anéantissant, afin qu'il puisse cheminer par ce sentier étroit en tout ce qui lui peut appartenir selon le sens (comme nous avons dit) et selon l'âme (comme nous dirons ci-après), ce qui est le dénuer en son entendre, en son jouir et en son sentir. De manière que non seulement il demeure désapproprié en l'un et en l'autre, mais, de plus, qu'en ce qui est de l'esprit, il ne demeure embarrassé pour marcher en ce

1. Mot à mot: ne donnant aucune réponse à la demande d'une telle gloire.

chemin étroit; puisque, comme donne à entendre le Sauveur, il n'y peut tenir autre chose que l'abnégation et la croix, qui est le bâton pour y monter, lequel allège et facilite beaucoup ce chemin. D'où vient que Notre Seigneur dit en saint Matthieu: *Mon joug est suave et ma charge légère*, qui est la croix. Mt 11,30
Parce que, si l'homme se détermine à s'assujettir à porter cette croix, ce qui est une vraie résolution à vouloir trouver et supporter des travaux en toutes choses pour Dieu, il trouvera en elles un grand allégement et beaucoup de suavité pour cheminer par ce chemin, ainsi dénué de tout, sans rien vouloir. Mais, s'il prétend d'avoir quelque chose avec propriété quelconque, soit de Dieu, soit d'autre chose, il n'est pas dénué ni renoncé en tout, et ainsi il ne pourra tenir en ce chemin, ni monter par ce sentier étroit vers le haut.

Je voudrais bien persuader aux spirituels comme ce chemin de Dieu ne consiste pas en multiplicité de considérations, ni de moyens, ni de manières, ni de goûts, encore que cela soit à sa manière nécessaire aux commençants, mais en une seule chose nécessaire, qui est de savoir se renoncer vraiment selon l'extérieur et l'intérieur, s'exerçant à pâtir pour le Christ et à s'anéantir en tout. Car en pratiquant ceci, tout ce qui a été dit et autres choses encore se font et se trouvent ici. Que si l'on manque à cet exercice – qui est le sommaire de tout et la racine des vertus – toutes les autres manières ne sont rien, sinon battre les buissons [1] et ne pas profiter, encore qu'on ait d'aussi hautes considérations et communications que les anges. Car on ne peut profiter qu'en imitant le Christ, qui est *la voie, la vérité* Jn 14,6
et la vie; et *personne ne vient au Père que par lui*, lui-même le dit en saint Jean. Et ailleurs il dit: *Je suis la porte; si quelqu'un entre* Jn 10,9
par moi, il sera sauvé. De sorte que je ne tiendrais pas pour bon esprit celui qui recherche les douceurs et la facilité et qui fuit d'imiter le Christ.

Or, parce que j'ai dit que le Christ est le chemin, et que ce chemin c'est mourir à notre nature en ce qui est du sens et en ce qui appartient à l'esprit, je veux donner à entendre comment cela se peut faire à l'exemple du Christ. Car il est notre exemple et notre lumière.

Quant au premier, il est certain qu'il mourut spirituellement à ce qui est du sensuel en sa vie, et naturellement en sa mort,

1. C'est-à-dire s'attacher à l'accessoire.

Mt 8,20 attendu, comme il dit, qu'*il n'eut pas* en sa vie *où reposer sa tête*, et encore moins en mourant.

Quant au second, il est tout manifeste qu'à l'instant de sa mort il fut aussi anéanti en l'âme, sans aucune consolation ni soulagement, son Père le laissant ainsi en une intime aridité,
Mt selon la partie inférieure. Ce qui le fit écrier en la croix: *Mon*
27,46 *Dieu! Mon Dieu! pourquoi m'avez-vous délaissé?* Lequel délaissement fut le plus grand qu'il souffrît en la partie sensitive durant sa vie. Aussi fit-il en ce délaissement le plus grand œuvre qu'il eût opéré en toute sa vie par ses miracles et ses merveilles, ni sur la terre ni dans le ciel, qui fut de réconcilier et unir le genre humain par grâce avec Dieu. Ce qui fut au moment et à l'instant que ce Seigneur se trouva le plus anéanti en tout; à savoir: quant à l'estime des hommes, car, le voyant mourir, ils s'en moquaient plutôt que d'en faire aucun cas; et quant à la nature, puisque, mourant, il s'anéantissait en elle; et quant à la protection et consolation spirituelle du Père, puisqu'en ce temps Il l'abandonna afin qu'étant ainsi anéanti et réduit ainsi comme à rien, il payât purement la dette et unît
Ps 72 l'homme à Dieu. D'où vient que David dit de lui: *J'ai été*
(73),22 *réduit à néant et je ne m'en suis aperçu.* Afin que l'homme vraiment spirituel entende le mystère de la porte et du chemin du Christ pour s'unir à Dieu; et qu'il sache que tant plus il s'anéantira pour Dieu selon ces deux parties – la sensible et la spirituelle – tant plus il s'unit à Dieu et fait une œuvre meilleure. Et lorsqu'il sera réduit à rien – ce qui sera dans l'extrême humilité – alors l'union spirituelle sera faite entre l'âme et Dieu, ce qui est le plus grand et plus haut état où l'on puisse parvenir en cette vie. Il ne consiste donc pas en récréations, ni en goûts, ni en sentiments spirituels, mais en une vive mort de croix sensible et spirituelle, c'est-à-dire intérieure et extérieure.

Je ne veux point m'étendre davantage sur cela, encore que d'autre part je voudrais bien ne pas trancher si court, voyant le Christ si peu connu de ceux qui s'estiment ses amis; puisque nous les voyons chercher leurs goûts et consolations en lui, s'aimant par trop eux-mêmes – et non pas ses amertumes et ses morts, l'aimant beaucoup, lui. Je parle de ceux qui (comme j'ai dit) se tiennent pour ses amis. Car, quant à ceux qui vivent si éloignés de lui, séparés de lui – quoique grands docteurs et hommes puissants – et tous les autres qui vivent au monde, plongés dans les soins de leurs prétentions et de leurs grandeurs – desquels nous pouvons dire qu'ils ne connaissent pas le Christ et dont la fin, tant bonne soit-elle, ne sera que trop amère – on ne fait pas ici mention d'eux; mais il en sera fait au jour du jugement. Parce que c'est à eux qu'il appartenait principalement d'annoncer cette parole de Dieu, comme gens qu'il a mis en évidence pour leur doctrine et pour leur dignité.

Mais parlons à présent à l'entendement de l'homme spirituel, particulièrement de celui à qui Dieu a fait la grâce de le mettre en état de contemplation – car, comme j'ai dit, je m'adresse particulièrement à ceux-là – et disons comment on doit se dresser à Dieu en foi et se purifier des choses contraires, en se resserrant pour entrer par ce sentier étroit de la contemplation obscure.

Chapitre 8

OÙ IL EST TRAITÉ EN GÉNÉRAL COMMENT NULLE CRÉATURE NI AUCUNE CONNAISSANCE QUI PUISSE TOMBER EN L'ENTENDEMENT NE LUI PEUT SERVIR DE PROCHAIN MOYEN POUR S'UNIR À DIEU

Avant que nous traitions du moyen propre et proportionné pour s'unir à Dieu – qui est la foi – il est à propos que nous prouvions comment il n'y a chose créée, ni pensée, qui puisse servir à l'entendement de propre moyen pour s'unir à Dieu; et comment tout ce que l'entendement peut acquérir lui sert plutôt d'empêchement que de moyen, s'il se voulait attacher à cela. Nous le prouverons maintenant, en ce chapitre, en général; et puis nous en parlerons en particulier, descendant par toutes les connaissances que l'entendement peut recevoir de la part de quelque sens que ce soit, intérieur ou extérieur, et en même temps nous déduirons les inconvénients et dommages qu'il peut recevoir par le moyen de ces connaissances intérieures et extérieures qui l'empêchent d'avancer, faute de s'être attaché au propre moyen qui est la foi.

Il faut donc savoir que, selon une règle de philosophie, tous les moyens doivent être proportionnés à la fin, c'est à savoir: ayant quelque convenance et ressemblance avec elle, telles qu'elles suffisent pour atteindre par eux à la fin qu'on prétend. Par exemple, celui qui veut aller à la ville doit nécessairement suivre le chemin, qui est le moyen qui joint et unit à la ville même. Semblablement, si on doit joindre et unir le feu avec le bois, il faut que la chaleur – qui est le moyen – dispose d'abord le bois avec tant de degrés de chaleur qu'il ait une grande ressemblance et proportion avec le feu. D'où vient que si on voulait disposer le bois par un autre moyen que le propre, qui est la chaleur, se servant par exemple de l'air, de l'eau ou de la terre, il serait impossible que le bois se pût unir avec le feu; de même aussi le serait-il, d'arriver à la ville, si on ne va par le chemin qui y mène. Ainsi donc, afin que l'entendement s'unisse en cette vie avec Dieu – autant qu'il se peut faire – il doit nécessairement prendre ce moyen qui joint avec lui et qui lui a une très proche ressemblance.

A quoi il faut prendre garde qu'entre toutes les créatures supérieures et inférieures, il n'y en a aucune qui joigne de près à Dieu, ni qui ressemble à son être. Car, encore qu'il soit vrai que toutes, comme parlent les théologiens, aient une certaine relation à Dieu et un vestige de lui – les unes plus, les autres moins, selon leur être plus ou moins principal – néanmoins il n'y a aucun rapport ni ressemblance essentiels de Dieu à elles; au contraire, il y a une distance infinie entre son être divin et le leur. C'est pourquoi il est impossible que l'entendement puisse atteindre Dieu par le moyen des créatures, soit célestes, soit terrestres, pour autant qu'il n'y a aucune proportion de ressemblance. D'où David dit, parlant des créatures célestes:
Ps 85 (86),8 *Seigneur, il n'y a rien de semblable à vous parmi les dieux*, entendant par les dieux les anges et les âmes saintes. Et ailleurs:
Ps 76 (77),14 *Dieu! votre chemin est au saint. Quel grand dieu y a-t-il comme le nôtre?* Comme s'il disait: le chemin pour venir à vous, Seigneur, est un chemin saint, à savoir, la pureté de foi. Car, quel dieu se trouvera si grand, c'est-à-dire, quel ange si relevé en son être et quel saint si exalté en gloire sera si grand qu'il soit un chemin proportionné et suffisant pour venir à vous? Le même David, parlant conjointement des choses terrestres et célestes,
Ps 137 (138),6 dit: *Le Seigneur est haut et il regarde les choses basses, et connaît les hautes de fort loin.* Comme s'il disait: étant si relevé en son être, il voit celui des choses terrestres fort bas au prix du sien; et les choses hautes – qui sont les créatures célestes – il les aperçoit et les connaît fort éloignées de son être. Donc, toutes les créa-

tures ne peuvent servir à l'entendement de moyen proportionné pour atteindre Dieu.

Ni plus ni moins, tout ce que l'imagination peut imaginer et l'entendement recevoir et comprendre en cette vie n'est ni ne peut être un prochain moyen pour l'union de Dieu. Car, si nous parlons naturellement, comme l'entendement ne peut entendre aucune chose si elle n'est comprise et ne se trouve sous les formes et images des choses que l'on reçoit par les sens corporels – lesquelles, comme nous avons déjà dit, ne peuvent servir de moyen – on ne peut se prévaloir de l'intelligence naturelle. Que si nous parlons de la surnaturelle selon qu'il se peut en cette vie, de puissance ordinaire l'entendement n'a point de disposition ni de capacité en la prison du corps pour recevoir une claire notice de Dieu; vu que cette notice n'est pas de cet état – car ou il faut mourir, ou ne la point recevoir.
C'est pourquoi, à Moïse qui lui demandait cette claire notice, Ex
Dieu répondit qu'il ne le pourrait voir, disant: *Pas un homme* 33,20
ne me verra, qui puisse demeurer en vie. Et saint Jean dit: *Aucun* Jn 1,18
homme n'a jamais vu Dieu ni chose qui lui ressemble. Et saint 1 Co 2,9
Paul, avec Isaïe: *L'œil ne l'a vu, ni l'oreille ouï, et n'est point* Is 64,
tombé au cœur de l'homme. C'est pourquoi Moïse n'osait consi- 4(3)
dérer le buisson ardent où Dieu était présent, comme il est
dit aux Actes des Apôtres, sachant bien que son entendement Ac 7,32
ne pouvait considérer chose aucune de Dieu comme il était
convenable, conformément à ce qu'il sentait de Dieu. Il est
dit que notre père Élie sur le mont *se couvrit la face en présence* 1 R
de Dieu, ce qui signifie aveugler l'entendement: ce qu'il fit 19,13
alors, n'osant jeter une main si basse sur une chose si élevée – connaissant évidemment que tout ce qu'il eût considéré et entendu particulièrement, eût été bien distant et dissemblable de Dieu.

Partant, il n'y a aucune notice ni appréhension surnaturelle, en cet état mortel, qui puisse servir comme de proche moyen à la haute union d'amour de Dieu. Parce que, comme il a été dit, tout ce que l'entendement peut comprendre, tout ce que la volonté peut goûter et l'imagination forger, tout cela est fort dissemblable et disproportionné à Dieu. Le prophète Isaïe donne tout ceci admirablement à entendre en cette remar-
quable autorité, disant: *A qui avez-vous fait Dieu semblable?* Is 40,
Ou quelle image lui mettez-vous qui lui ressemble? Peut-être que le 18-19
fondeur en a fait quelque statue, ou que l'orfèvre l'a figuré avec l'or,

ou l'argentier avec des lames d'argent? Par le fondeur est désigné l'entendement, dont l'office est de former les intelligences[1] et les dénuer du fer des espèces et des fantaisies. Par l'orfèvre s'entend la volonté qui est habile à recevoir la figure et la forme du plaisir causé par l'or de l'amour. Par l'argentier – qu'il dit ici ne pouvoir figurer Dieu avec des lames d'argent – s'entend la mémoire avec l'imagination, dont les notices et les images qu'elle peut feindre et fabriquer ressemblent aux lames d'argent. Et c'est comme s'il disait: ni l'entendement avec ses intelligences ne pourra concevoir chose qui lui soit semblable; ni la volonté goûter de contentement et de douceur qui ressemble à celle qui est Dieu; ni la mémoire mettre en l'imagination des notices et des images qui le représentent. D'où il est évident qu'aucune de ces notices ne saurait immédiatement acheminer l'entendement à Dieu, et que pour arriver à lui, il doit plutôt cheminer sans entendre que de vouloir entendre, et plutôt en s'aveuglant et mettant en ténèbres qu'en ouvrant les yeux, pour s'approcher plus près du rayon divin.

C'est pourquoi l'on nomme la contemplation, par laquelle l'entendement a la plus haute connaissance de Dieu: théologie mystique, c'est-à-dire sagesse secrète de Dieu, parce qu'elle est cachée à l'entendement même qui la reçoit. Et pour cela saint Denis l'appelle rayon de ténèbre[2]. Duquel le prophète
Ba 3,23 Baruc dit que *pas un ne sait son chemin et ne saurait penser ses sentiers.* Il est donc certain que l'entendement se doit aveugler en tous les sentiers auxquels il pourra arriver, s'il veut s'unir à Dieu. Aristote dit que, comme les yeux de la chauve-souris se comportent envers le soleil – qui les met totalement en ténèbres – ainsi notre entendement se comporte à l'égard de ce qui est le plus lumière en Dieu – qui est totalement ténèbre pour nous. Il dit davantage: que tant plus les choses divines en soi sont hautes et claires, tant plus elles nous sont inconnues et
1 Co 1,18-25 et 2,6-9 obscures[3]. L'Apôtre en dit autant, disant que ce qui est élevé en Dieu est le moins su des hommes.

Nous ne manquerions pas ici d'autorités et de raisons pour montrer et manifester qu'il n'y a point d'échelle avec laquelle l'entendement puisse arriver à ce haut Seigneur, parmi toutes

1. C'est-à-dire les concepts.
2. PSEUDO-DENYS, *Théologie mystique*, c. 1, § 1: P. G. 3, 999.
3. *Metaphys.*, l. 1, c. 1.

les choses créées et qui peuvent tomber sous l'intellect. Tant s'en faut: il est nécessaire de savoir que si l'entendement se voulait servir de toutes ces choses, ou de quelques-unes d'entre elles, comme d'un moyen très proche à une telle union, non seulement elles lui nuiraient, mais elles le pourraient en outre précipiter en plusieurs erreurs et tromperies dans la montée de cette montagne.

Chapitre 9

OÙ IL EST PROUVÉ QUE LA FOI EST LE MOYEN LE PLUS PROCHE ET LE PLUS PROPORTIONNÉ À L'ENTENDEMENT, AFIN QUE L'ÂME PUISSE PARVENIR À L'UNION D'AMOUR DIVIN. – ON LE PROUVE AVEC AUTORITÉS ET FIGURES DE LA SAINTE ÉCRITURE

Nous déduisons de ce qui a été dit, qu'afin que l'entendement soit disposé à cette union divine, il faut qu'il demeure net et vide de tout ce qui peut tomber dans le sens, et dénué et désoccupé de tout ce qu'il peut lui-même clairement entendre; de sorte qu'il demeure intimement en repos et accoisé, établi en la foi, laquelle seule est le plus proche et le proportionné moyen d'unir l'âme à Dieu – attendu que, si grande est la ressemblance entre elle et Dieu qu'il n'y a d'autre différence sinon que Dieu soit vu ou qu'il soit cru. Car tout ainsi que Dieu est infini, aussi elle nous le propose infini; et comme il est Trine et Un, aussi elle nous le propose Trine et Un; et comme Dieu est ténèbre pour notre entendement, ainsi aveugle-t-elle aussi et éblouit-elle notre entendement. Et ainsi, par ce seul moyen Dieu se manifeste à l'âme en lumière divine, qui surpasse tout entendement. C'est pourquoi, tant plus l'âme a de foi, tant plus elle est unie à Dieu. Et c'est ce que saint Paul a voulu dire dans l'autorité ci-dessus alléguée: *Celui qui* He 11,6 *veut s'approcher de Dieu est obligé de croire*, c'est-à-dire, se doit acheminer à Dieu par la foi. Ce qui se fait, l'entendement demeurant aveugle et dans l'obscurité, seulement élevé en foi. Car sous cette ténèbre l'entendement s'unit à Dieu, et sous elle Dieu est caché, selon ce que dit David: *Il a mis* Ps 17 *l'obscurité sous ses pieds et a monté par-dessus les chérubins et a* (18), 10-12 *volé sur les ailes des vents et, pour cachette, a mis les ténèbres et une eau ténébreuse.*

En ce qu'il dit avoir mis l'obscurité sous ses pieds et pris les ténèbres pour cachette et que son tabernacle autour de lui est de l'eau ténébreuse, se dénote l'obscurité de la foi où il est enfermé. Et dire qu'il a monté sur les chérubins, qu'il a volé sur les plumes des vents, cela signifie comment il est par-dessus tout entendement; parce que chérubins veulent dire: intelligents ou contemplants, et les ailes des vents dénotent les connaissances subtiles et les conceptions relevées des esprits, par-dessus toutes lesquelles est son être, où pas un, de soi, ne peut atteindre.

En figure de cela, nous lisons en l'Écriture que quand Salomon eut achevé de bâtir le temple, Dieu descendit dans une nuée et remplit le temple, en sorte que les enfants d'Israël
1 R 8,12 ne voyaient goutte. Alors, Salomon dit: *Le Seigneur a promis*
Ex 19,9 *qu'il demeurera en ténèbre.* A Moïse aussi il apparut sur la montagne en ténèbre, dont il était couvert. Et toutes les fois que Dieu se communiquait beaucoup, il apparaissait en ténèbre. Comme
Jb 38,1 et 40,1 (6) on voit dans Job, où l'Écriture dit que Dieu lui parla dans l'air obscur. Toutes lesquelles ténèbres désignaient l'obscurité de la foi où la Divinité est couverte quand elle se communique à
1 Co 13,10 l'âme; laquelle finira *quand* – selon ce que dit saint Paul – *ce qui n'est qu'en partie s'évacuera,* à savoir cette ténèbre de la foi, et *ce qui est parfait viendra,* c'est à savoir la lumière divine. Dont
Jg 7, 16-20 nous avons une assez bonne figure en la milice de Gédéon, où il est dit que tous les soldats avaient des lumières dans les mains et ne les voyaient pas, parce qu'elles étaient cachées dans les ténèbres des vases, lesquels étant rompus, la lumière parut aussitôt. De même la foi, qui est figurée par ces vases, contient en soi la lumière divine; laquelle foi étant achevée et cassée par la rupture et fin de cette vie mortelle, à l'instant paraîtra la gloire et la lumière de la Divinité qu'elle contenait en soi.

Il est donc clair que l'âme, pour venir à s'unir à Dieu en cette vie et pour communiquer immédiatement avec lui, a besoin de s'unir avec la ténèbre où Salomon dit que Dieu avait promis d'habiter, et qu'elle se doit tenir près de l'air ténébreux d'où il daigna révéler ses secrets à Job, et prendre en mains à l'obscurité les cruches de Gédéon, pour tenir en ses mains (c'est-à-dire dans les œuvres de sa volonté) la lumière qui est l'union d'amour – encore qu'obscurément en foi – afin qu'aussitôt que les vases de cette vie seront rompus, qui seuls empêchaient la lumière de la foi, on voie Dieu face à face dans la gloire.

Il reste maintenant à traiter en particulier de toutes les intelligences et appréhensions que l'entendement peut recevoir, quels empêchements et dommages elles peuvent faire en ce chemin de foi, et comment l'âme s'y doit comporter, afin qu'elles lui soient plus utiles que nuisibles, tant celles qui viennent de la part des sens que celles qui sont de la part de l'esprit.

Chapitre 10

OÙ IL EST FAIT DISTINCTION DE TOUTES LES APPRÉHENSIONS ET DE TOUTES LES INTELLIGENCES QUI PEUVENT TOMBER EN L'ENTENDEMENT

Pour traiter en particulier du profit et du dommage que les connaissances et les appréhensions de l'entendement peuvent causer à l'âme touchant la foi – qui est le moyen de l'union divine – il est nécessaire de mettre ici une distinction de toutes les appréhensions tant naturelles que surnaturelles qu'il peut recevoir, afin que nous dressions en elles, plus distinctement et par ordre, l'entendement en la nuit et obscurité de la foi: ce que nous ferons le plus succinctement qu'il nous sera possible.

Il faut donc savoir que l'entendement peut recevoir par deux voies des notices et intelligences: l'une naturelle, l'autre surnaturelle. La naturelle est tout ce que l'entendement peut comprendre, soit par la voie des sens corporels, soit par soi-même. La surnaturelle est tout ce qui est donné à l'entendement par-dessus sa capacité et habileté naturelle.

De ces notices surnaturelles, les unes sont corporelles, les autres sont spirituelles.

Les corporelles sont en deux manières: les unes qui sont reçues par la voie des sens corporels extérieurs; les autres, par la voie des sens corporels intérieurs, en quoi est compris tout ce que l'imagination peut appréhender, feindre et fabriquer.

Les spirituelles sont aussi en deux manières: les unes sont distinctes et particulières; l'autre est confuse, obscure et générale. En les distinctes et particulières, il entre quatre manières d'appréhensions particulières qui se communiquent à l'esprit sans l'entremise d'aucun sens corporel: ce sont les visions, les révélations, les paroles et les sentiments spirituels. L'intelligence obscure et générale consiste en une seule, à savoir la contemplation qui se donne en foi. C'est en elle qu'il faut mettre l'âme, l'acheminant à elle par le moyen de toutes ces autres particulières, commençant par les premières, et la dénuant d'elles.

Chapitre 11

DE L'EMPÊCHEMENT ET DU DOMMAGE QUE L'ÂME PEUT RECEVOIR EN LES APPRÉHENSIONS DE L'ENTENDEMENT PAR VOIE DE CE QUI EST SURNATURELLEMENT REPRÉSENTÉ AUX SENS CORPORELS ET EXTÉRIEURS, ET COMMENT L'ÂME S'Y DOIT CONDUIRE

Les premières notices dont nous avons parlé au précédent chapitre sont celles qui appartiennent à l'entendement par voie naturelle. Desquelles, parce que nous en avons traité au premier livre – acheminant l'âme en la nuit du sens – nous n'en parlerons plus ici, ayant assez instruit l'âme à leur égard. Partant, le chapitre présent sera de ces notices et de ces appréhensions lesquelles seulement surnaturellement appartiennent à l'entendement par la voie des sens corporels extérieurs, qui sont: voir, ouïr, flairer, goûter et toucher. Au sujet desquels peuvent se produire et se produisent d'ordinaire chez les spirituels des représentations et des objets surnaturellement représentés. Car il se représente à leur vue des figures et des personnes de l'autre vie – comme de quelques saints, de bons ou de mauvais anges – et des lumières et splendeurs extraordinaires. Dans l'ouie ils entendent des paroles extraordinaires, tantôt dites par ceux qu'ils voient, tantôt sans rien voir. Dans l'odorat ils sentent parfois de très suaves odeurs, sans savoir d'où elles viennent. Au goût ils sentent une très douce saveur et dans le toucher une grande délicatesse – et parfois telle qu'il semble que toutes les moelles et que tous les os s'éjouissent, fleurissent et se baignent dans les délices – comme est celle qu'on nomme onction de l'esprit, qui descend de lui jusque dans les membres des âmes pures. Et ce goût du sens est très ordinaire aux spirituels, parce que, de l'affection et dévotion de l'esprit sensible, il en découle plus ou moins, à chacun selon sa manière.

Or il faut savoir qu'encore que toutes ces choses puissent arriver aux sens corporels par la voie de Dieu, il ne s'y faut jamais assurer, ni les admettre, mais les fuir entièrement, sans vouloir examiner si elles sont bonnes ou mauvaises: car tant plus elles sont extérieures et corporelles, tant plus il y a de doute si elles viennent de Dieu. Car il est plus propre et ordinaire à Dieu de se communiquer à l'esprit – où il y a plus de certitude et de profit à l'âme – qu'au sens, où il y a ordinairement beaucoup de danger et de tromperie; pour autant qu'en elles le sens corporel se rend juge et appréciateur des choses spirituelles, pensant qu'elles sont comme il les sent, encore qu'il y ait autant de différence que du corps à l'âme et de la sensualité à la raison. Car le sens corporel est aussi ignorant des choses spirituelles – et même davantage – qu'une bête brute des choses raisonnables – et même davantage.

De manière que celui-là se trompe fort qui fait cas de ces choses, et il se met en danger d'être trompé; et pour le moins il aura en soi un total empêchement pour aller au spirituel. Parce que toutes les chose corporelles (comme nous avons dit) n'ont aucune proportion avec les spirituelles. C'est pourquoi il faut toujours tenir que de telles choses viennent du démon plutôt que de Dieu – vu que le démon a plus de pouvoir dans l'extérieur et le corporel et y déçoit bien plus aisément qu'en ce qui est plus intérieur et spirituel.

Ces objets et ces formes corporelles, tant plus en soi elles sont extérieures, tant moins elles servent à l'intérieur et à l'esprit, à cause de la grande distance et du peu de proportion qu'il y a entre le corporel et le spirituel. Parce que, bien qu'elles communiquent parfois un peu d'esprit – comme elles font toujours, étant de Dieu – c'est toutefois beaucoup moins que si les mêmes choses étaient plus spirituelles et intérieures. Et ainsi elles causent plus facilement de l'erreur, de la présomption et de la vanité en l'âme. Parce qu'étant si palpables et matérielles, elles émeuvent fort le sens: et il semble au jugement de l'âme que ce soit quelque grande chose, à cause que cela est fort sensible; et elle court après, abandonnant la foi, pensant que cette lumière est le guide et le moyen de sa prétention – qui est d'arriver à l'union de Dieu; et d'autant plus perd-elle le chemin et le moyen, qui est la foi, qu'elle fait davantage état de cela.

En outre, l'âme qui se voit avec ces choses extraordinaires conçoit souvent une secrète opinion de soi-même, qu'elle est déjà quelque chose devant Dieu – ce qui détruit l'humilité. Le démon aussi sait bien glisser en l'âme une complaisance cachée d'elle-même, et parfois fort manifeste. C'est pourquoi il met souvent ces objets dans les sens, montrant à la vue des figures saintes et de belles clartés, mettant en l'ouïe des paroles bien déguisées, à l'odorat des suaves odeurs, des douceurs à la bouche, des délices au toucher, afin que, les ayant appâtés de ces amorces, il les attire en bien des maux. Partant, il faut toujours rejeter ces représentations et ces sentiments; car, bien qu'il y en eût quelques-uns de Dieu, cela néanmoins ne fait point de tort à Dieu, et on ne laisse pas d'en recevoir l'utilité et le fruit que Dieu veut faire par leur moyen à l'âme, encore qu'elle les rebute et ne les veuille.

La raison en est que la vision corporelle, ou le sentiment en quelqu'un des autres sens (aussi bien qu'en toute autre communication des plus intérieures), si elle est de Dieu, à l'instant qu'elle paraît ou se sent, elle opère son effet en l'esprit, sans attendre que l'âme délibère si elle le voudra ou non. Car tout ainsi que Dieu donne surnaturellement ces choses sans diligence suffisante ni habileté de l'âme, de même, sans son soin ni son adresse, Dieu fait en elle ce qu'il veut par ces choses: parce que cela se fait et s'opère passivement en l'esprit, et ainsi cela ne consiste pas à vouloir ou ne pas vouloir, pour que cela soit ou manque d'être. Par exemple, si on jetait du feu sur un homme tout nu, il ne lui servirait de rien de ne se vouloir pas brûler, vu que le feu ferait son effet par force. Ainsi sont les bonnes visions et représentations, lesquelles, même si l'âme ne le veut pas, font leur opération premièrement et principalement en l'âme plutôt qu'au corps. Et celles aussi qui sont de la part du démon, malgré l'âme, causent en elle de la brouillerie, ou de l'aridité, ou de la vanité, ou de la présomption en l'esprit. Encore qu'elles n'aient pas tant d'efficacité au mal que celles de Dieu au bien. Car celles du démon peuvent seulement mettre les premiers mouvements dans la volonté et ne la sauraient porter à davantage si elle n'y consent; et leur inquiétude ne dure guère, si le peu de courage et de soin de l'âme ne l'entretient. Mais celles qui sont de Dieu pénètrent l'âme et meuvent la volonté à aimer et laissent leur effet auquel l'âme ne peut pas plus résister – encore le voudrait-elle – que la vitre au rayon du soleil quand il donne sur elle.

Partant, l'âme ne doit jamais se risquer à les vouloir admettre, encore qu'elles soient de Dieu (comme je le dis), car, si elle les veut admettre, il y a six inconvénients.

Le premier, que la foi se diminue, parce que les choses qu'on expérimente avec les sens y dérogent grandement – vu que la foi (comme il a été dit) est par-dessus les sens; et ainsi on s'écarte du moyen de l'union de Dieu, ne fermant pas les yeux de l'âme à toutes ces choses des sens.

Le second, que, si on n'y renonce, cela empêche l'esprit, parce que l'âme s'y retient et l'esprit ne vole pas à l'invisible. D'où vient qu'une des causes que le Seigneur dit à ses disciples, Jn 16,7
pourquoi il fallait qu'il s'en allât afin que le Saint Esprit vînt, c'était cela. Comme aussi il ne laissa pas Marie-Madeleine Jn 20,17
toucher ses pieds après sa résurrection, afin qu'elle s'établît en la foi.

Le troisième est que l'âme devient propriétaire en ces choses, et ne chemine pas à la vraie résignation et nudité d'esprit.

Le quatrième, qu'elle perd l'effet et l'esprit qu'elles causent en l'intérieur, parce qu'elle met les yeux dans le sensible qui y est, qui est le moins principal; et ainsi elle ne reçoit pas si amplement l'esprit qu'elles causent – lequel s'imprime et se conserve davantage en niant tout le sensible, qui est fort différent du pur esprit.

Le cinquième, qu'elle va perdant les bienfaits de Dieu, attendu qu'elle s'en rend propriétaire et n'en use comme il faut. Et les prendre avec propriété et n'en faire son profit, c'est le même que les vouloir prendre; car Dieu ne les lui donne pas pour que l'âme les veuille prendre; donc l'âme ne doit jamais se déterminer à croire qu'elles sont de Dieu.

Le sixième est que, les voulant admettre, elle ouvre la porte au démon pour la tromper en d'autres semblables, qu'il sait fort bien dissimuler et déguiser en sorte qu'elles paraissent bonnes, puisqu'il peut, comme dit l'Apôtre, *se transfigurer en* 2 Co
ange de lumière. Dont nous traiterons, avec l'aide de Dieu, au 11,14
livre troisième, au chapitre de la gourmandise spirituelle.

Partant, il est toujours expédient à l'âme de les rejeter à yeux clos, de quelque part qu'elles viennent; autrement, elle donnerait tellement lieu à celles qui sont du démon, et au

démon un tel accès, que non seulement elle recevrait les unes au lieu des autres, mais aussi que celles du démon se multiplieraient et que celles de Dieu cesseraient, tellement que tout se réduirait à être du démon et qu'il n'y aurait plus rien de Dieu. Comme il est arrivé à plusieurs âmes imprudentes et ignorantes, qui se sont tellement assurées là-dessus qu'elles ont été après bien empêchées de retourner à Dieu en pureté de foi; et plusieurs ne purent retourner, tant le démon était déjà enraciné en elles. C'est pourquoi il vaut mieux se fermer à elles et les nier toutes. Parce que, dans les mauvaises on évitera les tromperies du démon, et dans les bonnes l'empêchement de la foi – et l'esprit ne laissera pas d'en tirer profit. Et comme Dieu les ôte quand on les admet – à cause que, pour l'ordinaire, on y a de la propriété sans aucun fruit – et que le démon y entremet et augmente les siennes – parce qu'il trouve lieu et libre accès pour elles – ainsi, quand l'âme est résignée et contraire à elles, le démon cesse, voyant qu'il ne nuit point par là, et Dieu, au contraire, augmente et parfait les faveurs en cette
Mt 25,21 et 23 âme humble et désappropriée, la traitant, *dans les grandes choses*, comme le serviteur qui *a été fidèle en peu de choses*.

Auxquelles faveurs – si l'âme se montre fidèle et discrète – le Seigneur ne s'arrêtera pas qu'il ne l'ait élevée de degré en degré à l'union et transformation divine. Car Notre Seigneur éprouve et élève l'âme de telle façon que premièrement il lui donne des choses très extérieures et basses selon le sens, suivant sa petite capacité, afin que, se gouvernant comme elle doit et usant sobrement de ces premiers morceaux pour se nourrir et fortifier, il lui donne après une plus abondante, plus solide et meilleure nourriture. De manière que si elle surmonte le démon au premier degré, elle passera au second et du second au troisième, et de là par toutes les sept demeures[1],
Ct 2,4 jusqu'à ce que son Époux la mette dans la *cave du vin* de sa parfaite charité – ce sont là les sept degrés d'amour.

1. Cette évocation des sept demeures amène spontanément le nom de sainte Thérèse à l'esprit du lecteur. Sans tomber dans un concordisme naïf, on peut noter en passant que si le vocabulaire et le symbolisme de saint Jean de la Croix diffèrent généralement de ceux de sainte Thérèse, leur pensée est souvent identique. Nous ne croyons pas forcer la note en relevant ici une véritable concordance de vocabulaire. Pourquoi saint Jean de la Croix – qui écrivait la *Montée* en 1584 – n'aurait-il pas pu faire une allusion au *Livre des Demeures* de sainte Thérèse, écrit depuis 1579? L'allusion expresse faite par le saint, à la strophe XIII du *Cantique Spirituel*, aux écrits de la sainte nous inviterait à penser qu'il s'agit ici d'une allusion.

Heureuse l'âme qui pourra combattre cette bête de l'Apocalypse, qui a sept têtes contraires aux sept degrés d'amour, avec lesquelles elle guerroie contre chacun et, avec chacune, bataille contre l'âme en chacune de ces demeures, dans lesquelles l'âme s'exerce, gagnant chaque degré d'amour de Dieu. Sans doute, si elle combat fidèlement en chacun et si elle est victorieuse, elle méritera de passer de degré en degré et de demeure en demeure, jusqu'à ce qu'elle arrive à la dernière, après avoir tranché les sept têtes de la bête, avec lesquelles celle-ci lui faisait une guerre sanglante; tellement que saint Jean dit en ce lieu qu'*il lui fut permis d'attaquer les saints, et de les pouvoir vaincre*, mettant en œuvre contre chacun de ces degrés d'amour des armes et des machines suffisantes. Partant, l'on ne saurait assez déplorer que plusieurs, qui entrent au combat spirituel contre la bête, n'aient même pas le courage de lui couper la première tête – renonçant aux choses sensibles du monde. Que si quelques-uns en viennent à bout et la tranchent, ils ne tranchent pas la seconde, qui sont les visions du sens dont nous parlons. Mais ce qui est le plus triste est que quelques-uns, ayant tranché la seconde et la première tête et même la troisième – qui regarde les sens sensitifs intérieurs – dépassant l'état de la méditation et encore plus avant, cette bête spirituelle les surmonte lorsqu'ils sont sur le point d'entrer au pur de l'esprit: où de nouveau elle se va révoltant contre eux et ressuscitant jusqu'à la première tête, et elle fait qu'ils sont pires – dans leur rechute – à la fin qu'au commencement, prenant avec soi sept autres esprits pires qu'elle.

Ap 13,1 — Ap 13,7 — Lc 11,26

Le spirituel doit donc nier toutes les appréhensions et délectations temporelles qui tombent en les sens extérieurs, s'il veut couper la première et la seconde tête de cette bête – entrant en la première demeure d'amour et en la seconde, de vive foi, sans se vouloir lier ni embarrasser avec ce qui est donné aux sens, car c'est ce qui déroge le plus à la foi.

Il est donc clair que ces visions et appréhensions sensibles ne peuvent servir de moyen à l'union, attendu qu'elles n'ont aucune proportion avec Dieu. Et l'une des causes pour lesquelles le Christ ne voulait pas que la Madeleine le touchât, ni saint Thomas[1], était celle-là. Et ainsi le démon est fort

Jn 20,17 et 29

1. Le tour de phrase est extrêmement elliptique. Le saint veut dire que, malgré sa condescendance, le Christ eût certainement préféré que saint Thomas

aise qu'une âme veuille admettre des révélations et qu'il l'y voie portée: parce qu'il a bien alors l'occasion et le moyen de couler ses erreurs et de déroger à la foi en ce qu'il pourra; car (comme j'ai dit) l'âme qui les désire devient fort rude, et parfois avec beaucoup de tentations et d'impertinences.

Je me suis un peu étendu sur ces appréhensions extérieures pour éclaircir davantage celles dont nous traiterons ci-après. Mais il y a tant à dire là-dessus, que ce ne serait jamais fait. Je confesse avoir beaucoup abrégé, disant, en un mot, qu'on prenne bien garde à ne les admettre jamais, si ce n'est quelquefois, avec un avis exceptionnel, et alors sans le désirer nullement. Il me semble que ce qui a été dit suffit en cette partie.

Chapitre 12

OÙ IL EST TRAITÉ DES APPRÉHENSIONS IMAGINAIRES NATURELLES. – ON DIT CE QUE C'EST ET PROUVE QUE CE N'EST PAS UN MOYEN PROPORTIONNÉ POUR PARVENIR À L'UNION DE DIEU ET LE TORT QU'ON SE FAIT DE NE S'EN DÉFAIRE

Avant de parler des visions imaginaires qui ont coutume de se présenter surnaturellement au sens intérieur – qui est l'imaginative et fantaisie[1] – pour aller avec ordre, nous traiterons ici des appréhensions naturelles du même sens intérieur corporel, afin que nous procédions du moins au plus, et du plus extérieur au plus intérieur, jusqu'à parvenir à l'intime recueillement où l'âme s'unit avec Dieu. C'est l'ordre que nous avons tenu jusqu'à présent: car premièrement nous avons traité de dépouiller les sens extérieurs des appréhensions naturelles des objets, et par conséquent des forces naturelles des appétits – ce qui a été dit au premier livre, où nous avons parlé de la nuit du sens; puis nous avons commencé à dénuer ces mêmes sens

crût en lui sans avoir besoin du témoignage tangible de la résurrection, qu'il avait exigé.

1. Nous dirions: l'imagination créatrice.

des appréhensions extérieures surnaturelles qui arrivent aux sens extérieurs (selon ce que nous avons fait au chapitre précédent) pour acheminer l'âme à la nuit de l'esprit.

En ce second livre, ce qui s'offre maintenant le premier est le sens corporel intérieur, qui est l'imaginative et la fantaisie; de laquelle nous devons aussi évacuer toutes les formes et appréhensions imaginaires qui y peuvent tomber naturellement, et prouver qu'il est impossible que l'âme arrive à l'union de Dieu jusqu'à ce qu'elle cesse son opération en elles, pour autant qu'elles ne peuvent être ni propre ni proche moyen de cette union.

Sachez donc que les sens dont nous parlons ici en particulier sont deux, corporels et intérieurs, qu'on nomme l'imagination et la fantaisie, lesquels ordinairement servent l'un à l'autre; parce que l'un discourt en imaginant, et l'autre forme l'imagination ou ce qui est imaginé. Et, quant à notre propos, traiter de l'un c'est traiter de l'autre. C'est pourquoi, quand nous ne les nommerons pas tous deux, que ce que nous avons dit ici soit bien entendu. D'où vient que tout ce que ces sens peuvent recevoir et fabriquer se nomme imaginations et fantaisies, qui sont des formes qui se représentent à ces sens avec une image et figure corporelle. Lesquelles peuvent être en deux manières: les unes, surnaturelles, qui sans aucune opération de ces sens se peuvent représenter et se représentent passivement à eux; nous les nommons visions imaginaires par voie surnaturelle, dont nous traiterons ci-après. Les autres sont naturelles: ce sont celles que, par leur habileté, ces sens peuvent activement fabriquer en eux-mêmes par leur opération, sous des formes, figures et images. Et ainsi, ces deux puissances servent à la méditation, qui est un acte de discours par le moyen des images, formes et figures fabriquées et formées par ces sens: comme imaginer le Christ crucifié, ou attaché à la colonne, ou en un autre épisode; ou Dieu sur un trône en grande majesté; ou imaginer et considérer la gloire comme une très belle lumière, et telles autres choses semblables, tant divines qu'humaines, qui peuvent tomber en l'imaginative. Toutes lesquelles imaginations doivent être évacuées de l'âme – demeurant en obscurité selon ce sens pour arriver à l'union divine – pour autant qu'elles ne peuvent avoir aucune proportion de proche moyen à l'égard de Dieu, aussi peu que les corporelles qui servent d'objet aux cinq sens extérieurs.

La raison de cela est parce que l'imagination ne peut forger ni imaginer aucune chose hors de celles qu'elle a expérimentées par les sens extérieurs, à savoir de ce qu'elle a vu des yeux, ouï des oreilles, etc.; ou, à tout le plus, peut-elle composer des choses semblables à celles qu'elle a vues, ouïes et senties, qui ne sont pas plus excellentes, ni même autant, que celles qu'elle a reçues par les mêmes sens. Car encore qu'elle imagine des palais de perles et des montagnes d'or, parce qu'elle a vu de l'or et des perles, néanmoins, tout cela en vérité est moins que l'essence d'un peu d'or ou d'une perle, encore qu'en l'imagination cela semble multiplié et composé avec ordre. Et comme les choses créées (ainsi qu'il a été dit) ne peuvent avoir aucune proportion avec l'être de Dieu, il s'ensuit que tout ce qu'elle s'imaginera à leur ressemblance ne peut servir de moyen proche à l'union avec lui – au contraire (nous l'avons dit), bien moins encore.

D'où vient que ceux qui imaginent Dieu sous quelques-unes de ces figures: ou comme un grand feu, ou comme une lumière, ou autres formes, et pensent que quelque chose de cela lui ressemble, sont bien loin du compte. Car, encore qu'il soit nécessaire aux commençants d'avoir ces considérations, ces formes et modes de méditations pour affectionner et appâter l'âme par le sens (comme nous dirons ci-après), et qu'ainsi ils leur servent de moyens éloignés pour s'unir à Dieu – par lesquels moyens les âmes doivent ordinairement passer pour arriver au terme et station du repos spirituel – néanmoins, ce doit être en telle sorte qu'ils passent par eux sans s'y arrêter toujours. Autrement, ils n'arriveraient jamais au terme, lequel n'est pas comme les moyens éloignés et n'a rien à voir avec eux. Tout ainsi que les degrés de l'escalier n'ont rien de commun avec le terme ou le haut de la montée dont ils sont les moyens. Et si celui qui monte ne laissait les degrés en arrière, jusqu'à ce qu'il n'y en ait plus, et s'il voulait s'arrêter sur quelqu'un d'entre eux, il ne parviendrait ni ne monterait jamais à la paisible et à l'agréable demeure du terme.

Pour la même raison, l'âme qui prétendra d'arriver en cette vie à l'union de ce souverain repos et bonheur doit passer par tous les degrés de considérations, formes et notices et en finir avec elles, vu qu'elles n'ont aucune ressemblance ni proportion avec le terme où elles acheminent, qui est Dieu. Ainsi saint
Ac 17,29 Paul, dans les Actes des Apôtres, dit que *nous ne devons pas*

estimer ce qui est divin être semblable à l'or ou à l'argent ou à la pierre artistement taillée ou à ce que l'homme peut fabriquer avec l'imagination.

D'où vient que de nombreux spirituels s'abusent grandement, qui, s'étant exercés à s'approcher de Dieu par images, formes et méditations convenables aux commençants, et Dieu, les voulant attirer à des biens plus spirituels, plus intérieurs et invisibles, leur ôtant désormais le goût et le suc de la méditation qui se fait par discours, ils n'achèvent point de s'en défaire et n'osent et ne savent quitter ces moyens palpables qu'ils ont accoutumé; et ainsi, ils s'efforcent encore de les garder, voulant aller par leur considération et méditation de formes comme auparavant, pensant que cela doit être toujours ainsi. En quoi ils peinent fort avec peu ou point de suc; au contraire, l'aridité, la fatigue et l'inquiétude de l'âme augmentent et s'accroissent, tant plus ils travaillent pour ce premier suc qui ne se peut plus trouver en cette première manière. Parce que l'âme (comme nous avons dit) ne savoure plus cette nourriture trop sensible, mais une autre, plus délicate, plus intérieure et moins sensible – qui ne consiste pas à travailler avec l'imagination, mais à tenir l'âme en repos et à la laisser en sa quiétude et son repos, ce qui est plus spirituel. Parce que, tant plus l'âme s'avance en esprit, plus elle cesse l'œuvre des puissances en les actes particuliers, se mettant en un seul acte général et pur; partant, les puissances cessent d'opérer, qui cheminaient pour arriver où l'âme est parvenue: de même que les pieds cessent et s'arrêtent après avoir achevé leur voyage. Car, s'il fallait toujours marcher, on n'arriverait jamais, et si tout était moyens, où et quand est-ce qu'on jouirait des fins et du terme?

C'est pourquoi, c'est une pitié de voir qu'il y en a beaucoup qui – leur âme voulant être en cette paix et repos de quiétude intérieure, où elle se comble de paix et de la réfection de Dieu – l'inquiètent et la tirent dehors au plus extérieur, et veulent qu'elle retourne à marcher sans but par où elle cheminait auparavant, et qu'elle laisse la fin et le terme où elle se repose déjà pour reprendre les moyens lesquels y acheminaient, qui sont les considérations. Ce qui n'arrive qu'avec un grand dégoût et répugnance de l'âme, qui désire demeurer dans cette paix, qu'elle n'entend pas, comme en son propre lieu. Comme celui qui est arrivé avec peine là où il se repose, si on le fait retourner au travail, cela lui pèse fort.

Et comme ils ignorent le mystère de cette nouveauté, ils s'imaginent qu'ils demeurent oisifs, sans rien faire, de sorte qu'ils ne se laissent reposer, mais tâchent toujours de considérer et discourir. D'où vient qu'ils se remplissent de sécheresse et de labeur pour tirer le suc qu'ils n'exprimeront plus par là. Tant s'en faut, nous leur pouvons dire que tant plus ils se resserrent, tant moins il leur profite: car tant plus ils s'obstineront à cela, ils se trouveront pis, vu qu'ils tirent l'âme de la paix spirituelle; et c'est laisser le plus pour le moins, et reculer sur le chemin parcouru, et vouloir refaire ce qui est fait.

Il faut dire à ceux-là qu'ils apprennent à demeurer avec attention et regard amoureux en Dieu en cette quiétude, sans se soucier de l'imagination ni de ses opérations, attendu que (comme nous avons dit) les puissances se reposent et n'opèrent point activement, mais passivement, recevant ce que Dieu opère en elles; et si parfois elles opèrent quelque peu, ce n'est pas avec effort, ni avec discours fort procuré, mais avec douceur d'amour, étant plus mues de Dieu que de l'habileté de l'âme, comme il sera déduit après. Mais cela suffira, pour l'heure, à donner à entendre qu'il est nécessaire à ceux qui prétendent de passer plus avant de savoir se détacher de tous ces modes et manières et opérations de l'imagination, au temps et en la saison que le demande et le requiert le progrès de l'état où ils sont.

Et afin qu'on sache quand et en quel temps cela doit être, nous donnerons au chapitre suivant quelques signes que le spirituel doit remarquer en soi pour entendre la saison et le temps où il pourra librement user de la manière susdite et cesser de marcher par le discours et par l'œuvre de l'imagination.

Chapitre 13[1]

OÙ L'ON MET LES SIGNES QUE LE SPIRITUEL DOIT AVOIR EN SOI, PAR LESQUELS ON CONNAÎT EN QUEL TEMPS IL LUI CONVIENT DE LAISSER LA MÉDITATION ET LE DISCOURS POUR PASSER À L'ÉTAT DE CONTEMPLATION

De peur que cette doctrine ne demeure confuse, il sera convenable de donner à entendre en ce chapitre en quel temps et saison il faudra que le spirituel laisse la méditation discursive par voie des dites imaginations, formes et figures, afin qu'il ne les laisse plus tôt ou plus tard que l'esprit ne le requiert; parce que, comme il est à propos de les quitter à temps pour aller à Dieu, afin de n'être empêché par elles, de même aussi ne faut-il pas laisser la méditation imaginaire avant le temps, de peur de retourner en arrière. Parce que, encore que les appréhensions de ces puissances ne servent de proche moyen d'union à ceux qui sont avancés, pourtant elles servent de moyen éloigné aux commençants, pour disposer et habituer l'esprit aux choses spirituelles par le sens et pour évacuer du sens, en passant, toutes les autres formes et images basses, temporelles, séculières et naturelles. Nous donnerons ici quelques signes et marques que le spirituel doit avoir en soi pour connaître s'il conviendra de les laisser en ce temps-là, ou non.

La première est de voir en soi qu'il ne peut plus méditer ni discourir avec l'imagination et qu'il n'y a plus de goût comme auparavant: au contraire, il trouve désormais de l'aridité en ce où il avait accoutumé de ficher le sens et tirer du suc. Néanmoins, tant qu'il tirera du suc et pourra discourir en la méditation, il ne la doit laisser, si ce n'est quand son âme se mettra en la paix et quiétude dont il sera parlé au troisième signe.

La deuxième est quand il voit qu'il n'a aucune inclination de mettre l'imagination ni le sens en d'autres choses particulières, extérieures ni intérieures. Je ne dis pas qu'elle n'aille et ne vienne (car même en un grand recueillement, elle ne laisse

1. Dans la plupart des manuscrits et des éditions qui considèrent le premier chapitre du livre I de la *Montée* comme un prologue (cf., ci-dessus, la note de la page 123), le chapitre qui commence ici n'est pas distingué du précédent, mais compose avec lui un seul et même chapitre 11.

pas d'être vagabonde), mais que l'âme ne prenne plaisir de l'appliquer exprès en d'autres choses.

La troisième et la plus certaine est si l'âme prend plaisir d'être seule avec attention amoureuse à Dieu, sans considération particulière, en paix intérieure, quiétude et repos, sans actes ni exercices des puissances – mémoire, entendement et volonté – au moins où il y ait du discours – qui est d'aller d'une chose à l'autre – mais seulement qu'elle demeure avec l'attention et connaissance générale amoureuse que nous disons, sans intelligence particulière et sans en comprendre l'objet.

Le spirituel doit voir en soi, pour le moins, ces trois marques conjointement pour se risquer à quitter sûrement l'état de la méditation et du sens et entrer en celui de la contemplation et de l'esprit.

Il ne suffit pas d'avoir la première seule sans la seconde: car il pourrait être que cette impuissance d'imaginer et de méditer en les choses de Dieu, comme auparavant, lui vînt par sa distraction et par son peu de soin. C'est pourquoi il doit voir aussi en soi la seconde, qui est de n'avoir envie ni appétit de penser en autres choses étrangères. Car, quand cela procède de distraction ou de tiédeur, de ne pouvoir fixer l'imagination et le sens en les choses de Dieu, on a aussitôt volonté et désir de la mettre en d'autres choses différentes, et envie de sortir de là.

Et il ne suffit pas non plus de voir en soi le premier et le second signe, si le troisième n'y est conjointement: car, encore qu'il voie ne pouvoir discourir ni penser en les choses de Dieu, et qu'il n'ait non plus envie de penser en d'autres choses différentes, cela pourrait procéder de mélancolie ou de quelque autre mauvaise humeur du cerveau ou du cœur, causant dans le sens un certain abreuvement et suspension qui font qu'on ne pense et ne veut rien et qu'on n'a envie de penser à aucune chose, mais seulement d'être en ce charme savoureux. Contre cela, le spirituel doit avoir la troisième marque, qui est une connaissance et une attention amoureuse en paix, etc., comme nous avons dit.

Il est bien vrai qu'au commencement de cet état on ne voit presque pas cette notice amoureuse, pour deux raisons: l'une, parce qu'au commencement cette notice amoureuse est habituellement très subtile et délicate et quasi insensible; l'autre, parce que l'âme, ayant été habituée à l'autre exercice de la méditation qui est totalement sensible, n'aperçoit et ne sent quasi pas cette autre nouveauté insensible, qui est désormais purement de l'esprit, spécialement lorsque, faute d'entendre ce nouvel état, elle ne se laisse reposer en lui – procurant l'autre qui est plus sensible, avec lequel, quoique la paix intérieure amoureuse soit plus abondante, l'on ne donne lieu pour la sentir, ni pour en jouir. Mais tant plus l'âme s'habituera à se laisser accoiser, toujours ira croissant en elle et se sentira davantage cette notice générale amoureuse de Dieu – ce qu'elle goûte plus que toute autre chose: parce qu'elle lui apporte la paix, le repos, la saveur et un plaisir sans travail.

Pour rendre ceci plus clair, nous dirons au chapitre suivant les causes et les raisons par lesquelles ces trois signes apparaîtront nécessaires pour cheminer à l'esprit.

Chapitre 14

OÙ L'ON PROUVE LA CONVENANCE DE CES SIGNES, DONNANT RAISON DE LA NÉCESSITÉ DES CHOSES QUI ONT ÉTÉ DITES À LEUR SUJET POUR S'AVANCER

Touchant le premier signe que nous avons dit, il faut savoir que c'est pour deux raisons – qui sont quasi comprises en une – que le spirituel, pour entrer dans la voie de l'esprit (qui est la contemplative), doit laisser la voie imaginaire et de méditation sensible, quand il en est désormais dégoûté et qu'il ne peut plus discourir. La première, parce qu'on a déjà donné à l'âme, en certaine manière, tout le bien spirituel qu'elle devait trouver en les choses de Dieu par la voie de méditation et de discours; ce dont le signe est de ne pouvoir plus méditer ni discourir comme de coutume, ni trouver plus de suc ni de nouveau goût en cela comme elle en trouvait auparavant, n'étant pas encore parvenue jusqu'alors jusqu'à l'esprit qu'il y avait là pour elle. Car, pour l'ordinaire, quand l'âme reçoit quelque bien spirituel, elle le reçoit en le goûtant, au moins en l'esprit, dans le moyen par où elle le reçoit et qui lui profite; autrement, ce serait merveille s'il lui apportait du profit, ou si elle trouvait dans sa cause cet appui et ce suc qu'elle y trouve quand elle le reçoit. Cela se fait à la manière que disent les philosophes, que ce qui a goût nourrit et engraisse. C'est pourquoi Job disait: *Pourra-t-on manger l'insipide, qui n'est point assaisonné de sel?* Jb 6,6

Telle est donc la cause pourquoi on ne peut considérer ni discourir comme auparavant: le peu de goût que l'esprit y trouve et le peu de profit.

La seconde cause est parce que l'âme, en ce temps, a désormais l'esprit de la méditation en substance et habitude. Car il faut savoir que la fin de la méditation et du discours en les choses de Dieu, c'est de tirer quelque connaissance et amour de Dieu. Et à chaque fois que, par la méditation, l'âme la tire, c'est un acte. Et comme plusieurs actes – en quelque chose que ce soit – viennent à engendrer une habitude en l'âme, ainsi, beaucoup d'actes de ces connaissances amoureuses que l'âme a tirées de fois à autre en particulier, se continuent tellement par l'usage, qu'il s'en fait une habitude. Ce que Dieu a aussi accoutumé de faire en de nombreuses âmes sans le moyen de ces actes (au moins sans qu'il en ait précédé beaucoup), les mettant aussitôt en contemplation. De sorte que, ce que l'âme tirait auparavant de fois à autre en travaillant à méditer en des notices particulières, s'est désormais (comme nous le disons) fait et tourné en elle, par l'usage, en habitude et en substance d'une notice amoureuse générale, non distincte ni particulière comme auparavant. C'est pourquoi, se mettant en oraison, désormais, comme celui qui a déjà puisé l'eau, elle boit à son aise avec suavité, sans qu'il soit besoin de la tirer des aqueducs des considérations passées, des formes et des figures. De manière qu'aussitôt qu'elle se présente devant Dieu, elle se met en acte d'une connaissance confuse, amoureuse, paisible et tranquille, où l'âme boit la sagesse, l'amour et la saveur.

Voilà pourquoi elle sent beaucoup de peine et de dégoût, lorsque étant en ce repos on la veut faire méditer et travailler en des notices particulières. Il lui arrive comme à l'enfant, lequel recevant le lait qu'il trouve assemblé et ramassé au tétin, on le lui ôte néanmoins et on veut qu'avec sa diligence, en serrant et maniant, il retourne à le tirer et assembler. Ou comme à celui qui aurait ôté la peau de quelque chose et goûterait la substance, si on la lui faisait laisser pour recommencer à ôter la dite peau qui est déjà coupée; car il n'y trouverait plus de peau et ne goûterait plus de la substance qu'il avait déjà entre les mains, ressemblant en cela à celui qui laisse ce qu'il a pour prendre ce qu'il n'a pas.

Beaucoup en font de même, entrant en cet état, lesquels, pensant que le nœud de l'affaire consiste à discourir et à entendre des particularités par images et par formes – qui sont l'écorce de l'esprit – et ne les trouvant point en cette quiétude amoureuse et substantielle où leur âme se veut tenir et où ils n'entendent rien clairement, ils pensent être perdus et qu'ils perdent le temps, et ils retournent chercher l'écorce de leur image et de leur discours, qu'ils ne trouveront plus parce qu'elle est ôtée; de sorte qu'ils ne jouissent point de la substance, ne trouvent pas de méditation et se troublent eux-mêmes, pensant qu'ils reculent et se perdent. Et à la vérité ils se perdent, mais ce n'est pas comme ils pensent, car ils se perdent à leurs propres sens et à la première manière de sentir – ce qui est se gagner en l'esprit qu'on leur donne. Dans lequel, tant moins ils entendent, tant plus ils entrent avant en la nuit de l'esprit, dont nous traitons en ce livre, par où ils doivent passer pour s'unir avec Dieu par-dessus tout savoir.

Quant au second signe, il y a peu à dire parce que l'on voit déjà que, de nécessité, l'âme ne peut goûter en ce temps d'autres imaginations différentes qui soient au monde, vu que, de celles qui sont les plus conformes, qui sont celles de Dieu (selon ce que nous avons dit), elle ne goûte point pour les causes qui ont été dites. Seulement, comme il a été remarqué plus haut, en ce recueillement l'imaginative a coutume d'aller, de venir et de varier; mais non avec goût et avec volonté de l'âme; au contraire, cela lui fait de la peine, parce qu'elle trouble sa paix et son goût.

Je n'estime pas nécessaire de prouver ici que le troisième signe – à savoir, la notice ou le regard général et amoureux en Dieu – soit convenable et nécessaire pour pouvoir quitter la méditation, vu que nous en avons déjà donné quelque chose à entendre en la première marque, et nous en traiterons expressément après, parlant de cette connaissance générale et confuse en son lieu – qui sera après toutes les appréhensions particulières de l'entendement. Nous n'en dirons qu'une seule raison qui montrera clairement comment, en cas que le contemplatif doive laisser la voie de la méditation et du discours, cette notice ou ce regard amoureux et général de Dieu lui est nécessaire. C'est que, si l'âme n'avait alors cette notice ou assistance[1] en Dieu, il s'ensuivrait qu'elle ne ferait rien et

1. Au sens de: être présent à. On pourrait traduire: ce fait de se tenir en présence de Dieu.

n'aurait rien; parce que, en laissant la méditation – par le moyen de laquelle l'âme opère, discourant avec les puissances sensitives – et lui manquant aussi la contemplation – qui est la connaissance générale dont nous parlons, en laquelle l'âme tient ses puissances spirituelles actuellement appliquées, savoir, la mémoire, l'entendement et la volonté, déjà unies en cette notice qui est opérée et reçue en elles – elle manquerait infailliblement de tout exercice envers Dieu: attendu que l'âme ne peut opérer ni recevoir ce qui est opéré en elle, si ce n'est par la voie de ces deux sortes de puissances, les sensitives et les spirituelles. Car, par les puissances sensitives (comme nous avons dit) elle peut discourir et chercher et opérer les notices des objets; et par le moyen des puissances spirituelles, elle peut s'éjouir des connaissances déjà reçues en ces puissances, sans qu'elles n'opèrent plus.

Ainsi la différence qu'il y a de l'exercice que l'âme fait à l'endroit des unes et des autres puissances, c'est celle qu'il y a entre agir et jouir de l'action faite; ou celle qu'il y a entre le travail du chemin et le repos et la quiétude qu'on possède au terme; ou aussi celle qui se trouve entre apprêter la nourriture ou la goûter quand elle est apprêtée et mâchée, sans aucune manière d'exercice d'action; et celle qu'il y a entre recevoir et profiter désormais de ce que l'on a reçu. Que si l'âme n'était employée soit à opérer avec les puissances sensitives – ce qui est la méditation et le discours – soit en ce qui est déjà reçu et opéré en les puissances spirituelles – ce qui est la contemplation et la notice que nous avons dites – demeurant oisive en les unes et en les autres, il n'y aurait d'où ni comment on pourrait dire que l'âme soit occupée. Donc cette notice est nécessaire pour quitter la voie de la méditation et du discours.

Mais il faut ici savoir que cette connaissance générale dont nous parlons est parfois si subtile et délicate – principalement quand elle est plus pure, plus simple, plus parfaite, et plus spirituelle et plus intérieure – que l'âme, encore qu'elle y soit employée, ne la voit ni ne la sent. Ce qui arrive principalement (comme nous avons dit) lorsqu'elle est en soi plus claire, plus parfaite et plus simple: et elle l'est lorsqu'elle rencontre une âme plus nette et plus éloignée d'autres intelligences et notices particulières en lesquelles l'entendement ou bien le sens se pourrait attacher. Et parce que l'âme manque de ces notices particulières – où l'entendement et le sens ont pouvoir et coutume de s'exercer – elle ne sent point cette notice générale, pour autant qu'elle n'a plus ses sensibles accoutumés[1]. C'est la cause pourquoi plus cette notice est pure, parfaite et simple, moins l'entendement la sent et plus elle lui paraît obscure; et, au contraire, quand cette notice est en soi moins pure et moins simple en l'entendement, l'entendement la trouve plus claire et plus solide: à cause qu'elle est vêtue, ou mêlée ou enveloppée en quelques formes intelligibles que l'entendement ou le sens peut mieux apercevoir.

Cela s'entendra mieux par cette comparaison. Si nous considérons le rayon du soleil qui entre par la fenêtre, nous voyons que tant plus l'air est rempli d'atomes et de poussières, tant plus ce rayon paraît palpable, sensible et clair à la vue du sens; il est néanmoins évident qu'alors le rayon est en soi moins pur, moins simple, moins clair et moins parfait, étant environné de tant de poussières et d'atomes. Et nous voyons aussi que quand il est plus pur et plus net de ces poussières et atomes, il semble moins palpable et plus obscur à l'œil matériel; et tant plus il est net, tant plus il lui semble obscur et moins appréhensible. Que si le rayon était totalement pur et net de tous les grains et atomes jusqu'à la moindre poussière, il semblerait entièrement obscur et incompréhensible[2] à l'œil – pour autant que les choses visibles y manqueraient, qui sont l'objet de la vue. Et ainsi l'œil ne trouverait point d'espèces où s'arrêter. Car la lumière n'est pas si proprement l'objet de la vue, que le moyen pour voir ce qui est visible; si bien que s'il n'y avait point d'objets visibles en lesquels le rayon ou la lumière fissent réflexion, on n'apercevrait rien. De façon que si le rayon entrait par une fenêtre et sortait par l'autre sans rencontrer aucune chose qui eût corps, on ne verrait rien, et néanmoins le rayon serait plus pur et plus net en soi que lorsque, étant chargé de choses visibles, on le voyait et sentait plus clair.

Il en arrive de même touchant la lumière spirituelle en la vue de l'âme, qui est l'entendement: dans lequel cette connaissance et lumière générale surnaturelle, dont nous parlons, se glisse si purement, si simplement et si dénuée et éloignée de toutes les formes intelligibles – qui sont les objets de l'entende-

1. Elle n'a plus – en cette notice générale – les objets sensibles auxquels elle était accoutumée.
2. C'est-à-dire imperceptible.

ment – qu'il ne la sent ni aperçoit. Tant s'en faut: parfois (lorsqu'elle est plus pure) elle lui cause de l'obscurité, parce qu'elle l'éloigne de ses lumières ordinaires de formes et d'images, et alors il sent et aperçoit bien l'obscurité. Mais quand cette divine lumière n'investit pas l'âme avec tant de force, elle ne sent point d'obscurité, ne voit point de lumière et n'appréhende chose qu'elle sache, d'ici ni de là: et, partant, l'âme demeure parfois comme en un grand oubli, de sorte qu'elle ne saurait dire où elle était, ni ce qui s'est fait, et il ne lui semble pas qu'aucun temps se soit passé pour elle. D'où il se peut faire, et il arrive ainsi, que plusieurs heures se passent en cet oubli, et que, l'âme revenant à soi, cela ne lui semble pas un moment, ou qu'il n'y a rien eu.

La cause de cet oubli est la pureté et la simplicité de cette connaissance, laquelle occupant l'âme, elle la rend ainsi simple, pure et nette de toutes les appréhensions et formes du sens et de la mémoire, par où l'âme opérait dans le temps: et ainsi elle la laisse en oubli et sans temps[1]. D'où vient que cette oraison, encore qu'elle soit fort longue (comme nous avons dit), semble très courte à l'âme, parce qu'elle a été unie en pure intelligence
Eccli qui n'est pas dans le temps. Et c'est la prière courte qu'on dit
35,21 pénétrer les cieux: courte, parce qu'elle n'est pas dans le temps;
(17) et qui pénètre les cieux, parce que l'âme est unie en intelligence céleste. Partant, cette notice laisse l'âme, quand elle se réveille, avec les effets qu'elle a opérés en elle sans qu'elle s'en aperçût – qui sont un élèvement d'esprit à l'intelligence céleste, et une aliénation et abstraction de toutes les choses et de leurs formes et figures et souvenirs. Ce que David dit lui être arrivé, retour-
Ps 101 nant à soi de cet oubli: *Je me suis éveillé et je suis devenu comme*
(102),8 *un passereau solitaire au toit.* Solitaire, à savoir étranger et abstrait de toutes choses; au toit, c'est-à-dire l'esprit élevé en haut. Et ainsi l'âme demeure comme ignorante de toutes choses, parce qu'elle ne sait que Dieu sans savoir comment. Aussi l'Épouse met, parmi les effets de ce sommeil et de cet oubli, cette igno-
Ct 6,11 rance, quand elle dit qu'elle y descendit, disant: *Nescivi*, c'est-
(12) à-dire: *Je n'ai su* d'où. Mais (comme nous avons dit) encore qu'il semble à l'âme ne rien faire en cette notice, et qu'elle ne s'emploie à rien, à raison qu'elle n'opère rien avec les sens ni

1. L'absence d'images et d'idées distinctes fait que l'âme n'a plus conscience du temps.

avec les puissances, qu'elle ne croie pas néanmoins perdre son temps. Car, bien que l'harmonie des puissances de l'âme cesse, toutefois son intelligence demeure en la manière que nous avons dite. C'est pourquoi, aussi dans le Cantique, l'Épouse, qui était sage, se répondit à soi-même à ce doute, disant: *Quoique je dorme* – en ce que je cesse naturellement d'opérer Ct 5,2 – *mon cœur veille,* surnaturellement élevé en notice surnaturelle.

Or il faut savoir qu'on ne doit pas entendre que cette connaissance doive causer nécessairement cet oubli pour être telle que nous disons ici. Parce que cela arrive seulement quand Dieu abstrait l'âme de l'exercice de toutes les puissances naturelles et spirituelles – ce qui arrive le moins souvent, parce que cette notice n'occupe pas toujours l'âme entière. Et, pour qu'elle suffise au cas que nous traitons, c'est assez que l'entendement soit abstrait de toute notice particulière, soit temporelle, soit spirituelle, et que la volonté n'ait envie de penser ni aux unes ni aux autres (comme il a été dit), parce qu'alors c'est le signe que l'âme est occupée. Et c'est là l'indice pour connaître que l'âme l'est, quand cette intelligence s'applique et est communiquée seulement à l'intellect – et c'est alors que parfois l'âme ne l'aperçoit pas. Car quand elle se communique conjointement à la volonté – ce qui est presque toujours – peu ou beaucoup l'âme ne laisse pas d'entendre, si elle veut y regarder, qu'elle est employée et occupée en cette connaissance, pour autant qu'elle s'y sent avec une saveur d'amour, sans savoir ni entendre particulièrement ce qu'elle aime. C'est pourquoi on l'appelle notice amoureuse générale: car tout ainsi qu'elle l'est en l'entendement – se communiquant obscurément à lui – elle l'est aussi en la volonté – lui communiquant le goût et l'amour confusément, sans qu'elle sache distinctement ce qu'elle aime.

Cela suffira maintenant pour entendre qu'il convient à l'âme d'être employée en cette notice pour avoir à quitter la voie du discours spirituel, et pour s'assurer qu'encore qu'il lui semble qu'elle ne fait rien, elle est néanmoins bien occupée, si elle voit en soi les signes susdits. Et pour qu'on entende aussi, par la comparaison que nous avons faite, que si cette lumière se présente à l'entendement plus compréhensible et plus palpable – comme fait le rayon du soleil à l'œil quand il est rempli d'atomes – l'âme ne la doit pas pour cela estimer plus pure ni plus relevée, ni plus claire. Étant alors certain, selon Aristote[1] et selon les théologiens, que tant plus la lumière divine est haute et élevée, tant plus elle est obscure à notre entendement.

Il y a beaucoup à dire de cette notice divine, tant d'elle en soi que des effets qu'elle opère en les contemplatifs. Nous remettons tout cela en son lieu: car même ce que nous en avons dit ici ne devrait pas nous avoir tant arrêtés, n'eût été la crainte de laisser cette doctrine plus confuse qu'elle n'est. Et, c'est certain, je confesse qu'elle l'est beaucoup: parce que, outre que c'est une matière dont on traite peu en la manière que nous faisons, soit de parole, soit par écrit – étant en soi extraordinaire et obscure – mon style gauche et mon ignorance y aident encore. De façon que, me défiant de la pouvoir bien expliquer, j'excède souvent en longueur et je sors des limites convenant à ce lieu et à la partie de doctrine que je traite. J'avoue que je le fais parfois sciemment, parce que ce que l'on ne comprend pas avec une raison, s'entendra peut-être mieux par celles-là et par d'autres: joint que j'estime qu'on éclaircit mieux ce qui sera dit ensuite.

A raison de quoi, pour conclure cette partie, il faut que je réponde à un doute qui peut être formé touchant la continuité de cette notice – ce que je ferai brièvement au chapitre suivant.

Chapitre 15

OÙ IL EST DÉCLARÉ COMME IL EST EXPÉDIENT À CEUX QUI S'AVANCENT ET QUI COMMENCENT À ENTRER EN CETTE CONNAISSANCE GÉNÉRALE DE CONTEMPLATION, DE SE SERVIR QUELQUEFOIS DU DISCOURS NATUREL ET DES OPÉRATIONS DES PUISSANCES NATURELLES

On pourra douter, touchant ce qui a été dit, si ceux qui profitent – ce sont ceux que Dieu commence à mettre en cette notice surnaturelle de contemplation dont nous avons parlé – par le fait même qu'ils commencent à l'avoir ne doivent plus du tout se servir de la voie de la méditation, de discours et de

1. *Metaphys.*, l. I, c. I.

formes naturelles. A quoi on répond que l'on ne prétend pas que ceux qui commencent à avoir cette notice amoureuse ne doivent en général plus jamais tâcher de méditer. Car au commencement qu'ils vont profitant, ils n'ont pas une si parfaite habitude en cette notice qu'ils se puissent mettre en son acte aussitôt qu'ils le voudront; ni, semblablement, ils ne sont si éloignés de la méditation qu'ils ne puissent méditer ni discourir parfois naturellement comme ils avaient de coutume, par les formes et sur les mystères dont ils avaient accoutumé, trouvant là quelques choses nouvelles. Au contraire, en ces commencements, quand ils verront, par les indices déclarés, que l'âme n'est pas employée en ce repos ou notice, ils devront se servir du discours jusqu'à ce qu'ils aient acquis l'habitude que nous avons dite, en quelque sorte parfaite – ce qui sera lorsque chaque fois qu'ils voudront méditer, aussitôt ils demeureront en cette connaissance et paix sans pouvoir méditer ni même en avoir envie. Car jusqu'à ce qu'on en soit venu là, en ce temps qui est des profitants, il y aura tantôt de l'un tantôt de l'autre, à différents moments.

De sorte que souvent l'âme se trouvera en cette amoureuse ou paisible assistance[1] sans rien opérer avec les puissances – c'est-à-dire au sujet d'actes particuliers – n'opérant pas activement, mais seulement recevant; et souvent elle aura besoin de s'aider doucement et modérément du discours pour s'y mettre. Mais quand l'âme y est établie, nous avons dit qu'elle ne travaille plus avec les puissances. Parce qu'alors, on peut plutôt véritablement dire que l'intelligence et la saveur se produisent et sont produites en elle, et non pas qu'elle fait quelque chose, cette âme n'ayant rien à faire sinon d'être attentive à Dieu avec amour, sans vouloir sentir ou voir quelque chose. En quoi Dieu se communique passivement à elle, comme la lumière se communique à celui qui a les yeux ouverts, passivement, sans qu'il fasse autre chose que de les tenir ouverts. Et recevoir la lumière qu'on lui infuse surnaturellement, c'est entendre passivement. Or, si on dit qu'elle n'opère pas, ce n'est pas qu'elle n'entende pas, mais qu'elle entend ce qui ne lui coûte aucune industrie mais qui requiert seulement qu'elle reçoive ce qu'on lui donne, comme il arrive en les illuminations et illustrations ou inspirations de Dieu.

1. C'est-à-dire présence à Dieu.

Quoique ici la volonté reçoive librement cette connaissance générale et confuse de Dieu, il est seulement nécessaire, pour recevoir plus simplement et plus abondamment cette lumière divine, de ne se soucier d'interposer d'autres lumières plus palpables d'autres lumières ou formes ou notices ou figures de discours, parce que rien de cela n'est semblable à cette sereine et claire lumière. D'où vient que si elle voulait alors entendre et considérer des choses particulières, tant fussent-elles spirituelles, cela empêcherait la nette et simple lumière générale de l'esprit, interposant ces nuées: tout comme, à celui devant les yeux de qui on mettrait quelque chose en quoi sa vue s'arrêterait, on empêcherait la lumière et la vue de ce qui est au-delà.

De là s'ensuit clairement que, comme l'âme achève de se bien purifier et évacuer de toutes les formes et images appréhensibles, elle demeurera en cette pure et simple lumière, se transformant en elle en état de perfection: parce que cette lumière ne manque jamais en l'âme, mais les formes et les voiles des créatures dont l'âme est couverte et embarrassée l'empêchent de se communiquer. Que si elle ôtait entièrement ces empêchements et ces voiles (comme nous dirons après), demeurant en la pure nudité et pauvreté d'esprit, aussitôt l'âme, désormais simple et pure, se transformerait en la simple et pure Sagesse, qui est le Fils de Dieu. Parce que le naturel manquant à l'âme amoureuse, aussitôt le divin y est infusé, naturellement et surnaturellement, pour qu'il n'y ait pas de vide en la nature.

Que le spirituel apprenne à se tenir avec un amoureux regard en Dieu, en tranquillité d'esprit, quand il ne peut méditer, encore qu'il pense ne rien faire. Parce qu'ainsi, peu à peu et bientôt, le repos et la paix divine lui seront infusés en l'âme avec des admirables et sublimes connaissances de Dieu, enveloppées dans l'amour divin. Et qu'il ne se jette plus dans les formes, méditations, imaginations, ou aucun discours, de peur d'inquiéter l'âme et de peur de la tirer de son contentement et de sa paix – ce en quoi elle recevrait du dégoût et de la répugnance. Et s'il a scrupule (comme nous avons dit) qu'il ne fait rien, qu'il croie que ce n'est pas peu de calmer l'âme et de la tenir en quiétude et paix, sans aucune œuvre ni appétit. Car c'est ce que Notre Seigneur nous demande par David, disant:
Ps 45 *Apprenez à vous évacuer de toutes choses* (c'est à savoir, intérieure-
(46),11 ment) *et vous verrez que je suis Dieu.*

Chapitre 16

OÙ IL EST TRAITÉ DES APPRÉHENSIONS IMAGINAIRES QUI SE PRÉSENTENT SURNATURELLEMENT À L'IMAGINATION. – ON MONTRE COMMENT ELLES NE PEUVENT SERVIR À L'ÂME DE PROCHAIN MOYEN POUR L'UNION AVEC DIEU

Après avoir traité des appréhensions que l'âme peut naturellement recevoir en soi et dans lesquelles elle opère en discourant avec l'imagination et fantaisie[1], il faut parler ici des surnaturelles qu'on appelle visions imaginaires, lesquelles, se présentant sous des images, formes et figures, appartiennent à ce sens, ni plus ni moins que les naturelles.

Or, il faut savoir que sous ce nom de visions imaginaires, nous voulons entendre toutes les choses qui se peuvent surnaturellement représenter à l'imagination sous une image, forme, figure ou espèce. Car toutes les appréhensions et espèces qui, de tous les cinq sens corporels se représentent à l'âme et s'arrêtent en elle par voie naturelle, peuvent aussi avoir lieu en elle par voie surnaturelle et lui être représentées sans aucun ministère des sens extérieurs: attendu que ce sens de la fantaisie, joint à la mémoire, est comme une archive et un réceptacle de l'entendement, où sont reçues toutes les formes et images intelligibles; et ainsi, comme si ce fût un miroir, il les possède en soi, les ayant reçues par la voie des cinq sens, ou bien (comme nous le disons) surnaturellement; et ainsi il les représente à l'entendement et là l'entendement les considère et juge. Et non seulement il peut cela, mais encore il peut en composer et imaginer d'autres à la ressemblance de celles qu'il connaît là.

Sachez donc que, comme les cinq sens extérieurs représentent les images et les espèces de leurs objets à ces sens intérieurs, ainsi Dieu et le démon peuvent surnaturellement (comme nous le disons), sans les sens extérieurs, représenter les mêmes images et espèces, et de beaucoup plus belles et parfaites. D'où vient que souvent Dieu sous ces images fait voir de nombreuses choses à l'âme, et lui enseigne une grande sagesse, comme nous voyons à chaque pas en l'Écriture Sainte.

1. C'est-à-dire l'imagination créatrice; cf. ci-dessus, chapitre 12.

Is 6,4 Par exemple, quand Isaïe vit Dieu dans sa gloire, sous l'image
Is 6,2 de la fumée qui couvrit le temple, entre les Séraphins qui, de
Jr 1,11 leurs ailes, se couvraient la face et les pieds; et quand à Jérémie
Dn 7; Il fit voir la verge qui veillait; et à Daniel une multitude de
8; 10 visions, etc. Le démon aussi, avec les siennes apparemment
bonnes, tâche de tromper l'âme, comme on peut voir au pas-
1 R sage des Rois, quand il abusa tous les prophètes d'Achab, leur
22,11 représentant en l'imagination les cornes dont il dit qu'il dé-
truirait les Assyriens – ce qui fut un mensonge. Et les visions
Mt qu'eut la femme de Pilate pour empêcher la condamnation du
27,19 Christ; et de nombreux autres passages. D'où l'on voit comment en ce miroir de la fantaisie et imagination ces visions imaginaires arrivent plus souvent aux personnes avancées que les extérieures corporelles. Elles ne diffèrent point (comme nous le disons) de celles qui entrent par les sens extérieurs, en tant qu'images et espèces; mais quant à l'effet qu'elles font et quant à leur perfection il y a bien de la différence, parce qu'elles sont plus subtiles et font plus d'effet en l'âme, en tant qu'elles sont surnaturelles et plus intérieures que les surnaturelles extérieures. Encore que cela n'empêche pas que quelques-unes de ces corporelles extérieures ne fassent plus d'effet. Car enfin c'est comme il plaît à Dieu que la communication se fasse; mais nous parlons de ce qui est selon leur propriété naturelle, en tant qu'elles sont plus spirituelles.

Ce sens de l'imagination et fantaisie est celui où le démon s'adresse d'ordinaire avec ses ruses, soit naturelles, soit surnaturelles; car c'est la porte et l'entrée de l'âme: et (comme nous avons dit) l'entendement vient ici comme au port et en la place du marché où il prend et il laisse. C'est pourquoi Dieu et aussi le démon viennent toujours ici avec leurs trésors d'images et formes surnaturelles pour les offrir à l'entendement – bien que Dieu ne se serve pas seulement de ce moyen pour instruire l'âme, vu qu'il demeure substantiellement en elle, et le peut tant par soi-même que par d'autres moyens.

Et il n'y a pas lieu que je m'arrête ici à enseigner les indices qui servent à reconnaître si les visions sont de Dieu ou non, et lesquelles sont d'une sorte, les autres d'une autre; vu que ce n'est ici mon dessein, mais seulement d'instruire l'entendement en ce qui les concerne, de peur qu'il ne s'embarrasse et qu'il n'empêche l'union de la Sagesse divine par les bonnes, et ne soit déçu par les fausses.

Partant, je dis que de toutes ces appréhensions et visions imaginaires et de toutes autres formes et espèces, qui s'offrent sous forme et image ou quelque intelligence particulière – soit fausses de la part du démon, soit qu'on les connaisse pour véritables de la part de Dieu – l'entendement ne s'en doit embarrasser ni appâter; ni l'âme ne les doit admettre ou garder, si elle veut être détachée, dénuée, pure et simple, sans aucun mode ni manière, comme il est requis pour l'union.

La raison de cela est, parce que toutes ces formes se représentent toujours en leur appréhension (selon ce que nous avons dit) sous quelques manières et modes limités: et la Sagesse de Dieu, à laquelle l'entendement se doit unir, n'a aucun mode ni manière, ni limite, ni intelligence distincte et particulière, attendu qu'elle est entièrement pure et simple. Or, vu que pour joindre deux extrémités – comme sont l'âme et la Sagesse divine – il est besoin qu'elles conviennent en un certain moyen de ressemblance entre elles: de là vient que l'âme doit aussi être pure et simple, non limitée ni attachée à aucune intelligence particulière, ni modifiée avec quelque borne de forme, d'espèce ou d'image. Car, puisque Dieu ne tombe pas sous image ou forme, ni n'est compris sous intelligence particulière, l'âme non plus, pour tomber en Dieu[1], ne doit point tomber sous forme ni intelligence distincte.

Or, qu'en Dieu il n'y ait aucune forme ni ressemblance, le Saint Esprit le donne assez à entendre au Deutéronome, disant:
Vous avez ouï la voix de ses paroles et vous n'avez vu absolument Dt 4,12
aucune forme en Dieu. Mais il dit qu'il y avait là des ténèbres, une nuée et l'obscurité: qui sont la connaissance confuse et obscure dont nous avons parlé, en laquelle l'âme s'unit avec
Dieu. Et il dit après: *Vous n'avez vu aucune ressemblance le jour* Dt 4,15
que le Seigneur parla du milieu du feu sur le mont Horeb.

Et que l'âme ne puisse parvenir à la hauteur de Dieu – autant qu'il se peut en cette vie – par le moyen de quelques formes et figures, le même Esprit Saint le dit dans les Nombres, où Dieu reprenant Aaron et Marie, frère et sœur de Moïse, de ce qu'ils murmuraient contre lui, pour leur donner à entendre le
haut état d'union et d'amitié qu'il lui avait donné, dit: *S'il y a* Nb
quelque prophète du Seigneur entre vous, je lui apparaîtrai en vision 12,6-8
ou sous une forme ou je parlerai à lui en songe : mais il n'y en a point

1. Le saint joue sur le mot tomber, qui équivaut ici à *s'unir à Dieu.*

comme mon serviteur Moïse, lequel en toute ma maison est très fidèle : car je parle à lui bouche à bouche, et il ne voit pas Dieu par comparaisons, ressemblances et figures. En quoi il donne clairement à entendre qu'en ce haut état d'union dont nous parlons, Dieu ne se communique point à l'âme par aucun déguisement de vision imaginaire, de ressemblance ou de figure, et il ne doit point s'y en trouver; mais bouche à bouche, c'est-à-dire en essence divine pure et nue – qui est comme la bouche de Dieu en amour – avec l'essence pure et nue de l'âme, qui est la bouche de l'âme en l'amour de Dieu.

Partant, pour venir à cette union essentielle d'amour de Dieu, l'âme doit prendre garde de ne point s'appuyer aux visions imaginaires, ni aux formes, ni aux figures, ni aux intelligences particulières, puisqu'elles ne lui peuvent servir de moyen proportionné et prochain pour un tel effet; au contraire elles lui seront un empêchement et, pour ce sujet, elle y doit renoncer et procurer de ne les avoir. Car s'il les fallait admettre et estimer quelquefois, ce serait à cause du profit et du bon effet que les vraies causent en l'âme. Mais pour cela, il n'est pas nécessaire de les admettre; au contraire, il est expédient de toujours les nier, pour un plus grand bien. Parce que le bien que les visions imaginaires (aussi bien que les corporelles extérieures dont nous avons parlé) peuvent causer en l'âme, est de lui communiquer l'intelligence ou l'amour ou la suavité; mais il n'est pas nécessaire de les vouloir admettre pour qu'elles causent cet effet en elle. Parce que (comme nous avons dit plus haut) à l'instant même qu'elles sont présentes en l'imagination, elles opèrent en l'âme et versent l'intelligence, l'amour ou la suavité ou ce que Dieu veut qu'elles causent. Et non seulement conjointement, mais principalement – quoique non pas dans le même temps – elles font en l'âme leur effet passivement, sans qu'elle le puisse empêcher – encore le voudrait-elle – comme non plus elle ne l'a pu acquérir, bien qu'elle ait pu travailler auparavant à s'y disposer. Car ainsi que la vitre ne saurait empêcher le rayon du soleil qui frappe au travers, mais – étant disposée par la netteté – il l'éclaircit passivement sans sa diligence ni son opération: de même l'âme – encore le voulût-elle – ne peut faire qu'elle ne reçoive en soi les influences et les communications de ces figures, quoiqu'elle s'efforce d'y résister, parce que la volonté négative ne peut résister aux infusions surnaturelles, demeurant avec résignation humble et amoureuse, mais seulement l'impureté et les imperfections de l'âme, aussi bien que les taches de la vitre empêchent la clarté.

Il appert de là, que tant plus l'âme se dénue par la volonté et l'affection des taches des appréhensions[1] de ces formes, images et figures, dans lesquelles sont enveloppées les communications spirituelles que nous avons dites, non seulement elle ne se prive point de ces communications et des biens qu'elles causent, mais encore elle se dispose beaucoup mieux pour les recevoir avec plus d'abondance, de clarté et de liberté d'esprit et simplicité – laissant à part toutes ces appréhensions qui sont les courtines et les voiles qui couvrent ce qu'il y a là de spirituel. Et ainsi elles occupent l'esprit et le sens, si l'âme veut se repaître en elles, de manière qu'on ne peut lui communiquer l'esprit simplement et librement; parce qu'il est évident que, s'entretenant en cette écorce, l'entendement n'a pas la liberté de recevoir la substance. D'où vient que si l'âme les voulait admettre et en faire état, ce serait s'empêtrer et contenter de ce qu'il y a de moins en elles – qui est tout ce qu'elle peut appréhender et connaître d'elles, à savoir cette forme et image et particulière intelligence. Car, quant à leur principal – qui est le spirituel qui lui est infus – elle ne le saurait appréhender ni entendre: elle ne sait comme il est, et ne le saurait dire, parce qu'il est purement spirituel. Ce qu'elle en sait seulement, c'est (comme nous avons dit) le moins qui est en elles selon sa manière d'entendre, à savoir: les formes acquises par la voie des sens. C'est pourquoi je dis que passivement, et sans qu'elle se peine d'entendre, ni qu'elle le sût faire, on lui communique de ces visions ce qu'elle n'eût su entendre ni imaginer.

Il faut donc toujours détourner les yeux de l'âme de toutes ces appréhensions qu'elle peut voir et entendre distinctement – lesquelles, pour avoir communication avec le sens, n'établissent le fondement et l'assurance de la foi – et les mettre en ce qu'elle ne voit et qui n'appartient au sens mais à l'esprit, qui ne tombe point sous les figures des sens, et c'est ce qui la conduit à l'union en foi, laquelle est le propre moyen (comme il a été dit). En ce faisant, les visions profiteront à l'âme en ce qui est de substantiel en elles, pour imprimer davantage la foi, quand elle saura bien nier ce qu'elles ont de sensible et d'in-

1. Nous gardons l'ordre des mots de Cyprien. L'espagnol porte: *de las aprehensiones de las manchas*, des appréhensions des taches.

telligible, et user bien de la fin pour laquelle Dieu les donne à l'âme, les rejetant. Car (comme nous avons dit des corporelles) Dieu ne les donne pas afin que l'âme les veuille prendre et s'y attacher.

Mais il naît ici un doute : s'il est vrai que Dieu donne à l'âme les visions surnaturelles, non afin qu'elle les accepte et s'y appuie et en fasse cas, pourquoi les lui donne-t-il ? Vu que l'âme peut tomber par là en plusieurs erreurs et périls ou pour le moins en les inconvénients ici déclarés, touchant son avancement ? Vu principalement que Dieu peut donner à l'âme et lui communiquer spirituellement et en substance ce qu'il lui communique par le sens, moyennant les dites visions et formes sensibles ?

Nous répondrons à ce doute au chapitre suivant et c'est une doctrine riche et – à mon avis – très nécessaire, tant aux spirituels qu'à ceux qui les instruisent. Parce qu'elle enseigne le style de Dieu et la fin qu'il prétend en elles ; ce qu'étant ignoré de beaucoup, ils ne se peuvent gouverner ni acheminer par elles, ni eux, ni les autres, à l'union. Ils pensent que par le fait même qu'ils connaissent qu'elles sont vraies et de Dieu, il fait bon les admettre et s'assurer en elles, ne regardant pas que l'âme trouvera aussi bien en elles sa manière de propriété, d'attachement et d'embarras qu'en les choses du monde, si elle n'y sait renoncer aussi bien qu'à ce qui est du monde. Et ainsi, il leur semble à propos d'admettre les unes et de réprouver les autres, se réduisant, eux et les âmes, en extrême travail et péril pour discerner si elles sont vraies ou fausses. Or, Dieu ne leur commande pas de prendre cette peine, ni de mettre des âmes simples et crédules en ce hasard et en cette lutte, puisqu'ils ont la saine et sûre doctrine de la foi, en laquelle ils doivent cheminer et s'avancer.

Ce qui ne peut être sans fermer les yeux à tout ce qui est du sens et de claire et particulière intelligence. Car, encore que saint Pierre fût si certain de la vision de gloire qu'il vit en la transfiguration du Christ, après l'avoir racontée aux fidèles en sa deuxième Épître canonique, il ne voulut pas qu'ils la prissent comme principal et ferme témoignage, mais les acheminant
2 P 1,19 à la foi, il dit : *Nous avons un plus assuré témoignage* (que cette vision du Thabor) *en les dires et paroles des prophètes qui témoignent du Christ, auxquels vous faites bien de vous arrêter comme à la lampe qui éclaire en un lieu obscur.* Si nous considérons cette comparaison, nous y trouverons la doctrine que nous ensei-

gnons. Car, de dire que nous regardions la foi annoncée par les prophètes comme la chandelle qui luit en ténèbres, c'est nous avertir de demeurer en obscurité, les yeux clos à toutes ces autres lumières, et qu'en cette ténèbre seule la foi, laquelle aussi est obscure, soit la lumière où nous nous appuyions. Parce que si nous nous appuyons sur d'autres claires lumières d'intelligences distinctes, nous cessons de nous appuyer à l'obscure, qui est la foi, et elle cesse de nous éclairer au lieu obscur dont parle saint Pierre; lequel lieu signifie l'entendement, qui est le chandelier où la chandelle de la foi est posée, et ainsi il doit être obscur, *jusqu'à ce que le jour* de claire vision de Dieu *l'éclaire* 2 P 1,19
en l'autre vie et, en celle-ci, celui de la transformation et union avec Dieu où l'âme s'achemine.

Chapitre 17

OÙ IL EST TRAITÉ DE LA FIN ET DU STYLE QUE DIEU A, COMMUNIQUANT LES BIENS SPIRITUELS À L'ÂME PAR LA VOIE DU SENS, ET L'ON RÉPOND AU DOUTE QUI A ÉTÉ OUVERT

Il y a beaucoup à dire touchant la fin que Dieu prétend et le style dont il use en donnant ces visions pour élever une âme de sa bassesse à sa divine union. Tous les livres spirituels en traitent, et en notre traité aussi le but que nous poursuivons est de le donner à entendre. Et pour cela, je dirai seulement en ce chapitre ce qui suffira pour satisfaire à notre doute, qui était de savoir pourquoi Dieu, qui est très sage et qui est soigneux d'ôter les âmes des écueils et des pièges, offre et communique ces visions surnaturelles, puisqu'il y a tant de péril et d'embarras pour passer plus avant avec elles (comme nous avons dit).

Pour répondre à cela, il faut présupposer trois fondements. Le premier est de saint Paul aux Romains, qui dit: *Les choses* Rm 13,1
qui sont, sont ordonnées par Dieu. Le second est du Saint Esprit, au livre de la Sagesse, où il dit: *La Sagesse de Dieu, encore qu'elle* Sg 8,1
touche d'une fin à l'autre – c'est-à-dire d'une extrémité à l'autre – *dispose toutes choses suavement.* Le troisième est des théologiens qui disent que Dieu meut toutes choses à leur mode[1].

1. SAINT THOMAS D'AQUIN, *De veritate*, q. 12, a. 6.

Or il est évident, selon ces fondements, que Dieu, pour mouvoir l'âme et la relever de la fin et de l'extrémité de sa bassesse à l'autre fin et extrémité de sa grandeur en sa divine union, il le doit faire avec ordre et suavité et à la manière de l'âme. Attendu donc que l'ordre que tient l'âme en sa connaissance est par les formes et par les images des choses créées, et que sa manière de connaître et de savoir est par les sens, de là vient que Dieu, pour élever l'âme à la souveraine connaissance, et pour le faire suavement, doit commencer par toucher depuis le plus bas degré et l'extrémité des sens de l'âme, afin de la conduire ainsi à sa façon à elle jusqu'à l'autre fin de sa sagesse spirituelle, qui ne tombe point dans le sens. C'est pourquoi il l'instruit premièrement par les formes et les images et par les voies sensibles – selon sa manière d'entendre – tantôt naturelles, tantôt surnaturelles, et par le moyen du discours, et il la conduit ainsi au souverain esprit de Dieu.

Et c'est la cause pourquoi il lui donne les visions et les formes et les images et les autres notices spirituelles, sensibles et intelligibles. Ce n'est pas que Dieu ne voulût bien lui donner aussitôt la sagesse de l'esprit, dès le premier acte, si les deux extrémités, qui sont l'humain et le divin, le sens et l'esprit, pouvaient convenir par voie ordinaire et se joindre par un seul acte, sans qu'il intervînt premièrement de nombreux actes de disposition – lesquels conviennent entre eux avec ordre et suavité, les uns servant de fondement et de disposition aux autres, tout ainsi qu'en agents naturels. Et ainsi les premiers servent aux seconds et les seconds aux troisièmes, et ainsi du reste, ni plus ni moins. De même Dieu va perfectionnant l'homme à la manière de l'homme, du plus bas et extérieur jusques au plus haut et intérieur.

D'où vient que premièrement il lui perfectionne le sens corporel, l'incitant à user des bons objets naturels, parfaits et extérieurs: comme à ouïr les sermons et la messe, voir des choses saintes, mortifier le goût dans la nourriture, mater le toucher avec la pénitence et l'austérité. Et quand ces sens sont déjà quelque peu préparés, il a coutume de les perfectionner davantage, leur départant quelques faveurs surnaturelles et caresses pour les confirmer de plus en plus au bien, leur offrant quelques communications surnaturelles, comme visions corporelles de saints ou de choses saintes, de très suaves odeurs, des paroles et, dans le toucher, de très grandes délices: par quoi le sens est fort confirmé en la vertu et rendu étranger à l'appétit des mauvais objets. En outre les sens corporels intérieurs, dont nous traitons ici, comme sont l'imaginative et la fantaisie, sont conjointement perfectionnés et habitués au bien par des considérations, des méditations et des saints discours, instruisant l'esprit en tout cela. Or, Dieu a coutume d'illuminer ces personnes, étant disposées par cet exercice naturel, et de les spiritualiser davantage par quelques visions surnaturelles – que nous appelons en ce lieu imaginaires – avec lesquelles aussi (comme nous venons de dire) l'esprit profite grandement: lequel, tant en les unes qu'en les autres, se polit et se forme peu à peu. Ainsi Dieu mène l'âme de degré en degré jusqu'au plus intérieur. Non qu'il soit toujours nécessaire de garder cet ordre du commencement à la fin si ponctuellement, car Dieu fait parfois l'un sans l'autre, allant par ce qui est plus intérieur à ce qui l'est moins, ou donnant le tout ensemble. C'est comme Dieu voit être convenable à l'âme et selon qu'il veut la gratifier. Mais la voie ordinaire est conforme à cela.

Ainsi, donc, Dieu instruit l'âme et la rend spirituelle, commençant à lui communiquer le spirituel par les choses extérieures, palpables et accommodées au sens, selon la petitesse et l'incapacité de l'âme, afin que sous l'écorce de ces choses sensibles, qui sont bonnes en soi, l'esprit fasse des actes particuliers et reçoive tant de morceaux de communication spirituelle qu'il s'habitue au spirituel et arrive à la substance actuelle de l'esprit qui est éloignée de tout sens – à laquelle (comme nous avons dit) l'âme ne peut arriver que bien peu à peu, à son mode, par le sens, auquel elle a toujours été attachée. Si bien qu'à mesure qu'elle s'approche plus de l'esprit en traitant avec Dieu, tant plus elle se dépouille et évacue des voies du sens, qui sont celles du discours et de la méditation imaginaire. D'où vient que, quand elle traitera parfaitement avec Dieu, il faut par nécessité qu'elle ait évacué tout ce qui pouvait tomber sous le sens, touchant Dieu. Comme tant plus une chose s'appuie à une extrémité, d'autant plus elle s'éloigne et s'aliène de l'autre; et quand elle s'y appuyera parfaitement, elle sera parfaitement écartée de l'autre extrémité. Ce qui a donné lieu au proverbe spirituel, que quand on a une fois goûté de l'esprit, toute la chair dégoûte. C'est-à-dire: les goûts et les voies de la chair ne servent et ne plaisent plus – en quoi l'on entend tout ce qui est de la manière de procéder du sens touchant les choses spirituelles. Ce qui est évident: parce que si c'est esprit, cela ne tombe plus au sens; et si c'est tel que le sens le puisse comprendre, ce n'est pas pur esprit. Car tant plus le sens et l'appréhension naturelle en peuvent savoir, tant moins cela a d'esprit et de surnaturel (comme nous l'avons donné à entendre plus haut).

Partant l'esprit déjà parfait ne tient compte du sens, ne reçoit les choses par son entremise, ne s'en sert principalement ni n'a besoin de s'en servir en ce qui concerne Dieu, comme il faisait avant qu'il fût avancé en l'esprit. C'est ce que saint Paul
1 Co signifia, écrivant aux Corinthiens: *Quand j'étais enfant, je parlais*
13,11 *en enfant, j'avais des sentiments d'enfant, et mes pensées étaient pensées d'enfant; mais quand je suis devenu grand, j'ai évacué les traits de l'enfance.* Nous avons déjà donné à entendre comment les choses du sens et la connaissance que l'esprit peut tirer par là sont exercices puérils. Et partant, si l'âme s'y voulait toujours lier et ne s'en retirer, elle demeurerait toujours un petit enfant, et parlerait de Dieu en enfant, jugerait et penserait de Dieu en enfant; attendu que, s'attachant à l'écorce du sens – qui est l'enfant – elle ne parviendrait jamais à la substance de l'esprit – qui est l'homme parfait. C'est pourquoi l'âme ne doit admettre les révélations susdites – afin de croître – encore que Dieu les lui offre; ainsi que l'enfant doit quitter la mamelle pour accoutumer son palais à une nourriture plus forte et plus nourrissante.

Vous me direz qu'il sera besoin que l'âme en use, étant petite, et qu'elle les laisse quand elle sera grande: comme il faut que l'enfant prenne le sein pour se sustenter jusqu'à ce qu'il soit assez fort pour le quitter. Je réponds que, touchant la méditation et le discours naturel où l'âme commence à chercher Dieu, il est certain qu'elle ne doit laisser la mamelle du sens, pour se sustenter, jusqu'à ce qu'elle vienne en la saison et au temps qu'elle la puisse quitter – qui est lorsque Dieu met l'âme en un commerce plus spirituel, qui est la contemplation, dont nous avons traité dans le onzième chapitre de ce livre [1]. Mais quand ce sont des visions imaginaires ou d'autres appréhensions surnaturelles qui peuvent tomber sous le sens sans le consentement du franc-arbitre, je dis qu'en tout temps et saison – soit en état parfait, soit en moins parfait – quoiqu'elles viennent de la part

1. En fait, il s'agit, dans notre édition, du chapitre 13 (cf., ci-dessus, les notes des pages 123 et 163).

de Dieu, l'âme ne les doit vouloir admettre pour deux raisons: l'une, parce que (comme nous avons dit) Dieu produit leur effet en l'âme sans qu'elle puisse nullement l'empêcher – quoiqu'elle empêche et puisse empêcher la vision, ce qui arrive très souvent. Et par conséquent, cet effet que la vision devait causer en l'âme lui est communiqué beaucoup plus en substance, bien que ce ne soit de cette manière. Car (comme nous l'avons dit aussi) l'âme ne peut empêcher les biens que Dieu lui veut communiquer – ni n'en est capable – si ce n'est par quelque imperfection ou propriété; et à renoncer à ces choses par humilité et par crainte, il n'y a point d'imperfection ni de propriété. L'autre raison est pour se délivrer du danger et de la peine qu'il y a pour discerner les mauvaises des bonnes et reconnaître si c'est un ange de lumière ou de ténèbres; où il n'y a aucun profit, mais du temps perdu et un embarras de l'âme en cela, avec danger de s'exposer à plusieurs imperfections et de demeurer en arrière – ne mettant pas l'âme en ce qui est à propos, en la dégageant d'un fatras de petites appréhensions et intelligences particulières, selon ce que nous avons dit des visions corporelles et dirons après davantage de celles-ci.

Croyez que si Notre Seigneur ne conduisait l'âme selon son mode (comme nous avons dit), il ne lui communiquerait jamais l'abondance de son esprit par ces étroits canaux de formes, de figures et de particulières intelligences, par le moyen desquelles il sustente l'âme comme avec de petites miettes.
C'est pourquoi David disait: *Il envoie sa sagesse aux âmes comme* Ps 147,
à petits morceaux. Ce qui est grandement déplorable, vu que 17
l'âme ayant une capacité infinie, on lui donne à manger par des bouchées du sens, à cause de son peu d'esprit et de son inhabileté sensuelle. Et, pour ce sujet aussi, ce peu de disposition et cette
petitesse pour recevoir l'esprit affligeait saint Paul quand il 1 Co
disait aux Corinthiens: *Mes frères, quand je suis venu vers vous,* 3,1-2
je n'ai pu vous parler comme à des spirituels, mais comme à des charnels. Je vous ai allaités comme des enfants dans le Christ au lieu de vous donner une nourriture solide: parce que vous n'en étiez pas capables et ne l'êtes pas encore à présent.

Il reste donc maintenant à savoir que l'âme ne doit jeter les yeux sur cette écorce de figure et d'objet qu'on lui propose surnaturellement, soit touchant le sens extérieur[1]: comme sont

1. Nous conservons la phrase, grammaticalement incorrecte, écrite par le saint.

les discours et les paroles à l'ouïe, les visions de saints et les lumières aux yeux, les odeurs au nez, les goûts et les suavités au palais et d'autres plaisirs au toucher, qui ont coutume de procéder de l'esprit – ce qui est fort ordinaire aux personnes spirituelles. Et elle ne doit non plus mettre les yeux en aucune vision du sens intérieur, comme sont les imaginaires; au contraire, renonçant à toutes, elle les doit seulement jeter sur le bon esprit qu'elles causent, tâchant de le conserver en travaillant et mettant en pratique ce qui est du service de Dieu, avec ordre, sans avoir égard à ces représentations et sans désirer aucun goût sensible. Ce faisant, on ne prend de ces choses que ce que Dieu en prétend et désire – qui est l'esprit de dévotion – puisqu'il ne les donne pour autre fin principale; et on laisse ce qu'il ne donnerait pas, si on le pouvait recevoir en esprit sans cela, qui est (comme nous avons dit) l'exercice et l'appréhension du sens.

Chapitre 18

OÙ IL EST TRAITÉ DU DOMMAGE QUE LES MAÎTRES SPIRITUELS PEUVENT FAIRE AUX ÂMES, FAUTE D'UNE BONNE MANIÈRE DE LES CONDUIRE TOUCHANT CES VISIONS, ET COMBIEN IL Y PEUT AVOIR DE TROMPERIE EN ELLES QUOIQU'ELLES SOIENT DE DIEU

En cette matière de visions, nous ne pouvons être si courts que nous voudrions, à cause qu'il y a trop à dire; c'est pourquoi, bien que nous ayons dit en substance ce qui est nécessaire pour donner à entendre au spirituel comme il se doit gouverner touchant ces visions, et au maître qui le guide la manière qu'il doit tenir envers son disciple, ce ne sera pas néanmoins excéder que de particulariser un peu davantage cette doctrine, et voir plus clairement le dommage qu'en peuvent recevoir tant les âmes spirituelles que les maîtres qui les gouvernent, s'ils s'y rendent trop crédules, encore qu'elles soient de la part de Dieu.

La raison qui me fait étendre maintenant là-dessus, c'est le peu de discrétion que j'ai reconnu, ce me semble, en certains maîtres spirituels, lesquels, s'assurant en les dites appréhensions surnaturelles pour ce qu'ils les croyaient bonnes et de la part de Dieu, les uns et les autres se sont grandement abusés et sont demeurés courts, s'accomplissant en eux la sentence de Notre Sauveur: *Si un aveugle mène un autre aveugle, ils tombent tous deux en la fosse.* Il ne dit pas qu'ils tomberont, mais qu'ils tombent: car il n'est pas nécessaire qu'il y ait une chute d'erreur pour qu'ils tombent, parce que la seule outrecuidance de se gouverner l'un par l'autre est déjà une erreur: ainsi ils tombent pour le moins en cela. Et premièrement, parce que quelques-uns usent d'un tel procédé, avec les âmes qui ont cela, qu'ils les font faillir ou qu'ils les embarrassent ou bien qu'ils ne les guident par la voie d'humilité et leur prêtent la main afin qu'elles jettent en quelque manière les yeux là-dessus: ce qui est cause qu'elles demeurent sans le vrai esprit de foi et qu'ils ne les édifient pas en la foi, se mettant à faire de longs discours de ces choses. En quoi ils leur donnent à connaître qu'ils s'y arrêtent et qu'ils en font grand état, et, par conséquent, elles aussi en font de l'estime. Et ces âmes mises dans ces appréhensions demeurent là, et ne sont point édifiées en foi, ni vides, ni dénuées, ni détachées de ces choses pour voler à la hauteur de la foi obscure. Et tout cela naît de la manière et du langage que l'âme voit tenir à son maître à ce sujet. Car je ne sais comment si facilement elle se remplit de telles choses et en fait cas, vu qu'elles ne dépendent point d'elle, et qu'elle détourne les yeux de l'abîme de la foi.

Mt 15,14

La cause de cette facilité doit être que l'âme s'occupe trop en cela. Car, étant choses du sens – à quoi le naturel est enclin, et aussi y étant déjà appâté et disposé par l'appréhension de ces choses distinctes et sensibles – il suffit de voir en son confesseur ou en quelque autre personne qu'ils en font état et les apprécient, pour que non seulement l'âme en fasse cas, mais aussi que son appétit en devienne plus friand et qu'insensiblement elle s'y repaisse plus et y demeure davantage inclinée et attachée. De là, pour le moins, viennent de nombreuses imperfections, parce que l'âme n'est déjà plus si humble, pensant que c'est quelque chose et qu'elle possède quelque bien, et que Dieu fait cas d'elle; si bien qu'elle demeure contente et satisfaite de soi-même – ce qui est contre l'humilité. Et le démon aussitôt lui augmente cela secrètement sans qu'elle s'en aperçoive, et la fait enquérir si les autres ont de ces faveurs ou non, ou si c'en sont ou non – ce qui est contre la sainte simplicité et solitude spirituelle.

Outre ces dommages, et outre qu'elles ne croissent pas en foi si elles ne se retirent point de ces visions, il y a d'autres dommages en ce genre – encore qu'ils ne soient si palpables ni connaissables que ceux-là – plus subtils et plus odieux aux yeux de Dieu, faute de cheminer en nudité de tout. Mais nous laisserons cela jusqu'à ce que nous traitions de la gourmandise spirituelle et des autres six vices où – Dieu aidant – nous dirons beaucoup de choses de ces taches subtiles et délicates qui s'attachent à l'esprit, pour ne le savoir conduire en nudité.

Ici nous dirons quel est le style de certains confesseurs envers les âmes, et comment ils les instruisent mal. Et certes je le voudrais savoir dire, comprenant que c'est une chose difficile de donner à entendre comment l'esprit du disciple s'engendre conforme à celui du père spirituel, occultement et secrètement. Et cette matière si abondante me fatigue, parce qu'il me semble que l'un ne se peut déclarer sans faire connaître l'autre – vu que, comme ce sont choses de l'esprit, les unes ont de la correspondance avec les autres.

Mais, pour ce qui suffit ici, il me semble, et il est ainsi, que si le père spirituel est enclin à l'esprit de révélations, de sorte qu'il les estime, s'en remplisse et en repaisse son âme, il ne pourra manquer – quoique sans l'apercevoir – d'imprimer ce suc et cette manière en l'esprit de son disciple, s'il n'est plus avancé que le maître. Et quoiqu'il le soit, il lui apportera beaucoup de dommage, s'il continue à traiter avec lui. Car, de cette inclination et ce goût du père spirituel à de telles visions, il lui[1] naît une certaine estime: que, s'il n'y est grandement soigneux, il ne pourra si bien faire qu'il n'en donne des marques ou des sentiments à l'autre personne. Et si cette autre a ce même esprit d'inclination aux révélations, à mon avis, il y aura de part et d'autre une grande communication d'appréhension et d'estime de ces choses.

Mais ne filons pas à présent si délié; parlons seulement au cas que le confesseur – qu'il y soit porté ou non – n'ait pas la discrétion qu'il doit avoir de débarrasser l'âme et de dénuer l'appétit de son disciple de ces choses, mais au contraire qu'il en traite avec lui et qu'il emploie le principal du langage spirituel (comme nous avons dit) en ces visions, donnant les marques des bonnes et des mauvaises. Car encore qu'il soit bon de

1. Il s'agit toujours du père spirituel.

le savoir, il ne faut pas pourtant mettre l'âme en ce travail, en ce soin et en ce péril. Puisque, en les rejetant sans en faire cas, on évite tout cela et l'on fait ce que l'on doit. Mais ce n'est pas tout : parce que les mêmes confesseurs, voyant que ces âmes ont ces dons de Dieu, les prient de lui demander qu'il leur révèle ou leur dise telles ou telles choses qui les concernent, ou d'autres personnes : et ces sottes âmes le font, pensant qu'il est permis de s'enquérir par cette voie. Car elles pensent que, puisque Dieu veut révéler ou dire quelque chose surnaturellement comme il lui plaît et pour telle fin qu'il voudra, il est licite de vouloir, et même de lui demander, qu'il nous révèle quelque chose.

Et s'il advient qu'il condescende, cela les assure pour d'autres occasions et elles pensent que Dieu se plaît qu'on traite ainsi avec lui et le désire, puisqu'il répond et, à la vérité, il ne l'agrée ni ne le désire. Et bien souvent ils agissent ou croient conformément à ce qu'on leur a révélé ou répondu, parce que comme ils sont affectionnés à cette manière de traiter avec Dieu, leur volonté s'y attache beaucoup et s'y accommode. Naturellement ils s'y plaisent, naturellement aussi ils s'accommodent en leur façon d'entendre ; et souvent ils se trompent, et trouvent qu'il ne leur advient pas comme ils avaient entendu – ce dont ils s'étonnent, et les doutes viennent aussitôt si elles étaient de Dieu, puisqu'elles n'arrivent et qu'ils ne les voient pas telles qu'ils attendaient. Ils s'étaient d'abord persuadé deux choses : l'une, que la révélation était de Dieu, vu qu'elle était dès l'abord si enracinée en eux – et peut-être que le naturel enclin à cela causait cette conviction, comme nous avons dit ; l'autre, qu'étant de Dieu, elle devait s'accomplir comme ils l'entendaient ou le pensaient.

En quoi il y a une grande tromperie, parce que les révélations ou les paroles de Dieu ne s'accomplissent pas toujours comme les hommes les entendent, ou selon qu'elles sonnent en soi. De façon qu'il ne s'y faut pas trop assurer, ni les croire aveuglément, bien qu'on sache que ce sont révélations, réponses ou paroles de Dieu. Parce que, bien qu'elles soient certaines et véritables en elles-mêmes, elles ne le sont pas toujours dans leurs causes ni selon notre manière d'entendre. Ce que nous prouverons au chapitre suivant, et nous dirons et prouverons après qu'encore que Dieu réponde parfois à ce qu'on lui demande surnaturellement, il n'y prend pas plaisir et s'en fâche parfois, encore qu'il réponde.

Chapitre 19

OÙ IL EST TRAITÉ ET PROUVÉ QU'ENCORE QUE LES VISIONS OU LES PAROLES QUI VIENNENT DE LA PART DE DIEU SOIENT VÉRITABLES EN SOI, ON S'Y PEUT BIEN TROMPER. – ON LE PROUVE PAR LES AUTORITÉS DE LA DIVINE ÉCRITURE

Nous avons dit que les visions et les paroles de Dieu, quoiqu'elles soient toujours véritables et certaines en soi, ne le sont pas toujours par rapport à nous, et ceci pour deux raisons. L'une vient de notre défectueuse manière de les entendre; l'autre, de leurs causes qui parfois sont variables. Pour le premier, il est clair qu'elles ne sont ni n'arrivent pas toujours comme elles sonnent à notre manière d'entendre. La cause de cela est parce que, Dieu étant immense et profond, il a de coutume, en ses prophéties, paroles et révélations, d'avoir d'autres voies, des conceptions et des intelligences fort différentes du propos et du mode auxquels communément nous les pouvons entendre – étant en elles d'autant plus véritables et certaines qu'il nous semblera que non. Cela se voit très souvent en l'Écriture Sainte où, pour beaucoup d'anciens, beaucoup de prophéties et paroles de Dieu ne se réalisaient pas comme ils espéraient, les prenant à leur mode, d'une autre manière, au pied de la lettre. Ce qui paraîtra clairement en ces autorités.

En la Genèse, Dieu dit à Abraham, après qu'il l'eut conduit
Gn 15,7 en la terre des Cananéens: *Je te donnerai cette terre*. Et comme
il lui répétait cela souvent, Abraham étant déjà fort vieil, et
qu'il ne la lui donnait point, Dieu le lui disant encore une fois,
Gn 15,8 Abraham répondit: *Seigneur, où et par quel signe pourrai-je
apprendre que je la dois posséder?* Alors Dieu lui révéla que ce ne serait pas lui qui la posséderait en personne, mais sa postérité, après quatre cents ans. Alors Abraham entendit enfin la promesse, qui était très véritable en soi: parce que Dieu la donnant à ses enfants pour l'amour de lui, c'était la donner à lui-même. Ainsi Abraham était déçu en la manière d'entendre; et s'il eût opéré alors selon qu'il entendait la prophétie, il eût pu se tromper beaucoup, vu qu'elle n'était pas pour ce temps-là; et ceux qui l'eussent vu mourir sans l'avoir, ayant ouï que Dieu la lui

donnerait, fussent demeurés confus et eussent cru qu'elle eût été fausse.

Comme il arriva aussi à Jacob, son petit-fils, lorsque son fils Joseph l'attira en Égypte, à cause de la famine de Canaan. Car, étant sur le chemin, Dieu lui apparut et lui dit: *Ne crains point, Jacob, et descends en Égypte : j'y descendrai avec toi, et quand tu en sortiras, je t'en tirerai, te conduisant.* Ce qui néanmoins n'advint pas comme on le prendrait à notre manière d'entendre: parce que nous savons que le saint vieillard Jacob mourut en Égypte et n'en sortit pas en vie. Et c'était que cela se devait accomplir en sa postérité qui n'en sortit que longtemps après, Lui-même leur servant de conducteur par le chemin. Où l'on voit clairement que, qui eût su cette promesse de Dieu à Jacob, pouvait croire assurément qu'étant entré vivant et en personne en Égypte par l'ordre et la faveur divine, il en devait aussi sortir plein de vie et en personne en la même forme et manière, puisque Dieu lui avait promis la sortie et sa protection; et ainsi on se fût trompé et étonné, le voyant mourir en Égypte et que la chose ne s'accomplissait comme on espérait. De sorte que le dire de Dieu étant très véritable en soi, on s'y peut beaucoup abuser.

Gn 46, 3-4

Nous lisons aussi dans les Juges que toutes les tribus d'Israël s'étant assemblées pour combattre celle de Benjamin et pour punir un forfait auquel ils avaient consenti, parce que Dieu leur désigna un chef de guerre, ils s'assurèrent tellement de la victoire, qu'ayant été vaincus, avec perte de vingt-deux mille des leurs, ils demeurèrent fort étonnés et pleurèrent devant Dieu jusqu'à la nuit, ignorant le sujet de leur déroute, eux qui avaient cru comprendre que la victoire ne leur pouvait manquer. Et s'enquérant de Dieu s'ils retourneraient au combat ou non, il leur répondit d'y aller et de batailler contre eux. Tenant cette seconde fois la victoire pour certaine, ils sortirent avec grande audace et ils furent déconfits encore une fois, avec perte de dix-huit mille hommes. Dont ils furent si éperdus qu'ils ne savaient plus que faire, voyant que, Dieu leur commandant de combattre, ils demeuraient toujours vaincus, surtout qu'ils surpassaient leurs ennemis et en nombre et en force – n'y ayant que vingt-cinq mille six cents soldats en la tribu de Benjamin, et eux étant quatre cent mille. Ils s'abusaient ainsi en leur manière d'entendre, car le dire de Dieu n'était pas trompeur: il n'avait pas dit qu'ils vaincraient, mais qu'ils com-

Jg 20, 11-48

battissent; et, en ces déroutes, Dieu les voulut châtier d'une certaine négligence et présomption, et les humilier par ce moyen. Mais quand il leur répondit à la dernière fois qu'ils vaincraient, ils furent victorieux – quoiqu'ils vainquirent avec bien de la ruse et beaucoup de travail.

De cette sorte et de plusieurs autres, il arrive que les âmes se trompent en les paroles et révélations qui sont de la part de Dieu, en prenant l'intelligence à la lettre et à l'écorce. Car (comme j'ai donné à entendre) la principale intention de Dieu en ces choses est de dire et de donner l'esprit qui est enclos en de telles paroles, lequel est difficile à entendre. Et il est bien plus ample que la lettre et fort extraordinaire et hors des limites de la lettre. De façon que celui qui s'attachera à la lettre, ou à la parole, ou à la forme, ou à la figure appréhensible de la vision ne pourra si bien faire qu'il n'erre beaucoup et qu'après il ne se trouve court et confus, pour s'être conduit en elles selon le sens et n'avoir donné lieu à l'esprit en nudité du sens.
2 Co *La lettre tue*, dit saint Paul, *mais l'esprit vivifie*. C'est pourquoi
3,6 il faut renoncer à la lettre – qui en ce cas est le sens – et demeurer à l'obscurité en la foi – qui est l'esprit – que le sens ne peut comprendre.

C'est pour cela que les paroles et les prophéties des prophètes, pour beaucoup des enfants d'Israël ne se réalisaient pas comme ils espéraient, parce qu'ils les prenaient trop à la lettre; et, par suite, ils les méprisaient et n'y ajoutaient point foi: au point qu'il y avait entre eux un quolibet public tenu quasi comme proverbe, se moquant des prophètes. Ce dont Isaïe se plaint,
Is 28, le disant et rapportant ainsi: *A qui Dieu enseignera-t-il la science?*
9-11 *A qui fera-t-il entendre la prophétie et sa parole? A ceux-là seulement qui sont déjà sevrés et qui ont quitté le tétin. Car tous disent* (cela s'entend des prophéties): *promets et promets encore; attends et attends derechef; un peu là et un peu là: parce qu'il parlera à ce peuple en la parole de ses lèvres et en un autre langage.* Où Isaïe donne clairement à entendre qu'ils se moquaient des prophéties et disaient par risée ce proverbe: *Attends et attends derechef*, nous enseignant qu'elles ne s'accomplissaient jamais parce qu'ils s'attachaient à la lettre – qui est le lait des enfants – et au sens – qui sont les mamelles – qui contredisent à la grandeur de la science de l'esprit. Pour ce sujet il dit: *A qui enseignera-t-il la sagesse de ses prophéties? Et à qui fera-t-il entendre sa doctrine, sinon à ceux qui sont séparés du lait* – de la lettre – *et des mamelles* –

de leurs sens? C'est pourquoi ils ne les entendent pas, sinon selon ce lait de l'écorce et de la lettre et ces tétins de leurs sens, puisqu'ils disent: *Promets et repromets; attends et attends derechef, etc.* Parce que Dieu leur doit parler en la doctrine de sa bouche et non pas en la leur, et en une autre langue que celle dont ils se servent.

Et partant, il ne faut pas prendre garde à notre sens ni à notre langue, sachant que celle de Dieu est autre, selon l'esprit – très différent de notre manière d'entendre et fort difficile. Il l'est tellement que Jérémie lui-même, quoiqu'il fût prophète de Dieu, voyant la signification des paroles de Dieu si éloignée du sens commun des hommes, semble aussi s'y méprendre et vouloir soutenir le peuple: *Hélas*, dit-il, *Seigneur Dieu! n'avez-* Jr 4,10
vous point par hasard trompé ce peuple et Jérusalem, disant: la paix viendra sur vous, et voici que le couteau est parvenu jusqu'à l'âme? Et c'était que la paix que Dieu leur promettait de faire était entre lui et l'homme par le moyen du Messie qu'il leur devait envoyer, et eux l'entendaient de la paix temporelle. C'est pourquoi, lorsqu'il leur survenait des guerres et des travaux, il leur semblait que Dieu les trompait, voyant arriver tout le contraire de ce qu'ils espéraient. Et ainsi ils disaient, comme dit aussi Jérémie: *Nous avons espéré la paix, et il n'y a aucun* Jr 8,15
bien de paix. Et de cette façon, ils ne pouvaient manquer d'être trompés, se gouvernant seulement par le sens littéral. Car qui ne sera confus et abusé, s'attachant à la lettre de cette prophétie de David touchant le Christ, en tout le psaume 71, et notamment où il dit qu'*Il dominera d'une mer à l'autre et* Ps 71 (72),8
du fleuve jusqu'au bout de la terre, et en ce qu'il dit qu'*Il déli-*
vrera le pauvre de la main du puissant et le pauvre qui n'avait Ps 71 (72),12
aucun secours: le voyant si abaissé en sa naissance, si pauvre en sa vie et si misérable en sa mort, de sorte que non seulement il ne domina pas temporellement la terre durant sa vie, mais il s'assujettit à de petites gens, jusqu'à ce qu'il mourût sous le pouvoir de Ponce Pilate? Et que non seulement il ne délivra pas temporellement ses pauvres disciples de la main des puissants, mais les laissa tuer et persécuter pour son nom?

Et c'était que ces prophéties se devaient entendre spirituellement du Christ, lesquelles étaient très véritables en ce sens-là. Car le Christ n'était pas seulement le Seigneur de toute la terre, mais aussi du ciel, puisqu'il était Dieu: et les pauvres de

sa suite ne devaient pas être seulement rachetés et délivrés des mains du démon – qui était le puissant contre lequel ils n'avaient aucune aide – mais aussi il les devait faire héritiers du royaume des cieux. Ainsi Dieu parlait selon le principal[1] du Christ et de ses sectateurs – à savoir du royaume éternel et de la liberté éternelle; et eux l'entendaient, à leur mode, du moins principal – qui était la seigneurie et la liberté temporelles, dont Dieu fait peu de cas et qui devant lui n'est ni royaume ni liberté. D'où vient que s'aveuglant par la bassesse de la lettre et n'entendant l'esprit et la vérité qui y était, ils ôtèrent la vie à leur Dieu et Seigneur, selon ce que dit ainsi saint Paul: *Les*
Ac *habitants et les princes de Jérusalem, ne sachant quel il était, et*
13,27 *n'entendant les prophéties qu'on lit chaque jour de sabbat, le jugeant, le firent mourir.*

Cette difficulté d'entendre la parole de Dieu comme il fallait vint à tel terme, que ses disciples mêmes, qui avaient conversé avec lui, y étaient trompés. Témoins ces deux qui, après sa mort, s'en allaient au château d'Emmaüs, tristes et sans espé-
Lc 24,21 rance, disant: *Nous espérions qu'il délivrerait Israël*, entendant aussi que la rédemption et la domination devait être temporelle:
Lc 24,25 auxquels le Christ notre Rédempteur apparut et les reprit de folie, de lourdeur et de dureté de cœur à croire les choses que les prophètes avaient prédites. Et même lorsqu'il monta au ciel,
Ac 1,6 il y avait encore quelques-uns si grossiers qu'*ils lui demandèrent si en ce temps-là il rachèterait Israël.* Le Saint Esprit fait dire beaucoup de choses en autre sens que les hommes ne l'entendent, comme on le voit en ce qu'il fit dire à Caïphe du Christ
Jn 11,50 *qu'il fallait qu'un homme mourût pour conserver la nation* – ce qu'il ne dit pas de soi-même, et lui le dit et l'entendit d'une façon et pour une fin, et le Saint Esprit d'une autre.

On le voit par là: encore que les paroles et les révélations soient de Dieu, il ne s'y faut pas assurer, parce qu'on peut beaucoup et très facilement se tromper en notre manière de les entendre. Car elles sont toutes un abîme et profondeur d'esprit, et les vouloir restreindre à ce que nous en entendons et que notre sens en peut appréhender, ce n'est pas plus que vouloir enserrer l'air en la main et quelque atome qui s'y rencontre. Car l'air s'évanouit et la main demeure vide. C'est pourquoi le maître spirituel doit tâcher que l'esprit de son disciple ne s'empresse

1. C'est-à-dire l'essentiel.

à faire état de toutes les appréhensions surnaturelles qui ne sont que des atomes d'esprit, avec lesquels seuls il demeurera à la fin, sans plus aucun esprit. Mais, le séparant de toutes visions et de toutes paroles, qu'il lui impose de savoir demeurer en liberté et obscurité de foi, où l'on reçoit la liberté et l'abondance d'esprit, et par conséquent la sagesse et intelligence propre des paroles de Dieu. Car il est impossible que l'homme, s'il n'est spirituel, puisse juger des choses divines ni les entendre raisonnablement – et alors qu'il les juge selon le sens il n'est pas spirituel. Et ainsi, encore qu'elles viennent couvertes de ce sens, il ne les entend pas, ce que dit bien saint Paul: *L'homme* 1 Co
animal ne conçoit pas les choses qui sont de l'Esprit de Dieu, car elles 2,14-15
lui sont folie, et ne les peut entendre parce qu'elles sont spirituelles. Mais le spirituel juge de toutes choses. L'on entend ici par l'homme animal celui qui ne se guide que par le sens; et par le spirituel, celui qui ne s'y attache et ne se conduit par lui. C'est donc une témérité d'oser traiter avec Dieu, et donner licence de le faire, par la voie d'appréhension surnaturelle au sens.

Pour mieux entendre ceci, mettons quelques exemples. Posez le cas qu'un saint soit fort affligé à cause que ses ennemis le persécutent et que Dieu lui réponde: « Je te délivrerai d'eux tous. » Cette prophétie peut être très véritable, encore que ses ennemis viennent à prévaloir et qu'il meure de leurs mains. Partant, celui qui l'entendra temporellement sera trompé: parce que Dieu a pu parler de la vraie et principale liberté et victoire – qui est le salut, par lequel l'âme est délivrée et victorieuse de tous ses ennemis, beaucoup plus véritablement et hautement que si elle en était délivrée ici-bas. Partant, cette prophétie était beaucoup plus vraie et plus ample que l'homme n'eût pu comprendre, s'il l'eût entendue pour le temps de cette vie; car les paroles de Dieu comprennent et visent toujours le sens plus principal et plus utile; et l'homme les peut entendre à sa manière et à son propos – selon le sens moins principal – et ainsi demeurer abusé. Comme nous voyons en cette prophétie que David a prononcée du Christ dans le psaume 2, disant: *Vous gouvernerez les nations avec une verge de fer, et les* Ps 2,9
briserez comme un pot de terre. Où Dieu parle de la principale et parfaite seigneurie, qui est l'éternelle – laquelle s'est accomplie; et non de la moins principale, qui était la temporelle – laquelle n'a point été accomplie durant toute la vie temporelle du Christ.

Posons un autre exemple. Une âme souhaite grandement le martyre. Il arrivera que Dieu lui réponde: « Tu seras martyre », et la console intérieurement, et lui donne une grande confiance qu'elle le sera – et néanmoins elle ne mourra pas martyre, quoique la promesse soit vraie. Or, comment ne s'est-elle accomplie de cette manière? C'est qu'elle s'accomplira et pourra s'accomplir selon le principal et l'essentiel: lui donnant l'amour et la récompense du martyre essentiellement. Et en ce faisant, il accomplira en effet le souhait de l'âme et ce qu'il lui a promis. Parce que le principal de son désir était non ce genre de mort, mais de faire à Dieu ce service de martyre et d'exercer l'amour pour lui comme martyre. Parce que cette manière de mourir ne vaut rien de soi sans cet amour: lequel amour et exercice et récompense de martyre il lui donne très parfaitement par d'autres moyens. De façon qu'encore qu'elle ne meure martyre, elle demeure néanmoins satisfaite d'avoir obtenu ce qu'elle désirait. Car quand ces souhaits naissent d'un vif amour, et autres semblables, encore que cela n'arrive comme ils se l'imaginent et l'entendent, ils s'accomplissent toutefois d'une autre manière plus avantageuse et plus à l'honneur
Ps 9 de Dieu qu'ils n'eussent su demander. D'où vient que David
(10),17 dit: *Le Seigneur a exaucé le désir des pauvres.* Et la Sagesse divine
Pr 10,24 dans les Proverbes dit: *Le désir des justes leur sera donné.* Nous voyons donc que beaucoup de saints ont souhaité beaucoup de choses en particulier pour Dieu, qui ne leur ont pas été octroyées en cette vie, mais il est de foi que leur désir étant juste et véritable, il s'est accompli parfaitement en l'autre. Ce qu'étant véritable en cette sorte, la promesse de Dieu était aussi véritable en cette vie, lorsqu'il les assura d'accomplir leurs désirs, bien que cela ne soit pas en la manière qu'ils pensaient.

En cette façon et en plusieurs autres, les paroles et les visions de Dieu peuvent être véritables et certaines, et nous ne laissons pas de nous y tromper, faute de les savoir entendre hautement et principalement et selon les intentions et les sens que Dieu y cache. C'est donc le plus certain et le plus assuré de faire que les âmes fuient prudemment ces choses surnaturelles, les accoutumant (comme nous avons dit) à la pureté d'esprit en foi obscure, qui est le moyen de l'union.

Chapitre 20

OÙ IL EST PROUVÉ PAR AUTORITÉS DE LA SAINTE ÉCRITURE, QU'ENCORE QUE LES PROPOS ET LES PAROLES DE DIEU SOIENT TOUJOURS VÉRITABLES, ELLES NE SONT PAS TOUJOURS CERTAINES EN LEURS PROPRES CAUSES

Prouvons maintenant la seconde cause pour laquelle les visions et les paroles de la part de Dieu, quoiqu'elles soient toujours véritables en soi, ne sont pas toujours certaines pour notre regard. Et ceci est à raison de leurs causes, sur lesquelles elles se fondent; car souvent Dieu dit des choses qui sont fondées sur les créatures et sur leurs effets – lesquels sont variables et peuvent manquer. C'est pourquoi les paroles qui s'y fondent sont variables aussi et peuvent manquer: vu que quand une chose dépend d'une autre, l'une venant à manquer, l'autre aussi manque. Comme si Dieu disait: « Dans un an, j'enverrai une telle plaie sur ce royaume », et la cause et le fondement de cette menace est une certaine offense que l'on fait contre Dieu en ce royaume. Si l'offense cessait ou se changeait, la punition pourrait cesser: et la menace était véritable, parce qu'elle était fondée sur la faute actuelle et eût été exécutée si l'offense eût duré.

Nous voyons cela être advenu en la ville de Ninive de la part de Dieu, lorsqu'il dit: *Encore quarante jours, et la ville de* Jon 3,4
Ninive sera ruinée. Ce qui ne s'accomplit pas, parce que la cause de cette menace cessa – qui était ses péchés – en faisant pénitence: que s'ils ne l'eussent faite, elle eût été effectuée. Nous lisons aussi dans le troisième livre des Rois[1], que le roi Achab ayant commis un très grand péché, Dieu lui envoya promettre un grand châtiment, sur lui, sur sa maison et sur son royaume – notre père Élie étant député pour lui faire ce message. Mais parce qu'Achab déchira ses habits de douleur, se vêtit d'un cilice, jeûna et dormit sur un sac, s'attrista et s'humilia, Dieu lui manda aussitôt par le même prophète:
Parce qu'Achab s'est humilié pour l'amour de moi, je n'enverrai pas 1 R
le mal que j'ai dénoncé durant sa vie, mais en les jours de ses enfants. 21,29

1. Celui que nous appelons le premier.

Où nous voyons que, parce qu'Achab changea l'esprit et l'affection où il était, Dieu changea aussi sa sentence. D'où nous pouvons déduire pour notre propos qu'encore que Dieu ait révélé ou dit affirmativement à une âme quelque chose – en bien ou en mal – qui la concerne, ou d'autres personnes, cela pourra changer plus ou moins, ou varier ou être supprimé entièrement, selon le changement ou la variation d'affection de cette âme, ou de la cause sur laquelle Dieu se fondait; et cela ne s'accomplira comme on espérait, et sans savoir pourquoi le plus souvent, mais Dieu le sait. Parce qu'encore qu'il dise, qu'il enseigne et qu'il promette bien des choses, ce n'est pas qu'on les doive entendre ou posséder en ce même temps: mais afin qu'on les comprenne après, quand il sera à propos d'en être éclairci ou quand l'effet s'en ensuivra. Comme nous voyons qu'il fit avec ses disciples, auxquels il proposait nombre de paraboles et sentences dont ils n'entendirent la sagesse jusques au temps qu'ils la devaient prêcher, qui fut lorsque le Saint Esprit descendit sur eux – duquel le Christ
Jn 14,26 leur avait dit qu'il leur expliquerait tout ce qu'il leur avait annoncé durant sa vie. Et saint Jean, parlant de l'entrée que le
Jn 12,16 Christ fit en Jérusalem: *Ses disciples*, dit-il, *ne connurent pas cela pour lors; mais quand Jésus fut glorifié, ils se souvinrent que cela était écrit de lui.* De cette sorte, beaucoup de choses de Dieu fort particulières se peuvent passer en l'âme, sans qu'elle ni ceux qui la gouvernent les sachent entendre avant leur temps.

Nous lisons aussi en le premier livre des Rois[1] que Dieu, irrité contre Héli, prêtre d'Israël, à cause des péchés de ses enfants qu'il ne châtiait point, lui envoya dire par Samuel, entre
1 Sm 2,30 autres choses, les paroles qui suivent: *Très véritablement j'ai dit jadis que ta maison et celle de ton père serviraient toujours en ma présence pour le sacerdoce; mais je suis bien éloigné de ce propos et je me garderai bien de le faire.* Car, attendu que cet office du sacerdoce était fondé sur ce qu'il devait rendre gloire et honneur à Dieu et que pour cette fin Dieu avait promis pour toujours le sacerdoce à son père – s'il ne venait à manquer à son devoir – il est arrivé que, le zèle de l'honneur de Dieu ayant
1 Sm 2,29 défailli en Héli (lequel, comme porte la plainte que Dieu lui fit, honorait plus ses enfants que Dieu même, dissimulant leurs péchés par crainte de leur faire de la honte), il est arrivé que la

1. C'est-à-dire notre premier livre de Samuel.

promesse a aussi manqué, laquelle eût duré toujours s'ils eussent toujours continué leur zèle à le servir. Partant, il ne faut pas croire que les paroles et révélations qui sont de la part de Dieu doivent arriver infailliblement comme elles sonnent, particulièrement lorsqu'elles dépendent de choses humaines, lesquelles peuvent varier, changer ou s'altérer.

Et, quand elles sont dépendantes de ces causes, Dieu le sait et ne le découvre pas toujours; mais il parle ou fait la révélation quelquefois en taisant la condition, comme il fit aux Ninivites Jon 3,4
auxquels il prédit déterminément qu'ils devaient périr au bout de quarante jours. D'autres fois il la déclare, comme il fit à Roboam: *Si tu gardes mes commandements comme mon serviteur* 1 R
David, je serai aussi avec toi comme avec lui et je te bâtirai une 11,38
maison comme j'ai fait à mon serviteur David. Mais, soit qu'il la déclare ou non, on ne peut s'assurer de l'intelligence, parce que nous ne pouvons pas comprendre les vérités cachées de Dieu et la multitude des sens contenus en ses propos. Il est sur le ciel et parle en voie d'éternité et nous autres sommes des aveugles sur la terre, qui n'entendons que les voies de la chair et du temps. Et c'est pourquoi, à mon avis, le Sage dit ces paroles: *Dieu est au ciel, et toi en la terre; et partant, prends garde* Eccl 5,1
à parler peu.

Vous me direz peut-être que si nous ne le pouvons entendre ni nous mêler de cela, pourquoi est-ce que Dieu nous le communique? J'ai déjà dit que chaque chose s'entendra en son temps par l'ordre de Celui qui l'a dite, et celui qu'il voudra l'entendra, et on verra qu'il était ainsi convenable – car Dieu ne fait rien sans cause ni sans vérité. C'est pourquoi il faut tenir pour certain qu'on ne saurait venir à bout de comprendre le sens des propos et des choses de Dieu, ni porter jugement arrêté sur ce qui paraît, sans s'exposer à un danger de grande erreur et à une grande confusion. Les prophètes savaient fort bien ce style – lesquels avaient la parole de Dieu en leurs mains – auxquels la prophétie qu'il fallait porter au peuple était pénible: parce que (comme nous avons dit) une grande partie des prédictions n'arrivaient pas selon le sens de la lettre; ce qui rendait les prophètes si ridicules et en butte aux brocards que Jérémie dit: *Ils se moquent de moi tout le jour; chacun me brocarde* Jr 20,
et méprise parce qu'il y a déjà longtemps que je crie contre les vices 7-9
et je promets qu'ils seront détruits, et la parole du Seigneur m'a été tournée en opprobre et en risée tout le temps, et j'ai dit: je ne me sou-

viendrai plus de lui et ne parlerai plus en son nom. En quoi le saint prophète – bien qu'il dise cela avec résignation et en la figure de l'homme faible qui ne peut soutenir les voies et les détours de Dieu – donne bien à entendre la différence de l'accomplissement des paroles divines, d'avec le sens commun auquel on les prend: puisqu'on estimait les divins prophètes des moqueurs et que ceux-ci enduraient tant, sur le fait de la prophétie, que
Lm 3,47 le même Jérémie dit ailleurs qu'elle *leur était convertie en crainte, en pièges* et en contradiction d'esprit.

Et la raison pour laquelle Jonas s'enfuit quand Dieu l'envoya prêcher la destruction de Ninive fut celle-ci: à savoir qu'il connaissait la diversité des paroles divines, eu égard à l'intelligence des hommes et à la diversité des causes de ces paroles. De sorte qu'afin qu'on ne se moquât de lui si sa prophétie n'avait lieu, il aimait mieux s'en aller, fuyant, que de prophétiser; et ainsi il demeura durant tous les quarante jours hors la ville, pour voir si elle s'accomplirait, et n'en voyant point l'accomplissement il s'en affligea fort, au point qu'il dit à Dieu:
Jon 4,2 *Je vous prie, Seigneur, n'est-ce pas là ce que je disais étant encore en mon pays? C'est pourquoi j'ai résisté et je me suis enfui en Tarse.* Et le saint se fâcha et pria Dieu qu'il lui ôtât la vie.

Faut-il donc s'étonner si les choses que Dieu dit et révèle aux âmes ne s'effectuent comme elles les entendent? Car, supposé que Dieu affirme à l'âme ou lui représente quelque chose de bien ou de mal, pour elle ou pour un autre, si cela est fondé en certaine affection, service ou offense que cette âme ou l'autre font alors à Dieu, et de sorte que s'ils y persévèrent cela s'accomplira, néanmoins la chose n'est pas certaine pour cela: vu que la persévérance est incertaine. Partant, il ne se faut jamais assurer en notre intelligence, mais seulement en foi.

Chapitre 21

OÙ IL EST DÉCLARÉ QU'ENCORE QUE DIEU RÉPONDE QUELQUEFOIS À CE QU'ON LUI DEMANDE, IL NE PREND PAS PLAISIR QU'ON USE DE CETTE PROCÉDURE. – IL EST PROUVÉ QU'ENCORE QU'IL Y CONDESCENDE ET RÉPONDE, IL S'INDIGNE SOUVENT

Certains spirituels s'assurent (comme nous avons dit) en tenant pour bonne la curiosité dont ils usent parfois pour tâcher de savoir quelques choses par voie surnaturelle, pensant que, puisque Dieu répond quelquefois à leurs demandes, que c'est bien fait et que Dieu y prend plaisir. Je veux bien qu'il soit vrai que Dieu leur réponde: ce n'est pas toutefois une bonne procédure et Dieu n'y prend pas plaisir, tant s'en faut, cela lui déplaît; et en outre il s'en fâche souvent et s'en offense beaucoup. La raison de cela est parce qu'il n'est permis à aucune créature de sortir des bornes que Dieu lui a naturellement ordonnées pour sa conduite. Il a mis les bornes naturelles et raisonnables à l'homme pour se gouverner: aussi les vouloir franchir n'est pas permis; et de vouloir éclaircir ou savoir des choses par voie surnaturelle, c'est sortir des bornes naturelles. Donc, cela n'est pas permis. Partant, Dieu ne s'y plaît nullement, vu qu'il s'offense de tout ce qui est illicite. Le roi Achaz le savait bien, puisque, même quand Isaïe lui dit de la part de Dieu qu'il demandât un signe, il ne le voulut faire, disant: *Je ne demanderai* Is 7,12
pas une telle chose, ni ne tenterai Dieu. Car tenter Dieu c'est vouloir traiter avec lui par voies extraordinaires, comme sont les surnaturelles.

Vous me direz peut-être: si cela est, que Dieu ne s'y plaît, pourquoi répond-il quelquefois? Je dis que c'est parfois le démon qui répond. Que si c'est Dieu, c'est qu'il s'accommode à la faiblesse de l'âme qui veut suivre ce chemin, de peur de la déconforter et la laisser retourner en arrière, ou de peur qu'elle ne pense que Dieu est mal avec elle, et qu'elle ne s'en affecte par trop, ou pour d'autres fins que Dieu sait et qui sont fondées en la fragilité de cette âme – par où Dieu voit qu'il convient de répondre et il condescend à le faire par cette voie.

Comme il fait aussi à l'endroit de nombreuses âmes faibles et tendres, leur donnant des goûts et des suavités très sensibles quand elles traitent avec lui (comme nous avons déjà dit); non que Dieu veuille ou se délecte à cette façon de procéder, ni qu'on le fasse par cette voie; mais c'est que (comme nous avons dit) il traite un chacun à son mode. Car Dieu est comme la source où chacun puise selon la capacité de son vaisseau; et quelquefois il leur en laisse prendre par ces tuyaux extraordinaires, mais il ne s'ensuit pas pour cela qu'il soit permis de tirer l'eau par là – si ce n'est Dieu même qui le fait, qui la peut donner quand, comme et à qui il lui plaît, et pour telle fin que bon lui semble, sans aucune prétention de la part de l'homme. Et en cette sorte (comme nous avons dit) il condescend parfois à l'appétit et aux supplications de certaines âmes, si bonnes et si simples qu'il ne les veut refuser, de peur de les attrister et non pour ce que cela lui plaise. Cela s'entendra mieux par cette comparaison.

Un père de famille a des mets nombreux et divers sur la table, les uns plus délicats que les autres. Il y a un enfant qui veut avoir de ce qui est dans un plat, le plus près de lui, bien qu'il ne soit pas le meilleur; il en demande parce qu'il mange mieux de celui-là que d'un autre. Le père voit que s'il lui donne du meilleur, il n'en voudra point, mais qu'il recevra seulement celui qu'il demande, lequel est à son goût: de peur qu'il ne demeure sans nourriture et désolé, il lui en donne à regret. De même nous voyons que Dieu fit aux enfants d'Israël, quand ils lui demandèrent un roi. Car il le leur accorda contre son gré, parce que ce n'était pas ce qu'il leur fallait. Aussi dit-il
1 Sm 8,7 à Samuel: *Écoute la voix du peuple et octroie-leur le roi qu'ils te demandent; car ils ne t'ont pas rejeté, mais moi, de peur que je ne règne sur eux.* Ainsi Dieu condescend à quelques âmes, leur octroyant ce qui n'est pas le meilleur, parce qu'elles ne veulent ou ne savent aller que par là. Et de même aussi quelques-unes ont des tendreurs et des suavités d'esprit ou du sens, et Dieu les leur donne parce qu'elles ne sauraient manger la nourriture plus forte et solide des travaux de la croix de son Fils, à quoi il voudrait qu'elles fussent plus affectionnées qu'à aucune autre chose.

Encore que j'estime bien pis de vouloir savoir des choses par voie surnaturelle que de souhaiter des goûts spirituels au sens. Car je ne vois pas comment l'âme qui les prétend peut être exempte de péché au moins véniel, quoiqu'elle ait beaucoup de bonnes fins et qu'elle soit parvenue à une grande perfection. Je dis le même de celui qui le lui commanderait et qui y consentirait. Car il n'y a point de nécessité de rien de cela, puisque nous avons la raison naturelle, la loi et la doctrine évangélique qui nous peuvent bien suffisamment conduire, et il n'y a difficulté ni nécessité qui ne puisse être résolue et remédiée par ces moyens, tout à fait selon le bon plaisir de Dieu et au profit des âmes. Et nous devons tellement nous servir de la raison et de la doctrine évangélique qu'encore que maintenant – le voulant ou non – on nous dise quelque chose surnaturellement, nous n'en devons recevoir que ce qui est bien conforme à la raison et à la loi évangélique. Et en ce cas nous devons le recevoir, non parce que c'est une révélation, mais parce que c'est raison – laissant à part tout sens appartenant à la révélation. Encore il y faut alors bien regarder et examiner cette raison bien davantage que s'il n'y avait point eu de révélation à son sujet: parce que le démon, pour tromper, dit beaucoup de choses véritables et à venir et qui sont conformes à la raison.

D'où vient qu'en toutes nos nécessités, travaux et difficultés, nous n'avons point de meilleur ni de plus assuré recours que l'oraison et l'espérance que Dieu pourvoira par tels moyens qu'il lui plaira. C'est le conseil de l'Écriture, où nous lisons que le roi Josaphat étant fort affligé, entouré d'ennemis, se mit en prière, le saint roi disant à Dieu: *Quand les moyens nous* 2 Ch
manquent et que la raison ne peut pourvoir aux nécessités, il ne nous 20,12
reste qu'à lever les yeux vers vous, afin que vous y remédiiez selon ce qu'il vous plaira le plus.

Or encore que nous ayons aussi donné à entendre que Dieu ne laisse de se fâcher, quoiqu'il réponde parfois à de telles prétentions, il sera bon néanmoins de le prouver ici par quelques autorités de la Sainte Écriture. Nous lisons dans le premier livre des Rois[1] que, Saül demandant que le prophète Samuel – qui était déjà mort – lui parlât, le prophète lui apparut, et néanmoins Dieu se courrouça. Car aussitôt Samuel le reprit de ce qu'il avait fait cela, disant: *Pourquoi m'as-tu* 1 Sm
inquiété, me faisant ressusciter? Nous savons aussi que Dieu ayant 28,15
donné aux enfants d'Israël les viandes qu'ils lui avaient demandées, il ne laissa pas de s'irriter beaucoup contre eux, envoyant

1. C'est-à-dire notre premier livre de Samuel.

aussitôt le feu du ciel en punition, selon qu'il est écrit au
Nb Pentateuque et selon ce que David raconte, disant : *Ils avaient*
11,33 *encore le morceau dans la bouche, que l'ire de Dieu descendit sur eux.*
Ps 77 Nous lisons aussi, dans les Nombres, que Dieu se courrouça
(78), 30-31 beaucoup contre le prophète Balaam parce qu'il avait été vers
les Madianites, à la prière de leur roi Balac : encore que Dieu
eût dit qu'il y allât parce qu'il en avait envie et l'avait demandé
à Dieu. Et ainsi, étant déjà en chemin, l'ange lui apparut avec
Nb une épée, le voulant tuer, et lui dit : *Tu tiens un mauvais chemin,*
22,32 *et qui m'est contraire.* Et pour ce sujet il le voulait tuer.

En cette manière et en bien d'autres, Dieu courroucé condescend aux appétits des âmes. Dont il y a de nombreux témoignages dans l'Écriture, sans compter de nombreux exemples ; mais il n'en est pas besoin en une chose si claire. Seulement je dis qu'il est très dangereux – et plus que je ne saurais le donner à entendre – de vouloir traiter avec Dieu par de telles voies, et celui qui s'y affectionnera se trouvera souvent déçu et confus. Et celui qui en aura fait état, connaîtra par expérience ce que je dis. Car outre la difficulté qu'il y a de savoir ne point faillir en les paroles et en les visions qui sont de Dieu, il y en a d'ordinaire entre elles beaucoup qui sont du démon. Parce qu'ordinairement il se comporte envers l'âme comme fait Dieu [1], lui proposant des choses si vraisemblables à celles que Dieu lui communique – pour s'ingérer en rôdant comme
Mt 7,15 le loup dans le troupeau sous la peau de brebis – qu'à peine les peut-on discerner. Comme il dit beaucoup de choses véritables et conformes à la raison et dont on voit la réalisation exacte, on se peut facilement tromper, pensant que, puisqu'elles se réalisent vraiment et qu'il prédit bien l'avenir, ce ne peut être que Dieu. Parce qu'ils ignorent que c'est une chose très aisée à celui qui a la lumière naturelle bien claire de connaître les choses, ou nombre d'entre elles, qui ont été ou qui seront, en leurs causes. Attendu donc que le démon a cette lumière si vive, il peut très facilement déduire tel effet de telle cause – encore qu'il n'arrive pas toujours de la sorte, vu que toutes les causes dépendent de la volonté de Dieu.

Par exemple le démon connaît que la terre et l'air et l'état du soleil sont en telle manière et ont une telle disposition que, tel temps étant venu, la disposition de ces éléments nécessaire-

1 Littéralement : il chemine avec l'âme, revêtu du même habit que Dieu.

ment – selon l'état où ils sont – s'infectera, et ainsi infectera le monde de peste; et il connaît en quels endroits ce sera plus, et en quels, moins. Voici la peste connue en sa cause. Or quelle merveille est-ce, que le démon révélant ceci à une âme, lui disant que dans un an, ou un demi-an, il y aura de la peste, cela se trouve véritable? Et toutefois, c'est prophétie du démon. De même il peut connaître les tremblements de terre, voyant que ses concavités se remplissent d'air, et peut dire que la terre tremblera dans tel temps – ce qui est une connaissance naturelle, pour laquelle il suffit de garder l'esprit libre des passions de l'âme, selon ce que dit Boèce en ces paroles: « Si tu veux connaître les vérités avec la clarté naturelle, chasse loin de toi la joie et la crainte, l'espérance et la douleur [1]. »

L'on peut aussi connaître des événements et des cas surnaturels en leurs causes, suivant l'ordre de la Providence divine, laquelle très justement et certainement agit selon ce que demandent les causes bonnes ou mauvaises posées par les enfants des hommes. Car on peut connaître naturellement que telle personne, telle ville ou autre chose viendra à telle ou telle nécessité, ou à tel ou tel point, que Dieu, selon sa providence et sa justice, y interviendra selon ce que demande la cause et conformément à elle: avec punition ou avec récompense ou comme l'exige la cause. Et ainsi on peut dire alors: en tel temps, Dieu vous donnera ou fera cela, ou telle chose arrivera certainement. Ce que la sainte Judith donna à entendre à Holopherne, lorsque, pour lui persuader que les enfants d'Israël devaient être infailliblement ruinés, elle lui raconta premièrement quantité de péchés et de misères qu'ils faisaient. Et aussitôt elle ajouta: *Donc, parce qu'ils font ces choses, il est certain qu'ils seront mis en déroute.* Ce qui est connaître le châtiment en la cause; parce que c'est autant comme qui dirait: il est certain que de tels péchés doivent causer tels châtiments de Dieu, qui est très juste, et comme dit la Sagesse divine: *Par les choses en lesquelles chacun pèche, il est puni.* Jdt 11,12 (15) Sg 11,17 (16)

Le démon peut connaître cela, non seulement naturellement, mais encore par l'expérience qu'il a d'avoir vu faire choses semblables à Dieu, et le peut dire auparavant et rencontrer juste. Le saint homme Tobie connut aussi par la cause la punition de Ninive, dont il avertit son fils, lui disant: *Prends garde,*

1. *De consolatione*, l. 2, m. 7: P. L. 63, 656-658.

Tb 14, *mon fils, quand ta mère et moi serons morts, aussitôt quitte cette terre,*
12-13 *qui ne peut plus subsister. Je vois clairement que son iniquité même*
(9-10) *sera cause de son châtiment*, lequel consistera en ce qu'elle sera ruinée et détruite entièrement. Le démon et Tobie pouvaient aussi savoir cela non seulement par l'iniquité de la cité, mais encore par l'expérience qu'ils avaient, voyant qu'ils commettaient les péchés pour lesquels Dieu détruisit le monde dans le déluge et ceux des gens de Sodome qui périrent aussi par le feu; encore que Tobie le connût aussi par l'esprit divin.

Et le démon peut connaître qu'un tel ne saurait naturellement plus vivre que tant de temps et le dire auparavant: et ainsi de nombreuses autres choses et de bien des manières qu'on ne saurait suffisamment déclarer, ni même aborder pour nombre d'entre elles, à cause de leur embrouillement et de leur subtilité à insinuer des mensonges; ce dont on ne se peut exempter qu'en fuyant toutes les révélations et visions et propos surnaturels. C'est pourquoi Dieu se courrouce justement contre ceux qui les admettent, voyant que c'est témérité de telles personnes de s'exposer à un si grand péril et que c'est présomption et curiosité et une branche de superbe, et une racine et fondement de vaine gloire, un mépris des choses divines et le principe de beaucoup de maux où beaucoup sont tombés. Lesquels ont tellement irrité Dieu, qu'il les a exprès laissés tomber en erreur, se tromper, s'obscurcir l'esprit et quitter les voies ordonnées de la vie, donnant lieu à leurs vanités et à leurs
Is 19,14 fantaisies, selon ce que dit Isaïe: *Le Seigneur y a mêlé l'esprit de vertige, de trouble et de confusion*. C'est-à-dire en bon français, l'esprit d'entendre à rebours. Ce qu'Isaïe dit tout droit à notre propos, parce qu'il parle de ceux qui veulent savoir l'avenir par voie surnaturelle.

C'est pourquoi il dit que Dieu leur a mêlé un esprit d'entendre à rebours. Non que Dieu voulût ou leur donnât effectivement l'esprit d'erreur, mais parce qu'ils ont voulu s'ingérer en choses où ils ne pouvaient parvenir naturellement. Dont Dieu étant irrité, il les a laissés faillir, ne leur communiquant sa lumière en les choses où il ne voulait pas qu'ils s'entremissent. Et ainsi il dit que Dieu leur mêla cet esprit privativement. En cette façon, Dieu est cause de ce dommage, à savoir, cause privative, qui consiste à retirer sa lumière et sa faveur – et à si bien les retirer que nécessairement ils en viennent à errer.

C'est ainsi que Dieu permet au démon d'en aveugler et tromper beaucoup pour leurs péchés et pour leur outrecuidance qui le mérite. Le démon le peut et en vient à bout, eux le croyant et le tenant pour bon esprit; au point que – fût-on tout à fait persuadé que ce n'est pas un bon esprit – on ne saurait les détromper, étant déjà, par permission divine, imbus de cet esprit d'entendre à rebours, comme il advint aux prophètes d'Achab, Dieu les laissant tromper par l'esprit de mensonge, donnant pour cet effet licence au démon, disant: *Tu prévaudras* 1 R
avec tes mensonges et tu les tromperas; sors et fais ainsi. Et il eut 22,22
tant de pouvoir sur les prophètes et sur le roi pour les décevoir qu'ils ne voulurent pas croire le prophète Michée qui leur disait la vérité, tout au contraire de ce que les autres avaient prophétisé. La cause de cela fut que Dieu les laissa aveugler à cause de l'affection de propriété qu'ils avaient à ce qu'ils voulaient qu'il leur advînt et que Dieu leur répondît conformément à leurs appétits et à leurs désirs – ce qui était un moyen et une disposition très certaine à ce que Dieu les laissât tout exprès aveugler et tromper. Car Ézéchiel le prophétisa ainsi, au nom de Dieu. Parlant contre celui qui se met à vouloir savoir les choses par voie de Dieu, selon la vanité et la curiosité de son propre esprit, il dit ces paroles: Quand un tel homme s'adressera au prophète pour m'interroger par lui, *moi qui suis le Seigneur,* Ez 14,
je lui répondrai par moi-même; je mettrai ma face, irrité, contre cet 7-9
homme, et quand le prophète aura failli en ce qui lui fut demandé, sachez que c'est moi, le Seigneur, qui ai trompé ce prophète. Ce qui se doit entendre: ne concourant avec sa faveur pour qu'il ne soit trompé; car c'est ce que signifie: *moi le Seigneur, je lui répondrai par moi-même, irrité.* Ce qui n'est autre chose que de retirer sa grâce et sa faveur de cet homme. D'où s'ensuit nécessairement qu'il sera trompé, étant délaissé de Dieu. Et alors le démon répond selon le goût et l'appétit de cet homme: lequel, comme il se plaît à cela et que les réponses et les communications sont selon sa volonté, il se laisse grandement abuser.

Il semble que nous soyons un peu sortis du sujet que nous avions promis au titre de ce chapitre – qui était de prouver que Dieu, quoiqu'il réponde, ne laisse parfois de se fâcher. Mais, si l'on y prend bien garde, tout ce qui a été dit sert à notre dessein, puisqu'en tout on voit que Dieu n'agrée pas qu'on désire ces visions, vu qu'il permet qu'on y soit trompé en tant de façons.

Chapitre 22

OÙ IL EST DÉCLARÉ UN DOUTE: POURQUOI IL N'EST PLUS PERMIS EN LA LOI DE GRÂCE DE CONSULTER DIEU PAR VOIE SURNATURELLE, COMME ON FAISAIT EN L'ANCIENNE LOI. ON LE PROUVE PAR UNE AUTORITÉ DE SAINT PAUL

Les doutes qui surviennent nous empêchent d'aller aussi vite que nous désirerions; parce qu'à mesure qu'ils se présentent, nous sommes obligés nécessairement de les éclaircir, afin que la vérité de la doctrine demeure toujours claire et en sa force. Néanmoins, dans ces doutes, il se trouve toujours ce bien, qu'encore qu'ils nous retardent un peu, ils servent toutefois pour une plus grande doctrine et clarté de notre dessein, comme il se verra en celui-ci.

Nous avons dit au chapitre précédent que ce n'est pas la volonté de Dieu que les âmes prétendent de recevoir par voie surnaturelle des choses distinctes de visions et propos, etc. Par ailleurs nous avons vu dans le même chapitre et conclu des témoignages de la Sainte Écriture qu'on y a allégués, que cela se pratiquait en l'ancienne loi et qu'il était permis, voire même commandé de Dieu. Et quand on y manquait Dieu les reprenait, comme il se voit en Isaïe, où il reprend les enfants d'Israël qui voulaient descendre en Égypte sans l'avoir d'abord consul-
Is 30,2 té: *Vous n'avez pas d'abord*, dit-il, *interrogé ma bouche*, pour savoir ce qui convenait. Et en Josué, nous lisons que les mêmes enfants d'Israël ayant été abusés par les Gabaonites, le Saint
Jos 9,14 Esprit y marque cette faute, disant: *Ils ont reçu de leurs vivres et n'ont pas interrogé la bouche du Seigneur*. Aussi nous voyons en la Sainte Écriture que Moïse consultait toujours Dieu, ce que faisait pareillement David et les autres rois d'Israël en matière de guerre et de nécessités, et les prêtres et les prophètes anciens, et Dieu leur répondait et leur parlait sans se courroucer, et ils faisaient bien en cela; de sorte que s'ils y eussent manqué, c'eût été mal fait – et c'est la vérité. Pourquoi donc ne sera-ce bien fait aujourd'hui, en la loi nouvelle et de grâce, comme il l'était alors?

A quoi on doit répondre que la principale cause pourquoi en la loi de l'Écriture les demandes qu'on faisait à Dieu étaient permises et pourquoi il était convenable que les prophètes et les prêtres désirassent des visions et des révélations de Dieu, c'était parce qu'alors la foi n'était pas encore tant fondée, ni la loi évangélique établie. Et partant, ils avaient besoin de s'enquérir de Dieu et qu'il parlât, tantôt par paroles, tantôt par des visions et des révélations, d'autres fois en figures et ressemblances, et en plusieurs autres manières de significations. Parce que tout ce qu'il répondait, parlait et révélait était des mystères de notre foi et des choses la concernant et adressées à elle. Pour autant que les choses de la foi ne viennent pas de l'homme, mais de la bouche de Dieu même, c'est pour cela qu'il les reprenait: parce qu'en leurs affaires ils n'interrogeaient pas sa bouche, afin que, leur répondant, il les acheminât dans le succès de leurs affaires à la foi qu'ils ne savaient pas encore, puisqu'elle n'était pas encore fondée. Mais à présent que la foi est fondée dans le Christ et que la loi évangélique est manifestée en cette ère de grâce, il n'y a plus lieu de s'enquérir de cette manière, ni qu'il parle ni réponde comme alors. Car, en nous donnant comme il nous l'a donné, son Fils qui est son unique Parole – car il n'en a point d'autre – il nous a dit et révélé toutes choses en une seule fois par cette seule Parole et il n'a plus à parler.

Et c'est le sens du texte par lequel saint Paul veut induire les Hébreux à se retirer de ces premières manières et façons de traiter avec Dieu selon la loi de Moïse, et à jeter seulement les yeux sur le Christ, disant: *Ce que Dieu, autrefois, a dit à nos* He 1, 1-2
pères par ses prophètes en maintes sortes et manières, maintenant, en ces derniers jours, il nous l'a dit en son Fils tout en une seule fois. En quoi l'Apôtre donne à entendre que Dieu est demeuré quasi muet et qu'il n'a plus rien à dire, parce que ce qu'il disait alors par parcelles aux prophètes, il l'a tout dit en lui, en nous donnant le Tout, qui est son Fils.

C'est pourquoi celui qui demanderait maintenant à Dieu ou qui voudrait quelque vision ou révélation, non seulement ferait une sottise, mais ferait injure à Dieu, ne jetant pas entièrement les yeux sur le Christ, sans vouloir quelque autre chose ou nouveauté. Car Dieu lui pourrait répondre de cette manière, disant: « Si je t'ai tout dit en ma Parole, qui est mon Fils, je n'en ai point d'autre que je te puisse maintenant répondre ou révéler

qui soit davantage que cela; regarde-le seulement parce que je t'ai tout dit et révélé en lui, et tu y trouveras encore plus que tu ne demandes et plus que tu ne saurais souhaiter. Tu veux une parole ou une révélation qui n'est qu'en partie[1]; et si tu le regardes bien, tu y trouveras tout; parce qu'il est toute ma parole et ma réponse, toute ma vision et toute ma révélation, laquelle je vous ai déjà parlée, répondue, manifestée et révélée, vous le donnant pour frère, pour compagnon, pour maître, pour prix et pour récompense. Car depuis que j'ai descendu
Mt 17,5 avec mon Esprit sur lui au mont de Thabor, disant: *Voici mon Fils bien-aimé, auquel je me suis plu, écoutez-le*, j'ai cessé toutes ces manières d'instructions et de réponses et lui ai tout remis. Écoutez-le, car je n'ai plus de foi à révéler ni de choses à manifester. Que si je parlais auparavant, c'était en promettant le Christ; et si l'on m'interrogeait, ce n'était que pour demander et espérer le Christ, où ils devaient trouver toute sorte de bien (comme toute la doctrine des évangélistes et des apôtres le fait maintenant savoir). Mais à présent, qui m'interrogerait de même et voudrait que je lui répondisse ou que je lui révélasse quelque chose, ce serait, en quelque sorte, me redemander le Christ et me demander plus de foi et dire qu'il y a défaut en elle, qui est déjà donnée dans le Christ; et ainsi, il ferait grande injure à mon Fils bien-aimé; parce que non seulement en cela il manquerait à la foi, mais l'obligerait à s'incarner à nouveau et à passer par sa première vie et sa première mort. Tu n'as plus rien à me demander, ni à désirer des révélations ou visions de ma part. Regarde-le bien, tu y trouveras tout cela déjà fait et donné et encore plus.

Si tu veux que je te dise un mot de consolation, regarde mon Fils, qui m'est si obéissant et soumis pour mon amour et qui est affligé, et tu ouïras ce qu'il te répondra. Si tu veux que je te déclare des choses occultes ou des événements, jette seulement les yeux sur lui et tu y trouveras des mystères très cachés et la sagesse et les merveilles de Dieu qui sont encloses en lui,
Col 2,3 selon que dit mon Apôtre: *En lequel* Fils de Dieu, *tous les trésors de la sagesse et science de Dieu sont cachés*. Lesquels trésors de la sagesse seront pour toi beaucoup plus sublimes, plus savoureux et plus utiles que ce que tu veux savoir. Car pour cela le même
1 Co 2,2 Apôtre se glorifiait, disant qu'il avait *donné à entendre qu'il ne*

1. Littéralement: des paroles ou des révélations en partie.

savait autre chose que Jésus-Christ et Jésus-Christ crucifié. Et si tu veux encore d'autres visions et révélations divines ou corporelles, regarde-le aussi humanisé, et tu y trouveras plus que tu ne penses, parce que l'Apôtre dit aussi que *toute la plénitude de la divinité demeure corporellement dans le Christ.* » Col 2,9

Il ne faut donc plus consulter Dieu de cette sorte, et il n'est pas nécessaire qu'il parle davantage, puisque ayant achevé de dire toute la foi dans le Christ, il n'a plus de foi à révéler ni n'en aura jamais plus. Et quiconque voudrait maintenant recevoir quelque chose par voie surnaturelle (comme il a été dit) ce serait comme arguer un défaut en Dieu, de n'avoir pas donné en son Fils tout ce qui était requis. Car, encore qu'on le fasse supposant la foi et la croyant, c'est une curiosité qui montre moins de foi. Donc, il ne faut point attendre ni doctrine ni autre chose par voie surnaturelle. Car lorsque le Christ dit en la croix ces paroles: *Tout est consommé,* quand il expira, non Jn 19,30
seulement ces anciennes façons prirent fin, mais aussi toutes les cérémonies et coutumes de la vieille loi. Et ainsi nous nous devons gouverner en tout par la loi du Christ-Homme et par celle de son Église et de ses ministres, humainement et visiblement, et remédier par cette voie à nos ignorances et faiblesses spirituelles. Car nous trouverons par cette voie d'abondants remèdes à tout. Et ce qui sortira de ce chemin ne sera pas seulement curiosité, mais grande témérité; et il ne faut rien croire par voie surnaturelle, sinon seulement ce qui sera enseigné par le Christ-Homme (comme je le dis) et par ses ministres, hommes. *De sorte que si un ange du ciel* (dit saint Ga 1,8
Paul) *vous annonce autre chose que ce que nous*, hommes, *vous avons prêché, qu'il soit maudit et excommunié.*

Vu donc qu'il est vrai qu'on doit toujours s'arrêter à ce que le Christ a enseigné, et que tout le reste n'est rien, et ne doit être cru s'il n'est conforme à cela, celui qui veut traiter en ce temps avec Dieu à la façon de l'ancienne loi chemine en vain. D'autant plus qu'il n'était pas permis à toutes sortes de personnes de ce temps-là d'interroger Dieu, et lui non plus ne répondait à tous, mais seulement aux prêtres et aux prophètes. Car c'était par leur bouche que le peuple devait savoir la loi et la doctrine. Et si quelqu'un voulait savoir une certaine chose de Dieu, il le demandait par le prophète ou le prêtre et non lui-même. Que si David parfois consultait Dieu sans l'entremise d'un tiers, c'était à cause qu'il était prophète; encore, avec tout

cela, ne le faisait-il pas sans le vêtement sacerdotal, comme on voit dans le premier livre des Rois[1] où il dit à Abiathar,
1 Sm 23,9 prêtre: *Mettez l'éphod sur moi* – qui était un des vêtements de la plus grande autorité du sacerdoce – et c'est avec lui qu'il consulta Dieu. Mais, d'autres fois, il consultait Dieu par Nathan et par les autres prophètes, par la bouche desquels – et des prêtres – il fallait croire que ce qu'on leur disait était de Dieu, et non pas pour ce qu'il leur fut ainsi avis.

Et ainsi, ce que Dieu disait alors n'avait aucune autorité, ni force pour y ajouter foi entière, s'il n'était approuvé par la bouche des prêtres et des prophètes. Car Dieu désire tant que le gouvernement et la conduite de l'homme soit par un autre homme son semblable et que l'homme soit régi et gouverné par la raison naturelle, qu'il veut totalement qu'on ne croie avec assurance les choses qu'il nous communique surnaturellement et qu'on ne s'y fie avec force et sécurité, jusqu'à ce qu'elles aient passé par ce canal humain de la bouche de l'homme. Ainsi, quand il dit ou révèle quelque chose à l'âme, c'est avec une manière d'inclination mise en elle, de la découvrir à qui il convient de la déclarer; et jusqu'à cela, il ne donne point d'entière satisfaction, parce que l'homme ne l'a pas reçue d'un autre homme son semblable. D'où vient que nous lisons au
Jg 7, 9-11 livre des Juges le même être advenu au capitaine Gédéon. Parce que Dieu lui ayant dit souvent qu'il vaincrait les Madianites, néanmoins il était douteux et couard – Dieu lui ayant laissé cette timidité – jusqu'à ce qu'il eût ouï par la bouche des hommes ce que Dieu lui avait révélé. Ce fut que, le voyant ainsi faible, Il lui dit: *Lève-toi, descends dans le camp, et quand tu auras entendu ce qu'ils disent, alors tu seras fortifié en ce que je t'ai dit, et tu descendras avec plus d'assurance à l'armée ennemie.* Et ainsi il arriva qu'ayant ouï raconter le songe d'un Madianite à un autre – dans lequel il avait songé que Gédéon les surmonterait – il prit courage et se disposa joyeusement au combat. Où l'on voit que Dieu ne voulut pas qu'il s'assurât – puisqu'Il ne lui donna pas la sécurité par la seule voie surnaturelle – jusqu'à ce qu'il fût confirmé naturellement.

Ex 4, 14-15 Il faut bien plus admirer ce qui arriva en ceci à Moïse: Dieu lui ayant commandé avec de nombreuses raisons – l'ayant aussi confirmé par les signes de la verge changée en serpent et de sa

1. C'est-à-dire notre premier livre de Samuel.

main devenue lépreuse – qu'il allât délivrer les enfants d'Israël, il fut si lâche et si ébloui en cette expédition qu'encore que Dieu se courrouçât, il ne prit jamais courage pour avoir vraiment foi – en l'occurrence pour y aller – jusqu'à ce que Dieu l'animât par son frère Aaron, lui disant: *Je sais que ton frère Aaron est un homme éloquent; regarde, il viendra au-devant de toi et, te voyant, se réjouira en son cœur; parle-lui et mets en sa bouche mes paroles et je serai en ta bouche et en la sienne*, afin que chacun reçoive crédit de la bouche de l'autre.

Moïse, ayant entendu cela, s'encouragea aussitôt sous l'espérance de la consolation du conseil qu'il devait avoir de son frère. Car l'âme humble a cela de propre qu'elle n'entreprend point de traiter avec Dieu par elle seule, et qu'elle ne se peut satisfaire sans la conduite et le conseil humain. Et Dieu le veut ainsi, parce qu'il est avec ceux qui s'assemblent pour savoir la vérité, afin de l'éclaircir et confirmer en eux, appuyée sur la raison naturelle, comme il promit de le faire avec Moïse et Aaron assemblés, parlant par la bouche de l'un et de l'autre. C'est pourquoi il dit aussi dans l'Évangile: *Là où deux ou trois seront* Mt
assemblés – pour délibérer sur ce qui est plus à l'honneur et à la 18,20
gloire de mon nom – *je suis là au milieu d'eux*. C'est à savoir éclaircissant et établissant en leurs cœurs les vérités divines. Et il faut remarquer qu'il ne dit pas: où il y en aura un seul, je suis là, mais: au moins deux, pour donner à entendre que Dieu veut que pas un ne se fie à soi-même seulement – touchant les choses qu'il juge être de Dieu – ni qu'il s'y confirme ou affermisse sans l'Église ou ses ministres, parce qu'étant seul, Il ne lui éclaircira et confirmera pas la vérité dans le cœur. Et ainsi il demeurera faible et froid.

De là vient ce que l'Ecclésiaste enchérit, disant: *Malheur à* Eccl
celui qui est seul, parce que s'il tombe, il n'a personne qui le relève. 4,10-12
Si deux dorment ensemble, ils s'échaufferont l'un l'autre (c'est à savoir, avec la chaleur de Dieu qui est au milieu); *comment est-ce qu'un seul s'échauffera?* (c'est-à-dire, comment ne sera-t-il froid en les choses de Dieu?) *Et si quelqu'un est plus fort et qu'il prévale contre un* (c'est-à-dire le démon, qui sait se prévaloir contre ceux qui se veulent conduire seuls en les choses de Dieu), *deux ensemble lui résisteront* (à savoir, le disciple et le maître qui se joignent pour savoir et pour effectuer la vérité). Et jusqu'à ce qu'on en vienne là, le solitaire se sent ordinairement tiède et faible en la vérité, quoiqu'il l'ait entendue de

Dieu tant de fois que vous voudrez. Ce qui est tellement véritable que saint Paul ayant longtemps prêché l'Évangile,
Ga 1,12 qu'il dit avoir appris de Dieu, non des hommes, néanmoins il ne se put mettre en repos jusqu'à ce qu'il s'en allât en con-
Ga 2,2 férer avec saint Pierre et les apôtres, *de peur*, dit-il, *que par aventure, je ne courusse ou n'eusse couru en vain* – ne se tenant pas pour assuré jusqu'à ce que l'homme lui eût donné la sécurité. Certes! cela me paraît une chose remarquable, Paul, que Celui qui vous révéla cet Évangile, n'ait pu aussi vous révéler à coup sûr la faute que vous pouviez faire dans la prédication de sa vérité!

Ici nous est donné clairement à entendre que ce n'est pas bien fait de s'assurer dans les choses que Dieu révèle, si ce n'est par l'ordre que nous disons. Car, supposé que la personne soit certaine du fait, comme saint Paul l'était de son Évangile (puisqu'il avait déjà commencé à le prêcher), encore que la révélation soit de Dieu, néanmoins l'homme peut errer à son sujet ou en ce qui la concerne. Et quoique Dieu dise l'un, il ne dit pas toujours l'autre; et souvent il dit une chose, et non le moyen de l'exécuter. Parce que, d'ordinaire, tout ce qui se peut faire par l'industrie et par le conseil humain, il ne le fait ni ne le dit, encore qu'il traite longtemps très familièrement avec l'âme. Saint Paul savait fort bien cela, puisque (comme nous avons dit) étant assuré que Dieu lui avait révélé l'Évangile, il en alla toutefois conférer.

Ex 18, 14-23 Cela est clair dans l'Exode où, Dieu traitant avec tant de privauté avec Moïse, il ne lui avait jamais donné ce conseil très utile que son beau-père Jéthro lui donna, c'est à savoir, de choisir d'autres juges pour l'aider et pour que le peuple ne demeurât attendant depuis le matin jusqu'à la nuit. Ce que Dieu approuva, quoiqu'il ne lui en eût rien dit; parce que c'était chose qui pouvait se comprendre par la raison et le jugement humain. Touchant les visions et les paroles de Dieu, Dieu n'a pas coutume de les révéler, parce qu'il veut toujours que l'on se serve d'eux[1] autant qu'on pourra, et toutes doivent être réglées par eux, sauf en ce qui est de la foi, qui surpasse tout jugement et raison – encore que ses mystères n'y soient nullement contraires.

D'où vient que personne ne doit penser qu'encore qu'il soit

1. De la raison et du jugement humain.

certain que Dieu et les saints traitent familièrement avec lui beaucoup de choses, ils doivent pour ce sujet lui déclarer les fautes qu'il a touchant n'importe quelle chose, le pouvant savoir par une autre voie. Et partant, il n'y a point de raison de s'y assurer. Car, comme nous lisons, en les Actes des Apôtres, être arrivé que saint Pierre – quoique Prince de l'Église et qui avait été instruit immédiatement de Dieu – étant en quelque erreur touchant une cérémonie dont il usait parmi les Gentils, Dieu néanmoins se taisait; tellement que saint Paul le reprit, selon qu'il l'assure, disant: *Mais comme je vis que les disciples ne marchaient droitement selon la vérité de l'Évangile, je dis à Pierre en présence de tous: si, étant juif, comme vous l'êtes, vous vivez à la façon des Gentils, comment faites-vous une telle fiction que vous forciez les Gentils à judaïser?* Dieu n'avertissait pas lui-même saint Pierre de cette faute, parce que cette simulation était chose qui tombait sous la raison naturelle et qu'il la pouvait savoir par voie rationnelle. Ga 2,14

D'où vient que Dieu punira au jour du jugement maintes fautes et péchés de beaucoup de ceux avec lesquels il aura ici-bas familièrement conversé et auxquels il aura donné beaucoup de lumière et de vertu, parce qu'en ce qu'ils savaient devoir faire par ailleurs, ils se négligeaient, se confiant en cette communication et vertu de Dieu qu'ils avaient. Et ainsi, comme dit le Christ en l'Évangile, ils s'étonneront alors, disant: *Seigneur, Seigneur, n'avons-nous pas prophétisé en votre nom les prophéties que vous nous disiez? Et n'avons-nous pas chassé les démons en votre nom et fait maints miracles et vertus en votre nom?* Et le Seigneur dit qu'il leur répondra: *Retirez-vous de moi, ouvriers d'iniquité, parce que je ne vous ai jamais connus.* De ceux-ci était le prophète Balaam et d'autres semblables, qui étaient pécheurs, nonobstant que Dieu leur parlât et leur donnât des grâces. Le Seigneur reprendra aussi, pour leur compte, les élus ses amis – auxquels il s'est ici-bas communiqué familièrement – de leurs défauts et paresses, dont il ne les devait pas avertir lui-même, puisque par la loi et la raison naturelle qu'il leur avait données, il les avertissait assez. Mt 7,22-23

Pour conclusion, je dis et je tire de ce qui a été dit, que tout ce que l'âme recevra, de quelque façon que ce soit, par voie surnaturelle, elle le doit aussitôt dire à son maître spirituel, clairement, sincèrement, entièrement et simplement. Car, encore qu'il semble n'y avoir sujet d'en rendre compte et d'employer du temps à cela, puisque (comme nous avons dit) en le rejetant et n'en tenant compte et sans le vouloir, l'âme demeure assurée – principalement quand ce sont visions ou révélations ou autres communications surnaturelles, lesquelles ou sont claires ou peu importe qu'elles soient ou non – toutefois, il est très nécessaire (quoiqu'il semble à l'âme n'en avoir point de sujet) de le dire entièrement et ceci pour trois raisons.

La première, parce que (comme nous avons dit) Dieu communique maintes choses dont il ne confirme pas totalement l'effet, la force, la lumière et l'assurance en l'âme jusqu'à ce (comme il a été dit) qu'on en confère avec celui que Dieu a placé comme juge spirituel de cette âme – qui est celui qui a le pouvoir de la lier et délier, d'approuver et de réprouver en elle – comme nous l'avons montré par les autorités alléguées ci-dessus et l'expérimentons tous les jours, voyant en les âmes humbles où cela se passe, qu'après en avoir conféré avec qui de droit, elles demeurent avec une nouvelle satisfaction, force, lumière et sûreté. Tellement qu'il semble à quelques-unes que, jusqu'à ce qu'elles l'aient communiqué, cela ne leur demeure ni ne leur appartient, et qu'alors on le leur donne de nouveau.

La seconde raison est parce qu'ordinairement l'âme a besoin de doctrine en ce qui lui arrive, pour l'acheminer par cette voie à la nudité et à la pauvreté spirituelle, qui est la nuit obscure. Car, si cette doctrine lui manque, bien que l'âme ne veuille de telles choses, sans y penser elle deviendra grossière en la voie spirituelle et se façonnera à celle du sens – touchant lequel ces choses distinctes se passent en partie.

La troisième cause est parce qu'il convient à l'humilité et sujétion et mortification de l'âme de rendre compte de tout, quoiqu'elle n'en fasse de cas ni d'estime. Parce qu'il y a des âmes qui ont bien de la peine à déclarer cela, estimant que ce ne soit rien, et ne savent comment celui à qui on doit s'en ouvrir le prendra : ce qui est un défaut d'humilité, et c'est pourquoi il faut s'assujettir à le dire. Il y en a d'autres qui ont grande honte à le déclarer de peur qu'on ne voie qu'elles ont des choses qui paraissent appartenir aux saints, ou pour d'autres causes qui les affligent s'il le faut dire, et partant, il leur semble qu'elles n'en doivent parler, puisqu'elles n'en font point de cas. Et c'est pour ce sujet qu'il faut qu'elles se mortifient et qu'elles le disent jusqu'à ce qu'elles soient humbles, simples et douces et prêtes à le dire, et qu'après elles le disent toujours sans difficulté.

Mais il faut prendre garde, touchant cela, qu'encore que nous ayons tant travaillé pour persuader qu'il est nécessaire de rejeter ces choses et que les confesseurs ne mettent point les âmes sur ce propos, néanmoins les pères spirituels ne leur en doivent montrer aucun dégoût, ni les en détourner ni les mépriser de telle sorte que les âmes se resserrent et n'osent plus les découvrir; et que ce serait occasion de tomber en maints inconvénients, s'ils les empêchaient de les dire [1]. Car ces choses étant un moyen et une manière par lesquels Dieu mène ces âmes, il n'est pas convenable de les mépriser, ni s'en étonner ou scandaliser; mais plutôt il faut procéder très doucement et posément, les encourageant et enhardissant à les dire, voire le leur enjoindre, s'il est besoin, vu qu'en la difficulté qu'ont les âmes d'en parler il est parfois nécessaire de se servir de tout. Et qu'ils les acheminent en la foi, les instruisant doucement à détourner leurs yeux de tout cela, leur apprenant comment il faut en dénuer l'appétit et l'esprit pour s'avancer, et leur faisant entendre qu'une œuvre ou un acte de volonté fait en charité est plus agréable à Dieu que toutes les visions et les communications qu'elles sauraient avoir du ciel – puisque ces choses ne sont ni mérite ni démérite – et que bien des âmes fort éloignées de ces choses sont sans comparaison plus avancées que d'autres qui en ont beaucoup.

Chapitre 23

OÙ L'ON COMMENCE À PARLER DES APPRÉHENSIONS DE L'ENTENDEMENT QUI SONT PUREMENT PAR VOIE SPIRITUELLE. – ON DIT QUELLES ELLES SONT

Encore que la doctrine que nous avons donnée touchant les appréhensions de l'entendement qui sont par la voie du sens – selon ce qui s'en pouvait dire – demeure un peu courte, néanmoins je ne m'y suis pas voulu étendre davantage, vu que, pour satisfaire à mon intention – qui est d'en désembarrasser l'entendement et l'acheminer à la nuit de la foi – il me semble plutôt

1. Littéralement: s'ils leur fermaient la porte pour les dire.

y avoir été trop long. Partant, nous traiterons maintenant des quatre autres appréhensions de l'entendement que nous avons dites au chapitre 10 être purement spirituelles, qui sont les visions, les révélations, les paroles et les sentiments spirituels; lesquelles appréhensions nous appelons purement spirituelles, parce qu'elles ne se communiquent pas à l'entendement par voie des sens corporels (comme les corporelles imaginaires); mais, sans aucun moyen d'aucun sens corporel extérieur ou intérieur, elles s'offrent à l'entendement clairement et distinctement par voie surnaturelle, passivement, c'est-à-dire sans que l'âme interpose aucun acte ou œuvre de sa part, au moins actif.

Sachez donc que, parlant d'une façon plus ample et en général, on peut appeler toutes ces quatre appréhensions: visions de l'âme, car l'entendement de l'âme s'appelle aussi vue de l'âme. Et, pour autant que ces appréhensions sont intelligibles à l'entendement, on les appelle spirituellement visibles. Et ainsi les intelligences qui s'en forment dans l'entendement peuvent être nommées visions intellectuelles. Car vu que tous les objets des autres sens – comme ce qui se peut voir, ouïr, flairer, goûter et toucher – sont objets de l'entendement en tant qu'ils tombent sous la vérité ou la fausseté, de là vient que, comme tout ce qui est corporellement visible aux yeux du corps leur cause une vision corporelle, de même tout ce qui est intelligible aux yeux spirituels de l'âme, c'est-à-dire à l'entendement, lui cause une vision spirituelle; vu que (comme nous avons dit) entendre, c'est voir. Ainsi ces quatre appréhensions, parlant généralement, peuvent être appelées visions – ce que les autres sens n'ont pas, parce que l'un est incapable de l'objet de l'autre comme tel.

Mais parce que ces appréhensions se représentent à l'âme de la même manière qu'aux autres sens, de là vient que, pour parler proprement et spécifiquement, ce que l'entendement reçoit par manière de vue (car il peut voir les choses spirituellement, comme font les yeux corporellement), nous l'appelons vision; et ce qu'il reçoit comme appréhendant et entendant des choses nouvelles (comme l'ouïe entendant des choses non encore ouïes), nous l'appelons révélation; et ce qu'il reçoit par manière d'ouïr, nous l'appelons parole; et ce qu'il reçoit par manière des autres sens – comme est l'intelligence d'une suave odeur spirituelle, et d'une saveur spirituelle et de délices spirituelles que l'âme peut goûter surnaturellement – nous appelons cela sentiments spirituels. De tout ceci, il tire intelligence ou vision spirituelle, sans aucune appréhension de forme, image ou figure d'imagination ou fantaisie naturelle; mais ces choses se communiquent immédiatement à l'âme par œuvre surnaturelle et par moyen surnaturel.

Il faut donc débrouiller ici l'entendement de celles-ci (aussi bien que nous avons fait des autres appréhensions corporelles imaginaires), l'acheminant et dressant par elles en la nuit spirituelle de la foi à la divine et substantielle union de Dieu; de peur que, en s'y embrouillant et se rendant grossier par là, il ne se retarde au chemin de la solitude et nudité de toutes choses, qui sont requises pour cet effet. Car, posé le cas que ces appréhensions soient plus nobles, plus utiles et beaucoup plus sûres que les corporelles imaginaires – à cause qu'elles sont déjà intérieures, purement spirituelles, et où le démon peut moins aborder parce qu'elles se communiquent à l'âme plus purement et plus subtilement, sans aucune opération de sa part, ni de l'imagination, au moins active – il n'en est pas moins vrai que non seulement l'entendement pourrait s'embarrasser pour le chemin susdit, mais encore il pourrait être beaucoup trompé pour son peu de prudence.

Et encore que nous puissions, en quelque sorte, conclure tout ensemble ces quatre manières d'appréhensions, y donnant le commun conseil que nous donnons pour toutes les autres, de ne les prétendre ni désirer, néanmoins, parce qu'en détail on donnera plus de lumière pour le faire et on dira quelque chose d'elles, il vaut mieux traiter en particulier de chacune. Et partant, nous parlerons des premières qui sont les visions spirituelles ou intellectuelles.

Chapitre 24

OÙ IL EST TRAITÉ DE DEUX MANIÈRES QU'IL Y A DE VISIONS SPIRITUELLES PAR VOIE SURNATURELLE

Parlant maintenant proprement de celles qui sont visions spirituelles sans le moyen d'aucun sens corporel, je dis qu'il en peut tomber de deux sortes dans l'entendement: les unes sont de substances corporelles, les autres, de substances séparées ou

incorporelles. Les corporelles sont de toutes les choses matérielles du ciel et de la terre; lesquelles l'âme peut voir, même étant unie au corps, moyennant certaine lumière surnaturelle dérivée de Dieu, en laquelle il lui est permis de voir toutes les choses absentes, soient-elles au ciel ou sur la terre – selon ce que nous
Ap 21 lisons que saint Jean a vu, au chapitre 21 de l'Apocalypse, où il conte la description et l'excellence de la Jérusalem céleste, qu'il vit dans le ciel. Ainsi lit-on aussi de saint Benoît, qui, en une vision spirituelle, vit le monde entier[1]. Laquelle vision saint Thomas, dans le premier de ses Quodlibets, dit qu'elle eut lieu grâce à la lumière dérivée d'en haut que nous avons dite[2].

Les autres visions, qui sont de substances incorporelles, ne se peuvent voir moyennant cette lumière dérivée que nous disons, mais avec une autre lumière plus élevée qui s'appelle lumière de gloire. Et ainsi, ces visions de substances incorporelles – comme des anges et des âmes – ne sont propres à cette vie, ni ne se peuvent voir en corps mortel; parce que, si Dieu les voulait communiquer à l'âme essentiellement comme elles sont, aussitôt l'âme sortirait de la chair et se détacherait de la vie mortelle. C'est pourquoi Dieu dit à Moïse, quand il le pria qu'Il lui
Ex 33,20 montrât son essence: *L'homme ne me verra pas, qu'il puisse demeurer en vie*. Ce pourquoi, quand les enfants d'Israël pensaient qu'ils allaient voir Dieu ou qu'ils l'avaient vu, ou quelque ange, ils craignaient de mourir, comme on le lit dans l'Exode où,
Ex 20,19 dans leur crainte, ils dirent: *Que Dieu ne se communique pas à nous manifestement, de peur que nous ne mourions*. Et aussi, dans les Juges, Manué, père de Samson, pensant qu'ils avaient vu essentiellement l'ange qui leur parlait, à lui et à sa femme, (lequel leur était apparu sous la forme d'un homme très beau),
Jg 13,22 il dit à sa femme: *Nous mourrons parce que nous avons vu le Seigneur*.

Et ainsi, ces visions ne sont pas de cette vie, si ce n'est quelquefois, en passant, Dieu dispensant ou sauvant la condition et la vie naturelle, en retirant totalement l'esprit de leur usage, de sorte que, avec sa grâce, le rôle naturel de l'âme vis-à-vis du corps soit suppléé. C'est pour cela que, quand on croit que saint Paul les vit – à savoir: les substances séparées dans le
2 Co 12,3-4 troisième ciel – ce saint dit qu'*il fut ravi* à elles, et ce qu'il vit,

1. Saint Grégoire le Grand, *Vie de saint Benoît*, l. II, c. 35: P. L. 66, 198.
2. *Quodl.* 1, a. 1, ad 1.

il dit qu'*il ne sait si c'était dans le corps ou hors du corps* et que *Dieu le sait*. Où l'on voit clairement qu'il fut retiré de la voie naturelle, Dieu opérant la manière. D'où vient aussi, quand on croit que Dieu montra son essence à Moïse, nous lisons qu'Il lui
promit de le mettre dans le trou de la pierre et de le protéger, Ex
le couvrant de sa droite et le garantissant, afin qu'il ne mourût 33,22
pas quand sa gloire passerait – lequel passage n'était autre chose que se montrer en passant, Dieu par sa dextre conservant la vie naturelle de Moïse. Mais ces visions si substantielles, comme celle de saint Paul, celle de Moïse et celle de notre père Élie –
lorsqu'il couvrit sa face au doux sifflement de Dieu – quoi- 1 R
qu'elles ne soient qu'en passant, n'arrivent que très rarement 19,13
et presque jamais et à fort peu de personnes, parce que Dieu confère cette grâce à ceux qui sont très forts en l'esprit de l'Église et la loi de Dieu, comme ont été les trois nommés.

Or bien que ces visions de substances spirituelles ne se puissent voir nûment et clairement en cette vie avec l'entendement, elles se peuvent néanmoins sentir en la substance de l'âme, avec de très doux attouchements [1] et embrassements – ce qui appartient aux sentiments spirituels, de quoi, avec l'aide de Dieu, nous traiterons ci-après. Parce que c'est là que tend et s'adresse ma plume – qui est à la divine conjonction et union de l'âme avec la substance divine – ce qui sera quand nous traiterons de l'intelligence mystique et confuse et obscure, que nous remettons au lieu où nous dirons comment, moyennant cette notice amoureuse et obscure, Dieu s'unit avec l'âme en un degré sublime et divin; parce qu'en quelque manière, cette notice obscure amoureuse, qui est la foi, sert en cette vie pour l'union divine, comme la lumière de gloire sert en l'autre de moyen pour la claire vision de Dieu.

Partant, traitons maintenant des visions de substances corporelles qu'on reçoit spirituellement en l'âme, qui sont à la façon des visions corporelles. Car, comme les yeux voient les choses corporelles par le moyen de la lumière naturelle, de même, l'âme avec l'entendement, moyennant la lumière dérivée surnaturelle que nous avons dite, voit intérieurement ces mêmes choses naturelles et telles autres qu'il plaît à Dieu. Si ce n'est qu'il y a de la différence au moyen et en la manière de les voir. Car les spirituelles et intellectuelles arrivent beau-

1. En espagnol: *toques*. Cyprien a traduit le mot *toque* tantôt par attouchement, tantôt par touche.

coup plus clairement et plus subtilement que les corporelles. Parce que, quand Dieu veut faire cette faveur à l'âme, il lui communique cette lumière surnaturelle dont nous parlons, où elle voit facilement et très clairement les choses que Dieu lui veut montrer, tant du ciel que de la terre, sans que leur absence ou leur présence y mette empêchement ou concours. C'est parfois comme si on ouvrait une très claire porte et qu'on vît par là une lumière pareille à un éclair, lorsque, dans une nuit obscure, il éclaire tout à coup les choses et les fait voir clairement et distinctement, puis les laisse aussitôt en ténèbres, encore que les formes et figures demeurent dans la fantaisie; ce qui arrive bien plus parfaitement en l'âme, parce que ces choses qu'elle a vues avec l'esprit en cette lumière y demeurent tellement imprimées, qu'à chaque fois qu'elle y fait réflexion, elle les voit en soi comme elle les a vues auparavant – de même qu'à chaque fois qu'on regarde au miroir on y voit les formes qui y sont; et c'est de telle manière que dorénavant les formes des choses qu'elle a vues ne s'effacent jamais entièrement de l'âme, encore que par intervalles elles vont quelque peu s'en éloignant.

L'effet de ces visions dans l'âme sont quiétude, illumination, joie en manière de gloire, suavité, netteté et amour, humilité et inclination ou élévation de l'esprit en Dieu: quelquefois plus en l'un, d'autres fois moins en l'autre, selon l'esprit dans lequel on les reçoit et comme il plaît à Dieu.

Le démon peut aussi causer ces visions en l'âme moyennant quelque lumière naturelle, en laquelle par suggestion spirituelle l'esprit découvre les choses soit présentes, soit absentes. D'où vient que quelques docteurs qui interprètent le passage de
Mt 4,8 saint Matthieu où il est dit que *le diable montra au Christ tous les royaumes du monde et leur gloire*, disent que ce fut par suggestion spirituelle; car il n'était pas possible qu'il lui pût faire voir tant, par les yeux du corps, que de voir tous les royaumes du monde et leur gloire. Mais il y a bien de la différence entre ces visions que cause le démon et celles qui sont de la part de Dieu. Car les effets que celles-là causent en l'âme ne sont pas comme ceux que causent les bonnes: au contraire, elles causent une sécheresse en l'esprit, touchant la conversation avec Dieu, une inclination à s'estimer et à admettre et faire cas des visions susdites, et ne produisent en aucune façon la douceur de l'humilité et amour de Dieu. Ni leurs formes ne demeurent im-

primées en l'âme avec cette clarté suave, comme celle des autres, ni ne durent: mais elles s'effacent aussitôt, sauf si l'âme les estime beaucoup; car alors la propre estime fait qu'elle s'en ressouvient naturellement; mais c'est fort sèchement et sans causer cet effet d'amour et d'humilité que les bonnes produisent quand on s'en souvient.

Ces visions, à cause qu'elles sont de créatures, avec lesquelles Dieu n'a aucune proportion ni convenance essentielle, ne peuvent servir à l'entendement de proche moyen à l'union de Dieu. De sorte qu'il convient que l'âme s'y comporte d'une façon purement négative, comme en les autres dont nous avons parlé, pour avancer par le plus proche moyen qui est la foi. D'où vient que l'âme ne doit faire réserve ni trésor des formes de ces visions qui lui demeurent empreintes, et ne s'y doit vouloir appuyer. Car ce serait être embarrassée avec ces formes et images et personnages, qui résident près de l'intérieur, et elle n'irait pas à Dieu par l'abnégation de toutes les choses. Parce que, supposé que ces images se représentassent toujours là, elles ne l'empêcheraient guère si l'âme n'en voulait tenir compte. Car, quoiqu'il soit vrai que leur souvenir incite l'âme à quelque amour de Dieu et contemplation, cependant la pure foi et la nudité en l'obscurité de toutes ces choses l'y porte et élève bien davantage, sans savoir comment ni d'où cela lui vient. Et ainsi il arrivera que l'âme sera enflammée avec des angoisses d'un très pur amour de Dieu et ne saura d'où elles lui viennent, ni quel fondement elles ont eu. Et c'est que, tout ainsi que la foi s'est enracinée et coulée davantage en l'âme moyennant ce vide, ces ténèbres et cette nudité de toutes choses, ou cette pauvreté spirituelle – car nous pouvons appeler tout cela une même chose – aussi conjointement la charité de Dieu s'enracine et se glisse davantage en l'âme. D'où vient que, tant plus l'âme se veut obscurcir et anéantir en toutes les choses extérieures et intérieures qu'elle peut recevoir, tant plus on lui verse de foi et, par conséquent, d'amour et d'espérance, vu que ces trois vertus théologales vont ensemble.

Néanmoins parfois on ne comprend ni on ne sent cet amour, parce qu'il n'a pas son siège au sens avec tendresse, mais en l'âme avec force et plus de courage et de hardiesse qu'auparavant; encore que quelquefois cela redonde [1] jusqu'au sens et

1. C'est-à-dire rejaillisse.

qu'il se montre tendre et doux. Tellement que pour arriver à cet amour, allégresse et joie que ces visions causent à l'âme, il faut qu'elle ait de la force et de la mortification et de l'amour pour vouloir demeurer en vide et en obscurité de tout cela, et fonder cet amour et cette joie en ce qu'elle ne voit ni ne sent et ne peut voir ni sentir en cette vie, qui est Dieu – lequel est incompréhensible et par-dessus tout; c'est pourquoi il nous faut aller à lui par négation de tout. Autrement, supposé que l'âme soit si avisée, si humble et si forte que le démon ne la puisse tromper en elles ni la précipiter en aucune présomption, comme il a coutume de faire, elles ne laisseront pas néanmoins l'âme s'avancer, parce qu'elle met un obstacle à la nudité spirituelle et à la pauvreté d'esprit et au vide en foi – ce qui est requis pour l'union de l'âme avec Dieu.

Et parce que la doctrine que nous avons donnée aux chapitres 19 et 20 [1] pour les visions et les appréhensions surnaturelles du sens sert aussi pour ces visions, je n'en parlerai pas davantage.

Chapitre 25

OÙ IL EST TRAITÉ DES RÉVÉLATIONS. ON DIT CE QUE C'EST ET ON Y MET UNE DISTINCTION

Selon l'ordre que nous suivons ici, il nous faut maintenant parler de la seconde sorte d'appréhensions spirituelles, que nous avons nommées ci-dessus révélations, lesquelles appartiennent proprement à l'esprit de prophétie. Sur quoi il faut premièrement savoir que « révélation » n'est autre chose que le dévoilement de quelque vérité cachée ou la manifestation de quelque secret ou mystère. Comme si Dieu donnait à entendre quelque chose comme elle est en soi, en déclarant la vérité à l'entendement, ou s'il lui découvrait quelques choses qu'il fait ou qu'il se dispose à faire.

Et, suivant cela, nous pouvons dire qu'il y a deux sortes de révélations: les unes qui sont une manifestation de vérités à

1. Il s'agit, dans notre édition, des chapitres 21 et 22 (cf., ci-dessus, la note de la page 123).

l'entendement et qui s'appellent proprement notices intellectuelles ou intelligences. Les autres qui sont une manifestation de secrets, et celles-là s'appellent proprement et plus que les autres révélations. Car, on ne peut en toute rigueur donner ce nom aux premières, parce qu'elles consistent en ce que Dieu fait entendre à l'âme des vérités nues, non seulement touchant les choses temporelles, mais aussi touchant les spirituelles, les lui montrant clairement et manifestement. Desquelles j'ai voulu traiter sous le nom de révélations, tant à cause de leur proximité et alliance avec celles-ci, que pour ne multiplier de nombreux noms de distinctions.

Or, suivant cela, nous pourrons bien maintenant faire distinction des révélations en deux sortes d'appréhensions: nous appellerons les unes notices intellectuelles et les autres manifestations de secrets et mystères cachés de Dieu; et nous les terminerons en deux chapitres le plus succinctement que nous pourrons – traitant en celui-ci de la première sorte.

Chapitre 26

OÙ IL EST TRAITÉ DES INTELLIGENCES DE VÉRITÉS NUES EN L'ENTENDEMENT. – ON DIT QU'IL Y EN A DE DEUX SORTES ET COMMENT L'ÂME S'Y DOIT CONDUIRE

Pour parler proprement de cette intelligence de vérités nues qu'on donne à l'entendement, il serait nécessaire que Dieu parlât lui-même et prît la plume en main. Car sachez, mon cher lecteur, que ce qu'elles sont en elles-mêmes pour l'âme surpasse tout discours. Pourtant, comme je n'en parle pas ici expressément, mais seulement pour dresser et acheminer l'âme en elles à l'union divine, aussi faut-il souffrir qu'on en parle brièvement et avec modification, autant qu'il suffira pour notre dessein.

Cette sorte de visions, ou pour mieux parler, de notices de vérités nues, est très différente de celle dont nous avons parlé au chapitre 24, parce que ce n'est pas comme de voir les choses corporelles avec l'entendement. Mais elle consiste à entendre et voir avec l'entendement des vérités de Dieu ou des vérités des choses qui ont été, qui sont, et qui seront. Ce qui est fort conforme à l'esprit de prophétie, comme nous dirons peut-être ci-après.

Où il faut noter que ce genre de notices se distingue en deux manières: les unes arrivent à l'âme touchant le Créateur, les autres touchant les créatures (comme nous avons déjà dit). Et encore que les unes et les autres soient fort savoureuses à l'âme, néanmoins on ne saurait ni à quoi comparer ni exprimer par paroles ou vocables la délectation que causent celles de
Dieu, car ce sont des notices et délectations de Dieu même,
Ps 39 *auquel il n'y a rien de semblable*, comme dit David. Parce que
(40),6 ces notices arrivent directement au sujet de Dieu, en ayant de
très hauts sentiments de quelque attribut divin, soit de sa toute-puissance, soit de sa force, soit de sa bonté et douceur, etc. Et toutes les fois qu'on sent cette intelligence, elle attache dans l'âme la chose même qu'elle sent. Car, pour autant que c'est une pure contemplation, l'âme voit clairement qu'on ne sait comment exprimer par paroles aucune chose de cela, si ce n'est par quelques termes généraux que l'abondance du plaisir et du bien qu'on a senti fait dire à ces âmes par où cela a passé – mais toutefois sans qu'on puisse entendre par là ce que l'âme y aura ressenti et goûté.

Ainsi David, ayant un peu expérimenté cela, en parle seule-
Ps 18 ment en termes communs et généraux, disant: *Les jugements*
(19), *de Dieu* – c'est-à-dire, les vertus et attributs que nous concevons
10-11 de lui – *sont véritables, justifiés en eux-mêmes, plus désirables que*
l'or et beaucoup plus que la pierre précieuse et plus doux que le rayon de miel. Et nous lisons de Moïse qu'en une très haute connaissance que Dieu lui donna de soi, passant devant lui, il dit seulement ce qui se peut dire par les termes susdits généraux et
communs. Car, le Seigneur passant par lui en cette notice, il se
Ex 34, prosterna hâtivement en terre, disant: *Dominateur, Seigneur*
6-7 *Dieu, miséricordieux et clément, patient, et qui as grande compassion,*
et véritable, qui gardes la miséricorde que tu promets à des milliers. Où l'on voit que Moïse ne pouvant expliquer ce qu'il connut de Dieu par une seule notice, il le dit et manifesta par toutes ces paroles. Et quoique parfois, en ces connaissances, on dise des paroles, l'âme voit bien toutefois qu'elle n'a rien dit de ce qu'elle a senti; car elle voit qu'il n'y a point de nom propre pour exprimer cela. Aussi, quand saint Paul eut cette haute
notice de Dieu, il ne se soucia pas de dire autre chose, sinon
2 Co qu'*il n'était pas permis à l'homme d'en parler.*
12,4

Ces notices divines qui regardent Dieu ne sont jamais de choses particulières – vu qu'elles sont touchant le Souverain Principe; c'est pourquoi on ne les peut dire en particulier, si ce n'est que, d'une certaine manière, cette connaissance s'étendît à quelque autre vérité de chose qui fût moins que Dieu, qu'on y apercevrait en même temps; mais non pas ces notices générales. Il n'y a que l'âme qui arrive à l'union de Dieu qui puisse avoir ces hautes connaissances, parce qu'elles sont l'union même, attendu que de les avoir consiste en un certain attouchement qui se fait de l'âme en la Divinité, et partant Dieu même est celui qu'on y sent et qu'on y goûte. Et encore que ce ne soit pas clairement et manifestement comme dans la gloire, néanmoins c'est une si haute et si sublime touche de notice et de saveur, qu'elle pénètre la substance de l'âme. Et le démon ne s'y peut entremettre ni faire chose semblable – car il n'y a rien de semblable à cela, ni chose qu'on y puisse comparer – ni verser saveur ou délices semblables. Parce que ces connaissances ont un certain goût de l'être divin et de la vie éternelle, et le démon ne saurait contrefaire chose si haute.

Il pourrait bien néanmoins faire quelque apparence de singe, représentant à l'âme quelques grandeurs et satiétés fort sensibles (tâchant de persuader à l'âme que cela est Dieu), mais non en sorte qu'elles entrent dans la substance de l'âme, la renouvelant et énamourant soudainement comme font celles de Dieu. Parce qu'il y a des notices et des attouchements de ceux que Dieu fait en la substance de l'âme qui l'enrichissent tellement qu'une seule peut non seulement arracher de l'âme tout d'un coup toutes les imperfections dont elle ne s'était pu défaire en toute sa vie, mais en outre la combler de vertus et de biens de Dieu.

Et ces attouchements sont si savoureux et d'une délectation si intime à l'âme qu'un seul la satisfera amplement de tous les travaux qu'elle aura soufferts durant sa vie, quoiqu'ils soient innombrables; et elle devient si vigoureuse et si animée à pâtir de nombreuses choses pour Dieu, que ce lui est un particulier tourment de voir qu'elle n'endure beaucoup.

L'âme ne saurait arriver à ces hautes notices par aucune comparaison ni imagination sienne, parce qu'elles sont par-dessus tout cela; aussi Dieu les opère dans l'âme sans son habileté. D'où vient que parfois, quand elle y pense le moins et y prétend le moins, Dieu a de coutume de lui donner ces divins attouchements où il lui cause certains ressouvenirs de Dieu. Et parfois ces attouchements se font promptement en elle, uniquement par la mémoire de certaines choses, et quelquefois assez petites. Ils sont si sensibles qu'ils font parfois frémir non seulement l'âme mais aussi le corps. D'autres fois ils se glissent dans l'esprit lorsqu'il est fort accoisé, sans aucune crainte, lui faisant soudainement sentir un sentiment relevé de plaisir et de rafraîchissement.

D'autres fois, ils arrivent en un mot qu'on dit ou entend dire, soit de l'Écriture, soit d'autre chose. Mais ils ne sont pas toujours d'une même efficace et d'un pareil sentiment. Car souvent ils sont assez médiocres; néanmoins, tels qu'ils sont, un de ces souvenirs et attouchements de Dieu vaut mieux à l'âme que maintes autres notices et considérations des créatures et des œuvres de Dieu. Et pour autant que ces connaissances sont données tout à coup à l'âme, et sans son choix, elle n'a que faire de les vouloir ou de ne les pas vouloir, mais seulement d'être humble et résignée en elles: car Dieu opérera quand il voudra et comme il lui plaira.

Et je ne dis pas qu'il se faille comporter en celles-ci négativement comme en les autres appréhensions, parce que (comme nous avons dit) elles font partie de l'union où nous acheminons l'âme. C'est pourquoi nous lui apprenons à se dénuer et détacher de toutes les autres. Et le moyen afin que Dieu les donne doit être l'humilité et de souffrir pour l'amour de lui avec abandon de toute rétribution; parce que ces faveurs ne se font à l'âme propriétaire, mais elles sont causées d'un très particulier amour que Dieu porte à cette âme, laquelle l'aime aussi d'un cœur fort désintéressé. C'est ce que le Fils de Dieu voulut dire
Jn 14,21 en saint Jean quand il dit: *Celui qui m'aime sera aimé de mon Père et je l'aimerai et je me manifesterai à lui*, ce qui comprend les notices et les attouchements dont nous parlons, que Dieu découvre à l'âme qui l'aime véritablement.

La seconde manière de notices ou de visions de vérités intérieures est très différente de celle que nous avons dite, parce qu'elle est de choses plus basses que Dieu. Et elle comprend la connaissance de la vérité des choses en elles-mêmes, et celle des faits et accidents qui arrivent parmi les hommes. Cette connaissance est de telle sorte que quand on donne à connaître à l'âme ces vérités, elles s'établissent tellement en son intérieur sans que personne lui dise rien, qu'encore qu'on lui dise autre chose, elle n'y peut donner le consentement intérieur, quoiqu'elle s'efforce d'y acquiescer; parce que l'esprit connaît autre chose en cette chose, grâce à l'esprit qui le tient présent à cette chose[1] – ce qui est comme le voir tout à clair. Et cela appartient à l'esprit de prophétie et à la grâce que saint Paul appelle *don de discerner les esprits*. Et encore que l'âme tienne ce qu'elle entend pour si certain et si véritable (comme nous avons dit) et ne puissse s'empêcher d'avoir ce consentement intérieur passif, elle ne doit laisser néanmoins de croire et donner le consentement de la raison à ce que son maître spirituel lui dira et commandera, quoique cela soit fort contraire à ce qu'elle sent, pour dresser[2] en cette manière l'âme en foi à l'union divine – à laquelle elle doit plutôt s'acheminer en croyant qu'en entendant.

1 Co 12,10

Nous avons des preuves claires de l'un et de l'autre en l'Écriture. Parce que, touchant la connaissance spirituelle qu'on peut avoir des choses, le Sage dit ces paroles: *Dieu m'a donné la vraie science des choses qui sont, afin que je sache la disposition de la rondeur de la terre et la vertu des éléments, le commencement, la fin et le milieu des temps, les vicissitudes des changements et les consommations des temps, les changements des coutumes, la division des temps, le cours de l'année, et les dispositions des étoiles, la nature des animaux, les colères des bêtes, la force et la vertu des vents et les pensées des hommes, les différences des plantes et des arbrisseaux et les vertus des racines et toutes les choses qui sont cachées et non prévues, je les ai apprises, car la Sagesse, qui est l'ouvrière de toutes choses, m'a enseigné*. Et encore que cette connaissance que le Sage dit ici que Dieu lui avait donnée de toutes choses fût infuse et générale, néanmoins, par cette autorité sont suffisamment prouvées toutes les notices que Dieu verse particulièrement en les âmes par voie surnaturelle, quand il lui plaît. Non qu'il leur donne une habitude[3] générale de science, comme à Salomon touchant les choses susdites, mais en leur découvrant parfois quelques vérités de quelqu'une de toutes ces choses que le Sage rapporte ici. Encore qu'il soit véritable que Notre Seigneur donne des habitudes de nombreuses choses à beaucoup

Sg 7, 17-21

1. Nous restituons la traduction littérale, quoique la phrase du saint soit un peu embarrassée.

2. En espagnol: *enderezar*. Chez saint Jean de la Croix, ce mot est caractéristique de la manière anagogique. Cyprien l'avait traduit indifféremment par: dresser, adresser, diriger, élever, référer, passer, etc. Pour plus de rigueur, nous le traduisons toujours par dresser.

3. Au sens d'*habitus*, c'est-à-dire de qualité permanente de l'être.

de personnes, non jamais si générales qu'à Salomon, mais selon cette différence de dons que saint Paul rapporte que
1 Co Dieu distribue, entre lesquels il met la sagesse, la science, la foi,
12,8-11 la prophétie, la discrétion ou connaissance des esprits, l'intelligence des langues et la déclaration des paroles, etc. Toutes lesquelles notices sont des habitudes infuses que Dieu donne gratuitement à qui il veut, tantôt d'une façon naturelle, tantôt d'une façon surnaturelle: d'une façon naturelle, comme à Balaam et à d'autres prophètes idolâtres et à nombre de sybilles, à qui il donna l'esprit de prophétie; et d'une façon surnaturelle, comme aux prophètes et apôtres et à d'autres saints.

Mais outre ces habitudes ou grâces gratuitement données, ce que nous disons, c'est que les personnes parfaites, ou celles qui vont déjà s'avançant à la perfection, ont coutume d'avoir fort ordinairement une illustration et une notice des choses présentes ou absentes, qu'elles connaissent par la lumière qu'elle reçoivent en l'esprit déjà illuminé et purifié. On peut entendre
Pr 27,19 à ce propos ce qui est dit en les Proverbes, à savoir: *De même que les eaux représentent les faces de ceux qui s'y mirent, ainsi les cœurs des hommes sont manifestes aux prudents*; ce qui s'entend de ceux qui ont atteint la sagesse des saints, que l'Écriture nomme prudence. Et aussi ces esprits connaissent parfois en cette manière les autres choses, mais ce n'est pas toujours quand ils veulent; car cela n'est qu'en ceux qui ont l'habitude, et encore ce n'est pas toujours en tout, mais comme il plaît à Dieu de les favoriser.

Néanmoins, il faut savoir que ceux qui ont l'esprit purifié peuvent très facilement connaître naturellement – les uns plus que les autres – ce qui est dans le cœur ou intérieur de l'âme et les inclinations et les talents des personnes, et cela par les moindres indices extérieurs, comme propos, gestes et autres signes. Car de même que le démon peut cela parce qu'il est
1 Co esprit, le spirituel le peut aussi, selon le dire de l'Apôtre: *Le*
2,15 *spirituel juge toutes choses*. Et ailleurs: *L'esprit sonde tout, jusqu'aux*
et 10 *choses profondes de Dieu*. D'où vient qu'encore que naturellement les spirituels ne puissent connaître les pensées ou ce qui est en l'intérieur, ils le peuvent toutefois bien entendre par illustration surnaturelle ou par indices. Et quoiqu'ils se puissent abuser souvent en la connaissance par indices, néanmoins ils y réussissent le plus ordinairement. Mais il ne faut pas pourtant se fier ni à l'un ni à l'autre parce que le démon s'y entremet

beaucoup et très subtilement, comme nous dirons bientôt; c'est pourquoi il faut toujours rejeter ces intelligences.

Or, que les spirituels puissent aussi connaître les faits et les accidents des hommes, quoique absents, nous en avons un témoignage et un exemple dans le quatrième livre des Rois[1] où, Giési, disciple de notre père Élisée, voulant lui celer l'argent qu'il avait reçu de Naaman le Syrien, Élisée lui dit: *D'aventure,* 2 R 5,26
mon cœur n'était-il pas présent quand Naaman est retourné de son chariot et est venu au-devant de toi? Ce qui arrive spirituellement lorsque l'homme voit en esprit les choses comme si elles se passaient en sa présence. Ce qui se prouve encore au même livre, où nous lisons que le même Élisée, sachant tout ce que le roi de 2 R
Syrie traitait avec ses princes en secret, le disait au roi d'Israël. 6,9-10
Et ainsi ses conseils étaient inutiles: de sorte que le roi de Syrie, voyant qu'on savait tout, dit à ses gens: *Que ne me nommez-vous* 2 R 6,11
ce traître parmi vous, qui a intelligence avec le roi d'Israël? Alors, un de ses serviteurs lui répondit: *Sire, cela n'est point, mais le* 2 R 6,12
prophète Élisée, qui est en Israël, découvre au roi d'Israël tout ce que vous dites dans votre secret.

L'une et l'autre manière de ces notices de choses, comme aussi des autres, arrivent passivement à l'âme sans qu'elle y contribue en rien de sa part. Car il arrivera que, la personne en étant assez divertie et éloignée, on lui mettra dans l'esprit l'intelligence vive de ce qu'elle entend ou lit, beaucoup plus clairement que la parole ne sonne; et parfois, si les paroles sont en latin et qu'elle ignore cette langue, la connaissance s'en représente à elle quoiqu'elle n'en sache la signification.

Quant aux tromperies que le démon peut faire et fait en cette manière de notices et intelligences, il y aurait beaucoup à dire, parce que les tromperies qu'il y fait sont grandes et fort cachées. Car il peut représenter à l'âme par suggestion maintes notices intellectuelles, et peut les établir si fermement qu'il semble que cela ne peut aller autrement, et si l'âme n'est humble et craintive, sans doute il lui fera croire mille mensonges. Car la suggestion agit parfois avec une grande force en l'âme, principalement quand celle-ci participe un peu de la faiblesse du sens, où il attache la notice avec tant de force, de persuasion et de fermeté qu'alors l'âme a bien besoin d'oraison et de vigueur pour la rejeter. Car, parfois, il représente les péchés

1. C'est-à-dire notre deuxième livre des Rois.

d'autrui, les consciences mauvaises, les âmes méchantes, et ceci faussement et avec beaucoup de clarté, le tout pour diffamer et en intention de faire découvrir ces vices afin que Dieu soit offensé – pour cette fin mettant ce zèle en l'âme, que c'est pour recommander ces âmes à Dieu. Parce qu'encore qu'il soit vrai que Dieu représente quelquefois aux âmes saintes les nécessités de leur prochain, afin qu'elles les lui recommandent
Jr 45,3 ou y pourvoient – comme nous lisons qu'il découvrit à Jérémie la faiblesse du prophète Baruc, pour l'instruire sur cela – le démon néanmoins le fait aussi fort souvent et faussement pour noircir et diffamer les autres de péchés, ou pour les jeter en de grandes désolations, dont nous avons beaucoup d'expérience. D'autres fois, il imprime fort avant d'autres notices et les fait croire.

Toutes ces connaissances, qu'elles soient de Dieu ou non, ne peuvent servir que très peu au progrès de l'âme vers Dieu, si elle s'y voulait appuyer. Au contraire, si elle n'était soigneuse de les rejeter, non seulement elles l'empêcheraient, mais aussi elles lui feraient grand tort et la feraient grandement errer. Parce que tous les périls et inconvénients que nous avons dits pouvoir être dans les appréhensions surnaturelles, desquelles nous avons traité jusqu'à présent, se peuvent rencontrer ici et encore plus. C'est pourquoi je ne m'étendrai pas davantage sur cela, ayant donné une suffisante instruction dans les précédentes. Je dirai seulement qu'il faut être très soigneux de les rejeter toujours – voulant cheminer à Dieu par le non-savoir – et qu'il en faut toujours rendre compte à son confesseur ou à son maître spirituel, et se tenir à ce qu'il en dira. Lequel aura soin de faire passer promptement l'âme par-dessus, sans attacher d'importance à rien pour son chemin d'union; vu que, en matière de ces choses qui se donnent passivement à l'âme, l'effet que Dieu veut y demeure toujours sans que l'âme y mette de diligence. De sorte qu'il n'est besoin de parler ici de l'effet des vraies, ni de celui que font les fausses, vu que ce serait se lasser et n'en jamais finir. Parce que les effets de celles-ci ne peuvent être compris en une doctrine succincte; attendu que, comme ces notices sont en grand nombre et fort diverses, leurs effets le sont aussi, supposé que les bonnes font de bons effets et les mauvaises en font de mauvais, etc. En disant qu'on les rejette toutes, on dit ce qui suffit pour ne se point tromper.

Chapitre 27

OÙ IL EST TRAITÉ DU SECOND GENRE DE RÉVÉLATIONS, QUI EST UNE MANIFESTATION DE SECRETS CACHÉS. – ON DIT EN QUELLE FAÇON ELLES PEUVENT SERVIR À L'UNION DE DIEU, ET EN QUELLE MANIÈRE ELLES EN PEUVENT DÉTOURNER, ET COMME LE DÉMON PEUT BEAUCOUP TROMPER DE CE CÔTÉ

Nous avons dit que le second genre de révélations était une manifestation de secrets et de mystères cachés. Ce qui peut être en deux manières. La première touchant ce que Dieu est en soi, et celle-là comprend la révélation du mystère de la Très Sainte Trinité et unité de Dieu. La seconde est touchant ce que Dieu est en ses œuvres, et elle comprend tous les autres articles de notre foi catholique et les propositions des vérités qu'elle peut avoir explicitement en ce qui les concerne. En quoi est enclos et enfermé un grand nombre des révélations des prophètes, des promesses et menaces de Dieu, et autres choses qui devaient et doivent arriver au sujet de cette affaire de la foi. Et nous pouvons aussi comprendre en cette seconde manière maints autres cas particuliers que Dieu révèle ordinairement, tant de l'univers en général, comme aussi en particulier, touchant les royaumes, provinces, états, familles et personnes particulières. Dont nous avons des exemples en abondance en l'Écriture Sainte, tant de l'un que de l'autre, principalement en tous les prophètes, où il y a des révélations de toutes ces manières. Et cela est si clair et si simple que je ne veux point perdre de temps ici à les alléguer. Je me contenterai de dire que ces révélations ne se font pas seulement avec des paroles, car Dieu les fait en de nombreuses manières. Tantôt avec des paroles seules; tantôt se contentant de signes, figures, images et de ressemblances; tantôt avec l'un et l'autre, comme on peut voir aussi en les prophètes, particulièrement en toute l'Apocalypse, où non seulement on trouve toutes les sortes de révélations que nous avons dites, mais aussi les moyens et manières dont nous parlons ici.

Dieu, en ce temps, fait encore ces révélations de la seconde manière à qui il lui plaît. Car il a accoutumé de révéler à certaines personnes combien elles vivront, les travaux qu'elles souffriront, ce qui doit arriver à telle ou telle personne, ou à tel ou tel royaume, etc. Et même, touchant les mystères de notre foi, de découvrir et déclarer à l'esprit leurs vérités, encore que cela ne s'appelle pas proprement révélation, à cause qu'il est déjà révélé, mais c'est plutôt l'éclaircissement et la déclaration de ce qui a été révélé.

Quant à ce genre de révélations, le démon peut s'y entremettre beaucoup. Car, comme cette sorte de révélations se fait ordinairement par paroles, figures et ressemblances, etc., le démon en peut bien faire autant, beaucoup plus que quand les révélations sont purement spirituelles. Et, partant, si en la première manière et en la seconde, dont nous parlons ici, il nous était révélé quelque chose de nouveau touchant la foi ou différent de la foi, il n'y faudrait aucunement consentir, même si nous avions l'évidence que celui qui nous le dit est
Ga 1,8 un ange du ciel. Car saint Paul le dit ainsi: *Quand nous ou un ange du ciel vous annoncerait ou vous prédirait autre chose que ce que nous vous avons prêché, qu'il soit excommunié.*

D'où vient que – vu qu'il n'y a plus d'articles à révéler, touchant la substance de notre foi, autres que ceux qui sont déjà révélés à l'Église – non seulement il ne faut admettre ce qui serait révélé de nouveau à l'âme touchant cette foi, mais il lui convient par précaution de n'admettre d'autres variétés embrouillées; et, à cause de la pureté que l'âme doit avoir en la foi, même si on lui révèle de nouveau des vérités déjà révélées, il ne faut les croire pour cette raison qu'alors on les lui révèle de nouveau, mais pour cette raison qu'elles sont déjà suffisamment révélées à l'Église; mais, fermant les yeux de l'entendement, qu'elle s'appuie simplement à la doctrine de
Rm l'Église et à la foi qu'elle enseigne, *laquelle* (comme dit saint
10,17 Paul) *entre par l'ouïe.* Et qu'elle ne croie pas facilement et n'accommode son entendement à ces choses de foi révélées de nouveau – quelque conformes et véritables qu'elles lui paraissent – si elle ne veut être trompée. Car le démon, pour piper et couler des mensonges, appâte premièrement avec des vérités et des choses vraisemblables afin d'assurer et bientôt de tromper. C'est comme la soie pour coudre le cuir. Parce que premièrement la soie, étant ferme, passe, et aussitôt après, le fil – lequel, étant faible, ne pourrait entrer si la soie dure ne le conduisait.

Et qu'on avise bien à cela, attendu que, quand même il ne faudrait craindre la tromperie, il est bien convenable à l'âme de ne vouloir entendre clairement les choses touchant la foi, afin de conserver le mérite de cette foi pur et entier et aussi pour venir, en cette nuit de l'entendement, à la divine lumière de l'union divine. Cela importe tellement de se tenir, les yeux bandés, aux prophéties passées, en quelque nouvelle révélation que ce soit, que saint Pierre même, quoiqu'il eût vu en quelque manière la gloire du Fils de Dieu sur le mont Thabor, dit 2 P
néanmoins ceci: Quoique la vision du Christ que nous avons 1,16-19
eue sur la montagne soit véritable, *plus ferme et plus certaine est la parole de la prophétie qui nous a été révélée, à laquelle vous faites bien d'appuyer votre âme.*

Et s'il est vrai, pour les raisons susdites, qu'il convient de fermer les yeux aux révélations que nous avons dites, qui arrivent touchant les propositions de la foi, combien cela sera-t-il plus nécessaire de rebuter et de ne donner créance aux autres révélations qui sont de choses différentes, en lesquelles le démon ordinairement se fourre si avant, que je tiens pour impossible que celui qui ne s'efforcera de les rejeter ne soit trompé en beaucoup, selon l'apparence de vérité et le fondement dont le démon les revêt. Car il assemble tant d'apparences et de convenances pour les faire croire, et les plante si avant dans le sens et l'imagination, qu'on pense que sans doute cela arrivera de la sorte; et il y attache et obstine tellement l'âme, que si elle n'est humble on aura de la peine à la tirer de là et à lui faire croire le contraire. Partant, l'âme pure, avisée, et simple, et humble, doit résister aux révélations et aux autres visions avec autant de force et de soin qu'aux plus dangereuses tentations; parce qu'il n'y a point de nécessité de les vouloir, mais plutôt de ne les pas vouloir, pour aller à l'union d'amour. C'est ce que Salomon voulait signifier quand il a dit: *Quelle nécessité a*
l'homme de vouloir et chercher les choses qui surpassent sa capacité Eccl 7,1
naturelle? Comme s'il disait: pour être parfait, il n'a aucune (6,12)
nécessité de vouloir des choses surnaturelles par voie surnaturelle, qui est au-dessus de sa capacité.

Et vu que les objections qu'on peut alléguer là-dessus ont été réfutées en les chapitres 19 et 20[1] de ce livre, renvoyant là le lecteur, je dis seulement que l'âme doit se garder d'elles

1. Il s'agit de nos chapitres 21 et 22 (cf., ci-dessus, la note de la page 123).

toutes pour cheminer purement et sans erreur en la nuit de la foi à l'union.

Chapitre 28

OÙ IL EST TRAITÉ DES PAROLES INTÉRIEURES QUI PEUVENT SURNATURELLEMENT SE PRÉSENTER À L'ESPRIT ET COMBIEN IL Y EN A DE SORTES

Le discret lecteur a toujours besoin de se souvenir de l'intention et de la fin que j'ai en ce livre, qui est d'acheminer l'âme, par toutes ses appréhensions naturelles et surnaturelles, sans qu'elle s'y trompe ni embarrasse, en la pureté de la foi, à la divine union avec Dieu. Afin qu'ainsi il sache qu'encore que – touchant les appréhensions de l'âme et la doctrine que je vais traitant – je n'épluche ni ne divise pas tant la matière que peut-être l'entendement le requiert, néanmoins je ne demeure pas court en cette part. Vu que, touchant tout cela, j'entends qu'il est donné suffisants avis et assez de lumière et d'instruction pour se conduire prudemment en tous les accidents de l'âme, extérieurs et intérieurs, pour passer outre. Et c'est la cause pour laquelle j'ai tranché si court en les appréhensions de prophéties, comme je l'ai fait aussi en les autres – ayant beaucoup plus à dire en chacune, selon les différences et les modes et manières qu'il y peut avoir en chacune, lesquelles (comme je crois) ne peuvent en finir d'être sues – me contentant d'avoir donné, comme il me semble, la substance, la doctrine et les précautions convenables pour cela et pour tout ce qui pourrait arriver de semblable à l'âme.

J'en ferai autant pour la troisième sorte d'appréhensions – que nous disions être paroles surnaturelles – qui ont coutume de se faire en les esprits des spirituels sans l'entremise d'aucun sens corporel. Lesquelles, quoiqu'elles soient en tant de manières, se peuvent à mon avis réduire à ces trois, à savoir: aux paroles successives, formelles et substantielles. J'appelle successives certaines paroles et raisons que l'esprit recueilli en soi forme et discourt avec lui-même. Les paroles formelles sont certaines paroles distinctes et formelles que l'esprit reçoit, non de soi mais d'une tierce personne, quelquefois étant recueilli, quelquefois ne l'étant pas. Les paroles substantielles sont d'autres paroles qui se font aussi formellement à l'esprit, recueilli ou non, lesquelles font et causent dans la substance de l'âme cette substance et cette vertu qu'elles signifient. Nous traiterons ici de toutes par ordre.

Chapitre 29

OÙ IL EST TRAITÉ DE LA PREMIÈRE SORTE DE PAROLES QUE QUELQUEFOIS L'ESPRIT RECUEILLI FORME EN SOI. – LA CAUSE EN EST DÉCLARÉE, AVEC LE PROFIT ET LE DOMMAGE QU'IL PEUT Y AVOIR EN ELLES

Ces paroles successives arrivent toujours quand l'esprit est recueilli et plongé fort attentivement en quelque considération; et lui-même, par son discours, tire une chose de l'autre, touchant la matière qu'il rumine; sur laquelle il va formant des paroles et des raisons fort à propos, avec une telle facilité et une telle distinction, et raisonnant et découvrant là-dessus des choses qui lui étaient tellement inconnues, qu'il lui semble que ce n'est pas lui qui fait cela; mais qu'une autre personne lui en discourt intérieurement, ou lui va répondant ou le va enseignant. Et à la vérité il y a grand sujet de le penser, parce qu'il raisonne lui-même avec soi, et se répond, comme si c'étaient deux personnes ensemble. Et, en quelque manière, il se passe de la sorte. Car, encore que l'esprit lui-même fasse cela comme instrument, néanmoins le Saint Esprit l'aide souvent à produire et à former ces conceptions, paroles et vraies raisons. Et ainsi, il se les prononce à soi-même comme si c'était une tierce personne. Parce que, comme l'entendement est alors recueilli et uni à la vérité de ce qu'il pense, et l'Esprit divin est aussi uni avec lui en cette vérité – comme Il est toujours en toute vérité –, de là vient que l'entendement, communiquant en cette manière avec l'Esprit divin moyennant cette vérité, va formant ensemble et successivement en l'intérieur les autres vérités qui concernent celle qu'il pensait – le Saint Esprit enseigneur lui ouvrant la porte et communiquant sa lumière. Car cette façon est une de celles par lesquelles le Saint Esprit enseigne.

Et l'entendement, illuminé et instruit ainsi de ce Maître, comprenant ces vérités, va formant de lui-même, conjointement, ces paroles sur les vérités qui lui sont communiquées
Gn d'autre part. De manière qu'on peut dire que *la voix est de*
27,22 *Jacob et les mains sont d'Ésaü*. Et celui en qui cela se passe ne peut croire autrement, sinon que ces paroles et ces propos sont d'une tierce personne; car il ignore que l'entendement puisse si facilement former pour lui-même des paroles comme venant d'une tierce personne, sur des conceptions et des vérités qui lui sont aussi communiquées d'une tierce personne.

Et quoiqu'il soit vrai qu'en cette communication et illustration de l'entendement, de soi il n'y ait point de tromperie, néanmoins il y en peut avoir et il y en a souvent en les paroles formelles et raisons que l'entendement forme dessus. Vu que cette lumière qui lui est donnée est parfois si subtile et si spirituelle que l'entendement n'arrive pas à s'en bien informer[1], et c'est lui, toutefois, qui (comme nous avons dit) forme les raisons de soi-même; de là vient que souvent il les forme fausses, d'autres fois vraisemblables ou défectueuses. Parce que, comme il a déjà commencé à prendre le fil de la vérité dès le commencement, et comme aussitôt il ajoute, de son propre, l'habileté ou la stupidité de son petit entendement, il est facile de varier conformément à sa capacité – et le tout en cette manière: c'est-à-dire comme si une tierce personne parlait.

J'ai connu une personne qui, ayant ces propos successifs, entre quelques-uns assez vrais et substantiels qu'elle formait du très saint Sacrement de l'Eucharistie, en mêlait de bien hérétiques. Et je m'étonne fort de ce qui se passe ici en ce temps, qui est qu'une âme, quelle qu'elle soit, avec quatre grains de considération, si elle sent quelques-uns de ces propos en son recueillement, baptise aussitôt le tout pour une chose de Dieu, et suppose qu'il est ainsi, disant: « Dieu m'a dit, Dieu m'a répondu. » Et il n'en va pas de la sorte, mais c'est que les âmes mêmes se le disent le plus souvent.

Et de plus, l'envie qu'elles ont de cela, et l'affection qu'elles en ont dans leur esprit, est cause qu'elles-mêmes se répondent, et elles pensent que c'est Dieu qui leur répond et leur parle. Ce qui les fait tomber en de grandes rêveries, si elles ne tiennent

1. Cyprien avait traduit: à la posséder et connaître parfaitement, ce qui rend assez bien l'expression scolastique: *informarse bien en ella*.

la bride haute et que celui qui les gouverne ne leur défende très expressément ces manières de discours. Car elles ont coutume d'en tirer plus de babil et d'impureté d'âme que d'humilité et de mortification d'esprit – pensant déjà que c'est quelque grande chose, et que Dieu leur a parlé; et ce sera un peu plus que rien, ou rien du tout, ou moins que rien. Parce que ce qui n'engendre point humilité et charité, mortification, sainte simplicité et silence, que peut-ce être? Or, je dis que cela peut détourner beaucoup du chemin de l'union divine. Vu que, si l'âme en fait cas, cela l'écarte fort de l'abîme de la foi, dans lequel l'entendement doit être obscur et doit marcher avec obscurité par amour en foi, et non avec beaucoup de raison.

Que si vous me demandez pourquoi l'entendement se doit priver de ces vérités, puisque là l'Esprit de Dieu l'illumine, partant, que cela ne peut être mauvais, je réponds que le Saint Esprit illumine l'entendement recueilli et qu'il l'illumine selon son recueillement. Et parce que l'entendement ne peut trouver un plus grand recueillement qu'en la foi, le Saint Esprit ne l'illuminera pas en autre chose davantage qu'en foi. Parce que, tant plus l'âme est pure et éminente en foi, tant plus elle a de charité de Dieu infuse; et tant plus elle a de charité, tant plus il l'éclaire et lui communique les dons du Saint Esprit, parce que la charité est la cause et le moyen par où ils se communiquent à elle. Et quoiqu'il communique à l'âme quelque lumière en cette illustration de vérités, néanmoins, elle est aussi différente – quant à la qualité – de celle qui est en foi, sans entendre clairement, qu'il y en a à dire de l'or fin au plus vil métal; et quant à la quantité, il y a autant à dire que d'une goutte d'eau à toute la mer. Parce qu'en l'une on lui communique la sagesse d'une ou deux ou trois vérités, etc., et en l'autre, toute la Sagesse de Dieu généralement, qui est le Fils de Dieu qui se communique à l'âme en foi.

Si vous me dites que tout est bon, et que l'un n'empêche pas l'autre, je réponds qu'il l'empêche beaucoup, quand l'âme en fait cas; parce que c'est déjà s'occuper en des choses claires et de peu d'importance, qui suffisent à empêcher la communication de l'abîme de la foi en laquelle Dieu enseigne surnaturellement et secrètement l'âme et l'élève en vertus et en dons sans qu'elle sache la manière. Et le profit que doit faire cette communication successive ne doit être en y appliquant l'entendement exprès, parce que, ce faisant, ce serait plutôt la

détourner de soi – selon que la Sagesse dit aux Cantiques,
Ct 6, 4(5) disant à l'âme : *Détourne tes yeux de moi, parce qu'ils m'ont fait envoler*, c'est à savoir, loin de toi et m'ont fait tenir plus haut; mais que simplement et purement, sans mettre l'entendement en ce qui se communique surnaturellement, elle applique la volonté avec amour à Dieu, puisque ces biens sont conférés par l'amour et ils se communiqueront en cette façon plus abondamment qu'auparavant. Attendu que, si en ces choses qui se communiquent surnaturellement et passivement, on fait agir activement l'habileté de l'entendement naturel, ou d'autres puissances, leur manière trop grossière ne peut arriver jusque-là, et ainsi, forcément, elle les modifiera à sa manière, et par conséquent elle les fera varier; et, partant, de nécessité elle errera et formera les raisons de soi-même. Ce qui ne sera plus surnaturel, voire même n'en aura aucune ressemblance, mais sera très naturel et très erroné et très bas.

Or, il se trouve des entendements si vifs et si subtils, qu'étant recueillis en quelque considération, naturellement et avec grande facilité, lorsqu'ils s'occupent en des conceptions discursives, ils les vont formant dans les susdites paroles et raisons très vives et pensent, ni plus ni moins, qu'elles sont de Dieu – quoiqu'il n'y ait que l'entendement qui, avec la lumière naturelle, étant un peu libre de l'opération des sens, sans aucun aide surnaturel, peut ceci et davantage. Cela est ordinaire et beaucoup se trompent, pensant que ce soit grande oraison et communication de Dieu, et ainsi ils l'écrivent ou font écrire. Et il arrivera que tout cela ne sera rien et n'aura substance d'aucune vertu, et ne servira qu'à prendre de la vanité avec cela.

Que de telles gens apprennent à ne faire cas que de fonder la volonté en un humble amour et en l'exercice sérieux de bonnes œuvres et de souffrances, en imitant le Fils de Dieu en sa vie et en ses mortifications; car c'est le chemin de parvenir à tout bien spirituel, et non beaucoup de discours intérieurs.

Le démon aussi se fourre beaucoup en cette sorte de paroles intérieures successives, particulièrement en ceux qui y ont quelque inclination ou affection. Parce qu'au temps qu'ils commencent à se recueillir, le démon a de coutume de leur offrir d'abondantes matières de digressions, formant en leur entendement les conceptions et les paroles par voie de suggestion, et ainsi il les va précipitant et séduisant très subtilement en des choses vraisemblables. C'est une des manières dont il se communique à ceux qui ont fait avec lui quelque pacte tacite ou exprès. Et en cette façon, il se communique à quelques hérétiques, principalement aux hérésiarques, leur informant l'entendement avec des conceptions et des raisons très subtiles, fausses et erronées.

Il appert de ce qui a été dit que ces paroles successives peuvent procéder en l'entendement de trois causes, à savoir : de l'Esprit divin qui le meut et illumine ; de la lumière naturelle de cet entendement ; et du démon qui lui peut parler par suggestion. Et il serait malaisé de coter les signes et les indices suffisants pour connaître quand elles procèdent d'une cause ou de l'autre, bien qu'on en puisse donner en général, qui sont ceux-ci. Quand avec les paroles et conceptions, l'âme va aimant et sentant l'amour avec humilité et révérence de Dieu, c'est signe que c'est le Saint Esprit, qui a de coutume, lorsqu'il fait semblables grâces, de les revêtir de ces choses. Quand cela procède seulement de la vivacité et de la lumière de l'entendement, c'est lui alors qui fait tout sans cette opération de vertus (encore que la volonté puisse naturellement aimer en la connaissance et lumière de ces vérités) et, après la méditation, la volonté demeure sèche, quoiqu'elle ne soit inclinée à vanité ni à mal si le démon ne la tente de nouveau sur cela ; ce qui n'arrive pas en celles qui ont procédé du bon esprit, parce qu'après, la volonté demeure d'ordinaire affectionnée à Dieu et portée au bien – quoique parfois il arrive qu'ensuite elle soit aride, la communication ayant été du bon esprit, Dieu l'ordonnant ainsi pour l'utilité de l'âme. D'autres fois, l'âme ne sentira pas beaucoup les opérations ou les mouvements de ces vertus, et néanmoins ce qu'elle aura eu sera bon. Et c'est pourquoi je dis qu'il est parfois difficile de connaître la différence qu'il y a des unes aux autres, pour les divers effets qu'elles opèrent de fois à autres. Mais ceux que nous avons mis en avant sont les plus communs, bien que parfois ils arrivent plus abondamment et quelquefois moins. Et même, celles du démon sont assez souvent difficiles à connaître et à découvrir. Car, encore qu'il soit vrai qu'elles laissent ordinairement la volonté sèche en l'amour de Dieu et l'esprit enclin à vanité, propre estime ou complaisance, néanmoins quelquefois elles mettent en l'âme une fausse humilité et affection fervente de volonté fondée en amour-propre, en sorte qu'il est souvent besoin que la personne soit fort spirituelle pour le connaître. Et le démon fait cela pour se mieux couvrir, sachant fort bien tirer parfois des larmes, touchant les sentiments qu'il donne, pour verser dans l'âme les affections qu'il veut. Mais il incite toujours la volonté à estimer ces communications intérieures et en faire grand cas, pour s'y adonner et pour occuper l'âme en ce qui n'est point vertu, mais plutôt occasion de perdre celle qu'on a.

Demeurons donc avec cette précaution nécessaire, tant en les unes qu'en les autres, pour n'être trompés ni embarrassés, à savoir: de n'en faire aucun cas, mais seulement de savoir dresser la volonté avec force à Dieu, accomplissant avec perfection sa loi et ses saints conseils – ce qui est la sagesse des saints – nous contentant de savoir les mystères et vérités avec simplicité et vérité comme l'Église nous les propose. Car cela suffit pour enflammer beaucoup la volonté, sans nous jeter dans d'autres abîmes de curiosité où ce sera merveille s'il n'y a
Rm 12,3 quelque danger. Et c'est à ce propos que saint Paul dit: *Il ne convient pas de savoir plus qu'il ne convient.* Cela soit dit et suffise touchant cette matière des paroles successives.

Chapitre 30

OÙ IL EST TRAITÉ DES PAROLES INTÉRIEURES QUI FORMELLEMENT SE FONT À L'ESPRIT PAR VOIE SURNATURELLE. – DU DOMMAGE QU'ELLES PEUVENT FAIRE ET DU MOYEN NÉCESSAIRE POUR SE GARDER D'Y ÊTRE TROMPÉ

Le second genre de paroles intérieures sont des paroles formelles, qui se font quelquefois à l'esprit par voie surnaturelle, sans le moyen d'aucun sens, l'esprit étant recueilli ou bien ne l'étant pas. Je les appelle formelles parce que formellement une tierce personne les dit à l'esprit, sans qu'il y mette rien du sien. Et, partant, elles sont fort différentes de celles dont je viens de parler. Parce que, non seulement elles diffèrent en ce qu'elles se font sans que l'esprit y mette quelque chose de sa part comme il advient dans les autres; mais (comme je dis) parfois elles lui viennent n'étant point recueilli, mais bien éloigné de ce qu'on lui dit – ce qui n'est pas de même en les premières successives, qui sont toujours sur le sujet qu'on considère.

Ces paroles sont quelquefois bien formées, d'autres fois elles ne le sont pas tant, parce que souvent elles sont comme des conceptions en lesquelles on lui dit quelque chose: ou en répondant, ou en parlant en une autre manière à l'esprit. Quelquefois ce n'est qu'un mot, quelquefois deux ou davantage; parfois ces paroles sont successives, comme les précédentes, parce qu'elles ont coutume de durer: ou en donnant quelque doctrine, ou en traitant quelque chose avec l'âme, et toutes sans que l'esprit y mette rien du sien, car elles sont toutes comme quand une personne parle avec une autre. Ainsi lisons-nous qu'il arriva à Daniel, qui dit que l'ange parlait en lui. Dn 9,
Ce qui se faisait raisonnant formellement et successivement en 21-22
son esprit et l'instruisant, selon que l'ange dit en ce lieu, qu'il *était venu pour l'enseigner*.

Quand ces paroles ne sont pas plus que formelles, elles ne font pas un grand effet dans l'âme. Parce que, d'ordinaire, elles sont seulement pour enseigner ou donner quelque lumière en quelque chose – et pour faire cela, il n'est besoin qu'elles en aient un plus efficace que la fin où elles tendent. Laquelle elles opèrent toujours en l'âme quand elles sont de Dieu, car elles la rendent prompte et claire en ce qu'on lui commande et enseigne; encore qu'elles n'ôtent pas quelquefois à l'âme la répugnance et la difficulté, tant s'en faut! d'ordinaire elles en donnent davantage – ce que Dieu fait pour plus d'instruction, d'humilité et un plus grand bien de l'âme. Et il lui laisse le plus ordinairement cette répugnance quand il lui commande des choses de supériorité, ou celles en lesquelles l'âme peut avoir quelque excellence; et au contraire il donne plus de facilité et plus de promptitude en les choses basses et humbles. Ainsi nous lisons dans l'Exode que, quand Dieu commanda à Moïse Ex 3,10
d'aller vers Pharaon et de délivrer le peuple, il sentit tant de sqq
répugnance qu'il se le fit dire par trois fois et donner des signes, qui ne servaient guère, jusqu'à ce que Dieu lui donnât pour Ex 4,14
compagnon Aaron, qui eut sa part de l'honneur.

Il arrive tout le contraire quand les paroles et les communications sont du démon, parce qu'il apporte de la facilité et de la promptitude en les choses de plus grande valeur, et de la répugnance en celles qui sont basses. Car Dieu, certes, a en telle horreur de voir les âmes enclines aux grandeurs, que, quand même il les commande et les y introduit, il ne veut pas qu'elles aient promptitude ni envie de commander. Et en cette promptitude où Dieu met communément l'âme par ces paroles formelles, de telles paroles sont différentes de ces autres successives qui n'émeuvent pas tant l'esprit que celles-ci, et ne le rendent si prompt – celles-ci étant plus formelles et l'entendement y contribuant moins du sien; encore que cela n'empêche pas que parfois quelques successives fassent plus d'effet, pour la grande communication qu'il y a quelquefois de l'Esprit divin avec l'humain; mais en la manière il y a beaucoup de différence. L'âme en ces paroles formelles n'a point à douter si elle les dit: elle voit bien que non, principalement quand elle n'était pas occupée en ce qu'on lui a dit; que si elle y était, elle voit clairement et distinctement que cela vient d'autre part.

L'âme ne doit pas faire grand cas de toutes ces paroles formelles, non plus que des autres successives. Parce que, outre qu'elle s'occuperait en ce qui n'est pas légitime et proche moyen de l'union de Dieu, qui est la foi, elle pourrait être fort facilement trompée du démon; car, parfois, à peine connaîtra-t-on celles qui sont proférées du bon ou du mauvais esprit. Parce que, ne faisant pas grand effet, il est difficile de les distinguer par les effets; vu que même quelquefois celles du démon mettent plus d'efficace en les imparfaits, que les autres du bon esprit ne font en les spirituels. Il ne faut pas faire ce qu'elles diront ni leur attacher d'importance, qu'elles procèdent de bon ou de mauvais esprit. Mais il faut les découvrir à un confesseur mûr – ou à une personne discrète et sage – afin qu'il instruise l'âme et voie ce qu'il convient de faire en cela et, suivant son conseil, il faut qu'elle se comporte alors avec résignation et négativement. Que si l'on ne rencontre une personne expérimentée, il vaut mieux n'en dire mot à personne, sans en faire cas: vu qu'on rencontrerait facilement des gens qui détruiraient plutôt l'âme qu'ils ne l'édifieraient. Car il n'est pas donné à tous de gouverner les âmes, puisque c'est une chose de très grande importance de manquer ou de bien faire en une affaire si grave.

Prenez soigneusement garde que l'âme n'entreprenne jamais rien de soi-même et n'admette rien de ce que ces paroles lui diront sans beaucoup d'avis et de conseil d'autrui. Parce qu'il arrive en cette matière de subtiles et étranges tromperies; tellement, que j'estime pour moi que l'âme qui ne sera ennemie de telles choses ne pourra s'exempter de tromperies en beaucoup d'entre elles.

Mais parce que nous avons expressément traité de ces tromperies et dangers aux chapitres dix-septième, dix-huitième, dix-neuvième et vingtième de ce livre[1], auxquels je renvoie, je ne m'y étendrai pas davantage. Je dis seulement que la doctrine principale c'est de n'en faire cas en rien.

Chapitre 31

OÙ IL EST TRAITÉ DES PAROLES SUBSTANTIELLES QUI SE FONT INTÉRIEUREMENT À L'ESPRIT. – ET QUELLE DIFFÉRENCE IL Y A D'ELLES AUX FORMELLES, QUEL PROFIT ELLES CAUSENT ET LA RÉSIGNATION ET L'ÉGARD QUE L'ÂME Y DOIT AVOIR

Nous avons dit que le troisième genre des paroles intérieures sont les substantielles, lesquelles, encore qu'elles soient aussi formelles – à cause qu'elles s'impriment très formellement dans l'âme – néanmoins sont différentes, en ce que la parole substantielle fait un effet vif et substantiel en l'âme, ce que ne fait pas celle qui est seulement formelle. De manière qu'encore qu'il soit vrai que toute parole substantielle est formelle, néanmoins toute parole formelle n'est pas pour cela substantielle, mais seulement celle qui (comme nous avons dit ci-dessus) imprime substantiellement en l'âme ce qu'elle signifie. Comme si Notre Seigneur disait formellement à l'âme: « Sois bonne », aussitôt substantiellement elle serait bonne; ou s'il lui disait: « Aime-moi », aussitôt elle aurait et sentirait en elle la substance de l'amour de Dieu; ou si, la voyant en crainte, il lui disait: « Ne crains point », aussitôt elle sentirait une grande force et tranquillité. Parce que *le dire de Dieu et sa parole*, comme dit Eccl 8,4
le Sage, *sont remplis de pouvoir;* de sorte qu'il fait substantiellement en l'âme ce qu'il lui dit. C'est ce que David voulait dire: *Prenez garde, le Seigneur donnera à sa voix la voix de vertu.* Ps 67 (68),34

1. Il s'agit de nos chapitres 19, 20, 21 et 22 (cf., ci-dessus, la note de la page 123).

Gn 17,1 Et c'est ce qu'il fit envers Abraham, quand il lui dit: *Chemine en ma présence et sois parfait*, et aussitôt il fut parfait et marcha toujours en la vue de Dieu. Tel est le pouvoir de sa parole en l'Évangile, dont il guérissait les malades et ressuscitait les morts, etc., en parlant seulement. Et en cette manière il dit des paroles substantielles à quelques âmes; elles sont de telle importance et de telle valeur qu'elles sont à l'âme vie et vertu et bien incomparable, attendu qu'une seule de ces paroles fait davantage que ce que l'âme a fait en toute sa vie.

Touchant ces paroles, l'âme n'a rien à faire: ni à vouloir ni à ne vouloir, ni à rejeter ni à craindre. Elle n'a pas à faire ce qu'elles disent, parce que Dieu ne lui dit jamais ces paroles substantielles pour qu'elle les mette en œuvre, mais pour les opérer en elle – ce qui est différent en les formelles et successives. Et je dis qu'elle n'a rien à vouloir ni à ne pas vouloir, parce que son vouloir n'est pas nécessaire pour que Dieu opère leur effet, ni son non-vouloir ne suffit pour qu'elles ne fassent le dit effet; mais qu'elle s'y tienne avec résignation et humilité. Elle n'a rien à rejeter, parce que leur effet demeure substantié dans l'âme et rempli de biens divins, et comme elle reçoit cet effet passivement, son action est superflue de toute manière. Elle ne doit craindre non plus aucune tromperie, vu que l'entendement ni le démon ne sauraient s'entremettre en cela; ni le démon n'arrivera à faire passivement aucun effet substantiel en l'âme, en sorte qu'il lui imprime l'effet et l'habitude de sa parole – si ce n'est qu'elle se serait donnée à lui par pacte volontaire et que, demeurant en elle comme seigneur, il lui imprimerait ces effets, non de bien, mais de malice. Parce que, comme cette âme lui serait déjà unie par malice volontaire, le démon lui pourrait facilement imprimer les effets de ses dires et paroles en malice. Car nous voyons par expérience qu'il agit avec beaucoup de force en maintes choses par suggestion, même sur de bonnes âmes, mettant beaucoup d'efficace en elles; que si elles étaient mauvaises, il les pourrait consommer en elles. Mais il ne peut imprimer des effets vraiment semblables à ceux dont nous avons parlé. Parce qu'il n'y a point de comparaison de ses paroles à celles de Dieu: toutes sont comme si elles n'étaient pas, leur étant comparées, et leur effet n'est rien au regard de celui que celles-là opèrent. C'est pourquoi
Jr 23, Dieu dit en Jérémie: *Que vaut la paille au prix du grain? Mes*
28-29 *paroles ne sont-elles pas comme du feu, et comme le marteau qui*

brise la pierre? Et ainsi ces paroles substantielles servent beaucoup pour l'union de l'âme avec Dieu; et d'autant plus elles sont intérieures, d'autant plus sont-elles substantielles et de plus grand profit. Heureuse l'âme à qui Dieu parlera de cette sorte! *Parlez, Seigneur, car votre serviteur écoute.* 1 Sm 3,10

Chapitre 32

OÙ IL EST TRAITÉ DES APPRÉHENSIONS QUE L'ENTENDEMENT REÇOIT DES SENTIMENTS INTÉRIEURS QUI SE FONT SURNATURELLEMENT EN L'ÂME. – DE LEUR CAUSE, ET COMMENT L'ÂME SE DOIT COMPORTER POUR N'EMPÊCHER LA VOIE DE L'UNION DIVINE EN ELLES

Reste le quatrième et le dernier genre d'appréhensions intellectuelles, que nous disions pouvoir tomber en l'entendement de la part des sentiments spirituels qui se font souvent surnaturellement en l'âme du spirituel – lesquels nous avons mis parmi les appréhensions distinctes de l'entendement.

Ces sentiments spirituels distincts peuvent être en deux manières. Les uns sont des sentiments en l'affection de la volonté. Les autres sont des sentiments en la substance de l'âme. Or, les uns et les autres peuvent être en plusieurs sortes. Ceux de la volonté, quand ils sont de Dieu, sont fort sublimes; mais ceux de la substance de l'âme sont extrêmement hauts, de grand bien et utiles. Ni l'âme ni celui qui la gouverne ne peuvent savoir ni entendre la cause d'où ils procèdent, ni quelles sont les bonnes œuvres pour lesquelles Dieu lui fait ces faveurs; attendu qu'elles ne dépendent point d'œuvres que l'âme fasse, ni de considérations qu'elle ait, encore que ces choses soient de bonnes dispositions pour cela. Dieu les donne à qui il lui plaît et pour ce qui lui plaît. Car il arrivera qu'une personne se sera exercée en maintes œuvres, qui ne recevra point ces touches; et une autre, avec beaucoup moins, les aura toutefois, excellentes et en grande abondance. De sorte qu'il n'est pas besoin que l'âme soit actuellement employée et occupée en choses spirituelles (encore qu'il vaut beaucoup mieux l'être pour les avoir) pour que Dieu donne les attouchements d'où l'âme tire les dits sentiments;

parce que le plus souvent elle en a la pensée bien éloignée. De ces attouchements, quelques-uns sont distincts et qui passent promptement; les autres ne sont pas si distincts et durent davantage.

Ces sentiments, en tant qu'ils sont sentiments seulement, n'appartiennent point à l'entendement, mais à la volonté; de sorte que je ne traite pas expressément d'eux en ce lieu, réservant cela jusqu'à ce que nous parlions de la nuit et de la purification de la volonté en ses affections, ce qui sera dans le troisième livre qui s'ensuit. Mais parce que souvent, et le plus souvent, il redonde d'eux, en l'entendement, appréhension, notice et intelligence, pour cette seule fin il est convenable d'en faire ici mention. Partant, il faut savoir que de ces sentiments – tant ceux de la volonté que ceux qui sont en la substance de l'âme – qu'ils procèdent d'attouchements de Dieu soudains, ou d'attouchements de durée et successifs, souvent (comme je dis) il redonde en l'entendement une appréhension de notice ou intelligence. Ce qui a accoutumé d'être une très haute et très savoureuse perception de Dieu en l'entendement, laquelle on ne peut nommer, non plus que le sentiment d'où elle résulte. Et ces notices sont tantôt d'une manière, tantôt d'une autre; parfois plus relevées et plus claires; d'autres fois moins relevées et moins claires, selon que le sont aussi les attouchements que Dieu fait – qui causent les sentiments d'où elles procèdent – et selon leur propriété.

Or, il n'est pas besoin d'employer ici beaucoup de paroles pour précaution, et pour acheminer l'entendement par ces notices en foi à l'union avec Dieu. Car, de même que les sentiments que nous avons dits se font passivement en l'âme, sans qu'elle fasse rien de sa part effectivement pour les recevoir, de même aussi leurs notices se reçoivent passivement dans l'entendement que les philosophes appellent passible – sans qu'il fasse rien comme de soi-même. D'où vient que, de peur d'y faillir et d'en empêcher le profit, il n'y doit aussi rien faire, mais seulement se comporter passivement à leur sujet, sans entremettre sa capacité naturelle. Car, comme nous avons dit qu'il arrive en les paroles successives, il troublerait et déferait très facilement par son activité ces notices délicates, qui sont une savoureuse intelligence surnaturelle où le naturel ne peut atteindre, et qu'il ne peut comprendre en agissant, mais en recevant. Et ainsi, on ne les doit rechercher ni avoir envie de les admettre, de peur que l'entendement n'en forme d'autres de soi et que le démon en ce temps n'entre avec d'autres diverses et fausses; ce qu'il peut faire fort facilement par le moyen des dits sentiments ou ceux qu'il peut de lui-même mettre en l'âme qui se donne à ces notices. Que l'âme se tienne résignée, humble et se comporte passivement en elles. Car puisqu'elle les reçoit passivement de Dieu, il les lui communiquera aussi quand il lui plaira, la voyant humble et désappropriée. Et, de cette manière, elle n'empêchera pas en soi le profit que font ces notices pour l'union divine, lequel profit est grand, parce que tous ces attouchements sont attouchements d'union, laquelle se fait passivement en l'âme.

Ce qui a été dit, touchant cela, suffit: parce que, quelque chose qui arrive à l'âme touchant l'entendement, on trouvera la précaution et la doctrine pour cela en les divisions susdites. Et, encore que cette chose semble différente et qu'elle ne soit comprise en pas une d'elles, il n'y a aucune intelligence qui ne se puisse réduire à l'une d'elles, d'où l'on puisse tirer la doctrine pour elle.

Fin du second livre

LIVRE TROISIÈME

QUI TRAITE DE LA PURIFICATION
ET DE LA NUIT ACTIVE
DE LA MÉMOIRE ET DE LA VOLONTÉ. –
IL DONNE L'INSTRUCTION
COMMENT L'ÂME SE DOIT COMPORTER
TOUCHANT LES APPRÉHENSIONS DE CES DEUX PUISSANCES
POUR VENIR À S'UNIR À DIEU,
SELON CES DEUX PUISSANCES,
EN PARFAITE ESPÉRANCE ET CHARITÉ

Chapitre 1[1]

Après avoir instruit la première puissance de l'âme, qui est l'entendement, pour toutes ses appréhensions en la première vertu théologale, qui est la foi – afin que selon cette puissance, l'âme se puisse unir à Dieu par le moyen de la pureté de foi – il reste maintenant d'en faire autant en les deux autres puissances de l'âme, qui sont la mémoire et la volonté, les purifiant aussi touchant leurs appréhensions, afin que, selon ces deux puissances, l'âme vienne à s'unir avec Dieu en parfaite espérance et charité – ce que nous ferons brièvement en ce troisième livre. Parce que, ayant conclu ce qui concerne l'entendement, lequel est, à sa manière, le réceptacle de tous les autres objets (en quoi nous avons fait beaucoup de chemin pour les autres puissances), il n'est pas nécessaire de nous étendre beaucoup touchant ces puissances. Parce que, si le spirituel instruit bien l'entendement en foi selon la doctrine qui a été donnée, il est impossible qu'il n'instruise aussi en passant les deux autres puissances en les deux autres vertus, puisque les opérations des unes dépendent des autres.

Mais parce que, pour suivre le style commencé et pour mieux entendre le tout, il est nécessaire de parler en la matière propre et déterminée, nous aurons à traiter ici des appréhensions de chaque puissance, et premièrement de celles de la mémoire, en faisant ici la distinction qui suffit à notre propos. Laquelle nous pourrons tirer de la distinction de ses objets qui sont trois: naturels, imaginaires et spirituels; selon lesquels les notices de la mémoire sont aussi de trois manières: naturelles, et surnaturelles imaginaires, et spirituelles.

Desquelles nous traiterons ici avec la faveur divine, commençant par les notices naturelles, qui sont des objets plus extérieurs. Puis on traitera des affections de la volonté, qui concluront ce troisième livre de la nuit active spirituelle.

1. Certains manuscrits, éditeurs et traducteurs considèrent ce chapitre 1 comme un prologue ou argument. Ainsi faisait le P. Cyprien lui-même. Pour nous rapprocher des éditions critiques espagnoles, nous ne le suivons pas sur ce point-là.

Chapitre 2

OÙ IL EST TRAITÉ DES APPRÉHENSIONS NATURELLES DE LA MÉMOIRE, ET COMME IL LA FAUT ÉVACUER D'ELLES, AFIN QUE L'ÂME SE PUISSE UNIR À DIEU SELON CETTE PUISSANCE

Il est nécessaire que le lecteur, en chacun de ces livres, prenne garde à quel propos nous parlons. Autrement, il pourrait former plusieurs doutes sur ce qu'il lirait, comme il en pourra avoir de ce que nous avons dit de l'entendement et de ce que nous dirons de la mémoire et de la volonté. Car, voyant comme nous anéantissons les puissances touchant leurs opérations, il pensera peut-être que nous détruisons plutôt le chemin de l'exercice spirituel que nous ne l'édifions; ce qui serait vrai si nous ne voulions ici instruire que ceux qui commencent, lesquels se doivent disposer par ces appréhensions discursives et appréhensibles.

Mais, parce que nous donnons ici une doctrine pour passer outre en contemplation à l'union de Dieu – pour lequel effet tous ces moyens et exercices sensitifs des puissances doivent demeurer en arrière et en silence, afin que Dieu opère de soi l'union divine en l'âme – il faut suivre ce style, désembarrassant, évacuant et faisant que les puissances renoncent à leur juridiction naturelle et à leurs opérations, afin de donner lieu à l'infusion et à l'illustration surnaturelle; puisque leur capacité ne peut atteindre à une si haute affaire, mais au contraire elle peut en détourner, si on ne la perd de vue.

Et ainsi, étant vrai, comme il est, que l'âme doit plutôt connaître Dieu par ce qu'il n'est que par ce qu'il est, par nécessité elle doit aller à lui en niant et en n'admettant, jusqu'au dernier effort possible, ses appréhensions, tant naturelles que surnaturelles. C'est pourquoi nous en userons ainsi maintenant en la mémoire, la tirant hors de ses limites et de ses gonds naturels, et l'élevant par-dessus elle-même, c'est-à-dire par-dessus toute notice distincte et possession appréhensible, en la souveraine espérance de Dieu incompréhensible.

Commençant donc par les notices naturelles, je dis que les notices naturelles en la mémoire sont toutes celles qu'elle peut former des objets des cinq sens corporels, qui sont: ouïr, voir,

sentir, goûter et toucher, et toutes celles qu'elle pourra fabriquer et former à cette façon. Et de toutes ces notices et formes, elle se doit dénuer et évacuer, et tâcher d'en perdre l'appréhension imaginaire; en sorte qu'elles ne laissent aucune notice imprimée en elle, ni trace de chose aucune, mais qu'elle demeure chauve et rase comme si rien de cela n'était passé par elle, étant dans l'oubli et suspension de toute chose. Et il ne se peut moins faire que la mémoire s'anéantisse touchant toutes les formes, si elle veut s'unir avec Dieu. Car cela ne peut être si elle ne se désunit entièrement de toutes les formes qui ne sont pas Dieu, puisque Dieu ne tombe point sous forme ni aucune notice distincte, comme nous l'avons dit en la nuit de l'entendement. Et puisque *personne ne peut servir deux maîtres*, Mt 6,24
comme dit le Christ, la mémoire ne peut être conjointement unie en Dieu et en les formes et notices distinctes; et comme Dieu n'a point de forme ni image qui puisse être comprise par la mémoire, de là vient que quand l'âme est unie avec Dieu (comme on voit tous les jours par expérience) elle demeure sans forme et sans figure, l'imagination perdue et la mémoire plongée dans un souverain bien, en grand oubli, sans se souvenir de rien. Car cette union divine lui vide la fantaisie, la nettoie de toutes les formes et notices, et l'élève au surnaturel.

Et ainsi, c'est chose notable ce qui parfois se passe ici: parce que parfois, quand Dieu fait ces touches d'union dans la mémoire, subitement il se produit dans le cerveau – qui est le lieu où elle a son siège – un chavirement si sensible qu'il semble que toute la tête s'évanouisse et que le jugement et le sens se perdent; et ceci, tantôt plus, tantôt moins, selon que la touche est plus ou moins forte. Et alors, à cause de cette union, la mémoire se vide et se purifie (comme je le dis) de toutes les notices, et elle demeure dans un oubli parfois si grand qu'elle a besoin de se faire beaucoup de force et de travail pour se souvenir de quelque chose.

Cet oubli de la mémoire et suspension de l'imagination sont parfois de telle sorte, à cause que la mémoire est unie avec Dieu, qu'il se passe un long temps sans le sentir, ni savoir ce qui s'est fait pendant ce temps-là. Et comme alors l'imagination est suspendue, quoique alors on lui fasse des choses douloureuses, elle ne les sent pas, car sans imagination, il n'y a pas de sentiment – ni par pensée, vu qu'il n'y en a point. Et afin que Dieu vienne faire ces touches d'union, il convient à l'âme de désunir la mémoire de toutes les notices appréhensibles. Et il faut noter que ces suspensions ne sont plus de même chez les parfaits, à cause qu'il y a déjà en eux une parfaite union, et qu'elles sont du commencement de l'union.

Vous me direz peut-être que cela semble bon, mais que de là s'ensuit la destruction de l'usage naturel et du cours des puissances, et que l'homme demeure oublieux comme une bête, et encore pis, sans discourir ni se souvenir des nécessités ni des opérations naturelles; que Dieu ne détruit pas la nature, mais qu'il la perfectionne: et d'ici s'ensuit nécessairement sa destruction, puisqu'elle oublie ce qui est de moral et de raisonnable, pour le pratiquer, et pareillement ce qui est de naturel, pour l'exercer. Vu qu'elle ne peut se souvenir aucunement de cela, puisqu'elle se prive des notices et des formes qui sont le moyen de la réminiscence.

A quoi je réponds qu'il en est ainsi, que tant plus la mémoire va s'unissant avec Dieu, elle va d'autant plus perdant les notices distinctes, jusqu'à les perdre totalement – ce qui est lorsque l'âme arrive en perfection à l'état d'union. Et partant, au commencement, lorsque cela se fait, l'âme ne peut s'empêcher d'avoir un grand oubli des choses, puisqu'elle va perdant les formes et notices, et ainsi elle fait maintes fautes touchant l'usage et le commerce extérieur, ne se souvenant de boire ni de manger, ni si elle a fait, ni si elle a vu ou non, si on a dit ou si on n'a pas dit, et ceci à cause que la mémoire est absorbée en Dieu. Mais lorsqu'elle est déjà parvenue à l'habitude d'union, qui est un bien souverain, elle n'a plus ces oubliances de cette façon, en ce qui est de la raison morale et naturelle; au contraire, dans les opérations convenables et nécessaires elle est bien plus parfaite, encore qu'elle ne les opère par le moyen des formes et notices de la mémoire; parce que, en ayant l'habitude d'union, qui est déjà un état surnaturel, la mémoire et aussi les autres puissances défaillent en leurs opérations naturelles, et passent de leur terme naturel à celui de Dieu, qui est surnaturel. Et ainsi, la mémoire étant transformée en Dieu, il ne peut s'y imprimer de formes ni de notices des choses. C'est pourquoi les opérations de la mémoire et des autres puissances, en cet état, sont toutes divines; parce que Dieu possédant désormais les puissances comme Seigneur absolu, par leur transformation en lui, c'est lui-même qui les meut et leur commande divinement selon son divin esprit et selon sa volonté. Et alors, c'est de manière que les opérations ne sont pas distinctes, mais que celles que l'âme opère sont de Dieu et sont des opérations divines, car, comme dit saint Paul, *celui qui s'unit avec Dieu se fait un esprit avec lui.* De là est que les opérations de l'âme unie sont de l'Esprit divin et sont divines. 1 Co 6,17

D'où vient que les œuvres de ces âmes sont celles qui sont convenables et qui sont raisonnables, et non celles qui sont hors de propos; parce que l'esprit de Dieu leur fait savoir ce qu'elles doivent savoir, et ignorer ce qu'il faut ignorer, et se souvenir de ce dont elles se doivent souvenir, avec formes et sans formes, et oublier ce qui est à oublier, et leur fait aimer ce qu'elles doivent aimer, et n'aimer ce qui n'est pas en Dieu. Et ainsi tous les premiers mouvements des puissances de ces âmes sont divins; et il n'y a point sujet de s'étonner que les mouvements et opérations de ces puissances soient divins, puisqu'elles sont transformées en un être divin.

J'apporterai quelques exemples de ces opérations. Le premier sera qu'une personne demande à une autre – laquelle est en cet état – qu'elle la recommande à Dieu. Cette personne ne se souviendra de le faire par aucune forme ni notice qui lui demeure en la mémoire de cette personne. Et s'il est convenable de la recommander à Dieu – ce qui sera quand Dieu voudra recevoir l'oraison faite pour cette personne – il lui émouvra la volonté, lui donnant envie de le faire. Et si Dieu ne veut cette oraison, encore qu'elle se fasse force à prier pour cette personne, elle ne le pourra ni n'en aura point le désir. Et parfois Dieu le lui donnera afin qu'elle prie pour d'autres qu'elle n'a jamais connus ni entendus. Et c'est parce que Dieu seul meut les puissances de ces âmes (comme j'ai déjà dit) pour ces œuvres qui sont convenables selon sa volonté et son ordonnance divine, et elles ne se peuvent mouvoir à d'autres; et ainsi les œuvres et les prières de ces âmes ont toujours leur effet. Telles étaient celles de la très glorieuse Vierge Notre Dame, laquelle, étant dès le commencement élevée à ce haut état, n'eut jamais en son âme de forme imprimée d'aucune créature, ni jamais ne se mut par elle, mais toujours sa motion fut du Saint Esprit.

Pour un second exemple, nous supposerons ceci: une personne en tel temps doit vaquer à certaine affaire nécessaire. Elle ne s'en souviendra par forme aucune; mais seulement, sans savoir comment, on lui mettra en l'âme quand et comment il convient d'y travailler, sans qu'il y ait aucun manquement.

Et non seulement en ces choses le Saint Esprit leur donne lumière, mais encore en beaucoup qui adviennent et qui adviendront et en nombre de cas, bien qu'ils soient absents; et bien que parfois ce soit par le moyen de formes intellectuelles, souvent c'est sans formes appréhensibles, ne sachant pas eux-mêmes comment ils le savent. Mais cela leur vient de la part de la Sagesse divine; car, parce que ces âmes s'exercent à ne savoir et à n'appréhender rien avec les puissances, elles viennent généralement à savoir tout (comme nous avons dit en la
Sg 7,21 Montagne[1]), selon ce que dit le Sage: *L'ouvrier de toutes choses, qui est la Sagesse, m'a tout enseigné.*

Vous me direz peut-être que l'âme ne pourra tant vider et priver la mémoire de toutes les formes et fantaisies qu'elle puisse parvenir à un si haut état, car il y a deux difficultés qui sont par-dessus les forces et l'habileté humaines, qui sont: de rejeter le naturel avec l'habileté naturelle – ce qui ne peut être – et de toucher et s'unir au surnaturel – ce qui est beaucoup plus difficile; et, pour dire vrai, cela est impossible avec la seule habileté naturelle. Je dis que c'est la vérité que Dieu la doit mettre en cet état surnaturel; mais qu'aussi elle s'y doit disposer autant qu'il est en elle – ce qu'elle peut faire naturellement, surtout avec l'aide que Dieu lui donne. Et ainsi à mesure qu'elle entre pour sa part en cette négation et vide de formes, Dieu la va mettant en la possession de l'union. Et Dieu opère cela passivement en elle (comme, moyennant sa grâce, nous le dirons en la nuit passive de l'âme). Et ainsi, quand il lui plaira, à la mesure de sa disposition, il achèvera de lui donner l'habitude de la divine union parfaite.

Or, les divins effets que l'union parfaite produit en l'âme, tant du côté de l'entendement que de la mémoire et de la volonté, nous ne les disons point en cette nuit et purification active, parce qu'avec celle-ci seulement, l'union divine ne se parachève pas; mais nous les dirons en la nuit passive, moyennant laquelle se fait la conjonction de l'âme avec Dieu. Et ainsi je dirai seulement ici le moyen nécessaire pour que la mémoire se mette activement – autant qu'il est en elle – en cette nuit et purification. Et c'est qu'ordinairement le spirituel ait cette précaution: en toutes les choses qu'il ouïra, verra, sentira,

1. C'est-à-dire dans les vers qui sont écrits sur le dessin du Mont de Perfection; cf., ci-dessus, pp. 68, 70, et *Montée* I, 13, p. 117.

goûtera ou touchera, de n'en faire de particulier registre ni réserve en la mémoire, mais qu'il les laisse aussitôt oublier – et qu'il s'y applique avec l'efficace, si c'est nécessaire, que d'autres mettent à se souvenir; de manière qu'il ne lui en reste en la mémoire aucune notice ni figure, comme si elles n'existaient pas au monde, laissant la mémoire libre et désembarrassée, ne l'attachant à aucune considération d'en haut ni d'en bas, comme s'il n'avait point cette puissance de la mémoire, la laissant librement se perdre en oubli, comme chose qui embarrasse. Car tout le naturel, si on s'en veut servir dans le surnaturel, gêne plutôt qu'il ne sert.

Et si l'on fait ici les doutes et les objections qu'on a proposés ci-dessus en ce qui était de l'entendement, à savoir: que l'on ne fait rien, et qu'on ne fait que perdre le temps, et qu'on se prive des biens spirituels que l'âme peut recevoir par la voie de la mémoire, nous avons déjà répondu à tout en cet endroit et le ferons plus tard en la nuit passive; et pour cette raison il n'y a pas de quoi nous arrêter ici. Souvenez-vous seulement qu'encore que pour un temps on ne sente pas le profit de cette suspension de notices et de formes, le spirituel ne se doit point ennuyer de cela, car Dieu ne manquera pas de venir en son temps. Et pour un si grand bien, que ne faut-il point endurer et souffrir avec patience et espérance?

Et quoiqu'il soit vrai qu'à peine se trouvera-t-il une âme qui soit mue de Dieu en toutes choses et tous temps, ayant une union si continuelle que, sans le moyen d'aucune forme, ses puissances soient toujours mues divinement, il n'en est pas moins vrai qu'il y en a qui sont très ordinairement mues de Dieu en leurs opérations, et ce ne sont pas elles qui se meuvent, selon le mot de saint Paul, que *les enfants de Dieu* – qui sont ces transformés Rm 8,14
et unis en lui – *sont poussés de l'Esprit de Dieu*, c'est-à-dire à des œuvres divines en leurs puissances. Et ce n'est pas merveille que les opérations soient divines, puisque l'union de l'âme est divine.

Chapitre 3

OÙ SONT RAPPORTÉS TROIS SORTES DE DOMMAGES QUE L'ÂME REÇOIT, NE S'OBSCURCISSANT PAS TOUCHANT LES NOTICES ET LES DISCOURS DE LA MÉMOIRE. – LA PREMIÈRE EST ICI DÉDUITE

Le spirituel est sujet à trois inconvénients et dommages, s'il veut encore user des notices et discours naturels de la mémoire pour aller à Dieu ou pour autre chose: deux sont positifs et l'autre privatif. Le premier est de la part des choses du monde; le second, de la part du démon; le dernier et privatif, c'est l'empêchement qu'elles font et causent pour l'union divine.

Le premier, qui est de la part du monde, c'est d'être sujet à de nombreuses sortes de dommages par le moyen des notices et discours, comme: à des faussetés, imperfections, appétits, jugements, pertes de temps et beaucoup d'autres choses qui engendrent maintes impuretés en l'âme. Qu'on doive tomber par nécessité en maintes faussetés, en donnant lieu aux notices et discours, c'est évident: vu que souvent le vrai semblera faux et le certain douteux, et inversement – attendu qu'à peine pouvons-nous pénétrer jusqu'à la racine une vérité. De toutes lesquelles choses on se délivre, obscurcissant la mémoire en toute sorte de discours et de notices.

La mémoire trouve des imperfections à tout propos en ce qu'elle a ouï, vu, flairé, touché et goûté; en quoi il lui doit demeurer quelque affection, tantôt de douleur, tantôt de crainte, maintenant de haine ou de vaine espérance, ou de vaine joie ou de vaine gloire, etc. Lesquelles affections sont au moins autant d'imperfections et parfois de bons [1] péchés véniels. Et elles mettent très subtilement en l'âme une grande impureté, encore que les discours et notices soient au sujet de Dieu. Et l'on voit aussi clairement que cela lui engendre des appétits, puisqu'ils naissent naturellement des dites notices et discours, et que seulement vouloir avoir la notice et le discours est de l'appétit. Il paraît manifestement qu'elle aura aussi maintes touches de jugements, vu qu'il ne peut s'empêcher de trébucher

1. C'est-à-dire: d'authentiques ou de vrais péchés. Dans ce sens, on dit: une *bonne* pleurésie.

avec la mémoire dans les maux et les biens d'autrui – où parfois le mal semble bien et le bien paraît mal. De tous lesquels dommages je ne crois pas qu'on se puisse bien délivrer, si ce n'est en aveuglant et obscurcissant la mémoire au regard de toutes les choses.

Que si vous me dites que l'homme pourra bien vaincre toutes ces choses quand elles lui viendront, je dis qu'il est purement impossible qu'il les puisse surmonter entièrement, s'il fait cas des notices; parce qu'en elles mille imperfections et impertinences se glissent, et quelques-unes si subtiles et si délicates qu'elles attachent à l'âme quelque chose du leur sans qu'elle s'en aperçoive – comme fait la poix à ceux qui la manient. Je dis de plus qu'on surmonte mieux tout en une seule fois, faisant que la mémoire s'oublie de tout.

Vous me répliquerez encore que l'âme se prive de maintes bonnes pensées et considérations de Dieu, qui lui servent grandement pour attirer des faveurs de Dieu. Je réponds que la pureté de l'âme y sert davantage, laquelle consiste en ce qu'aucune affection de créature, ni de chose transitoire, ni de regard efficace à cela, ne s'attache à elle – ce dont, à mon avis, il ne s'en attachera que trop, à cause de l'imperfection que les puissances ont de soi en leurs opérations. C'est pourquoi il vaut mieux apprendre à mettre les puissances en silence et les accoutumer à se taire, afin que Dieu parle. Car (comme nous avons dit) pour arriver à cet état il faut perdre de vue les opérations naturelles, ce qui se fait, au dire du prophète, quand l'âme, suivant ses puissances, vient *en la solitude et que Dieu parle à son cœur.* Os 2, 14(16)

Si toutefois vous me répliquez que l'âme n'aura aucun bien si la mémoire ne considère et ne discourt en Dieu, et que bien des distractions et lâchetés se glisseront en elle, je réponds qu'il est impossible qu'aucun mal, ni distraction, ni autre impertinence, ni vice, puissent prendre place en elle, si la mémoire se retire conjointement des choses de cette vie et de l'autre, puisqu'il n'y a point par où ni d'où ces maux puissent entrer – lesquels entrent toujours par la divagation de la mémoire. Cela pourrait bien arriver si, ayant fermé la porte aux considérations et discours des choses d'en haut, nous l'ouvrions à celles d'en bas. Mais ici nous la fermons à tout ce d'où cela peut venir, faisant en sorte que la mémoire se taise et soit muette et que seulement l'ouïe de l'esprit soit en silence, tendue

1 Sm 3,10 à Dieu, disant avec le prophète: *Parlez, Seigneur, car votre serviteur écoute.* L'Époux, dans les Cantiques, dit que son Épouse Ct 4,12 devait être de la sorte: *Ma sœur,* dit-il, *est un jardin fermé, une fontaine scellée,* c'est à savoir, à toutes les choses qui peuvent entrer en elle.

Jn 20,19 et 26 Lc 24,36 Que l'on demeure donc clos, sans souci ni peine; parce que Celui qui entra corporellement parmi ses disciples, les portes étant fermées, et qui leur donna la paix sans qu'ils sussent ni pensassent que cela pouvait être, ni comment cela pouvait être, entrera spirituellement dans l'âme sans qu'elle sache la manière, et sans qu'elle y coopère, tenant les portes des puissances – mémoire, entendement et volonté – fermées à toutes les appré- Is 66,12 hensions, et il les remplira de paix, *faisant couler sur elle,* comme dit le prophète, comme *un fleuve de paix,* avec lequel il lui ôtera toutes les peurs, soupçons, troubles et ténèbres qui lui faisaient appréhender qu'elle était ou qu'elle s'en allait perdue. Qu'elle ne perde point le soin de prier et qu'elle attende en nudité et vide, car son bien ne tardera pas.

Chapitre 4

OÙ IL EST TRAITÉ DU SECOND DOMMAGE QUI PEUT VENIR À L'ÂME, DE LA PART DU DÉMON, PAR LA VOIE DES APPRÉHENSIONS NATURELLES DE LA MÉMOIRE

Le second dommage positif qui peut venir à l'âme par le moyen des notices de la mémoire est de la part du démon, lequel, par ce moyen, a bien du pouvoir en l'âme. Car il peut ajouter des formes, notices et discours et, par elles, affectionner l'âme à l'orgueil, à l'avarice, à l'envie, au courroux, etc., et mettre une haine injuste, un amour vain, et tromper en maintes façons. En outre il a coutume de laisser les choses et les planter dans la fantaisie de telle sorte que les fausses paraissent vraies et les vraies fausses. Bref, toutes les plus grandes tromperies du démon et les plus grands maux qu'il fait à l'âme entrent par les notices et les discours de la mémoire. Laquelle, s'obscurcissant en tout cela et s'anéantissant en oubli, ferme totalement la porte à ce dommage du démon et se délivre de toutes ces choses – ce qui est un grand bien. Le démon, en effet, ne peut rien en l'âme que par le moyen des opérations de ses puissances, notamment par le moyen des notices: car d'elles dépendent presque toutes les opérations des autres puissances. D'où vient que si la mémoire s'anéantit en elles, le démon n'y a aucun pouvoir, vu qu'il ne trouve point par où saisir, et ne trouvant rien il ne peut rien.

Je voudrais que les spirituels vissent bien une fois tous les dommages que les démons font en les âmes par la mémoire, quand elles s'en veulent beaucoup servir. Combien de tristesses, d'afflictions et de mauvaises vaines joies ils leur font avoir, tant en les choses qu'elles pensent en Dieu qu'aux choses du monde; et combien d'impuretés ils leur laissent enracinées dans l'esprit, les divertissant aussi grandement du souverain recueillement qui consiste à mettre toute l'âme, selon ses puissances, dans le seul bien incompréhensible et à l'ôter de toutes les choses appréhensibles parce qu'elles ne sont pas le bien incompréhensible. Laquelle chose [1] (encore qu'un si grand bien comme celui de se mettre tout en Dieu ne procédât de ce vide), seulement parce qu'elle est cause qu'on se délivre de maintes peines, afflictions et tristesses, outre les imperfections et les péchés dont on se garantit, est un bien très signalé.

Chapitre 5

DU TROISIÈME DOMMAGE QUI VIENT À L'ÂME PAR LES NOTICES DISTINCTES NATURELLES DE LA MÉMOIRE

Le troisième dommage que reçoit l'âme par la voie des appréhensions naturelles de la mémoire est privatif, parce qu'elles lui peuvent empêcher le bien moral et la priver du spirituel. Et pour dire premièrement comment ces appréhensions empêchent le bien moral à l'âme, il faut savoir que le bien moral consiste à brider les passions et à refréner les appétits déréglés; d'où s'ensuit en l'âme tranquillité, paix et repos, et les vertus morales, ce qui constitue le bien moral.

1. C'est-à-dire le fait de retirer les puissances des choses appréhensibles.

L'âme ne peut tenir cette bride ou ce frein comme il faut, si elle n'oublie et n'éloigne de soi les choses d'où naissent les affections. Et jamais il ne vient de troubles à l'âme sinon des appréhensions de la mémoire. Car toutes choses étant mises en oubli, il n'y a rien qui trouble la paix, ni qui meuve les appétits, puisque (selon le proverbe) ce que l'œil ne voit, le cœur ne le désire.

Nous en avons tous les jours l'expérience, parce que nous voyons qu'à chaque fois que l'âme pense à quelque chose, elle en est émue et altérée, plus ou moins, selon son appréhension: si celle-ci est pesante et fâcheuse, elle en tire de la tristesse; si agréable, elle en tire du désir et de la joie, etc. D'où, après, il faut nécessairement qu'il sorte du trouble avec le changement de cette appréhension. Et ainsi, tantôt elle est joyeuse, tantôt triste, tantôt elle hait, tantôt elle aime; et elle ne peut persévérer toujours en un même état (ce qui est l'effet de la tranquillité morale), si ce n'est quand elle tâche d'oublier toute chose. Il appert donc que les notices empêchent beaucoup en l'âme le bien des vertus morales.

Il est aussi facile de prouver, par ce qui a été dit, que la mémoire embarrassée empêche le bien spirituel. Parce que l'âme altérée, qui n'a aucun fondement de bien moral, comme telle est incapable du spirituel, qui ne s'imprime qu'en l'âme modérée et pacifiée. Et, outre cela, si l'âme retient et fait cas des appréhensions de la mémoire – attendu qu'elle ne peut être attentive qu'à une chose – si elle s'emploie en les appréhensibles, comme sont les notices de la mémoire, il n'est pas possible qu'elle soit libre pour l'incompréhensible qui est Dieu. Vu qu'afin que l'âme aille à Dieu, elle doit plutôt aller en ne comprenant pas qu'en comprenant; il lui faut changer ce qui est muable et compréhensible pour l'immuable et l'incompréhensible.

Chapitre 6

DES PROFITS QUE L'ÂME REÇOIT DANS L'OUBLI ET LE VIDE DE TOUTES LES PENSÉES ET NOTICES QU'ELLE PEUT NATURELLEMENT AVOIR TOUCHANT LA MÉMOIRE

Des dommages que nous avons dits arriver à l'âme par les appréhensions de la mémoire, nous pouvons aussi déduire les profits qui leur sont contraires, qu'elle reçoit du vide et de l'oubli de cela. Puisque, suivant le dire des naturalistes[1], la même doctrine qui sert à un contraire sert aussi à l'autre. Parce que, premièrement, elle jouit de la tranquillité et du repos d'esprit; puis elle manque du trouble et de l'altération qui procèdent des pensées et des notices de la mémoire; et par conséquent elle jouit de la pureté de la conscience et de l'âme, qui est un plus grand bien. En quoi elle a une grande disposition pour la sagesse humaine et divine et pour les vertus.

Secondement, elle se délivre de nombreuses suggestions, tentations et mouvements du démon, qu'il glisse dans l'âme par le moyen des pensées et des notices, ce qui fait tomber en maintes impuretés et en des péchés. *Ils ont pensé*, dit David, Ps 72
et ils ont proféré l'iniquité. Partant, supprimant les pensées, le (73),8
démon n'a plus de quoi attaquer naturellement l'esprit.

Tiercement, l'âme par cet oubli et cette retraite de toutes choses est disposée pour être mue du Saint Esprit et enseignée par lui; lequel (dit le Sage) *s'éloigne des pensées qui sont sans* Sg 1,5
raison. Mais, encore que l'homme ne reçût autre profit que d'être garanti des peines et des troubles dont il se délivre par cet oubli et ce vide de la mémoire, ce serait un grand gain et bien pour lui. Vu que les peines et les troubles qui s'engendrent en l'âme des choses et des événements contraires, n'apportent aucune bonté aux événements mêmes et aux choses; au contraire ils préjudicient d'ordinaire, non seulement à eux, mais encore à l'âme même. *Pour ce*, dit David, *tout homme se trouble* Ps 38
en vain. Car il est évident que c'est toujours une chose vaine (39),7
que de se troubler, vu que cela n'apporte jamais aucun profit. Partant, c'est une chose vaine que de se troubler quand même

1. Nous dirions: les philosophes qui étudient la partie de la philosophie appelée *philosophie naturelle*.

tout périt, tout s'abîme, tout vient au rebours et à revers, puisqu'on apporte par là plus de dommage que de remède. Mais de supporter tout d'une égalité paisible et tranquille, cela n'apporte pas seulement à l'âme de nombreux biens, mais encore en ces mêmes adversités elle en peut mieux juger et y mettre un remède convenable.

D'où vient que Salomon, connaissant le dommage et le profit
Eccl 3,12 de ceci, a dit ces paroles: *J'ai connu qu'il n'y a rien de meilleur que de se réjouir et bien faire durant sa vie*, donnant à entendre qu'en les accidents les plus sinistres, nous devons plutôt nous réjouir que de nous troubler, de peur de perdre le plus grand bien, qui est la tranquillité d'esprit et la paix en toutes les prospérités et adversités, les recevant toutes également. Laquelle l'homme ne perdrait jamais, si non seulement il oubliait les notices et quittait les pensées, mais aussi s'il se retenait d'écouter, de voir et de converser tant qu'il lui serait possible. Puisque notre nature est si caduque et si glissante qu'encore qu'elle soit bien exercée, à peine se pourra-t-il faire qu'elle ne choppe avec la mémoire en des choses qui troublent et altèrent l'esprit, qui était en paix et tranquillité ne se souvenant de rien.
Lm 3,20 C'est pourquoi Jérémie dit: *Je me souviendrai avec la mémoire et mon âme se dessèchera de douleur en moi.*

Chapitre 7

OÙ IL EST TRAITÉ DU SECOND GENRE D'APPRÉHENSIONS DE LA MÉMOIRE, QUI SONT LES IMAGINAIRES ET NOTICES SURNATURELLES [1]

Encore qu'au premier genre d'appréhensions naturelles nous ayons aussi donné instruction pour les imaginaires qui sont naturelles, il fallait néanmoins faire cette division à cause des autres formes et notices que la mémoire garde en soi, qui sont de choses surnaturelles – comme de visions, de révélations, de propos et sentiments par voie surnaturelle. Desquelles choses, quand elles ont une fois passé par l'âme, il en reste une image,

1. Contrairement à ce qui pourrait sembler, il s'agit d'un seul genre d'appréhensions, qu'on appellerait plus justement: imaginaires-surnaturelles.

forme et figure, ou notice imprimée, soit dans l'âme, soit dans la mémoire ou la fantaisie, parfois fort vive et fort efficace. Touchant cela, il faut encore donner quelque avis, afin que la mémoire ne s'embrouille avec ces appréhensions et qu'elles ne lui empêchent l'union avec Dieu en pure et entière espérance.

Et je dis que l'âme, pour obtenir ce bien, ne doit jamais faire de réflexion sur les choses claires et distinctes qui ont passé par elle surnaturellement, pour conserver en soi les formes, figures et notices de ces choses. Car il faut toujours présupposer que tant plus l'âme retient quelque appréhension naturelle ou surnaturelle distincte et claire, tant moins elle a en soi de disposition et de capacité pour entrer dans l'abîme de la foi, où s'abîme tout le reste. Parce que (comme nous avons donné à entendre) nulles formes ni notices surnaturelles qui puissent tomber dans la mémoire ne sont Dieu – et l'âme, pour aller à Dieu, se doit évader de tout ce qui n'est point Dieu. Il faut donc aussi que la mémoire se défasse de toutes ces formes et notices pour s'unir avec Dieu en espérance. Car toute possession est contraire à l'espérance, laquelle, comme dit saint Paul, *est de ce qu'on ne possède pas*. D'où vient que tant plus la mémoire se dépossède, tant plus elle a d'espérance, et tant plus He 11,1
elle a d'espérance, tant plus elle a d'union de Dieu. Parce qu'à l'égard de Dieu, tant plus l'âme espère, tant plus elle obtient. Et alors elle espère le plus quand elle se dépossède le plus; et quand elle sera parfaitement dépossédée, elle demeurera parfaitement avec la possession de Dieu, en union divine. Mais il y en a beaucoup qui ne se veulent priver de la douceur et du goût de la mémoire en les notices et, pour ce sujet, ne parviennent à la souveraine possession et tout entière douceur. Car *celui qui ne renonce tout ce qu'il possède, ne peut être son* Lc 14,33
disciple.

Chapitre 8

DES DOMMAGES QUE LES NOTICES DES CHOSES SURNATURELLES PEUVENT FAIRE EN L'ÂME, SI ELLE Y FAIT RÉFLEXION. – ON DIT COMBIEN IL Y EN A

Le spirituel se hasarde en cinq sortes de dommages, s'il s'applique et fait réflexion sur ces notices et formes qui s'impriment en lui des choses qui passent en son âme par voie surnaturelle.

Le premier est qu'il se trompe souvent, prenant l'un pour l'autre. Le second, c'est qu'il est près et en occasion de tomber en quelque présomption ou vanité. Le troisième est que le démon a grand pouvoir de le tromper par le moyen de ces appréhensions. Le quatrième est que cela empêche l'union en espérance avec Dieu. Le cinquième est que, pour la plupart du temps, il juge bassement de Dieu.

Quant au premier genre, il est tout évident que si le spirituel retient les dites notices et formes et fait réflexion sur elles, il s'abusera souvent en son jugement. Car, comme pas un ne peut entièrement savoir les choses qui passent naturellement par son imagination, ni en avoir un parfait et assuré jugement, il en aura encore bien moins touchant les choses surnaturelles qui excèdent notre capacité et qui arrivent rarement. D'où vient qu'il pensera souvent que ce sont choses de Dieu et elles ne seront que de sa fantaisie; et souvent que ce qui est de Dieu est du démon, et que ce qui est du démon est de Dieu. Et très souvent lui demeureront fort imprimées les formes et notices des biens ou des maux d'autrui, ou des siens propres, et d'autres figures qui lui ont été représentées, lesquelles il tiendra pour très certaines et très véritables, qui toutefois ne le seront pas, mais très fausses. D'autres seront vraies et il les jugera fausses; encore que je tiens cela pour plus assuré, d'autant que cela procède ordinairement d'humilité.

Et quoiqu'il ne se trompe pas en la vérité, il se pourra méprendre en la quantité ou en la qualité, pensant que ce qui est peu soit beaucoup et que ce qui est beaucoup soit peu. Et en la qualité, estimant ce qui est en son imagination pour telle ou telle chose, qui ne sera toutefois que ceci ou cela, *mettant*, comme dit Isaïe, *les ténèbres pour lumière et la lumière pour ténèbres, l'amer pour le doux et le doux pour l'amer*. Bref, s'il réussit en l'un, ce sera merveille s'il ne manque en l'autre; car encore qu'il ne veuille appliquer son jugement pour juger, il suffit qu'il l'emploie à en faire cas pour qu'au moins passivement il reçoive quelque dommage, sinon en ce genre, au moins en l'un des quatre suivants. Is 5,20

Ce qui convient au spirituel, de peur de s'abuser en son jugement, c'est de ne vouloir appliquer son jugement pour savoir ce que c'est qu'il a ou qu'il ressent en soi; ce que c'est qu'une telle ou telle vision, notice ou sentiment; et qu'il n'ait envie de le savoir, ni s'en soucie, sinon pour le rapporter au père spirituel, afin qu'il lui apprenne à vider sa mémoire de ces appréhensions. Puisque tout ce qu'elles sont en soi ne le peut tant aider à l'amour de Dieu que le moindre acte de foi vive et d'espérance, qui se fait en vide et renonciation de tout cela.

Chapitre 9

DU SECOND GENRE DE DOMMAGES, QUI EST LE DANGER DE TOMBER EN QUELQUE PROPRE ESTIME ET VAINE PRÉSOMPTION

Les appréhensions surnaturelles de la mémoire ci-dessus mentionnées sont aussi une grande occasion aux spirituels de tomber en quelque présomption ou vanité, s'ils en font cas pour les tenir en quelque estime; car, comme celui qui n'a rien de cela est fort exempt de trébucher en ce vice, ne voyant rien en soi de quoi présumer, de même, par le contraire, celui qui les reçoit a en main l'occasion de penser qu'il est quelque chose, puisqu'il a ces communications surnaturelles. Car, quoiqu'il soit vrai qu'ils les puissent attribuer à Dieu et le remercier, s'en tenant pour indignes, nonobstant, il leur demeure d'ordinaire en l'esprit une certaine satisfaction cachée et une estime de cela et de soi, d'où, sans l'apercevoir, il leur naît un grand orgueil spirituel.

Ce qu'ils peuvent assez clairement voir au dégoût et au rebut qui leur vient pour ceux qui ne louent leur esprit, et ne leur font cas de telles choses; et à la peine qu'ils ressentent lorsqu'ils

pensent ou qu'on leur dit que d'autres ont les mêmes choses ou de meilleures. Ce qui procède d'une secrète estime et orgueil; et ils ne peuvent comprendre que, par aventure, ils y sont plongés par-dessus la tête. Car ils croient qu'une certaine connaissance de sa misère suffit, étant, en même temps que cela, remplis d'une secrète opinion et satisfaction de soi-même, se complaisant plus en leur esprit et en leurs biens spirituels
Lc 18, qu'en ceux d'autrui – comme le Pharisien qui remerciait
11-12 Dieu de ce qu'il ne ressemblait au reste du monde, et qu'il avait telles et telles vertus, dont il se tenait content de soi avec présomption. Et bien que de telles gens ne le disent formellement, comme celui-là, ils le tiennent habituellement en leur esprit. Il y en a même quelques-uns qui deviennent si superbes, qu'ils sont pires que le démon. Car, voyant en eux quelques appréhensions et de dévots et suaves sentiments de Dieu – à leur avis! – ils se contentent de telle sorte qu'ils pensent être fort proches de Dieu, et même que ceux qui n'ont point cela sont fort bas, et les méprisent comme le Pharisien.

Pour fuir ce dommage contagieux et horrible devant Dieu, ils doivent considérer deux choses. L'une, que la vertu n'est pas en les appréhensions et sentiments de Dieu – tant soient-ils relevés – ni en chose aucune de cette étoffe qu'ils puissent sentir en soi; mais, au contraire, en ce qu'ils ne sentent point en soi, qui est une profonde humilité et mépris de soi-même et de tout ce qui est sien, bien formé et sensible en l'âme, et à prendre plaisir que chacun en pense autant d'eux, ne cherchant de l'opinion dans le cœur d'autrui.

Quant au second, il faut prendre garde que toutes les visions, révélations et sentiments du ciel, tant plus les voudra-t-on considérer, ne valent pas le moindre acte d'humilité, laquelle a les effets de la charité: qui n'estime point ce qui lui appartient, ni ne le procure, ne pense mal que de soi et ne pense du bien que des autres, mais non de soi. Il convient donc, suivant cela, que les personnes spirituelles ne s'emplissent l'œil de ces appréhensions surnaturelles, mais qu'elles procurent de les mettre en oubli, afin de demeurer libres.

Chapitre 10

DU TROISIÈME DOMMAGE QUE L'ÂME PEUT RECEVOIR DE LA PART DU DÉMON, PAR LE MOYEN DES APPRÉHENSIONS IMAGINAIRES DE LA MÉMOIRE

L'on déduit et on entend bien, de tout ce qui a été dit, quel dommage peut arriver à l'âme par le moyen de ces appréhensions surnaturelles, de la part du démon; puisque, non seulement il peut représenter en la mémoire et en la fantaisie[1] maintes notices et formes fausses qui paraîtront vraies et bonnes, les imprimant en l'esprit et au sens avec beaucoup d'efficace et de certitude par suggestion, de manière qu'il semble à l'âme que cela ne peut être autrement, mais qu'il est ainsi comme il est en son imagination (parce que, comme *il se transfigure en ange de lumière*, il semble à l'âme que ce soit une vraie lumière); mais aussi il peut la tenter en maintes façons en celles qui sont véritables – qui sont de la part de Dieu – émouvant désordonnément les appétits et affections, soit spirituels, soit sensibles, à leur égard. Car, si l'âme savoure ces appréhensions, il est très facile au démon de faire croître les appétits et affections, et de la faire tomber en une gloutonnerie spirituelle et d'autres dommages.

2 Co 11,14

Pour mieux faire cela, il a coutume de suggérer et mettre du goût, de la saveur et de la délectation au sens touchant les choses mêmes de Dieu, afin que l'âme, emmiellée et éblouie de cette saveur, s'aveugle de ce goût et jette davantage les yeux sur le goût que sur l'amour (au moins non tant en l'amour) et qu'elle fasse plus de cas de l'appréhension que de la nudité et du vide qui sont en la foi, espérance et amour de Dieu. Et que de là il aille la décevant peu à peu, et lui faisant croire ses faussetés avec grande facilité. Car à l'âme déjà aveugle, la fausseté ne semble pas telle, et le mal ne lui semble pas mal, etc.; vu que les ténèbres lui paraissent lumière et la lumière ténèbres; et de là elle tombe en mille absurdités, tant à l'égard du naturel que du moral et du spirituel – et le vin se tourne en vinaigre. Tout cela lui vient faute d'avoir rejeté dès le commencement le goût

1. C'est-à-dire l'imagination créatrice.

de ces choses surnaturelles, dont l'âme – parce qu'au commencement cela est peu de chose, ou n'est pas si grand mal – ne se
Mt défie pas tant; et ainsi cela croît, comme le grain de moutarde
13,32 qui devient un grand arbre. Parce qu'une petite faute au commencement, dit le proverbe, est grande à la fin.

Donc, pour éviter ce grand dommage du démon, il est très expédient à l'âme de ne vouloir savourer de telles choses; parce qu'infailliblement elle s'aveuglera en ce goût et y trébuchera. Vu que le goût, la délectation et la saveur, de leur nature – sans que le démon y doive aider – aveuglent l'âme. Ce que David
Ps 138 donne à entendre quand il dit: *Peut-être que ces ténèbres m'aveu-*
(139),11 *gleront en mes délices, et que je tiendrai la nuit pour ma lumière.*

Chapitre 11

DU QUATRIÈME DOMMAGE QUE L'ÂME PEUT RECEVOIR DES APPRÉHENSIONS SURNATURELLES DISTINCTES DE LA MÉMOIRE, QUI EST D'EMPÊCHER L'UNION

Il n'y a guère à dire ici de ce quatrième dommage, attendu qu'il a été déclaré à tout propos dans ce troisième livre, où nous avons prouvé que l'âme, pour arriver à s'unir avec Dieu en espérance, doit renoncer à toute possession de la mémoire, puisque afin que l'espérance soit toute de Dieu, il ne doit rien y avoir dans la mémoire qui ne soit Dieu; et (aussi suivant ce que nous avons dit) qu'il n'y a forme, figure ni image ni autre notice qui puisse tomber en la mémoire, laquelle soit Dieu ni semblable à lui – soit céleste, soit terrestre, soit naturelle, soit
Ps 85 surnaturelle – comme David l'enseigne: *Il n'y en a point en les*
(86),8 *dieux qui vous ressemblent, Seigneur.* D'où vient que, si la mémoire s'arrête à quelque chose, elle s'empêche de s'unir avec Dieu: d'abord parce qu'elle s'embarrasse, et aussi parce que, tant plus elle a de possession, tant moins elle a d'espérance.

Il est donc nécessaire à l'âme d'être dénuée et d'oublier les formes et notices distinctes des choses surnaturelles, afin de n'empêcher l'union selon la mémoire en espérance parfaite avec Dieu.

Chapitre 12

DU CINQUIÈME DOMMAGE QUE L'ÂME PEUT RECEVOIR EN LES FORMES ET APPRÉHENSIONS IMAGINAIRES SURNATURELLES, QUI EST DE JUGER DE DIEU BASSEMENT ET IMPROPREMENT

Le cinquième dommage n'est pas moins important à l'âme, de vouloir retenir en la mémoire et imaginative les formes et images des choses qui lui sont surnaturellement communiquées – principalement si elle les veut prendre pour moyen de l'union divine. Parce qu'il est très facile de juger de l'être et de la grandeur de Dieu de façon moins digne et moins haute que ce qui convient à son incompréhensibilité. Car, encore qu'avec la raison et le jugement elle ne fasse un concept exprès que Dieu ressemble à quelque chose de cela, néanmoins l'estime de ces appréhensions – si enfin elle les estime – fait et cause que l'âme n'a pas une telle estime ni un si grand sentiment de Dieu que la foi l'enseigne – qui nous dit qu'il est incomparable et incompréhensible, etc. En effet, outre que tout ce que l'âme met ici en la créature, elle l'ôte de Dieu, il se fait naturellement en son intérieur, par le moyen de l'estime de ces choses appréhensibles, comme une comparaison d'elles à Dieu, qui ne laisse penser et juger si hautement de Dieu qu'on le doit. Car les créatures terrestres ou célestes, et toutes les notices et images distinctes, naturelles et surnaturelles, qui peuvent tomber en les puissances – tant soient-elles sublimes en cette vie – n'ont aucune comparaison ni proportion avec l'être de Dieu, parce que Dieu ne tombe sous aucun genre ni espèce – mais elles, oui bien, comme disent les théologiens. Et l'âme, en cette vie, ne peut recevoir clairement et distinctement que ce qui tombe sous genre ou
espèce. C'est pourquoi saint Jean a dit que *jamais homme n'a vu* Jn 1,18
Dieu ; et Isaïe qu'*il n'est monté au cœur de l'homme comme Dieu est.* Is 64,
Et Dieu dit à Moïse qu'*il ne le pourrait voir en l'état de cette vie.* 4(3)
Partant, celui qui embrouille la mémoire et les autres puissances Ex
de l'âme avec ce qu'elles peuvent comprendre, ne saurait 33,20
estimer Dieu ni en penser comme il doit.

Donnons une petite comparaison. C'est une chose évidente que, tant plus quelqu'un jettera les yeux sur les serviteurs du roi et s'arrêtera à les regarder, tant moins il fait cas du roi et tant moins il en fait estime. Car, encore que cette appréciation ne soit formellement et distinctement en l'entendement, elle l'est néanmoins en l'œuvre, parce que, tant plus il met aux serviteurs, tant plus il ôte au seigneur; et il ne juge pas alors très hautement du roi, puisque les serviteurs lui paraissent être quelque chose devant le roi, leur seigneur. Il en arrive tout de même à l'âme envers son Dieu, lorsqu'elle fait cas des créatures susdites. Encore que cette comparaison soit fort basse, attendu que (comme nous avons dit) l'être de Dieu est autre que celui de toutes ses créatures dont il est infiniment distant. C'est pourquoi il les faut toutes perdre de vue, et l'âme ne doit jeter les yeux sur aucune de leurs formes, afin de les pouvoir mettre en Dieu en foi et espérance.

D'où vient que ceux qui ne font pas seulement cas de ces appréhensions imaginaires, mais qui pensent que Dieu ressemble à quelqu'une d'elles, et qu'ils pourront s'unir avec Dieu par elles, s'abusent grandement et iront toujours perdant la lumière de la foi en l'entendement – par le moyen de laquelle cette puissance s'unit avec Dieu – et ne croîtront non plus en la hauteur de l'espérance – par le moyen de laquelle la mémoire s'unit avec Dieu en espérance – ce qui doit être en se séquestrant de tout ce qui est imaginaire.

Chapitre 13

DES PROFITS QUE L'ÂME TIRE, REJETANT LES APPRÉHENSIONS DE L'IMAGINATIVE. ON RÉPOND À UNE OBJECTION ET DÉCLARE LA DIFFÉRENCE QU'IL Y A ENTRE LES APPRÉHENSIONS IMAGINAIRES NATURELLES ET SURNATURELLES

Les biens qu'il y a d'évacuer l'imagination des formes imaginaires paraissent bien en les cinq dommages susdits qu'elles causent à l'âme si elle les veut retenir en soi – comme nous avons dit des formes naturelles. Mais, outre ceux-là, il y a d'autres utilités, de grand repos et quiétude pour l'esprit. Car, outre ceci que naturellement l'âme est en repos et quiétude quand elle est délivrée des formes et images, elle est aussi exempte du souci de savoir si elles sont bonnes ou mauvaises et comment il se faut gouverner en les unes et en les autres, du travail et du temps qu'on eût perdu avec les maîtres spirituels à s'enquérir si elles sont bonnes ou mauvaises, si de cette espèce ou d'une autre – ce dont elle n'a besoin, puisqu'elle ne doit faire cas d'aucune. De façon que l'âme peut employer tout le temps et la diligence qu'elle eût dépensé en cela et à examiner ces connaissances, en un meilleur et plus utile exercice, qui est celui de la volonté envers Dieu; et à s'étudier à chercher la nudité et pauvreté spirituelle et sensitive – qui consiste à se vouloir priver véritablement de tout appui de consolation et appréhension tant extérieur qu'intérieur. Ce que l'on pratique bien en voulant et tâchant de s'écarter et détacher de ces formes, puisqu'on recevra de là un tel profit que, tant plus on s'éloignera des formes, images et figures imaginaires, tant plus s'approchera-t-on de Dieu – qui n'a point d'image, de forme ni de figure.

Mais vous me demanderez peut-être pourquoi est-ce que bien des spirituels conseillent que les âmes tâchent à profiter des communications et des sentiments de Dieu, et qu'elles souhaitent recevoir de lui pour avoir que lui donner – vu que s'il ne nous donne, nous ne lui donnerons rien? Et que saint Paul dit: 1 Th
N'éteignez pas l'esprit, et l'Époux à l'Épouse: *Mettez-moi comme* 5,19
un cachet sur votre cœur, comme un cachet sur votre bras, ce qui est Ct 8,6
déjà quelque appréhension. Tout ceci, suivant la doctrine que nous avons donnée ci-dessus, non seulement ne se doit rechercher, mais même, encore que Dieu l'envoie, se doit refuser. Et qu'il est certain que, Dieu le donnant, c'est pour notre bien, et qu'il fera un bon effet. Qu'il ne faut pas jeter les perles à mal. Et qu'aussi c'est une espèce d'orgueil de ne vouloir admettre les choses de Dieu, comme si nous pouvions de nous-mêmes profiter sans cela.

Pour satisfaire à cette objection, il est besoin de se ressouvenir de ce que nous avons dit en les chapitres quinzième et seizième[1] du second livre, où, en grande partie, nous avons répondu à ce doute. Parce que nous avons dit là que le bien qui redonde en l'âme des appréhensions surnaturelles, quand elles sont de bonne part, s'opère passivement en l'âme, dans le même instant qu'elles se présentent au sens, sans que les

1. Ce sont nos chapitres 16 et 17 (cf., ci-dessus, la note de la page 123).

puissances fassent d'elles-mêmes aucune opération. D'où vient qu'il n'est besoin que la volonté fasse un acte de les admettre. Parce que (comme nous avons dit aussi), si l'âme veut opérer avec ses puissances, son action basse et naturelle empêchera plutôt le surnaturel que Dieu opère alors en elle par le moyen de ces appréhensions, qu'elle ne tirera du profit de l'exercice de son opération. Mais comme on donne passivement à l'âme l'esprit de ces appréhensions imaginaires, elle s'y doit ainsi comporter passivement, sans mettre ses actions intérieures ou extérieures en rien. Et cela est garder les sentiments de Dieu, parce qu'elle ne les perd point par sa basse façon d'opérer.
1 Th C'est aussi n'éteindre pas l'esprit, parce que l'âme l'éteindrait
5,19 si elle voulait se conduire d'autre sorte que Dieu ne la mène – ce qu'elle ferait si Dieu lui donnant l'esprit passivement, comme il fait en ces appréhensions, elle s'y voulait alors comporter activement, en agissant avec l'entendement, ou voulant en elles quelque chose. Et cela est clair, parce que si l'âme alors veut opérer par force, son œuvre ne sera pas plus que naturelle, parce que de soi elle ne peut faire davantage; puisqu'elle ne se meut et ne se peut mouvoir au surnaturel, si Dieu ne la meut et ne l'y met. De sorte que si l'âme alors veut opérer de son propre, nécessairement (en tant qu'il est en elle) elle empêchera par son œuvre active l'œuvre passive que Dieu lui va communiquant, qui est l'esprit; parce qu'elle se met en son œuvre propre, qui est d'autre genre et plus basse que celle que Dieu lui communique; car celle de Dieu est passive et surnaturelle, et celle de l'âme active et naturelle – et cela serait éteindre l'esprit.

Or, que son œuvre soit plus basse, il est clair aussi; vu que les puissances de l'âme ne peuvent – de leur propre – faire réflexion et opération sinon sur quelque figure, forme ou image: lesquelles sont l'écorce et l'accident de la substance et de l'esprit qui sont contenus sous telle écorce et accident. Laquelle substance et esprit ne s'unissent avec les puissances de l'âme en cette vraie intelligence et amour, sinon lorsque cesse l'opération des puissances. Car la prétention et la fin d'une telle opération, n'est autre que de venir à recevoir en l'âme la substance connue et aimée de ces formes. D'où vient que la différence et l'avantage qu'il y a entre l'opération active et passive sont les mêmes qui se trouvent entre ce que l'on fait et ce qui est déjà fait, entre ce qu'on veut avoir ou acquérir et

ce qui est déjà acquis. D'où l'on tire aussi que si l'âme veut employer activement ses puissances en ces appréhensions surnaturelles, dans lesquelles (comme nous avons dit) Dieu lui donne passivement leur esprit, il faut dire qu'elle ne fait pas moins que de laisser ce qui est fait pour retourner à le faire, et elle ne jouira pas de ce qui est fait et ne fera rien avec ses actions, mais seulement empêchera ce qui est fait : car (comme nous avons dit) elles ne peuvent de soi parvenir à l'esprit que Dieu donnait à l'âme sans leur exercice. Et ainsi ce serait directement éteindre l'esprit que Dieu verse par les dites appréhensions imaginaires, si l'âme en faisait son capital. Elle les doit donc laisser, s'y comportant passivement et négativement. Parce que Dieu meut l'âme à beaucoup plus qu'elle n'eût pu et n'eût su. C'est pourquoi le prophète dit : *Je veillerai debout, et arrêterai* Ha 2,1
mon pas sur la munition, et contemplerai ce que l'on me dira. Comme s'il disait : Je veillerai sur la garde de mes puissances et n'avancerai un pas en mes opérations, et ainsi je pourrai contempler ce qui m'aura été dit, c'est-à-dire, j'entendrai et goûterai ce qui m'aura été communiqué surnaturellement.

Ce que l'on dit aussi de l'Époux s'entend de l'amour qu'il demande à l'Épouse, duquel l'office est de faire que les amants se ressemblent[1] l'un à l'autre en la principale partie d'eux-mêmes. C'est pourquoi l'Époux dit à l'Épouse qu'*elle le mette* Ct 8,6
pour cachet sur son cœur où toutes les flèches du carquois d'amour viennent à frapper – qui sont les actions et motifs d'amour – afin que toutes donnent en lui demeurant là comme leur but ; et qu'ainsi toutes soient pour lui et que l'âme lui ressemble[2] par les mouvements et actions d'amour, jusqu'à se transformer en lui. Il dit aussi qu'*elle le mette comme un cachet sur son bras,* *Ibid.*
parce que dans le bras est l'exercice d'amour, et donc c'est en lui que l'Aimé trouve soutien et régal.

Partant, tout ce que l'âme doit procurer en toutes les appréhensions qui lui viendront d'en haut, tant imaginaires que d'autre sorte – soit visions, paroles, sentiments ou révélations – c'est de ne faire cas de la lettre et écorce (c'est-à-dire, de ce qu'elle signifie ou représente ou donne à entendre) mais seulement de prendre garde d'avoir l'amour de Dieu qu'elles causent intérieurement en l'âme. Et c'est de cette manière qu'il

1. Littéralement : s'assimilent.
2. Littéralement : s'assimile à lui.

faut faire cas des sentiments, non de la saveur ou suavité, ni des figures, mais seulement des sentiments d'amour qu'elles donnent. Et pour ce seul effet, on pourra bien quelquefois se ressouvenir de cette image et appréhension qui a causé l'amour: pour mettre l'esprit en motif d'amour. Car, quoiqu'elle ne fasse tant d'effet après – quand on s'en ressouvient – que la première fois qu'elle se communique, pourtant le souvenir renouvelle l'amour et il y a une élévation d'esprit en Dieu, principalement quand ce souvenir est de figures, images ou sentiments surnaturels, qui ont coutume de se graver et de s'imprimer en l'âme de telle sorte qu'ils y durent longtemps – et quelques-uns ne s'en effacent jamais. Et ceux qui sont ainsi gravés en l'âme, presque à chaque fois qu'elle les regarde opèrent de divins effets d'amour, de suavité, de lumière, etc., – quelquefois plus, d'autres fois moins – parce qu'ils y ont été imprimés pour cela. De sorte que c'est une grande faveur, à qui Dieu l'a faite, car c'est avoir et posséder en soi une minière de biens.

Ces figures, qui font de tels effets, sont vivement empreintes dans l'âme – vu qu'elles ne sont pas comme les autres images et formes qui se conservent dans la fantaisie[1]. Et ainsi l'âme n'a besoin de recourir à cette puissance quand elle s'en veut ressouvenir, parce qu'elle voit qu'elle les a au-dedans de soi-même, comme l'image paraît dans le miroir. Quand il arrivera qu'une âme aura formellement en soi les dites figures, elle s'en pourra bien souvenir pour l'effet d'amour que j'ai dit, parce qu'elles ne la détourneront point de l'union d'amour en foi, pourvu qu'elle ne se veuille enivrer dans la figure, mais seulement tirer son profit de l'amour, laissant soudainement la figure – et ainsi cela lui servira plutôt d'aide.

On connaît difficilement quand ces images sont imprimées dans l'âme et quand elles le sont dans la fantaisie; parce que celles de la fantaisie sont aussi fort fréquentes. Car il y a certaines personnes qui ont ordinairement en l'imagination et fantaisie des visions imaginaires, qui leur sont souvent représentées d'une même façon: soit parce qu'elles ont l'organe fort appréhensif et que, pour peu qu'elles y pensent, aussitôt cette figure habituelle se représente et se peint en leur fantaisie; soit

1. C'est-à-dire l'imagination créatrice. Voir ci-dessus, livre II, chapitre 12, pp. 158-159.

parce que le démon les forme; soit aussi parce que Dieu les met, sans qu'elles s'impriment formellement en l'âme. Néanmoins, on les peut connaître par les effets; car celles qui sont naturelles ou du démon, quoiqu'on se souvienne d'elles, n'opèrent aucun bon effet ni renouvellement d'esprit en l'âme, mais elle les regarde seulement avec aridité. Tandis que, lorsqu'on se ressouvient de celles qui sont bonnes, elles opèrent quelque bon effet, semblable à celui qu'elles firent la première fois en l'âme. Mais les formelles qui s'impriment en l'âme, quand on les regarde, presque toujours produisent quelque effet.

Quiconque aura eu de celles-ci connaîtra facilement les unes et les autres; parce que la grande différence est toute claire à ceux qui en ont l'expérience. Je dis seulement que celles qui s'impriment formellement dans l'âme avec durée, sont plus rares. Mais soit les unes, soit les autres, il est toujours expédient à l'âme de ne vouloir rien saisir, sinon Dieu par foi en espérance. Quant à l'autre chose que dit l'objection – qu'il y a de l'orgueil à les rejeter si elles sont bonnes – je réponds que c'est au contraire une prudente humilité d'en tirer son profit en la meilleure manière, comme il a été dit, et de cheminer par la voie la plus sûre.

Chapitre 14

OÙ IL EST TRAITÉ DES NOTICES SPIRITUELLES EN TANT QU'ELLES PEUVENT TOMBER EN LA MÉMOIRE

Nous avons mis pour troisième genre d'appréhensions de la mémoire les notices spirituelles, non parce qu'elles appartiennent au sens corporel de la fantaisie comme les autres – vu qu'elles n'ont ni image ni forme corporelle – mais parce qu'elles tombent aussi sous la réminiscence et mémoire spirituelle. Car, depuis que l'âme en a reçu quelqu'une, elle s'en peut souvenir quand elle voudra; et ce, non par l'effigie et image que cette appréhension aura laissée au sens corporel – vu que, étant corporel, comme nous avons dit, il est incapable de formes spirituelles – mais elle se souvient intellectuellement et spirituellement d'elle[1] par la forme qu'elle a imprimée de soi en l'âme – qui est aussi une forme, notice ou image spirituelle ou formelle par le moyen de laquelle l'âme se ressouvient – ou à cause de l'effet qu'elle fit. Parce que c'est pour cela que je mets ces appréhensions entre celles de la mémoire – encore qu'elles n'appartiennent directement à la fantaisie.

Or, pour savoir quelles sont ces notices, et comment l'âme se doit comporter en elles pour parvenir à l'union divine, nous en avons assez dit au vingt-quatrième chapitre[2] du second livre, où nous en avons traité comme d'appréhensions de l'entendement. On y peut donc recourir, parce que nous avons dit là comment il y en a de deux sortes, les unes incréées, et les autres de créatures. Seulement, en ce qui touche notre propos – à savoir comment la mémoire s'y doit gouverner pour parvenir à l'union – je dis, comme j'ai fait au chapitre précédent des formelles (du genre desquelles sont aussi celles qui sont de choses créées), que lorsqu'elles opéreront un bon effet, on s'en peut souvenir, non pour les vouloir retenir en soi, mais pour vivifier l'amour et notice de Dieu. Que si leur souvenir ne cause un bon effet, il faut que l'âme ne s'en souvienne plus. Quant aux incréées, je dis qu'on s'en ressouvienne le plus qu'on pourra, parce qu'elles feront un grand effet; vu que (comme nous l'avons dit là) ce sont des touches et sentiments de l'union de Dieu, où nous acheminons l'âme. Et de ceux-ci la mémoire ne s'en ressouvient point par aucune forme, image ou figure qu'ils impriment en l'âme – parce que ces touches et sentiments de l'union du Créateur n'en ont point – mais par l'effet qu'ils ont opéré en elle, de lumière, d'amour, de plaisir, et de renouvellement spirituel, etc.; dont, à chaque fois qu'elle s'en souvient, quelque chose est renouvelé en elle.

1. C'est-à-dire de l'appréhension.
2. Il s'agit en fait du chapitre 26 (cf. la note de la page 123).

Chapitre 15

OÙ L'ON MET LE MOYEN GÉNÉRAL COMMENT LE SPIRITUEL SE DOIT CONDUIRE TOUCHANT CE SENS

Pour conclure ce point de la mémoire, il sera bon de déduire ici au lecteur spirituel, en une raison, le moyen dont il doit universellement user pour s'unir avec Dieu selon ce sens. Car, encore qu'il l'ait pu bien entendre en ce qui a été dit, néanmoins, en le reprenant ici, il le comprendra plus facilement. A cette fin, qu'il prenne garde que – puisque ce que nous prétendons est que l'âme s'unisse avec Dieu selon la mémoire en espérance, et que ce que l'on espère, c'est ce qu'on ne possède, et que tant moins on possède d'autres choses, plus il y a de capacité et d'habileté pour espérer ce qu'on espère et par conséquent plus il y a d'espérance, et que tant plus on possède de choses, moins on est capable et habile pour espérer et conséquemment moins il y a d'espérance, et que, suivant cela, tant plus l'âme dépossédera la mémoire des formes et choses mémorables qui ne sont point Dieu, tant plus elle mettra la mémoire en Dieu et la tiendra plus vide pour espérer de lui qu'il la remplira – donc, ce qu'il doit faire pour vivre en entière et pure espérance de Dieu, c'est que, autant de fois qu'il se présentera à lui des notices, formes et images distinctes, sans s'y arrêter qu'il tourne soudain l'âme à Dieu en vide de tout cela avec une affection amoureuse, ne pensant ni regardant ces choses, sinon autant qu'il sera nécessaire pour en retenir la mémoire afin d'entendre et de faire ce qu'il est obligé, si elles sont de choses qui obligent. Et encore, que ce soit sans y loger son affection ni y mettre son goût, de peur qu'elles ne laissent de soi quelque effet en l'âme. Et ainsi l'homme ne doit laisser de penser et se souvenir de ce qu'il doit faire et savoir; car, pourvu qu'il n'y ait point d'affections de propriété, elles ne lui nuiront point. Les vers ou sentences de la Montagne, qui sont au treizième chapitre du premier livre serviront à ceci.

Mais prenez garde que pour cela, nous ne convenons et ne voulons convenir en notre doctrine avec la pestilente doctrine de ces hommes qui, poussés d'orgueil et d'envie diabolique, ont voulu ôter des yeux des fidèles le saint et nécessaire usage et insigne adoration des images de Dieu et de ses saints. Au contraire, la nôtre est très différente de celle-là; parce que nous ne traitons et ne disons pas ici qu'il ne faut point d'images et qu'elles ne soient adorées comme ils enseignent, mais nous donnons à entendre la différence qu'il y a d'elles à Dieu, et qu'on passe de telle manière par la peinture qu'elles n'empêchent d'aller au vif, s'y arrêtant davantage qu'il ne faut pour aller au spirituel. Car, comme le moyen est bon et nécessaire pour la fin – ainsi que sont les images pour nous souvenir de Dieu et des saints – de même quand on se prend et s'arrête au moyen plus que la nécessité du moyen ne le requiert, cela empêche et détourne autant – pour ce qu'il est – que n'importe quelle autre chose différente. D'autant plus que ce où je fais instance, c'est en les images et visions surnaturelles, parce que touchant cela il arrive maintes tromperies et périls. Car en la mémoire, en l'adoration et estime des images que naturellement l'Église catholique nous propose, il n'y peut avoir aucune tromperie ni danger, puisqu'on n'estime en elles autre chose que ce qu'elles représentent; et leur mémoire ne pourra faire qu'elle ne profite à l'âme, puisqu'elle est inséparablement conjointe avec l'amour de la chose qu'elles représentent. Car, du moment qu'elle ne s'y arrête pas plus que pour cela, elles lui aideront toujours à l'union de Dieu. Pourvu que (quand Dieu lui en fera la grâce) on laisse voler l'âme de la peinture à Dieu vivant, en oubli de toute créature et de toutes les choses qui appartiennent à la créature.

Chapitre 16

OÙ L'ON COMMENCE À TRAITER DE LA NUIT OBSCURE DE LA VOLONTÉ. ON MET LA DIVISION DES AFFECTIONS DE LA VOLONTÉ

Ce ne serait rien fait de purifier l'entendement pour le fonder en la vertu de foi, et la mémoire en celle de l'espérance, si nous ne purifiions aussi la volonté par rapport à la troisième vertu qui est la charité – par laquelle les œuvres faites en foi sont vives et de grand prix, et sans laquelle elles ne valent rien; puisque, comme dit saint Jacques, *sans les œuvres* de la charité, *la foi est morte*. Or, pour traiter maintenant de la nuit et nudité active de cette puissance, pour l'affermir et la former en cette vertu de la charité de Dieu, je ne trouve point d'autorité plus convenable que celle du Deutéronome, au chapitre six, où Moïse dit: *Tu aimeras le Seigneur ton Dieu de tout ton cœur et de toute ton âme et de toute ta force*. Ce qui contient tout ce que l'homme spirituel doit faire et ce que je lui veux ici enseigner pour s'approcher vraiment de Dieu en union de volonté par le moyen de la charité. Car il est là commandé à l'homme d'employer en Dieu toutes les puissances, appétits, opérations et affections de son âme, en sorte que toute l'habileté et la force de l'âme ne servent que pour cela, conformément au dire de David: *Je garderai ma force pour vous.*

Jc 2,20 — Dt 6,5 — Ps 58 (59),10

La force de l'âme consiste en ses puissances, passions et appétits, et tout cela est gouverné par la volonté. Donc, quand la volonté dresse à Dieu ces puissances, passions et appétits, et les détourne de tout ce qui n'est pas Dieu, alors elle garde la force de l'âme pour Dieu et se porte ainsi à l'aimer de toute sa force. Et afin que l'âme puisse faire cela, nous traiterons ici de purifier la volonté de toutes ses affections déréglées, d'où naissent les appétits, affections et opérations déréglées et qui sont cause aussi que l'âme ne garde toute sa force à Dieu. Ces affections sont quatre, à savoir: la joie, l'espérance, la douleur et la crainte. Lesquelles passions, mises en acte de raison et rapportées à Dieu – en sorte que l'âme ne s'éjouisse sinon de ce qui est purement honneur et gloire de Dieu, qu'elle n'espère autre chose ni ne s'afflige sinon de ce qui concerne cela, et ne craigne que Dieu – il est certain qu'elles dressent et gardent la force de l'âme et son habileté pour Dieu. Car tant plus l'âme se réjouira d'autre chose que de Dieu, tant moins fortement sa joie s'emploiera en Dieu; tant plus elle mettra son espérance en autre chose, tant moins elle espérera en Dieu; et ainsi des autres.

Et afin que nous donnions de ceci une doctrine plus ample et plus entière, nous traiterons en particulier (selon notre coutume) chacune de ces quatre passions et des appétits de la volonté. Parce que tout le nœud de l'affaire, pour venir à l'union de Dieu, gît à purifier la volonté de ses affections et appétits; afin qu'en cette façon, de volonté humaine et basse, elle devienne volonté divine, faite une même chose avec la volonté de Dieu.

Ces quatre passions d'autant plus règnent en l'âme et la combattent, que la volonté est moins forte en Dieu et plus dépendante des créatures. Parce qu'alors elle se réjouit fort facilement des choses indignes de joie, et espère ce qui n'a point de profit, et s'afflige de ce dont elle se devrait peut-être réjouir, et craint où il n'y a point sujet de craindre.

De ces affections naissent en l'âme, quand elles sont déchaînées, tous les vices et imperfections qu'elle a, comme aussi toutes ses vertus, quand elles sont ordonnées et bien composées. Et il faut remarquer que, comme l'une d'elles se mettra en ordre et raison, les autres en feront de même; à cause que ces quatre passions de l'âme sont unies et fraternisent tellement entre elles, que là où l'une va actuellement, les autres y vont aussi virtuellement; et si l'une se retire actuellement, les autres aussi, à la même mesure, se retirent virtuellement. Car si la volonté s'éjouit de quelque chose, conséquemment, à la même mesure, elle la doit espérer, et la douleur avec la crainte y sont aussi virtuellement comprises; et à mesure qu'elle en perd le goût, elle en perd aussi la crainte, la douleur et l'espérance. Parce que la volonté, avec ces quatre passions, est signifiée par
Ez 1,8-9 la figure de ces quatre animaux qu'Ézéchiel vit en un corps qui avait quatre faces, et les ailes de l'un étaient attachées à celles de l'autre, et chacun marchait devant sa face, et quand ils cheminaient, ils ne retournaient en arrière. Ainsi les plumes de chacune de ces affections sont tellement liées à celles des autres que, où l'une porte actuellement sa face – c'est-à-dire son opération – par nécessité les autres marchent virtuellement avec elle; et quand l'une s'abaissera (comme il est dit en ce même lieu) toutes s'abaisseront; et quand elle s'élèvera, elles s'élèveront. Où sera ton espérance, ta joie ira, et ta crainte et douleur; que si elle s'en retourne, elles s'en retourneront aussi, et de même des autres.

D'où il faut remarquer qu'en quelque part qu'ira une de ces passions, toute l'âme, la volonté et les autres puissances iront aussi et vivront toutes captives en cette passion; et qu'aussi les trois autres passions seront vives en celle-là pour affliger l'âme avec leurs liens, et l'empêcher de voler à la liberté et au repos de la douce contemplation et union. C'est pourquoi Boèce dit que si vous désirez entendre la vérité avec une claire lumière, vous bannissiez de vous les joies, l'espérance, la crainte et la douleur [1]. Car si toutes ces passions règnent, elles ne laissent l'âme en la tranquillité et paix requises pour la sagesse qu'elle peut recevoir naturellement et surnaturellement.

Chapitre 17 [2]

DE LA PREMIÈRE AFFECTION DE LA VOLONTÉ, ET COMMENT RIEN DE CE QUI TOMBE SOUS L'APPÉTIT NE PEUT ÊTRE MOYEN PROPORTIONNÉ POUR QUE L'ÂME S'UNISSE À DIEU SELON LA VOLONTÉ

La première des passions de l'âme et des affections de la volonté est la joie. Celle-ci naît toujours dans l'âme – moyennant la volonté – des choses qui lui sont proposées comme bonnes, convenables, suaves et délectables, à cause qu'elle les estime belles, savoureuses, délectables et précieuses. Et suivant cela, l'appétit de la volonté est mû vers elles et elle espère les obtenir; et quand elles sont présentes, elle s'y délecte et craint de les perdre; et si elle les perd, elle en souffre. D'où vient que, selon cette passion qu'est la joie, l'âme s'altère et s'inquiète.

Pour anéantir cette passion en tout ce qui n'est pas Dieu, remarquons que tout ce dont la volonté peut distinctement jouir, est ce qui est suave et délectable. Or, il n'y a aucune chose suave ni délectable où la volonté puisse se délecter et dont elle puisse jouir, qui soit Dieu: car comme Dieu ne peut tomber sous les appréhensions des autres puissances, ainsi ne peut-il non plus être compris par les appétits et les goûts de la volonté. Et, comme l'âme ne peut goûter Dieu essentiellement en cette vie, ainsi toute la suavité et toute la délectation qu'elle pourrait sentir, pour hautes qu'elles soient, ne peuvent être Dieu. Car tout ce que la volonté peut distinctement goûter et désirer, c'est en tant qu'elle le connaît comme tel ou tel objet. Or, comme la volonté n'a jamais goûté Dieu comme il est et ne l'a point connu sous aucune appréhension

1. *De consolatione*, l. 2, m. 7: P. L. 63, 656-658.
2. Ce chapitre et le suivant sont les deux *Fragments* de nos éditions précédentes, réintroduits à leur place normale au livre III de la *Montée*, entre le chapitre 16 et l'ancien chapitre 17, devenu chapitre 19 (cf., ci-dessus, notre introduction à la *Montée*, p. 63, note 8).

de l'appétit – et partant qu'elle ignore ce qu'est Dieu – de là vient que son goût ne le peut savourer tel qu'il est et que ni son appétit, ni son goût ne peuvent arriver à savoir désirer Dieu, puisqu'il excède leur capacité.

Il est donc clair que nulle chose distincte, de toutes celles dont la volonté peut jouir, n'est Dieu. Et partant, pour lui être unie, elle se doit vider de l'appétit et du goût de tout ce dont elle peut jouir distinctement, soit de là-haut, soit d'ici-bas. Car si la volonté peut en quelque façon comprendre Dieu et lui être unie, cela ne se fait point par quelque moyen que l'appétit peut saisir, mais seulement par l'amour. Or, comme la délectation et la suavité et tout autre goût dont la volonté est capable ne sont point l'amour, il s'ensuit que de tous les sentiments savoureux, pas un ne peut être un moyen proportionné afin que la volonté s'unisse à Dieu, si ce n'est l'opération de la volonté. Car l'opération de la volonté est fort différente du sentiment de la volonté. Parce que c'est par l'opération, qui est l'amour, qu'elle est unie à Dieu et trouve en lui son terme; mais non pas par le sentiment ni par l'appréhension de son appétit, lequel réside en l'âme comme en sa fin et en son terme.

Les sentiments peuvent seulement servir de motifs pour aimer, si la volonté veut passer plus avant, et rien de plus. D'où vient que les sentiments savoureux n'acheminent pas de soi l'âme à Dieu; au contraire, ils font qu'elle y demeure arrêtée. Mais l'opération de la volonté, qui est d'aimer Dieu, met seule l'âme en lui, toutes choses laissées en arrière, l'aimant pardessus toutes. C'est pourquoi, celui qui se porte à aimer Dieu sans que ce soit à cause de la suavité qu'il expérimente, en cela même il laisse en arrière cette douceur et met son amour en Dieu qu'il ne sent point. Car s'il mettait son amour en la suavité et au goût qu'il reçoit, y faisant arrêt, ce serait déjà mettre son amour en la créature ou en quelque chose qui lui appartient, et se proposer le motif comme fin et terme; et ainsi l'œuvre de la volonté serait vicieuse. Dieu étant incompréhensible et inaccessible, la volonté, afin de mettre son opération d'amour en Dieu, ne doit pas la mettre en ce qu'elle peut toucher et appréhender par l'appétit, mais en ce que l'appétit ne peut comprendre et où elle ne peut atteindre par son moyen. Et ainsi la volonté aime ce qui est certain et véritable, au goût de la foi, en vide et en obscurité de ses sentiments, par-dessus toutes les choses qu'elle peut sentir; tout comme l'intelligence croit dans le vide de ses connaissances, par-dessus tout ce qu'elle peut entendre.

Chapitre 18[1]

COMMENT, POUR S'UNIR À DIEU, IL EST NÉCESSAIRE QUE LA VOLONTÉ SOIT VIDE DE SON APPÉTIT NATUREL

Celui-là serait bien privé de sens, qui, se voyant manquer de suavité et de consolation spirituelles, penserait pour autant que Dieu se serait retiré de lui; et qui, les ayant, se réjouirait, estimant pour ce sujet qu'il aurait Dieu avec lui. Et il serait encore plus insensé, s'il cherchait cette suavité en Dieu et s'il s'en réjouissait. Car, de la sorte, il ne chercherait plus Dieu avec une volonté fondée sur le vide de la foi, mais il chercherait le goût de l'esprit (ce qui est quelque chose de créé), suivant en cela son appétit. Et ainsi, il n'aimerait pas Dieu purement par-dessus toutes choses (ce qui est mettre toute la force de la volonté en lui), car s'attachant par l'appétit à cette créature, la volonté ne monterait pas au-dessus d'elle à Dieu, qui est inaccessible. Car il est impossible que la volonté puisse arriver à jouir de la suavité et de la délectation de la divine union, si ce n'est dans le vide de l'appétit de tout goût particulier. Ce que David a voulu signifier lorsqu'il a dit: *Dilatez votre bouche* Ps 80
et je l'emplirai. L'appétit est la bouche de la volonté, laquelle (81),11
est dilatée lorsqu'elle n'est point empêchée par la bouchée de quelque suavité. Car, lorsque l'appétit s'occupe en quelque chose, en cela même il se rétrécit: vu que hors de Dieu tout est étroit. Et partant, l'âme doit toujours avoir la bouche de la volonté ouverte à Dieu et vide de toute bouchée de l'appétit, afin que Dieu la comble de son amour et de sa douceur. Elle doit avoir cette faim et soif de Dieu seul, sans la vouloir rassasier puisque ici-bas elle ne peut goûter Dieu tel qu'il est et que ce qui peut être goûté (si l'appétit le désire) empêche de le goûter. Isaïe a enseigné cela, disant: *Vous tous qui avez soif,* Is 55,1
venez aux eaux, etc.; où il invite seulement ceux qui ont soif

1. Cf. la note 2 de la page 285.

de Dieu seul – et qui n'ont point d'argent d'appétit – au rassasiement des eaux divines de l'union de Dieu. Et comme la joie se nourrit par cette bouche de la volonté, qui est l'appétit, nous dirons de combien de sortes de nourritures il peut goûter, et nous le purifierons d'elles toutes pour que, la bouche vide de toute nourriture qu'elle puisse saisir, la volonté ait seulement faim de Dieu en tant qu'il est incompréhensible.

Chapitre 19 (17)[1]

OÙ L'ON COMMENCE À TRAITER DE LA PREMIÈRE AFFECTION DE LA VOLONTÉ. – ON DIT CE QUE C'EST QUE JOIE ET DONNE UNE DISTINCTION DES CHOSES DONT LA VOLONTÉ PEUT JOUIR

La première des passions et affections de la volonté c'est la joie; laquelle – quant à ce que nous en pensons dire – n'est autre chose qu'un contentement de la volonté avec estime de quelque chose qui lui semble convenable; car jamais la volonté ne se réjouit, sinon quand elle prise quelque chose et que celle-ci lui donne contentement. C'est-à-dire: quant à la joie active, qui est quand l'âme entend distinctement et clairement de quoi elle se réjouit et qu'il est en son pouvoir d'avoir cette joie, oui ou non. Car il y a une autre joie, passive, où la volonté peut se trouver se réjouissant sans entendre aucune chose claire et distincte (et parfois aussi entendant) d'où vient une telle joie – et alors il n'est pas en sa puissance de l'avoir ou de ne l'avoir pas. Or de ceci nous parlerons après. Maintenant, nous traiterons de la joie en tant qu'elle est active et volontaire, de choses distinctes et claires.

La joie peut naître de six sortes de choses ou biens, à savoir: temporels, naturels, sensibles[2], moraux, surnaturels et spirituels;

1. Nous indiquons entre parenthèses les numéros que portaient ce chapitre et les suivants avant l'intégration des nouveaux chapitres 17 et 18 au livre III de la *Montée*.

2. L'espagnol porte *sensuales*. Ce mot reviendra souvent: tantôt nous l'avons traduit par *sensible*, tantôt par *sensuel*. Bien souvent il faudrait dire les deux. J. BARUZI (*Saint Jean de la Croix et le problème de l'expérience mystique*, pp. 412-413) dit à ce sujet: « L'adjectif *sensual* n'est ici exactement rendu ni par sensible,

touchant lesquels nous irons par ordre, mettant la volonté en raison, afin qu'étant débrouillée d'avec eux, elle mette la force de sa joie en Dieu. Pour tout cela, il convient de présupposer un fondement qui sera comme un bâton sur lequel nous nous appuyerons toujours: et il est à propos de le bien savoir, attendu que c'est la lumière par laquelle nous devons nous conduire et entendre cette doctrine, et dresser en tous ces biens la joie à Dieu. Or c'est que la volonté ne se doit réjouir sinon de ce qui est à l'honneur et gloire de Dieu, et que le plus grand honneur que nous lui saurions rendre, c'est de le servir suivant la perfection évangélique – et ce qui est hors de cela n'est d'aucune valeur ni profit à l'homme.

Chapitre 20 (18)

OÙ IL EST TRAITÉ DE LA JOIE DES BIENS TEMPORELS. – IL EST DIT COMME IL LA FAUT DRESSER À DIEU

Le premier genre de biens que nous avons dits sont les temporels. Et par ces biens nous entendons ici les richesses, les états, offices et autres prétentions, et les enfants, parents et mariages, etc., qui sont choses dont la volonté se peut réjouir. Mais il est évident combien c'est une chose vaine que de se réjouir des richesses, titres, états, offices et autres choses semblables que les hommes ont coutume de prétendre. Car si, pour être plus riche, on était meilleur serviteur de Dieu, il faudrait se réjouir des richesses; mais tant s'en faut! elles sont cause de l'offenser, selon que le Sage enseigne, disant: *Mon fils, si tu es riche, tu ne* Eccli
seras pas exempt de péché. Parce que, bien qu'il soit vrai que les 11,10
biens temporels, de soi, ne font pas nécessairement pécher, néanmoins, parce que d'ordinaire le cœur de l'homme – comme faible – s'y attache d'affection et laisse Dieu (ce qui est péché, car le péché c'est laisser Dieu), pour ce sujet le Sage dit qu'il ne
sera pas exempt de péché. C'est pourquoi le Seigneur appelle Mt
en l'Évangile les richesses des *épines*, pour donner à entendre 13,22
Lc 8,14

ni par sensuel. Il s'agit de nuances délicates que seuls connaissent les sévères analystes de notre plus profonde concupiscence, par exemple un Bossuet commentant le texte johannique: N'aimez pas le monde, ni ce qui est dans le monde, et le prolongeant dans l'admirable *Traité de la Concupiscence.* »

que celui qui les maniera avec la volonté sera piqué de quelque
Mt péché. Et cette exclamation qu'il fait en l'Évangile sur la dif-
19,23 ficulté qu'ont ceux qui ont des richesses – c'est-à-dire qui y
mettent la joie – d'entrer au Royaume des cieux, donne assez
à entendre que l'homme ne se doit pas réjouir en les richesses,
qui le mettent en si grand danger. David disait aussi pour nous
Ps 61 en détourner: *Si les richesses abondent, n'y mettez pas votre cœur.*
(62),11 Je ne veux pas davantage de preuves en une chose si claire.

Et quand aurai-je achevé d'alléguer l'Écriture et de dire les
maux des richesses, que Salomon rapporte en l'Ecclésiaste?
Lequel ayant été très riche et très sage, sachant bien ce qui en
Eccl était, dit que *tout ce qui était sous le soleil était vanité des vanités,*
1,14 *affliction d'esprit et vaine sollicitude de l'âme.* Et que *celui qui aime*
Eccl 5,9 *les richesses n'en tirera aucun fruit.* Et que *les richesses se gardent au*
Ibid. 12 *détriment de leur seigneur,* selon qu'il est porté dans l'Évangile, où
celui qui se réjouissait d'avoir amassé quantité de fruits pour de
Lc 12,20 nombreuses années, entendit du ciel: *Fol que tu es, il faut que ton*
âme rende compte cette nuit. A qui sera tout ce que tu as amassé?
Ps 48 Finalement, David nous en enseigne autant, à savoir *de ne*
(49), *porter envie aux richesses de notre voisin, puisqu'elles ne lui serviront*
17-18 *de rien pour l'autre vie,* donnant à entendre par là qu'il nous
devrait plutôt faire pitié.

Il s'ensuit que l'homme ne se doit réjouir ni d'avoir des richesses ni que son frère en ait, si elles ne les aident à servir Dieu. Car s'il est permis de s'en réjouir pour quelque chose – comme on se doit réjouir des richesses – c'est quand elles sont dépensées et employées au service de Dieu, vu qu'autrement on n'en peut tirer profit. Il en faut dire autant des titres, offices, etc.: c'est vanité de s'en réjouir, si l'on voit qu'on n'y sert pas Dieu davantage et qu'on ne chemine pas plus sûrement à la vie éternelle. Et comme on ne peut savoir clairement s'il en est ainsi – qu'on serve mieux Dieu, etc. – ce serait chose vaine de s'en réjouir déterminément, vu qu'une telle joie ne peut être rai-
Mt sonnable. Car, comme dit le Seigneur, *quoique l'homme gagne*
16,26 *tout le monde, il peut perdre son âme.* Il ne faut donc se réjouir
sinon en ce où l'on sert davantage Dieu.

Il y a aussi peu de sujet de se réjouir des enfants, ni pour être en nombre et riches, ni pour être doués de dons et grâces naturelles et biens de fortune, mais seulement s'ils servent Dieu. Puisque ni la beauté, ni les richesses, ni l'extraction ne servirent
2 Sm de rien à Absalom, fils de David, vu qu'il ne servit Dieu.
14,25

Partant ce fut une chose vaine que de se réjouir de cela. D'où vient aussi que c'est une chose vaine de désirer des enfants, comme font quelques-uns qui renversent et troublent le monde du désir des enfants, vu qu'ils ne savent s'ils seront bons ni s'ils serviront Dieu, et si le contentement qu'ils espèrent d'eux ne se tournera point en douleur; le repos et la consolation, en travail et affliction; l'honneur, en déshonneur; et s'ils ne feront point offenser Dieu davantage, comme le font beaucoup. Desquels le Christ dit qu'*ils rôdent la mer et la terre* pour les enrichir et les *faire enfants de perdition deux fois pires qu'eux.* Mt 23,15

C'est pourquoi, encore que tout rie à l'homme, et succède heureusement, il doit plus craindre que s'éjouir, puisque en cela croissent l'occasion et le danger d'oublier Dieu. D'où vient que Salomon qui marchait avec tant de considération dit en l'Ecclésiaste: *J'ai jugé le ris erreur et ai dit à la joie: pourquoi te trompes-tu en vain?* Comme s'il disait: quand toutes choses me riaient, j'ai cru que c'était abus et tromperie de m'en réjouir, parce que sans doute c'est une grande erreur et une vraie folie à l'homme de se réjouir de ce qui lui est agréable et lui rit, sans savoir avec certitude s'il lui en résultera quelque bien éternel. *Le cœur des fous*, dit le Sage, *est parmi la joie, mais celui des sages est dans la tristesse*. Parce que la joie aveugle le cœur sans lui laisser considérer ni peser les choses, et la tristesse fait ouvrir les yeux et regarder le profit et le dommage qui y sont. D'où vient que, comme dit le même, *l'ire vaut mieux que le ris.* Partant, *il vaut mieux aller à la maison des pleurs qu'à celle du banquet*, parce qu'on y montre, comme dit aussi le Sage, *la fin de tous les hommes.*

Eccl 2,2 — Eccl 7,5(4) — Eccl 7,4(3) — *Ibid.* 3(2)

Ce serait aussi vanité de se réjouir d'une femme ou d'un mari, quand on ne sait pas clairement si on servira mieux Dieu en mariage. Vu qu'au contraire ils doivent avoir de la confusion – le mariage étant cause, comme dit saint Paul, qu'ils n'ont pas le cœur entier à Dieu, l'ayant mis réciproquement l'un en l'autre. C'est pourquoi il dit: *Si vous êtes libre de femme, ne cherchez point de femme.* Que si vous en avez une, ce soit avec une telle liberté de cœur que si vous n'en aviez point. Ce qu'il nous enseigne, conjointement avec ce que nous avons dit des biens temporels, par ces paroles: *Ceci est certain*, à savoir, *ce que je vous dis, frères, que le temps est court. Reste que ceux qui ont des femmes soient comme ceux qui n'en ont point; et ceux qui pleurent, comme ceux qui ne pleurent; et ceux qui se réjouissent, comme ceux*

1 Co 7,33-34 — *Ibid.* 27 — *Ibid.* 29-31

qui ne se réjouissent; et ceux qui achètent, comme ceux qui ne possèdent; et ceux qui usent de ce monde, comme s'ils n'en usaient point. Ce qu'il dit pour donner à entendre que de mettre la joie en autre chose qu'en ce qui concerne le service de Dieu, c'est vanité et chose inutile, puisque la joie qui n'est pas selon Dieu ne peut profiter à l'âme.

Chapitre 21 (19)

DES DOMMAGES QUI PEUVENT VENIR À L'ÂME DE METTRE LA JOIE EN LES BIENS TEMPORELS

S'il fallait déduire les dommages qui assiègent l'âme, quand elle met l'affection de la volonté en les biens temporels, l'encre, le papier et le temps nous défaudraient. Parce que les âmes peuvent, de petites choses, arriver à de grands maux et perdre de grands biens: de même que, d'une étincelle de feu, si on ne l'éteint, de grands feux se peuvent enflammer qui embraseront le monde. Tous ces dommages ont leur racine et origine en un dommage privatif principal qu'il y a en cette joie, qui est de se séparer de Dieu. Car de même que, l'âme s'approchant de lui par l'affection de la volonté, de là tous les biens lui arrivent, ainsi, s'en éloignant par l'affection des créatures, tous les maux et dommages l'accablent à proportion de la joie et de l'affection dont elle se joint à la créature – car cela est se séparer de Dieu. D'où vient que, selon qu'un chacun s'éloignera de Dieu plus ou moins, il pourra entendre que ces dommages sont plus ou moins étendus ou intenses, et le plus souvent ils arrivent en l'une et l'autre manière tout ensemble.

Ce dommage privatif, d'où nous disons que procèdent les autres privatifs et positifs, a quatre degrés, l'un pire que l'autre. Et quand l'âme sera parvenue au dernier, elle aura atteint le comble de tous les maux et dommages qu'on peut dire en ce cas. Moïse remarque bien ces quatre degrés dans le Deutéro-
Dt nome, par ces paroles: *Celui que j'aimais s'est engraissé et a regim-*
32,15 *bé. Il est devenu en bon point et, étant gros et gras, il a laissé son Dieu et Créateur et s'est retiré de Dieu son salut.*

L'âme – ayant été la bien-aimée avant qu'elle ne s'engraisse – s'engraisse quand elle se plonge en cette joie des créatures. D'où procède le premier degré de ce dommage, qui est de retourner en arrière : ce qui n'est autre chose qu'une obtusion d'esprit envers Dieu, qui lui obscurcit les biens divins – comme la nuée obscurcit l'air, afin qu'il ne soit bien illuminé de la lumière du soleil. Attendu que, par le fait même que le spirituel a mis sa joie en quelque chose et a lâché la bride à l'appétit pour des impertinences, il s'obscurcit envers Dieu et couvre de ténèbres la simple intelligence du jugement, comme nous l'enseigne le Saint Esprit au livre de la Sagesse, par ces paroles : *L'usage de* Sg 4,12 *la vanité et l'union à elle et la plaisanterie obscurcit les biens, et l'inconstance de l'appétit renverse et pervertit le sens et le jugement sans malice.* Où le Saint Esprit donne à entendre qu'encore qu'il n'y ait aucune malice conçue en l'entendement de l'âme, la seule concupiscence et joie des choses créées suffisent pour causer en elle ce premier degré de ce dommage, qui est l'obtusion de l'esprit et obscurité de jugement pour connaître la vérité et juger bien de chaque chose comme elle est.

Ni la sainteté, ni le bon jugement de l'homme ne l'empêcheront de tomber en ce dommage, s'il donne lieu à la concupiscence ou à la joie en les choses temporelles. C'est pourquoi Dieu dit par Moïse, pour notre instruction : *Vous ne recevrez* Ex 23,8 *point de présents, lesquels aveuglent même les prudents.* Il parlait particulièrement à ceux qui devaient être juges. Car ils ont besoin d'avoir le jugement net et subtil, ce qu'ils n'auraient pas avec la convoitise et joie des présents. D'où vient aussi que Dieu commanda au même Moïse d'établir juges ceux qui Ex 18, auraient l'avarice en horreur, de peur d'émousser leur jugement 21-22 par le goût des passions. Partant, il ne dit pas seulement qu'ils ne les aiment, mais qu'ils les abhorrent. Car celui qui se veut parfaitement défendre de l'affection d'amour, se doit maintenir en haine, chassant un contraire par l'autre. La cause aussi pourquoi Samuel fut toujours juge si juste et illuminé était parce qu'il n'avait reçu aucun présent de personne, comme il 1 Sm le dit au premier livre des Rois[1]. 12,3

Le second degré de ce dommage privatif vient de ce premier, ce qui est signifié par ces termes qui suivent dans l'autorité alléguée : *Il s'est engraissé, a crû en grosseur, et est devenu replet.* Dt Et ainsi ce second degré est une dilatation de la volonté devenue 32,15 déjà plus libre en les choses temporelles – ce qui consiste à ne

1. C'est-à-dire notre premier livre de Samuel.

plus tant se soucier, ni se peiner, ni tenir pour si grave de jouir et goûter des biens créés. Ce qui est provenu d'avoir premièrement lâché la bride à la joie; car, lui donnant lieu, l'âme est venue à se grossir en elle (comme il dit là) et cette grosseur de joie et appétit lui a fait dilater et étendre davantage la volonté aux créatures. Ce qui attire après soi de grands dommages. Parce que ce second degré la fait se séparer des choses de Dieu et des saints exercices, avec un dégoût à leur égard, parce qu'elle goûte d'autres choses et va s'adonnant à mille imperfections et impertinences, à des joies et des goûts qui sont vains.

Et quand ce second degré est comble et entièrement consommé, il ôte à l'homme tous ses bons exercices journaliers, et fait que tout son esprit et son désir courent après les choses séculières. Ceux qui en sont en ce deuxième degré n'ont pas seulement le jugement et l'entendement obscurs pour connaître les vérités et la justice, comme ceux qui sont au premier degré; mais encore ils sont grandement lâches et tièdes et nonchalants
Is 1,23 à les savoir et à les accomplir, selon que dit Isaïe: *Tous aiment les présents et se laissent emporter aux récompenses; ils ne font justice à l'orphelin et la cause de la veuve ne les touche point pour en avoir soin.* Ce qui n'arrive pas en eux sans faute, particulièrement quand ils en sont chargés d'office. Parce que ceux de ce degré ne manquent point de malice comme ceux du premier. Et ainsi, ils s'éloignent de plus en plus de la justice et des vertus, à raison qu'ils dilatent davantage leur volonté dans l'affection des créatures. Donc, le propre de ceux de ce degré, c'est une grande tiédeur en les choses spirituelles, les pratiquant plus par acquit, par force ou par l'accoutumance qu'ils y ont, que par raison d'amour.

Le troisième degré de ce dommage privatif, c'est de quitter Dieu tout à fait, sans se soucier d'accomplir sa loi, pour satisfaire aux choses et biens du monde, trébuchant en les péchés mortels par convoitise. Ce troisième degré est remarqué en ce
Dt qui suit de la dite autorité, à savoir: *Il a quitté Dieu son Créateur.*
32,15 Ce degré comprend tous ceux qui ont tellement engolfé[1] les puissances de leur âme en les choses du monde et en ses richesses et en ses affaires, qu'ils n'ont plus de souci d'accomplir ce à quoi ils sont obligés par la loi de Dieu. Ils ont un grand

1. C'est-à-dire englouti.

oubli et paresse en ce qui concerne leur salut, et au contraire une grande vivacité et subtilité en les choses du monde. En sorte que le Christ les appelle *enfants de ce siècle*, et dit qu'*ils sont plus prudents* et avisés en leurs affaires *que les enfants de lumière* en les leurs. Et ainsi, en ce qui est de Dieu, ils ne sont rien, mais ils sont tout en les affaires du monde. Ceux-là sont proprement les avaricieux, lesquels ont déjà tant étendu et répandu leur appétit et leur joie en les choses créées – et d'une telle affection – qu'ils sont insatiables; au contraire, leur faim et leur soif croissent d'autant plus qu'ils s'éloignent de la source qui seule les peut rassasier, qui est Dieu. Et c'est Dieu qui leur fait ce reproche par Jérémie, disant: *Ils m'ont laissé, moi qui suis la fontaine d'eau vive, et ont creusé pour eux des citernes rompues qui ne peuvent garder l'eau.* Et c'est pourquoi l'avare ne trouve pas de quoi étancher sa soif en les créatures, mais de quoi l'augmenter. Ce sont eux qui trébuchent en mille sortes de péchés pour l'amour des biens temporels, et leurs dommages sont innombrables. Et de ceux-ci parle David disant: *Ils ont passé à l'affection de leur cœur.*

Lc 16,8 — Jr 2,13 — Ps 72 (73),7

Le quatrième degré de ce dommage privatif est marqué en la fin de notre autorité, qui dit: *Et il s'est éloigné de Dieu son salut.* C'est où ils tombent du troisième degré que nous venons de dire. Car pour ne tenir compte, à cause des biens temporels, de mettre leur cœur en la loi de Dieu, de là procède que l'âme avare va s'éloignant grandement de Dieu selon la mémoire, l'entendement et la volonté – l'oubliant comme s'il n'était point son Dieu, à cause qu'elle a fait un dieu de son argent et des biens temporels, comme saint Paul dit, que *l'avarice est une servitude d'idoles.* Car ce quatrième degré porte jusqu'à oublier Dieu et mettre formellement en l'argent le cœur qui doit être mis formellement en Dieu, comme s'il n'y avait point d'autre dieu que l'argent.

Dt 32,15 — Col 3,5

De ce quatrième degré sont ceux qui n'hésitent pas à faire servir les choses divines et surnaturelles aux temporelles, comme à leur dieu; au lieu de faire tout le contraire, les rapportant à Dieu si vraiment ils l'estimaient leur Dieu – comme c'est raison. L'inique Balaam fut de ce nombre, qui vendait la grâce que Dieu lui avait donnée. Et aussi Simon le Magicien, qui croyait que la grâce de Dieu s'appréciait par argent, la voulant acheter. En quoi ils estimaient plus l'argent, puisqu'il leur sembla s'en trouver d'autres qui l'estimaient davantage,

Nb 22,7 — Ac 8,18-19

donnant la grâce pour de l'argent. Et il y en a beaucoup, en ce temps, qui sont de ce quatrième degré en maintes autres manières, lesquels, ayant la raison obscurcie par la convoitise, servent encore l'argent en les choses spirituelles et non pas Dieu, et se meuvent par l'argent et non pour Dieu, mettant le prix devant la valeur et récompense divine, faisant en maintes manières l'argent leur principal dieu et fin – le préférant à la dernière fin, qui est Dieu.

De ce dernier degré sont aussi tous ces misérables qui, étant énamourés des biens, les tiennent tellement pour leur dieu, qu'ils ne doutent pas de sacrifier leurs vies quand ils voient que leur dieu reçoit quelque diminution temporelle, se désespérant et se faisant mourir par des fins misérables – montrant eux-mêmes par leurs mains le funeste salaire qu'on reçoit d'avoir servi un tel dieu. Car, comme il n'y a rien à espérer de lui, il donne le désespoir et la mort. Et ceux qu'il ne persécute jusqu'à cette extrémité, il les fait vivre mourant en des peines de sollicitude et bien d'autres misères, banissant la joie de leur cœur et ne leur laissant luire aucun bien sur la terre, et fait qu'ils paient toujours le tribut de leur amour à l'argent, au point qu'ils travaillent pour lui, l'amassant pour leur dernière cala-
Eccl mité et juste ruine, comme dit le Sage que *les richesses sont*
5,12 *gardées pour le dommage de leur seigneur.*

Et de ce quatrième degré sont ceux que Dieu a, comme
Rm 1,28 dit saint Paul, *abandonnés en un sens réprouvé.* Car la joie tire l'homme en tous ces dommages, quand on la met en les possessions comme en la dernière fin. Mais ceux qu'elle endommage moins sont toutefois encore dignes de grande compassion, vu que (comme nous avons dit) elle fait beaucoup
Ps 48 reculer l'âme en la voie de Dieu. Partant, *ne craignez point,* dit
(49), David, *quand l'homme s'enrichit,* c'est-à-dire: ne lui portez
17-18 point d'envie, pensant qu'il vous devance, *car, quand il mourra, il n'emportera rien; ni sa gloire, ni sa joie ne descendront avec lui.*

Chapitre 22 (20)

OÙ IL EST TRAITÉ DES PROFITS QUE REÇOIT L'ÂME DE NE SE RÉJOUIR DES CHOSES TEMPORELLES

Que le spirituel ait bien l'œil à ce que le cœur et la joie ne commencent à s'attacher aux choses temporelles, crainte de ne venir du peu au beaucoup, croissant de degré en degré. Vu que du petit on vient au grand, et qu'une faute légère au commencement devient énorme à la fin, comme une étincelle suffit pour brûler toute une montagne et le monde entier. Et qu'il ne se fie jamais à ce que l'attachement soit petit, s'il ne le tranche aussitôt, parce qu'il croit qu'il le fera après. Car, si vous n'avez le courage d'y pourvoir quand il est peu de chose et au début, comment pensez-vous et présumez-vous que vous le ferez quand il sera grand et plus enraciné? Particulièrement après que Notre Seigneur a dit en l'Évangile que *celui qui est fidèle aux petites choses, l'est aussi aux grandes?* (Lc 16,10) Vu que quiconque évite le peu, ne tombera pas au plus; mais au peu il y a grand danger, vu que déjà il est entré dans l'enclos et la muraille du cœur. Et, comme dit le proverbe, celui qui commence a fait la moitié de l'œuvre. C'est pourquoi David nous avertit que, *si les richesses nous abondent, nous en retirions le cœur.* (Ps 61 (62),11)

Quand l'homme ne ferait pas cela pour son Dieu, ni pour ce à quoi l'oblige la perfection chrétienne, les seuls profits temporels, sans parler des spirituels, le devraient inciter à délivrer entièrement son cœur des joies touchant ce qui a été dit. Car il n'évite pas seulement les dangereuses pestes déclarées au précédent chapitre, mais aussi – ôtant la joie des biens temporels – il acquiert la vertu de libéralité, qui est une des principales conditions de Dieu – laquelle est incompatible avec la convoitise. De plus, il acquiert une liberté d'esprit et clarté en la raison, un repos, une tranquillité et paisible confiance en Dieu, avec un culte et une vraie soumission de la volonté envers lui. Il acquiert aussi plus de joie et de récréation en les créatures, s'en désappropriant; de laquelle récréation l'on ne peut jouir, les regardant avec un attachement de propriété. Parce que c'est un souci, lequel, comme un lacet, tient l'esprit en la terre et ne lui laisse dilater le cœur. En outre, se détachant des choses, il en acquiert une plus claire connaissance pour bien entendre les vérités qui les concernent, tant naturellement que surnaturellement. C'est pourquoi il en jouit tout autrement que celui qui y est attaché, avec de grands profits et avantages. Car l'un les goûte selon leur vérité, l'autre selon leur mensonge; l'un selon le meilleur, l'autre selon le pire; l'un selon la substance, l'autre, qui y attache le sens, selon l'accident. Parce que le sens ne peut recueillir ni parvenir plus qu'à l'accident, mais l'esprit purifié des nuages et espèces d'accident pénètre la vérité et valeur des choses: car cela est son objet. C'est pourquoi la joie est un brouillard qui obscurcit le jugement, parce qu'il ne peut y avoir de joie volontaire de créature sans propriété volontaire – de même qu'il ne peut y avoir de joie, en tant que passion, qu'il n'y ait aussi propriété habituelle dans le cœur. Et la négation et purification d'une telle joie laisse le jugement clair, comme les vapeurs l'air, quand elles se dissipent.

Celui-ci donc se réjouit en toutes les choses, de la joie desquelles il s'est désapproprié, comme s'il les avait toutes; et l'autre – en tant qu'il les regarde avec une particulière application de propriété – perd le goût de toutes en général. Celui-ci,
2 Co en tant qu'il n'en a pas une au cœur, *les a* (comme dit saint
6,10 Paul) *toutes* en grande liberté; celui-là, qui y a lié sa volonté, n'a ni ne possède rien: tant s'en faut, elles possèdent son cœur et le tiennent par conséquent à la peine, comme un captif. De façon qu'autant de joies qu'il veut avoir des créatures, par nécessité il doit avoir autant de gênes et de peines en son cœur attaché et possédé. Celui qui est désapproprié n'est inquiété de sollicitudes, en l'oraison ni dehors; de sorte que, sans perdre temps, il fait aisément un grand trésor spirituel, là où l'autre ne fait que des tours et retours sur le piège où son cœur est pris – dont, même avec effort, à peine se peut-il exempter un moment qu'il ne rentre en la pensée et la joie de ce à quoi son cœur est attaché. Le spirituel donc, au premier mouvement qu'il se réjouit des choses, doit le réprimer, se souvenant de ce qui a été dit ici, à savoir, qu'il n'y a rien dont l'homme se doive réjouir, sinon de voir qu'il sert Dieu, et de procurer sa gloire et son honneur en toutes choses, les dressant seulement à cela et se détournant en elles de la vanité, sans y rechercher son goût ni sa consolation.

Il y a un autre profit très grand et principal à retirer sa joie des créatures, qui est de laisser le cœur libre pour Dieu – ce qui est le principe dispositif pour toutes les faveurs que Dieu doit faire à l'âme, sans laquelle disposition il ne les fait pas. Et elles sont telles que, même temporellement, pour une joie qu'on quitte pour lui et pour la perfection de l'Évangile, il en rendra cent dès cette vie, comme Sa Majesté nous l'a promis au même Évangile. Mais quand ces intérêts n'y seraient pas, le seul dégoût que Dieu reçoit de ces joies des créatures les devrait faire éteindre au spirituel en son âme. Puisque nous voyons en l'Évangile qu'uniquement à raison que ce riche se réjouissait d'avoir des biens pour beaucoup d'années, Dieu se coléra tellement qu'il lui dit qu'il ferait rendre compte à son âme en cette même nuit. D'où nous devons croire que toutes les fois que nous nous réjouissons vainement, Dieu nous prémédite et prépare quelque châtiment et amère disgrâce, selon que nous méritons – la peine qui résulte de cette joie étant souvent cent fois plus amère que le plaisir a été doux. Car, encore que le dire de saint Jean en l'Apocalypse soit véritable, qu'*autant que Babylone s'est glorifiée et plongée en délices, qu'autant on lui donnât de tourments et de peine*, ce n'est pas toutefois que la peine ne soit plus que la joie (car elle le sera, puisque de petits plaisirs sont punis d'éternels tourments), mais pour faire entendre que rien ne demeurera sans un particulier châtiment, attendu que Celui qui punira *une parole oiseuse*, ne pardonnera pas une vaine joie.

Mt 19,29 — Lc 12,20 — Ap 18,7 — Mt 12,36

Chapitre 23 (21)

QUE C'EST VANITÉ DE METTRE LA JOIE DE LA VOLONTÉ EN LES BIENS NATURELS, ET COMME ON DOIT SE DRESSER À DIEU PAR EUX

Par les biens naturels nous entendons ici la beauté, la grâce, la complexion corporelle et tous les autres dons corporels; comme aussi, en l'âme, le bon entendement, la discrétion, avec les autres choses qui appartiennent à la raison. En tout cela l'homme ne se doit réjouir, si lui ou ceux qui lui appartiennent en sont doués, sans en remercier Dieu qui les donne pour être mieux connu et plus aimé par ces qualités. Et se réjouir de cela seulement, c'est vanité et tromperie, comme dit Salomon: *La grâce est trompeuse, la beauté est vaine; la femme qui craint Dieu est celle qui sera louée*. Où il nous enseigne que l'homme doit

Pr 31,30

plutôt se défier en ces dons naturels, puisque par leur moyen il peut être aisément distrait de l'amour de Dieu, et, étant attiré d'eux, tomber en vanité et être trompé. C'est pourquoi il dit que la grâce corporelle est trompeuse, parce qu'elle séduit l'homme sur le chemin et l'attire à ce qui ne lui est convenable, par vaine joie et complaisance de soi-même ou de celui qui a cette grâce. Il dit aussi que la beauté est vaine, parce qu'elle fait tomber l'homme en maintes manières, quand il l'estime et s'éjouit en elle, vu qu'il se doit seulement réjouir si lui ou d'autres servent mieux Dieu en cela. Mais, au contraire, il doit craindre et appréhender que ses dons et grâces naturelles ne soient peut-être cause que Dieu soit offensé par elles, pour sa vaine présomption, ou pour son affection désordonnée, jetant les yeux sur elles. C'est pourquoi celui qui aura ces parties doit vivre avec tant de soin et de retenue qu'il ne donne sujet à personne par sa vaine ostentation d'éloigner un moment Dieu de son cœur. Car ces grâces et dons de nature provoquent tellement et occasionnent tant le mal, soit à celui qui les possède, soit à l'autre qui les regarde, qu'il s'en échappe bien peu qui n'y attachent leur cœur par quelque lacet ou lien. D'où vient que cette crainte – comme nous avons vu par expérience – a été cause que bien des personnes spirituelles douées de certaines de ces parties ont obtenu de Dieu par leurs prières qu'il les enlaidît, de peur d'être cause et occasion à elles ou à d'autres de quelque vaine affection ou joie.

Le spirituel doit donc purifier et obscurcir sa volonté en cette vaine joie, considérant que la beauté et tous les autres dons naturels sont terre, qu'ils viennent de la terre et s'en retourneront en terre; que la grâce et la gentillesse ne sont que fumée et un air de cette terre; et que, pour ne tomber en vanité, il les doit tenir pour telles et les estimer comme telles, et en cela dresser le cœur à Dieu en liesse et réjouissance de ce qu'il est en soi toutes ces grâces et beautés très éminemment, dans un degré infini par-dessus toutes les créatures. Et, comme dit David,
Ps 101 (102), 27-28 qu'*elles vieilliront toutes et passeront comme les vêtements, mais que lui seul demeure immuable* pour toujours. C'est pourquoi, s'il ne dresse sa joie à Dieu en toutes ces choses, il sera toujours trompeur et trompé. Car c'est de cela qu'il faut entendre ce
Eccl 2,2 que dit Salomon, parlant à la joie touchant les créatures: *J'ai dit à la joie: pourquoi te laisses-tu tromper en vain?* c'est à savoir, quand on se laisse ravir le cœur par les créatures.

Chapitre 24 (22)

DES DOMMAGES QUI S'ENSUIVENT POUR L'ÂME DE METTRE LA JOIE DE LA VOLONTÉ EN LES BIENS NATURELS

Encore qu'un bon nombre de ces pertes et de ces profits que je rapporte en ces espèces de joies soient communes à toutes, néanmoins, parce qu'elles suivent directement la joie et son dénuement (bien que la joie appartienne à quelque espèce que ce soit de ces six divisions dont je traite maintenant), pour ce sujet je dis en chacune de ces divisions quelques dommages et profits qui se trouvent aussi en l'autre, pour être annexés à la joie qui est commune à toutes. Mais ma principale intention est de dire les particulières pertes et profits qui s'ensuivent pour l'âme touchant chaque chose, pour la joie ou non-joie qui y est. Je les nomme particulières, parce qu'elles sont tellement causées premièrement et immédiatement de tel genre de joie, qu'elles ne sont causées de l'autre que secondairement et médiatement. Par exemple, le dommage de la tiédeur d'esprit est causé directement de toute et chaque sorte de joie, et ainsi ce dommage est général à tous les six genres; néanmoins celui de la sensualité est un dommage particulier qui, seul, suit directement la joie en ces biens naturels dont nous parlons.

Donc, les dommages spirituels et corporels qui s'ensuivent directement et effectivement pour l'âme, quand elle met sa joie en les biens naturels, sont réduits à six principaux. Le premier, c'est une vaine gloire, présomption, orgueil et mépris du prochain; parce qu'on ne peut jeter les yeux de l'estime sur quelque chose sans les retirer des autres. D'où s'ensuit au moins un mépris réel des autres choses; parce que, naturellement, faisant cas d'une chose le cœur se retire des autres et se ramasse en celle qu'il prise; et de ce mépris réel il est aisé de tomber dans l'intentionnel et volontaire de quelques autres choses, en particulier ou en général, non seulement dans le cœur mais aussi le montrant avec la langue, disant: un tel ou un tel n'est pas comme tel ou tel. Le second dommage est qu'il émeut le sens à complaisance et à délectation sensuelle et luxure. Le troisième est de faire tomber en flatterie et en vaine louange, où il y a de la tromperie et de la vanité, comme dit Isaïe: *Mon*

Is 3,12 *peuple, celui qui te loue te trompe*. La raison est que, encore que parfois ils disent la vérité, ceux qui louent des grâces et des beautés, toutefois c'est merveille s'ils ne laissent là quelque dommage enveloppé, ou faisant tomber l'autre en vaine complaisance et joie, ou portant là leurs affections et intentions imparfaites. Le quatrième dommage est général, car la raison et le sens de l'esprit s'émoussent fort, comme aussi en la joie des biens temporels, et même en certaine manière bien davantage. Parce que, comme les biens naturels sont plus conjoints à l'homme que les temporels, leur joie fait une plus efficace et plus prompte impression et vestige et plus d'établissement dans le sens et le transporte plus puissamment. De sorte que la raison et le jugement ne demeurent pas libres, mais obscurcis par cette affection de joie très conjointe. Et de là procède le cinquième dommage, qui est distraction d'esprit en les créatures. D'où naît et s'ensuit la tiédeur et lâcheté d'esprit, qui est le sixième dommage, semblablement général, lequel d'ordinaire passe si avant que de faire qu'on s'ennuie fort et s'attriste en les choses de Dieu, jusqu'à venir à les avoir en horreur. On perd infailliblement en cette joie l'esprit pur, pour le moins au commencement. Parce que, si on sent quelque esprit, il sera fort sensible et fort grossier, peu spirituel et peu intérieur et recueilli, consistant plus en goût sensitif qu'en force d'esprit. Parce que, l'esprit étant si bas et si lâche qu'il n'éteint point en soi l'habitude d'une telle joie (car pour n'avoir l'esprit pur, il suffit d'avoir cette habitude imparfaite, encore que, l'occasion s'offrant, on ne consente aux actes de la joie), il vit plus, en certaine manière, en la faiblesse du sens qu'en la force de l'esprit; si cela n'est ainsi, il le verra en la perfection et la force qu'il aura aux occasions. Encore que je ne veux nier que maintes vertus ne puissent être avec assez d'imperfections: mais avec ces joies qui ne sont éteintes, il n'y peut avoir de pur et savoureux esprit intérieur; attendu qu'ici la chair règne,
Ga 5,17 *laquelle bataille contre l'esprit*, et encore que l'esprit ne ressente pas le dommage, au moins il lui arrive une secrète distraction.

Mais retournant à parler de ce second dommage – qui en contient en soi d'innombrables – quoiqu'on ne les sache exprimer avec la plume ni avec la langue, il n'est ni obscur ni caché jusqu'où arrive et combien grande est cette misère qui naît de la joie qu'on place en la grâce et beauté naturelle; vu que chaque jour on en voit arriver tant de meurtres d'hommes,

de déshonneurs, d'outrages, de biens dissipés, tant d'envies et
de contentions, tant d'adultères, de viols et de fornications, et
tant de saints abattus sur le sol qu'on les compare à *la troisième* Ap 12,4
partie des étoiles du ciel, précipitées en terre par la queue de ce ser-
pent ; – l'or fin dans la fange, privé de son premier lustre ; les braves Lm 4,
et les nobles de Sion qui se revêtaient d'or fin estimés comme des pots 1-2
de terre cassés et mis en pièces.

Mais où ne parvient le poison de ce dommage ? Et qui est-ce
qui ne boit peu ou beaucoup dans le calice doré de la femme Ap 17,3
de Babylone ? Laquelle, étant montée sur une grande bête qui
avait sept têtes et dix couronnes, donne à entendre qu'à peine
y a-t-il ni haut, ni bas, ni saint, ni pécheur à qui elle ne fasse
boire de son vin, assujettissant leur cœur en quelque chose ; car,
comme il est dit là, *elle a enivré tous les rois de la terre du vin de* Ap 17,2
sa prostitution. Elle range sous sa tyrannie tous les états, jusqu'au
souverain et illustre état du sanctuaire et du divin sacerdoce,
posant son calice abominable (comme dit Daniel) *au lieu saint,* Dn 9,27
à peine en laissant aucun, pour fort qu'il soit, qu'elle n'abreuve
peu ou beaucoup du vin de ce calice qui est cette vaine joie.
C'est pourquoi il dit que *tous les rois de la terre furent enivrés de*
ce vin ; vu qu'il s'en trouvera fort peu, même des plus saints,
qui n'aient été quelque peu charmés et séduits du breuvage de
la joie et du goût de la beauté et des grâces naturelles.

Notez ce mot *enivrés,* parce que si on boit si peu que ce soit
du vin de cette joie, à l'instant le cœur est lié et épris ; elle fait
ce dommage d'obscurcir la raison, comme à ceux qui sont pris
de vin. Et en telle sorte que, si on ne prend sur-le-champ
quelque contrepoison qui le fasse rejeter promptement, la vie
de l'âme sera en danger. Parce que la faiblesse spirituelle s'aug-
mentant, elle la jettera en un si grand mal, qu'ayant, comme
Samson, les yeux crevés et les cheveux de sa première force Jg 16,
coupés, elle se verra réduite, prisonnière parmi ses ennemis, à 19-21
tourner la meule du moulin ; et peut-être à mourir, après, de
la seconde mort, comme lui avec eux, pour avoir avalé ce *Ibid.* 30
breuvage de joie, qui lui cause spirituellement ces dommages
comme il les causa corporellement à Samson et les cause encore
aujourd'hui à beaucoup. En suite de quoi ses ennemis lui re-
procheront à sa grande confusion : Est-ce toi qui rompais les
pièges renforcés, qui rompais les mâchoires aux lions, qui
tuais mille Philistins, qui arrachais les portes des villes et te
délivrais de tous tes ennemis ?

Concluons donc, mettant l'antidote nécessaire contre ce poison. Ce sera que, aussitôt que le cœur se sentira saisi de cette vaine joie des biens naturels, il se souvienne qu'en vain on se réjouit d'autre chose que de servir Dieu, et combien cela est dangereux et pernicieux; considérant le dommage que reçurent les anges de se réjouir et complaire en leur beauté et biens naturels, puisque cela les précipita en les abîmes des enfers; et combien semblablement cette même vanité cause des maux aux hommes tous les jours: c'est pourquoi ils devraient user à temps du remède que le poète conseille à ceux qui commencent à s'affectionner à cela: « Pourvoyez-y de bonne heure, parce que quand les maux ont eu loisir de s'enraciner au cœur,
Pr 23, le remède et la médecine viennent tard [1]. » *Ne regardez pas le vin,*
31-32 dit le Sage, *quand sa couleur est vermeille et qu'il éclate dans le verre ; il passe doucement, mais à la fin il mordra comme un serpent et répandra son venin comme un aspic.*

Chapitre 25 (23)

DES PROFITS QUE TIRE L'ÂME DE NE METTRE SA JOIE EN LES BIENS NATURELS

L'âme profite grandement de retirer son cœur de semblable joie, parce que, outre qu'elle se dispose à l'amour de Dieu et aux autres vertus, elle donne lieu directement à l'humilité pour soi-même et à la charité générale envers le prochain. En effet, ne s'affectionnant à aucun à cause de ces biens naturels apparents qui sont trompeurs, l'âme demeure libre et claire pour les aimer tous raisonnablement et spirituellement, comme Dieu veut qu'ils soient aimés. En quoi l'on connaît que pas un ne mérite d'être aimé, sinon pour la vertu qui est en lui. Et quand on aime de cette façon, c'est selon Dieu et avec grande liberté; que s'il y a de l'attachement, c'est encore avec un plus grand attachement à Dieu. Car alors, tant plus cet amour croît, tant plus celui de Dieu augmente; et tant plus croît celui de Dieu, tant plus aussi celui du prochain. Parce que, de l'amour qui est en Dieu, c'est une même raison et une même cause.

1. Ovide, *Remedia Amoris*, I, 91-92.

S'ensuit un autre excellent profit, à nier ce genre de joie, à savoir qu'il accomplit et observe le conseil que dit Notre Sauveur en saint Matthieu, *que celui qui le voudra suivre se renonce soi-même* – ce que l'âme ne pourrait jamais faire si elle mettait la joie en ses biens naturels; parce que celui qui fait quelque cas de soi-même, ne se renonce ni ne suit le Christ. Mt 16,24

Il y a un autre grand profit à nier cette sorte de joie, qui est que cela cause une grande tranquillité en l'âme et évacue les digressions, et fait un recueillement en les sens, particulièrement en les yeux. Parce que, ne voulant se réjouir en cela, elle ne veut regarder ni laisser les autres sens à ces choses, de peur d'en être attirée ou enlacée, ni perdre du temps ou des pensées en elles, étant semblable en prudence au serpent qui bouche ses oreilles de peur d'ouïr les charmes de celui qui l'enchante et afin qu'ils ne lui laissent aucune impression. Parce que, gardant les portes de l'âme, qui sont les sens, on conserve grandement et augmente sa tranquillité et sa pureté. Ps 57 (58),5-6

Il y a un autre profit non moindre en ceux qui ont déjà profité en la mortification de ce genre de joie, qui est que les objets et les notices sales ne leur font l'impression ni causent l'impureté qu'elles font à ceux qui se plaisent encore en quelque chose de cela. Et pour ce sujet, de la mortification et négation de cette joie il vient au spirituel une pureté d'âme et de corps – c'est-à-dire d'esprit et de sens; et il a une convenance angélique avec Dieu, faisant de son âme et son corps un digne temple du Saint Esprit. Ce qui ne peut être ainsi, si son cœur s'éjouit en les biens et grâces naturelles. Et pour cela il n'est pas nécessaire qu'il y ait un consentement, ni mémoire de chose sale; vu que cette joie suffit pour l'impureté de l'âme et du sens, avec la connaissance d'une telle chose; puisque le Sage dit que *le Saint Esprit se retirera des pensées qui sont sans entendement*, c'est-à-dire qui ne sont point ordonnées à Dieu par la raison supérieure. Sg 1,5

S'ensuit un autre profit général qui est, qu'outre qu'il se délivre des maux et dommages susdits, il s'exempte aussi d'une infinité de vanités et de maintes autres pertes tant spirituelles que temporelles; et principalement de tomber sous le mépris qu'on fait de tous ceux qui se prisent ou réjouissent de ces belles parties naturelles, tant en eux qu'en les autres. Partant, on les tient et estime pour sages et avisés, comme le sont véritablement tous ceux qui n'estiment ces choses, mais seulement ce qui est agréable à Dieu.

De ces profits procède le dernier, qui est un généreux bien de l'âme, si nécessaire pour servir Dieu, comme est la liberté d'esprit, avec laquelle on surmonte aisément les tentations, on souffre bien les travaux et on augmente heureusement les vertus.

Chapitre 26 (24)

OÙ IL EST TRAITÉ DU TROISIÈME GENRE DE BIENS OÙ LA VOLONTÉ PEUT METTRE L'AFFECTION DE LA JOIE, QUI SONT LES SENSIBLES [1]. – ON DIT QUELS ILS SONT ET DE COMBIEN DE SORTES ET COMME EN EUX IL FAUT DRESSER LA VOLONTÉ À DIEU, SE PURIFIANT DE CETTE JOIE

Il faut maintenant traiter de la joie touchant les biens sensibles [1], qui est le troisième genre de biens en lesquels nous disons que la volonté peut se réjouir. Et notez que par les biens sensibles nous entendons ici tout ce qui peut en cette vie tomber au sens de la vue, de l'ouïe, de l'odorat, du goût et du toucher, et de la fabrique intérieure du discours imaginaire – ce qui appartient tout aux sens corporels, intérieurs et extérieurs.

Et pour obscurcir la volonté et la purifier de la joie en ces objets sensibles – l'acheminant à Dieu par eux – il est nécessaire de présupposer une vérité qui est que (comme nous avons souvent dit) le sens de la partie inférieure de l'homme – qui est celui dont nous traitons – n'est ni ne peut être capable de connaître ni comprendre Dieu comme il est. De manière que ni l'œil ne le saurait voir, ni chose qui lui ressemble; ni l'oreille ouïr sa voix, ni son qui lui soit pareil; ni l'odorat ne peut sentir une si suave odeur; ni le goût avoir une saveur si grande et si relevée; ni le toucher ne peut sentir une touche si délicate et si délectable, ni chose semblable; ni sa forme, ni figure aucune qui

1. Voir ci-dessus, p. 288, note 2.

le puisse représenter ne peuvent tomber dans la pensée et l'imagination, comme dit Isaïe, que *l'œil ne l'a point vu, ni* Is 64,
l'oreille ne l'a entendu, ni n'est tombé dans le cœur de l'homme. 4(3)

Remarquez ceci, que les sens peuvent recevoir du goût et du plaisir, ou de la part de l'esprit – moyennant quelque communication qu'il reçoit intérieurement de Dieu – ou de la part des choses extérieures communiquées aux sens. Et, suivant ce qui a été dit, il ne se peut faire ni par la voie de l'esprit ni par celle du sens que la partie sensible connaisse Dieu. Parce que son habileté ne pouvant atteindre jusque-là, elle reçoit ce qui est spirituel et sensitif sensiblement, et non plus. D'où vient que d'arrêter la volonté à se réjouir du goût causé de quelqu'une de ces appréhensions, ce serait au moins vanité, et empêcher la force de la volonté de s'employer en Dieu, mettant sa joie seulement en Lui. Ce qu'elle ne peut faire entièrement qu'en se purifiant et obscurcissant de la joie qui regarde ces choses, comme des autres sortes de joies.

Où il faut remarquer que j'ai dit que ce serait vanité, si la joie s'arrêtait en quelqu'une des choses susdites. Car quand elle ne s'y arrête point, mais qu'aussitôt que la volonté sent du goût en ce qu'elle entend, voit et touche, elle s'élève à se réjouir en Dieu et que cela lui est un motif et une force pour le faire, cela est fort bon. Et alors non seulement il ne faut pas éviter ces motions – quand elles causent cette dévotion et oraison – mais on s'en peut servir, et même on le doit, pour un si saint exercice; parce qu'il y a des âmes qui sont fort portées à Dieu par les objets sensibles. Toutefois, il y faut être grandement retenu, regardant les effets qu'on en tire; parce que souvent de nombreux spirituels usent de ces récréations des sens, sous prétexte d'oraison et de s'adonner à Dieu, et c'est en telle manière qu'on le peut mieux nommer récréation qu'oraison, et on se donne plus de goût à soi-même qu'à Dieu. Et encore que leur intention soit pour Dieu, néanmoins l'effet qu'ils en tirent montre que c'est pour la récréation sensitive, d'où ils tirent plus de faiblesse d'imperfection que de nouvelle vigueur et de remise de volonté à Dieu.

C'est pourquoi je prétends de donner ici une instruction pour reconnaître quand les goûts des sens profitent et quand ils ne profitent pas. C'est que, toutes les fois qu'ils entendront des musiques ou autres choses, qu'ils verront des choses agréables, qu'ils flaireront de bonnes odeurs, ou goûteront des saveurs ou toucheront des choses délicates, si au premier mouvement ils portent aussitôt la notice et l'affection de la volonté en Dieu – cette notice leur étant plus savoureuse que le motif sensible qui la cause – et s'ils ne goûtent ce motif que pour un tel effet, c'est signe qu'ils en tirent du profit et que le sensible aide au spirituel; et on en peut user ainsi, parce qu'alors les choses sensibles servent à la fin pour laquelle Dieu les a créées et données, qui est pour se faire mieux aimer et connaître par elles. Or, remarquez que celui à qui ces biens sensibles font le pur effet spirituel que je dis, n'entre pour cela en appétit de ces biens et ne s'en soucie guère; encore que, quand ils s'offrent, cela lui plaît beaucoup à cause du goût de Dieu que j'ai dit qu'il en tire. Et ainsi il ne se met point en peine de les rechercher, et s'ils se présentent (comme je le dis) il tire aussitôt sa volonté d'eux et les laisse pour se mettre en Dieu.

La raison pour quoi il se soucie peu de ces motifs – encore qu'ils lui ouvrent le chemin vers Dieu – c'est parce que, comme l'esprit a cette promptitude de s'élever à Dieu avec toutes choses et par toutes choses, il est si amorcé, si prévenu et satisfait de l'esprit de Dieu, qu'il ne manque de rien et ne souhaite rien; et si pour ce sujet [1] il désire quelque chose, cet objet passe aussitôt, il l'oublie et n'en tient compte. Mais celui qui ne sentira pas cette liberté d'esprit en les choses susdites et goûts sensibles, mais que sa volonté s'y arrête et s'en repaît, c'est qu'ils lui sont dommageables et il n'en doit point user. Car encore qu'il s'en veuille aider avec la raison pour aller à Dieu, néanmoins – vu que l'appétit les goûte selon le sensible et que l'effet est toujours conforme au goût – il est certain que cela sert plus d'empêchement que de secours et qu'il y a plus de perte que de profit. Et quand il verra que l'appétit de ces récréations règne en lui, il le doit mortifier, parce que, tant plus il est fort, tant plus il a d'imperfection et de faiblesse.

Le spirituel donc, en quelque goût qu'il reçoive de la part du sens, soit par hasard, soit autrement, ne se doit servir de lui que pour Dieu, élevant à lui la joie de l'âme, afin qu'elle soit utile et profitable et parfaite, remarquant que toute joie qui n'est point de cette sorte, en négation et anéantissement de toute autre joie, encore qu'elle soit de chose en apparence fort relevée, est néanmoins vaine et inutile, et un empêchement pour l'union de la volonté en Dieu.

1. Cyprien glose justement: c'est à savoir, pour élever le cœur à Dieu.

Chapitre 27 (25)

OÙ IL EST TRAITÉ DES DOMMAGES QUE L'ÂME REÇOIT À VOULOIR METTRE LA JOIE DE LA VOLONTÉ EN LES BIENS SENSIBLES

Premièrement, si l'âme n'obscurcit et n'éteint la joie qui lui peut naître des choses sensibles, la dressant à Dieu, tous les dommages généraux que nous avons dits, qui procèdent de toute autre sorte de joie, s'ensuivront de celle-ci qui est des choses sensibles: comme sont obscurité en la raison, tiédeur, chagrin spirituel, etc. Mais, en particulier, cette joie la peut directement faire tomber en maints dommages, tant spirituels que corporels ou sensibles.

Premièrement, de la joie des choses visibles, en n'y renonçant pas pour aller à Dieu, on peut tomber directement en vanité d'esprit et distraction d'entendement, en convoitise désordonnée, déshonnêteté, dérèglement en la composition intérieure et extérieure, impureté de pensées et envies.

De la joie d'entendre des choses inutiles provient directement la distraction de l'imagination, caquet, envie, jugements incertains, variété de pensées, et, de ces dommages, d'autres dommages nombreux et funestes.

De se plaire en les suaves odeurs vient l'horreur des pauvres – ce qui est contre la doctrine du Christ – l'aversion de la servitude, peu de soumission de cœur aux choses humbles, une insensibilité spirituelle, au moins selon la proportion de son appétit.

De la joie en la saveur des nourritures vient directement la gourmandise et l'ivrognerie, le courroux, la discorde, le manquement de charité envers le prochain et les pauvres – comme ce mauvais riche, qui était traité tous les jours splendidement, Lc 16,19
fit envers le Lazare. De là procède l'intempérie corporelle, les maladies et les mauvais mouvements de la chair, parce que les aiguillons de la luxure croissent. Cela engendre directement une grande saleté en l'esprit, et l'appétit des choses spirituelles est tellement corrompu qu'il ne les peut savourer, ni s'y arrêter, ni en discourir. Cette joie engendre aussi une distraction des

autres sens et du cœur, et un mécontentement touchant maintes choses.

En ce qui concerne la joie du toucher en les choses agréables, elle apporte bien d'autres dommages et plus étranges et qui en moins de temps substituent le sens à l'esprit et éteignent sa force et vigueur. De là vient l'abominable vice de la mollesse ou bien ses aiguillons, selon la proportion de cette joie. Elle nourrit la luxure, rend l'âme efféminée et timide, le sens flatteur, attrayant, disposé pour pécher et pour endommager. Elle répand dans le cœur une vaine allégresse et joie, elle délie la langue, met les yeux en liberté, charme et émousse les autres sens suivant la quantité de cet appétit. Elle empêche le jugement, l'entretenant dans une folie et ignorance spirituelle, et moralement engendre la couardise et l'inconstance; et, comme l'âme se trouve avec des ténèbres et lâcheté de cœur, elle fait trembler même où il n'y a rien à craindre. Cette joie nourrit parfois un esprit de confusion et une insensibilité de conscience et d'esprit; partant, elle affaiblit fort la raison et la réduit à tel point qu'elle ne peut prendre ni donner bon conseil, et devient incapable des biens spirituels et moraux, inutile comme un pot cassé.

Tous ces dommages viennent de cette sorte de joie, chez les uns intensément, selon l'intensité de cette joie et aussi selon la facilité ou faiblesse et inconstance du sujet où elle tombe. Parce qu'il y a des naturels qui, d'une petite occasion, recevront plus de dommage que d'autres d'une plus grande.

Enfin, cette joie du toucher peut causer tous les maux et les pertes que nous avons dits provenir de la joie des biens naturels, lesquels je ne veux point répéter ici, omettant encore beaucoup d'autres dommages qu'elle enfante, comme sont le manquement en les exercices spirituels et la pénitence corporelle, une tiédeur et indévotion touchant l'usage des sacrements de la Pénitence et de l'Eucharistie.

Chapitre 28 (26)

DES PROFITS QUE REÇOIT L'ÂME EN LA NÉGATION DE LA JOIE EN LES CHOSES SENSIBLES, LESQUELS PROFITS SONT SPIRITUELS ET TEMPORELS

L'âme tire des profits admirables de la négation de cette joie, dont les uns sont spirituels et les autres temporels.

Le premier est que l'âme, retirant sa joie des choses sensibles, se répare touchant la distraction où elle est tombée par un trop grand exercice des sens, se recueillant en Dieu; et l'esprit se conserve et les vertus qu'elle a acquises s'augmentent et elle va profitant.

Le deuxième profit spirituel qu'elle tire de ne se vouloir réjouir de ce qui est sensible, est excellent, à savoir: que nous pouvons dire avec vérité que de sensuel[1] l'homme devient spirituel, et d'animal, raisonnable; voire même, qu'étant homme, il chemine en ange; et que, de temporel et humain, il se rend divin et céleste. Car, de même que l'homme qui cherche le goût des choses sensibles et qui y met sa joie ne mérite autre nom que ceux que nous avons dits, à savoir: sensuel, animal et temporel, etc., ainsi, quand il ôte sa joie de ces choses sensibles, il mérite tous ces autres titres, à savoir: spirituel, céleste, etc.

Ce qui est évident, parce que, comme l'exercice des sens et
la force de la sensibilité contredisent (comme dit l'Apôtre) Ga 5,17
à la force et à l'exercice de l'esprit, de là vient que ces forces, les unes venant à diminuer et à défaillir, les autres doivent s'augmenter, n'ayant plus les contraires qui les empêchaient de croître. De manière que, l'esprit se perfectionnant – qui est la portion supérieure de l'âme qui regarde et communique avec Dieu – il mérite tous les dits attributs, puisqu'il se perfectionne en biens et dons de Dieu, spirituels et célestes. L'un
et l'autre se prouvent par saint Paul, qui nomme le sensuel 1 Co
– c'est à savoir celui qui applique l'exercice de sa volonté 2,14-15
seulement en les choses sensibles – *animal, qui n'entend les choses de Dieu;* et l'autre, qui élève sa volonté à Dieu, il l'appelle
spirituel et dit qu'il *pénètre et juge toutes choses, jusqu'aux profon-* *Ibid.* 10

1. Voir ci-dessus, p. 288, note 2.

deurs de Dieu. Partant, l'âme fait ici un admirable profit, acquérant une grande disposition pour recevoir des biens de Dieu et des dons spirituels.

Mais le troisième fruit est qu'il lui augmente excessivement les goûts et la joie de la volonté temporellement. Puisque,
Mt comme dit le Sauveur, *dès cette vie on lui rend cent pour un.* De
19,29 manière que si vous refusez une joie, le Seigneur vous en donnera cent en cette vie, spirituellement et temporellement; comme aussi pour un plaisir que vous recevrez de ces choses sensibles, vous aurez cent dégoûts et cent déplaisirs. Parce que, de la part de l'œil déjà purifié en les joies de la vue, l'âme reçoit une joie spirituelle, se dressant à Dieu en tout ce qu'elle voit – que ce qu'elle voit soit divin ou soit profane. De la part de l'ouïe purifiée en la joie d'entendre, l'âme reçoit cent fois autant de joie fort spirituelle et dressée à Dieu, en tout ce qu'elle entend – que ce qu'elle entend soit divin ou soit profane; et ainsi en les autres sens déjà purifiés. Parce que, comme en l'état d'innocence, tout ce que nos premiers parents voyaient, parlaient, mangeaient, etc., dans le paradis, leur servait pour un plus grand goût de contemplation – pour ce qu'ils avaient la partie sensible bien sujette et ordonnée à la raison – de même celui qui a le sens purifié et sujet à l'esprit, de toutes les choses sensibles, dès le premier mouvement, il tire la délectation d'une savoureuse attention à Dieu et contemplation de Dieu.

D'où vient que celui qui est net, toutes les choses hautes et toutes les basses lui causent plus de bien et lui servent pour une plus grande netteté; comme l'âme impure tire du mal tant des unes que des autres par son impureté. Mais celui qui ne surmonte la joie de l'appétit, ne jouira pas de la sérénité de joie ordinaire en Dieu par le moyen de ses créatures et de ses œuvres. Celui qui ne vit plus selon le sens, toutes les opérations de ses sens et puissances sont dressées à la contemplation divine. Parce que, étant véritable en bonne philosophie que l'opération de chaque chose est conforme à son être ou à la vie dont elle vit, il est évident que l'âme qui vit une vie spirituelle – la vie animale étant déjà mortifiée – doit sans aucune répugnance aller à Dieu avec tout, vu que déjà toutes ses actions et mouvements sont spirituels, procédant d'une vie spirituelle. D'où il suit que cette personne, ayant désormais le cœur net, trouve en toutes choses une notice de Dieu joyeuse, savoureuse, chaste, pure, spirituelle, allègre et amoureuse.

De ce qui a été dit, j'infère cette doctrine qui est que, jusqu'à ce que l'homme ait tellement habitué le sens en la purification de la joie sensible que, dès le premier mouvement, il tire le profit que j'ai dit – à savoir que les choses l'envoient aussitôt à Dieu – il a besoin de nier la joie et le goût qui s'y trouvent, pour tirer l'âme de la vie sensitive; craignant que, puisqu'il n'est spirituel, il ne tire peut-être de l'usage de ces choses plus de suc et plus de force pour le sens que pour l'esprit – la force sensible prédominant en son opération, laquelle accroît la sensualité, l'entretient et l'engendre. Parce que, comme dit Notre Sauveur, *ce qui naît de la chair est chair, et ce qui naît de* Jn 3,6
l'esprit est esprit. Prenez bien garde à ceci, car c'est la vérité. Et que celui qui n'a pas encore mortifié le goût en les choses sensibles, n'entreprenne de se servir beaucoup de la force et opération du sens en ce qui les concerne, croyant qu'elles lui aideront à l'esprit; parce que les forces de l'âme croîtront davantage sans ce sensible – c'est-à-dire, éteignant plutôt la joie et l'appétit de ces choses que voulant en user à leur égard.

Il n'est pas nécessaire de représenter ici les biens de la gloire réservés en l'autre vie à ceux qui se privent de cette joie. Car outre ceci que chaque dot corporel de la gloire – comme sont l'agilité et la clarté – sera beaucoup plus excellent en eux qu'en ceux qui en ont usé, l'augmentation aussi de la gloire essentielle de l'âme – qui répond à l'amour de Dieu, pour lequel ils ont nié ces choses sensibles – pour chaque joie momentanée et caduque qu'ils auront refusée, *opérera en eux éternellement,* 2 Co
comme dit saint Paul, *un poids de gloire immense.* Je ne déduirai 4,17
point les autres utilités morales, temporelles et aussi spirituelles, qui suivent cette nuit de la joie, puisque ce sont toutes celles qui ont été dites en les autres joies, et en un degré plus éminent à cause que ces joies qu'on rejette sont plus conjointes au naturel; c'est pourquoi on acquiert une plus intime pureté en leur négation.

Chapitre 29 (27)

OÙ L'ON COMMENCE À TRAITER DE LA QUATRIÈME SORTE DE BIENS, QUI SONT LES MORAUX. – ON DIT QUELS ILS SONT ET COMMENT LA JOIE DE LA VOLONTÉ Y EST LICITE

La quatrième sorte de biens en lesquels la volonté se peut réjouir sont les biens moraux. Nous entendons par là les vertus et leurs habitudes en tant que morales; pareillement l'exercice de quelque vertu que ce soit, et l'exercice des œuvres de miséricorde, l'observation de la loi de Dieu, la politique[1] et tout exercice de bon naturel et inclination.

Or quand on possède et exerce ces biens moraux, ils méritent peut-être mieux la joie de la volonté qu'aucun des trois autres genres susdits; parce que, pour l'une de ces deux causes ou pour les deux ensemble, l'homme se peut réjouir des choses qui lui appartiennent, à savoir, ou pour ce qu'elles sont en elles, ou pour le bien qu'elles comportent et apportent comme moyen ou instrument. Et ainsi, nous trouverons que la possession des trois genres de biens dont nous avons déjà parlé ne mérite aucune joie de la volonté. Attendu que (comme il a été dit) d'eux-mêmes ils ne font aucun bien à l'homme et n'en ont point en soi, vu qu'ils sont si caducs et si périssables; mais au contraire (comme pareillement nous avons dit) ils lui causent et apportent de la peine, de la douleur et de l'affliction d'esprit. Car, quoiqu'ils méritent quelque joie pour la seconde cause – qui est quand l'homme s'en sert pour aller à Dieu – cela est si incertain que, comme nous voyons d'ordinaire, l'homme s'en fait plus de tort que de profit. Mais les biens moraux, déjà pour la première cause – à savoir pour leur valeur en soi – méritent quelque joie de leur possesseur. Parce qu'ils apportent avec soi la paix, la tranquillité, l'usage droit et ordonné de la raison, et des opérations toutes d'un grand accord – et l'homme ne peut humainement rien posséder de meilleur en cette vie.

Et ainsi, parlant humainement, parce que les vertus méritent d'elles-mêmes d'être aimées et estimées, l'homme se peut bien

1. Nous dirions maintenant: les vertus civiques et sociales.

réjouir de les avoir et de les pratiquer, tant pour ce qu'elles sont en soi, que pour ce qu'elles apportent de bien à l'homme humainement et temporellement. Car, en cette façon et pour ce sujet, les philosophes, les sages et anciens princes les ont estimées, les ont louées et ont tâché de les avoir et de les pratiquer; et, bien que gentils et quoiqu'ils ne regardassent les choses que temporellement – pour les biens temporels, corporels et naturels qu'ils connaissaient leur devoir advenir de là – ils n'obtenaient pas seulement par là les biens et l'estime temporelle qu'ils prétendaient; mais, en outre, Dieu, qui aime tout ce qui est bon (même chez le barbare et le gentil) et qui *n'empêche point de faire aucun bien*, comme dit le Sage, leur pro- Sg 7,22
longeait la vie, leur accroissait l'honneur, le domaine et la paix, comme il fit aux Romains, parce qu'ils vivaient sous de bonnes lois; et il leur assujettit presque tout le monde – payant d'une récompense temporelle les bonnes mœurs de ceux qui pour leur infidélité étaient incapables de la récompense éternelle. Car Dieu aime tant ces biens moraux que, seulement parce que Salomon lui demanda de la sagesse pour enseigner son peuple 1 R
et le pouvoir gouverner justement – l'instruisant en les bonnes 3,9-13
mœurs – Dieu lui en sut fort bon gré et lui dit qu'à raison qu'il avait demandé de la sagesse pour cette fin, Il la lui donnerait et, de plus, ce qu'il ne lui avait point demandé, à savoir les richesses et l'honneur, en quoi il devancerait tous les rois précédents et tous ceux de l'avenir.

Mais, encore que le chrétien se doive réjouir des biens moraux en cette manière, et des bonnes œuvres qu'il fait temporellement – en tant qu'elles lui causent les biens temporels que nous avons dits – néanmoins sa joie ne s'y doit arrêter en cette première manière (comme nous avons dit des gentils, dont les yeux de l'âme ne pénétraient plus avant que cette vie mortelle); mais, puisque la lumière de la foi lui fait espérer la vie éternelle, sans laquelle tout ce qui est en ce monde et en l'autre ne lui servira de rien, il doit seulement et principalement s'éjouir de la possession et de l'exercice de ces biens moraux en la seconde manière – qui est que, faisant les œuvres pour l'amour de Dieu, elles lui acquièrent la vie éternelle. Ainsi, il ne doit regarder ni se réjouir qu'à servir et honorer Dieu avec ses bonnes œuvres et vertus. Car, sans ce regard, les vertus sont inutiles devant Dieu, comme on voit en les dix vierges Mt
de l'Évangile, qui avaient toutes gardé la virginité et fait de 25,1-12

bonnes œuvres, mais parce que cinq d'entre elles ne s'étaient pas réjouies en la seconde manière – c'est-à-dire, en dressant en cela leur joie à Dieu – mais au contraire en avaient usé en la première façon – se réjouissant vainement de leur possession – elles furent rejetées du ciel sans aucune récompense ni paiement de l'Époux. Et aussi, de nombreux anciens ont eu bien des vertus et ont fait de bonnes œuvres, et nombre de chrétiens les ont et font encore à présent de grandes choses, qui ne leur serviront de rien pour la vie éternelle – faute d'y avoir prétendu la gloire et l'honneur qui se doivent seulement à Dieu. Le chrétien donc se doit réjouir, non de faire de bonnes œuvres et suivre les louables coutumes, mais s'il les fait pour l'amour de Dieu seul, sans aucun autre respect[1]. Car autant lorsqu'elles sont faites pour servir Dieu seulement, elles méritent une plus grande récompense de gloire, d'autant plus aussi aura-t-on de confusion devant Dieu, que plus on aura été mu par d'autres respects.

Donc, pour dresser la joie à Dieu en les biens moraux, le chrétien doit remarquer que la valeur de ses bonnes œuvres, jeûnes, aumônes, pénitences, etc., ne consiste pas tant en la quantité et en la qualité, qu'en l'amour de Dieu avec lequel il les fait; et qu'elles sont alors d'autant mieux qualifiées qu'elles sont faites avec un plus pur et plus entier amour de Dieu et qu'il prétend d'elles moins d'intérêt de joie, de goût, de consolation et de louange, en cette vie et en l'autre. C'est pourquoi il ne doit arrêter son cœur dans le goût, dans la consolation, dans la saveur et autres intérêts dont les bons exercices et bonnes œuvres sont habituellement accompagnées, mais recueillir la joie en Dieu, désirant de le servir par elles, et – se purifiant et demeurant en obscurité de cette joie – vouloir que Dieu soit le seul qui s'en délecte et les savoure en secret, sans aucun autre respect ou intérêt que l'honneur et la gloire de Dieu. En ce faisant, il ramassera en Dieu toute la force de la volonté touchant les biens moraux.

1. Au sens étymologique de: regard, considération, égard.

Chapitre 30 (28)

DE SEPT DOMMAGES OÙ L'ON PEUT TOMBER, METTANT LA JOIE DE LA VOLONTÉ EN LES BIENS MORAUX

Les principaux dommages où l'homme peut tomber par la vaine joie de ses bonnes œuvres et coutumes, sont (comme je trouve) au nombre de sept, et très pernicieux à cause qu'ils sont spirituels.

Le premier dommage, c'est vanité, orgueil, vaine gloire et présomption; parce qu'on ne saurait se réjouir de ses œuvres sans les estimer. D'où naît la jactance et le reste, comme il est dit, en l'Évangile, du Pharisien qui priait Dieu et se flattait Lc 18,12
auprès de lui, en se vantant qu'il jeûnait et faisait d'autres bonnes œuvres.

Le second dommage est communément enchaîné avec l'autre, qui est de juger les autres mauvais et imparfaits comparativement, pensant qu'ils ne font pas si bien que lui, les méprisant en son cœur et quelquefois de bouche. Le Pharisien en était aussi entaché, vu qu'il disait en son oraison : *Je te rends* Lc 18,11
grâce de ce que je ne suis pas comme les autres hommes, larrons, injustes, adultères. De manière qu'en un seul acte, il tombait en ces deux dommages, s'estimant et méprisant les autres, comme beaucoup font aujourd'hui, qui disent: Je ne ressemble pas à un tel, je ne fais ceci ni cela comme tels et tels. Et même bon nombre d'entre eux sont pires que le Pharisien; parce que – bien qu'il soit vrai qu'il ne méprisât pas seulement les autres, mais aussi qu'il montrât du doigt la personne en particulier, disant: *Je ne suis pas comme ce publicain* – quant à eux, non con- Ibid.
tents de l'un et de l'autre, ils se fâchent et sont envieux quand on en loue d'autres: ou qu'ils font mieux, ou peuvent plus qu'eux.

Le troisième dommage est que, comme ils regardent leur goût dans les œuvres, ils ne font d'ordinaire que celles dont ils espèrent du goût et de la louange. Et ainsi, comme dit le Christ, *tout ce qu'ils font, c'est pour être vus des hommes,* ne tra- Mt 23,5
vaillant pas pour l'amour de Dieu seulement.

Le quatrième s'ensuit de celui-là, qui est qu'ils ne trouveront point de récompense en Dieu, l'ayant recherchée en cette vie

dans la joie ou dans la consolation, dans le profit d'honneur ou autres telles choses dans leurs œuvres. En quoi le Sauveur
Mt 6,2 dit qu'*ils ont reçu leur paiement.* De sorte qu'ils demeureront seulement avec le travail de l'œuvre et avec confusion, sans récompense. Il y a une si grande misère dans les enfants des hommes touchant ce dommage, que j'estime que la plupart des œuvres publiques qu'ils font, ou sont vicieuses, ou ne leur profiteront point, ou sont imparfaites devant Dieu, faute de se détacher de ces intérêts et respects humains. Car, que peut-on juger autre chose de certaines œuvres et mémoires que quelques-uns font et instituent, lorsqu'ils ne les veulent faire si elles ne sont accompagnées d'honneur et des respects humains de la vanité de la vie; ou perpétuant en elles leur nom, leur race ou leur domination – jusqu'à mettre leurs devises et leurs armes dans les églises, comme s'ils se voulaient poser là au lieu d'images, où chacun mette les genoux en terre? Dans lesquelles œuvres on peut dire de quelques-uns qu'ils s'adorent plus que Dieu. Mais laissant à part ceux-là, qui sont des pires, combien y en a-t-il qui tombent en maintes façons dans ce dommage de leurs œuvres? Les uns veulent qu'on les en loue; les autres, qu'on les en remercie; d'autres les racontent et prennent plaisir que tel ou tel les sache, ou même le monde entier; parfois, ils veulent que l'aumône, ou ce qu'ils font, passe par main tierce, pour le divulguer; les uns veulent l'un et l'autre. Ce qui n'est
Mt 6,2 autre chose que *sonner la trompette,* ce que font les hommes vains – ainsi que le Sauveur dit dans l'Évangile – lesquels, pour ce sujet, ne recevront de Dieu aucune récompense de leurs œuvres.

Ceux-là donc, pour éviter ce dommage, doivent cacher leurs œuvres, afin que Dieu seul les voie, désirant que personne n'en fasse cas. Et ils ne doivent pas seulement les cacher aux autres, mais encore à eux-mêmes. C'est-à-dire: qu'ils ne s'y complaisent – les estimant comme si c'était quelque chose – comme il se donne à entendre spirituellement en ce que Notre
Mt 6,3 Seigneur dit en l'Évangile: *Que ta gauche ne sache ce que fait ta droite,* comme s'il disait: n'estime pas avec l'œil temporel et charnel l'œuvre spirituelle que tu fais. C'est ainsi qu'on ramasse la force de la volonté en Dieu et que l'œuvre fructifie devant lui; d'où non seulement il ne la perdra, mais elle sera de grand mérite. Car c'est à ce propos que s'entend ce que dit
Jb 31, 27-28 Job: *Si j'ai baisé ma main avec ma bouche – ce qui est une iniquité*

et un grand péché – et si mon cœur s'est réjoui en cachette. Car ici, par la main il entend l'œuvre, et par la bouche il désigne la volonté qui se complaît en elle. Et parce que (comme nous avons dit) c'est une complaisance en soi-même, il dit: *Si mon cœur s'est réjoui en cachette – ce qui est une grande iniquité et une négation contre Dieu.* Et c'est comme s'il disait qu'il n'eut de complaisance, ni que son cœur ne s'est éjoui en cachette.

Le cinquième dommage de telles gens est qu'ils ne s'avancent point au chemin de perfection. Parce que, étant attachés au goût et consolation dans le travail, quand ils ne trouvent point de goût et consolation dans leur œuvres et exercices – ce qui est ordinairement lorsque Dieu les veut avancer, leur donnant le pain sec qui est celui des parfaits, et les sevrant du lait des enfants, éprouvant leurs forces et purifiant leur tendre appétit afin qu'ils puissent goûter de la nourriture des grands – ils perdent ordinairement courage et la persévérance, à cause qu'ils ne trouvent la dite saveur dans leurs œuvres. Sur quoi on entend spirituellement ce que dit le Sage: *Les mouches qui se* Eccl
meurent perdent la suavité de l'onguent. Car, quand il se présente 10,1
quelque mortification, ils meurent à leurs bonnes œuvres, ne les faisant plus, et perdent la persévérance, où gît la suavité de l'esprit et la consolation intérieure.

Le sixième dommage, c'est qu'ils s'abusent d'ordinaire, estimant les œuvres qui leur plaisent meilleures que celles qu'ils ne goûtent pas; ils louent et estiment les unes et méprisent les autres, encore que communément les œuvres où l'homme est plus mortifié (principalement quand il n'est pas avancé en la perfection) soient plus agréables et plus précieuses devant Dieu, à cause de la négation de soi-même que l'homme y apporte, que celles où il trouve sa consolation, en lesquelles il se peut fort aisément chercher soi-même. Et à ce propos, Michée dit ces paroles: *Ils appellent bien le mal de leurs mains*, ce qui pro- Mi 7,3
vient de ce qu'ils mettent leur goût en leurs œuvres, et non à plaire seulement à Dieu. Or, combien ce dommage règne parmi les spirituels, aussi bien qu'entre le commun des hommes, cela serait trop long à dire! A peine en trouverez-vous un qui se porte à travailler purement pour Dieu sans être aidé de quelque intérêt de consolation, de goût ou d'autre respect.

Le septième dommage est que, en tant que l'homme n'éteint la vaine joie en les œuvres morales, il est plus incapable de recevoir conseil et instruction raisonnable touchant ce qu'il doit faire. Parce que l'habitude de lâcheté qu'il a, en opérant avec propriété de vaine joie, l'enchaîne: ou afin de ne tenir le conseil d'autrui pour le meilleur, ou, s'il le tient pour tel, afin qu'il ne le veuille suivre, n'ayant assez de courage pour cela. Ces personnes s'attiédissent fort en la charité envers Dieu et le prochain, à cause que l'amour-propre qu'elles ont, touchant leurs œuvres, refroidit en elles la charité.

Chapitre 31 (29)

DES PROFITS QUE REÇOIT L'ÂME D'ÔTER LA JOIE DES BIENS MORAUX

L'âme reçoit de très grands fruits de ne vouloir appliquer vainement la joie de la volonté à cette sorte de biens. Car, premièrement, elle se préserve de tomber en maintes tentations et tromperies du démon, qui sont couvertes en la joie de ces bonnes œuvres, comme nous le pourrons entendre par ce qui
Jb 40,16 (21) est dit en Job: *Il dort sous l'ombre, dans le secret du roseau et en les lieux humides.* Où il parle du démon, à cause qu'en l'humidité de la joie et la vanité du roseau (c'est-à-dire des œuvres vaines) il séduit l'âme. Et ce n'est pas de merveille que le démon la trompe secrètement en cette joie, puisque, sans attendre sa suggestion, la vaine joie se déçoit elle-même, principalement quand il y a au cœur quelque jactance, selon ce que dit Jérémie:
Jr 49,16 *Ton arrogance t'a déçu.* Car quelle plus grande tromperie que la jactance? Et l'âme se délivre de ceci en se purifiant de cette joie.

Le second profit est qu'elle opère plus justement et avec plus d'accomplissement. Ce qui n'arrive pas s'il y a de la passion de joie ou de goût; parce que, par le moyen de cette passion de joie, l'irascible et le concupiscible s'élèvent et empiètent tellement qu'ils emportent le poids de la raison, et la font varier d'ordinaire dans les œuvres et les résolutions – laissant les unes et prenant les autres, commençant et laissant sans rien achever. Parce qu'en opérant pour le goût, lequel est variable – et, en quelques naturels, beaucoup plus qu'en d'autres – ce goût venant à manquer, l'œuvre et le propos cessent, quoiqu'il s'agisse d'une chose très importante. Le goût est à de telles

gens comme l'âme et la force de l'œuvre : si vous ôtez le goût, l'œuvre meurt et finit et ils ne persévèrent plus. Ils sont de ceux dont le Christ dit qu'*ils reçoivent joyeusement la parole, et* Lc 8,
le diable survenant la leur ravit aussitôt, afin qu'ils ne persévèrent. 12-13
Et c'est à cause qu'ils n'avaient de force ni de racine plus profonde que cette joie. C'est donc une cause de persévérance et de bonne réussite que d'enlever et retirer la volonté de cette joie. Et ainsi, le profit est grand, comme l'est aussi le dommage contraire. Le sage jette les yeux sur la substance et l'utilité de l'œuvre, non sur le goût et le plaisir qu'il y a. Ainsi, il ne darde point ses traits à la volée, mais il tire une joie stable de son œuvre, sans payer tribut au dégoût.

Le troisième est un divin profit, qui est qu'étouffant la vaine joie en ses œuvres, il se fait pauvre d'esprit, qui est une des béatitudes dont parle le Fils de Dieu : *Bienheureux sont les pauvres* Mt 5,3
d'esprit, car le Royaume des cieux est à eux.

Le quatrième profit, c'est que celui qui rejettera cette joie, opérera avec douceur, humilité et prudence. Parce qu'il n'agira pas impétueusement et brusquement – poussé par le concupiscible et l'irascible de la joie – ni avec présomption – affecté par l'estime qu'il fait de son œuvre moyennant la joie qu'il y puise – ni imprudemment – aveuglé de cette joie.

Le cinquième profit est qu'il se rend agréable à Dieu et aux hommes, se délivre de l'avarice, de la gourmandise et de la tristesse spirituelles, de l'envie spirituelle et de mille autres vices.

Chapitre 32 (30)

OÙ L'ON COMMENCE À PARLER DU CINQUIÈME GENRE DE BIENS OÙ LA VOLONTÉ PEUT SE RÉJOUIR, QUI SONT LES SURNATURELS. – ON DIT QUELS ILS SONT, ET COMMENT ILS SONT DISTINGUÉS DES SPIRITUELS, ET COMMENT IL FAUT DRESSER À DIEU LA JOIE QU'ON EN PEUT TIRER

Parlons maintenant de la cinquième sorte de biens en lesquels l'âme se peut réjouir, qui sont les surnaturels. Par lesquels nous

entendons ici tous les dons et grâces que Dieu donne – qui surpassent la faculté et vertu naturelle – qu'on nomme *gratis datas*[1], comme sont la sagesse et science qu'il donna à Salomon, et les
1 Co grâces dont parle saint Paul, à savoir, *la foi, la grâce des santés,*
12,9-10 *l'opération des miracles, la prophétie, la connaissance et la discrétion des esprits, la déclaration des paroles, comme aussi le don des langues.*

Lesquels biens, quoique à la vérité ils soient spirituels, comme ceux du même genre dont nous traiterons après, néanmoins, j'en ai voulu faire distinction ici à cause de la grande différence qu'il y a entre eux. Attendu que l'exercice de ceux-ci a un respect immédiat au profit des hommes, et Dieu les donne
1 Co pour ce profit et pour cette fin, comme dit saint Paul qu'*on ne*
12,7 *donne* à aucun *l'esprit*, sinon *pour le profit des autres*, ce qui s'entend de ces grâces. Mais pour les grâces spirituelles, leur exercice et leur commerce sont seulement de l'âme à Dieu et de Dieu à l'âme, en communication d'entendement et de volonté, etc., comme nous dirons après. Partant, il y a différence en l'objet – puisque les spirituelles sont seulement entre le Créateur et l'âme, mais les autres, surnaturelles, regardent la créature[2] – et elles diffèrent aussi en la substance, et par conséquent en l'opération, et ainsi encore nécessairement en la doctrine.

Mais parlant à présent des dons et grâces surnaturelles – comme nous les entendons ici – je dis que pour purifier en elles la vaine joie, il faut ici remarquer deux profits qui sont en le genre de biens, à savoir: temporel et spirituel. Le temporel, c'est la santé des malades, de faire voir les aveugles, ressusciter les morts, chasser les démons, prédire l'avenir pour y aviser, et les autres de cette sorte. Le profit spirituel et éternel, c'est que Dieu par ces œuvres soit connu et servi, par celui qui les fait ou par ceux en lesquels elles se font.

Quant au premier profit qui est temporel, les œuvres et miracles surnaturels méritent peu ou point la joie de l'âme; parce que, le second profit exclu, ils importent peu ou point à l'homme, puisque, d'eux-mêmes, ils ne sont pas moyen pour unir l'âme avec Dieu, mais c'est la charité qui le fait. Et l'on peut exercer ces œuvres et grâces surnaturelles sans être en

1. Gratuitement données.
2. L'édition princeps glose justement: regardent le profit d'autres créatures.

grâce ni charité, tantôt Dieu donnant véritablement les dons et les grâces, comme à l'inique prophète Balaam et à Salomon, tantôt de semblables étant opérées faussement par la voie du démon, comme fit Simon le Magicien, ou par autres secrets de nature. Desquelles œuvres et merveilles, si quelques-unes devaient être utiles à celui qui les fait, ce seraient les vraies qui sont données de Dieu. Or, quant à celles-là – le second profit ôté – saint Paul enseigne ce qu'elles peuvent valoir, disant: *Si je parle avec les langues des hommes et des anges, et que je n'aie point la charité, je ressemble au métal sonnant et au son de la cloche; si j'ai la grâce de prédire et si je connais tous les mystères et toute la science, et si j'ai toute la foi, tellement que je transporte les montagnes, et que je n'aie point la charité, je ne suis rien*, etc. D'où vient que le Christ dira un jour à beaucoup qui auront en cette façon fait cas de leurs œuvres, pour lesquelles ils lui demanderont sa gloire, disant: *Seigneur, n'avons-nous pas prophétisé en votre nom et fait de nombreux miracles?* Il leur dira: *Retirez-vous de moi, ouvriers d'iniquité.*

1 Co 13,1-2

Mt 7,22-23

L'homme se doit donc réjouir, non d'avoir ces grâces et de les exercer, mais s'il en tire le second fruit spirituel, à savoir, servant Dieu en elles avec une véritable charité, où gît le fruit de la vie éternelle. C'est pourquoi Notre Sauveur reprit ses disciples qui se réjouissaient de chasser les démons, disant: *Ne vous réjouissez pas d'assujettir les démons, mais de ce que vos noms sont écrits au livre de vie.* C'est comme qui dirait en bonne théologie: réjouissez-vous si vos noms sont écrits au livre de vie. De là on apprend que l'homme ne se doit réjouir qu'au chemin qui y conduit, qui est de faire les œuvres avec charité; car, que sert et vaut devant Dieu ce qui n'est point amour de Dieu? Lequel amour n'est point parfait, s'il n'est fort et discret [1] à purifier la joie de toutes sortes de choses, la mettant seulement à faire la volonté de Dieu. Et en cette manière la volonté s'unit avec Dieu par ces biens surnaturels.

Lc 10,20

1. C'est-à-dire habile, ou attentif.

Chapitre 33 (31)

DES DOMMAGES QUI PEUVENT ARRIVER À L'ÂME DE METTRE LA JOIE DE LA VOLONTÉ EN CETTE SORTE DE BIENS

Il me semble que l'âme peut tomber en trois principaux dommages de mettre sa joie en les biens surnaturels, c'est à savoir de tromper et d'être trompée, recevoir du détriment en l'âme touchant la foi, et tomber en vaine gloire ou quelque autre vanité.

Quant au premier, il est aisé de tromper les autres et soi-même, se réjouissant en cette sorte d'œuvres. La raison est que, pour connaître en ces œuvres les vraies d'avec les fausses, comment et en quel temps il les faut pratiquer, il y faut bien aviser, et il est besoin d'une grande lumière de Dieu: et la joie et l'estime de ces œuvres empêchent fort l'un et l'autre. Et ceci pour deux raisons: l'une, à cause que la joie émousse et obscurcit le jugement; l'autre, parce qu'avec la joie de cette œuvre, non seulement l'homme souhaite qu'elle soit faite plus promptement, mais encore il est davantage poussé à ce qu'elle se fasse hors de temps. Et posé le cas que les vertus et œuvres qu'on pratique soient vraies, néanmoins ces deux défauts suffisent pour s'y tromper souvent: ou ne les entendant pas comme il faut, ou n'en profitant pas et ne s'en servant comme et quand il est plus à propos. Car, encore qu'à la vérité, quand Dieu départit ces dons et grâces, il leur donne la lumière et l'instinct comment et quand il les faut exercer, néanmoins, à cause de la propriété et imperfection qu'ils y peuvent avoir, ils peuvent beaucoup faillir, n'en usant pas avec la perfection que
Nb 22, 20-22 Dieu désire, comme et quand il veut. Ainsi que nous lisons que voulait faire Balaam, lorsqu'il voulut entreprendre d'aller maudire le peuple d'Israël contre la volonté de Dieu. Dont
Ibid. 33 Dieu fut tellement irrité qu'il le voulait tuer. Et saint Jacques et
Lc 9, 54-55 saint Jean voulaient faire descendre le feu du ciel sur les Samaritains, à cause qu'ils refusaient de loger Notre Sauveur, et il les reprit de cela.

Où l'on voit clairement comment ceux-là étaient portés à ces œuvres, par quelque passion d'imperfection enveloppée en la joie et l'estime qui les concernent, quand il n'était pas con-

venable. Parce que, cessant semblable imperfection, ils se meuvent et déterminent seulement à opérer ces vertus quand et comme Dieu les pousse à cela – et jusqu'alors il ne convient pas. C'est pourquoi Dieu se plaignait par Jérémie de certains prophètes, disant: *Je n'envoyais pas les prophètes, et ils couraient;* Jr 23,21
je ne leur parlais pas, et ils prophétisaient. Et ailleurs: *Ils ont* Ibid. 32
trompé mon peuple par leur mensonge et leurs miracles, sans que je leur eusse rien commandé et sans que je les eusse envoyés. Il dit encore en ce lieu, parlant d'eux, qu'*ils voyaient la vision de leur* Ibid. 26
cœur et qu'ils la disaient – ce qui ne fût pas ainsi arrivé s'ils n'eussent eu cette abominable propriété en ces œuvres.

D'où nous apprenons par ces autorités que le dommage de cette joie n'aboutit pas seulement à user iniquement et méchamment de ces grâces que Dieu donne – comme fit Balaam et ceux dont Il parle ici, qui faisaient des miracles par lesquels ils trompaient le peuple – mais encore jusqu'à s'en servir sans que Dieu les leur eût données – comme ceux-ci qui prophétisaient leurs fantaisies et publiaient les visions qu'ils composaient, ou celles que le démon leur représentait. Car le démon, qui les voit affectionnés à ces choses, leur donne un beau champ et une ample matière, s'entremettant là en maintes manières; et avec cela, ils déploient les voiles et s'étendent en ces œuvres prodigieuses avec une hardiesse effrontée.

Ils n'en demeurent pas là. Mais la joie et la convoitise de ces œuvres les portent à de tels termes que, s'ils n'avaient auparavant qu'un pacte occulte avec le démon (car beaucoup d'entre eux opèrent ces choses par cette convention secrète), ils osent bien faire avec lui un pacte exprès et manifeste, se rendant par accord disciples du démon et ses partisans. De là viennent les sorciers, enchanteurs, magiciens, devins et charmeurs. La joie de ces œuvres vient à un tel excès de mal, que non seulement ils veulent acheter par argent les dons et les grâces divines pour servir le démon, comme voulait faire Simon le Magicien, Ac 8,19
mais aussi ils tâchent d'avoir les choses sacrées, et même – ce qui ne se peut dire sans frémir – les choses divines, comme on a déjà vu que le redoutable Corps de Notre Seigneur Jésus-Christ a été usurpé pour l'usage de leurs méchancetés et abominations. Dieu veuille montrer et étendre ici sa grande miséricorde!

Et chacun sait combien ces gens-là sont pernicieux à eux-mêmes et préjudiciables à la chrétienté. Où il faut noter que

tous ces magiciens et devins qui étaient parmi les enfants
1 Sm d'Israël – que Saül extermina – s'étaient jetés en ces abomi-
28,3 nations et illusions pour vouloir imiter les vrais prophètes de
Dieu.

Celui donc qui aura la grâce et le don surnaturel, en doit séquestrer la convoitise et la joie de l'exercice, et n'avoir nul souci de le mettre en œuvre; car Dieu, qui l'en favorise surnaturellement pour l'utilité de son Église ou de ses membres, le poussera surnaturellement aussi à l'exercer comme et quand
Mt il devra le faire. Car, puisqu'Il défendait à ses fidèles de se
10,19 soucier de ce qu'ils annonceraient, ou comme ils le diraient, parce que c'était une affaire surnaturelle de foi, Il voudra aussi (attendu que la chose n'est pas moins importante) que l'homme attende que Dieu soit l'ouvrier mouvant le cœur, puisque toute
Ac 4, vertu se doit opérer en sa vertu. C'est pourquoi les disciples,
29-30 en les Actes des Apôtres, encore qu'Il leur eût infus ces grâces et ces dons, firent oraison à Dieu, le priant qu'il lui plût d'étendre sa main à faire des signes et des guérisons par eux, pour introduire la foi de Notre Seigneur Jésus-Christ dans les cœurs.

Le second dommage peut naître de ce premier, à savoir, un détriment de foi. Ce qui peut arriver en deux manières. L'une, à l'égard des autres; parce que, entreprenant de faire des merveilles ou des vertus hors de temps et sans nécessité, outre que c'est tenter Dieu – ce qui est un grand péché – peut-être que cela ne réussira pas et pourra engendrer dans les cœurs un moindre crédit et un mépris de la foi; car, bien que cela réussisse quelquefois – Dieu le permettant pour d'autres sujets et
1 Sm respects, comme il arriva à la sorcière de Saül (s'il est vrai que
28,12 ce fut Samuel qui lui apparut) – cela ne réussira pas toujours; et quand bien même cela réussirait, ils ne laissent pas de faillir et de se rendre coupables, à cause qu'ils usent de ces grâces quand il n'est pas convenable. En l'autre manière il peut recevoir du détriment en soi-même touchant le mérite de la foi; parce qu'en faisant grand état de ces miracles, il s'éloigne beaucoup de l'habitude substantielle de la foi, qui est une habitude obscure; d'où vient que là où il y a plus de signes et de témoignages, il y a moins de mérite à croire. C'est pourquoi saint Grégoire dit que la foi est sans mérite, quand la raison humaine l'expérimente [1]. Et ainsi Dieu n'opère jamais ces mer-

1. *Homil. 26 in Evang.*, 1: P. L. 76, 1197.

veilles que quand elles sont nécessaires purement pour croire.
D'où vient que Notre Seigneur, afin que ses disciples, ayant
l'expérience de sa résurrection, n'en perdissent le mérite, fit
beaucoup de choses avant que de se montrer à eux, pour qu'ils Lc 24,
le crussent sans le voir. Car il montra premièrement à Marie- 3-7
Madeleine le sépulcre vide et après il fit que les anges lui Jn 20,
annonçassent – parce que *la foi vient de l'ouïe*, dit saint Paul – 1-2 Rm
et que, l'oyant, elle le crût avant que de le voir. Et encore, 10,17
quand elle le vit, ce fut en forme d'un homme ordinaire, pour Jn 20,
achever de l'instruire, par la chaleur de sa présence, en la 14-15
créance qui lui manquait. Quant aux disciples, il envoya pre- Mt 28,
mièrement les femmes leur annoncer, et ensuite ils vinrent 7-10//
voir le sépulcre. Et pour les pèlerins d'Emmaüs, il commença Lc 24,25
à toucher leur cœur en foi avant qu'il se donnât à voir, mar-
chant avec eux déguisé. Et enfin, il les reprit tous, après, de Mc
n'avoir cru ceux qui leur avaient rapporté sa résurrection. Et 16,14
saint Thomas aussi, de ce qu'il avait voulu toucher ses plaies, Jn 20,29
lui disant: *Bienheureux sont ceux qui n'ont vu et qui ont cru.*

D'où l'on voit que Dieu n'est pas tant ami de faire des miracles, et, comme on dit, quand il les fait, c'est qu'il ne peut plus faire autrement. C'est pourquoi il reprenait les Pharisiens qui ne croyaient qu'à force de prodiges: *Si vous ne* Jn 4,48
voyez, dit-il, *des prodiges et des signes, vous ne croyez pas.* Ceux-là donc qui se réjouissent volontiers en ces œuvres surnaturelles perdent beaucoup touchant la foi.

Le troisième dommage est que communément, par la joie de ces œuvres, ils tombent en vaine gloire ou en quelque vanité. Parce que la joie même de ces merveilles (comme nous avons dit), n'étant pas purement en Dieu et pour Dieu, est vanité; comme il paraît en ce que Notre Seigneur reprit ses disciples Lc 10,20
qui se réjouissaient de ce que les démons leur étaient assujettis – de quoi il ne les eût point blâmés, si cette joie n'eût été vaine.

Chapitre 34 (32)

DE DEUX PROFITS QU'ON REÇOIT À REJETER LA JOIE EN CE QUI CONCERNE LES GRÂCES SURNATURELLES

Outre les biens que l'âme tire de se délivrer des trois dommages susdits par la privation de cette joie, elle en acquiert deux autres excellents. Le premier est de glorifier et exalter Dieu; le second est que l'âme s'exalte elle-même. Car Dieu est exalté en l'âme en deux façons: l'une en retirant le cœur et la joie de la volonté de tout ce qui n'est pas Dieu, pour les mettre en lui seul. Ce que David a voulu dire au verset que nous avons allégué au commencement de la nuit de cette puissance, à
Ps 63 (64), 7-8 savoir: *L'homme s'élèvera au cœur haut, et Dieu sera exalté.* Parce
qu'élevant le cœur par-dessus toutes choses, l'âme s'exalte par-dessus toutes.

Et parce qu'en cette façon elle le met en Dieu seulement, Dieu est exalté et glorifié, manifestant à l'âme son excellence et sa grandeur, parce qu'en cet élèvement de joie en lui, Dieu lui donne un témoignage de ce qu'il est. Ce qui ne se fait sans évacuer la joie et la consolation de la volonté à l'égard de toutes
Ps 45 (46),11 choses, comme il dit par David, en ces termes: *Vaquez et voyez que je suis Dieu.* Et ailleurs: *En une terre déserte, sèche et sans*
Ps 62 (63),3 (2-3) *chemin, j'ai paru devant vous pour voir votre vertu et votre gloire.* Et puisqu'il est vrai qu'on exalte Dieu en mettant la joie en la séparation de toutes choses, on l'exalte bien davantage la retirant de celles-ci, qui sont plus merveilleuses, pour la mettre seulement en lui – vu qu'elles ont un être plus relevé à raison qu'elles sont surnaturelles. Et ainsi, les laissant en arrière pour mettre la joie seulement en Dieu, c'est attribuer une plus grande gloire et excellence à Dieu qu'à elles. Car, tant plus on méprise de choses et de plus grandes pour quelqu'un, tant plus fait-on cas de lui et le glorifie-t-on.

De plus, Dieu est exalté en la seconde manière, lorsqu'on retire la volonté de cette sorte d'œuvres; parce que tant plus Dieu est cru et servi sans témoignages et sans signes, tant plus il est exalté par l'âme, puisqu'elle croit de Dieu plus que les signes et les miracles ne lui en peuvent donner à entendre.

Le second profit dans lequel l'âme s'exalte, c'est parce que, retirant la volonté de tous les témoignages et signes apparents, elle s'exalte en une très pure foi, laquelle Dieu lui verse et augmente en un degré beaucoup plus intense; et ensemble, il lui accroît les deux autres vertus théologales, à savoir la charité et l'espérance: en quoi elle jouit de très hautes connaissances divines, par le moyen de l'habitude obscure et nue de la foi; et d'une grande délectation d'amour, par le moyen de la charité, avec laquelle la volonté ne se réjouit en autre chose qu'en Dieu vivant; et d'une satisfaction en la mémoire, par le moyen de l'espérance. Or, tout ceci est un profit admirable qui importe essentiellement et directement pour l'union parfaite de l'âme avec Dieu.

Chapitre 35 (33)

OÙ L'ON COMMENCE À TRAITER DU SIXIÈME GENRE DE BIENS DESQUELS LA VOLONTÉ PEUT SE RÉJOUIR. – ON DIT QUELS ILS SONT ET ON EN FAIT LA PREMIÈRE DIVISION

Puisque, en cet ouvrage, notre intention est d'acheminer l'esprit par les biens spirituels jusqu'à l'union divine de l'âme avec Dieu, maintenant qu'en ce sixième genre nous devons traiter des biens spirituels – qui sont ceux qui servent le plus à cela – il faudra que le lecteur et moi nous nous rendions attentifs et y appliquions particulièrement notre considération. Car c'est une chose certaine et ordinaire qu'il y en a de si peu versés, qu'ils se servent des choses spirituelles seulement pour le sens, laissant l'esprit vide, si bien qu'il s'en trouve fort peu à qui le suc sensible n'ait corrompu une bonne partie de l'esprit – buvant l'eau avant qu'elle n'arrive à l'esprit, qui demeure sec et vide.

Je dis donc, venant à notre propos, que j'entends par les biens spirituels tous ceux qui incitent et aident pour les choses divines, pour la conversation de l'âme avec Dieu et pour les communications de Dieu avec l'âme.

En commençant à faire la division par les genres suprêmes, je dis qu'il y a deux sortes de biens spirituels: les uns savoureux, les autres pénibles. Et chacun de ces genres est encore en deux manières : parce que des savoureux, il y en a qui sont de choses claires qui s'entendent distinctement, et d'autres de choses qui ne s'entendent clairement ni distinctement. Des pénibles aussi, les uns sont de choses claires et distinctes, et les autres sont de choses confuses et obscures.

Nous les pouvons aussi distinguer tous selon les puissances de l'âme. Parce que les uns, en tant qu'ils sont des intelligences, appartiennent à l'entendement; les autres, en tant que ce sont des affections, appartiennent à la volonté; les autres, en tant qu'ils sont imaginaires, appartiennent à la mémoire.

Or, les biens pénibles laissés à part et remis pour après – à cause qu'ils appartiennent à la nuit passive où nous en devons parler – et laissant aussi les savoureux que nous avons dits être de choses confuses et non distinctes, pour en traiter à la fin – à cause qu'ils appartiennent à la notice générale, confuse, amoureuse, où se fait l'union de l'âme avec Dieu (laquelle nous avons laissée à part, au livre second[1], lorsque nous avons fait la distinction entre les appréhensions de l'entendement, remettant d'en traiter à la fin) – nous parlerons maintenant ici de ces biens savoureux qui sont de choses claires et distinctes.

Chapitre 36 (34)

DES BIENS SPIRITUELS QUI PEUVENT DISTINCTEMENT TOMBER EN L'ENTENDEMENT ET EN LA MÉMOIRE. – ON DIT COMMENT LA VOLONTÉ S'Y DOIT COMPORTER TOUCHANT LA JOIE QUI LES CONCERNE

Nous aurions ici bien à faire avec la multitude des appréhensions de la mémoire et de l'entendement, enseignant la volonté comme elle se doit comporter touchant la joie qu'on en tire, n'était que nous en avons amplement discouru au second et au troisième livre. Car nous y avons dit comment il fallait conduire ces deux puissances pour les acheminer à l'union divine. Et comme il faut que la volonté se gouverne de même

1. Chapitres 14, p. 167, et 10, pp. 151-152.

façon en la joie qui les regarde, partant, il n'est pas besoin de le redire ici: étant suffisant d'avertir que, partout où il est dit là qu'on évacue ces puissances de telles ou telles appréhensions, on entende aussi que la volonté doit rejeter la joie à leur égard. Et de la même manière qu'il est dit que la mémoire et l'entendement se doivent gouverner à l'égard de toutes ces appréhensions, la volonté aussi se doit comporter de même. Car, vu que l'entendement et les autres puissances ne peuvent rien admettre ni refuser sans que la volonté y concoure, il est évident que la doctrine de l'un sert pour l'autre.

Partant, qu'on voie là ce qui est requis en ce cas, parce que l'âme tombera en tous les dommages et périls qui sont là rapportés, si elle ne sait dresser à Dieu la joie de la volonté en toutes ces appréhensions.

Chapitre 37 (35)

DES BIENS SPIRITUELS SAVOUREUX QUI PEUVENT DISTINCTEMENT TOMBER EN LA VOLONTÉ. – ON DIT COMBIEN IL Y EN A DE SORTES

Nous pouvons réduire à quatre genres tous les biens qui peuvent distinctement donner de la joie à la volonté, à savoir: motifs [1], provocatifs, directifs et perfectifs, dont nous traiterons par ordre; et premièrement des motifs – qui sont les images [2] et les portraits des saints, les oratoires et les cérémonies.

Quant à ce qui touche les images et portraits, il y peut avoir bien de la vanité et de la vaine joie. Parce que, étant de si grande importance au culte divin, et si nécessaires pour mouvoir la volonté à dévotion, comme le montrent l'approbation et l'usage de notre Mère l'Église (d'où vient que nous nous en devons toujours servir pour exciter notre tiédeur), il y a néanmoins maintes personnes qui mettent plus leur joie en la peinture et en l'ornement de ces portraits qu'en ce qu'ils représentent.

1. Ce qui meut à faire quelque chose.
2. Il est important de noter ici que le mot *image* veut dire non seulement: *peinture* ou *gravure*, mais aussi et peut-être surtout: *statue*.

L'usage des images est ordonné de l'Église pour deux fins principales, à savoir: pour révérer les saints en elles et pour mouvoir la volonté et exciter la dévotion par elles à eux. Et en tant qu'elles servent à cela, elles sont de grand profit et leur usage est nécessaire. C'est pourquoi l'on doit toujours choisir celles qui sont les mieux tirées au naturel et au vif et qui meuvent davantage la volonté à dévotion – regardant plus à cela qu'à la valeur ou à la curiosité de la façon et au bel ornement. Parce qu'il y a (comme je dis) des personnes qui regardent plus à la curiosité et au prix de l'image, qu'à ce qu'elle représente, et emploient la dévotion intérieure – qu'il faut spirituellement dresser au saint invisible, oubliant aussitôt l'image, vu qu'elle ne sert que de motif – en l'ornement et curiosité extérieure, de manière que le sens s'y plaît et s'y délecte, et l'amour avec la joie de la volonté demeurent là; ce qui empêche entièrement le vrai esprit, qui requiert un anéantissement d'affection en toutes les choses particulières.

Cela se voit bien en l'abominable usage que quelques personnes ont en notre temps, qui, n'ayant en horreur la vaine mode du monde, ornent les images de la même façon que les mondains inventent de temps en temps pour l'accomplissement de leurs passe-temps et vanités; et les revêtent des habits qu'on condamne chez eux, chose qui a été abhorrée des saints qu'elles représentent et l'est encore; le démon, et elles en lui, procurant de canoniser leurs vanités, les mettant sur les saints, non sans leur faire une grande injure. Et en cette façon, l'honnête et grave dévotion de l'âme, qui de soi bannit et rejette toute vanité et apparence de vanité, n'est guère plus en elles qu'ornement de poupées, quelques-unes venant à ne se servir plus des images que comme d'idoles où elles mettent leur joie. Ainsi vous verrez des personnes qui ne cessent d'amasser image sur image, et veulent qu'elles ne soient que d'une telle sorte ou façon, et ne soient posées qu'en telle ou telle manière, de sorte que cela plaise au sens; et cependant la dévotion du cœur est fort petite, et elles y ont autant d'attachement que Michas
Jg 18, à ses idoles, ou autant que Laban. Car l'un sortit de sa maison,
23-24 criant après ceux qui les emportaient, et l'autre, après avoir
Gn 31, bien cheminé et s'être bien courroucé à leur sujet, renversa tous
33-34 les meubles de Jacob en les cherchant.

La personne véritablement dévote met principalement sa dévotion en l'invisible et a besoin de peu d'images et n'en use que de peu et de celles qui sont plus conformes aux choses divines qu'aux humaines, les rendant conformes à elles et se conformant elle-même à elles, selon la mode de l'autre siècle et selon l'état des saints, et non à la mode de ce temps; afin que non seulement la figure de ce siècle n'émeuve point son appétit, mais encore afin qu'elle ne se ressouvienne de lui par elles, ayant devant les yeux une chose qui lui ressemble ou à ce qui lui appartient. Et encore, elle ne met son cœur en celles dont elle use; d'où vient qu'elle ne se soucie guère, si on les lui ôte; parce qu'elle cherche au-dedans de soi la vive image qui est le Christ crucifié, dans lequel elle prend plutôt plaisir qu'on lui ôte tout et que tout lui manque. Jusqu'à demeurer en repos, si on lui ôte les motifs et les moyens qui nous approchent le plus près de Dieu; parce que c'est une plus grande perfection à l'âme d'être tranquille et joyeuse en la privation de ces motifs que de les posséder avec affection et attachement. Car, quoiqu'il soit bon de se plaire à avoir ces images qui aident davantage l'âme à la dévotion (et que pour cela, on doive toujours choisir celle qui émeut le plus), néanmoins ce n'est pas perfection d'y être tant attaché qu'on les possède avec propriété, de sorte que si on les ôte, on s'en attriste.

Que l'âme tienne pour certain que, tant plus elle s'affectionnera avec propriété à l'image ou au motif, tant moins son oraison et sa dévotion monteront à Dieu. Car, encore qu'il soit vrai qu'à cause que les unes représentent mieux que les autres, et qu'elles excitent davantage à dévotion, il soit convenable de s'affectionner plus aux unes qu'aux autres pour cette raison seule (comme je viens de dire), ce ne doit être toutefois avec la propriété et l'attachement dont j'ai parlé. De manière que ce qui doit conduire l'esprit – s'envolant par là à Dieu, oubliant aussitôt l'un et l'autre – le sens le lui dévore tout, étant tout entier engolfé dans la joie des instruments – lesquels, me devant seulement servir d'aide pour avancer l'esprit, à cause de mon imperfection me servent d'empêchement, et non moins que l'attachement et propriété de quelque autre chose que ce soit.

Mais quoique tu aies[1] quelque réplique en ce qui est des images – faute de bien entendre la nudité et pauvreté d'esprit que la perfection requiert – au moins tu n'en auras point en

1. Le saint s'adresse ici avec animation à son interlocuteur en le tutoyant. Il en est de même aux deux pages suivantes et aux pages 339, 343.

l'imperfection qu'on a communément aux chapelets; vu qu'à peine trouveras-tu une personne qui n'ait en cela quelque faiblesse, voulant qu'ils soient plutôt de cette façon que de celle-là; de cette couleur, que de celle-là; de cette manière, que de cette autre; qu'ils aient cet ornement plutôt qu'un autre: l'un ne servant pas plus que l'autre afin que Dieu exauce plutôt ce qui se dit en celui-ci qu'en celui-là; mais au contraire, ceux qui y vont avec un cœur sincère et vrai, ne regardant qu'à plaire à Dieu sans se soucier d'un tel ou tel chapelet, si ce n'est à cause des indulgences, sont plutôt exaucés.

Notre vaine convoitise est de telle sorte et condition qu'elle s'attache à toutes choses. C'est comme le ver qui ronge ce qui est entier et fait son travail dans le bon et le mauvais. Car te plaire à avoir un rosaire curieux et vouloir qu'il soit plutôt de cette manière que de cette autre, et choisir plutôt cette image qu'une autre sans avoir égard si elle t'excite davantage à l'amour de Dieu, mais regardant la beauté et curiosité, qu'est-ce autre chose que mettre ta joie en l'instrument? Si tu employais l'appétit et la joie seulement à aimer Dieu, tu ne te soucierais ni de ceci ni de cela. Et c'est un grand déplaisir de voir des personnes spirituelles si attachées à la manière et façon de ces instruments et motifs, et à la curiosité et au vain goût qu'elles y trouvent; car jamais vous ne les verrez satisfaites, mais laisser toujours les unes pour prendre les autres, et troquer et mettre en oubli la dévotion de l'esprit par ces moyens visibles, y ayant parfois un semblable attachement et propriété qu'aux autres meubles temporels – ce dont ils ne tirent pas peu de dommage.

Chapitre 38 (36)

OÙ L'ON POURSUIT LA MATIÈRE DES IMAGES ET RAPPORTE L'IGNORANCE QUE QUELQUES PERSONNES ONT EN CELA

Il y aurait beaucoup à dire touchant la stupidité que quelques personnes ont touchant les images, parce que leur bêtise va si avant que quelques-unes se confient plus à certaines images qu'aux autres, s'imaginant que Dieu les exaucera plus par celles-ci que par celles-là – alors que toutes deux représentent un même sujet, comme deux images du Christ ou deux de Notre Dame. Et cela, parce qu'ils ont plus d'affection à une façon qu'à une autre – ce qui enveloppe une grande stupidité touchant la conversation avec Dieu, le culte et l'honneur qu'on lui doit, lequel uniquement regarde la foi et la pureté de cœur de celui qui prie. Car la raison pour laquelle Dieu confère plus de grâces par le moyen d'une image que par une autre d'une même espèce, ce n'est pas qu'il y ait plus en l'une qu'en l'autre pour cet effet (quoiqu'il y ait grande différence quant à la façon), mais c'est parce que les personnes sont plus excitées à dévotion par les unes que par les autres. Que si elles eussent la même dévotion par le moyen de l'une que par le moyen de l'autre (et même sans l'une ni l'autre), elles recevraient les mêmes faveurs de Dieu.

Si bien que la cause pour laquelle Dieu fait plutôt des miracles et accorde plutôt des faveurs par quelques images que par d'autres, ce n'est pas pour qu'on estime les unes plus que les autres, mais c'est afin que par cette nouveauté la dévotion endormie des fidèles et leur affection à la prière se réveillent. Et de là vient que, comme alors par le moyen de cette image la dévotion s'enflamme et l'oraison se continue (car l'un et l'autre sont un moyen afin que Dieu exauce et octroie ce qu'on lui demande), aussi Dieu, moyennant cette image, à cause de l'oraison et de l'affection, continue ses grâces et miracles en cette image; et pourtant il est certain que Dieu ne les fait pas par l'image – vu qu'en soi elle n'est que peinture – mais par la dévotion et la foi qu'on a au saint qu'elle représente. Et ainsi, si tu avais la même dévotion et foi en Notre Dame devant cette image-ci que devant celle-là, qui la représente pareillement (et même sans elle, comme nous avons dit), tu recevrais les mêmes faveurs. Bien plus voyons-nous par expérience que Dieu, s'il fait quelques faveurs et miracles, c'est d'ordinaire par le moyen d'images pas trop bien taillées ni curieusement peintes ou figurées; de peur que les fidèles n'attribuent quelque chose de cela à la façon ou à la peinture.

Et souvent Notre Seigneur opère ces faveurs par les images qui sont plus écartées et plus solitaires, pour deux raisons[1]:

1. Ces trois derniers mots sont une juste addition de Cyprien.

l'une, afin que par le mouvement de l'aller voir, l'affection s'accroisse davantage et l'acte soit plus intense; l'autre, afin qu'on s'éloigne du bruit et du monde pour prier, de même que faisait le Seigneur. C'est pourquoi le pèlerin fait bien de choisir le temps auquel il va peu de monde, quoiqu'il soit temps extraordinaire. Et je ne conseillerais jamais d'aller quand il y a de la presse; car, d'ordinaire, on en revient plus distrait que quand on y est allé. Et plusieurs prennent et font de tels pèlerinages plutôt par récréation que par dévotion. De manière que, si la foi et la dévotion y sont, n'importe quelle image suffira; mais si elles manquent, aucune ne suffira. Considérons que Notre Sauveur dans le monde était une image très vive; et avec tout cela, ceux qui n'avaient point de foi, bien qu'ils fussent toujours avec lui et vissent ses merveilles, ne profitaient point. C'est pourquoi il ne faisait beaucoup de miracles en
Lc 4,24 son pays, comme dit l'Évangéliste.

Je rapporterai aussi en ce lieu quelques effets surnaturels que quelques images causent parfois en des personnes particulières. C'est que Dieu donne un esprit spécial en quelques-unes, de manière que la figure de l'image et la dévotion qu'elle a causée s'impriment dans l'esprit, l'ayant comme si elle était présente; et quand soudain on s'en souvient, elle donne le même esprit que quand on la voit, quelquefois plus, quelquefois moins; et on ne trouvera cet esprit en une autre image, quoiqu'elle soit mieux travaillée.

Il y en a aussi beaucoup qui ont plus de dévotion à des façons d'ouvrages qu'à d'autres; en quelques-uns cela procède du goût et de l'affection naturelle – comme on trouvera le visage d'une personne plus beau que d'une autre, et on s'y affectionnera davantage d'une manière naturelle, et on l'aura plus présent en l'imagination, encore qu'il ne soit pas si beau que les autres, parce qu'on est naturellement plus enclin à telle sorte de forme et figure. Et ainsi, certains pensent que l'affection qu'ils portent à telle ou telle image soit dévotion, et ce n'est peut-être que goût et affection naturelle. D'autres fois, il advient que regardant une image, ils la verront remuer, faire des mines ou signes, donner à entendre quelque chose, ou parler. Cette manière et celle des effets surnaturels que nous disons ici des images, encore que ce soient souvent de vrais et bons effets – Dieu causant cela ou pour augmenter la dévotion, ou pour donner à l'âme quelque appui auquel elle se puisse attacher, pour ce qu'elle est faible et de peur qu'elle ne se distraie – souventes fois le démon les fait pour tromper et pour nuire. Partant, au chapitre suivant, nous enseignerons des remèdes pour tout.

Chapitre 39 (37)

COMMENT IL FAUT ACHEMINER À DIEU LA JOIE DE LA VOLONTÉ PAR L'OBJET DES IMAGES, DE SORTE QUE LA VOLONTÉ NE TOMBE EN ERREUR ET NE TROUVE DE L'EMPÊCHEMENT PAR ELLES

Comme les images servent grandement pour se souvenir de Dieu et des saints et mouvoir la volonté à dévotion, en usant d'elles comme il faut par la voie ordinaire, de même elles peuvent faire tomber en grande erreur, si, lorsqu'il arrive des choses surnaturelles à leur propos, l'âme ignore ce qu'il convient de faire pour s'approcher de Dieu. Parce qu'un des moyens par où le démon attrape facilement des âmes peu fines et leur empêche le chemin de la vérité de l'esprit, c'est par des choses surnaturelles et extraordinaires, dont il fait montre par les images, soit matérielles et corporelles dont use l'Église, soit en celles qu'il imprime en la fantaisie sous tel ou tel saint ou son image – *se transformant en ange de lumière* pour les séduire. Car le démon artificieux, en les mêmes moyens que nous employons pour nous remédier et aider, s'y fourre pour nous surprendre au dépourvu. C'est pourquoi la bonne âme doit craindre toujours davantage dans le bien, parce que le mal porte avec soi témoignage de soi-même. (2 Co 11,14)

Donc, pour éviter tous les dommages qui peuvent toucher l'âme en ce cas – qui sont ou d'être empêchée de voler à Dieu, ou d'user bassement et avec ignorance des images, ou d'être trompée par elles naturellement ou surnaturellement (lesquelles choses nous avons ci-dessus remarquées) – et aussi pour purifier la joie de la volonté en elles et dresser par elles l'âme à Dieu – ce qui est ce que l'Église prétend en leur usage – je dirai seulement ce mot qui suffira pour tout, à savoir que, puisque les images nous servent pour motif des choses invisibles, nous procurions seulement en elles le motif et l'affection et la joie de la volonté au vif[1] qu'elles représentent. Partant, que le fidèle ait ce soin, voyant l'image, de n'y plonger son sens, qu'elle soit corporelle ou imaginaire, qu'elle soit bien travaillée ou parée richement, qu'elle lui donne une dévotion sensible ou spirituelle, ou qu'elle lui fasse surnaturellement des signes. Mais, ne faisant aucun cas de ces accidents, qu'il ne s'y arrête point, mais qu'il élève aussitôt son esprit à ce qu'elle représente, mettant le suc et la joie de la volonté en Dieu avec l'oraison et la dévotion de son esprit, ou au saint qu'il invoque; afin que la peinture et le sens n'emportent ce qui doit demeurer au vif et à l'esprit. De cette manière, il ne sera pas trompé, puisqu'il ne fera cas de ce que l'image lui aura dit, et l'esprit ni le sens ne l'empêcheront d'aller librement à Dieu, ni il ne mettra plus de confiance en une image qu'en une autre. Et l'image qui lui eût donné surnaturellement de la dévotion, la lui donnera plus abondamment, puisque aussitôt il s'élève à Dieu par affection. Car toujours quand Dieu fait de semblables ou autres faveurs, c'est inclinant l'affection et la joie de la volonté à l'invisible. Et ainsi veut-il que nous le fassions, anéantissant la force et le suc des puissances touchant toutes les choses visibles et sensibles.

Chapitre 40 (38)

OÙ L'ON POURSUIT LA MÊME MATIÈRE DES BIENS MOTIFS. – ON PARLE DES ORATOIRES ET DES LIEUX DÉDIÉS À L'ORAISON

Il me semble avoir déjà donné à entendre comment, en les accidents des images, le spirituel peut tomber en une imperfection aussi grande – et peut-être plus dangereuse – y mettant son goût et sa joie, qu'en les autres choses corporelles et temporelles. Je dis: peut-être plus, à cause qu'en disant: ce sont des choses saintes, on s'assure plus et on ne craint point la propriété et l'attachement naturel. Et ainsi, on se trompe parfois fort, pensant être déjà rempli de dévotion à cause qu'on sent du

1. C'est-à-dire au vivant.

goût en ces choses saintes, et ce n'est par aventure que certaine inclination et appétit naturel, qu'on met en cela comme en d'autres choses.

De là vient (pour commencer à traiter des oratoires) qu'il y a des personnes insatiables à entasser images sur images dans leur oratoire, prenant plaisir à les mettre en ordre et parer, afin que tout soit bien arrangé et paraisse bien. Et elles n'aiment pas Dieu davantage en cette manière qu'en l'autre, mais plutôt moins, vu que (comme nous avons dit) elles ôtent au vif l'affection qu'elles portent en ces peintures. Je veux bien que tout l'ornement et parure et la révérence qu'on saurait porter aux images soit fort peu[1] (ce pour quoi on doit fort blâmer ceux qui les gardent avec peu de décence et de révérence, ainsi que ceux qui en font de si mal taillées qu'elles ôtent plutôt la dévotion qu'elles ne la donnent – et pour ce sujet, on devrait empêcher certains artisans qui en cet art sont bornés et grossiers), néanmoins, qu'est-ce que cela a à voir avec la propriété, l'attachement et l'appétit que tu portes à ces ornements et parures extérieurs, quand ils te saisissent tellement le sens qu'ils empêchent fort le cœur d'aller à Dieu, de l'aimer et d'oublier toutes choses pour l'amour de lui? Que si tu manques à ceci pour cela, au lieu de t'en savoir gré, il te punira de n'avoir recherché en toutes choses son goût plutôt que le tien. Ce que tu pourras bien entendre en cette fête solennelle qu'on fit à Mt 21,
Sa Majesté à son entrée en Jérusalem, le recevant avec tant 8-9
d'acclamations et avec des rameaux, et le Seigneur pleurait de Lc 19,41
ce que, ayant le cœur si éloigné de lui, ils le payaient de ces signes et ornements extérieurs. En quoi nous pouvons dire qu'ils se faisaient plus fête à eux-mêmes qu'à Dieu, comme il arrive à beaucoup aujourd'hui; lesquels, lorsqu'on fait une solennité quelque part, se réjouissent du plaisir qu'ils y prendront – soit à voir ou être vus, soit à faire bonne chère, ou pour quelques autres respects – plutôt que de plaire à Dieu. Dans lesquelles inclinations et intentions ils ne donnent aucun contentement à Dieu; particulièrement, lorsque ceux qui célèbrent ces fêtes y interposent des choses ridicules et indévotes pour faire rire le monde, avec quoi ils se distraient davantage; et d'autres y ajoutent des choses qui plaisent plus au peuple qu'elles ne l'incitent à dévotion.

1. Cyprien ajoute: en comparaison de ce qu'on leur doit.

Que dirai-je des intentions d'intérêts qu'ont certains en ces solennités, jetant plutôt l'œil et la convoitise là-dessus que sur le service de Dieu? Ils le savent, et Dieu, qui le voit[1]. Mais en quelque façon que ce soit, quand il se passe de la sorte, qu'ils croient qu'ils font plutôt la fête à eux-mêmes qu'à Dieu. Car ce qu'ils font pour leur goût ou pour celui des hommes, Dieu n'en fait pas de mise à son compte; au contraire, il pourra bien arriver que beaucoup de ceux qui participent aux fêtes du Seigneur les célébreront avec joie, contre lesquels il s'irritera,
Ex 32, 6 et 28 comme il fit contre les enfants d'Israël quand, chantant et dansant autour de leur idole, ils lui faisaient fête, pensant faire la fête à Dieu, desquels il tua de nombreux mille. Ou comme
Lv 10, 1-2 il fit contre les prêtres Nadab et Abiud, enfants d'Aaron, qu'il tua avec leurs encensoirs en leurs mains, à cause qu'ils offraient du feu étranger. Ou comme il s'indigna contre celui qui n'ap-
Mt 22, 12-13 porta pas sa belle robe aux noces, lequel fut jeté par le commandement du roi, pieds et mains liés en les ténèbres extérieures. Ce qui témoigne assez combien déplaisent à Dieu les irrévérences qui se commettent en les assemblées qu'on fait pour son service. Hélas! mon Dieu, combien les enfants des hommes vous font de fêtes où le démon vous est préféré! Et le démon s'y plaît, parce que, en guise d'un marchand, il se trouve là comme en une foire. Et combien de fois direz-vous en ces
Mt 15, 8-9 fêtes: *Ce peuple ne m'honore que du bout des lèvres, mais son cœur est loin de moi parce qu'ils me servent sans cause.* Car la raison pourquoi Dieu doit être servi, c'est seulement pour être ce qu'il est, sans interposer d'autres fins. Et ainsi, quand on ne le sert pas seulement pour être ce qu'il est, c'est le servir sans la cause finale qui convient à Dieu.

Mais, retournant aux oratoires, je dis que quelques-uns les parent plus pour leur contentement que pour celui de Dieu, et certains y font si peu de cas de la dévotion qu'ils n'en font pas plus d'état que de leurs garde-robes profanes; voire même quelques-uns moins, puisqu'ils prennent plus de goût aux choses profanes qu'aux divines.

Mais laissons cela et parlons de ceux qui filent plus délié, à savoir de ceux qui s'estiment dévots. Car nombre d'entre eux ont tellement l'affection et le goût attachés à leur oratoire et aux ornements qui y sont que, tout le temps qu'ils devraient

1. C'est-à-dire: et Dieu, qui le voit, le sait aussi.

employer à prier Dieu et à la retraite intérieure, s'en va là. Et ils ne voient pas que, n'ordonnant pas cela pour la retraite intérieure et la paix de l'âme, ils se distraient autant en cela qu'en les autres choses, et un pareil goût les inquiétera à chaque moment, particulièrement si quelqu'un le leur voulait ôter.

Chapitre 41 (39)

COMMENT IL FAUT USER DES ORATOIRES ET DES TEMPLES, ACHEMINANT L'ESPRIT À DIEU

Pour acheminer l'esprit à Dieu en ce genre, il faut remarquer qu'on permet bien à ceux qui commencent – et même qu'il leur est expédient – d'avoir quelque goût et suc sensible touchant les images, oratoires et autres choses dévotes visibles, pour autant qu'ils ne sont pas encore sevrés ni n'ont le palais détaché des choses du monde, afin que ce goût leur fasse perdre l'autre. Comme quand on veut tirer quelque chose des mains d'un enfant, on lui en donne une autre, de peur qu'il ne pleure, se voyant les mains vides. Mais le spirituel qui veut s'avancer, se doit dénuer aussi de tous ces goûts et appétits où la volonté se peut réjouir; car le pur esprit ne s'attache guère à aucun de ces objets, mais il demeure tout en une retraite intérieure et conversation mentale avec Dieu. Que s'il se sert des images et oratoires, ce n'est qu'en passant, et aussitôt son esprit s'arrête en Dieu, oubliant tout le sensible.

Partant, encore qu'il vaille mieux de prier au lieu le plus décent, néanmoins il faut malgré cela choisir celui où le sens et l'esprit sont moins empêchés d'aller à Dieu. En quoi il faut que nous nous servions de la réponse que Notre Sauveur fit à Jn 4,
la Samaritaine, sur la demande qu'elle lui fit, à savoir quel était 23-24
le lieu le mieux accommodé pour prier, le temple ou la montagne: que la vraie oraison n'était point attachée à la montagne ni au temple; mais que ceux qui plaisent au Père en leurs adorations sont *ceux qui l'adorent en esprit et en vérité*. Partant, encore que les églises et les lieux agréables soient dédiés et accommodés à l'oraison (car on ne doit user des églises pour autre sujet), néanmoins, pour un négoce tant intérieur que celui-ci, qui se fait avec Dieu, il faut choisir le lieu qui occupe

et qui attire moins le sens après soi. Ainsi, ce ne doit pas être un lieu plaisant et agréable au sens (comme quelques-uns recherchent), de peur qu'au lieu de recueillir l'esprit en Dieu, il ne l'arrête en la récréation, au goût et en la saveur du sens. Et pour cette cause, un lieu solitaire et même âpre est bon, afin que l'esprit monte solidement et directement à Dieu, sans être empêché ni retenu en les choses visibles; encore qu'elles aident parfois à élever l'esprit, mais c'est en les oubliant tout aussitôt
Mt et s'arrêtant en Dieu. C'est pourquoi Notre Sauveur (pour
14,23 nous donner exemple) choisissait des lieux déserts pour prier
Mc 1,35 et ceux qui n'occupaient guère les sens: mais qui élevassent
et 6,46 l'âme à Dieu, comme étaient les montagnes qui sont élevées
Lc 9,18 et 28 sur la terre et sont d'ordinaire arides, sans aucune matière de
Jn 6,15 récréation sensible.

D'où vient que le vrai spirituel ne s'attache ni ne regarde si le lieu pour prier est de telle ou telle commodité – parce que cela est encore être attaché au sens – mais il ne regarde qu'au recueillement intérieur, oubliant ceci et cela, choisissant pour cet effet le lieu le plus exempt d'objets et de sucs sensibles, n'ayant aucun égard à tout cela, pour pouvoir mieux jouir de son Dieu en la solitude des créatures. Et c'est une chose remarquable de voir des spirituels qui emploient tout leur temps à agencer des oratoires et accommoder des lieux agréables conformément à leur humeur ou inclination; et du recueillement intérieur, qui est le plus important, c'est ce dont ils font moins de cas et dont ils ont le moins; parce que, s'ils en avaient, ils ne pourraient se plaire à ces façons et manières qui, au contraire, les lasseraient.

Chapitre 42 (40)

ON CONTINUE D'ACHEMINER L'ESPRIT AU RECUEILLEMENT INTÉRIEUR, TOUCHANT LES CHOSES MENTIONNÉES

La cause, donc, pour laquelle certains spirituels n'achèvent jamais d'entrer en les vraies joies de l'esprit, c'est parce qu'ils ne viennent jamais à bout de séquestrer leur appétit de la joie de ces choses extérieures et visibles. Que ceux-là sachent qu'encore que le lieu décent et dédié à l'oraison soit l'église et l'ora-

toire visible, et que l'image en soit le motif – néanmoins ce ne doit pas être en sorte que le suc et saveur de l'âme s'emploient au temple visible et au motif, et qu'elle s'oublie de prier au temple vif, qui est le recueillement intérieur de l'âme. L'Apôtre, nous avertissant de cela, dit: *Regardez, car vos corps sont les* 1 Co
temples vivants de l'Esprit Saint qui habite en vous. Nous entrons 3,16
en cette considération par l'autorité du Christ préalléguée, à savoir que *ceux qui l'adorent vraiment doivent l'adorer en esprit* Jn 4,24
et en vérité. Car Dieu tient fort peu de compte de tes oratoires et de tes lieux parés, si, pour y être attaché de l'appétit et du goût, tu as un peu moins de nudité intérieure – qui est la pauvreté spirituelle dans l'abnégation de toutes les choses que tu pourras posséder.

Donc, pour purifier la volonté de la joie et du vain appétit en cela et la dresser à Dieu en ton oraison, regarde seulement que ta conscience soit pure et ta volonté entière avec Dieu, et la pensée véritablement fichée en lui; et (comme j'ai dit) il faut choisir le lieu le plus écarté et le plus solitaire que tu pourras, et convertir toute la joie de ta volonté à invoquer et glorifier Dieu, sans faire cas de ces autres petits goûts de l'extérieur; au contraire, tâche de les nier. Que si l'âme commence à se laisser aller à la saveur de la dévotion sensible, elle n'arrivera jamais à passer à la force des délices spirituelles, qui se trouvent en la nudité de l'esprit moyennant le recueillement intérieur.

Chapitre 43 (41)

DE QUELQUES DOMMAGES OÙ TOMBENT CEUX QUI S'ADONNENT AU GOÛT SENSIBLE DES CHOSES ET LIEUX DÉVOTS, SELON LA FAÇON QUE NOUS AVONS DITE

Le spirituel reçoit maints dommages, tant en l'intérieur qu'en l'extérieur, pour vouloir aller par la saveur sensible des choses que nous avons dites. Parce que, touchant l'esprit, il ne parviendra jamais au recueillement intérieur, qui consiste à passer tout cela et faire oublier à l'âme toutes ces saveurs sensibles, et à entrer dans le vif du recueillement de l'âme et acquérir les vertus avec force. Quant à l'extérieur, cela est cause qu'il ne s'accommode à prier en tous lieux, sinon en ceux qui sont à son goût; partant, il manquera souvent à l'oraison puisque, comme on dit, il ne sait lire que dans le livre de son village.

En outre, cet appétit lui cause bien des variations; car de ce nombre sont ceux qui ne persévèrent jamais en un lieu, ni parfois en un état; vous les verrez tantôt en un lieu, tantôt en un autre; tantôt se retirer en un ermitage, puis dans un autre; tantôt agencer un oratoire, et puis un autre. Je mets aussi en ce rang ceux qui passent leur vie à changer d'états et de façons de vivre. Lesquels, ayant seulement cette ferveur et joie sensible touchant les choses spirituelles et ne s'étant jamais évertués de parvenir au recueillement spirituel par l'abnégation de leur volonté et par la sujétion à supporter l'incommodité, toutes les fois qu'ils voient un lieu à leur avis dévot, ou quelque genre de vie ou d'état conforme à leur humeur ou inclination, ils courent aussitôt après et quittent celui qu'ils avaient. Et comme ils sont mus par ce goût sensible, de là vient qu'ils cherchent bientôt d'autres choses, parce que le goût sensible n'est constant: il manque rapidement.

Chapitre 44 (42)

DES TROIS DIFFÉRENCES DE LIEUX DÉVOTS, ET COMMENT LA VOLONTÉ SE DOIT COMPORTER À LEUR ÉGARD

Je trouve trois sortes de lieux par le moyen desquels Dieu a de coutume d'émouvoir la volonté à dévotion. La première, c'est de certaines dispositions de terres et sites, lesquels, par l'agréable apparence de leur variété, soit en disposition de terrains, ou d'arbres, ou d'une coîte solitude, excitent naturellement la dévotion. Et, de ceux-là, il fait bon user quand on dresse aussitôt la volonté à Dieu, mettant ces lieux en oubli – de même que pour parvenir à la fin, il ne faut s'arrêter au moyen et au motif plus que de raison. Parce que, si on tâche de récréer l'appétit et tirer un suc sensible de ces lieux, on trouvera plutôt une aridité et distraction spirituelle, car la satisfaction et le suc spirituel ne se trouvent qu'au recueillement intérieur.

Partant, étant en un tel lieu, l'ayant mis en oubli, ils doivent tâcher d'être en leur intérieur avec Dieu comme s'ils n'étaient en un tel lieu. Car, s'ils s'arrêtent deçà delà à la saveur et goût du lieu, ce sera plutôt (comme nous avons dit) chercher de la récréation sensible et de l'instabilité d'esprit que du repos spirituel. C'est ainsi que les anachorètes et d'autres saints ermites, en les plus vastes et gracieux déserts, choisissaient le moindre lieu qui leur fût suffisant, où ils bâtissaient de petites cellules et grottes pour s'y enfermer : où saint Benoît demeura trois ans, et un autre – ce fut saint Simon – se lia d'une corde pour n'aller plus loin que ne portait la longueur de ce lien ; et ainsi beaucoup d'autres que nous laissons par brièveté. C'est que ces saints savaient bien que, s'ils n'amortissaient l'appétit et la convoitise de trouver du goût et de la saveur spirituelle, ils ne pouvaient devenir spirituels.

La deuxième sorte est plus particulière, parce que c'est de certains lieux – déserts ou autres, peu importe – où Dieu a coutume de faire quelques faveurs spirituelles très savoureuses à des personnes particulières, de façon qu'ordinairement le cœur de cette personne est enclin à ce lieu où elle a reçu cette grâce, et quelquefois elle sent de grands désirs et angoisses d'y aller, encore qu'elle n'y trouve pas toujours la même chose, parce que cela ne dépend pas de son pouvoir. Car Dieu départit ces grâces quand et comme et où il lui plaît, sans être lié au temps, ni au lieu, ni à la volonté de celui à qui il les fait. Il est néanmoins à propos d'aller quelquefois là faire oraison, pourvu que l'appétit soit désapproprié, et ceci pour trois raisons. La première, parce qu'il semble que Dieu ait voulu être loué là de cette âme qu'il a favorisée, quoique nous ayons dit qu'il n'est point lié au lieu. La seconde, à cause qu'elle se souvient mieux de remercier Dieu ce de qu'elle a reçu là. La troisième, parce que là ce souvenir excite encore davantage sa dévotion.

Ces raisons l'y doivent convier, non pas la créance que Dieu soit attaché à faire là ses grâces, de sorte qu'il ne les puisse faire où il lui plaira. Car l'âme est un lieu plus propre et plus décent à Dieu qu'aucun autre lieu corporel. Nous lisons à ce propos en la Sainte Écriture qu'Abraham érigea un autel au lieu où Gn 12,8
Dieu lui était apparu et qu'il y invoqua son saint nom ; et qu'à son retour d'Égypte il prit le même chemin où Dieu lui était Gn 13,4
apparu et invoqua Dieu à nouveau sur le même autel qu'il

Gn 28, 13-18 avait édifié. Jacob remarqua aussi l'endroit où Dieu lui apparut, appuyé en haut d'une échelle, et y éleva une pierre, la consacrant par l'onction de l'huile. Et Agar mit un nom au lieu où
Gn 16,13 l'ange lui apparut, prisant beaucoup ce lieu, disant : *Pour certain, j'ai vu ici les épaules de Celui qui me voit.*

La troisième sorte sont de certains lieux particuliers que
Ex 24,12 Dieu choisit pour être là invoqué et servi, comme le mont Sinaï où Dieu donna la loi à Moïse, et le lieu qu'il désigna à
Gn 22,2 Abraham pour lui sacrifier son fils. Comme aussi le mont
1 R 19,8 Horeb, où Dieu apparut à notre père Élie.

Or, la raison pourquoi Dieu choisit ces lieux plutôt que d'autres pour y être loué, il la sait. Ce qu'il nous convient de savoir, c'est que tout est pour notre profit et pour y entendre nos prières, là et en quelque lieu que nous le prierons d'une foi entière; encore qu'il y ait beaucoup plus d'occasion d'être exaucés en ceux qui sont dédiés à son service, puisque l'Église les a désignés et dédiés pour cela.

Chapitre 45 (43)

OÙ IL EST TRAITÉ D'AUTRES MOTIFS POUR PRIER DONT SE SERVENT DE NOMBREUSES PERSONNES, QUI SONT UNE GRANDE VARIÉTÉ DE CÉRÉMONIES

Les joies inutiles et la propriété imparfaite touchant les choses que nous avons dites, sont peut-être quelque peu tolérables en maintes personnes qui y vont en quelque façon innocemment. La grande confiance que quelques-unes ont à beaucoup de cérémonies introduites par des gens peu éclairés et qui manquent en la simplicité de la foi, est insupportable. Je ne parle point de celles qui ont des termes ou des noms extraordinaires qui ne signifient rien. Je laisse aussi d'autres choses que des âmes stupides, ignorantes et douteuses ont accoutumé de mêler avec leurs prières – qui sont évidemment mauvaises et où il y a péché et en nombre desquelles il y a un pacte secret avec le démon, ce qui provoque Dieu au courroux plutôt qu'à la miséricorde.

Je ne traite point de tout cela, mais seulement de ces manières desquelles, pour être exemptes de ces façons suspectes, maintes gens usent aujourd'hui par une dévotion indiscrète, mettant une telle efficace et foi en ces moyens avec lesquels ils veulent accomplir leurs prières et dévotions, que s'ils manquent d'un seul point aux indications tracées, ils se persuadent que cela ne réussira pas et que Dieu ne les exaucera – se confiant plus en ces façons qu'au vif de l'oraison, en quoi ils méprisent et offensent grandement Dieu. Comme, par exemple, qu'il y ait tant de chandelles allumées durant la messe, et ni plus, ni moins; qu'un prêtre la dise de telle ou telle façon, à telle heure, et non avant, ni après; que ce soit depuis un tel jour, et non plus tôt, ni plus tard; que les oraisons ou stations soient en tel nombre et de telle façon et à telle heure, avec telles et telles cérémonies, et non avant ni après, ni d'une autre façon; et que celui qui les fera ait telles ou telles parties ou propriétés. Et ils pensent que si l'on manque d'une lettre, il n'y a rien de fait.

Ce qui est de pis et intolérable, c'est que quelques-uns veulent sentir quelque effet en eux, ou que ce qu'ils demandent soit accompli, ou savoir que se réalisera la fin de leurs oraisons cérémonieuses – ce qui n'est rien moins que tenter Dieu et l'irriter grièvement; de sorte que, parfois, il permet au démon de les tromper, leur faisant sentir et entendre des choses fort éloignées du profit de leur âme, ce qu'ils méritent par la propriété qu'ils ont en leurs prières, ne désirant pas davantage que la volonté de Dieu soit faite que la leur; auxquels rien jamais ne réussira, pour ne mettre toute leur confiance en Dieu.

Chapitre 46 (44)

COMMENT IL FAUT DRESSER À DIEU LA JOIE ET LA FORCE DE LA VOLONTÉ PAR CES DÉVOTIONS

Que ceux-là donc sachent que tant plus ils ont de confiance en ces choses et cérémonies, tant moins ils ont de confiance en Dieu, duquel ils n'obtiendront ce qu'ils désirent. Il y en a quelques-uns qui prient plus pour leur prétention que pour l'honneur de Dieu, car, encore qu'ils présupposent que, s'il plaît

à Dieu, cela se fera, et autrement, non, néanmoins par la propriété et la vaine joie qu'ils ont en cela, ils redoublent des prières excessives pour ce sujet, lesquelles il vaudrait mieux convertir en choses qui leur seraient plus importantes, comme de nettoyer entièrement leurs consciences et entendre effectivement les choses de leur salut, laissant bien arrière toutes les autres demandes qui ne concernent cela. Ainsi, obtenant cela qui leur est de plus grande conséquence, ils auront aussi tout ce qui leur conviendra du reste (sans le demander) et beaucoup mieux et plus tôt que s'ils y eussent employé tous leurs efforts. Car
Mt 6,33 le Seigneur l'a ainsi promis par l'Évangéliste: *Cherchez*, dit-il, *premièrement et principalement le Royaume de Dieu et sa justice, et tout le reste s'ensuivra.* Parce que c'est la prétention et la demande qui est le plus selon son goût, et il n'y a point de meilleur moyen pour obtenir les désirs de notre cœur, que de mettre la force de notre oraison en la chose qui est la plus agréable à Dieu; parce qu'alors il ne nous donnera pas seulement ce que nous lui demandons – qui est le salut – mais aussi ce qu'il voit nous être convenable et bon, encore que nous ne l'en priions pas, comme David nous l'enseigne dans un psaume:
Ps 144 *Le Seigneur est près de ceux qui l'invoquent en vérité*, qui lui de-
(145),18 mandent les choses vraies et les plus sublimes, comme sont
Ibid. celles de leur salut. Car il ajoute aussitôt de ceux-ci: *Il fera la*
19-20 *volonté de ceux qui le craignent, et il exaucera leurs prières et les sauvera, parce que Dieu garde tous ceux qui l'aiment.* Et ainsi, cette proximité dont parle David n'est autre chose que de les satisfaire et leur octroyer ce qu'ils n'oseraient même pas penser à demander. Car nous lisons en l'Écriture qu'à cause que Salomon avait demandé une chose qui plut à Dieu – à savoir la sagesse pour gouverner justement son peuple – Il lui répondit:
2 Ch *Parce que la sagesse t'a plu de préférence à toute autre chose et que*
1,11-12 *tu ne m'as demandé la victoire avec la mort de tes ennemis, ni les richesses ni la longue vie, je t'octroie non seulement la sagesse que tu demandes pour régir justement mon peuple, mais je te donnerai même ce que tu ne m'as pas demandé: les richesses, la substance et la gloire, de manière que ni avant toi ni après toi il n'y ait roi semblable à toi.* Ce qu'Il accomplit, pacifiant aussi tous ses ennemis, de telle sorte que tous ceux qui l'entouraient lui payaient tribut, sans le troubler. Nous lisons le même en la Genèse, où Dieu promettant à Abraham de multiplier la génération de son fils légitime comme les étoiles du ciel, selon qu'il l'en avait prié,

il lui dit: *Je donnerai aussi au fils de l'esclave une grande postérité, parce que c'est ton fils.* Gn 21,13

C'est donc ainsi qu'il faut dresser à Dieu les forces et la joie de la volonté en les demandes, sans se soucier de s'appuyer sur des inventions de cérémonies qui ne sont usitées ni approuvées de l'Église catholique, laissant dire la messe au prêtre à sa mode ou selon l'usage de l'Église en son pays. Et qu'ils n'innovent rien, comme s'ils étaient plus entendus que le Saint Esprit et son Église. Que si Dieu ne les exauce point, priant avec cette simplicité, qu'ils croient qu'ils ne seront pas plus exaucés avec leurs inventions. Car Dieu est de telle sorte que si on le prend bien et à sa manière, on fera de lui tout ce qu'on veut; que si on est intéressé, il n'y a pas à lui parler.

Quant aux autres cérémonies touchant les prières et dévotions, qu'ils n'appuient point la volonté à d'autres cérémonies et manières de prières que celles que le Christ nous a enseignées. Étant bien certain que quand ses disciples le prièrent de leur enseigner à prier, il leur apprit tout ce qui est requis pour être exaucé du Père éternel, comme Celui qui savait bien sa volonté; et il ne leur dressa que les sept demandes du *Pater noster*, qui comprennent toutes nos nécessités spirituelles et temporelles, et il ne leur dit d'autres nombreuses manières de paroles ni cérémonies. Tant s'en faut! Il leur dit ailleurs qu'en priant ils usassent de peu de paroles, parce que notre Père céleste sait bien ce qui nous est convenable. Il recommanda seulement, en renchérissant beaucoup, de persévérer en l'oraison – à savoir celle du *Pater noster* – disant autre part qu'*il faut toujours prier, sans jamais cesser*. Mais il ne nous a point enseigné un grand nombre de demandes, mais de réitérer souvent celles-là avec ferveur et soin. Attendu que (comme je dis) elles comprennent tout ce qui est de la volonté de Dieu et tout ce qui nous est convenable. C'est pourquoi quand Sa Majesté eut recours par trois fois au Père éternel, il ne redit toutes les trois fois que les mêmes paroles du *Pater noster*, au rapport des évangélistes: *Mon Père, si nécessairement je dois boire ce calice, que votre volonté soit faite*. Et quant aux cérémonies qu'il nous a montrées pour prier, il n'y en a qu'une de ces deux: soit de prier en cachette dans notre chambre, où sans bruit et sans rendre compte à personne nous pouvons nous en acquitter avec un cœur plus entier et plus pur, selon qu'il nous le dit: *Quand vous prierez, entrez en votre chambre, et, la porte fermée, priez*. Soit d'aller aux

Lc 11,1-4 — Mt 6,7-8 — Lc 18,1 — Mt 26,39 — Mc 14,36 — Lc 22,42 — Mt 6,6 déserts solitaires, comme il faisait, au temps le meilleur et le plus calme de la nuit. Il ne faut donc point désigner de temps ni de jours, ni fixer plutôt ceux-ci que ceux-là pour nos dévotions, ni il n'y a lieu d'user d'autres moyens, ni de jeux de mots, ni d'oraisons, outre celles dont use l'Église et de la manière dont elle s'en sert – qui se réduisent toutes à celles que nous avons dites du *Pater noster.*

Je ne condamne pas, pour autant, au contraire j'approuve les jours que certaines personnes proposent pour faire leurs dévotions, comme des neuvaines[1] ou autres semblables; mais je blâme le style qu'elles ont en leurs manières limitées et en
Jdt 8, 11-13 les cérémonies dont elles se servent; comme Judith reprit ceux de Béthulie de ce qu'ils avaient limité le temps auquel ils espéraient miséricorde de Dieu, disant: *C'est vous qui fixez un temps à Dieu pour sa miséricorde? Ce n'est pas là*, dit-elle, *pour inciter Dieu à clémence, mais plutôt pour exciter son ire.*

Chapitre 47 (45)

OÙ IL EST TRAITÉ DU SECOND GENRE DES BIENS DISTINCTS EN LESQUELS LA VOLONTÉ SE PEUT VAINEMENT RÉJOUIR

La seconde manière de biens distincts savoureux en lesquels la volonté se peut vainement réjouir sont ceux que nous avons appelés provocatifs – qui provoquent ou persuadent à servir Dieu. Ce sont les prédicateurs, desquels nous pourrions parler en deux manières, à savoir: quant à ce qui touche les prédicateurs mêmes, et quant à ce qui concerne leurs auditeurs. Car la seule chose à enseigner, c'est comment les uns et les autres doivent en cet exercice diriger à Dieu la joie de leur volonté.

Quant au premier – qui est le prédicateur – afin de profiter au peuple et ne s'embarrasser d'une vaine joie et présomption, il se doit représenter que cet exercice est plus spirituel que vocal; car, encore qu'il faille jeter des paroles au dehors, néanmoins il[2] ne tient force efficace que de l'esprit intérieur.

1. Autre leçon: *comme de jeûner.*
2. *Il* se rapporte à *cet exercice.*

De façon que, quelque haute doctrine qu'il prêche, avec un art de rhétorique et un style si relevé que ce soit, d'ordinaire il ne fera de profit qu'autant qu'il aura d'esprit. Car, bien qu'il soit vrai que la parole de Dieu de soi est efficace, selon le dire de David: *Il donnera à sa voix la voix de vertu*, néanmoins, le feu qui a aussi la vertu de brûler, ne brûle pas lorsqu'il n'y a point de disposition dans le sujet. Ps 67 (68),34

Or, afin que la doctrine attache sa force, elle doit avoir deux dispositions: l'une, du prédicateur; l'autre, de l'auditeur; car le profit est ordinairement selon la disposition de celui qui enseigne. C'est pourquoi l'on dit: tel maître, tel disciple. Car, en les Actes des Apôtres, quand ces sept enfants de ce prince des prêtres des Juifs se mettaient à conjurer les démons avec la même manière dont usait saint Paul, le démon s'irrita contre eux, disant: *Je connais Jésus, je sais qui est Paul, mais vous, qui êtes-vous?* Et se ruant sur eux, il les mit à nu et les blessa. La seule cause de cela fut qu'ils n'avaient pas la disposition convenable, et non pour ce que le Christ ne voulut qu'on chassât les démons en son nom. Car, comme une fois les apôtres rencontrèrent quelqu'un qui n'était pas des disciples, lequel chassait un démon au nom du Christ, et l'en empêchèrent, le Seigneur les reprit, disant: *Ne l'empêchez pas, parce que celui qui aura fait quelque vertu*[1] *en mon nom, ne pourra pas aussitôt dire du mal de moi.* Mais bien il se fâche contre ceux qui, enseignant la loi de Dieu, ne la gardent pas eux-mêmes, et, prêchant le bon esprit, ne l'ont pas. C'est pourquoi il dit par saint Paul: *Tu enseignes les autres et ne t'instruis pas toi-même; tu prêches contre le larcin et tu dérobes.* Et l'Esprit Saint dit par David: *Dieu dit au pécheur: pourquoi racontes-tu mes justices? Et prends-tu ma loi en ta bouche, pendant que tu as en horreur la discipline et jettes mes paroles en arrière?* En quoi il est donné à entendre qu'il ne leur donnera l'esprit pour qu'ils portent du fruit. Ac 19, 15-16 Mc 9,39 Rm 2,21 Ps 49 (50), 16-17

Et nous voyons communément – autant qu'on peut juger ici-bas – que tant plus le prédicateur est de vie exemplaire, davantage il fructifie, quoique son style soit vulgaire, son discours simple et sa doctrine commune. Parce que la ferveur se tire de l'esprit vif. Mais l'autre ne fructifiera guère avec tout son beau parler et sa science. Car, quoiqu'il soit véritable que

1. C'est-à-dire quelque miracle.

le bon style, les actions, la sublime doctrine, les bons termes émeuvent et font plus d'effet accompagnés du bon esprit, néanmoins sans lui – quoique le sermon donne saveur et goût au sens et à l'entendement – il rend peu ou point de suc à la volonté. Elle demeure, en effet, d'ordinaire aussi lâche et faible à opérer qu'elle était auparavant, encore qu'on ait dit des merveilles merveilleusement dites; car elles ne servent qu'à chatouiller l'oreille, comme une musique harmonieuse ou une sonnerie de cloches; mais l'esprit (comme je dis) ne sort point de ses gonds plus qu'auparavant, la voix n'ayant pas la force de ressusciter le mort de son sépulcre.

Or, qu'importe d'ouïr une musique meilleure qu'une autre, si l'une ne m'excite pas davantage à opérer que l'autre? Encore qu'on ait prêché des merveilles, cela s'oublie bientôt, vu que le feu n'a pas pris dans la volonté. Parce que, outre que de soi il ne fait grand fruit, l'attachement qu'a le sens au goût d'une telle doctrine empêche qu'on ne passe à l'esprit, s'arrêtant seulement en l'estime de la façon et des accidents de la prédication, louant le prédicateur de ceci ou de cela, et le suivant plus pour cela que pour l'amendement qu'on en tire. Saint Paul donne
1 Co bien à entendre cela aux Corinthiens: *Mes frères*, dit-il, *quand*
2,1 et 4 *je vins vers vous, je ne prêchai pas le Christ avec une haute doctrine ou sagesse; et mes paroles et ma prédication n'étaient point en rhétorique de sagesse humaine, mais en manifestation de l'Esprit et de la vérité.* Ce n'est pas néanmoins l'intention de l'Apôtre ni la mienne de condamner ici le bon style, la rhétorique et le bon langage; car au contraire, cela importe beaucoup au prédicateur, aussi bien qu'en toutes autres affaires: vu que le bon langage et le bon style relèvent et redressent même les choses déchues et gâtées, comme la mauvaise phrase gâte et fait perdre les bonnes... [1].

1. La *Montée du Carmel* s'interrompt sur cette phrase dans la plupart des manuscrits (quelques-uns s'interrompant plus tôt). Comme nous le disons dans notre introduction (ci-dessus, pp. 41-42), on ne peut préciser, dans l'état actuel des recherches, si le saint termina ou non cet ouvrage.

INTRODUCTION
À
LA NUIT OBSCURE

Un même poème, celui de la *Nuit*, sert de trame à l'exposé de la *Montée du Mont Carmel* comme à celui de la *Nuit Obscure*. Sans être à proprement parler un argument, ce fait suggère déjà efficacement l'unité profonde des deux œuvres. L'identité du poème achemine l'esprit vers l'unité de la réalité, envisagée toutefois sous deux aspects différents. Le symbolisme de la nuit exprime en effet un état spirituel trop riche et trop complexe pour qu'il ne soit pas nécessaire de l'exposer à divers niveaux.

Saint Jean de la Croix commente deux fois, comme en jouant sur deux claviers différents, l'unique poème de la *Nuit*: après la *Montée*, la *Nuit Obscure*. D'excellents arguments [1] démontrent qu'il ne faut pas considérer isolément les deux exposés, mais les recomposer dans l'unité vivante de la marche d'une âme vers l'union avec Dieu. Nous l'avons dit dans l'introduction à la *Montée du Mont Carmel*: la même réalité, considérée du point de vue de l'initiative humaine – *lo activo* – dans la *Montée*, est étudiée dans la *Nuit Obscure* du point de vue de l'emprise divine que l'âme ne peut que subir – *lo passivo*. D'une part, les inventions de l'amour de l'âme, ses acceptations et ses réponses. De l'autre, les inventions plus déconcertantes encore de l'amour de Dieu, son action triomphante, sa vertu transformante. Nul doute que ce ne soient là deux choses logiquement distinctes, et pourtant réellement inséparables. Faire de la *Montée* et de la *Nuit* l'exposé de deux réalités différentes et successives serait les rendre incompréhensibles.

La *Nuit Obscure* comporte deux livres (I: la nuit du sens, II: la nuit de l'esprit) que nous étudierons successivement.

I. LA NUIT DU SENS

Le saint commence par un long exposé des défauts des *débutants*. Tous les débutants ne tombent pas dans tous les défauts

1. Cf. ci-dessus, pp. 40-41.

qu'il décrit. Il n'en est guère qui ne trébuchent en l'un ou en l'autre. Une lecture même hâtive de ces pages aura tôt fait de convaincre qu'il s'agit bien de vrais débutants, de bons novices aux défauts voyants, encore singulièrement charnels dans leur recherche de Dieu.

Avant de brosser ces sept petits tableaux, de dimensions inégales, qui ne manquent pas de clairvoyance sévère, voire de cruelle vérité, le saint manifeste l'une des tendances essentielles de son âme. On a justement noté qu'une certaine manière impersonelle de parler est quelquefois très révélatrice des sentiments profonds d'un auteur. Or, si Jean de la Croix, sans illusion, décrit les sept péchés capitaux des débutants, c'est « pour que, comprenant la faiblesse de l'état où ils sont, ils s'encouragent et désirent que Dieu les mette dans cette nuit où l'âme se fortifie et confirme quant aux vertus, et pour jouir des inestimables délices de l'amour de Dieu [1] ». Comment ne pas deviner, sous ces expressions, la tendresse dilatante de celui qui critique seulement dans la mesure où il a confiance de pouvoir rendre meilleur ? Il révèle les plaies secrètes des âmes, oui, mais afin d'encourager ces âmes et de leur faire désirer que Dieu les mette dans la nuit qui les purifiera. Cette révélation de vos misères cachées, vous la redoutiez comme si elle devait faire tomber vos illusions : en réalité, elle est la source même où doit s'alimenter votre ambition surnaturelle. Quand vous ne connaissiez pas votre détresse profonde, auriez-vous osé désirer la nuit ? C'est pourtant à cela que vous achemine le saint, lorsqu'il décrit les imperfections, quelques-unes au moins, des enfants bien imparfaits que vous êtes encore, au chemin de l'amour.

Les sept péchés capitaux servent de trame à cette analyse. On en a souvent relevé la profondeur d'observation, la richesse d'information et d'expression. On songe aux portraits de La Bruyère. Il n'y manque même pas certains sourires. Pourtant le ton est très différent de celui du moraliste français. Saint Jean de la Croix ne pouvait pas demeurer longtemps dans l'atmosphère du mal. Spontanément il remonte à la surface, vers la lumière. Son exposé de l'orgueil comporte deux admirables pages sur l'humilité; on y découvre, involontairement décrit, l'un des plus beaux aspects de son âme. Il est tellement à l'aise dans cette description lumineuse, où brusquement le lyrisme le

1. *N. O.* I, 1, p. 384.

plus pur succède à la satire, qu'il en oublie apparemment son sujet: les défauts des débutants. Parlant des vrais humbles, il trouve des expressions ardentes, de ces couleurs chaudes qui ne viennent que de sa palette à lui: « Ils voudraient tant faire pour lui (Dieu) par amour et charité, que tout ce qu'ils opèrent ne leur semble rien, et cette sollicitude d'amour les sollicite, occupe et charme tellement qu'ils ne prennent jamais garde aux actions des autres[1]... » « Ceux-là donneraient le sang de leur cœur à celui qui sert Dieu[2]... » La conclusion de ce chapitre de la « superbe » est un appel à la nuit, où Dieu met « ceux qu'il veut purifier de toutes ces imperfections, pour les faire avancer[3] ».

L'étude de l'avarice spirituelle se présente elle aussi comme un diptyque où le panneau positif est au moins aussi riche que le négatif. Les vrais pauvres sont si éloignés de vouloir s'approprier quoi que ce soit « qu'ils donnent tout ce qu'ils ont très libéralement, et leur contentement est de s'en priver pour Dieu et pour la charité du prochain, tant en ce qui concerne les choses spirituelles que temporelles[4] ». La conclusion démontre, d'une façon plus pressante encore que pour l'orgueil, la nécessité de la nuit.

Les autres péchés capitaux sont mis en lumière sans aucune concession, mais avec une sorte de sérénité. On ne sent jamais chez saint Jean de la Croix la secrète satisfaction de faire le procès d'autrui. C'est bien plutôt la compassion que l'on devine, notamment dans l'étonnante analyse de la luxure spirituelle[5]. Comment craindre les illusions avec un maître aussi clairvoyant, et comment redouter le découragement, puisque des misères aussi lourdes ne le déconcertent nullement?

Une certaine hâte lui fait abréger en un seul chapitre (7) l'exposé des deux derniers péchés capitaux. Pourquoi s'attarder, puisque, de toutes façons, la conclusion s'impose: jamais le débutant ne pourra par sa propre activité, si généreuse qu'on veuille la supposer, venir à bout de tendances si subtiles et si profondément enracinées dans l'âme. Dieu seul peut mener à bonne fin cette œuvre. « Car quoique le commençant s'exerce à mortifier toutes ses actions et passions, il ne peut jamais s'en

1. *N. O.* I, 2, p. 388.
2. *Ibid.*, p. 389.
3. *Ibid.*
4. *N. O.* I, 3, p. 390.
5. *N. O.* I, 4.

défaire totalement – tant s'en faut! – jusqu'à ce que Dieu le fasse passivement en lui par le moyen de la purification de ladite nuit[1]. » *Tant s'en faut!* Il semble bien que ce texte et d'autres similaires ne laissent aucune place à un autre moyen d'arriver à l'union que la nuit passive. De même, le dessin du Mont de Perfection ne comporte aucun autre chemin que l'étroit sentier du rien pour parvenir au sommet. Il se pourrait que ce point soit essentiel à la doctrine sanjuaniste.

Toute cette analyse des défauts des débutants constitue un préambule commun aux deux étapes de la nuit passive: celle du sens et celle de l'esprit. De fait, le début du chapitre 8 sonne comme un prologue annonçant les deux grandes divisions de l'œuvre: nuit du sens, purifiant tout l'être sensible (livre I, ch. 8-14); nuit de l'esprit, atteignant l'être spirituel et le « disposant pour l'union d'amour avec Dieu[2] » (livre II).

La nuit du sens proprement dite s'ouvre par l'une des phrases les plus étonnantes que saint Jean de la Croix ait écrites: elle mérite d'être classique, tant pour la pensée exprimée que pour la forme littéraire dont la pensée est revêtue. Cette phrase[3], longue de près d'une page, montre la fin que Dieu poursuit en mettant l'âme dans la nuit et résume tout le drame de la souffrance intérieure qui en résulte. Par ses mots typiques, ses images révélatrices, ce texte manifeste l'intelligence lumineuse du saint, sa tendresse compatissante et sa grâce spéciale dans l'expression des réalités les plus délicates.

On n'entre pas ici dans un domaine réservé à de rares initiés: « La (nuit) sensitive est commune et arrive à beaucoup[4]. » « La plupart y entrent[5]. » Pourquoi le saint doit-il alors noter tristement, quelques pages plus loin, « qu'il y en a fort peu qui patientent et persévèrent à entrer par cette porte étroite » de la nuit du sens[6]? Quant au chemin « grandement étroit, obscur et terrible » de la nuit de l'esprit, « il y en a encore bien moins qui y cheminent »[7]. La faute n'en est certes pas à Dieu, mais aux âmes dont l'amour est trop faible. Que n'est-ce le lieu de transcrire les textes explicites et nombreux où le saint déplore le petit nombre

1. *N. O.* I, 7, p. 400.
2. *N. O.* I, 8, p. 401.
3. *N. O.* I, 8, pp. 401-402.
4. *Ibid.*, p. 401.
5. *Ibid.*, p. 402.
6. *N. O.* I, 11, p. 411.
7. *Ibid.*, p. 412.

de ceux qui ont la qualité d'amour voulue pour subir l'emprise divine[1]. Il l'affirme avec insistance: le manque de générosité est, sur le plan humain, la seule cause qui explique pourquoi si peu d'âmes parviennent à l'union. Mais comme il eût été indigné de voir transformer une douloureuse constatation de fait en un principe de droit, et déclarer normale, somme toute, la lâcheté commune à tant d'âmes! Il a préféré chanter « le bonheur signalé et l'heureuse fortune[2] » de celles qui « patientent et persévèrent » jusqu'au bout, et qui « méritent que Dieu les mette » dans « l'autre nuit obscure de l'esprit »[3].

La nuit apparaît, à la conscience de celui qui en pâtit les obscurités, comme une marche en arrière: sécheresse, dégoût, impossibilité de méditer ou simplement de prier comme auparavant, apparition de tentations jusque-là inconnues. En réalité, dans cette perte apparente, il y a un profit immense, d'autant plus précieux que jamais une activité d'homme n'aurait pu le procurer. Il y faut la touche de la main de Dieu. Seule elle peut réaliser ce changement, ce troc en quoi consiste essentiellement la nuit du sens: car elle fait passer tous les biens et les forces de l'âme du sens à l'esprit. De là naît une connaissance de soi-même et de sa misère que jamais un effort laborieux n'eût fait acquérir. De là aussi une connaissance de Dieu qui inspire un respect très éloigné de certaines familiarités de mauvais aloi.

Mais le saint sait que de telles aridités pourraient procéder « des péchés ou des imperfections, ou de la lâcheté et tiédeur, ou de quelque mauvaise humeur ou indisposition corporelle[4] ». Aussi a-t-il voulu préciser en praticien les trois « signes » ou « marques » caractéristiques, déjà signalés au livre II de la *Montée* (ch. 13) et dont la présence simultanée atteste qu'il s'agit bien de la nuit, et non d'épreuves dues au péché personnel ou à une misère physique quelconque.

La première marque écarte l'éventualité des péchés ou imperfections: si l'âme ne trouve plus goût ni saveur en les choses de Dieu, elle n'en trouve non plus en aucune des choses créées[5]. La seconde marque écarte l'explication possible de la première

1. Le premier chapitre de notre *Message de saint Jean de la Croix*, t. I, à paraître aux éditions Desclée De Brouwer, est consacré à l'étude de ces textes. Nous nous permettons d'y renvoyer.
2. *N. O.* I, 11, p. 411.
3. *N. O.* I, 10, p. 408.
4. *N. O.* I, 9, p. 403.
5. *Ibid.*

par la mélancolie: l'âme éprouve un souvenir anxieux de Dieu, « un souci affligeant » de le mal servir [1]. Son indifférence à la prière ne serait-elle pas due à sa culpabilité? Mais non! Bénie soit cette angoisse de l'âme: il n'est pas de meilleure preuve positive de l'action de Dieu, quand, par un contraste humainement inexplicable, l'âme éprouve « un désir d'être seule et en repos, sans pouvoir penser à aucune chose particulière, ni même sans en avoir envie [2] ». Et c'est en cela que se manifeste la présence de la troisième marque nécessaire pour diagnostiquer la nuit: impossibilité de se livrer comme auparavant à la méditation discursive.

Il faut lire dans le détail cet étonnant chapitre; il recoupe tout ce qui fut dit dans la *Montée* des trois signes caractéristiques du passage de la méditation à la contemplation. Saint Jean de la Croix est ici dans son domaine propre. Il se meut à l'aise en ce terrain pourtant difficile à explorer. Une simple indication révélera à quel point il est averti de ce dont il parle et avec quelle sûreté il propose la solution juste. De son temps comme du nôtre – quoique sans doute un peu moins – il y avait des directeurs pressés et quelque peu primaires qui renvoyaient purement et simplement au médecin ceux chez qui ils décelaient certaines manifestations pathologiques [3]. Le saint, lui, distingue les états strictement maladifs, ceux qui ne comportent aucun enrichissement positif, de ceux où le travail de la nuit s'accompagne de « mélancolie ou d'autre humeur (comme il arrive souvent) [4] ». Auquel cas la mélancolie vient renforcer l'action de la nuit, travaillant l'âme dans le même sens qu'elle. Et puis – oh! l'audace d'un saint – la nuit, en fin de compte, triomphe de tout, même de la mélancolie [5]. Or, c'est à propos des plus étranges manifestations de la mélancolie que le saint fait cette dernière affirmation. Que d'âmes seraient consolées si elles savaient la méditer. Que de directeurs seraient amenés à modifier leur conduite, s'ils étaient informés – comme c'est leur devoir de l'être – des possibilités de triomphe que comporte, dans ces cas mixtes, la grâce de la nuit.

1. *N. O.* I, 9, p. 403.
2. *Ibid.*, p. 405.
3. Autre chose est le conseil de consulter un médecin – que souvent le prêtre doit donner – autre chose le fait de renvoyer purement et simplement au médecin.
4. *N. O.* I, 9, p. 404.
5. *N. O.* I, 4, p. 393.

Quelles attitudes pratiques faut-il adopter dans le désarroi intérieur né de la nuit? Comment trouver sa route et cheminer dans une telle obscurité? Les pages qui le disent [1] sont du meilleur saint Jean de la Croix. Les lignes maîtresses de la pensée, déjà perceptibles dans la *Montée*, sont mises en pleine lumière. L'expression totale et dernière est possible, maintenant que les deux phases – active et passive – de la nuit contemplative sont pleinement élucidées. Jamais le saint n'a été plus réconfortant, plus délicatement apaisant, plus dilatant. Que l'âme ne perde pas confiance, qu'elle espère et n'ait aucun souci d'agir elle-même à l'oraison. L'heure des pauvres industies humaines est passée: c'est maintenant l'heure où Dieu agit. Il n'est que de le laisser faire « en latitude d'esprit [2] », même et surtout dans la sécheresse. On ne va pas à l'oraison pour se torturer l'esprit.

Ceux qui se voient ainsi dans la sécheresse doivent se tenir « à recoi »: « la seule chose qu'ils doivent faire est de laisser l'âme libre, désembarrassée et délassée de toutes les notices et pensées, sans se soucier là de ce qu'ils penseront ou méditeront, se contentant seulement d'un regard amoureux et reposé en Dieu, et de demeurer sans sollicitude, sans efficace et sans désir de le goûter ou de le sentir » [3].

C'est ici qu'apparaît clairement l'immense bienfait de l'attitude de souplesse intérieure que nous avons décrite, à propos de la *Montée*, en la comparant avec la technique de la relaxation. Bien plus que dans le domaine artistique, il faut veiller à éviter toute crispation, toute tension, parce qu'ici tout est donné: il n'est que de recevoir. La définition de la contemplation qui clôt le chapitre 10 comporte une incise singulièrement révélatrice: « Car la contemplation n'est autre chose qu'une infusion de Dieu secrète, pacifique et amoureuse, laquelle, *si on lui donne lieu*, enflamme l'âme en l'esprit d'amour... [4] » Le saint a une telle compassion des âmes qui – ignorance ou maladresse – paralysent leur grâce, et ne lui donnent pas lieu de tout envahir en elles.

Pour bien comprendre ces textes typiquement sanjuanistes, il faudrait sans cesse noter leurs parallèles dans la *Montée* ou dans la *Vive Flamme*. Ils sont nombreux. Rien n'est plus impressionnant

1. *N. O.* I, 10, pp. 407 sqq.
2. *Ibid.*, p. 408.
3. *Ibid.*
4. *Ibid.*, p. 409.

que la stabilité de la doctrine du saint, sa constance. Sans fiches et sans notes, à plusieurs années de distance, traitant du même sujet dans des ouvrages différents – nous pensons surtout à la *Vive Flamme*, postérieure aux autres œuvres – il reprend sans hésiter les mêmes expressions caractéristiques de sa pensée, les mêmes mots qui se revêtent chez lui d'une saveur si personnelle, comme un improvisateur passé maître en la matière retrouve toujours, pour traduire le même état d'âme, l'enchaînement d'accords jadis découvert dans un moment de lumière et dont il connaît seul le secret.

« Tout n'est que pâtir », dira le saint aux âmes troublées de tant souffrir en cette horrible nuit. Et la formule porte bien sa marque. Mais il éclaire cette souffrance d'une lumière tellement béatifiante – en révélant qu'elle permet de « se rendre capable de l'amour divin » – qu'il ne reste plus qu'à s'écrier avec lui : « oh ! l'heureuse fortune »[1] !

Il y a comme de la naïveté dans l'enthousiasme avec lequel Jean de la Croix chante les bienfaits de la nuit. A un lyrisme authentique, il joint cette persuasion convaincante qui, de son vivant, était dans la direction spirituelle une de ses grâces.

Qu'une âme arrive ainsi à quitter les langes des considérations discursives est chose tellement importante « qu'on s'en réjouit au ciel » d'une fête encore plus grande que celle que fit Abraham quand il sevra Isaac[2]. Ce que le saint appelle « profits » de la nuit est moins une conséquence de la nuit que la manifestation de son aspect positif et enrichissant. Ce n'est point par manière de mérite et après coup que la purification de la sensibilité enrichit l'âme. La souffrance, la sécheresse sont l'aspect négatif, la contrepartie d'une réalité trop riche pour être reçue sans adaptation douloureuse, d'une lumière trop belle pour ne pas faire d'abord mal aux yeux. Il faut lire le texte même, deviner la joie du saint de pouvoir dire aux âmes combien elles sont heureuses que Dieu les ait jugées dignes de pâtir les peines et les angoisses de la nuit. Il en fit ainsi, Dieu, pour ses meilleurs amis : Moïse et Job, par exemple. Le saint triomphe en décrivant la détresse physique et morale de ce dernier. Il le fait en castillan réaliste. Mais c'est alors que « le Dieu très-haut – qui relève le pauvre du fumier – fit gloire de descendre et de lui parler face à face, lui découvrant

1. *N. O.* I, 11, p. 410.
2. *N. O.* I, 12, p. 412, citant *Gn* 21,8.

les hauteurs profondes de sa sagesse – ce qu'il n'avait jamais fait au temps de sa prospérité[1] ».

L'âme qui passe par les affres de la nuit n'est déjà plus une débutante. Elle aime d'un amour plus vrai qu'aux heures de ferveur sentie. Elle est désormais une contemplative. C'est ce don de la contemplation qui fait le fondement de tous les biens de la nuit: humilité spirituelle, détachement, amour plus respectueux, angoisse de servir Dieu et de faire quelque chose pour lui. Comme par hyperbole, tous les profits s'accumulent. Vous pensiez, n'ayant plus le contrôle de rien, que vous perdiez? Vous étiez dans l'angoisse, croyant constater que vous reculiez au chemin de l'amour? En réalité, vous vous exerciez dans toutes les vertus ensemble. Tous les vices que vous n'auriez su mater, dans leurs manifestations sans cesse renaissantes, se desséchaient dans leur racine.

« Outre ces profits susdits, elle (l'âme) en fait d'autres innombrables par le moyen de cette sèche contemplation. Parce que souvent, au milieu de ces aridités et pressures, lorsque l'âme y pense le moins, Dieu lui communique une suavité spirituelle et un amour très pur...[2] »

Nous ne pouvons tout citer. On dirait que pour convaincre l'âme, étourdie à la vue d'une puissance de mal qu'elle ne soupçonnait pas en elle, le saint entasse tous les bénéfices possibles, comme par exagération. Et pourtant il dit que c'est la simple vérité. Un mot résume tout: la nuit donne à l'âme un amour très pur et, avec cet amour, une connaissance toute nouvelle de Dieu. Tous les biens découlent de cette emprise divine qui utilise les misères même les plus déconcertantes pour mener l'âme là où elle n'eût pu arriver seule, quelque bon pied et bon œil qu'elle ait eus[3] !

Au moment de terminer la description de la nuit du sens, le saint la reprend sous un aspect nouveau[4]. Il n'a pas encore tout dit. Il dira tout, y compris le plus dur, réservé aux âmes assez fortes pour aller plus avant, ces bourrasques annonciatrices des horreurs de la nuit par excellence, celle de l'esprit: esprit de fornication, de blasphème, de vertige. Heureuses les âmes qui

1. *N. O.* I, 12, p. 414.
2. *N. O.* I, 13, p. 419.
3. Cf. *N. O.* II, 16, p. 465.
4. *N. O.* I, 14, p. 421.

« méritent » de souffrir ce que le grand nombre ignore, faute d'être capable de le supporter.

Nous ne pouvons passer sous silence la dernière page[1] de ce premier livre de la *Nuit*. Elle nous livre la pensée du saint sur un point essentiel de sa doctrine : un des points les plus controversés, d'ailleurs, mais sur lequel un exposé objectif ne nous paraît pas laisser subsister de doute. Cherchant à déterminer le temps que les âmes passent dans cette pénitence, le saint déclare que cette durée dépend, du côté de Dieu, uniquement de son bon plaisir ; et, du côté de l'homme, à la fois du point de départ (plus ou moins d'imperfections à purifier), et du point d'arrivée (degré d'amour plus ou moins élevé à atteindre). Pratiquement, du côté humain seule la générosité mise à subir les épreuves de la nuit détermine les différentes durées. Puis, dépassant les données premières du problème, le saint affirme que cette générosité mesure aussi le degré d'union d'amour. Au chapitre 9, il l'avait dit équivalemment[2]. Subjectivement, le seul facteur qui mesure les dons de Dieu est la faiblesse ou la force de l'âme en face de la croix.

On peut mettre ces deux textes de la *Nuit Obscure* en synopse pour faire apparaître leur concordance rigoureuse[3]. La pensée du docteur mystique ne connaît aucune hésitation sur ce point, nous l'avons montré dans l'introduction générale[4]. A lire impartialement on est contraint de conclure que, sur le plan humain, seule la générosité humaine mesure les grâces reçues et le degré d'union atteint – ce qui n'exclut pas, sur le plan divin, l'explication ultime par l'unique bon plaisir de Dieu.

Si parfois le saint laisse sa pensée sans explication, jamais pourtant il ne contredit cette affirmation. Quand il se tait sur les raisons pour lesquelles toutes les âmes ne passent pas à la nuit de l'esprit (pas même la moitié ; tout au plus le petit nombre), c'est pour ne décourager personne. Quand il chante le bonheur des âmes qui ont eu le courage de tout subir pour « passer à un si heureux et sublime état qu'est l'union d'amour[5] », c'est pour encourager les âmes généreuses. Il suffit de projeter la lumière des passages explicites sur ceux qui ne le sont pas : cela nous évite-

1. P. 422.
2. P. 406.
3. Nous le faisons dans notre *Message de saint Jean de la Croix*, t. I, ch. 1 : « Vocation à la contemplation ».
4. Ci-dessus, p. 4 sqq.
5. *N. O.* I, 14, p. 422.

ra de nous méprendre sur sa pensée profonde, même inexprimée.

Le petit nombre des âmes qui non seulement parviennent à sortir de la nuit du sens, mais encore connaissent les prodromes de la nuit de l'esprit (alors que la plupart étaient *entrées* dans la nuit du sens) n'est qu'une raison de plus de chanter le bonheur d'en avoir connu les peines. Car « les peines sont la livrée de ceux qui aiment [1] ».

II. LA NUIT DE L'ESPRIT

La nuit du sens terminée – mais l'est-elle réellement? – « il se passe bien du temps et des années [2] » avant que la nuit de l'esprit commence. Période de calme, coupée de moments brusquement douloureux « qui sont comme des présages et des messagers de la nuit future de l'esprit [3] ».

C'est qu'au fond, la nuit du sens, si dure qu'elle ait été, n'a pas fait œuvre définitive. « Les taches du vieil homme demeurent dans l'esprit, encore qu'il ne les voie et ne lui soient apparentes [4]. » Le rôle de la nuit du sens a été surtout de préparer la sensibilité à la purification radicale que seule opérera la nuit de l'esprit: c'est un rôle purement dispositif [5]. La vraie purification est celle de l'esprit. Mais il fallait la nuit du sens, puis le calme qui l'a suivie, pour que l'être entier fût capable de subir « la forte lessive [6] » de la nuit de l'esprit.

Au risque de déconcerter son disciple, le saint commence par dévoiler les imperfections cachées qui lui demeurent. Au sein même des communications savoureuses dont l'abondance peut provoquer des extases – rançon d'une sensibilité encore faible – le *progressant* ou *profitant* (*aprovechado*) conserve, enracinés en lui, bien des défauts profonds; bien des déficiences passagères lui échappent encore. Les uns comme les autres sont incompatibles avec l'union pleine. Certaines imperfections relèvent du mécanisme psychologique normalement mis en jeu dans les rapports avec Dieu. Ce mécanisme ne peut être qu'humain et, comme tel, disproportionné à l'objet divin qu'il s'agit d'atteindre. D'autres

1. Ce vers est le dernier du couplet qui, chanté un jour par deux carmélites de Beas, fit entrer le saint en extase, cf. BRUNO, pp. 224-225.
2. *N. O.* II, 1, p. 423.
3. *Ibid.*
4. *N. O.* II, 2, p. 425.
5. *N. O.* II, 3, pp. 426-427.
6. *N. O.* II, 2, p. 425.

imperfections appartiennent à l'ordre moral: une âme insuffisamment mortifiée n'est-elle pas exposée à tirer, des grâces reçues, un orgueil d'autant plus subtil que ces grâces sont plus qualifiées? Moment critique de la vie spirituelle, où le démon, sachant tout l'intérêt du gain ou de la perte, joue un jeu serré[1]: comme le dit la *Vive Flamme*, « ce méchant se met ici fort subtilement en embuscade sur le passage qu'il y a du sens à l'esprit[2] ». Impossible de parvenir à la pureté requise pour l'union avec Dieu, sans être débarrassé de cette double infirmité, psychologique et morale.

Or seule la nuit de l'esprit pourra dénuer l'âme de ces défauts et la « faire marcher en pure foi, qui est le moyen propre et adéquat par où l'âme s'unit avec Dieu[3] ». Car « comment se lèvera jusqu'à toi l'homme engendré et créé dans la bassesse, si toi-même ne le lèves, Seigneur, de ta main qui l'a fait[4]? »

Unique sentier qui puisse mener à l'union avec Dieu par amour, la nuit est essentiellement un passage, une crise de croissance dans laquelle s'opère une *refonte* de toutes les facultés intérieures. Au cours des angoisses de cette nuit, l'âme sort de sa « basse manière d'entendre » et de sa « faible façon d'aimer », de sa « pauvre et courte manière de goûter Dieu »[5]. « Toutes les forces et toutes les affections de l'âme, par le moyen de cette nuit... se renouvellent[6]. »

Il semble bien qu'on soit au cœur de l'enseignement de saint Jean de la Croix. Avant lui, d'autres, sans doute, avaient entrepris d'exprimer au moyen du symbolisme de la nuit ce que le saint nous livre ici[7]. Mais nul ne l'avait fait avec la même force, ni

1. Cf. *N. O.* II, 2, pp. 425-426.
2. *V. F.*, III, 3, p. 792.
3. *N. O.* II, 2, p. 426.
4. *Maxime* 39, p. 979.
5. *N. O.* II, 4, p. 428-429.
6. *Ibid.*, p. 429.
7. Ruysbroeck et Tauler, par exemple, ou le mystique anglais Walter Hilton (en particulier dans sa *Scala Perfectionis*, livre II, ch. 24, 25, 26, 27, 28). Walter Hilton est mort en 1395 et il n'est pas impossible que saint Jean de la Croix ait eu connaissance de son œuvre dans une des traductions latines qui circulaient au XVIe siècle. La chose reste toutefois à l'état d'hypothèse (cf. A. SAUDREAU, *La vie d'union à Dieu*, 1909, p. 465, note 1, et BARUZI, *op. cit.*, pp. 137-138). Quant à l'influence exercée sur Jean de la Croix par les Rhéno-flamands, elle est de mieux en mieux connue (cf. ORCIBAL, *Saint Jean de la Croix et les Mystiques rhéno-flamands*, Desclée De Brouwer, 1965). Sur les rapports du symbole sanjuaniste de la nuit avec la tradition nocturne, biblique et mystique, voir MOREL, *Le sens de l'existence selon saint Jean de la Croix*, t. III, Appendice I, pp. 159-174.

tout à fait dans la même perspective. Car il est essentiel à la nuit de l'esprit sanjuaniste de n'être pas seulement une période d'épreuves dont l'acceptation généreuse apporterait à l'âme, par manière de mérite, l'union par amour. Explication morale, juste en ce qu'elle affirme, mais très incomplète.

Est-il nécessaire, par ailleurs, d'écarter longuement une interprétation intellectualiste : comme si la nuit de l'esprit était une sorte de dialectique chrétienne renouvelée de Plotin et comme s'il s'agissait d'une performance contemplative accessible seulement à de puissants esprits ! Jean de la Croix est étranger à de pareilles spéculations : dans un climat si éloigné de l'Évangile, il n'aurait pas pu vivre.

A lire de près le texte de la nuit de l'esprit, on comprend que non seulement les deux purifications, psychologique et morale, sont nécessaires et réalisées simultanément, mais qu'elles sont intérieures l'une à l'autre. La purification psychologique est à la racine de la purification morale. Ce qui fait souffrir l'âme – et donc lui permet de « mériter » l'union – c'est la transformation psychologique dont la nuit est l'ouvrière.

D'où l'originalité profonde de l'enrichissement apporté par les souffrances de la nuit. Toute souffrance accueillie avec générosité est sans aucun doute enrichissante, par manière de mérite. Mais ici *l'enrichissement est la source même de la souffrance*, sans exclure le mérite. Car l'origine des peines et angoisses de la nuit est un retournement, *une refonte de l'activité psychologique*, dépassant de beaucoup les possibilités humaines et apportant de nouveaux modes de comprendre, d'aimer, de goûter Dieu. Il y a quelque chose de positif dans la cause même des souffrances de la nuit. Et la *Nuit Obscure* permet à saint Jean de la Croix de mettre en lumière cette relation positive de la souffrance avec l'enrichissement intérieur.

Quand il parle de l'œuvre accomplie en l'âme par « cette nuit recéleuse (*encubridora*) des espérances de la lumière du jour [1] », il ne fait pas seulement une admirable trouvaille littéraire, il exprime sa pensée la plus profonde sur ce sujet. Faire, à la science des chemins qui mènent à l'union de Dieu, l'apport de cette vérité, valait la peine qu'on y consacrât une vie d'homme.

Dans cette perspective fondamentale, la description des horreurs de la nuit et de ses « propriétés terribles [2] » revêt un aspect

1. *N. O.* II, 9, p. 446.
2. *N. O.* II, 10, p. 450.

réconfortant. Un sentiment de paix émane de ces tableaux qui font revivre le drame intérieur le plus poignant qui soit. Qu'on y songe. Il s'agit d'une âme qui a déjà beaucoup reçu de Dieu, qui lui a beaucoup donné aussi. Et la voici comme broyée, successivement ou même simultanément, par l'affrontement des contrastes les plus opposés.

Tous les traits qui servent à décrire les horreurs de la nuit relèvent de ce jeu entre des contraires absolus. La lumière infiniment pure de Dieu, tombant crue sur l'âme, lui révèle son indignité et manifeste qu'elle n'est que ténèbres [1]. La force divine qui investit peu à peu sa faiblesse pèse si étrangement sur l'âme, que le sens et l'esprit se sentent écrasés comme sous le poids de « quelque fardeau immense et obscur » [2]. Ce leur serait un soulagement de mourir [3]. Puis la contemplation divine, entrant en contact avec la gangue d'humain qui enserre l'âme, « brise et défait de telle façon la substance spirituelle, l'absorbant en une profonde et abyssale obscurité, que l'âme se sent consommer et fondre à la vue de ses misères par une cruelle mort d'esprit [4] ». L'âme se sent indigne de Dieu, rejetée de lui [5]. Elle se sent aussi délaissée de tous, même de ses amis [6]. Enfin, la majesté et la grandeur de Dieu font comme sortir au jour l'« intime pauvreté et misère » de l'âme [7].

Le saint, se sachant au nœud de son enseignement, s'attarde à reprendre sous une nouvelle forme la description à peine achevée des souffrances de l'âme en quête de son Dieu dans la nuit. C'est « une souffrance très angoisseuse (comme si on pendait et retenait quelqu'un en l'air afin qu'il ne respirât) », une « grande passion » qui fait penser à l'action du feu sur la rouille ou sur les taches du métal [8]. Les textes les plus sombres de l'Ancien Testament servent à évoquer cette douloureuse refonte intérieure. Ézéchiel, Job surtout et Jérémie sont appelés à témoigner de l'horreur de cette nuit. « D'où vient qu'on doit avoir grande compassion de l'âme que Dieu met en cette tempétueuse et épouvan-

1. *N. O.* II, 5, p. 431.
2. *Ibid.*, p. 432.
3. *Ibid.*
4. *N. O.* II, 6, p. 432.
5. *Ibid.*, p. 433.
6. *Ibid.*
7. *Ibid.*
8. *Ibid.*, p. 434.

table nuit[1]. » Et encore : « Cela, dis-je, mérite qu'on en ait grande douleur et compassion[2]. »

Au fond, la peine de ces bienheureuses âmes éprouvées par le feu de la nuit, est semblable à celle du purgatoire[3]. Et le ton du saint laisse percer une émotion étrange. Car elle est vraiment insoupçonnée, la torture intime de l'âme qui se sent digne « d'être abhorrée et rejetée de Dieu fort justement pour toujours[4] ». L'amour même que cette âme a pour Dieu – et il est plus vrai qu'il ne le fut jamais – est une cause de souffrance et non de soulagement : car elle pense qu'il n'y a rien en elle et qu'il n'y aura jamais rien qui la rende digne d'être aimée ni d'aimer, et elle ne voit que trop les causes « pour lesquelles elle mérite d'être rebutée de Celui qu'elle aime et désire si passionnément[5] ».

La prière est devenue impossible. Comment en effet appeler prière l'effort stérile que fait l'âme pour arriver jusqu'à son Dieu[6] ?

Quitte à revenir sur la description des souffrances, le saint donne alors quelques explications. Non sans une vive satisfaction intellectuelle, on retrouve les expressions qui ont servi, dans la *Montée*, à décrire l'action divine, certaines comparaisons aussi, comme celle du rayon de lumière traversant une chambre obscure[7].

Nous avons essayé de montrer ailleurs[8] comment toutes les souffrances de la nuit s'expliquent par l'élaboration de la nouvelle manière de comprendre, d'aimer et de goûter Dieu[9]. La double imperfection – psychologique et morale – qui faisait de l'âme une débutante maladroite au chemin de l'amour, ou tout au plus une progressante bien entachée de fautes, est directement attaquée et radicalement éliminée au cours de la nuit. D'où l'association fréquente des deux idées d'illumination (psychologique) et de purification (morale). Tout ceci est entièrement nouveau pour l'âme, au point de lui paraître une extravagance.

1. *N. O.* II, 7, p. 436.
2. *Ibid.*
3. *Ibid.*, pp. 438-439.
4. *Ibid.*, p. 439.
5. *Ibid.*
6. *N. O.* II, 8, p. 439.
7. *Ibid.*, p. 440.
8. Cf. *Études Carmélitaines*, octobre 1938, pp. 254-281. Cette étude a été reprise et remaniée pour constituer l'un des chapitres de notre *Message de saint Jean de la Croix*, à paraître prochainement.
9. Cf. *N. O.* II, 4, pp. 428-429.

« Elle croit plutôt être perdue qu'en bonne voie[1] », tant les sentiers où elle marche lui sont inconnus. Mais le jeu du « feu envers le bois »[2] – qui ne comprendrait cette humble comparaison? – apporte une telle lumière. C'est bien plus qu'une comparaison: les conclusions qu'en tire le saint disent que c'est une véritable explication[3].

Peu importe que l'âme pense à certaines heures que tout est perdu. Peu importe que durant de longues périodes elle se sente « hors de soi dans les peines[4] », au point qu'elle n'a même plus le soulagement de pouvoir pleurer[5]. La paix qu'elle attend sera si profonde et l'amour qu'elle doit posséder sera si intime et si épuré[6] !

Le saint prend maintenant sa revanche, montrant désormais à l'âme « le fruit de ses larmes » et les « propriétés heureuses » de la nuit, engendrée par ses « propriétés terribles »[7].

Fidèle à la constante de sa doctrine, il met tout de suite l'accent sur l'amour. Deux notes caractérisent cet amour. Il est passionné, non seulement au sens d'ardent, mais encore au sens de passivement reçu. Jeu de mots ou réalité profonde? Le saint n'hésite pas à rapprocher *passif* de *passion*. En outre, de cet amour passionné naît une connaissance nouvelle de Dieu: « L'âme, au milieu de ces étreintes obscures, se sent blessée vivement et d'une pénétrante façon d'un fort amour divin, avec un certain sentiment et conjecture de Dieu, encore que ce soit sans comprendre aucune chose particulière... [8] » Le premier précepte, celui de l'amour de Dieu par-dessus tout, est invoqué[9] et commenté avec les mots aimés: « Je garderai ma force pour vous[10] ». Il semble bien que, pour le saint, il n'y ait aucun autre chemin que l'amour pour venir à la perfection de l'amour.

Étonnantes analyses que celles qui suivent, où sont montrées les angoisses de l'âme, sa faim de Dieu et la force intérieure qu'elle ressent « au milieu de ces peines obscures et amoureuses »[11].

1. *N. O.* II, 16, p. 466.
2. *N. O.* II, 10, p. 447.
3. *Ibid.*, pp. 447-450.
4. *N. O.* II, 9, p. 445.
5. *Ibid.*, p. 446.
6. *Ibid.*
7. *N. O.* II, 10, p. 450.
8. *N. O.* II, 11, p. 450.
9. *Ibid.*, p. 451, citant *Dt* 6,5.
10. *Ps 58 (59)*, 10, cité *ibid.*
11. *N. O.* II, 11, p. 453.

Bienheureux les êtres ainsi purifiés et illuminés, « car Notre Sauveur appelle ceux qui ont le cœur net : bienheureux, ce qui est autant dire : amoureux, puisque la béatitude ne se donne pour autre prix que pour l'amour [1] ».

Il est vrai qu'au début, « l'âme ne sent pas toujours cette inflammation et angoisse d'amour [2] ». Parfois l'intelligence est davantage atteinte. Parfois la volonté. Dans d'autres cas toutes deux ensemble sont touchées. Il est vrai aussi que le sens souffre incomparablement plus que dans la nuit sensitive [3]. C'est qu'au début les angoisses d'amour ne revêtent pas nécessairement la forme ardente d'une « inflammation », mais plutôt celle d'une crainte née d'un « amour estimatif » de Dieu, préféré à toutes choses dans la nuit [4].

Alors, plus convaincant qu'un raisonnement et plus probant que tous les motifs abstraits, est évoqué le visage de Marie-Madeleine au banquet de Simon le pharisien, puis au sépulcre [5]. Il y a un tel lyrisme dans ces pages, que peut-être n'en fut-il jamais écrites de plus belles sur un thème qui a cependant inspiré tant d'auteurs. Il faut lire le texte. La psychologie de l'amour n'a pu être analysée avec cet accent de vérité que par une âme aussi ardente que Marie-Madeleine, aussi imprégnée d'amour. Une âme éprise à ce point ne peut s'occuper de rien, sinon de cela, et croit que tous font de même. Certaines pages apparemment impersonnelles ont une saveur de confession : « Et avec les angoisses dont la lionne et l'ourse courent après leurs petits qu'on leur a détournés et qu'elles ne peuvent trouver, cette âme blessée court après son Dieu [6]. »

A qui s'étonne de voir ces accents passionnés jaillir des détresses de la nuit, le saint rappelle une fois de plus la richesse positive des purifications les plus dépouillantes [7] : page de synthèse, où se ramassent en quelques lignes les principales directions de l'itinéraire nocturne. Au terme, c'est la transformation : « Et ainsi cette âme sera désormais une âme du ciel, céleste et plus divine qu'humaine [8]. »

1. *N. O.* II, 12, p. 453.
2. *Ibid.*, p. 454.
3. *N. O.* II, 13, p. 457.
4. *Ibid.*
5. *Ibid.*, pp. 458.
6. *Ibid.*, p. 459.
7. *Ibid.*, p. 460.
8. *Ibid.*

Nous avons noté plus haut[1] que la nuit est un jeu de contrastes. Et l'on dirait que, sûr de lui (sûr de son expérience menée à bon terme, sûr de sa doctrine car elle a déjà fait ses preuves), le saint accentue à plaisir les paradoxes. L'une des plus dures souffrances de l'âme était de se sentir égarée, perdue à jamais: il montre comment, en fait, elle allait en sécurité (ch. 16). C'est la deuxième strophe du poème qui lui sert alors d'argument[2]. Occasion nouvelle pour lui de souligner qu'il ne s'agit pas seulement de purifier des restes de péché et de mériter moralement l'union. Avant les purifications de la nuit, même dans les bonnes choses, même dans les actes méritoires, une infirmité psychologique foncière demeurait. Les sécheresses et les angoisses ont amené un changement radical dans la manière de connaître et d'aimer: le mode humain a fait place à un mode divin (proportionné par conséquent à l'objet divin à atteindre) de connaître et d'aimer Dieu. En langage théologique, il faut dire que le saint oppose ici, à l'infirmité psychologique et morale du régime des vertus, le mode suprahumain des dons du Saint Esprit. Pourtant, il le fait en évitant les termes techniques et en revêtant sa pensée d'une forme imagée plus accessible à tous. Elle n'en est pas moins riche de sens. Jamais, « même en faisant de votre mieux, vous n'eussiez su opérer si entièrement, si parfaitement ni si sûrement... comme à présent que Dieu, vous prenant la main, vous conduit en obscurité comme aveugle, où et par où vous ne savez, et jamais n'eussiez trouvé moyen de cheminer, quelque bon pied et bon œil que vous eussiez[3] ». C'est donc « un bonheur » que de mériter une sécheresse à ce point féconde.

On retrouve au passage certains accents du prologue de la *Montée*. Tant d'âmes prennent le change et s'égarent! Le saint s'attarde à leur dire leur bonheur ignoré. Si elles regardent bien, elles verront, à certains indices révélateurs, que cet amour obscur les nourrit, tout en les faisant souffrir. Quelle sollicitude chez cette âme qui n'omettra rien de ce qu'elle croit pouvoir contenter Dieu, « regardant et faisant mille tours pour voir si elle ne lui a donné sujet de s'irriter, et tout cela avec beaucoup plus de soin et de sollicitude qu'auparavant[4] ».

1. Cf. ci-dessus, p. 368.
2. *N. O.* II, 15 et 16, p. 462.
3. *N. O.* II, 16, p. 465.
4. *Ibid.*, p. 468.

Les propriétés heureuses continuent à dérouler leur tapisserie somptueuse. Cette nuit est une *échelle secrète*, par où l'âme s'évade, *déguisée*. Ces trois mots servent de thème à trois nouveaux développements.

Secrète, cette contemplation l'est de toutes manières. L'âme ne peut ni l'acquérir par ses efforts (c'est « le Saint Esprit qui la verse et l'ordonne dans l'âme [1] »), ni la dire (l'âme « ne trouve ni moyen, ni manière, ni similitude qui lui convienne pour pouvoir signifier une intelligence si relevée, et un sentiment spirituel si délicat [2] »). Elle n'a d'ailleurs aucune envie de la dire. Comment pourrait-elle exprimer ce « langage de Dieu à l'âme, de pur esprit à esprit pur [3] »? Il semble à l'âme « qu'on la met dans une profonde et très spacieuse solitude, où ne peut arriver aucune créature humaine, comme un désert immense qui n'est borné d'aucun endroit [4]... » Des textes comme celui-là annoncent le *Cantique Spirituel* [5]. Il n'en manque pas au terme de la *Nuit*.

On est découragé d'avoir à résumer la synthèse des dix degrés de l'échelle d'amour [6]. La puissance de cette synthèse apparaît mieux encore quand on lit l'opuscule, alors attribué à saint Thomas d'Aquin, dont s'est inspiré le docteur mystique et auquel il fait allusion [7]. Saint Jean de la Croix ne renie pas celui qui, après saint Bernard, lui a fourni le thème et l'armature scripturaire de son exposé. Mais il fait une œuvre personnelle, qui, du premier coup d'aile, enlève l'âme et ne lui donne plus de repos qu'elle ne soit arrivée jusqu'à la vision de Dieu [8]. Tout

1. *N. O.* II, 17, p. 469.
2. *Ibid.*, p. 470.
3. *Ibid.*
4. *Ibid.*, p. 471.
5. Nous le montrons plus en détail dans l'introduction au *Cantique*, ci-dessous, pp. 506-507 et 508. Voir aussi la fin de cette introduction, ci-dessous, p. 376.
6. *N. O.* II, 19 et 20, pp. 475-480.
7. Cf. II, 18, p. 475. Il s'agit du traité *De decem gradibus amoris*, œuvre de l'allemand Helwic de Germar (cf. P. DE SURGY, « La source de l'échelle d'amour de saint Jean de la Croix », in *Revue d'Ascétique et de Mystique*, 1951, pp. 18-40, 237-259, 327-346).
8. D'après J. ORCIBAL (cf. « La Montée du Carmel a-t-elle été interpolée? », in *R. H. R.*, 1964, pp. 207-208), saint Jean de la Croix n'a pas pu destiner cet excursus sur les dix degrés de l'échelle d'amour à gloser, dans son commentaire du poème de la Nuit, le deuxième vers de la strophe II: « par l'échelle secrète, déguisée ». Il s'agirait d'un morceau indépendant, suggéré au saint par le *De decem gradibus amoris* et inséré en cet endroit du commentaire par « une main étrangère soucieuse de combler une lacune ou même de remplacer un développement gênant » (*loc. cit.*, p. 208). Une analyse attentive permet à J. Orcibal de souligner que ces chapitres 19 et 20 se rattachent assez artificielle-

est assimilé, tout est vivant. Le saint peint un admirable tableau dont on croit voir vibrer les couleurs. C'est un exposé doctrinal mais c'est aussi un poème lyrique dont certains passages sont des modèles du genre: « L'esprit a ici tant de force et tient la chair si sujette, qu'il en fait aussi peu de compte que l'arbre de l'une de ses feuilles[1]. » « Hélas! mon Dieu et mon Seigneur, combien il y en a qui vont chercher de la consolation et du goût en vous et vous cherchent afin que vous leur fassiez des grâces et des faveurs. Mais ceux qui veulent vous plaire et vous donner quelque chose à leur dépens... sont en fort petit nombre[2]. »

Quand il aborde les derniers degrés, ceux des êtres parfaitement purs dont l'amour est si grand qu'à leur mort ils vont droit à la vision de Dieu, le saint parle avec la certitude tranquille que donne l'expérience. Car, en ces sommets, « l'amour se découvre grandement, par les grands effets qu'il opère[3] ».

Suit la description du déguisement de l'âme (ch. 21): tunique blanche, pourpoint vert, robe rouge; foi, espérance, charité. C'est l'occasion de rappeler, suivant la synthèse proposée au livre II de la *Montée* (ch. 6), le parallélisme des trois vertus théologales et des trois facultés de l'âme. Ce qui est propre à la *Nuit*, c'est le rattachement des trois vertus, perfectionnant les trois facultés, aux trois ennemis de l'âme: le démon, le monde et la chair[4].

Avec les deux chapitres suivants (23 et 24)[5] va s'achever le commentaire de la deuxième strophe.

Le chapitre 23 constitue une étude du rôle du démon au cours de la nuit.

ment à la *Nuit Obscure*: par le terrain qu'ils parcourent, à savoir la totalité du chemin spirituel, ils font double emploi avec le reste de l'œuvre du saint; d'autre part, leur description des derniers degrés de l'échelle ne correspond pas au climat nocturne de la strophe qu'ils prétendent commenter: en ces degrés l'échelle n'est « pas trop secrète » (*N. O.* II, 20, p. 480); au dixième degré, celui de la claire vision, elle l'est si peu qu'« il n'y a plus rien de couvert à l'âme » (*ibid.*).

Faut-il ajouter qu'on peut mettre en doute le rattachement de ces deux chapitres au commentaire de la *Nuit Obscure* sans que rien leur soit retiré de leur valeur intrinsèque.

1. *N. O.* II, 19, p. 477.
2. *Ibid.*
3. *N. O.* II, 20, p. 480.
4. *N. O.* II, 21, pp. 481-483.
5. Ces deux chapitres manquent dans quelques manuscrits, ce qui a incité certains critiques à mettre en doute leur authenticité (cf. ORCIBAL, *art. cit.*, *R. H. R.*, 1964, p. 206).

Souvent déjà, le saint a fait allusion au démon. Rarement afin d'en faire craindre les manifestations extraordinaires, presque toujours pour en montrer l'action cachée, parallèle à celle de Dieu: car il est un voleur qui suit pas à pas le voyageur qu'il espère détrousser au bon moment. Quiconque collectionnerait à propos du démon les traits épars dans l'œuvre du docteur mystique et les intégrerait à ce chapitre 23 aurait un riche traité de démonologie où les principes généraux voisineraient avec les descriptions psychologiques les plus fouillées [1]: nécessité ordinaire pour le démon de passer par les facultés sensibles pour atteindre l'âme; manière indirecte d'entraver l'œuvre purement spirituelle de Dieu en la substance de l'âme; permission d'attaquer l'âme par les mêmes armes que le bon ange et Dieu même utilisent; horreur « nûment » spirituelle causée à l'âme par le contact de l'esprit mauvais, sans image interposée; contrefaçon diabolique des grâces divines.

Deux constatations particulièrement positives émergent de ce chapitre. La première suppose ce qui a été dit, dans la *Montée*, de la *manière anagogique*. Il semble que l'âme, devenue entièrement docile sous la motion de Celui au pouvoir de qui elle s'est remise, est entraînée dans un domaine où le démon n'a pas accès: « Car en sentant la séditieuse présence de l'ennemi, chose admirable! que, sans savoir comment cela se fait et sans qu'elle y soit pour rien de son côté, elle entre plus avant dans le fond intérieur, sentant fort bien qu'elle se met en un certain refuge où elle se voit être plus éloignée et plus cachée de l'ennemi: et ainsi la paix et la jouissance que le démon lui veut ôter lui sont augmentées [2]. »

La seconde constatation est que la souffrance ressentie au contact purement spirituel de l'esprit malin, naît du caractère psychologique extraordinaire d'un tel contact. Cette souffrance vient donc s'insérer dans le sillon tracé par l'action divine qui s'exerce directement dans l'âme au cours de la nuit. L'horreur éprouvée est un élément de la refonte psychologique qui s'élabore. D'où le caractère positif des tentations les plus surprenantes, les plus horrifiantes aussi – et ce mot n'a rien à voir avec une imagerie qui reste absente des descriptions du saint. La tentation même a pour but de purifier l'âme; et le bon ange

1. Un chapitre de notre *Message de saint Jean de la Croix* est consacré au démon.

2. *N. O.* II, 23, p. 486.

la dispose, « par cette veille spirituelle, à quelque grande fête et faveur spirituelle, que lui veut départir Celui qui ne mortifie jamais que pour vivifier et n'humilie que pour exalter – ce qui arrive un peu après [1] ».

Au terme de la *Nuit*, au chapitre 24, on retrouve une allusion à « l'état d'innocence qui était en Adam [2] ». Et ceci recoupe, suivant la ligne chronologique du cheminement de l'âme, l'indication donnée par la *Montée* suivant l'ordre logique de l'étude des divers biens dont la volonté peut se réjouir.

Tout se résume en trois mots: la *souffrance* est l'ouvrière de la *pureté*, qui est la condition nécessaire et comme l'appel de *l'union d'amour*.

Au moment où commence, avec le chapitre 25 [3], le commentaire de la troisième strophe, qui doit exalter « les excellentes propriétés de la nuit spirituelle », le livre s'arrête court.

On a échafaudé les hypothèses les plus savantes pour expliquer cet inachèvement, dont on ne peut même pas préciser s'il est, ou non, le fait de saint Jean de la Croix. Il suffira ici de noter que les analogies ne manquent pas entre les strophes non commentées du poème de la *Nuit* et telle ou telle strophe du *Cantique*. Le registre est différent, sans doute: d'un côté essentiellement nocturne, de l'autre lumineux. Mais c'est la même réalité: l'union divine, qui est nuit pour l'âme, mais une nuit désormais tout orientée vers la lumière du jour, comme l'aurore [4]. Les quelques mots sur lesquels s'interrompt la *Nuit Obscure* dans la plus grande partie des manuscrits, ne laissent-ils pas deviner, comme plusieurs autres passages des chapitres précédents [5], une atmosphère apparentée à celle du *Cantique Spirituel*? On peut donc penser que si le saint a commenté lui-même les dernières strophes de son poème, il n'a pas pu le faire en disant grand'chose qu'il ne dise en fait dans le commentaire du *Cantique*, même s'il le dit autrement.

1. *Ibid.*, p. 489.
2. P. 491. Cf. *Montée* III, 28 (26), p. 312.
3. L'authenticité de ce chapitre 25, omis par plusieurs manuscrits anciens, est contestée. Elle avait été mise en doute dès le XVIIIe siècle par Andrés de la Encarnación, le religieux carme qui entreprit, à la demande des supérieurs de l'ordre, la première révision critique des œuvres du saint.
4. La comparaison se trouve dans la *Montée* (I, 2, p. 84), en un endroit où le saint explique pourquoi le symbole de la nuit convient à la description, qu'il va faire, du passage de l'âme à l'union divine.
5. Cf. ci-dessus, p. 373.

Car l'amour douloureux et angoissé a pris fin. Ce qui reste à décrire ce sont les splendeurs de l'union dans l'amour triomphant, et le *Cantique* va les chanter.

P. S. Les manuscrits de la *Nuit Obscure* ne comportent pas la division en livres et chapitres telle que la reproduisent tous les éditeurs depuis l'édition princeps de 1618. D'une part, la clarté gagne à cette division. Les recherches comparatives aussi, puisque toutes les éditions la comportent. Mais on ne peut nier que cette division n'alourdisse le commentaire et n'en rompe la continuité vivante.

On ne saurait comparer à ce point de vue la *Montée* et la *Nuit*. L'ordre logique suivi dans la *Montée* appelle la division en livres et chapitres. Mais l'ordre historique de la *Nuit* en souffre comme d'une rupture souvent renouvelée.

Nous avons donc pensé être plus fidèle au saint en ne reproduisant pas dans le texte la division en livres et chapitres et en supprimant les titres non authentiques des chapitres. Pour faciliter les recherches, nous avons cependant mentionné, en marge et dans les titres courants, la division traditionnelle.

LA NUIT OBSCURE

EXPOSITION DES CANTIQUES
QUI CONTIENNENT LA MANIÈRE DE L'ÂME
EN LA VOIE SPIRITUELLE
POUR ARRIVER À LA PARFAITE UNION D'AMOUR
AVEC DIEU,
TELLE QU'ELLE PEUT ÊTRE EN CETTE VIE.
ON DIT AUSSI LES PROPRIÉTÉS
QU'A CELUI QUI EST PARVENU
À LA DITE UNION,
SELON QU'IL EST CONTENU
AUX MÊMES CANTIQUES

PAR LE PÈRE
FRÈRE JEAN DE LA CROIX
CARME DÉCHAUSSÉ

PRÉFACE

En ce livre, premièrement, sont mis tous les cantiques qu'il faut expliquer. Après, chaque cantique est expliqué en particulier, mettant le cantique devant l'exposition. Ensuite, l'on explique chaque vers en détail, le mettant pareillement au commencement. Dans les deux premiers cantiques sont déclarés les effets des deux purifications spirituelles: de la partie sensitive de l'homme et de la spirituelle. Dans les six autres sont contenus divers et admirables effets de l'illumination spirituelle et union d'amour avec Dieu.

CANTIQUES DE L'ÂME

I. *Par une nuit obscure,*
Ardente d'un amour plein d'angoisses,
Oh! l'heureuse fortune!
Je sortis sans être vue,
Ma maison étant désormais accoisée.

II. *A l'obscur et en assurance,*
Par l'échelle secrète, déguisée,
Oh! l'heureuse fortune!
A l'obscur et en cachette,
Ma maison étant désormais accoisée.

III. *Au sein de la nuit bénie,*
En secret – car nul ne me voyait,
Ni moi je ne voyais rien –
Sans autre lueur ni guide
Hors celle qui brûlait en mon cœur.

IV. *Et celle-ci me guidait,*
Plus sûre que celle du midi,
Où Celui-là m'attendait
Que je connaissais déjà,
Sans que nul en ce lieu ne parût.

V. *O nuit! toi qui m'as guidée,*
O nuit! plus aimable que l'aurore,
O nuit! toi qui as uni
L'Aimé avec son aimée,
L'aimée en son Aimé transformée.

VI. *Sur mon cœur couvert de fleurs,*
Qui se gardait, entier, pour lui seul,
Il reste là – endormi –
Et moi, je le caressais,
L'éventant de l'éventail des cèdres.

VII. *L'air qui soufflait du créneau,*
Quand je lui caressais les cheveux,
De sa main, sereinement,
Venait me blesser au cou,
Et tenait en suspens tous mes sens.

VIII. *Je me tins coi, dans l'oubli,*
Le visage penché sur l'Aimé.
Tout cessa. Je restai là,
Abandonnant mon souci,
Parmi les fleurs des lis, oublié.

ON COMMENCE L'EXPOSITION DES CANTIQUES QUI TRAITENT DU MOYEN ET DE LA MANIÈRE QUE GARDE L'ÂME DANS LE CHEMIN DE L'UNION DE L'AMOUR AVEC DIEU

Avant que d'expliquer ces cantiques, il faut savoir que l'âme les dit étant en la perfection, qui est l'union d'amour avec Dieu, ayant déjà passé par les étreintes des travaux et angoisses, moyennant l'exercice spirituel du *sentier étroit de la vie éternelle*, Mt 7,14 dont Notre Sauveur parle dans l'Évangile, par lequel l'âme passe ordinairement pour arriver à cette haute et heureuse union avec Dieu. Et, à cause qu'il est si étroit et que si *peu y entrent* (comme le dit le même Seigneur), l'âme tient pour un grand bonheur et aventure d'avoir passé par lui à ladite perfection d'amour, comme elle le conte en ce premier cantique, nommant très proprement ce sentier étroit *nuit obscure*, comme il sera déduit après, en les vers dudit cantique. L'âme donc, bien aise d'avoir passé par ce chemin étroit, d'où lui arrive un si grand bien, parle en cette manière:

LIVRE I
Nuit du sens

Par une nuit obscure,
Ardente d'un amour plein d'angoisses,
Oh! l'heureuse fortune!
Je sortis sans être vue,
Ma maison étant désormais accoisée.

EXPLICATION

L'âme rapporte, en ce premier cantique, le moyen et la manière dont elle sortit de soi et de toutes choses, quant à l'affection, mourant par une vraie mortification à elles toutes et à soi-même, pour avoir le bien de vivre une vie d'amour, douce et savoureuse, avec Dieu; et elle dit que cette sortie hors de soi et de toutes choses fut une *nuit obscure*, qu'elle entend ici par la contemplation purificatrice (comme nous dirons après), laquelle fait passivement renoncer l'âme à soi-même et à toutes choses.

Et elle dit ici qu'elle eut pouvoir de faire cette sortie par la force et chaleur que l'amour de son Époux lui donna pour ce sujet en ladite contemplation obscure. En quoi elle exalte le bonheur qu'elle eut de s'acheminer à Dieu par cette nuit avec un si bon succès que pas un des trois ennemis qui sont le monde, le démon et la chair (lesquels y mettent toujours de l'obstacle) ne l'en purent empêcher; pour autant que ladite nuit de contemplation purificatrice fit endormir et s'apaiser en la *maison* de sa sensualité toutes les passions et appétits, quant à leurs appétits et mouvements contraires.

Elle dit donc le vers:

CHAPITRE I

Par une nuit obscure.

Les âmes commencent à entrer dans cette obscure nuit quand Dieu les va tirant de l'état de ceux qui commencent – qui est de ceux qui méditent en la voie spirituelle – et les commence à mettre en celui de ceux qui profitent – qui est désormais celui des contemplatifs – afin que, passant par là, ils arrivent à l'état des parfaits – qui est celui de l'union divine de l'âme avec Dieu. Partant, pour mieux entendre et déclarer quelle est cette nuit par où l'âme passe et pourquoi Dieu l'y met, il faut premièrement déduire ici quelques propriétés des commençants (ce qui, même exposé avec toute la brièveté possible, ne laissera pas aussi de servir aux commençants mêmes), pour que, entendant l'imbécillité [1] de l'état où ils sont, ils s'encouragent et désirent que Dieu les mette dans cette nuit, où l'âme se fortifie et confirme quant aux vertus, et pour jouir des inestimables délices de l'amour de Dieu. Et, encore que nous nous y arrêtions un peu, ce ne sera pas plus qu'il n'est convenable, afin de traiter aussitôt de cette nuit obscure.

Sachez donc que, lorsque l'âme se convertit à Dieu avec une ferme résolution et se met à le servir, d'ordinaire il va l'élevant

1. C'est-à-dire, au sens étymologique, la faiblesse.

en esprit et la caressant comme une mère amoureuse fait à son tendre enfançon – lequel elle échauffe dans son sein, le nourrit d'un lait savoureux et de nourritures délicates et douces, le porte entre ses bras et lui fait mille caresses. Mais, à mesure qu'il croît, la mère le sèvre de ces caresses, et, cachant son tendre amour, met de l'aloès amer sur son doux sein et, le faisant descendre de ses bras, le met à terre pour le faire marcher, afin que, perdant les propriétés de l'enfance, il s'adonne aux choses plus grandes et qui ont plus de substance. La grâce de Dieu, cette amoureuse mère, aussitôt qu'elle régénère l'âme pour une nouvelle chaleur et ferveur de servir Dieu, en fait de même: lui faisant trouver sans peine un lait spirituel doux et savoureux en toutes les choses de Dieu et une grande douceur en tous ses exercices; car Dieu lui donne, comme à un tendre enfançon, la mamelle de son tendre amour.

C'est pourquoi elle se plaît à demeurer longtemps en oraison, et d'y passer parfois les nuits entières; ses goûts sont les pénitences, ses contentements sont les jeûnes, et ses consolations de fréquenter les sacrements et de communiquer aux choses divines. En lesquelles choses (bien que les personnes spirituelles y assistent avec grande efficace et assiduité et qu'elles en usent et les traitent avec grand soin et diligence) néanmoins, parlant spirituellement, d'ordinaire elles s'y comportent fort faiblement et imparfaitement. Parce que, étant attirées à ces choses et exercices spirituels par la consolation et le goût qu'elles y trouvent et n'étant encore habituées en les vertus par un exercice de forte lutte, elles commettent maintes fautes et imperfections en ces œuvres spirituelles – parce que, enfin, chacun opère selon l'habitude de perfection qu'il a. Et, comme elles n'ont pas encore eu le temps d'acquérir ces fortes habitudes, il faut, par nécessité, qu'elles opèrent faiblement, comme de faibles enfants. Pour montrer cela clairement et combien ces commençants marchent faiblement en les vertus dans les choses qu'ils opèrent facilement – attirés par le goût susdit – nous le remarquerons dans les sept vices capitaux, notant quelques-unes des imperfections qu'ils commettent en grand nombre en chacun d'eux, où l'on verra clairement combien ils opèrent en enfants. Et on verra aussi combien apporte de biens avec soi la nuit obscure, dont nous traiterons ci-après, vu qu'elle nettoie et purifie l'âme de toutes ces imperfections.

CHAPITRE 2

DE QUELQUES IMPERFECTIONS SPIRITUELLES DES COMMENÇANTS TOUCHANT LA SUPERBE

Comme ces commençants se sentent si fervents et si diligents en les choses spirituelles et en les exercices de dévotion, (quoiqu'il soit vrai que les choses saintes, de soi-même, humilient) néanmoins par leur imperfection il leur naît souvent de cette prospérité une certaine branche d'orgueil secret, qui leur fait avoir quelque satisfaction de leurs actions et d'eux-mêmes. Et d'ici leur naît aussi une certaine envie un peu vaine, et parfois fort vaine, de parler des choses spirituelles devant d'autres, et parfois même d'en faire leçon plutôt que de les apprendre, et ils condamnent en leur cœur les autres, qu'ils ne voient pas avec la sorte de dévotion qu'ils voudraient, et même, quelque-
Lc 18, fois, ils osent bien le dire, ressemblant en cela au Pharisien
11-12 lequel, louant Dieu, se vantait des choses qu'il faisait et méprisait le publicain.

Le démon accroît souvent à de telles gens la ferveur et l'envie de faire davantage de ces œuvres ou d'autres semblables, afin que leur orgueil et présomption s'augmentent – sachant bien que non seulement toutes ces œuvres et ces vertus ne leur servent de rien, mais au contraire en eux se tournent en vices. Et quelques-uns vont si avant qu'ils ne voudraient pas qu'un autre qu'eux eût la réputation de bon, de sorte qu'aux occasions ils médisent des autres et les con-
Mt 7,3 damnent de parole et d'œuvre, voyant le fétu dans l'œil de leur frère et n'apercevant pas la poutre qui crève le leur; ils
Mt ôtent un moucheron à leur prochain et ils avalent un chameau.
23,24 Quelquefois aussi, quand leurs maîtres spirituels – comme sont les confesseurs et les supérieurs – n'approuvent leur esprit et leur manière de procéder (parce qu'ils ont envie d'être loués et estimés en leurs choses), ils jugent qu'ils ne connaissent pas leur esprit ou qu'ils ne sont pas spirituels, et que c'est pour cela qu'ils ne l'approuvent et ne leur condescendent. De sorte qu'ils en désirent et cherchent aussitôt d'autres qui s'accordent à leur goût, parce que, ordinairement, ils désirent de traiter de leur esprit avec ceux dont ils espèrent qu'ils applaudiront et feront cas de leurs choses. Ils fuient comme la mort ceux qui les leur détruisent pour les mettre en bon chemin, parfois même jusqu'à se fâcher contre eux. Pleins de présomption, ils ont coutume de proposer beaucoup et de n'exécuter guère. Tantôt

ils ont envie de faire paraître leur esprit et dévotion aux autres, et pour ce sujet ils font des signes extérieurs, de mouvements, de soupirs et d'autres cérémonies; et quelquefois ils ont des ravissements – en public plutôt qu'en secret – auxquels le démon coopère, et ils prennent plaisir qu'on le sache et souvent le désirent.

Beaucoup s'efforcent d'avoir les préférences et de gagner les bonnes grâces des confesseurs, d'où il leur naît mille envies et inquiétudes. Ils ont de la honte à déclarer leurs péchés nûment, de peur que les confesseurs ne les méprisent; ils les colorent pour ne paraître si méchants – ce qui est plutôt aller s'excuser que s'accuser. Quelquefois ils cherchent un autre confesseur pour déclarer leurs vices, de peur que l'autre ne pense qu'il y ait du défaut en eux, mais seulement de la vertu. Et, ainsi, ils aiment toujours à dire le bien, et en termes qu'il paraisse plutôt plus grand qu'il n'est que moins, avec envie que leurs œuvres soient estimées bonnes, encore que ce serait une plus grande humilité (comme nous dirons après) de les diminuer et désirer que ni lui ni personne ne les estime.

Il y en a quelques-uns de ceux-ci lesquels tiennent fort peu de compte de leurs fautes, et d'autres s'attristent démesurément de s'y voir tomber, pensant qu'ils devraient déjà être saints, et ils se fâchent contre eux-mêmes avec impatience – ce qui est une autre imperfection. Souvent, ils s'adressent à Dieu avec un désir grandement angoisseux afin qu'il leur ôte leurs imperfections et défauts, plus pour se voir délivrés de leur ennui et jouir de la paix, que pour Dieu; ne considérant pas que, s'il les en délivrait, peut-être qu'ils deviendraient plus superbes et présomptueux. Ils ne louent jamais personne et aiment d'être loués, et quelquefois le prétendent – en quoi ils ressemblent aux folles vierges, lesquelles, ayant leurs lampes éteintes, cher- Mt
chent de l'huile au-dehors. 25,10

Quelques-uns tombent, de ces imperfections, en de nombreuses autres et s'y enfoncent bien avant, et ils s'y précipitent en de grands maux. Mais les uns les ont moins, les autres plus; et il y en a qui ne sentent sinon les premiers mouvements, ou peu plus; mais il ne se trouve guère de ces commençants qui ne tombent en quelque chose de cela au temps de ces ferveurs. Or, ceux qui en cet état cheminent en perfection procèdent bien d'une autre manière et d'un autre esprit; parce qu'ils avancent et s'affermissent beaucoup en l'humilité, non seulement tenant pour rien leurs choses propres, mais étant fort peu satisfaits d'eux-mêmes; ils estiment tous les autres beaucoup meilleurs, et leur portent ordinairement une sainte envie avec un désir de servir Dieu comme eux. Parce que, d'autant plus ils sont fervents et font de bonnes œuvres et y ont du goût, comme ils marchent en humilité, d'autant plus aussi connaissent-ils tout ce que Dieu mérite et combien peu de chose est tout ce qu'ils font pour lui. Et ainsi, tant plus ils font, tant moins sont-ils contents d'eux-mêmes. Car ils voudraient tant faire pour lui par amour et charité que tout ce qu'ils opèrent ne leur semble rien; et cette sollicitude d'amour les sollicite, occupe et charme tellement qu'ils ne prennent jamais garde aux actions des autres; et s'ils y prennent garde, c'est toujours (comme je dis) en croyant que tous les autres sont bien meilleurs qu'eux. De manière que, s'estimant peu, ils sont bien aises que leurs prochains en fassent pareil jugement et qu'ils ravalent et méprisent ce qu'ils ont. Et, de plus, ils ont ceci que, quoique les autres veuillent louer et estimer ce qui est en eux, ils ne le peuvent croire, et il leur semble une chose étrange de dire ces biens d'eux.

Ceux-ci, avec beaucoup de tranquillité et d'humilité, ont un grand désir d'être instruits de quoi que ce soit qui leur puisse profiter – bien au contraire de ceux dont nous avons parlé ci-dessus, qui voudraient faire leçon à tout le monde, et quand il semble qu'on leur veut montrer quelque chose, ils interrompent et prennent la parole, comme si déjà ils savaient bien ce qu'on leur veut dire. Mais ces humbles dont nous parlons maintenant n'ont garde d'entreprendre de faire leçon à personne: ils sont tout prêts de cheminer et de prendre un autre chemin que celui qu'ils tiennent, si on leur commande, parce qu'ils ne pensent jamais qu'ils réussissent en quoi que ce soit. Ils sont bien aises d'ouïr louer les autres et ont seulement de la peine de ce qu'ils ne servent pas Dieu comme eux. Ils n'aiment point à conter leurs affaires – car ils les tiennent pour peu de chose – rougissant même quand ils les disent à leurs maîtres spirituels, comme des choses dont ils estiment ne valoir pas le parler. Ils sont bien plus désireux de dire leurs fautes et péchés, ou qu'on les entende, que de dire leurs vertus. Et ainsi ils traitent plus volontiers de leur âme avec ceux qui font moins de cas de leurs choses et de leur esprit. Ce qui est une propriété de l'esprit simple, pur, vrai et très agréable à Dieu. Car, comme le sage esprit de Dieu habite dans ces âmes humbles, il les incite et incline aussitôt à cacher leurs trésors au-dedans et à mettre le mal dehors. Car c'est une grâce que Dieu donne aux humbles, ensemble avec les autres vertus, comme il la refuse aux superbes.

Ceux-là donneraient volontiers le sang de leur cœur à celui qui sert Dieu, et l'aideront tant qu'ils pourront à bien faire. Dans les imperfections où ils se voient tomber, ils se supportent avec humilité, mansuétude et crainte amoureuse de Dieu, espérant en lui. Mais j'apprends qu'il n'y a que le petit nombre d'âmes qui cheminent dès le commencement en cette perfection, et qu'il y en a fort peu. Nous nous contenterions bien si elles ne trébuchaient point en les choses contraires. C'est pourquoi (comme nous dirons après) Dieu met en la nuit obscure ceux qu'il veut purifier de toutes ces imperfections, pour les faire avancer.

DE CERTAINES IMPERFECTIONS QUE QUELQUES-UNS DE CEUX-CI ONT COUTUME D'AVOIR TOUCHANT LE SECOND VICE CAPITAL, QUI EST L'AVARICE, PARLANT SPIRITUELLEMENT

CHAPITRE 3

Nombre de ces commençants sont aussi quelquefois entachés d'une grande avarice spirituelle; parce qu'à peine les verrez-vous contents de l'esprit que Dieu leur donne; ils se désolent et lamentent de ne trouver la consolation qu'ils désirent en les choses spirituelles. Il y en a beaucoup qui ne se lassent jamais d'entendre des conseils et d'apprendre des préceptes spirituels, d'avoir et de lire de nombreux livres qui traitent de ce vice et de la gourmandise, ce pour quoi ils tentent d'ordinaire mille manières d'exercices, soit qu'ils fassent un large usage de cette abondance, convoitant de gros profits, soit purement pour le goût et la gourmandise: d'où leur naît l'inconstance et le peu de stabilité dans des exercices déterminés, qui sont si nécessaires, surtout en ces commencements. Et cela leur fait perdre le fruit de leurs peines et rend inefficace et vain leur travail, dépensant leur temps en épreuves et essais [1]. Parce que, outre cela, ils se chargent d'images et de rosaires, parfois très curieux et de prix; ils laissent tantôt les uns pour prendre les autres; tantôt ils troquent, tantôt ils rechangent; tantôt ils en veulent d'une façon, puis de l'autre, aimant mieux cette croix-ci que celle-là parce qu'elle est plus curieuse ou plus coûteuse. Vous en verrez d'autres plus chargés d'*agnus Dei*, de reliques et de *nominas* [2], que des enfants de babioles. Je condamne en ceci la propriété du cœur et l'attachement qu'ils ont à la façon, à la quantité et à la curiosité de ces choses; attendu que cela est grandement contre la pauvreté d'esprit, qui ne regarde que la substance de la dévotion, se servant seulement de ce qui suffit pour elle, et s'ennuyant de cette multiplicité et curiosité – vu que la vraie dévotion doit sortir du cœur, regardant seulement en la vérité et la substance de ce que les choses spirituelles représentent, et tout le reste est un attachement et une propriété d'imperfection, de sorte qu'il est nécessaire que cet appétit soit mortifié, pour passer à une certaine perfection.

J'ai connu une personne qui a porté plus de dix ans une croix faite grossièrement d'un rameau bénit, clouée avec une épingle retorse [3] autour, et jamais ne l'avait quittée, la portant toujours sur soi, jusqu'à ce que je la lui aie ôtée – et ce n'était pas une personne de peu de capacité et d'entendement. J'en ai vu une autre qui avait un chapelet fait d'os d'épines de poisson. Et il est certain que leur dévotion n'était pas de moindre prix devant Dieu, vu qu'on voit clairement que ces personnes ne l'avaient point en la façon et valeur. Quant à ceux qui sont bien conduits en ces commencements, ils ne s'attachent point aux instruments visibles, ils ne s'en chargent et ne se soucient de savoir davantage que ce qu'il leur faut pour opérer; parce qu'ils ne visent qu'à se mettre très bien avec Dieu et à lui plaire, et mettent tout leur désir en cela. Si bien qu'ils donnent tout ce qu'ils ont très libéralement, et leur contentement est de s'en priver pour Dieu et pour la charité du prochain, tant en ce qui concerne les choses spirituelles que temporelles, vu que (comme je dis) ils ne fichent les yeux que sur la vraie perfection intérieure qui est de plaire à Dieu et en rien à soi-même.

1. Les dix lignes précédentes sont données d'après la leçon des manuscrits de Baëza et de Tolède.
2. Reliques sur lesquelles était écrit le nom d'un saint.
3. Tordue.

Néanmoins l'âme ne saurait se purifier entièrement de ces imperfections, non plus que des autres, jusqu'à ce que Dieu la mette en la purification passive de cette obscure nuit dont nous parlerons après. Mais il faut que l'âme s'efforce de sa part de faire tout ce qu'elle pourra pour se purifier et perfectionner, afin qu'elle mérite que Dieu la mette en cette cure divine où il guérit l'âme de tout ce dont elle-même ne peut parvenir à se guérir. Parce que, quoi qu'elle fasse, elle ne saurait se purifier elle-même activement en sorte qu'elle soit le moins du monde disposée pour la divine union de parfait amour, si Dieu ne s'en mêle et ne la purifie dans ce feu qui lui est obscur, comme et en la manière que nous dirons.

D'AUTRES IMPERFECTIONS QUE CES COMMENÇANTS ONT COUTUME D'AVOIR TOUCHANT LE TROISIÈME VICE, À SAVOIR LA LUXURE

CHAPITRE 4

Beaucoup de ces commençants ont de nombreuses imperfections autres que celles que je vais remarquant en chaque vice, lesquelles j'omets pour n'être trop long, touchant seulement quelques-unes des plus importantes, qui sont comme l'origine et la tête des autres. Quant au vice de la luxure (laissant à part ce que c'est, pour les personnes spirituelles, que de tomber en ce péché, puisque mon dessein est de traiter des imperfections qui se doivent purifier par la nuit obscure) ils ont beaucoup d'imperfections, beaucoup qu'on pourrait appeler luxure spirituelle; non qu'il soit ainsi véritablement, mais parce qu'il procède de choses spirituelles. Car souvent il arrive que dans les exercices spirituels mêmes – sans qu'il soit en leur puissance de s'en garantir – il s'élève et se produit dans la sensualité des mouvements et actes sales, et quelquefois même quand l'esprit est bien recueilli en l'oraison, ou bien quand ils se confessent et communient. Lesquels, sans qu'ils aient le pouvoir de l'empêcher (comme je viens de dire), procèdent d'une de ces trois causes.

Premièrement, cela procède souvent du goût que la nature prend en les choses spirituelles. Car, comme l'esprit et le sens les savourent, par cette récréation chaque partie de l'homme se porte au plaisir selon sa portion et propriété. Parce qu'alors, l'esprit, qui est la partie supérieure, s'excite à une récréation et goût de Dieu; et la sensualité, qui est la partie inférieure, s'émeut à quelque goût et délectation sensuelle, n'en pouvant prendre ni avoir d'autre, et elle prend alors celui qui lui est le plus conjoint – qui est le sensuel sale. Partant, il arrive que l'âme est bien en oraison avec Dieu selon l'esprit, et d'autre part – à son grand regret – elle sent passivement, selon le sens, des rébellions et mouvements et actes sensuels. Ce qui arrive souvent en la communion; car, comme en cet acte d'amour l'âme reçoit allégresse et délices – puisque c'est le Seigneur qui le fait, et c'est pour cela qu'il se donne – la sensualité aussi prend les siennes (comme nous avons dit) à sa manière. Car, enfin, comme des deux parties ne font qu'un suppôt[1], toutes deux participent d'ordinaire de ce que l'une reçoit, chacune à son mode. Car, comme dit le Philosophe, chaque chose qui se reçoit est en celui qui la reçoit à la manière de celui qui la reçoit. Si bien que, en ces commencements, et même quand l'âme est déjà avancée, comme la sensualité est imparfaite, souvent elle reçoit l'esprit de Dieu avec la même imperfection. Mais quand cette partie sensitive est réformée par la purification de la nuit obscure que nous dirons, elle n'a plus ces faiblesses, parce que désormais ce n'est plus elle qui reçoit, mais plutôt c'est elle qui est reçue en l'esprit. Et, ainsi, elle possède alors toutes choses à la façon de l'esprit.

La deuxième cause d'où ces rébellions parfois procèdent, c'est le démon; lequel, pour inquiéter et troubler l'âme lorsqu'elle est en oraison ou prête de la faire, tâche d'émouvoir en la nature ces sales mouvements – qui sont très dommageables à l'âme si elle s'en met en peine. Parce que non seulement, pour la crainte d'une telle chose, il rend lâche en l'oraison – qui est ce qu'il prétend – afin d'entrer en combat avec eux; mais il fait encore que quelques-uns la quittent tout à fait, estimant que cela leur arrive plus en cet exercice qu'ailleurs, comme il est véritable; parce que le démon les réserve plus à ce temps qu'en autre occupation, pour leur faire abandonner l'exercice spirituel. Et non seulement cela, mais il vient à leur représenter vivement des ordures et des horreurs, et parfois très conjointement à toute sorte de choses spirituelles et à des

1. Au sens scolastique de sujet ou personne.

personnes qui profitent à leurs âmes, afin de les terrasser et de les effrayer; de manière que ceux qui font cas de cela n'osent même plus rien voir ni considérer, à cause qu'ils bronchent aussitôt en ceci ou en cela. Ce qui arrive particulièrement aux mélancoliques, avec tant d'efficace et de fréquence qu'il y a sujet d'en avoir grande compassion, vu qu'ils mènent une vie triste. Car, chez certaines personnes qui ont cette mauvaise humeur, cette peine en vient au point qu'il leur paraît clairement sentir le démon s'unir charnellement[1] à elles – sans qu'elles soient libres de le pouvoir éviter – encore que certaines de ces personnes, à grande force et travail, puissent éviter pareille union. Quand ces choses sales leur proviennent de la mélancolie, ordinairement ils ne s'en délivrent guère, jusqu'à ce que cette humeur soit guérie: si ce n'est que l'obscure nuit entre dans l'âme, qui la prive successivement de tout.

La troisième source d'où ces mouvements sales ont coutume de procéder et de faire la guerre, c'est la crainte qu'ils ont déjà conçue de ces mouvements et représentations déshonnêtes. Car la crainte que la prompte ressouvenance leur donne en ce qu'ils voient ou en ce qu'ils traitent ou en ce qu'ils pensent, leur fait souffrir ces actes, sans qu'il y ait de leur faute.

Il y a aussi des âmes d'une nature si tendre et si fragile que, à l'occasion de n'importe quel goût d'esprit ou d'oraison, aussitôt l'esprit de luxure est en eux – qui de telle manière les enivre et flatte leur sensualité qu'ils se trouvent comme engolfés dans ce suc et dans le goût de ce vice. C'est passivement que l'un dure avec l'autre, et parfois ils s'aperçoivent qu'il s'est produit des actes déshonnêtes et rebelles[2]. La cause en est que, comme ces natures sont (comme je l'ai dit) fragiles et tendres, la moindre altération leur trouble les humeurs et le sang. Et c'est ainsi qu'ils éprouvent ces mouvements, car à de telles gens la même chose arrive quand ils s'enflamment de colère ou qu'ils éprouvent quelque trouble ou quelque peine.

Quelquefois aussi, il s'excite une certaine vivacité et une certaine recherche en ces spirituels, tant en parlant que faisant quelque œuvre spirituelle, par le souvenir des personnes qu'ils ont présentes, et ils vont conversant avec une sorte de vain

1. L'équivalent latin du terme *acceso* employé par saint Jean de la Croix est *coïtus*.
2. Sous-entendu: à la raison.

contentement, qui naît aussi de la luxure spirituelle – de la façon que nous l'entendons ici – ce qui vient ordinairement avec une complaisance dans la volonté.

Quelques-uns d'entre eux, sous couleur de spiritualité, conçoivent des affections envers quelques personnes, qui maintes fois procèdent de la luxure, et non de l'esprit; ce qu'on reconnaît être de la sorte, lorsque, par le souvenir de cette affection, la mémoire et l'amour de Dieu ne croissent point, mais plutôt le remords de conscience. Car, quand l'affection est purement spirituelle, à mesure qu'elle croît, celle de Dieu croît aussi. Et tant plus on se souvient d'elle, tant plus aussi on se souvient de celle de Dieu et on a un désir de lui – et croissant en l'un, on croît en l'autre. Car l'esprit de Dieu a cela de propre qu'il accroît le bien avec le bien, à cause de la ressemblance et conformité qu'il y a. Mais, quand un tel amour naît du vice sensuel susdit, il a les effets tout contraires: parce que tant plus l'un croît, tant plus l'autre diminue, et de même du souvenir.

Car si cet amour croît, on verra aussitôt qu'on se va refroidissant en celui de Dieu et s'oubliant de lui par la mémoire de la personne qu'on aime, et de plus il y aura quelque remords en la conscience. Au contraire, si celui de Dieu croît en l'âme, elle se refroidit en l'autre et le met en oubli. En effet, comme ce sont des amours contraires, tant s'en faut que l'un aide à l'autre, que plutôt celui qui prédomine éteint et confond l'autre et se renforce soi-même, comme disent les philosophes. C'est
Jn 3,6 pourquoi Notre Sauveur dit en l'Évangile que *ce qui est né de la chair est chair et ce qui est né de l'esprit est esprit.* C'est-à-dire: l'amour qui vient de la sensualité demeure en la sensualité, et celui qui vient de l'esprit s'arrête en esprit de Dieu et le fait croître. Voilà quelle différence il y a entre les deux amours pour les discerner.

Or, quand l'âme est entrée dans la nuit obscure, elle met tous ces amours à la raison. Parce qu'elle fortifie et purifie l'un – à savoir celui qui est selon Dieu – et ôte ou éteint l'autre, et fait au commencement que tous les deux se perdent de vue, comme nous dirons après.

DES IMPERFECTIONS EN LESQUELLES TOMBENT CEUX QUI COMMENCENT TOUCHANT LE VICE DE LA COLÈRE

Nombre de commençants, à raison de leur convoitise en les goûts spirituels, les possèdent très ordinairement avec beaucoup d'imperfections touchant le vice de la colère; parce que, quand ils n'ont plus la saveur et le goût en les choses spirituelles, ils se trouvent naturellement dégoûtés, et par ce dégoût ils sont mal gracieux en les choses qu'ils traitent et se colèrent facilement pour le moindre sujet, et parfois même se rendent insupportables. Ce qui arrive souvent après avoir joui d'une fort savoureuse récollection sensible en l'oraison; car, comme ce goût et cette saveur s'évanouissent, le naturel demeure naturellement dégoûté et déplaisant, de même que l'enfant qu'on ôte de la mamelle où il suçait le lait à son aise et selon son goût. En quoi, lorsqu'on ne se laisse emporter au dégoût, il n'y a point de coulpe, mais seulement imperfection, qui doit être purifiée par la sécheresse et la pressure de l'obscure nuit.

Il y a aussi d'autres de ces spirituels qui tombent en une autre manière de colère spirituelle, qui est de se fâcher contre les vices d'autrui, avec un certain zèle inquiet, blâmant les autres; et, parfois, il leur vient des impétuosités de les reprendre aigrement, et parfois même ils le font, se faisant maîtres de la vertu – et tout cela est contre la mansuétude spirituelle.

Il y en a d'autres qui se fâchent contre eux-mêmes, d'une impatience non humble, quand ils se voient imparfaits; d'où vient qu'ils sont si impatients qu'ils voudraient être saints en un jour. Il y en a beaucoup de ceux-là qui proposent beaucoup et font de grands propos; mais, comme ils ne sont point humbles et se confient en eux-mêmes, tant plus ils font de propos, tant plus ils tombent et tant plus ils se fâchent, n'ayant pas de patience pour attendre que Dieu leur donne quand il lui plaira ce qu'ils désirent – ce qui est aussi contre ladite mansuétude spirituelle. A quoi l'on ne peut apporter de remède entier que par la purification de l'obscure nuit – encore que quelques-uns aient tant de patience en ceci (de vouloir profiter) que Dieu voudrait bien qu'ils ne fussent en cela si patients.

CHAPITRE 6

DES IMPERFECTIONS QUI CONCERNENT LA GOURMANDISE SPIRITUELLE

Il y a beaucoup à dire touchant la gloutonnie spirituelle, parce qu'à peine y a-t-il un commençant, si vertueux soit-il, qui ne tombe en quelqu'une des nombreuses imperfections qui naissent au sujet de ce vice, par le moyen de la saveur que de telles personnes trouvent au commencement en les exercices spirituels. Car beaucoup d'entre elles, affriandées de la saveur et du goût qu'elles trouvent en ces exercices, procurent plutôt la saveur de l'esprit que sa pureté et sa discrétion, qui est ce que Dieu regarde et accepte en toute la voie spirituelle. C'est pourquoi, outre l'imperfection que ces commençants ont en prétendant ces saveurs, la gourmandise qu'ils ont déjà les fait sortir du pied à la main – c'est-à-dire aller d'une extrémité à l'autre[1] – passant les limites du milieu, en quoi consistent et où s'acquièrent les vertus. Car quelques-uns, alléchés par le goût qu'ils trouvent là, se tuent de pénitences, et d'autres se débilitent par des jeûnes, faisant plus que leur faiblesse ne permet, sans ordre ni conseil d'autrui. Au contraire, ils se dérobent à celui à qui ils doivent obéir en tel cas; et il y en a même qui sont si hardis que de le faire, quoiqu'on leur ait commandé le contraire.

Ces personnes sont très imparfaites et des gens sans raison, qui laissent la sujétion et l'obéissance (qui est la pénitence de
1 Sm 15,22 la raison et de la discrétion: c'est pourquoi ce sacrifice est plus bienvenu et agréable à Dieu que tous les autres) en arrière de la pénitence corporelle, laquelle, sans l'autre, n'est guère qu'une pénitence de bêtes, à laquelle, comme des bêtes aussi, ils ne sont poussés que par le goût et l'appétit qu'ils y trouvent. En quoi, pour autant que toutes les extrémités sont vicieuses et qu'en cette façon de procéder ceux-ci font leur volonté, ils croissent plutôt en vices qu'en vertus. Car pour le moins, en cette façon, ils acquièrent la gloutonnie spirituelle et la superbe, puisqu'ils ne marchent pas en obéissance. Et le démon y pousse tellement beaucoup de ceux-ci, attisant cette gloutonnie par des goûts et des appétits qu'il leur augmente, que, ne pouvant faire davantage, ou ils changent, ou ajoutent, ou varient ce qu'on leur commande, parce que toute obédience à ce sujet leur est

1. Les mots entre tirets sont une glose de Cyprien.

dure. En quoi quelques-uns arrivent à un tel mal que, par le fait même que ces exercices se font par obéissance, ils perdent l'envie et la dévotion de les faire, n'ayant autre volonté sinon de faire les choses auxquelles ils sont mus par le goût, bien que peut-être il vaudrait mieux ne rien faire du tout.

Vous en verrez beaucoup de ceux-ci fort opiniâtres avec leurs maîtres spirituels afin qu'ils leur accordent ce qu'ils veulent, et ils l'obtiennent, moitié par force; autrement ils s'attristent, comme des enfants, et marchent à regret, et il leur semble qu'ils ne servent point Dieu quand on ne leur permet de faire ce qu'ils désirent. Car, comme ils s'appuient au goût et à la propre volonté – qu'ils considèrent comme leur Dieu – aussitôt qu'on leur ôte et qu'on les veut mettre en la volonté de Dieu, ils s'attristent, se relâchent et défaillent. Ceux-là pensent que d'avoir des goûts et être contents, ce soit servir Dieu et lui plaire.

Il y en a aussi d'autres qui, aveuglés de cette gloutonnie, ont si peu de connaissance de leur bassesse et de leur propre misère, et qui ont tellement jeté à part la crainte amoureuse et le respect qu'ils doivent à la grandeur de Dieu, qu'ils contestent fort opiniâtrement avec leurs confesseurs pour avoir permission de communier souvent. Et, qui pis est, c'est qu'ils osent communier sans le congé et l'avis du ministre et du dispensateur du Christ, par leur sentiment seul, et tâchent de lui couvrir la vérité. C'est pourquoi le désir qu'ils ont de communier est cause qu'ils se confessent vaille que vaille, ayant plus d'envie de manger que de manger avec pureté et perfection, et néanmoins il serait plus sain et plus saint, ayant l'inclination contraire, de prier les confesseurs de ne les envoyer si souvent à la Table – encore qu'entre les deux extrémités, la résignation humble soit la meilleure. Mais les autres hardiesses causent de grands maux, et ils devraient appréhender le châtiment de leur témérité.

Ces gens-là s'emploient tout, en la communion, à procurer quelque sentiment et goût, plutôt qu'à révérer et louer humblement Dieu en soi. Et ils s'approprient tellement cela que, s'ils ne reçoivent quelque goût ou sentiment sensible, ils pensent n'avoir rien fait – jugeant très bassement de Dieu et n'entendant pas que le moindre des profits que fait ce très saint Sacrement, c'est celui qui touche au sens, et que l'invisible de la grâce qu'il donne est plus grand; et c'est afin qu'on y jette les yeux de la foi que Dieu prive souvent des goûts et des autres saveurs sensibles. Et, ainsi, ils veulent sentir Dieu et le goûter, comme s'il était compréhensible et accessible, non seulement en ceci, mais aussi en les autres exercices spirituels. Or, tout cela est une très grande imperfection et fort contraire à la condition de Dieu, puisque c'est de l'impureté dans la foi.

Ils se comportent de la même sorte en l'oraison, pensant que tout le point consiste à trouver du goût et de la dévotion sensible, qu'ils tâchent de tirer, comme on dit, à force de bras, lassant et fatiguant les puissances et la tête; que, s'ils ne l'ont pu trouver, ils se déconfortent beaucoup, croyant n'avoir rien fait. Et cette prétention leur fait perdre la vraie dévotion et l'esprit, qui consiste à persévérer là patiemment et humblement, se défiant de soi-même, seulement pour plaire à Dieu. A cause de cette prétention, quand une fois ils n'ont rien savouré en cet exercice ou en un autre, ils ont beaucoup de dégoût et de répugnance à y retourner et parfois le délaissent. Car enfin (comme nous avons dit) ils ressemblent à des enfants qui ne font rien par raison et ne se mènent que par le goût. Toute leur étude est à chercher des goûts et des consolations d'esprit et pour ce, ils ne se lassent jamais de lire: tantôt ils prennent une méditation, tantôt une autre, allant à la chasse de ces goûts en les choses de Dieu. Auxquels Dieu les dénie très justement, très discrètement et très amoureusement; car, autrement, cette gloutonnie spirituelle les porterait à beaucoup de maux. C'est pourquoi il leur est très expédient d'entrer en la nuit obscure, que nous allons donner, pour se purifier de ces puérilités.

Ceux qui sont ainsi enclins à ces goûts ont une autre très grande imperfection, à savoir qu'ils sont fort mous et lâches à marcher par le rude chemin de la croix: attendu que l'âme qui aime la saveur, naturellement toute non-saveur d'abnégation propre lui répugne.

Ils ont maintes autres imperfections qui leur naissent de là et que le Seigneur guérit avec le temps par des tentations, aridités, et autres travaux qui font partie de la nuit obscure, dont je ne parle point ici davantage, pour n'être trop long. Je dis seulement que la sobriété et la tempérance spirituelles ont une trempe bien différente, de mortification, crainte et sujétion en tout: faisant voir que la valeur et la perfection des choses ne consistent pas en leur multitude, ni au goût qu'on y trouve, mais à savoir renoncer à soi-même en elles – ce qu'ils doivent essayer de faire autant qu'il sera en eux, jusqu'à ce que Dieu les veuille entièrement purifier, les mettant dans la nuit obscure, à laquelle pour passer promptement, je me dépêcherai de vous déduire les imperfections suivantes.

DES IMPERFECTIONS TOUCHANT L'ENVIE ET LA TRISTESSE SPIRITUELLES

CHAPITRE 7

Les commençants ont aussi quantité d'imperfections, touchant les deux autres vices, qui sont l'envie et la tristesse spirituelles. Parce que, touchant l'envie, nombre d'entre eux ont coutume d'avoir bien des mouvements de déplaisance du bien spirituel d'autrui, ayant une peine sensible de ce que les autres les devancent en ce chemin, et ils ne voudraient pas les voir louer – car ils s'attristent des vertus d'autrui, et parfois ne les peuvent souffrir sans dire le contraire, ravalant leurs louanges comme ils peuvent; et, comme on dit, leur œil en jaunit[1] de ce qu'on n'en fasse pas autant à leur égard, parce qu'ils voudraient être préférés en tout. Ce qui est fort contraire à la charité, laquelle, comme dit saint Paul, *se réjouit de la bonté*. I Co 13,6
Et si elle a quelque envie, c'est une envie sainte, étant marrie de n'avoir les vertus des autres, joyeuse que les autres les aient, et se réjouissant que tous la devancent – vu qu'ils servent Dieu cependant qu'elle y manque beaucoup.

Pour ce qui est de la tristesse spirituelle aussi, ils s'ennuient d'ordinaire et même fuient les choses plus spirituelles, comme sont celles qui contredisent au goût sensible. Car, comme ils sont si affriandés de la saveur des choses spirituelles, n'y trouvant de saveur, ils s'en fatiguent; de manière que si une fois ils ne rencontrent en l'oraison de la satisfaction à leur goût (laquelle il faut enfin que Dieu leur ôte pour les éprouver), ils voudraient n'y point retourner; d'autres fois ils la quittent ou y vont à regret; et ainsi par cette tristesse, ils postposent le chemin de perfection (qui est celui de l'abnégation de leur volonté et de leur goût, pour Dieu) au goût et à la saveur de

1. Familièrement, on dirait: ils en font une jaunisse, pour rendre l'intraduisible expression *les crece el ojo*.

leur propre volonté[1], laquelle, par ce moyen, ils contentent davantage que celle de Dieu.

Et beaucoup d'entre eux voudraient que Dieu voulût ce qu'ils veulent et s'attristent de vouloir ce qui lui plaît, avec répugnance de s'accommoder à la volonté divine. D'où vient que souvent ils pensent que ce en quoi ils ne trouvent leur volonté propre ni leur goût, n'est point la volonté de Dieu; et au contraire, quand ils se contentent, ils croient que Dieu l'est aussi: mesurant Dieu à eux, et non pas eux à Dieu – lui-même nous ayant bien enseigné le contraire en l'Évangile, disant que *celui*
Mt *qui perdra sa volonté pour lui, la gagnera, et quiconque la voudra*
16,25 *conserver, la perdra.*

Ils éprouvent aussi du dégoût quand on leur commande quelque chose contre leur goût. Et parce qu'ils se laissent aller aux saveurs et délices spirituelles, ils sont très lâches pour les forts travaux de la perfection, semblables à ceux qui se nourrissent dans les mignardises, lesquels, avec tristesse, fuient toute austérité et s'offensent de la croix, où sont les délices de l'esprit; et en les choses les plus spirituelles, c'est où ils sont le plus dégoûtés, parce que, voulant marcher au large en les choses spirituelles et selon le goût de leur volonté, il leur fâche fort
Mt 7,14 et ils ont beaucoup de répugnance d'entrer par l'*étroit sentier de la vie* dont parle le Christ.

Je ne dirai que cela des nombreuses imperfections où tombent ceux de ce premier état de commençants, afin qu'on voie la nécessité qu'ils ont que Dieu les mette en l'état des avancés. Ce qui se fait les mettant en l'obscure nuit dont nous traiterons maintenant, où Dieu les sevrant de ces goûts et saveurs par pures sécheresses et ténèbres intérieures, il leur ôte toutes ces impertinences et puérilités et leur fait acquérir les vertus par des voies bien différentes. Car, quoique le commençant s'exerce à mortifier toutes ses actions et passions, il ne peut jamais s'en défaire totalement – tant s'en faut! – jusqu'à ce que Dieu le fasse passivement en lui par le moyen de la purification de ladite nuit. De laquelle, afin de dire quelque chose qui soit utile, qu'il plaise à Dieu de me donner sa divine lumière, parce qu'elle est bien nécessaire en une nuit si obscure et en une matière si difficile à dire et à exposer.

1. C'est-à-dire: ils laissent le chemin de perfection en arrière, pour le goût et la saveur de leur propre volonté.

Voici donc le vers :

Par une nuit obscure.

CHAPITRE 8

Cette nuit, que nous disons être la contemplation, cause deux sortes de ténèbres ou purifications en les spirituels, selon les deux parties de l'homme, qui sont la sensitive et la spirituelle. Et ainsi, il y a une nuit ou purification sensitive par laquelle l'âme se purifie selon le sens, l'accommodant à l'esprit ; et l'autre est une nuit ou purification spirituelle, par laquelle l'âme se purifie et se dénue selon l'esprit, l'accommodant et disposant pour l'union d'amour avec Dieu. La sensitive est commune et arrive à beaucoup – à savoir aux commençants – de laquelle premièrement nous parlerons. La spirituelle n'arrive qu'à fort peu – et encore du nombre de ceux qui sont déjà exercés et avancés – dont nous traiterons après.

La première purification ou nuit est amère et terrible pour le sens (comme nous allons le dire). La seconde n'a point de comparaison, parce qu'elle est horrible et épouvantable pour l'esprit (comme nous dirons aussitôt). Mais, vu que la sensitive est la première en ordre, et qu'elle se présente la première, nous en dirons d'abord succinctement quelque chose, à raison qu'on en a davantage écrit, comme d'une chose plus commune, afin de traiter plus expressément de la nuit spirituelle, dont on ne traite guère, soit de parole, soit d'écriture, et dont les discours tirés de l'expérience sont très rares.

Donc, comme le style qu'ont ces commençants en la voie de Dieu est bas et fort correspondant à leur amour-propre et à leur goût (comme nous avons déjà dit), Dieu les voulant avancer et les tirer de cette manière basse d'aimer à un plus haut degré de son amour, et les délivrer du bas exercice du sens et du discours, avec lequel ils cherchent Dieu si mesquinement et avec tant d'inconvénients (comme il a été dit), et les mettre en l'exercice de l'esprit où ils peuvent plus abondamment et avec plus d'affranchissement des imperfections communiquer avec Dieu – après qu'ils se sont exercés quelque temps au chemin de la vertu, persévérant en méditation et oraison, où, par la saveur et le goût qu'ils y ont trouvés, ils ont retiré leurs affections des choses du monde et acquis des forces spirituelles en Dieu, avec lesquelles ils tiennent les appétits des créatures quelque peu refrénés et peuvent déjà souffrir pour

Dieu un peu de charge et d'aridité sans tourner en arrière vers le meilleur temps – lorsque ces exercices spirituels marchent plus à leur saveur et selon leur goût et que le soleil des faveurs divines, à leur avis, les illumine plus clairement, Dieu leur obscurcit toute cette clarté, leur ferme la porte et tarit la source de cette douce eau spirituelle qu'ils goûtaient en Dieu toutes les fois et tout le temps qu'ils voulaient – car, étant faibles et tendres, il n'y avait point de porte fermée pour eux, comme dit
Ap 3,8 saint Jean dans l'Apocalypse – et ainsi il les laisse en telle obscurité qu'ils ne savent par où se conduire avec le sens de l'imagination et le discours; car ils ne peuvent faire seulement un pas en la méditation, comme ils avaient de coutume auparavant, le sens intérieur étant désormais noyé en cette nuit et les laissant si arides que non seulement ils ne trouvent ni goût ni suc en les choses spirituelles et bons exercices où ils trouvaient auparavant leurs délices et leurs goûts, mais, au contraire, ils y ont du dégoût et de l'amertume – parce que (comme j'ai dit), Dieu voyant qu'ils ont un peu crû, afin qu'ils se fortifient et quittent les langes il les sèvre du lait de la douce mamelle et, les mettant à terre, leur apprend à marcher tout seuls, ce qui leur semble bien étrange, vu que tout leur a tourné à rebours.

Cela arrive communément aux personnes retirées, après qu'elles ont commencé la vie spirituelle, en moins de temps qu'aux autres, parce qu'elles sont plus libres des occasions de retourner en arrière, et qu'elles réforment plus promptement leurs appétits des choses du siècle – qui est ce qu'on requiert pour commencer à entrer dans cette heureuse nuit du sens. D'ordinaire il ne se passe guère de temps après qu'elles ont commencé, qu'elles ne commencent à entrer en cette nuit du sens – et la plupart y entrent, vu qu'on les verra communément tomber dans ces sécheresses.

Nous pourrions rapporter ici un grand nombre d'autorités de la divine Écriture, touchant cette sorte de purification sensitive, vu qu'elle est si commune, dont il s'en trouve beaucoup à tout propos, particulièrement dans les psaumes et dans les prophètes. Partant, je ne veux perdre le temps à cela, puisque, à celui qui ne saurait les y aller regarder, l'expérience commune qu'on en a suffit.

DES SIGNES POUR CONNAÎTRE SI LE SPIRITUEL MARCHE PAR LE CHEMIN DE CETTE NUIT ET PURIFICATION SENSITIVE

Mais, attendu que ces aridités pourraient souvent procéder non de la nuit ou purification de l'appétit sensitif, mais des péchés ou des imperfections, ou de la lâcheté et tiédeur, ou de quelque mauvaise humeur ou indisposition corporelle, je mettrai ici quelques marques pour connaître si cette sécheresse vient de ladite purification ou de quelqu'un des vices susdits – sur quoi je trouve qu'il y en a trois principales.

La première est, s'il advient que, comme on ne trouve goût ni consolation en les choses de Dieu, on n'en trouve non plus en aucune des choses créées; parce que, comme Dieu met l'âme en cette obscure nuit pour dessécher et purifier son appétit sensitif, il ne lui laisse prendre goût ni saveur en quelque chose que ce soit. Et l'on connaît très probablement en cela que cette aridité et ce dégoût ne proviennent des péchés ni des imperfections nouvellement commises. Parce que, si cela était, on sentirait dans la nature quelque inclination ou envie de goûter quelque autre chose que celles de Dieu; car toutes les fois que l'appétit se relâche en quelque imperfection, aussitôt on sent qu'on y est peu ou beaucoup enclin, selon le goût et l'affection qu'on y a appliqué. Mais, parce que ce dégoût des choses d'en haut et de celles d'ici-bas pourrait provenir de certaine disposition ou humeur mélancolique – laquelle souvent ne permet qu'on prenne goût en aucune chose que ce soit – il faut avoir recours à la seconde marque ou condition.

La seconde marque, pour qu'on croie qu'il s'agit de cette purification, est qu'ordinairement on se souvient de Dieu avec sollicitude et souci affligeant, pensant qu'on ne le sert point, mais qu'on ne fait que reculer, se voyant sans saveur aux choses de Dieu. Car à cela on reconnaît que ce dégoût et cette sécheresse ne viennent d'aucune lâcheté ni tiédeur: parce que la tiédeur a cela de propre de ne se soucier guère des choses de Dieu, ni d'en avoir de sollicitude intérieure. D'où l'on voit qu'il y a beaucoup de différence entre sécheresse et tiédeur, parce que la tiédeur met beaucoup de nonchalance et de langueur en la volonté et en l'esprit, sans sollicitude de servir Dieu; mais la sécheresse purificatrice porte avec soi une sollicitude ordinaire, avec un souci et une peine (comme je dis) de ne pas servir Dieu. Et quoiqu'elle se serve parfois de la mélancolie ou d'autre humeur (comme il arrive souvent), elle ne laisse pour cela de faire son effet purificateur de l'appétit, puisqu'il demeure sans goût et n'a souci qu'en Dieu. Car, quand c'est une pure humeur, tout va en dégoût et destruction du naturel, sans ces désirs de servir Dieu qu'a la sécheresse purificatrice, avec laquelle, quoique la partie sensitive soit fort déchue, languissante et faible pour opérer – à cause du peu de goût qu'elle trouve – néanmoins l'esprit est prompt et vigoureux.

La cause de cette sécheresse est parce que Dieu change les biens et les forces du sens à l'esprit [1], dont le sens et la force naturelle étant incapables, le sens demeure à jeun, sec et vide, parce que la partie sensitive n'a point d'habileté pour ce qui est pur esprit. Et ainsi, l'esprit savourant, la chair demeure sans goût et se relâche pour ce qui est d'opérer; mais l'esprit, qui reçoit alors l'aliment, est plus fort et plus vigilant et plus soigneux qu'auparavant dans le souci de ne manquer à Dieu. Lequel esprit ne sent pas aussitôt au commencement la saveur et la délectation spirituelle, mais seulement l'aridité et les dégoûts, à cause de la nouveauté de ce changement, parce que son palais étant accoutumé à ces autres goûts sensibles, il a toujours les yeux dessus; et aussi, parce que le palais spirituel n'est pas accommodé et purifié pour un goût si subtil: jusqu'à ce que, par succession de temps, il soit disposé par le moyen de cette sèche et obscure nuit, il ne peut sentir le goût et le bien spirituel, mais la sécheresse et le dégoût, par le manquement de ce qu'il goûtait auparavant avec tant de facilité.

Ceux, en effet, que Dieu commence à conduire par ces solitudes du désert ressemblent aux enfants d'Israël: lesquels, aussitôt que Dieu, dans le désert, eut commencé à leur donner
Sg 16, 20-21 cette *nourriture du ciel*, qui *avait en soi toutes les saveurs* et qui – comme il est dit là – *avait tel goût qu'un chacun voulait*, néan-
Nb 11, 4-6 moins ils regrettaient davantage l'absence des goûts et saveurs des viandes et des oignons qu'ils mangeaient en Égypte – à cause qu'ils y avaient accoutumé et affriandé leur palais – qu'ils n'estimaient la douceur délicate du manger des anges; et ils pleuraient et gémissaient la perte des chairs parmi les nourritures célestes. Car la bassesse de notre appétit en vient à tel

1. Cyprien glose justement: change les biens et les forces du sens en des biens purement spirituels.

point qu'elle nous fait désirer nos misères et avoir en dégoût le bien incommunicable du ciel.

Mais, comme je dis, quand ces sécheresses viennent de la voie purificatrice de l'appétit sensible, encore qu'au commencement l'esprit ne sente de la saveur pour les causes que nous venons de dire, néanmoins il sent du courage et de la force pour opérer, par la substance que la nourriture intérieure lui donne – laquelle nourriture est pour le sens un commencement d'obscure et sèche contemplation qui est cachée et secrète à celui-là même qui l'a; et d'ordinaire, ensemble avec cette aridité et ce vide qu'elle fait au sens, elle donne à l'âme une inclination et un désir d'être seule et en repos sans pouvoir penser à aucune chose particulière ni même sans en avoir envie. Et alors, si ceux à qui cela arrive se savaient calmer, négligeant toute œuvre intérieure et extérieure, sans souci de n'y rien faire, aussitôt en cet oubli et loisir ils jouiraient de cette délicate réfection intérieure. Laquelle est si délicate que si l'âme a envie ou souci de la sentir, ordinairement elle ne la sent plus; parce que (comme je dis) elle opère dans le plus grand loisir et oubli de l'âme – c'est comme l'air qui s'évade quand on veut fermer la main.

Nous pouvons entendre à ce propos ce que l'Époux dit aux Cantiques à son Épouse: *Détournez vos yeux de moi, parce qu'ils* Ct 6,
m'ont fait envoler. Car, en cet état, Dieu met l'âme en telle 4(5)
manière et la conduit par un chemin si différent que, si elle voulait opérer par ses puissances, elle empêcherait plutôt l'œuvre que Dieu fait en elle qu'elle n'y aiderait – ce qui était auparavant tout au contraire. La cause de cela est parce que désormais en cet état de contemplation – qui est lorsqu'elle sort du discours à l'état des avancés – Dieu est Celui qui opère en l'âme; c'est pour cela qu'il lui lie les puissances intérieures, ne lui laissant aucun appui dans l'entendement, ni suc en la volonté ni discours en la mémoire. D'où, ce que l'âme peut alors opérer de soi ne sert (comme nous avons dit) que d'empêcher la paix intérieure et l'œuvre que Dieu fait dans l'esprit en cette sécheresse du sens. Laquelle œuvre, étant spirituelle et délicate, fait une œuvre coite, délicate, solitaire, satisfactoire et pacifique et fort éloignée de tous ces autres premiers goûts qui étaient fort palpables et très sensibles. Car cette paix est celle que Dieu, dit David, parle en l'âme pour la rendre spi- Ps 84
rituelle. Et d'ici naît la troisième marque. (85),9

La troisième marque pour savoir si c'est une purification du sens, est quand l'âme ne peut plus méditer ni discourir avec le sens de l'imagination, comme elle avait de coutume, quelque effort qu'elle fasse de sa part. Parce que, comme Dieu commence à se communiquer à elle, non plus par le sens – comme il faisait auparavant par le moyen du discours qui composait et divisait les notices – mais par l'esprit pur, où il n'y a point de discours successif, se communiquant par acte de simple contemplation, à laquelle les sens de la partie inférieure, soit extérieurs, soit intérieurs, ne peuvent atteindre – de là vient que l'imagination et fantaisie ne peuvent s'appuyer sur aucune considération ni y trouver pied désormais.

Or il faut entendre, touchant cette troisième marque, que cet empêchement et ce dégoût des puissances ne proviennent point de quelque mauvaise humeur; parce que, quand ils en procèdent, aussitôt que l'humeur est consommée – laquelle ne demeure jamais en un état – aussitôt, avec un peu de soin que l'âme mettra, elle pourra ce qu'elle pouvait auparavant, et les puissances trouveront leurs appuis. Ce qui n'est pas de la sorte en la purification de l'appétit: parce que, commençant d'y entrer, on croît toujours dans l'impuissance de discourir avec les puissances. Et quoiqu'il soit vrai que parfois dans les commencements elle ne soit pas en quelques-uns avec une telle continuation qu'ils ne retrouvent quelquefois leurs goûts et leurs discours sensibles (étant si faibles, sans doute, qu'il ne les faut pas sevrer tout à coup), néanmoins ils vont toujours y entrant de plus en plus et laissant l'opération sensitive – si tant est qu'ils doivent passer plus avant. Car ceux qui ne cheminent par la voie de contemplation ont une manière bien différente: en lesquels cette nuit de sécheresses n'a pas coutume d'être continuelle au sens, parce qu'encore que quelquefois ils les aient, néanmoins d'autres fois ils ne les ont pas; et quoique parfois ils ne puissent discourir, pourtant d'autres fois ils le peuvent. Car Dieu les met seulement en cette nuit pour les exercer et humilier, et leur réformer l'appétit afin qu'ils ne s'aillent point nourrissant avec gourmandise vicieuse en les choses spirituelles, et non pour les conduire à la voie de l'esprit, à savoir, à cette contemplation (car Dieu ne conduit pas à la contemplation tous ceux qui s'exercent avec délibération en la voie spirituelle, ni même la moitié: la cause, il la sait, lui). Et de là vient que ceux-ci n'achèvent jamais entièrement de retirer le sens des mamelles des considérations et des discours, si ce n'est par quelque espace de temps et par intervalles, comme nous avons dit.

COMMENT IL SE FAUT CONDUIRE EN CETTE NUIT OBSCURE

CHAPITRE 10

Donc, au temps des sécheresses de cette nuit sensitive (en laquelle Dieu fait le changement que nous avons dit, tirant l'âme de la vie du sens à celle de l'esprit – ce qui est de la méditation à la contemplation, où l'âme ne peut plus opérer ni discourir des choses de Dieu avec ses puissances, comme nous avons déjà dit), les spirituels endurent de grandes peines, non tant de leurs aridités que de la peur qu'ils ont de se perdre par ce chemin, pensant que le bien spirituel est tari pour eux et que Dieu les a délaissés, vu qu'ils ne trouvent ni appui ni goût en les bonnes choses. Alors ils se fatiguent et s'efforcent (selon la coutume qu'ils en ont prise) d'appuyer leurs puissances, avec quelque goût, à quelque objet de discours, pensant que lorsqu'ils ne font cela et qu'ils ne se sentent opérer, ils ne font rien; ce qu'ils entreprennent avec un grand dégoût et répugnance intérieure de l'âme, qui se plaisait en ce repos et loisir, sans opérer avec les puissances. Mais, se gâtant en l'un, ils ne profitent pas en l'autre; parce que, voulant goûter de leur esprit, ils perdent l'esprit de tranquillité et de paix qu'ils avaient. Ils ressemblent ainsi à celui qui laisse l'ouvrage fait pour recommencer à le faire, ou à celui qui sort de la ville pour y rentrer, ou bien à celui qui laisse la proie pour retourner derechef à la poursuivre – et cela est alors en vain, parce qu'il ne trouvera rien désormais par cette première façon de procéder, comme nous avons dit.

Si ceux-là, en ce temps, n'ont quelqu'un qui les entende, ils tournent en arrière, laissant le chemin, ou s'alentissant, ou au moins ils s'empêchent d'avancer, quelques diligences qu'ils fassent d'aller par le chemin de la méditation et du discours, fatiguant et faisant travailler avec excès leur naturel et s'imaginant que cela tient à leur négligence ou à leurs péchés. Ce qui est désormais inutile, vu que Dieu les mène par autre chemin, qui est celui de la contemplation, très différent du premier

– vu que l'un est de méditation et de discours, et l'autre ne tombe en imagination ni discours.

Ceux qui se trouveront en cet état se doivent consoler, persévérant patiemment et sans se faire de peine: qu'ils se
Ps 9,11 confient en Dieu, qui *n'abandonne point ceux qui le cherchent* d'un cœur simple et droit et ne laissera de leur donner ce qui est nécessaire pour le chemin, jusqu'à les conduire à la claire et pure lumière d'amour qu'il leur conférera par le moyen de l'autre nuit obscure de l'esprit – s'ils méritent que Dieu les y mette.

La manière qu'ils doivent garder en celle-ci, du sens, est de ne se plus soucier du discours et de la méditation – puisqu'il n'en est plus le temps – mais de laisser demeurer l'âme en repos et tranquillité, encore qu'il leur semble clairement ne rien faire et perdre le temps, et encore qu'il leur paraisse que cela procède de leur nonchalance de n'avoir envie de penser à chose quelconque. Vu qu'ils ne feront pas peu de se tenir en patience, et de persévérer en l'oraison sans y rien faire eux-mêmes; la seule chose qu'ils doivent faire est de laisser l'âme libre, désembarrassée et délassée de toutes les notices et pensées, sans se soucier là de ce qu'ils penseront ou méditeront, se contentant seulement d'un regard amoureux et reposé en Dieu, et de demeurer sans sollicitude, sans efficace, et sans désir de le goûter ou de le sentir. Parce que toutes ces prétentions inquiètent et distraient l'âme du repos tranquille et du doux loisir de contemplation qui se donne là.

Et quelques scrupules qu'ils puissent avoir de perdre le temps, et qu'il serait meilleur de faire autre chose puisqu'en l'oraison ils ne peuvent rien faire ni penser, qu'ils patientent néanmoins et se tiennent à recoi, se persuadant qu'ils vont à l'oraison pour prendre leur plaisir et demeurer en latitude d'esprit. Parce que, si d'eux-mêmes ils veulent opérer quelque chose avec les puissances intérieures, ils empêcheront et perdront les biens que Dieu, par le moyen de cette paix et loisir de l'âme, va gravant et imprimant en elle. Tout comme si un peintre tirait ou peignait un visage et que la personne vînt à se remuer pour faire quelque chose, elle empêcherait le peintre de rien faire et troublerait son travail. De même, quand l'âme est en paix et en repos intérieur, quelque opération ou affection ou regard qu'elle veuille alors exercer, lui donnera de la distraction, l'inquiétera et lui fera sentir l'aridité et le vide du sens. Parce que, tant plus elle prétendra quelque appui d'affection ou de notice, tant plus sentira-t-elle de défaut, qui ne peut plus être suppléé par cette voie.

L'âme donc ne se doit soucier ici si elle perd les opérations des puissances; au contraire, elle doit être contente de les perdre bientôt: de sorte que, n'empêchant point l'opération de la contemplation infuse que Dieu va donnant, elle la reçoive avec plus d'abondance pacifique et donne lieu à ce que brûle et s'enflamme dans l'esprit l'amour que cette obscure et secrète contemplation traîne avec soi et attache à l'âme. Car la contemplation n'est autre chose qu'une infusion de Dieu secrète, pacifique et amoureuse, laquelle, si on lui donne lieu, enflamme l'âme en l'esprit d'amour, selon qu'elle le donne à entendre au vers suivant, à savoir:

Ardente d'un amour plein d'angoisses. CHAPITRE II

On ne sent pas d'ordinaire dans les commencements cette inflammation d'amour, parce qu'elle n'a point encore commencé à s'allumer, ou à cause de l'impureté de la nature, ou bien parce que l'âme ne lui donne de lieu paisible en elle – ne s'entendant pas elle-même (comme nous avons dit). Mais parfois, avec cela et sans cela, soudain on commence à sentir une angoisse de Dieu; et à mesure qu'elle avance, l'âme se va sentant d'autant plus affectionnée et enflammée en l'amour de Dieu, sans savoir ni entendre comment ni d'où lui naît cet amour et affection, sinon qu'elle voit que cette flamme et inflammation croissent parfois tellement en elle qu'elle désire Dieu avec des angoisses d'amour – selon ce que David dit de soi par ces paroles, étant en cette nuit: *Parce que mon cœur s'est* Ps 72
enflammé (c'est à savoir, en amour de contemplation), *mes reins* (73),21
aussi se sont changés; c'est-à-dire, mes appétits d'affections sensitives ont été aussi changés – à savoir de la voie sensitive à la spirituelle[1] – par cette aridité et cessation en eux tous que nous disons. *Et moi*, dit-il, *j'ai été réduit à néant*, et annihilé, *et je n'ai* Ibid. 22
su. Parce que (comme il a été dit) l'âme, sans savoir par où elle va, se voit anéantie pour toutes les choses d'en haut et d'ici-bas

1. Certains manuscrits ont: de la vie sensitive à la vie spirituelle (*vida*, au lieu de *via*).

qu'elle avait coutume de goûter, et seulement se voit éprise d'amour sans savoir comment. Et parce que parfois l'inflammation d'amour en l'esprit croît beaucoup, les angoisses que l'âme a pour Dieu sont si grandes qu'il lui semble que ses os se dessèchent en cette soif, que la nature se flétrisse, que sa chaleur et sa force se dissipent par la véhémence de la soif d'amour, et l'âme sent que cette soif d'amour est vive. La-
Ps 41 quelle David souffrait aussi et la sentait, disant: *Mon âme a eu*
(42),3 *soif de Dieu vivant.* Comme s'il disait: La soif que mon âme
a eue était vive. Laquelle soif, pour être vive, nous pouvons dire qu'elle fait mourir de soif. Mais il faut noter que la véhémence de cette soif n'est pas continuelle, mais qu'elle est seulement par intervalles, quoique l'âme ait coutume de sentir ordinairement quelque soif.

Et remarquez que, comme j'ai commencé de dire ici, aux commencements on ne sent pas communément cet amour, mais la sécheresse et le vide dont nous parlons; et alors, au lieu de cet amour qui après va s'allumant, ce que l'âme traîne avec soi au milieu de ces aridités et vides des puissances, est un soin ordinaire et sollicitude de Dieu, avec crainte et appréhension de ne le pas servir; ce qui n'est pas un sacrifice peu agréable à Dieu, de voir l'esprit en tribulation et en souci pour son amour. Cette sollicitude et ce soin sont mis en l'âme par cette contemplation secrète, jusqu'à ce que, avec le temps, ayant quelque peu purifié le sens – c'est-à-dire la partie sensitive – des forces et des affections naturelles par le moyen de ces sécheresses qu'elle y met, elle aille allumant en l'esprit cet amour divin. Mais cependant, enfin, à la manière de celui qui est dans les remèdes, tout n'est que pâtir en cette obscure nuit et sèche purification de l'appétit, se guérissant de beaucoup d'imperfections et s'exerçant en de nombreuses vertus, pour se rendre capable dudit amour, comme nous dirons maintenant sur le vers suivant:

Oh! l'heureuse fortune!

Parce que, comme Dieu met l'âme en cette nuit sensitive afin de purifier le sens de la partie inférieure et l'accommoder, l'assujettir et l'unir avec l'esprit, l'obscurcissant et lui faisant quitter les discours – comme aussi après, afin de purifier l'esprit pour l'unir avec Dieu (comme on dira ensuite), Il le met dans la nuit spirituelle – l'âme profite tellement (quoiqu'il ne lui semble pas), qu'elle tient pour une heureuse fortune d'être hors des pièges et oppressions du sens de la partie inférieure par le moyen de cette nuit. D'où vient qu'elle dit ce vers: *Oh! l'heureuse fortune!* Sur quoi il faut ici remarquer les utilités que l'âme trouve en cette nuit, à raison desquelles elle tient pour une heureuse aventure d'y passer – lesquels profits sont tous renfermés au vers suivant:

Je sortis sans être vue.

Laquelle sortie s'entend[1] de la sujétion que l'âme avait à la partie sensitive, en ce qui est de chercher Dieu par des opérations si faibles, si limitées et si occasionnées[2] que le sont celles de la partie inférieure: vu qu'à chaque pas, elle trébuchait en mille imperfections et ignorances, comme nous avons remarqué ci-dessus en les sept vices capitaux. De tous lesquels elle est délivrée, cette nuit amortissant tous les goûts d'en haut et d'en bas, et lui obscurcissant tous les discours, et lui faisant d'autres biens innombrables en l'acquisition des vertus (comme nous dirons ci-après). Car ce sera une chose de contentement et de grande consolation à celui qui chemine par là, de voir que ce qui semble si rude, si répugnant à l'âme et si contraire au goût spirituel, opère tant de biens en elle. Lesquels (comme nous disons) s'obtiennent, l'âme sortant – selon l'affection et opération, par le moyen de cette nuit – de toutes les choses créées, et cheminant aux éternelles, ce qui est un bonheur signalé et une heureuse fortune: tant pour le grand bien qu'il y a d'éteindre l'appétit et l'affection à toutes choses que parce qu'il y en a fort peu qui patientent et persévèrent à entrer par cette *porte étroite* et par *le chemin étroit qui conduit* Mt 7,14
à la vie, comme dit Notre Sauveur. Car la porte étroite est cette nuit du sens, duquel l'âme se dépouille et se dénue pour y entrer, se fondant en la foi qui est éloignée de tout sens, afin de marcher après par le chemin étroit de l'autre nuit de l'esprit, en laquelle l'âme entre après, pour s'acheminer à Dieu en pure

1. Cyprien glosait: *de celle qu'a fait l'âme, se tirant de la sujétion qu'elle avait.*
2. On pourrait peut-être dire: contingentes.

foi – qui est le moyen par lequel l'âme s'unit avec lui. Mais, parce que ce chemin est grandement étroit, obscur et terrible (de sorte qu'il n'y a aucune comparaison de cette nuit du sens à l'autre, en obscurité et en travaux, comme nous dirons là), il y en a bien moins qui y cheminent; néanmoins ses profits sont sans comparaison beaucoup plus grands que ceux de celle-ci. Or, maintenant, nous commencerons à dire quelque chose des biens de la nuit du sens, le plus succinctement que faire se pourra, afin de passer à l'autre nuit.

CHAPITRE 12

DES PROFITS QUE L'ÂME REÇOIT DE CETTE NUIT

Cette nuit et purification de l'appétit est si heureuse pour l'âme, à cause des grands biens et profits qu'elle y fait (encore qu'il lui semble, comme nous avons dit, qu'on les lui ôte
Gn 21,8 plutôt), que, comme Abraham fit une grande fête quand il sevra son fils Isaac, de même on se réjouit au ciel de ce que désormais Dieu tire cette âme des langes, de ce qu'il la descend de ses bras, la fait marcher de ses pieds et lui ôte le lait de la mamelle et la nourriture délicate et douce des enfants pour lui faire manger du pain avec la croûte et l'accoutumer à l'aliment des forts – lequel, en ces aridités et ténèbres du sens, on commence à donner à l'esprit vide et sec des sucs du sens: lequel pain est cette contemplation infuse que nous avons dite.

Et voici le premier et principal profit que cause cette sèche et obscure nuit de contemplation: c'est la connaissance de soi-même et de sa misère. Car outre ceci que toutes les faveurs que Dieu fait à l'âme sont ordinairement enveloppées dans cette connaissance, ces aridités et ce vide des puissances touchant l'abondance qu'elle sentait auparavant, et la difficulté qu'elle trouve en les bonnes choses lui font connaître sa bassesse et misère, qu'elle ne découvrait pas au temps de sa prospérité. Il y a une belle figure de cela en l'Exode: Dieu voulant humilier les enfants d'Israël et faire qu'ils se connussent, il leur demanda de quitter et d'enlever leurs habits et parures de fête, dont ils étaient ordinairement parés au désert, leur disant:
Ex 33,5 *Dépouillez maintenant votre ornement* de fête, et prenez vos communs vêtements de travail, *afin de vous apprendre le traitement que vous méritez*. Comme s'il eût dit: parce que vos habits de

fête et de joie ne vous font juger de vous si bassement que vous n'êtes, ôtez-les afin qu'à l'avenir, voyant vos habits vils, vous connaissiez que vous ne méritez pas davantage et sachiez qui vous êtes. D'où l'âme apprend la vérité de sa misère qui lui était auparavant inconnue. Parce que, lorsqu'elle allait comme en fête, trouvant beaucoup de goût, de consolation et d'appui en Dieu, elle était quelque peu plus satisfaite et plus contente – pensant qu'elle servait Dieu en quelque chose; car, encore qu'elle n'ait cela expressément en soi, cependant au moins dans la satisfaction qu'elle trouve dans le goût, elle en a quelque opinion. Mais étant réduite à l'habit de travail, de sécheresse et d'abandonnement, ses premières lumières étant obscurcies, elle possède plus véritablement ces lumières en cette tant excellente et nécessaire vertu de la connaissance de soi-même, ne s'estimant plus en rien, et n'ayant aucune satisfaction de soi, parce qu'elle voit qu'elle ne fait et ne peut rien de soi-même. Et Dieu fait plus d'estime et est plus content de ce peu de satisfaction que l'âme a de soi et de l'affliction qu'elle sent de ne le pas servir, que de toutes les œuvres qu'elle faisait auparavant et des premiers goûts qu'elle avait, pour grands qu'ils fussent, pour autant qu'il s'y rencontrait plusieurs imperfections et ignorances. Et de ce vêtement d'aridité, non seulement les biens que nous avons dits, mais encore les profits que nous dirons maintenant et beaucoup d'autres que nous passerons sous silence, procèdent – de la connaissance de soi-même – comme de leur source et origine.

De là, premièrement, il vient à l'âme de traiter avec Dieu avec plus de respect et de retenue, ce qui est toujours requis pour s'approcher du Très Haut; ce que néanmoins elle ne faisait pas en la prospérité de sa consolation et de son goût, parce que cette ferveur et ce goût qu'elle sentait, rendaient l'appétit un peu plus hardi envers Dieu qu'il ne devait, et discourtois et
incivil. Comme il advint à Moïse, quand il sentit que Dieu lui Ex 3,
parlait: attiré de ce goût et appétit, sans autre considération 5-6
il prenait la hardiesse de s'approcher, si Dieu ne lui eût commandé de s'arrêter et de se déchausser – ce qui dénote le respect et la discrétion en nudité d'appétit dont il faut traiter avec Dieu. D'où vient que, quand Moïse obéit en cela, il devint si modeste et si retenu que l'Écriture dit que, non seulement il n'osa pas s'approcher, mais même qu'il n'osait pas regarder. Parce que, ayant ôté la chaussure de ses appétits et de ses goûts,

il connaissait grandement sa misère devant Dieu – lui étant
ainsi convenable pour entendre les paroles divines. Comme
aussi la disposition que Dieu donna à Job pour parler avec lui
Jb 29 ne fut pas ces délices et ces gloires que Job même rapporte là
et 30 qu'il avait coutume d'avoir en son Dieu, mais de le mettre sur
un fumier, tout nu, abandonné et même persécuté de ses amis,
comblé d'angoisses et d'amertume, le pavé parsemé de vers:
Ps 112 et alors, le Dieu très-haut – qui *relève le pauvre du fumier* – fit
(113),7 gloire de descendre et de lui parler face à face, lui découvrant
Jb 38-41 les hauteurs profondes de sa sagesse – ce qu'Il n'avait jamais
fait au temps de sa prospérité.

Il nous faut ici remarquer un autre profit excellent qu'il y a
en cette nuit et sécheresse de l'appétit sensitif – puisque nous
sommes venus à en parler – qui est qu'en cette nuit obscure de
Is 58,10 l'appétit (afin que se vérifie ce que dit le prophète: *Votre
lumière se lèvera en les ténèbres*), Dieu illumine l'âme non seulement lui donnant connaissance de sa misère et bassesse (comme nous avons dit), mais aussi de la grandeur et excellence de Dieu. Car, outre ceci que les goûts, les appétits et les appuis sensibles étant amortis, l'entendement demeure net et libre pour entendre la vérité – parce que le goût sensible et l'appétit, bien qu'ils soient de choses spirituelles, offusquent[1] et embarrassent l'esprit – semblablement, cette pressure et aridité du sens illustrent et vivifient l'entendement, ainsi que dit Isaïe:
Is 28,19 que *la vexation fait entendre* comment, en l'âme vide et désembarrassée – ce qui est requis pour recevoir sa divine influence – Dieu, par le moyen de cette nuit obscure et sèche de la contemplation, l'instruit surnaturellement (comme nous avons dit) en sa divine sagesse, ce qu'il ne faisait pas auparavant, par les premiers sucs et goûts.

Le même prophète Isaïe donne bien cela à entendre, disant:
Is 28,9 *A qui est-ce que Dieu enseignera la science? A qui est-ce qu'il fera ouïr sa parole? A ceux qui sont sevrés du lait*, dit-il, *à ceux qu'on a arrachés de la mamelle*. En quoi nous apprenons que ni le premier lait de la suavité spirituelle, ni l'appui de la mamelle des savoureux discours des puissances sensitives que l'âme goûtait, ne sont la disposition pour cette divine influence, mais la privation de l'un et le détachement de l'autre. Si bien que pour ouïr Dieu, il faut que l'âme soit debout et dénuée d'appui, quant à l'affec-

1. Au sens d'aveugler, éblouir.

tion et au sens, comme le prophète le dit de soi : *Je serai debout sur ma garde* (c'est-à-dire sans appui de l'appétit) *et j'arrêterai mon pas* (ne discourant point avec le sens) *pour contempler,* Ha 2,1
c'est-à-dire afin que j'entende, *ce qui m'est dit* de la part de Dieu. De manière que nous avons déjà dit que de cette nuit sèche se tire premièrement la connaissance de soi-même, de laquelle, comme de son fondement, naît l'autre connaissance de Dieu. C'est pourquoi saint Augustin disait à Dieu : « Que je me connaisse, Seigneur, et je vous connaîtrai [1]. » Car, comme disent les philosophes, une extrémité se connaît bien par l'autre.

Et pour mieux prouver l'efficace de cette nuit sensitive, en sa sécheresse et dénuement, pour causer une plus grande lumière – laquelle nous disons que l'âme reçoit ici de Dieu – nous alléguerons cette autorité de David qui donne assez à entendre la grande vertu qu'a cette nuit pour cette haute connaissance de Dieu. Il dit donc ceci : *En la terre déserte, sans* Ps 62
eau, sèche, *et sans chemin, ainsi j'ai paru devant vous pour pouvoir* (63),3
voir votre vertu et votre gloire. Ce qui est une chose admi- (2-3)
rable, attendu que David ne nous donne point à entendre ici que les délices spirituelles et la quantité des goûts qu'il avait eus fussent une disposition et un moyen pour connaître la gloire de Dieu, mais l'aridité et le manque d'appui de la partie sensitive, qui s'entend ici par la terre sèche et déserte. Et il ne dit pas non plus que les conceptions et discours divins dont il s'était beaucoup servi fussent un chemin pour sentir et voir la vertu de Dieu, mais bien de ne pouvoir ficher sa pensée en Dieu, ni marcher avec le discours de la considération imaginaire, ce qui s'entend ici par la terre sans chemin. De manière que, pour connaître Dieu et soi-même, cette nuit obscure est le moyen avec ses aridités et son vide – encore que ce ne soit avec la plénitude et l'abondance qu'en l'autre nuit de l'esprit – parce que cette connaissance est comme le principe de l'autre.

L'âme tire aussi, dans les sécheresses et dans le vide de cette nuit de l'appétit, l'humilité spirituelle, qui est la vertu contraire au premier vice capital, que nous avons dit être l'orgueil spirituel. Par laquelle humilité – qu'elle acquiert par ladite connaissance de soi-même – elle se purifie de toutes ces imperfections auxquelles elle tombait, au sujet de ce vice de l'orgueil, au temps de sa prospérité. Parce que, se voyant si

1. *Solil.*, II, 1, 1 : P. L. 32, 885.

aride et si misérable, elle ne peut penser, ni même par premier mouvement, qu'elle marche plus parfaitement que les autres, ni qu'elle les devance, comme elle le faisait auparavant: tant s'en faut! elle reconnaît que les autres la surpassent.

Et de là naît l'amour du prochain, attendu qu'elle l'estime et ne le juge plus comme elle avait de coutume auparavant, lorsqu'elle se sentait avec tant de ferveur au prix[1] des autres; elle connaît seulement sa misère et y a les yeux si fichés qu'elle ne les en peut retirer pour les jeter ailleurs. Ce que David, étant en cette nuit, déclare merveilleusement bien, disant:
Ps 38 *Je suis devenu muet, et j'ai été humilié, et je me suis tu en les biens,*
(39),3 *et ma douleur s'est renouvelée.* Il dit ceci, parce qu'il lui semblait que les biens de son âme étaient tellement taris que, non seulement il ne savait et ne trouvait comment en pouvoir parler, mais aussi parce que, au sujet de ceux des autres, il n'en pouvait parler pour la douleur que lui causait la connaissance de sa misère.

De plus, par ce moyen, ils se rendent sujets et obéissants en la voie spirituelle, en ce que, se voyant si misérables, ils n'obéissent pas seulement à ceux qui les enseignent, mais aussi ils désirent que le premier venu les guide et leur dise ce qu'ils doivent faire. Ils perdent la présomption affective qu'ils avaient parfois en la prospérité. Enfin, on leur ôte en passant toutes les autres imperfections que nous avons notées à l'égard de ce premier vice qui est l'orgueil spirituel.

CHAPITRE 13 Cette nuit obscure et sèche réforme beaucoup les imperfections qui concernent l'avarice spirituelle, qui faisait que l'âme désirait tantôt certaines choses spirituelles, puis d'autres, et n'était jamais contente de ces exercices, ni de ces autres, par la convoitise de l'appétit et du goût qu'elle y trouvait. Parce que, n'y trouvant plus le goût et la saveur qu'elle avait accoutumé, mais, au contraire, y sentant du dégoût et de la peine, elle en use si sobrement qu'elle pourrait peut-être perdre à présent pour le trop peu, comme auparavant elle perdait pour le trop – encore que ceux que Dieu met en cette nuit reçoivent ordinairement de la promptitude et de l'humilité, toutefois sans aucun goût, afin qu'ils fassent seulement pour Dieu ce qu'on leur commande; et ainsi ils se débarrassent de maintes choses, vu qu'ils n'y trouvent point de goût.

1. En comparaison.

On voit aussi clairement que par cette sécheresse et ce dégoût du sens que l'âme trouve en les choses spirituelles, elle se délivre de ces impuretés de la luxure spirituelle dont nous avons traité – disant qu'elles procédaient ordinairement du goût qui rejaillissait de l'esprit au sens.

Quant aux imperfections touchant le quatrième vice, qui est la gourmandise spirituelle – desquelles l'âme se délivre en cette nuit obscure – au lieu où nous en avons traité on les peut voir, encore qu'on ne les ait pas toutes rapportées, vu qu'elles sont innombrables. Et ainsi je les omets ici pour terminer cette nuit et passer à l'autre, sur laquelle nous avons à donner une grave doctrine. Qu'il suffise, pour connaître le grand nombre des profits, outre les susdits, que l'âme fait en cette nuit concernant la gloutonnerie spirituelle, de dire qu'elle se délivre de toutes les imperfections que nous avons là mentionnées et de beaucoup d'autres maux, et plus grands, et de hideuses abominations que nous n'avons pas écrites là, où beaucoup ont trébuché, ce dont nous avons l'expérience; et ceci, faute d'avoir réformé l'appétit en cette gourmandise spirituelle. Parce que, comme Dieu, en cette sèche et obscure nuit où il met l'âme, tient la concupiscence et l'appétit tellement refrénés, qu'elle ne se peut repaître d'aucun goût ni saveur sensible des choses d'en haut ni d'en bas – et qu'il va continuant cela en sorte que l'âme se va composant, réformant et mortifiant selon la concupiscence et les appétits – elle perd les forces de ses passions et de la concupiscence et, ne se servant plus du goût, elle devient stérile, tout comme le cours du lait se tarit quand on cesse de le tirer de la mamelle; et les appétits de l'âme étant ainsi desséchés, outre les profits susdits, par le moyen de cette sobriété spirituelle s'ensuivent en l'âme d'autres biens admirables; car, par la mortification des appétits et des concupiscences, l'âme vit en paix et tranquillité spirituelle – parce que, où l'appétit et la concupiscence ne règnent pas, il n'y a point de trouble, mais seulement paix et consolation en Dieu.

D'ici naît un autre deuxième profit, qui est que l'âme porte avec soi un souvenir ordinaire de Dieu, avec une crainte et appréhension de tourner en arrière au chemin spirituel (comme il a été dit) – ce qui est un grand profit et non des moindres, en cette sécheresse et purification de l'appétit, parce que l'âme se purifie et se nettoie des imperfections qui s'attachaient à elle par le moyen des appétits et affections qui, de soi, émoussent et offusquent l'âme.

Il y a en cette nuit un autre très grand profit pour l'âme, à savoir qu'elle s'exerce dans les vertus toutes ensembles: comme dans la patience et longanimité, qui s'exerce bien en ces vides et ces aridités, endurant de persévérer dans les exercices spirituels sans consolation et sans goût. La charité de Dieu s'exerce, n'étant mue que de Dieu seul, et non de l'attrait du goût, ni de la saveur qu'elle trouve dans l'œuvre. Elle exerce aussi la vertu de la force, parce que, en ces difficultés et dégoûts qu'elle trouve à opérer, de la faiblesse elle tire des forces, et ainsi elle se rend forte. Et finalement, en toutes les vertus, tant théologales, que cardinales et morales, l'âme s'exerce corporellement et spirituellement durant ces aridités.

Or, que l'âme reçoive en cette nuit tous ces quatre profits que nous avons dits ici – à savoir délectation de paix, souvenir ordinaire et sollicitude de Dieu, netteté et pureté d'âme, et l'exercice des vertus que nous venons de dire – David le dit par ces paroles, l'ayant lui-même expérimenté étant en cette
Ps 76 nuit: *Mon âme a refusé d'être consolée, je me suis souvenu de Dieu,*
(77), 3-4 *j'ai été délecté et je me suis exercé : et mon esprit a défailli.* Et un peu
Ibid. 7 après il ajoute: *Et j'ai médité la nuit avec mon cœur, et je m'exerçais, et balayais* et purifiais *mon esprit,* c'est à savoir de toutes les affections.

Quant aux imperfections des autres vices spirituels que nous avons dits là – envie, courroux et tristesse – l'âme s'en purifie aussi en cette sécheresse de l'appétit et acquiert les vertus contraires: parce que, étant rendue souple et étant humiliée par ces aridités, difficultés et autres tentations et travaux, en lesquels Dieu l'exerce au cours de cette nuit, elle devient douce envers Dieu, soi-même et le prochain. De façon qu'elle ne se fâche plus avec trouble, contre soi, de ses fautes, ni de celles d'autrui, contre le prochain; et envers Dieu, elle n'a plus de dégoûts et de plaintes inciviles de ce qu'il ne la fait promptement vertueuse.

Pour ce qui regarde l'envie, elle est encore charitable envers les autres; et, si elle a quelque envie, elle n'est pas vicieuse comme auparavant – quand elle avait de la peine que d'autres lui fussent préférés et la devançassent – parce qu'ici elle leur donne la palme, se voyant si misérable qu'elle se voit; et l'envie qui lui reste (si elle en a) est vertueuse, qui est de désirer les imiter – ce qui est une grande vertu.

Les ennuis et tristesses qu'elle a ici en les choses spirituelles ne sont plus vicieuses comme auparavant; car celles-là procédaient des goûts spirituels qu'elle avait parfois, et prétendait d'avoir quand ils lui manquaient. Mais ces ennuis ne viennent plus de cette faiblesse du goût, parce que Dieu, en cette purification de l'appétit, lui a soustrait le goût à l'égard de toutes choses.

Outre ces profits susdits, elle en fait d'autres innombrables par le moyen de cette sèche contemplation. Parce que souvent, au milieu de ces aridités et pressures, lorsque l'âme y pense le moins, Dieu lui communique une suavité spirituelle et un amour très pur, et des connaissances spirituelles parfois très délicates – chacune de plus haute utilité et prix que tout ce qu'elle savourait auparavant. Encore qu'en les commencements l'âme ne le pense pas ainsi, parce que l'influence spirituelle qui se donne ici est très délicate, et le sens ne la perçoit pas.

Finalement, parce que l'âme se purifie ici des affections et appétits sensitifs, elle acquiert la liberté d'esprit où elle cueille les douze fruits du Saint Esprit. Et aussi elle se délivre ici admirablement des mains des trois ennemis: du démon, du monde et de la chair; car, éteignant la saveur et le goût sensitif à l'égard des choses, le démon, le monde et la sensualité n'ont point d'armes ni de forces contre l'esprit.

Ces aridités font donc marcher l'âme avec pureté en l'amour de Dieu, puisqu'elle ne se meut plus à opérer pour le goût et la saveur de l'œuvre, comme elle faisait peut-être quand elle avait des douceurs, mais seulement pour plaire à Dieu. Elle devient, non présomptueuse ni satisfaite, comme peut-être elle avait de coutume au temps de la prospérité, mais craintive et défiante de soi, n'ayant aucune satisfaction de soi – en quoi consiste la sainte crainte qui conserve et augmente les vertus. Cette aridité éteint aussi les concupiscences et les mouvements vifs de la nature (comme il a été dit), parce qu'ici, si ce n'est le goût que Dieu de soi lui verse quelquefois, c'est comme par miracle qu'elle trouvera goût et consolation sensible par sa diligence en aucun œuvre ni exercice spirituel (comme nous avons déjà dit).

En cette nuit sèche, le souci de Dieu croît, et les angoisses de le servir; parce que, comme les mamelles de la sensualité lui tarissent – dont l'âme sustentait et nourrissait les appétits qu'elle suivait – il ne reste plus que cette angoisse toute sèche

et nue de servir Dieu, chose qui est très agréable à Dieu, vu que,
Ps 50 selon David, *l'esprit affligé est un sacrifice à Dieu.*
(51),19 L'âme donc, qui connaît qu'en cette purification sèche par où elle a passé elle a tiré et fait tant et de si grands profits, peut bien chanter le vers que nous allons déclarant: *Oh! l'heureuse fortune! Je sortis sans être vue.* C'est-à-dire, je sortis des filets et de la sujétion des appétits sensitifs et des affections, sans être aperçue, c'est à savoir sans que les trois ennemis susdits m'en puissent empêcher. Lesquels (comme nous avons dit) enlacent l'âme comme avec des filets dans les appétits et les goûts, et l'empêchent de sortir hors de soi-même à la liberté de l'amour de Dieu – sans lesquels filets (comme il a été dit) ils ne sauraient combattre l'âme.

D'où vient que, par la continuelle mortification les quatre passions de l'âme étant apaisées (qui sont la joie, la douleur, l'espérance et la crainte), et les appétits naturels étant endormis en ce qui est de la sensualité par les sécheresses ordinaires, et l'harmonie des sens et puissances intérieures cessant de travailler, laissant (comme nous avons dit) les opérations discursives qui sont tout le menu peuple et la demeure de la partie inférieure de l'âme (qui est ce que le seigneur[1] appelle ici *sa maison*, disant:

Ma maison étant désormais accoisée)[2],

CHAPITRE 14 cette maison de la sensualité étant désormais accoisée, c'est-à-dire mortifiée, ses passions éteintes et ses appétits apaisés et endormis par cette heureuse nuit de la purification sensitive, l'âme sortit pour commencer le chemin et la voie de l'esprit, qui est celui des avancés, qu'on appelle aussi la voie illuminative ou de contemplation infuse, par laquelle contemplation Dieu de soi repaît et sustente l'âme, sans discours ni aide active d'elle. Telle est (comme nous avons dit) la nuit et la purification du sens. Laquelle, en ceux qui doivent après entrer en l'autre, plus pesante, de l'esprit pour passer à la divine union d'amour de Dieu (car tous n'y passent pas, mais le petit nombre pour l'ordinaire), a coutume d'être accompagnée de grands travaux

1. Nous respectons le texte du saint, mais il semble bien qu'il faille lire: *l'âme*, au lieu de: *le seigneur*.
2. La phrase se continue par delà la citation de ce vers.

et tentations sensitives qui durent un long temps – encore qu'en les uns plus qu'en les autres.

Car quelques-uns ont l'*ange de Satan*, qui est l'esprit de fornication, pour tourmenter leurs sens de fortes et abominables tentations et travailler leur esprit de sales pensées et leur imagination de représentations fort visibles – ce qui leur est parfois un plus grand tourment que la mort même. 2 Co 12,7

D'autres fois est joint en cette nuit l'esprit de blasphème, qui traverse toutes leurs conceptions et pensées de blasphèmes intolérables, lesquels parfois il suggère en l'imagination avec tant de force qu'il les fait quasi prononcer – ce qui leur est un grand tourment.

Tantôt ils sont tourmentés d'un autre esprit abominable qu'Isaïe appelle *spiritus vertiginis*[1], qui leur est donné, non pour les faire tomber, mais pour les exercer. Lequel leur obscurcit tellement le sens qu'il les remplit de mille scrupules et perplexités, si embrouillées en leur jugement qu'ils ne peuvent jamais se satisfaire en rien, ni appuyer le jugement à conseil ni conception aucune – ce qui est un des plus rudes aiguillons et horreurs de cette nuit, fort approchant de ce qui se passe en la nuit spirituelle. Is 19,14

Dieu envoie ordinairement ces tempêtes et travaux en cette nuit et purification sensitive à ceux qu'il veut mettre après dans l'autre (quoique tous n'y passent pas), afin qu'étant châtiés et souffletés de la sorte, ils s'aillent exerçant et disposant et accommodant les sens et les puissances pour l'union de la Sagesse, qu'on leur doit donner là. Parce que, si l'âme n'est tentée, exercée et éprouvée par des travaux et tentations, elle ne peut aiguillonner le sens jusqu'à la Sagesse. C'est pourquoi l'Ecclésiastique a dit: *Celui qui n'est point tenté, que sait-il?* Et: *Celui qui n'a point été éprouvé reconnaît peu de choses*. De quoi Jérémie est bon témoin, disant: *Vous m'avez châtié, et j'ai été instruit*. Et la plus propre manière de ce châtiment, pour entrer en la Sagesse, est les travaux intérieurs que nous disons ici, parce qu'ils sont de ceux qui purifient plus efficacement le sens de tous les goûts et consolations auxquels par faiblesse naturelle il était affectionné, et l'âme y est véritablement humiliée pour l'exaltation où elle doit monter. Eccli 34,9 Ibid. 10 Jr 31,18

1. L'esprit de vertige.

Quant au temps que l'âme demeure en ce jeûne et pénitence du sens, on ne peut pas le dire certainement, parce que cela ne passe pas en tous d'une même façon, ni tous n'endurent les mêmes tentations, car cela n'a point d'autre mesure que la volonté de Dieu, selon le plus ou moins que chacun a d'imperfection à purifier; et aussi, conformément au degré d'union d'amour où Dieu le veut élever, il l'humiliera plus ou moins, soit par l'intensité, soit par le temps. Quant à ceux qui sont les meilleurs sujets et plus forts à souffrir, il les purifie plus intensément et plus vivement. Car, pour les très faibles, il les conduit par cette nuit fort lentement et avec des tentations légères, et les laisse longtemps en cet état, donnant à leurs sens des réfections ordinaires, afin qu'ils ne tournent en arrière. Et ainsi, ils arrivent tard à la pureté de perfection en cette vie, et quelques-uns d'entre eux n'y parviennent jamais. N'étant ni tout à fait dans cette nuit, ni tout à fait dehors: car, encore qu'ils ne passent outre, néanmoins, pour les conserver en humilité et en la connaissance d'eux-mêmes, Dieu les exerce quelque espace de temps et quelques jours en ces tentations et aridités, et les aide aussi, de temps en temps, avec des consolations, afin que ne manquant de courage ils ne retournent à chercher les goûts du monde. Pour d'autres âmes qui sont encore plus faibles, Dieu se comporte en leur endroit comme apparaissant et s'absentant, pour les exercer en son amour; car, sans ces éloignements, elles n'apprendraient jamais à s'approcher de Dieu.

Mais, pour les âmes qui doivent passer à un si heureux et si sublime état qu'est l'union d'amour, avec quelque vitesse que Dieu les conduise, pour l'ordinaire elles ont coutume de demeurer longtemps en ces aridités et tentations, comme on l'a vu par expérience. Mais il est temps de commencer à traiter de la seconde nuit.

Fin de la première nuit
et purification, qui est celle du sens

OÙ L'ON COMMENCE À TRAITER DE L'OBSCURE NUIT DE L'ESPRIT, ET DIT EN QUEL TEMPS ELLE COMMENCE

L'âme que Dieu veut conduire plus avant n'est pas mise par Sa Majesté en cette nuit et purification de l'esprit aussitôt qu'elle sort des sécheresses et des travaux de la première purification et nuit du sens; au contraire, il se passe bien du temps et des années, pendant lesquels, étant sortie de l'état des commençants, elle s'exerce en celui des avancés: dans lequel, comme celui qui est sorti d'une étroite prison, elle marche en les choses de Dieu bien plus au large, avec beaucoup plus de satisfaction et avec une plus abondante et plus intérieure délectation qu'elle ne faisait dans les commencements, avant qu'elle entrât en ladite nuit – n'ayant plus l'imagination et les puissances liées au discours et au souci spirituel, comme elle avait accoutumé; car elle trouve aussitôt dans son esprit, avec grande facilité, une très calme et très amoureuse contemplation et saveur spirituelle, sans travail du discours. Bien que, comme la purification de l'âme n'est pas entièrement faite (vu que la principale manque, qui est celle de l'esprit, sans laquelle, pour la communication qu'il y a d'une partie à l'autre – n'y ayant qu'un seul suppôt – la purification sensitive non plus ne demeure point achevée ni parfaite, quoiqu'elle ait été très forte), elle ne manque jamais de quelques nécessités, sécheresses, ténèbres et pressures, parfois bien plus fortes que les précédentes, qui sont comme des présages et des messagers de la nuit future de l'esprit – encore qu'elles ne soient de si longue durée, comme sera la nuit qu'elle attend. Parce que, ayant passé une heure ou plusieurs, ou quelques journées de cette nuit et tempête, elle retourne aussitôt à son calme accoutumé. Et Dieu purifie en cette manière certaines âmes qui ne doivent monter à un si haut degré d'amour que les autres, les mettant à certains moments, par intervalles, dans cette nuit de contemplation ou purification spirituelle, leur faisant venir souvent l'obscurité et

Ps 147, 17 la lumière, conformément au dire de David: *Il envoie son cristal*, c'est-à-dire sa contemplation, *comme par petites bouchées*; encore que ces bouchées de contemplation obscure ne soient jamais si intenses que celles de cette horrible nuit de contemplation dont nous devons parler, où Dieu met l'âme exprès pour l'élever à l'union divine.

Cette saveur donc et ce goût intérieur que nous disons, que ces profitants trouvent et savourent en leur esprit avec abondance et facilité, leur sont communiqués bien plus abondamment qu'auparavant, redondant[1] de là au sens plus qu'il n'avait accoutumé avant cette purification sensible: parce que, étant déjà plus pur, il peut sentir plus facilement les goûts de l'esprit en sa manière. Et comme, enfin, cette partie sensitive de l'âme est faible et incapable des choses fortes de l'esprit, de là vient que ces profitants, à cause de cette communication spirituelle qui se fait en la partie sensitive, y endurent maintes débilités et dommages et faiblesses d'estomac et, par conséquent,
Sg 9,15 du travail en l'esprit. Vu, dit le Sage, que *le corps qui se corrompt appesantit l'âme*. D'où vient que les communications de ceux-ci ne peuvent être bien fortes, ni bien intenses, ni très spirituelles, comme elles sont requises pour l'union divine avec Dieu, à raison de la faiblesse et de la corruption de la sensualité[2] qui y a part. Et de là viennent les ravissements, les extases et les dislocations des os, qui arrivent toujours quand les communications ne sont pas purement spirituelles – c'est-à-dire à l'esprit seul – comme sont celles des parfaits déjà purifiés par la seconde nuit de l'esprit, qui n'ont plus ces ravissements et tourments du corps, jouissant de la liberté de l'esprit sans que le sens s'offusque et vienne à s'aliéner.

Or, pour savoir la nécessité qu'ont ces profitants d'entrer en cette nuit de l'esprit, nous remarquerons ici quelques imperfections et dangers dans lesquels ils se trouvent.

CHAPITRE 2

SUITE DE QUELQUES IMPERFECTIONS DE CEUX QUI PROFITENT

Ces profitants ont deux sortes d'imperfections, les unes habituelles, les autres actuelles. Les habituelles sont les affections

1. Rejaillissant.
2. Cf., ci-dessus, la note 2 de la page 288.

et habitudes imparfaites lesquelles sont encore demeurées comme des racines dans l'esprit, où la purification du sens n'a pu atteindre. La différence qu'il y a entre ces purifications est celle qu'il y a à couper la branche et à arracher la racine, ou bien à effacer une tache toute fraîche ou à en ôter une bien enracinée et vieille. Car (comme nous avons dit) la purification du sens est seulement la porte et le principe de contemplation pour celle de l'esprit et (comme nous l'avons dit aussi) sert plus à accommoder le sens à l'esprit qu'à unir l'esprit avec Dieu. Mais les taches du vieil homme demeurent encore dans l'esprit, bien qu'il ne les voie et qu'elles ne lui soient apparentes; lesquelles, si elles ne s'effacent avec le savon et la forte lessive de la purification de cette nuit, l'esprit ne pourra parvenir à la pureté de l'union divine.

Ceux-là ont aussi l'*hebetudo mentis*[1] et la rudesse naturelle que tout homme contracte par le péché, la distraction et l'extérieure application de l'esprit; laquelle, comme il est convenable, il faut illustrer, clarifier et recueillir par les peines et l'étreinte de cette nuit. Or, tous ceux qui ne sont point sortis de cet état des profitants ont ces imperfections habituelles, qui sont incompatibles (comme nous avons dit) avec l'état parfait d'union par amour.

Tous ne tombent pas en les imperfections actuelles d'une même façon; mais quelques-uns, comme ils ont ces goûts spirituels tant au dehors et si familiers au sens, tombent en de plus grands inconvénients et dangers que nous n'avons dit au commencement. Parce que, comme ils trouvent à pleines mains tant de communications et appréhensions spirituelles faites au sens et à l'esprit, où ils ont souvent des visions imaginaires et spirituelles (car tout cela, avec d'autres sentiments savoureux, arrive à nombre de ceux-ci en cet état, où le démon et la propre fantaisie font fort souvent des tromperies à l'âme), et comme le démon a de coutume d'imprimer et suggérer à l'âme avec un si grand goût les susdites appréhensions et sentiments, il la ravit et trompe fort facilement, n'étant pas assez prudente pour se résigner et se défendre fortement[2] de toutes ces visions et sentiments. Car le démon fait croire ici à beaucoup des vaines visions et des fausses prophéties; ici, en

1. Inintelligence d'un esprit obtus.

2. Certains manuscrits glosent: en foi. La glose est juste, sinon du saint lui-même.

cet endroit, il tâche de leur persuader que Dieu et les saints leur parlent, et souvent ils croient leur fantaisie. Le démon a coutume de les remplir ici de présomption et d'orgueil, et, attirés de la vanité et de l'arrogance, ils permettent qu'on les voie en des actes extérieurs qui montrent de la sainteté, comme sont des ravissements et autres apparences. Ainsi ils deviennent hardis envers Dieu, perdant la sainte crainte – qui est la clef et la garde de toutes les vertus. Et tant de faussetés et de tromperies ont coutume de se multiplier en quelques-uns d'eux, et s'y envieillissent tellement, que leur retour au chemin pur de la vertu et du vrai esprit est fort douteux. Dans lesquelles misères ils tombent, commençant à s'adonner avec une sûreté démesurée aux appréhensions et sentiments spirituels, lorsqu'ils commençaient de profiter en cette voie.

Il y a tant à dire des imperfections de ceux-ci, et comment elles sont plus incurables que les autres pour autant qu'ils les tiennent pour plus spirituelles que les premières, que je veux passer outre. Je dirai seulement cela, pour fonder la nécessité de la nuit spirituelle – qui est la purification – pour celui qui doit passer en avant, que pour le moins pas un de ces profitants, si vaillamment qu'il se soit comporté, ne laisse d'avoir beaucoup de ces affections naturelles et habitudes imparfaites que nous disons devoir être mortifiées pour passer à la divine union.

Et outre cela, qu'on remarque ce que nous avons déjà dit, à savoir que, pour autant que la partie inférieure participe encore en ces communications spirituelles, elles ne peuvent être si intenses, si pures ni si fortes qu'il est requis pour la dite union. Partant, pour y parvenir, il faut que l'âme entre en la seconde nuit de l'esprit, où dénuant parfaitement le sens et l'esprit de toutes ces appréhensions et saveurs, on la doit faire marcher en pure et obscure foi, qui est le moyen propre et adéquat par où l'âme s'unit avec Dieu, selon qu'Il dit en Osée:
Os 2, 20(22) *Je t'épouserai*, c'est-à-dire, je t'unirai avec moi, *en foi*.

Chapitre 3

ANNOTATION POUR CE QUI SUIT

Ceux-ci sont donc désormais des profitants, par le temps qu'ils ont passé nourrissant leurs sens de ces douces communications, afin que la partie sensitive, ainsi attirée et appâtée par le goût spirituel qui découlait de l'esprit, s'alliât et s'accommodât avec l'esprit, chacun mangeant en sa manière d'une même nourriture spirituelle, et dans un même plat d'un seul suppôt et sujet[1]; afin qu'étant ainsi d'une certaine manière conjoints et conformes, ils soient disposés ensemble à souffrir l'âpre et dure purification de l'esprit qui les attend, en laquelle se doivent parfaitement purifier ces deux parties de l'âme, la spirituelle et la sensitive, vu que l'une ne se purifie jamais bien sans l'autre – car la bonne purification pour le sens est quand celle de l'esprit commence expressément. D'où vient que la nuit que nous avons dite du sens se peut et se doit plutôt nommer une certaine réformation, un frein de l'appétit, qu'une purification. La cause en est que toutes les imperfections et tous les désordres de la partie sensitive ont leur force et leur racine en l'esprit, où sont subjectées toutes les habitudes bonnes et mauvaises, et ainsi, jusqu'à ce que celles-ci[2] soient purifiées, les rébellions et les vices du sens ne se peuvent bien purifier.

D'où vient qu'en la nuit suivante, les deux parties sont purifiées ensemble, ce qui est la fin pour laquelle il était expédient d'avoir passé par la réformation de la première nuit et d'être parvenu au calme qui en provient, afin que, le sens étant conjoint avec l'esprit en certaine manière ils se purifient et souffrent ici avec plus de force: car, pour une si forte et si rude médecine, une si grande force est nécessaire, que si la faiblesse de la partie inférieure n'avait été auparavant réformée et n'avait pris de la force en Dieu par la douce et savoureuse communication qu'elle a eue depuis avec lui, le naturel n'aurait pas la force ni la disposition pour la supporter.

Avec tout ceci, la manière dont ces profitants traitent avec Dieu et leur façon d'opérer sont encore de bas aloi et fort naturelles, faute d'avoir l'or de l'esprit purifié et illustré; et ainsi, ils entendent encore de Dieu comme des enfants, ils en bé- 1 Co
gaient en enfants, savent et sentent de lui en enfants, con- 13,11
formément au dire de saint Paul, et ceci, pour n'avoir encore atteint la perfection, qui est l'union de l'âme avec Dieu; par laquelle union, désormais, comme des grands ils opèrent en leur esprit de grandes choses – leurs œuvres et leurs puissances étant désormais plus divines qu'humaines (comme il sera dit

1. Toujours au sens de *personne*.
2. Les habitudes de l'esprit.

Ep 4, 23-24 ci-après). Dieu voulant les dépouiller entièrement de *ce vieil homme* et les revêtir du *nouveau qui est créé selon Dieu* en la nouveauté du sens, suivant le dire de l'Apôtre, Il leur dénue les puissances, les affections et les sens, tant spirituels que sensibles, tant intérieurs qu'extérieurs, laissant l'entendement en l'obscurité, la volonté à sec, et la mémoire vide, et les affections de l'âme en une extrême affliction, amertume et angoisse, la privant du sens et du goût qu'elle avait auparavant en les biens spirituels, afin que cette privation soit un des principes qui se requièrent en l'esprit pour qu'en lui s'introduise et unisse la forme spirituelle de l'esprit, qui est l'union d'amour. Le Seigneur opère tout cela en elle par le moyen d'une pure et obscure contemplation, comme l'âme le donne à entendre au premier cantique. Lequel, encore que nous l'ayons expliqué à propos de la première nuit du sens, néanmoins l'âme l'entend principalement de cette seconde nuit de l'esprit, comme étant la principale partie de la purification de l'âme. C'est pourquoi nous le mettrons et expliquerons ici une autre fois.

CHAPITRE 4

Par une nuit obscure
Ardente d'un amour plein d'angoisses,
Oh! l'heureuse fortune,
Je sortis sans être vue,
Ma maison étant désormais accoisée.

EXPLICATION

Entendant maintenant ce cantique à propos de la purification, contemplation, nudité ou pauvreté d'esprit – parce que tout cela n'est presque ici qu'une même chose – nous le pouvons expliquer en cette façon, comme si l'âme disait ceci: en pauvreté, abandon et sans aucun appui de toutes les appréhensions de mon âme, c'est-à-dire dans l'obscurité de mon entendement et la pressure de ma volonté, dans l'affliction et l'angoisse de ma mémoire, me laissant à l'obscur en pure foi – laquelle est *nuit obscure* pour les dites puissances naturelles – la volonté seule touchée de douleur, d'afflictions et d'*angoisses d'amour* de Dieu, *je sortis* de moi-même, c'est-à-dire de ma basse manière d'entendre, et de ma faible façon d'aimer, de ma pauvre et courte[1] manière de goûter Dieu, sans que la sensualité ni le démon m'en empêchassent.

Ce qui fut pour moi une grande félicité et une heureuse aventure; car les puissances, les passions, les appétits et les affections de mon âme – avec lesquels je sentais et goûtais Dieu bassement – achevant de s'anéantir et de s'apaiser, *je sortis* et passai de la mienne communication et opération humaine à l'opération et communication divine. C'est-à-dire que mon entendement sortit de soi, se changeant d'humain et naturel en divin – parce que, s'unissant avec Dieu par le moyen de cette purification, il n'entend plus avec sa vigueur et lumière naturelles, mais par la Sagesse divine avec laquelle il s'est uni. Et ma volonté sortit de soi, se faisant divine – parce qu'étant unie avec l'amour divin, elle n'aime plus bassement avec sa force naturelle, mais avec la force et la pureté de l'Esprit Saint; et ainsi la volonté n'opère plus humainement envers Dieu. De même, ni plus ni moins, la mémoire s'est maintenant changée en des appréhensions éternelles de gloire. Et enfin toutes les forces et toutes les affections de l'âme par le moyen de cette nuit et purification du vieil homme, se renouvellent et se changent en tempérament et délices divines.

Suit le vers:

Par une nuit obscure.

CHAPITRE 5

Cette nuit obscure est une influence de Dieu en l'âme, qui la purifie de ses ignorances et de ses imperfections habituelles – naturelles et spirituelles – laquelle influence les contemplatifs appellent contemplation infuse ou théologie mystique: où Dieu enseigne l'âme en secret et l'instruit en perfection d'amour, sans qu'elle fasse rien ni ne sache comme est cette contemplation infuse. Parce que c'est une sagesse de Dieu amoureuse, c'est Dieu qui fait les principaux effets en l'âme[2], car, en la purifiant et illuminant, elle la dispose pour l'union d'amour avec Dieu. D'où vient que la même sagesse amoureuse qui purifie les esprits bienheureux, les illustrant, est celle qui purifie l'âme ici et l'illumine.

1. En espagnol: *escasa*, peu abondante, rare, que Cyprien traduisait: écharse.
2. Cyprien, suivant une autre leçon, moins sûre, dit: *parce que c'est une sagesse de Dieu amoureuse, laquelle fait de particuliers effets en l'âme...*

Mais le doute est pourquoi l'âme appelle ici la lumière divine *une nuit obscure*, vu que, comme nous disons, elle illumine et purifie l'âme de ses ignorances. A quoi on répond que pour deux raisons cette Sagesse divine est non seulement nuit et ténèbre pour l'âme, mais aussi peine et tourment. La première, à cause de la hauteur de la Sagesse divine qui excède le talent de l'âme et, en cette manière, est ténèbre pour elle. La seconde, pour la bassesse et l'impureté de l'âme et, de cette façon, elle lui est pénible, affligeante et aussi obscure.

Pour prouver la première, il faut supposer une certaine doctrine du Philosophe[1] qui dit que, tant plus les choses divines sont claires et manifestes en elles-mêmes, tant plus elles sont naturellement obscures et cachées à l'âme – de même que, tant plus la lumière est claire, tant plus elle aveugle et obscurcit la prunelle du hibou; et plus on regarde le soleil à plein, plus il cause de ténèbres et prive la puissance visive, l'excédant à cause de sa faiblesse. D'où vient que, quand cette lumière divine de contemplation rayonne dans l'âme qui n'est pas encore totalement illustrée, elle lui fait des ténèbres spirituelles; parce que non seulement elle l'excède, mais aussi parce qu'elle l'obscurcit et la prive de l'acte de son intelligence naturelle. C'est pourquoi saint Denis[2] et d'autres théologiens mystiques appellent cette contemplation infuse: rayon de ténèbre – à savoir, pour l'âme qui n'est illustrée et purifiée – parce que par sa grande lumière surnaturelle est vaincue la force intellective naturelle, dont l'âme demeure privée. Et pour cette raison David dit aussi que
Ps 96 près de Dieu et *autour de lui est une nuée et de l'obscurité;* non
(97),2 pour ce que cela soit ainsi en soi, mais seulement à l'égard de nos faibles entendements qui s'aveuglent dans cette clarté tant immense et demeurent offusqués, n'arrivant pas à elle. Car,
Ps 17 pour cela, le même prophète dit qu'*à cause de sa splendeur, en sa*
(18),13 *présence les nuées ont passé*, c'est à savoir entre Dieu et notre entendement. Et c'est la cause pour laquelle, Dieu dardant sur l'âme qui n'est pas encore transformée ce brillant rayon de sa secrète sagesse, il lui fait des ténèbres obscures en l'entendement.

Or, que cette contemplation obscure soit aussi en les commencements pénible à l'âme, c'est une chose claire; parce que,

1. ARISTOTE, *Metaphys.*, l. 1, c. 1.
2. Voir la note 2 de la page 148.

comme cette divine contemplation infuse a beaucoup d'excellences souverainement bonnes, et que l'âme qui les reçoit – pour n'être purifiée – a beaucoup de misères souverainement mauvaises aussi, de là vient que, deux contraires ne pouvant subsister en un sujet, qui est l'âme, par nécessité l'âme doit peiner et pâtir, elle qui est le sujet où se trouvent ces deux contraires bataillant ensemble, à cause de la purification des imperfections de l'âme qui se fait par cette contemplation – ce que nous prouverons par induction en cette sorte.

Quant au premier[1], parce que la lumière et la sagesse de cette contemplation est très claire et très pure et l'âme qu'elle investit est obscure et impure, de là vient que l'âme pâtit beaucoup à la recevoir en soi, comme les yeux impurs et malades sont travaillés des rayons d'une claire lumière. Et cette peine en l'âme à cause de son impureté est indicible, lorsqu'elle est vraiment investie de cette lumière divine; parce que, cette pure lumière investissant l'âme pour en chasser l'impureté, l'âme se sent si impure et si misérable qu'il lui semble que Dieu soit contre elle et qu'elle soit faite contraire à Dieu. Ce qui est d'un si grand sentiment et peine pour l'âme (parce qu'il lui semble ici que Dieu l'ait rejetée) que l'un des travaux qui pesaient le plus à Job, quand Dieu le tenait en cet exercice, était celui-là, disant: *Pourquoi m'avez-vous mis contraire à vous,* Jb 7,20
et j'ai été fait lourd et pesant à moi-même? Parce que l'âme voyant ici clairement, par le moyen de cette claire et pure lumière (quoique obscurément), son impureté, elle connaît manifestement qu'elle n'est digne de Dieu ni d'aucune créature. Et ce qui la peine le plus est la pensée qu'elle ne le sera jamais et que désormais tous ses biens sont finis. Ce qui vient de ce qu'elle tient l'esprit profondément plongé dans la connaissance et le sentiment de ses maux et de ses misères. Car cette divine et obscure lumière les lui met ici toutes sous les yeux et lui fait clairement connaître comment de soi elle ne pourra avoir autre chose. Nous pouvons prendre en ce sens cette autorité de David: *Vous avez corrigé l'homme à cause de l'iniquité, et vous* Ps 38
avez fait se fondre et *dessécher son âme; comme l'araignée* elle se (39),12
vide.

La seconde manière d'affliction de l'âme provient de sa faiblesse naturelle et morale et spirituelle: parce que, comme

1. Cyprien glose justement: *à savoir qu'elle lui cause des ténèbres, il est manifeste...*

cette contemplation divine investit l'âme avec quelque force pour la fortifier et dompter, elle peine tellement en sa faiblesse que peu s'en faut qu'elle ne défaille, particulièrement quelquefois lorsqu'elle est investie avec une plus grande force : car le sens et l'esprit, de même que s'ils étaient sous quelque fardeau immense et obscur, sont tellement souffrants et agonisants, qu'ils trouveraient du soulagement à mourir et le préféreraient. Le prophète Job ayant expérimenté cela, disait : *Je*
Jb 23,6 *ne veux pas que Dieu vienne aux prises avec moi en grande force, de peur d'être accablé sous le faix de sa grandeur.*

En la force de cette oppression et de ce poids, l'âme se sent tellement éloignée de la faveur qu'il lui semble – et il est ainsi – que même les choses où elle avait coutume de trouver de l'appui se sont retirées avec le reste et qu'il n'y a personne qui
Jb 19,21 ait compassion d'elle. Job aussi dit à ce propos : *Ayez pitié de moi, ayez pitié de moi, au moins vous mes amis, parce que la main du Seigneur m'a touché.* Chose merveilleuse et ensemble pitoyable, que la faiblesse et impureté de l'âme en cet état soit si grande que la main de Dieu, étant de soi si douce et si suave, l'âme la sente ici si pesante et si contraire, quoiqu'il ne fasse qu'en toucher seulement, sans l'appesantir ni l'appuyer, et ceci encore miséricordieusement, puisque c'est pour faire des grâces à l'âme et non pour la châtier.

CHAPITRE 6 La troisième manière de passion et de peine que l'âme endure ici procède de deux autres extrémités - à savoir divine et humaine – qui s'unissent ici. La divine est cette contemplation purificatrice, et l'humaine est le sujet de l'âme. Parce que, comme la divine investit l'âme afin de la renouveler pour la faire divine – la dépouillant des affections habituelles et propriétés du vieil homme auquel elle est fort unie, collée et conformée – elle brise et défait de telle façon la substance spirituelle, l'absorbant en une profonde et abyssale obscurité, que l'âme se sent consommer et fondre à la vue de ses misères par une cruelle mort d'esprit ; de même que si, une bête l'ayant avalée, elle se sentait digérée dans son ventre ténébreux – souffrant les mêmes
Jon 2,2-10 angoisses que Jonas dans le ventre de cette bête marine. Car il faut qu'elle soit dans ce tombeau de mort obscure pour la résurrection spirituelle qu'elle attend.

David décrit cette passion et peine, quoique à la vérité elle
Ps 17 (18), 5-7 soit inexplicable, disant : *Les abois de la mort m'ont environné, les douleurs de l'enfer m'ont assiégé. J'ai crié en ma tribulation.* Mais

ce que cette âme dolente ressent le plus ici, c'est qu'il lui semble clairement que Dieu l'a rejetée et, l'ayant en horreur, l'a précipitée dans les ténèbres – ce qui est pour elle un grand tourment et une peine lamentable, de croire que Dieu l'ait abandonnée. David, sentant aussi beaucoup cette peine, dit à ce propos: *Comme les blessés dormant dans les sépulcres, desquels* Ps 87
vous n'avez point de souvenance, sont repoussés de votre main, (88),6-8
ils m'ont mis dans le lac le plus profond et inférieur, dans les lieux ténébreux et l'ombre de la mort; votre fureur a été confirmée sur moi et vous avez attiré tous vos flots sur moi. Parce que véritablement, quand cette contemplation purificatrice serre et étreint, l'âme sent fort au vif l'ombre de la mort, les gémissements de la mort et les douleurs de l'enfer – qui consistent à se sentir sans Dieu, punie et rejetée et indigne de lui, et qu'il est courroucé: car tout cela se sent ici, et le plus est qu'il lui semble que c'est pour toujours.

Et elle sent aussi le même délaissement de la part de toutes les créatures et se sent méprisée d'elles, particulièrement de ses amis. Et c'est pour ce sujet que David poursuit aussitôt, disant:
Vous avez éloigné de moi ceux de ma connaissance, ils m'ont mis Ps 87
comme une abomination à leur égard. Et le prophète Jonas, comme (88),9
celui aussi qui l'avait expérimenté corporellement et spirituellement dans le ventre de la bête, témoigne bien tout cela,
disant: *Vous m'avez jeté au profond dans le cœur de la mer, et un* Jon 2,
fleuve m'a environné; tous ses gouffres et tous ses flots ont passé 4-7
sur moi et j'ai dit: Je suis rejeté de la présence de vos yeux. Néanmoins, derechef je verrai votre saint temple (ce qu'il dit pour ce que Dieu, ici, purifie l'âme pour le voir). *Les eaux m'ont environné jusqu'à l'âme, l'abîme m'a entouré, la haute mer a couvert ma tête. Je suis descendu jusqu'au pied des montagnes, les verrous de la terre m'ont enfermé pour jamais.* Lesquels verrous s'entendent ici, à ce propos, des imperfections de l'âme, qui l'empêchent de jouir de cette savoureuse contemplation.

La quatrième manière de peine est causée en l'âme par une autre excellence de cette obscure contemplation, qui est sa majesté et sa grandeur; de laquelle naît en l'âme le sentiment d'une autre extrémité qu'il y a en elle, à savoir d'une intime pauvreté et misère, qui est l'une des principales peines de cette purification. Parce qu'elle sent en soi un vide profond et une pauvreté de trois sortes de biens ordonnés au contentement de l'âme, qui sont: les temporels, les naturels et les spirituels, se voyant réduite aux maux contraires, c'est à savoir: aux misères d'imperfections, aux aridités et vides des appréhensions des puissances et à l'abandonnement de l'esprit en ténèbre. Car, pour autant que Dieu ici purifie l'âme selon la substance sensitive et spirituelle et selon les puissances intérieures et extérieures, il faut qu'elle soit mise dans le vide, dans la pauvreté et l'abandon de toutes ces parties, la laissant sèche, vide et en ténèbres. Parce que la partie sensitive se purifie en la sécheresse, et les puissances dans le vide de leurs appréhensions, et l'esprit en ténèbre obscure.

Et Dieu fait tout cela par le moyen de cette contemplation obscure: en laquelle l'âme ne souffre pas seulement le vide et la suspension de ses appuis naturels et de ses appréhensions – ce qui est une souffrance très angoisseuse (comme si on pendait et retenait quelqu'un en l'air afin qu'il ne respirât); mais aussi elle va purifiant l'âme, anéantissant ou évacuant ou consumant en elle (comme le feu fait à la rouille et aux taches du métal) toutes les affections et toutes les habitudes imparfaites qu'elle a contractées en toute sa vie. Lesquelles étant bien avant enracinées dans la substance de l'âme, elle souffre d'ordinaire une grande destruction et un tourment intérieur – outre ladite pauvreté et vide naturel et spirituel – se vérifiant
Ez 24,10 ici l'autorité d'Ézéchiel, disant: *Assemble les os que je brûlerai au feu, les chairs seront consommées et toute la composition se cuira et les os se dessécheront.* En quoi est signifiée la peine qu'on endure dans le vide et la pauvreté de la substance de l'âme sensi-
Ez 24,11 tive et spirituelle. Et aussitôt il ajoute: *Mets-la aussi vide sur la braise pour que son métal s'échauffe et se liquéfie, et que son immondice soit défaite au milieu d'elle, et que sa rouille soit consommée.* En quoi se donne à entendre la grande passion que souffre l'âme en la purification du feu de cette contemplation, le prophète disant ici que pour purifier et ôter la rouille des affections qui sont au milieu de l'âme, il est en certaine manière nécessaire qu'elle-même s'anéantisse et se détruise – selon que ses passions et imperfections lui sont comme tournées en nature.

D'où vient que, parce que l'âme se purifie dans cette four-
Sg 3,6 naise comme l'or dans le creuset – selon que dit le Sage – elle sent cette grande destruction dans la substance même de l'âme, avec une pauvreté extrême en laquelle elle est comme expirant, ainsi qu'il se peut voir en ce que David dit de soi à ce propos, criant à Dieu par ces paroles: *Sauvez-moi, Seigneur,*

car les eaux ont entré jusque dans mon âme; je suis fiché dans la fange du profond, et il n'y a point de substance. Je suis descendu au bas de la mer, et la tempête m'a submergé; j'ai travaillé, criant; mon gosier a été enroué; mes yeux ont défailli pendant que j'espère en mon Dieu. Dieu ici humilie beaucoup l'âme pour l'exalter grandement après; et s'il n'ordonnait que ces sentiments, lorsqu'ils se vivifient en l'âme, fussent promptement endormis, on mourrait en fort peu de jours; mais on ne sent que par intervalles leur vivacité intime. Laquelle est quelquefois si poignante qu'il semble à l'âme qu'elle voit l'enfer tout ouvert et la perdition. Car ceux-là sont de ceux *qui descendent* véritablement *tout vifs en enfer*, et se purifient ici de la même manière que là – parce que cette purification est celle qu'il faudrait faire là. Et ainsi l'âme qui passe par ces détroits, ou n'entre point en ce lieu, ou n'y arrête guère, vu qu'ici une heure de souffrance sert davantage que beaucoup en cet autre lieu.

Ps 68 (69), 2-4

Ps 54 (55), 16

CHAPITRE 7

Les afflictions et pressures que la volonté souffre aussi en cette nuit sont immenses et de telle sorte que parfois elles transpercent l'âme par le prompt ressouvenir des maux en lesquels elle se voit et par l'incertitude du remède. A quoi s'ajoute la mémoire des prospérités passées: parce que ceux-ci, ordinairement, lorsqu'ils entrent en cette nuit, ont joui de nombreux goûts en Dieu, et lui ont rendu beaucoup de services; et cela les peine davantage de voir qu'ils sont éloignés de ce bien et qu'ils n'y peuvent plus entrer. Job en parle avec expérience: *Moi qui étais autrefois opulent et riche, je suis abattu et froissé tout à coup. Il m'a pris par le col, m'a brisé et m'a mis comme en butte de sa visée. Il m'a environné de ses lances. Il m'a brisé les reins, sans pardonner, et a épanché en terre mes entrailles. Il m'a taillé, faisant blessure sur blessure; il s'est jeté sur moi comme un géant; j'ai cousu un sac sur ma peau et j'ai couvert ma chair de cendre; ma face s'est enflée de mes larmes et mes paupières en ont été obscurcies.*

Jb 16, 13-17 (12-16)

Il y a tant et de si graves peines en cette nuit, et tant d'autorités en l'Écriture qu'on pourrait alléguer à ce propos, que le temps et les forces nous manqueraient si nous voulions les rapporter. Car sans doute, tout ce que l'on en pourrait dire est au-dessous de ce qui en est. L'on en peut conjecturer quelque chose par les autorités que nous avons alléguées. Et, pour conclure ce vers et donner davantage à entendre ce que cette nuit fait en l'âme, je rapporterai sur cela le sentiment de Jérémie; et ce qu'il ressent est si grand qu'il le dit et déplore par beaucoup

Lm 3, 1-20 de paroles, en cette manière: *Je suis homme qui vois ma pauvreté en la verge de son indignation. Il m'a menacé et conduit dans les ténèbres et non à la lumière. Il a tant tourné et retourné sur moi sa main le long du jour! Il a fait vieillir ma peau et ma chair, il a brisé mes os. Il a bâti autour de moi et m'a environné de fiel et de travail. Il m'a mis dans les lieux ténébreux comme les morts éternels. Il a élevé des murs contre moi, afin que je ne sorte. Il a renforcé ma chaîne. Et quand j'aurai crié et prié, il a exclu mon oraison. Il a bouché mes issues avec des pierres carrées; il a renversé mes voies. Il m'a tendu des embuscades; il m'a été un lion en lieu caché. Il a renversé mes pas, il m'a brisé et rendu désolé. Il a bandé son arc et m'a mis comme un blanc à sa flèche. Il a envoyé dans mes reins les filles de son carquois. J'ai été fait en risée à tout mon peuple, le sujet de leur rire et plaisanterie tout le jour. Il m'a comblé d'amertume, il m'a environné d'absinthe. Il m'a cassé les dents au complet; il m'a repu de cendre. Et mon âme a été rejetée de la paix; je me suis oublié des biens. Et j'ai dit: ma fin est frustrée et périe, ainsi que ma prétention et l'espérance que j'avais au Seigneur. Souvenez-vous de ma pauvreté et de mon excès, de l'absinthe et du fiel. Je le garderai en mémoire et m'en ressouviendrai et mon âme se desséchera dans ces peines.*

Jérémie fait toutes ces plaintes sur ces peines et travaux, où il dépeint au vif les passions [1] de l'âme en cette purification et nuit spirituelle. D'où vient qu'on doit avoir grande compassion de l'âme que Dieu met en cette tempétueuse et épouvantable nuit. Car, quoique ce soit un grand bonheur pour elle, à cause des biens signalés qui lui en proviendront – lorsque Jb 12,22 Dieu, comme dit Job, *des ténèbres tirera en l'âme des biens profonds et mettra au jour les ombres de la mort,* de manière que, conformément aux paroles de David, *sa lumière soit aussi grande* (Ps 138 (139),12) *qu'étaient ses ténèbres* – néanmoins, pour la peine excessive qu'elle souffre et pour la grande incertitude qu'elle a de son remède – car il lui est avis, comme dit ici ce prophète, que *son mal ne prendra jamais fin,* et il lui semble que Dieu, selon aussi le dire de David, *l'a mise dans les obscurités comme les morts du siècle, son esprit étant en angoisse pour ce sujet et son cœur en grand trouble* (Ps 142 (143), 3-4) – cela, dis-je, mérite qu'on en ait grande douleur et compassion: car, à cela se joint, à cause de cette solitude et abandon que cette obscure nuit lui cause, qu'elle ne trouve con-

1. Au sens de souffrances.

solation ni appui en aucune doctrine, ni en aucun maître spirituel. Parce que, quelques raisons qu'on lui allègue pour la consoler, en lui montrant les biens qui se trouvent en ces peines, elle ne le peut croire. Car, comme elle est si imbue et si plongée dans ce sentiment de maux où elle voit si clairement ses misères, il lui semble que, comme ils ne voient pas ce qu'elle voit et ce qu'elle sent, ils disent cela, ne l'entendant pas, et au lieu de recevoir de la consolation, au contraire elle reçoit nouvelle douleur, lui semblant que ce n'est pas là le remède de son mal, et véritablement il est ainsi. Car jusqu'à ce que le Seigneur ait achevé de la purifier en la façon qu'il veut, il n'y a moyen ni remède qui lui serve et profite pour sa douleur. Et ce, d'autant plus que l'âme en cet état peut aussi peu de chose que celui qui est dans un cachot obscur, les fers aux pieds et aux mains, sans se pouvoir remuer, ni voir ni sentir aucun aide d'en haut ni d'en bas, jusqu'à ce que, dis-je, l'esprit ici s'humilie, s'adoucisse et se purifie, et devienne si subtil, si simple et si délicat, qu'il se puisse faire un avec l'esprit de Dieu, selon le degré d'union d'amour auquel la miséricorde divine le voudra élever – car conformément à cela, la purification est plus ou moins forte, plus ou moins longue.

Mais si cette purification doit être en effet quelque chose, tant forte qu'elle soit, elle dure quelques années, présupposé néanmoins que durant ce temps il y a des intervalles de soulagement: en lesquels, par dispensation divine, cette contemplation obscure cessant d'investir en forme et façon purificatrice, elle investit en façon illuminative et amoureuse, où l'âme, comme sortie de tels cachot et prisons et mise en récréation de latitude et de liberté, sent et goûte une grande suavité de paix et une amoureuse familiarité avec Dieu, dans une facile et abondante communication spirituelle. Ce qui est un indice à l'âme du salut que la dite purification opère en elle, et un présage de l'abondance qu'elle attend. Et cela est parfois si excellent qu'il semble à l'âme être déjà au bout de ses travaux. Parce que les choses spirituelles sont de cette qualité en l'âme – quand elles sont plus purement spirituelles – que, lorsque les tourments reviennent, il semble à l'âme qu'elle n'en sortira jamais et qu'elle n'aura plus de biens, comme nous avons vu par les autorités alléguées; et quand elle se trouve favorisée de biens spirituels, il lui semble aussi qu'elle n'aura plus de mal, et que les biens ne lui manqueront à l'avenir, comme David

Ps 29 le confesse, se voyant en cette jouissance: *J'ai dit en mon abon-*
(30),7 *dance : je ne me troublerai plus.*

Et cela vient de ce que la possession actuelle d'un contraire en l'esprit, de soi éloigne l'actuelle possession et sentiment de l'autre – ce qui n'arrive pas ainsi en la partie sensitive de l'âme, à cause que son appréhension est faible. Mais, attendu que l'esprit n'est pas encore ici bien purifié et net des affections que la partie inférieure a contractées, encore qu'il ne change en tant qu'esprit, néanmoins, en tant qu'il est affecté par elles, il pourra se changer en peines – comme nous voyons que
Ibid. 8 David changea après, sentant maints travaux et peines, encore qu'au temps de son abondance il eût pensé et dit qu'il ne s'ébranlerait jamais. Ainsi l'âme qui se voit comblée de ces biens spirituels, ne pénétrant pas jusqu'à la racine de l'imperfection et impureté qui lui reste encore, croit que tous ses travaux sont finis.

Mais cette pensée n'arrive pas souvent: car jusqu'à ce que la purification spirituelle soit achevée, très rarement il arrive que la douce communication soit si abondante qu'elle lui couvre la racine qui reste, de façon que l'âme ne vienne point à sentir en l'intérieur un je ne sais quoi qui lui manque ou qui est à faire, qui ne la laisse entièrement jouir de cet allègement – sentant là au-dedans comme un sien ennemi duquel elle craint le retour et qu'il ne vienne derechef à faire des siennes, bien qu'il soit comme apaisé et endormi. Et, de fait, lorsqu'elle est plus assurée et qu'elle s'y attend le moins, cet ennemi, retournant, engloutit et absorbe l'âme en un autre degré pire, plus dur, plus obscur et plus déplorable que le précédent – qui durera encore un espace de temps peut-être plus long que le premier. Et derechef elle vient ici à croire qu'il n'y a plus de biens pour elle. Parce que l'expérience qu'elle a eue du bien passé, dont elle a joui après le premier travail, où elle pensait aussi ne devoir plus tomber en peine, ne suffit pas pour l'empêcher de croire en ce second degré de pressure que désormais tout est perdu pour elle, et que ce ne sera plus comme la fois précédente. Car cette créance (comme je dis) si confirmée est causée en l'âme par l'actuelle appréhension de l'esprit qui anéantit en elle tout ce qui est contraire à cette appréhension.

Telle est la cause pour laquelle ceux qui gisent au purgatoire souffrent de grands doutes s'ils en sortiront jamais, ou si leurs peines doivent avoir une fin. Car, encore qu'habituellement ils aient les trois vertus théologales, foi, espérance et charité, l'actualité du sentiment de leurs peines et de la privation de Dieu ne les laisse point jouir du bien actuel et de la consolation de ces vertus. Car, encore qu'ils se rendent compte qu'ils aiment bien Dieu, cela ne les console point, attendu qu'il ne leur paraît point que Dieu les aime, ni qu'ils soient dignes d'une telle chose: au contraire, comme ils se voient privés de lui, au sein de leurs misères, il leur est avis qu'ils ont bien en soi de quoi être abhorrés et rejetés de Dieu fort justement pour toujours. Et ainsi l'âme, en cette purification, encore qu'elle voie qu'elle aime bien Dieu et qu'elle donnerait mille vies pour lui (comme c'est la vérité, parce que ces âmes aiment leur Dieu en ces travaux avec grande vérité), néanmoins cela ne lui est point allègement, au contraire, cela lui cause plus de peine; parce que, l'aimant tant qu'elle n'a souci d'aucune autre chose, comme elle se voit si misérable – ne pouvant croire que Dieu l'aime, ni qu'il y ait rien en elle et qu'il n'y aura jamais rien qui la rende digne d'être aimée, mais qu'elle mérite plutôt d'être abhorrée, non seulement de Dieu, mais encore de toute créature pour jamais – elle s'afflige de voir en soi des causes pour lesquelles elle mérite d'être rebutée de Celui qu'elle aime et désire si passionnément. CHAPITRE 8

Mais il y a ici une autre chose qui tourmente et afflige beaucoup l'âme; et c'est que, comme cette nuit obscure lui tient ainsi les puissances et les affections liées, elle ne peut élever l'affection ni l'esprit à Dieu, ni le prier, lui semblant avec Jérémie que Dieu *a mis une nuée au-devant, de peur que l'oraison ne passe.* Lm 3,44
Car c'est ce qu'il veut dire en l'autorité sus alléguée: *Il a barré* Lm 3,9
et bouché mes voies avec des pierres carrées. Et si elle prie quelquefois, c'est avec si peu de force et de suc qu'il lui semble que Dieu ne l'écoute et n'en tient compte, comme le même prophète le donne à entendre en la même autorité: *Quand* Lm 3,8
j'aurai crié et prié, il a exclu mon oraison. A la vérité, ce n'est pas le temps de parler à Dieu, mais, comme dit Jérémie, de *mettre* Lm 3,29
sa bouche en la poussière, pour le cas où, par bonheur, viendrait quelque espérance actuelle, souffrant patiemment sa purification. Dieu est Celui qui va opérant ici passivement en l'âme. C'est pourquoi elle ne peut rien: elle ne peut ni prier vocalement, ni assister avec attention aux choses divines, ni encore moins aux autres affaires et négoces temporels. Non seulement elle a cette peine, mais encore souvent elle a de telles aliénations et de si profonds oublis en la mémoire, qu'elle sera beaucoup

de temps sans savoir ce qu'elle a fait ni pensé, ni ce que c'est qu'elle fait ou va faire, et quoiqu'elle veuille, elle ne saurait être attentive à rien de ce où elle est.

Car, parce que non seulement l'entendement se purifie ici de sa lumière et la volonté de ses affections, mais aussi la mémoire de ses discours et notices, il la faut aussi anéantir à leur endroit pour accomplir ce que David dit de soi en cette purification: *J'ai été réduit à néant et je n'ai su.* Ce non-savoir se
Ps 72 (73),22 réfère à ces ignorances et oublis de la mémoire, lesquelles aliénations et oublis sont causés par la retraite intérieure, en laquelle cette contemplation absorbe l'âme. Parce que, afin que l'âme fût disposée et tempérée à la façon divine avec ses puissances pour la divine union d'amour, il était convenable qu'elle fût premièrement absorbée avec elles toutes en cette divine et obscure lumière spirituelle de contemplation, et ainsi qu'elle fût abstraite de toutes les affections et appréhensions des créatures – ce qui dure dans chaque cas selon la force de cette contemplation. D'où vient que tant plus cette divine lumière qui investit l'âme est simple et pure, tant plus elle l'obscurcit, la vide et anéantit touchant ses appréhensions et affections particulières, tant à l'égard des choses d'en haut que de celles d'ici-bas; et aussi tant moins cette lumière est simple et pure, tant moins elle la prive et tant moins elle lui est obscure. Et c'est chose qui paraît incroyable de dire que la lumière surnaturelle et divine obscurcit d'autant plus l'âme qu'elle a plus de clarté et de pureté; et que tant moins elle en a, tant moins elle lui est obscure. Cela sera facile à entendre si nous considérons ce qui a été prouvé ci-dessus[1] en la sentence du Philosophe, c'est à savoir que les choses surnaturelles sont d'autant plus obscures à notre entendement, qu'elles sont en soi plus claires et plus manifestes.

Et, pour qu'on l'entende plus clairement, mettons ici une comparaison tirée de la lumière naturelle et commune. Nous voyons que, quand le rayon du soleil qui entre par la fenêtre est plus pur et plus net d'atomes, tant moins clairement il se voit; et tant plus d'atomes et de poussières il y a dans l'air, tant plus le rayon paraît clair à l'œil. La cause en est que la lumière n'est pas ce qui se voit par soi-même, mais le moyen par lequel on voit les choses qu'elle rencontre: et alors on la voit aussi elle-

1. Voir p. 148.

même, par la réverbération qu'elle fait en elles. Et si elle ne donnait pas en elles, ni les choses ni elle ne se verraient; de telle manière que si le rayon du soleil entrait par une fenêtre de l'appartement, et que, passant par le milieu de l'appartement, il sortît par une autre fenêtre opposée, s'il ne rencontrait aucune chose, et qu'il n'y eût en l'air d'atomes sur lesquels il se reflétât, il n'y aurait pas dans l'appartement plus de lumière qu'auparavant et on n'apercevrait pas le rayon – au contraire, à y bien regarder, il y aurait alors plus d'obscurité là où est le rayon, parce qu'il prive et obscurcit quelque peu de l'autre lumière, et lui-même ne se voit, puisque (comme nous avons dit) il n'y a point d'objets visibles où il puisse se refléter.

Or ce divin rayon de contemplation ne fait ni plus ni moins en l'âme, car, l'investissant avec sa lumière divine, il excède la lumière naturelle de l'âme et en cela il l'obscurcit et la prive de toutes les appréhensions et affections naturelles qu'elle appréhendait auparavant moyennant la lumière naturelle. Et ainsi, il la laisse non seulement obscure, mais aussi vide selon les puissances et appétits, tant spirituels que naturels. Et la laissant ainsi vide et à l'obscurité, il la purifie et illumine avec la divine lumière spirituelle, sans que l'âme pense l'avoir, mais croyant toujours être en ténèbres, comme nous avons dit du rayon qui, quoiqu'il soit au milieu de l'appartement, s'il est pur et n'a pas où frapper, il ne se voit point. Mais quand cette lumière spirituelle dont l'âme est investie a où se réverbérer, c'est-à-dire quand il s'offre quelque chose spirituelle de perfection ou d'imperfection à entendre – si petit que soit cet atome – ou quelque jugement à faire touchant ce qui est vrai ou faux, aussitôt elle le voit et l'entend bien plus clairement qu'auparavant qu'elle fût en ces obscurités. Et, ni plus ni moins, elle connaît la lumière spirituelle qu'elle a pour discerner facilement l'imperfection qui se présente; de même que nous expérimentons au rayon que nous avons dit être obscur en l'appartement: quoiqu'on ne le voie pas lui-même, si on passe la main ou quelque autre chose à travers, on perçoit aussitôt la main, et on connaît que cette lumière du soleil était là.

D'où vient que, cette lumière spirituelle étant si simple, si pure et si générale, et non attachée ni particularisée à quelque intelligible particulier, naturel ou divin (vu qu'elle tient toutes les puissances de l'âme vides et anéanties en toutes ses appréhensions), de là vient que l'âme avec une grande universalité et

facilité connaît et pénètre tout ce qui se présente d'en haut ou
1 Co d'ici-bas. C'est pourquoi l'Apôtre dit que *le spirituel sonde toutes*
2,10 *choses jusqu'aux profondeurs de Dieu.* Car de cette sagesse générale et simple l'on entend ce que dit le Saint Esprit par le Sage,
Sg 7,24 c'est à savoir: *Elle atteint partout à cause de sa pureté* – parce qu'elle ne descend à aucun intelligible ni affection particulière. Et c'est là la propriété de l'esprit purifié et anéanti touchant toutes les particulières affections et intelligences. Parce que, en ce qu'il ne goûte et n'entend rien en particulier, demeurant en son vide, obscurité et ténèbres, il embrasse tout avec une grande disposition, afin qu'en lui se vérifie le dire de saint
2 Co Paul: *N'ayant rien et possédant tout.* Car une telle béatitude
6,10 était due à une telle pauvreté d'esprit.

CHAPITRE 9 Il reste donc à dire ici que cette heureuse nuit, encore qu'elle obscurcisse l'esprit, ce n'est que pour lui donner lumière de toutes choses; et encore qu'elle l'humilie et le rende misérable, ce n'est que pour l'exalter et élever; et encore qu'elle l'appauvrisse et vide de toute possession et affection naturelle, ce n'est qu'afin que divinement il se puisse étendre à jouir et goûter de toutes les choses d'en haut et d'ici-bas, étant en tout avec une générale liberté d'esprit. Parce que, comme les éléments, afin de se communiquer en tous les composés et en tous les êtres naturels, ne doivent être mêlés avec aucune particularité, mais être sans couleur, sans odeur et saveur pour pouvoir concourir avec toutes les saveurs, odeurs et couleurs, de même, il faut que l'esprit soit simple, pur et dénué de toutes sortes d'affections naturelles – tant actuelles qu'habituelles – afin de pouvoir avec liberté participer de la Sagesse divine, en latitude d'esprit; en laquelle, à cause de sa pureté, il goûte toutes les saveurs de toutes les choses avec une certaine manière d'excellence. Et, sans cette purification, il ne pourra en aucune manière sentir ni goûter la satisfaction de toute cette abondance de saveurs spirituelles. Car une seule affection qu'il aura, ou particularité à laquelle l'esprit soit actuellement ou habituellement attaché, suffit pour ne sentir ni goûter ni participer la délicatesse et intime saveur de l'esprit d'amour qui contient en soi toutes les saveurs avec grande éminence.

Parce que, comme les enfants d'Israël, leur étant demeurée une seule affection et mémoire des viandes et nourritures qu'ils
Ex 16,3 avaient goûtées en Égypte, ne pouvaient goûter au désert le pain délicat des anges, à savoir la manne, laquelle, comme dit

la divine Écriture, *avait la suavité de tous les goûts et se convertissait au goût qu'un chacun voulait;* de même, l'esprit qui sera encore attaché à quelque affection actuelle ou habituelle, ou à des intelligences particulières, ou à quelque autre appréhension, ne pourra arriver à goûter les délices de l'esprit de liberté, suivant le désir de la volonté. La raison de ceci est que les affections, les sentiments et les appréhensions de l'esprit parfait – parce qu'ils sont divins – sont d'une autre sorte et d'un genre si différent de la façon naturelle, et si éminent, que pour posséder les unes actuellement et habituellement, il faut chasser et anéantir les autres – comme font deux contraires qui ne peuvent être ensemble en un même sujet. Partant, il est très expédient et même nécessaire à l'âme, afin qu'elle passe à ces grandeurs, que cette nuit obscure de contemplation l'anéantisse et détruise premièrement ses bassesses, la mettant en obscurité, en sécheresse, en pressure et dans le vide; car la lumière qu'on lui doit donner est une très haute lumière divine qui surpasse toute clarté naturelle et qui ne tombe pas naturellement dans l'entendement. Sg 16, 20-21

Et ainsi, afin que l'entendement puisse arriver à s'unir avec elle et se rendre divin dans l'état de perfection, il faut premièrement qu'il soit purifié et anéanti en sa lumière naturelle, le mettant actuellement en obscurité par le moyen de cette contemplation obscure. Et il faut que cette ténèbre lui dure autant qu'il est nécessaire pour chasser et anéantir l'habitude qu'il a de longue main formée en soi pour sa manière d'entendre, et que l'illustration et lumière divine demeure en la place de sa façon d'entendre. Et ainsi, parce que cette force d'entendre qu'il avait auparavant est naturelle, de là provient que les ténèbres qu'il souffre sont profondes, horribles et très pénibles, car comme on les sent en la substance profonde de l'esprit, elles semblent être des ténèbres substantielles. Semblablement aussi, parce que l'affection d'amour qui lui doit être donnée en la divine union d'amour est divine, et partant très subtile, très délicate et très intérieure, et qu'elle excède toute affection et sentiment de la volonté et tout son appétit, il est convenable – pour que la volonté puisse venir à sentir et goûter par union d'amour cette affection divine et si haute délectation qui ne tombe pas naturellement en la volonté – qu'elle soit premièrement purifiée et anéantie en toutes ses affections et sentiments, la laissant à sec et dans la pressure autant qu'il est

convenable selon l'habitude qu'elle avait des affections naturelles, tant envers les choses divines qu'envers les choses humaines; afin qu'étant exténuée, desséchée et bien essorée, au feu de cette obscure contemplation, de toute sorte de démon
Tb 8,2 (comme le cœur du poisson de Tobie sur la braise), elle ait une disposition pure et simple et le palais purifié et sain pour sentir les hauts et étranges attouchements de l'amour divin, auquel elle se verra divinement transformée – toutes les contrariétés actuelles et habituelles qu'elle avait auparavant (comme nous avons dit) étant chassées.

Semblablement aussi, parce que, pour la dite union à laquelle dispose et achemine cette obscure nuit, l'âme doit être pleine et douée de certaine magnificence glorieuse en la communication avec Dieu, qui enferme en soi des biens et des délectations innombrables qui excèdent toute l'abondance que l'âme peut naturellement posséder, car elle ne la peut recevoir en une nature aussi faible et impure – car, selon que dit Isaïe,
Is 64, *l'œil n'a vu ni l'oreille entendu, et n'est point monté au cœur de*
4(3) *l'homme ce que Dieu a préparé, etc.* – il faut premièrement que l'âme soit mise dans le vide et la pauvreté d'esprit, la purifiant de tout appui, consolation et appréhension naturelle, tant à l'égard des choses d'en haut que de celles d'ici-bas: afin qu'étant ainsi vide elle soit bien pauvre d'esprit et dépouillée du vieil homme, pour vivre cette nouvelle et bienheureuse vie qu'on obtient par le moyen de cette nuit, à savoir l'état d'union avec Dieu.

Et parce que l'âme doit avoir un sentiment et une notice divine très généreuse et très savoureuse touchant toutes les choses divines et humaines qui ne tombent au sentiment commun et savoir naturel de l'âme (parce qu'elle les regarde[1] avec des yeux autant différents d'avant, que l'esprit diffère du sens et le divin de l'humain), il faut que l'esprit se subtilise et se rétrécisse touchant le sentiment commun et naturel, étant mis en grande angoisse et pressure par le moyen de cette contemplation purificatrice, et que la mémoire soit éloignée de toute aimable et paisible notice, avec un sens intérieur et tempérament de pérégrination et éloignement de toutes choses, qui lui semblent toutes étrangères et d'autre façon qu'elles n'avaient coutume. Car cette nuit va tirant l'esprit de son ordinaire et

1. Une autre leçon dit: *qu'elle regardera...*

commun sentiment des choses, pour l'élever au sens divin qui est étrange et éloigné de toute manière humaine. Il semble ici à l'âme qu'elle marche hors de soi dans les peines. D'autres fois, elle pense si c'est enchantement ce qui se passe en elle, ou une stupidité d'esprit, et va s'émerveillant des choses qu'elle voit et entend, qui lui semblent être de fort loin et étrangères, lesquelles sont néanmoins les mêmes qu'elle avait coutume de traiter communément. La cause de cela est que l'âme s'en va désormais s'écartant et s'éloignant du commun sens et notice des choses, afin qu'étant anéantie en celui-ci, elle demeure informée dans le divin, qui est plus de l'autre vie que de la présente.

L'âme endure toutes ces purifications afflictives de l'esprit pour être régénérée en vie d'esprit par le moyen de cette influence divine, et avec ces douleurs elle vient à enfanter l'esprit de salut, afin que s'accomplisse la sentence d'Isaïe disant: *Seigneur, nous avons conçu à la présence de votre face, nous avons eu comme les tranchées de l'accouchement, et nous avons enfanté l'esprit.* Outre cela, parce que par le moyen de cette nuit contemplative l'âme se dispose pour venir à la tranquillité et paix intérieure, qui est telle et si délectable que, comme dit l'Écriture, *elle excède tout sens*, il faut que toute la première paix de l'âme soit premièrement laissée (laquelle, pour autant qu'elle était mêlée d'imperfections, n'était pas paix, bien qu'elle semblât à l'âme être telle, parce qu'elle était à son goût: paix deux fois, c'est-à-dire qu'elle croyait avoir déjà acquis la paix du sens et celle de l'esprit, se voyant pleine d'abondances spirituelles de cette paix du sens et de l'esprit; car, comme je le dis, elle est encore imparfaite); il faut, dis-je, que cette paix soit premièrement purifiée en elle, et elle, retirée et détournée de cette paix; comme Jérémie a signifié l'avoir senti, et comme il l'a déploré en l'autorité que nous avons alléguée pour expliquer les travaux de cette nuit, disant: *Mon âme a été enlevée et repoussée de la paix.*

Is 26, 17-18

Ph 4,7

Lm 3,17

Or ce trouble est une fâcheuse inquiétude de nombreuses craintes, imaginations et combats que l'âme souffre dans soi-même, où, avec l'appréhension et sentiment de ses misères, elle soupçonne d'être perdue et que ses biens sont taris pour jamais. De là provient en l'esprit une douleur et gémissement si profonds, qu'ils lui font jeter de forts cris et des rugissements spirituels, parfois les prononçant de bouche et se fondant tout

en larmes, quand il y a des forces et la capacité pour le faire – bien que le moins souvent il reçoive ce soulagement. David déclare fort bien cela dans un psaume, comme chose qu'il
Ps 37 (38),9 avait expérimentée: *J'ai été extrêmement affligé et humilié, je rugissais du gémissement de mon cœur* – lequel rugissement est une chose de grande douleur. Car parfois, l'âme, par la soudaine et aiguë mémoire des misères où elle se trouve, sent tant de douleur et de peine s'élever en elle et l'entourer en ses affections, que je ne sais comment on le pourrait donner à entendre, si ce n'est par la similitude qu'a dite le saint Job,
Jb 3,24 étant en pareil travail, par ces paroles: *Mon rugissement ressemble aux eaux qui se débordent.* Parce que, comme les rivières parfois ont de tels débordements qu'elles noient et couvrent tout, ainsi ce rugissement et sentiment de l'âme croissent quelquefois tant que, la noyant et transperçant toute, ils lui remplissent toutes ses affections profondes et ses forces d'angoisses et de douleurs spirituelles au-delà de tout ce qu'on peut exagérer.

Telle est l'œuvre que fait en elle cette nuit qui couvre les espérances de la lumière du jour. Car le même Job dit aussi à
Jb 30,17 ce propos: *En la nuit ma bouche a été transpercée de douleurs, et ceux qui me mangent ne dorment point.* La bouche signifie la volonté qui est traversée de ces douleurs qui ne cessent et ne dorment point en ce qui est de dépecer l'âme, parce que les doutes et les craintes qui transpercent l'âme ainsi, jamais ne cessent.

Cette guerre et ce combat sont profonds, parce que la paix qu'elle attend sera très profonde. Et la douleur spirituelle est intime et délicate, parce que l'amour qu'elle doit posséder sera aussi très intime et très épuré. Car tant plus l'ouvrage doit être et demeurer intime et poli, tant plus intime, poli et pur doit être le travail, et d'autant plus fort que l'édifice sera plus solide.
Jb 30,27 C'est pourquoi, comme dit Job, *l'âme va se flétrissant en soi-même et ses entrailles bouillent sans aucune espérance.* Il n'y a ici ni plus ni moins: parce que l'âme doit posséder et jouir en l'état de perfection – auquel elle s'achemine par le moyen de cette nuit purificatrice – d'innombrables biens de dons et vertus, tant selon la substance de l'âme que selon ses puissances, pour ce, il est d'abord requis généralement qu'elle se voie et se sente éloignée et privée de tous ces biens, et vide et pauvre d'eux, et qu'il lui semble en être si loin qu'elle ne puisse se

persuader d'y arriver jamais, mais que tout bien est perdu pour elle. Comme aussi Jérémie le donne à entendre dans la même autorité, quand il dit: *Je me suis oublié des biens.* Lm 3,17

Mais voyons maintenant pourquoi cette lumière de contemplation, étant si suave et si aimable à l'âme qu'elle n'a plus rien à désirer (puisque, comme il a été dit, c'est la même avec laquelle elle se doit unir et en laquelle, en l'état de perfection qu'elle désire, elle doit trouver tous les biens), néanmoins, lorsqu'elle l'investit, elle lui cause ces commencements pénibles et ces étranges effets que nous avons dits ici.

On répond facilement à ce doute, disant ce que nous avons déjà dit en partie, à savoir que du côté de la contemplation et de l'infusion divine, il n'y a rien qui, de soi, puisse donner de la peine, au contraire: beaucoup de suavité et de contentement, comme on le dira après. Mais la cause est la faiblesse et l'imperfection que l'âme a pour lors, et ses dispositions contraires pour recevoir cette suavité; dans lesquelles la lumière divine venant à donner, elle fait pâtir l'âme en la manière susdite.

CHAPITRE 10

Pour un plus grand éclaircissement de ce que nous avons dit et de ce que nous dirons, il faut remarquer ici que cette purificatrice et amoureuse notice ou lumière divine dont nous traitons, se comporte envers l'âme, la purifiant et disposant pour l'unir parfaitement avec soi, de même que le feu envers le bois pour le transformer en soi. Parce que le feu matériel appliqué au bois commence premièrement à le sécher, chassant l'humidité dehors et faisant pleurer l'eau qui est encore dedans. Après il le noircit, l'obscurcit et enlaidit, et même le rend malodorant; et, en le séchant peu à peu, il l'éclaircit et jette dehors tous les accidents difformes et obscurs qui sont contraires au feu. Et finalement, commençant à l'enflammer par dehors et à l'échauffer, il vient à le transformer en soi et à le rendre aussi beau que le feu même. Ce qu'étant fait, il n'y a plus de la part du bois aucune passion ni action propre – excepté la pesanteur et la quantité plus épaisses que celles du feu – vu qu'il a en soi les propriétés et les actions du feu; car il est sec et dessèche; il est chaud et il échauffe; il est clair et éclaircit; il est beaucoup plus léger qu'auparavant, le feu opérant en lui toutes ces propriétés et effets.

Or, il nous faut philosopher de même touchant ce divin feu d'amour de contemplation, lequel, avant que d'unir et transformer l'âme en soi, la purifie premièrement de tous ses accidents contraires. Il fait sortir ses difformités dehors, et la fait devenir noire et obscure, tellement qu'elle paraît pire qu'auparavant et plus laide et abominable qu'elle n'avait de coutume d'être. Car, comme cette divine purification va éloignant tous les maux et toutes les humeurs vicieuses – lesquelles l'âme ne découvrait pas, pour être enracinées bien avant et établies en elle, et ainsi elle ne connaissait pas qu'il y eût tant de mal en elle; et maintenant, pour les mettre dehors et les anéantir, on les lui montre et elle les voit si clairement par cette obscure lumière de la contemplation divine (encore qu'elle ne soit pire qu'auparavant, ni à son égard ni quant à Dieu) – comme, dis-je, elle voit en soi ce qu'elle n'apercevait auparavant, il lui semble être telle que, non seulement elle est indigne que Dieu la regarde, mais plutôt qu'elle mérite qu'il l'abhorre, et même que déjà il l'a en horreur. De cette comparaison nous pouvons maintenant entendre maintes choses touchant ce que nous disons et ce que nous devons dire.

Premièrement, nous pouvons entendre comment la même lumière et la sagesse amoureuse qui doit être unie à l'âme et la doit transformer, est la même qui, au commencement, la purifie et la dispose; ainsi que le même feu qui transforme le bois en soi, s'incorporant en lui, est celui qui l'allait disposant premièrement pour le même effet.

Secondement, nous connaîtrons comment l'âme ne sent pas ces peines de la part de la dite Sagesse, puisque, comme dit
Sg 7,11 le Sage, *tous les biens viennent à l'âme ensemble avec elle*, mais de la part de la faiblesse et imperfection qu'a l'âme pour ne pouvoir recevoir, sans cette purification, sa lumière divine, sa suavité et sa délectation (ainsi que le bois, lequel, aussitôt qu'il est dans le feu, ne peut être transformé, jusqu'à ce qu'il soit disposé), et c'est ce qui la fait tant peiner. Ce que l'Ecclésiastique confirme, disant ce qu'il a souffert pour s'unir avec elle
Eccli 51,29 (21) et en jouir: *Mon âme a agonisé et mon ventre a été troublé en la cherchant, et, pour ce, je posséderai une bonne possession.*

Tiercement, d'ici nous pouvons tirer en passant la manière de souffrir des âmes du purgatoire. Car le feu n'aurait point de pouvoir sur elles, encore qu'on le leur appliquât, si elles n'avaient des imperfections pour lesquelles elles doivent pâtir – qui sont la matière où le feu se prend, laquelle étant consommée, il n'y a plus rien à brûler. Comme ici, les imperfections étant consommées, la peine de l'âme finit et la jouissance demeure.

En quatrième lieu, nous tirerons d'ici comment l'âme, à mesure qu'elle se purge et purifie par le moyen de ce feu d'amour, elle s'enflamme davantage en amour; de même que le bois, à proportion et à mesure qu'il se dispose, s'échauffe d'autant plus. Encore que l'âme ne sente pas toujours cette inflammation d'amour, mais seulement quelquefois, lorsque la contemplation n'investit si fortement: parce qu'alors, l'âme a lieu de voir et même de jouir du travail qu'on va faisant – parce qu'on le lui découvre, lui semblant qu'on cesse de travailler et qu'on tire le fer de la fournaise, afin que l'ouvrage qu'on fait paraisse quelque peu; et alors l'âme peut découvrir en soi le bien qu'elle ne voyait pas pendant le travail. Comme, quand la flamme est retirée du bois, tout ce qu'elle a enflammé commence à paraître.

En cinquième lieu, nous tirerons aussi de cette comparaison ce qui a été dit ci-dessus, à savoir: comme il est véritable qu'après ces allègements l'âme retourne à souffrir avec plus de véhémence et plus subtilement qu'auparavant. La raison en est qu'après cette montre qui se fait [1] après que les imperfections ont été plus extérieurement purifiées, le feu d'amour retourne à toucher ce qui reste à purifier et à consumer plus intérieurement. En quoi la souffrance de l'âme est d'autant plus intime, subtile et spirituelle qu'il va lui amenuisant les imperfections les plus intimes, les plus délicates et les plus spirituelles, et les plus enracinées au-dedans. Et cela se fait comme il arrive au bois: car tant plus le feu pénètre au-dedans, il va disposant le plus intérieur avec plus de force et plus de fureur pour le posséder.

Sixièmement, nous tirerons aussi de là la cause pourquoi il semble à l'âme que tout bien soit fini pour elle et qu'elle est pleine de maux, puisque aucune autre chose que des amertumes ne lui arrive alors; tout comme le bois qui brûle: ni l'air ni aucune autre chose ne donne en lui sinon le feu qui le consume. Mais après qu'on aura fait d'autres montres pareilles aux premières, elle jouira plus profondément, puisque la purification s'est faite plus au-dedans.

1. Nous disons encore: faire montre de.

En septième lieu, nous tirerons de là qu'encore que l'âme jouisse très amplement durant ces intervalles (en sorte que, comme nous avons dit, il lui semble parfois que ses travaux sont finis), néanmoins, quand ils doivent retourner promptement, elle ne laisse de sentir, si elle y prend garde (et quelquefois celle-ci paraît d'elle-même), une certaine racine qui demeure et qui empêche que la joie ne soit parfaite, parce qu'elle semble menacer du retour, et quand cela est ainsi elle retourne sans tarder. Enfin ce qui reste à purifier et illustrer dans le plus intime de l'âme ne lui peut être entièrement couvert en la vue et présence de ce qui est déjà purifié; de même qu'au bois on discerne sensiblement ce qui est déjà illuminé de ce qui est au-dedans à enflammer. Et quand cette purification revient saisir plus intérieurement, il ne se faut étonner s'il semble derechef à l'âme qu'elle a perdu toute sorte de bien, et si elle ne pense plus en avoir, vu qu'étant en des passions plus intérieures, tout le bien du dehors lui est aveuglé.

Ayant donc cette comparaison devant les yeux, avec l'intelligence que nous avons donnée sur le premier vers du premier cantique de cette obscure nuit et de ses propriétés terribles, il sera bon de sortir de ces détresses de l'âme, et que nous commencions à traiter du fruit de ses larmes et de ses propriétés heureuses, qui se commencent à chanter en ce second vers:

CHAPITRE II

Ardente d'un amour plein d'angoisses.

En ce vers, l'âme donne à entendre le feu d'amour que nous avons dit, lequel, à la manière du feu matériel dans le bois, va s'allumant dans l'âme en cette nuit de contemplation terrible. Laquelle inflammation, bien qu'elle soit en certaine manière comme celle que nous avons dite ci-devant qui se passait en la partie sensitive de l'âme, néanmoins, en quelque manière, il y a autant de différence de celle-là à celle dont on traite maintenant, qu'il y en a de l'âme au corps, ou de la partie spirituelle à la sensible. Parce que celle-ci est une inflammation d'amour en l'esprit, où l'âme, au milieu de ces étreintes obscures, se sent blessée vivement et d'une façon pénétrante d'un fort amour divin, avec un certain sentiment et conjecture de Dieu – encore que ce soit sans entendre aucune chose particulière, attendu que (comme nous avons dit) l'entendement est en obscurité.

C'est ici que l'esprit se sent vivement passionné d'amour, parce que cette inflammation spirituelle produit la passion d'amour. Car cet amour étant infus, il est plus passif qu'actif, et ainsi il engendre dans l'âme une forte passion d'amour. Lequel amour, parce qu'il tient déjà quelque chose de l'union avec Dieu, de là est qu'il participe aussi quelque chose de ses propriétés, lesquelles sont plus actions de Dieu que de l'âme même et sont reçues en elle passivement; pourtant ce que l'âme fait ici, c'est de donner son consentement; mais la chaleur, la force, le tempérament et la passion d'amour ou inflammation – comme l'âme l'appelle ici – sont communiqués par le seul amour de Dieu qui va s'unissant avec elle. Lequel amour trouve d'autant plus de lieu et de disposition en l'âme pour s'unir avec elle et pour la navrer, qu'il tient tous ses appétits serrés, étrangers et inhabilités pour pouvoir goûter aucune chose du ciel ni de la terre.

Ce qui arrive d'une façon merveilleuse en cette purification obscure (comme nous avons déjà dit), vu que Dieu tient tous les goûts sevrés et recueillis de telle sorte qu'ils ne sauraient goûter d'aucune chose de celles qu'ils voudraient. Et Dieu fait tout cela afin que, les séparant de tout le reste et les retirant tous à soi, l'âme soit plus forte et plus habile pour recevoir cette forte union d'amour de Dieu qu'Il commence déjà à lui donner par ce moyen purificateur, où l'âme doit aimer très fortement avec toutes ses forces et appétits spirituels et sensitifs – ce qui n'eût pu être s'ils se fussent répandus à goûter d'autre chose. C'est pourquoi David, pour pouvoir recevoir la force de l'amour de cette union de Dieu, lui disait: *Je garderai ma* Ps 58
force pour vous, c'est-à-dire toute l'habileté, les appétits et la (59),10
force de mes puissances, ne voulant employer leur opération ni leur goût en autre chose hors de vous.

Selon cela, on pourrait quelque peu conjecturer combien grande et combien forte sera cette inflammation d'amour en l'esprit où Dieu tient recueillies toutes les forces, puissances et appétits de l'âme, tant spirituels que sensitifs, afin que toute cette harmonie emploie toutes ses forces et vertus en cet amour; et qu'ainsi il vienne à accomplir véritablement le premier précepte, lequel, ne laissant rien de l'homme et n'excluant de cet amour aucune chose qui soit en lui, dit: *Vous aimerez Dieu* Dt 6,5
de tout votre cœur, de tout votre esprit, de toute votre âme et de toutes vos forces.

Donc, tous les appétits et forces de l'âme étant ici recueillis en cette inflammation d'amour, et, en eux, toute l'âme étant navrée et touchée et passionnée, quels seront, à votre avis, les mouvements et excès de toutes ces forces et appétits, se voyant enflammés et navrés de fort amour, et sans possession ni satisfaction de lui, en obscurité et doute? Souffrant indubitablement
Ps 58 (59), 15-16 de la faim, comme *les chiens* dont David dit qu'*ils entourent la ville*, et *ne se voyant rassasiés* de cet amour, *ils demeurent hurlants et gémissants.* Car l'attouchement de cet amour et feu divin dessèche tellement l'esprit et enflamme si fort ses appétits pour satisfaire à sa soif de cet amour divin, qu'il fait mille tours en soi et désire Dieu de mille façons et manières, avec la convoitise et le souhait de l'appétit. Ce que David exprime
Ps 62 (63),2 très bien en un psaume: *Mon âme a eu soif de vous, en combien de diverses manières ma chair se porte à vous!* c'est-à-dire en désirs. Et une autre version dit: *Mon âme a eu soif de vous, mon âme se perd ou périt pour vous.*

C'est pourquoi l'âme dit dans ce vers: *Ardente d'un amour plein d'angoisses.* Et elle ne dit pas: Ardente d'amour et d'angoisse. Car, en toutes les choses et pensées qu'elle rumine en soi, et en toutes les affaires et rencontres qui se présentent, elle aime et désire de maintes manières, et de même aussi souffre ce désir en nombreuses sortes, en tous temps et en tous lieux, ne se reposant en chose que ce soit, sentant cette angoisse en sa blessure enflammée, comme Job le donne à entendre, disant:
Jb 7,2-4 *Ainsi que le cerf*[1] *désire l'ombre et que le mercenaire attend la fin de son œuvre, ainsi j'ai eu des mois vides et ai compté pour moi des nuits longues et laborieuses. Si je me couche pour dormir, je dirai: quand me lèverai-je? et derechef j'attendrai le soir et serai rempli de douleurs jusqu'aux ténèbres.* Toutes choses deviennent étroites à cette âme, elle ne peut demeurer en soi, ni au ciel ni en la terre, et se remplit de douleurs jusqu'aux ténèbres dont Job parle ici – ce qui n'est autre chose, parlant spirituellement et à notre propos, qu'une affliction et une souffrance sans aucune consolation d'espérance certaine de quelque lumière et bien spirituel, comme l'est ici la souffrance de l'âme. D'où vient que son angoisse et sa peine en cette inflammation d'amour sont plus grandes, pour être multipliées de deux côtés: tant de la

1. L'Écriture ne dit pas *cerf*, mais *serviteur*, leçon donnée d'ailleurs par un des manuscrits de la *Nuit*.

part des ténèbres spirituelles où elle se voit – qui l'affligent avec leurs doutes et leurs craintes – que de la part de l'amour de Dieu, qui l'enflamme et l'excite par sa blessure amoureuse et la remplit de crainte d'une manière étonnante.

Ces deux manières de pâtir en semblable saison sont bien exprimées dans Isaïe disant: *Mon âme vous a désiré en la nuit,* Is 26,9
c'est-à-dire en la misère, et c'est là une façon de pâtir de la part de cette nuit obscure; *mais,* ajoute-t-il, *avec mon esprit, en mes entrailles, je veillerai à vous jusqu'au matin,* et c'est la seconde manière de souffrir en désir et angoisse de la part de l'amour dans les entrailles de l'esprit, qui sont les affections spirituelles.

Toutefois, au milieu de ces peines obscures et amoureuses, l'âme sent une certaine compagnie et force en son intérieur, qui l'accompagne et l'anime tant, que si parfois elle est délivrée de la pesanteur de cette pénible ténèbre, souvent elle se sent seule, vide et faible. Et la cause pour lors en est que, comme la force et efficace de l'âme lui était passivement imprimée et communiquée par le feu ténébreux d'amour qui l'investissait, il advient que, ce feu cessant de l'investir, la ténèbre cesse en l'âme et la force et la chaleur d'amour s'évanouissent.

On peut voir par ce qui a été dit comment cette obscure CHAPITRE 12
nuit de feu amoureux, de même qu'elle s'en va purifiant en obscurité, ainsi s'en va enflammant l'âme en obscurité. On pourra voir aussi que les esprits, comme ils se purifient en l'autre monde par le feu ténébreux et matériel, ainsi en cette vie ils se purifient et nettoient par le feu amoureux, ténébreux et spirituel – y ayant cette différence que là ils sont épurés par le feu et ici ils sont épurés et illuminés seulement par l'amour. Lequel amour David demandait quand il disait: *O Dieu, créez* Ps 50
en moi un cœur net. Parce que la pureté du cœur n'est rien moins (51),12
que l'amour et la grâce de Dieu. Car Notre Sauveur appelle *ceux qui ont le cœur net: bienheureux,* ce qui est autant dire: Mt 5,8
amoureux, puisque la béatitude ne se donne pour autre prix que pour l'amour.

Or, que l'âme se purifie en s'illuminant de ce feu de sagesse amoureuse (parce que Dieu ne donne jamais de sagesse mystique sans amour, puisque c'est l'amour même qui la communique), Jérémie le montre bien par ces paroles: *Il a envoyé du* Lm 1,13
feu dans mes os et m'a enseigné. Et David dit que la sagesse de Dieu est de l'*argent examiné au feu,* c'est-à-dire, au feu purifi- Ps 11
cateur d'amour. Parce que cette obscure contemplation verse (12),7

conjointement en l'âme et amour et sagesse, à chacun selon sa capacité et sa nécessité, illuminant l'âme et la purifiant, Eccli 51,26 (19) comme dit le Sage, de ses ignorances – comme il dit aussi qu'elle fit avec lui.

Nous inférons encore d'ici que la même Sagesse de Dieu qui purifie les anges de leurs ignorances – leur donnant de savoir et les éclairant en ce qu'ils ne savent, se dérivant de Dieu par les premières hiérarchies jusqu'aux dernières et de là aux hommes – purifie et illumine ces âmes. C'est pourquoi, de toutes les œuvres que font les anges et de leurs inspirations, il se dit avec vérité et proprement en l'Écriture que Dieu les fait et qu'ils les font; car, ordinairement Il les dérive par eux, et eux aussi les font passer de l'un en l'autre sans aucun délai – de même que le rayon du soleil communiqué à plusieurs vitres ordonnées entre elles; car, encore qu'il soit vrai que de soi le rayon les pénètre toutes, pourtant chacune l'envoie à l'autre plus modifié, conformément à la façon de cette vitre, selon qu'elle est plus ou moins proche du soleil.

D'où s'ensuit que les esprits supérieurs et les inférieurs, tant plus ils sont près de Dieu, tant plus ils sont purifiés et clarifiés avec une purification plus générale; et que les derniers recevront cette illustration beaucoup plus petite et plus éloignée. D'où s'ensuit que l'homme – qui est le dernier jusqu'auquel se dérive cette contemplation amoureuse de Dieu – quand Dieu la lui veut donner, la doit recevoir à sa manière très limitée et avec peine. Parce que la lumière de Dieu qui illumine l'ange, l'illustrant et le comblant de suavité en amour parce qu'il est un pur esprit disposé pour une telle infusion, illumine naturellement l'homme (comme il fut dit plus haut) en lui causant obscurité, peine et angoisse, parce qu'il est impur et faible – comme le soleil fait à l'œil malade – et elle l'énamoure avec passion et affliction, jusqu'à ce que ce même feu d'amour le spiritualise et subtilise en le purifiant, jusqu'à ce que, étant désormais purifié, il puisse recevoir avec suavité l'union de cette amoureuse influence à la façon des anges – comme nous dirons ci-après avec l'aide de Dieu. Mais, en attendant, il reçoit cette contemplation et notice amoureuse dans l'étreinte et angoisse amoureuse dont nous parlons.

L'âme ne sent pas toujours cette inflammation et angoisse d'amour. Car, lorsque commence cette purification spirituelle, ce feu divin s'arrête davantage à essuyer et disposer le bois de

l'âme, que non pas à l'échauffer. Mais, avec le temps, quand ce feu va échauffant l'âme, elle sent d'ordinaire cette inflammation et chaleur d'amour. Ici, comme on purifie davantage l'entendement par le moyen de ces ténèbres, il advient quelquefois que cette mystique et amoureuse théologie, enflammant la volonté, conjointement frappe aussi et illustre l'autre puissance, qui est l'entendement, avec quelque notice et lumière divine, si savoureusement et si délicatement que la volonté, aidée d'elle, s'échauffe merveilleusement, ce divin feu d'amour étant ardent en elle en vives flammes – sans qu'elle y soit pour rien – de manière qu'il paraît déjà à l'âme un feu vif par la vive intelligence qui lui est donnée. Et de là vient ce que dit David: *Mon cœur s'est échauffé au-dedans de moi et un feu s'enflamma en* Ps 38
ma méditation. (39),4

Or cet embrasement d'amour avec union de ces deux puissances – entendement et volonté, qui sont ici unies – est chose de grande richesse et délectation à l'âme; parce que c'est une certaine touche en la divinité et déjà des commencements de la perfection de l'union d'amour qu'elle attend. D'où vient qu'on n'arrive point à cette touche d'un si haut sentiment et amour de Dieu, qu'après avoir passé de nombreux travaux et une grande partie de la purification. Mais, pour les autres degrés plus bas qui arrivent ordinairement, une si grande purification n'est pas nécessaire.

De ce que nous venons de dire, on déduit comment, en ces biens spirituels que Dieu verse passivement en l'âme, la volonté peut fort bien aimer sans que l'entendement comprenne; de même que l'entendement peut comprendre sans que la volonté aime. Car, vu que cette nuit obscure de contemplation est composée de lumière divine et d'amour – comme le feu possède lumière et chaleur – il n'y a aucune difficulté à ce que, quand cette lumière amoureuse se communique, elle frappe parfois davantage en la volonté, la rendant ardente d'amour, laissant l'entendement en obscurité, sans frapper en lui avec la lumière; et que d'autres fois, l'éclairant de sa lumière, elle donne de l'intelligence, laissant la volonté sèche (de même qu'il arrive qu'on puisse recevoir la chaleur du feu sans en voir la lumière, et aussi qu'on voie la lumière sans en recevoir la chaleur), et cela est l'œuvre du Seigneur, qui verse comme il lui plaît.

CHAPITRE 13 Par cette manière d'inflammation nous pouvons entendre quelques savoureux effets de ceux que cette obscure nuit de contemplation va désormais opérant en l'âme, parce que quelquefois (comme nous venons de le dire), au milieu de ces
Jn 1,5 obscurités, l'âme est illustrée et *la lumière luit dans les ténèbres*, cette intelligence mystique se dérivant à l'entendement – la volonté demeurant sèche, je veux dire, sans union actuelle d'amour – avec une sérénité et pureté si délicate et si délectable au sens de l'âme, qu'on ne la peut nommer, tantôt en une manière de sentir Dieu, tantôt en une autre.

Elle frappe aussi quelquefois conjointement (comme il a été dit) la volonté: et l'amour s'allume hautement, tendrement et fortement; parce que (comme nous avons déjà dit) quelquefois ces deux puissances de l'entendement et de la volonté, quand l'entendement se va purifiant davantage, s'unissent d'autant plus parfaitement et délicatement qu'elles sont plus avancées [1]. Mais devant que d'arriver ici, c'est une chose plus commune de sentir l'attouchement de l'inflammation en la volonté que celui de l'intelligence en l'entendement.

Mais un doute apparaît ici, et c'est: puisque ces deux puissances se vont purifiant de pair, pourquoi sent-on, au début, plus communément en la volonté l'inflammation et l'amour de la contemplation purificatrice, que l'intelligence de cette contemplation dans l'entendement? A quoi l'on répond que cet amour passif ne frappe pas ici directement en la volonté. Car la volonté est libre, et cette inflammation d'amour est davantage passion d'amour qu'acte libre de la volonté; c'est que cette chaleur d'amour frappe dans la substance de l'âme et meut ainsi passivement les affections. Et ainsi cette inflammation s'appelle plutôt passion d'amour qu'acte libre de la volonté, lequel s'appelle acte de la volonté en tant qu'il est libre. Mais, attendu que ces passions et affections se réduisent à la volonté, on dit pour cela que si l'âme est passionnée de quelque affection, la volonté l'est – et c'est la vérité. Car, de cette manière, la volonté est captive et perd sa liberté, de manière que l'impétuosité et la force de la passion l'entraînent derrière elles. Et pour ce, nous pouvons bien dire que cette inflammation d'amour est en la volonté, c'est-à-dire, enflamme l'appétit de la volonté, et ainsi (comme nous l'avons dit) elle s'appelle

1. Nous suivons ici, comme presque toujours, la leçon du manuscrit de Baeza.

plutôt passion d'amour qu'œuvre libre de la volonté. Et parce que la passion réceptive de l'entendement ne peut recevoir l'intelligence que nûment et passivement (et elle ne le peut sans qu'il soit purifié), pour cela, avant qu'il le soit, l'âme sent moins souvent la touche d'intelligence que celle de la passion d'amour. Car pour cela il n'est point nécessaire que la volonté soit autant purifiée à l'égard des passions, puisque même les passions l'aident à sentir l'amour passionné.

Cette inflammation et soif d'amour, pour appartenir désormais ici à l'esprit, est très différente de l'autre que nous avons dite en la nuit du sens. Car, encore qu'ici le sens prenne aussi sa part, parce qu'il ne laisse de participer du travail de l'esprit, néanmoins la racine et le vif de la soif d'amour se sentent en la partie supérieure de l'âme, c'est-à-dire en l'esprit: sentant et entendant tellement ce qu'il sent et le défaut de ce qu'il désire, que toute la peine du sens – encore que sans comparaison elle soit plus grande qu'en la première nuit sensitive – ne lui est rien, à cause qu'il connaît en l'intérieur le manquement d'un grand bien, auquel il ne saurait remédier par chose aucune.

Mais il faut remarquer ici qu'encore qu'au commencement de cette nuit spirituelle on ne sente cette inflammation d'amour, pour ce que ce feu d'amour n'a pas encore commencé à prendre, au lieu de cela Dieu donne dès aussitôt à l'âme un si grand amour estimatif de Dieu que (comme nous avons dit) tout ce qu'elle endure et sent le plus dans les travaux de cette nuit, c'est une angoisse de penser si elle a perdu Dieu et si elle est délaissée de lui. De façon que nous pouvons toujours dire que dès le commencement de cette nuit, l'âme est touchée d'angoisses d'amour, soit d'estimation, soit aussi d'inflammation. Et l'on voit que la plus grande passion qu'elle sente en ces travaux, c'est cette crainte; car si alors elle pouvait être certaine que tout n'est pas perdu et fini, mais que tout ce qu'elle endure c'est pour le mieux – comme il est véritable – et que Dieu n'est point irrité contre elle, toutes ces peines lui seraient légères, voire agréables, sachant que Dieu en est servi. Parce que l'amour d'estimation qu'elle porte à Dieu est si grand, encore qu'il soit caché et qu'elle ne le sente pas, que non seulement elle endurerait cela, mais se réjouirait de mourir de nombreuses fois pour le contenter. Mais quand la flamme a déjà enflammé l'âme, conjointement avec l'estime qu'elle a déjà de Dieu, elle devient si forte, si courageuse et si passionnée de Dieu – la chaleur d'amour lui étant communiquée – que, avec une grande hardiesse, sans égard ni considération d'aucune chose, dans la force et ivresse de l'amour et du désir, sans prendre garde à ce qu'elle fait, elle entreprendrait des choses étranges et inusitées, en quelque sorte et manière qu'elles se présentassent, pour pouvoir rencontrer son Bien-Aimé.

Et c'est la cause pour laquelle Marie-Madeleine, étant en soi-même aussi estimée qu'elle l'était auparavant, n'eut aucun
Lc 7,37 égard ni aux gens de qualité – ou non de qualité – qui banquetaient, ni à l'indécence ni à l'étrangeté d'aller pleurer et verser des larmes au festin, pourvu qu'elle pût (sans remise non pas même d'une heure, attendant un autre moment et une autre circonstance) se présenter devant Celui dont son âme était déjà blessée et enflammée. Et telle est encore l'ébriété et la hardiesse d'amour que, bien qu'elle sût que son Bien-Aimé était enfermé dans le sépulcre, scellé avec une grande pierre et environné de soldats qui le gardaient de peur que ses disciples ne le
Jn 20,1 dérobassent, néanmoins rien de cela ne l'empêcha d'y aller avant le jour avec des onguents pour l'oindre.

Enfin cet enivrement et angoisse d'amour lui firent demander à celui qu'elle pensait être jardinier et qu'elle croyait avoir
Jn 20,15 dérobé le corps au sépulcre, qu'*il lui dît si c'était lui qui l'avait pris, et où il l'avait mis, afin qu'elle l'emportât*, sans regarder que cette demande, dans une liberté de jugement et de raison, était une extravagance; puisqu'il est clair que, si l'autre l'eût dérobé, il n'eût eu garde de le lui dire, et moins encore de le lui laisser prendre. Mais la force et véhémence d'amour a cela que rien ne lui semble impossible et pense que chacun a la même visée, ne croyant pas qu'aucun ne s'emploie ni cherche autre chose, sinon ce qu'il cherche et ce qu'il aime, parce qu'il ne lui semble pas qu'il y ait rien autre à aimer ni à s'occuper sinon cela, et que tous font de même. C'est pourquoi, lorsque l'Épouse alla chercher son Bien-Aimé par les places et faubourgs, croyant
Ct 5,8 que tous les autres faisaient de même, elle leur dit que, *s'ils le rencontraient, ils lui disent qu'elle languissait pour son amour.* Telle était la force de l'amour de la Madeleine, qu'il lui semblait que, si le jardinier lui eût dit où il avait caché le corps, elle y eût été et l'eût emporté malgré tous les obstacles.

Or, les angoisses d'amour que l'âme sent, quand elle est déjà avancée en cette purification spirituelle, sont de cette manière. Car elle se lève de nuit (c'est-à-dire en ces ténèbres purificatrices) selon les affections de la volonté. Et avec les angoisses et la force dont la lionne et l'ourse courent après leurs petits qu'on leur a détournés et qu'elles ne peuvent trouver, cette âme blessée court après son Dieu. Parce que, comme elle est en ténèbres, elle se sent être sans lui, mourant néanmoins d'amour pour lui. Et c'est là l'amour impatient dans lequel le sujet ne peut longtemps subsister sans recevoir ou mourir, conformément au désir que Rachel avait d'avoir des enfants, quand elle dit à Jacob: *Donne-moi des enfants, ou je mourrai.* Gn 30,1

Mais d'où vient que l'âme qui se sent si misérable et si indigne de Dieu, comme elle le fait ici en ces ténèbres purificatrices, a une force si courageuse et si hardie que de tendre à l'union divine? La cause en est que, comme déjà l'amour lui va donnant des forces pour aimer vraiment et que le propre de l'amour est de se vouloir unir, joindre, égaler et faire semblable[1] à la chose aimée pour se perfectionner dans le bien d'amour, de là vient que l'âme, n'étant pas perfectionnée en amour – pour n'être parvenue à l'union – la faim et la soif qu'elle a de ce qui lui manque – qui est l'union – et les forces que l'amour a déjà mises en la volonté et avec lesquelles il l'a rendue passionnée, la font courageuse et hardie selon la volonté ardente, encore que selon l'entendement, parce qu'il est en obscurité et non illustré, elle se sente indigne et se reconnaisse misérable.

Je ne veux omettre de dire ici la cause pour laquelle cette lumière divine, puisqu'elle est toujours lumière pour l'âme, ne lui donne la lumière aussitôt qu'elle l'investit, comme elle fait après, mais qu'au contraire elle lui cause les ténèbres et les travaux dont nous avons parlé. Nous en avons déjà dit quelque chose, mais je réponds à ce particulier: que les ténèbres et les autres maux que l'âme sent lorsque cette divine lumière l'investit, ce ne sont pas ténèbres ni maux de la lumière, mais de l'âme même, et la lumière l'éclaire pour les voir. Si bien que cette lumière divine l'illumine dès lors; mais l'âme avec cette lumière ne peut voir premièrement que ce qui est plus près de soi ou, pour mieux dire, en soi, qui sont ses ténèbres ou misères, lesquelles elle voit désormais par la miséricorde de Dieu – et elle ne les voyait pas auparavant, parce qu'elle n'était éclairée de cette lumière surnaturelle. Et c'est la cause pour

1. L'espagnol porte: *asimilar*.

laquelle elle ne sent au commencement que des ténèbres et des maux; mais, après qu'elle sera purifiée par la connaissance et le sentiment d'eux, elle aura des yeux pour voir les biens de cette lumière divine; et, toutes ces ténèbres et impressions de l'âme étant chassées, commencent aussitôt à paraître les grands profits et biens que l'âme acquiert en cette heureuse nuit de contemplation.

Vous aurez entendu, par ce qui a été dit, comment Dieu fait ici la grâce à l'âme de la nettoyer et guérir avec cette forte lessive et amère purification, selon la partie sensitive et spirituelle, de toutes les affections et habitudes imparfaites qui étaient en elle touchant le temporel et le naturel, le sensitif et le spirituel, lui obscurcissant les puissances intérieures et les vidant de tout cela, serrant étroitement et desséchant les affections sensitives et spirituelles, débilitant aussi et diminuant les forces naturelles de l'âme à l'égard de tout cela (ce que l'âme n'aurait jamais pu faire d'elle-même, comme nous dirons après), Dieu la faisant défaillir en cette manière à tout ce qui n'est pas Dieu naturellement, pour la revêtir de nouveau, étant dénudée
Ps 102 et dépouillée désormais de sa vieille peau. Et ainsi *sa jeunesse*
(103),5 *se renouvelle comme celle de l'aigle,* – *demeurant vêtue du nouvel*
Ep 4,24 *homme, lequel,* comme dit l'Apôtre, *est créé selon Dieu.* Ce n'est autre chose qu'illuminer l'entendement d'une lumière surnaturelle, en sorte que l'entendement humain se fasse divin, étant uni avec le divin; et, ni plus ni moins, informer la volonté avec l'amour divin, de manière que la volonté ne soit pas moins que divine, n'aimant pas moins que divinement, faite et unie en un avec la volonté et l'amour divin; et la mémoire pareillement; comme aussi les affections et les appétits, tous changés et rendus selon Dieu, divinement. Et ainsi cette âme sera désormais une âme du ciel, céleste, et plus divine qu'humaine. Or, Dieu fait et opère tout cela en l'âme (selon qu'on aura pu remarquer de tout ce que nous avons dit) par le moyen de cette nuit, l'illustrant et l'enflammant divinement avec des angoisses de Dieu seul, et non d'aucune autre chose. C'est pourquoi l'âme très justement et très raisonnablement ajoute aussitôt le troisième vers du cantique, qui dit:

Oh! l'heureuse fortune!
Je sortis sans être vue.

Cette heureuse fortune fut pour ce qu'elle dit aussitôt en les vers suivants: CHAPITRE 14

Je sortis sans être vue,
Ma maison étant désormais accoisée,

où elle prend la métaphore de celui qui, pour mieux effectuer son dessein, sort de sa maison de nuit et à l'obscurité, pendant que les autres reposent, afin que personne ne le détourne. Car, comme l'âme devait sortir pour faire un acte si généreux et si rare comme est celui de s'unir avec son divin Ami[1], au-dehors – parce que l'Ami ne se trouve qu'au-dehors, en la solitude, et c'est pourquoi l'Épouse désirait le trouver seul, disant: *Qui* Ct 8,1
te donnera à moi, mon frère, afin que je te trouve seule dehors et que mon amour se communique à toi? – il est convenable à l'âme éprise d'amour, pour parvenir à sa fin désirée, de sortir aussi la nuit, tous les domestiques de sa maison étant endormis et accoisés, c'est-à-dire les opérations basses, les passions et les appétits de son âme étant endormis et assoupis par le moyen de cette nuit – qui sont les domestiques, lesquels, étant éveillés, empêchent toujours les biens de l'âme, fâchés qu'elle sorte libre de leurs mains. Car ceux-là sont les domestiques que Notre Sauveur dans l'Évangile dit être les ennemis de l'homme. Et (Mt 10,36) ainsi il était convenable que les opérations de ceux-là avec leurs mouvements fussent endormis en cette nuit, afin qu'ils n'empêchassent à l'âme les biens surnaturels de l'union d'amour de Dieu; car, durant leur vivacité et opération, cela ne peut être. Car toute leur œuvre et mouvement naturel empêche plutôt qu'elle n'aide à recevoir les biens spirituels de l'union d'amour, parce que toute l'habileté naturelle est courte en ce qui concerne les biens surnaturels que Dieu, par sa seule infusion, met dans l'âme passivement, secrètement et en silence. Et ainsi, il est nécessaire que toutes les puissances se taisent et se comportent passivement pour recevoir ladite infusion, sans entremettre là leur œuvre basse et leur vile inclination.

Ce fut donc une heureuse aventure pour cette âme, que Dieu, en cette nuit, endormît tous les domestiques de sa maison – c'est-à-dire toutes les puissances, passions, affections et appé-

1. Littéralement: Aimé (*Amado*). Cyprien traduit l'*Amado* de saint Jean de la Croix tantôt par Ami, tantôt par Aimé et tantôt par Bien-Aimé.

tits qui vivent dans l'âme sensitive et spirituelle – afin qu'elle arrivât à l'union spirituelle du parfait amour de Dieu sans être vue, c'est-à-dire sans être détournée par ces affections (attendu qu'elles demeurent endormies et mortifiées en cette nuit où on les a laissées en obscurité, pour qu'elles ne puissent noter ni sentir à leur manière basse et naturelle et qu'elles n'empêchent l'âme de sortir de soi et de la maison de sa sensualité).

Oh! l'heureuse aventure, que l'âme se puisse délivrer de la maison de sa sensualité! Il n'y a à mon avis que l'âme qui en a goûté qui le puisse bien entendre. Car elle verra clairement combien misérable était la servitude où elle était détenue, et à combien de misères elle était sujette quand elle l'était à l'œuvre de ses puissances et appétits, et elle connaîtra comme la vie de l'esprit est une vraie liberté et richesse qui apporte avec soi des biens inestimables, dont nous remarquerons quelques-uns en les cantiques suivants, où l'on verra plus évidemment combien l'âme a raison de chanter comme une aventure heureuse d'avoir passé par cette horrible nuit que nous avons dite ci-dessus.

CHAPITRE 15

Second Cantique

A l'obscur et en assurance,
Par l'échelle secrète, déguisée,
Oh! l'heureuse fortune!
A l'obscur et en cachette,
Ma maison étant désormais accoisée.

L'âme en ce cantique va encore chantant quelques propriétés de l'obscurité de cette nuit, répétant le bonheur qui lui arriva par leur moyen. Ces propriétés sont déduites par l'âme répondant à une certaine objection tacite, disant que l'on ne doit penser que, pour avoir passé en cette nuit et obscurité par tant de tourments d'angoisses, de doutes, de craintes et d'horreurs (comme nous avons dit), elle fût plus pour cela en danger de se perdre; au contraire, que dans l'obscurité de cette nuit, elle s'est gagnée, parce qu'elle s'y délivrait et échappait subtilement de ses contraires qui lui fermaient toujours le passage, parce qu'en l'obscurité de la nuit elle marchait ayant changé d'habit et déguisée avec trois livrées ou couleurs, que nous dirons après, et par une échelle fort secrète que pas un de sa maison ne savait, laquelle (comme nous remarquerons aussi en son lieu) est la vive foi, grâce à laquelle elle sortit si couvertement et si en cachette pour faire bien son fait, qu'elle ne pouvait courir fortune; particulièrement les appétits, les passions et les affections de son âme étant désormais endormis, mortifiés et éteints en cette nuit purificatrice, qui sont ceux qui ne consentirent point à cette sortie quand ils étaient vifs et éveillés.

Suit donc le vers où elle dit:

A l'obscur et en assurance. CHAPITRE 16

Nous avons déjà dit que l'obscurité dont parle ici l'âme est à l'égard des appétits et puissances sensitives, intérieures et spirituelles, qui s'obscurcissent toutes de leur lumière naturelle en cette nuit, afin que, se purifiant à son égard, elles puissent être illuminées à l'égard du surnaturel. Parce que les appétits sensitifs et les spirituels sont endormis et amortis sans pouvoir goûter d'aucune chose, ni divine ni humaine; les affections de l'âme, opprimées et serrées, sans pouvoir se mouvoir et sans trouver appui en rien; l'imagination, liée, sans pouvoir faire un bon discours; la mémoire, effacée; l'entendement, obscurci, sans pouvoir entendre chose qui soit; et par conséquent aussi la volonté sèche et serrée, et toutes les puissances vides et inutiles; et sur tout cela une épaisse et pesante nuée sur l'âme qui la tient angoissée et comme éloignée de Dieu. En cette façon, *à l'obscur*, elle dit qu'elle allait *en assurance*.

La cause de cela est bien expliquée: car ordinairement l'âme n'erre jamais que par ses appétits, ou ses goûts, ou ses discours, ou ses intelligences, ou ses affections, dans lesquelles, d'ordinaire, elle excède, ou manque, ou varie, ou extravague, et de là s'incline à ce qui n'est pas convenable. D'où vient que, toutes ces opérations et mouvements étant empêchés, il est évident que l'âme est assurée de n'y pas errer; car non seulement elle se délivre de soi, mais aussi des autres ennemis, qui sont le monde et le démon, lesquels – les affections et opérations étant éteintes – ne lui sauraient faire la guerre par autre part ni d'autre manière.

S'ensuit de là que tant plus l'âme va en obscurité et vide de ses opérations naturelles, tant plus elle est assurée. Parce que, comme dit le prophète, *la perdition* de l'âme *ne vient que d'elle-* Os 13,9 *même*, c'est-à-dire de ses opérations et de ses appétits intérieurs et sensitifs; et *ton bien*, dit Dieu, *ne provient que de moi*. Partant, elle étant ainsi préservée de ses maux, il reste qu'aussitôt lui viennent les biens de l'union avec Dieu en ses appétits et puissances, laquelle union les rendra divines et célestes. D'où vient que, si l'âme y prend garde, pendant le temps de ces ténèbres elle connaîtra très bien que l'appétit et les puissances ne sont guère diverties aux choses inutiles et nuisibles, et combien elle est hors de la vaine gloire, de l'orgueil et présomption, de la vaine et fausse joie et de maintes autres choses. Donc, il s'ensuit bien que, pour aller à l'obscur, tant s'en faut que l'âme coure danger de se perdre, qu'elle se gagne plutôt soi-même, puisqu'en cet état elle acquiert les vertus.

Quant au doute qu'on peut former ici, à savoir que, puisque les choses de Dieu font d'elles-mêmes du bien à l'âme, la gagnent et l'assurent, pourquoi est-ce qu'en cette nuit Dieu lui obscurcit les appétits et les puissances, même à l'endroit des choses bonnes, de manière qu'elle ne peut pas plus les goûter ni les pratiquer que les autres, et encore moins en quelque façon? Je réponds qu'alors il ne faut plus qu'il lui reste opération ni goût à l'égard des choses spirituelles, parce qu'elle a les puissances et les appétits impurs, bas et très naturels; et ainsi, encore qu'on donnât à ces puissances le goût et la communication des choses surnaturelles et divines, elles ne le pourraient recevoir que très bassement et naturellement, tout à fait selon leur manière à elles. Car, comme dit le Philosophe, tout ce qui est reçu est en celui qui le reçoit selon sa façon de le recevoir. D'où vient que, puisque ces puissances naturelles n'ont pureté, ni force, ni suffisance pour recevoir et goûter les choses surnaturelles à leur manière, qui est divine, mais seulement à la leur, qui est humaine et basse (comme nous avons dit), il faut qu'elles soient aussi obscurcies touchant ces choses divines. Afin qu'étant sevrées, purifiées et anéanties de ce côté, elles perdent cette façon basse et humaine de recevoir et d'opérer, et qu'ainsi toutes les puissances et appétits de l'âme viennent à demeurer disposés et attrempés pour recevoir, sentir et goûter hautement le divin et le surnaturel – ce qui ne peut être si premièrement le vieil homme ne meurt.

D'où vient que tout ce qui est spirituel, s'il ne dérive d'en
Jc 1,17 haut, communiqué du Père des lumières à l'arbitre et appétit humain, en quelque façon que s'exercent le goût et les puissances

de l'homme en Dieu et pour beaucoup qu'il leur semble le goûter, néanmoins ils ne le goûteront point en cette manière divine et spirituelle, mais d'une manière humaine et naturelle, comme ils goûtent les autres choses – car les biens ne montent pas de l'homme à Dieu, mais descendent de Dieu à l'homme. A ce propos (si c'en était le lieu) nous pourrions montrer ici comment il y a maintes personnes qui ont des goûts, des affections et des opérations de leurs puissances touchant Dieu et les choses spirituelles, qui, peut-être, pensent que cela est surnaturel et spirituel, et, peut-être, ce ne sont que des actes et appétits très naturels et humains. Car, comme elles les ont en toutes autres choses, elles les ont encore avec le même tempérament en celles-ci, qui sont bonnes, par une certaine facilité naturelle qu'elles ont de mouvoir leur appétit et leurs puissances à quelque chose que ce soit.

Si nous rencontrons l'occasion en ce qui reste, peut-être nous en traiterons, donnant quelques signes pour connaître quand les mouvements et les actions intérieures de l'âme sont seulement naturelles, et quand purement spirituelles, et quand spirituelles et naturelles, touchant la conversation avec Dieu. Suffit de savoir ici qu'afin que les actes et mouvements intérieurs de l'âme puissent venir à être mus de Dieu divinement, ils doivent premièrement être obscurcis, endormis et accoisés naturellement touchant toute leur habileté et opération, jusqu'à ce qu'elles défaillent.

Donc, ô âme spirituelle, quand vous verrez[1] votre appétit obscurci, vos affections sèches et resserrées, vos puissances inhabilitées à tout exercice extérieur, ne vous peinez pas de cela; au contraire, tenez-le pour un bonheur, puisque Dieu va vous délivrant de vous-même, vous ôtant des mains les facultés avec lesquelles – même en faisant de votre mieux – vous n'eussiez su opérer si entièrement, si parfaitement ni si sûrement (à cause de leur impureté et de leur pesanteur) comme à présent que Dieu, vous prenant la main, vous conduit en obscurité comme aveugle, où et par où vous ne savez, ni jamais n'eussiez trouvé le moyen de cheminer, quelque bon pied et bon œil que vous eussiez.

La raison aussi pourquoi non seulement l'âme marche sûrement, quand elle va ainsi à l'obscur, mais aussi avec plus de

1. En espagnol, le saint tutoie son interlocuteur.

gain et plus de profit, c'est parce que, communément, quand l'âme de nouveau reçoit quelque amélioration et qu'elle va profitant, c'est par où elle pense le moins, au contraire par où fort ordinairement elle croit qu'elle se perd. Car, n'ayant jamais expérimenté cette nouveauté qui la fait sortir, qui l'éblouit et la fait égarer de sa première façon de procéder, elle croit plutôt être perdue qu'être en bonne voie et profiter, comme elle voit qu'elle se perd touchant ce qu'elle savait et goûtait, et qu'on la mène par où elle ne sait ni ne goûte. De même que le voyageur, lequel, pour aller à de nouvelles terres inconnues, va par de nouveaux chemins inconnus et dont il n'a l'expérience: il chemine guidé non par ce qu'il savait auparavant, mais dans le doute et appuyé sur le dire des autres; et il est clair qu'il ne pourrait arriver à de nouvelles terres, ni savoir plus qu'il ne savait auparavant, s'il n'allait par des chemins nouveaux, encore ignorés, et en laissant ceux qu'il connaît; ni plus ni moins, celui qui apprend de nouvelles particularités dans un office ou dans un art, avance toujours dans l'obscurité, non par son premier savoir, car s'il ne le laissait en arrière, il ne le dépasserait jamais, ni ne ferait de progrès. Ainsi l'âme, de la même façon, quand elle va profitant davantage, elle marche en obscurité et sans savoir. Dieu donc (comme nous avons dit) étant le maître et conducteur de cet aveugle de l'âme, elle peut bien, maintenant qu'elle est venue à le comprendre, se réjouir véritablement et dire: *A l'obscur et en assurance.*

Il y a aussi une autre raison pour laquelle l'âme a marché sûrement en ces ténèbres, à savoir parce qu'elle a cheminé en souffrant. Car le chemin de pâtir est plus sûr et plus profitable que celui de jouir et de faire: d'abord parce que dans la souffrance Dieu ajoute des forces – et à faire et à jouir, l'âme exerce ses faiblesses et ses imperfections – et aussi parce qu'à pâtir on exerce et acquiert les vertus, on purifie l'âme et on la rend plus sage et plus avisée.

Mais il y a ici une autre cause principale pourquoi l'âme en l'obscurité va sûrement, qui est de la part de ladite lumière ou sagesse obscure; car cette obscure nuit de contemplation l'absorbe et imbibe en soi de telle sorte et la met si près de Dieu qu'elle la protège et délivre de tout ce qui n'est pas Dieu. Parce que, comme l'âme est mise ici en cure, afin d'obtenir sa santé – qui est Dieu même – Sa Majesté la tient en diète et abstinence de toutes choses, avec une destruction de l'appétit à leur égard; de même que, pour guérir un malade qui est de grande estime en sa famille, on le garde si soigneusement dans la maison qu'on ne laisse point d'entrée à l'air ni au jour en sa chambre, qu'il n'entend ni marcher ni parler, et, pour la nourriture, on lui en apprête fort peu, très délicate, plus nourrissante que savoureuse.

Toutes ces propriétés (lesquelles universellement concernent la sûreté et la garde de l'âme) sont causées par cette obscure contemplation en l'âme, parce qu'elle est mise plus près de Dieu. Car tant plus l'âme s'en approche, elle sent de plus obscures ténèbres et une plus profonde obscurité, à cause de sa faiblesse: comme celui qui plus près s'approcherait du soleil, serait d'autant plus aveuglé et incommodé de sa splendeur, à cause de la faiblesse et impureté de ses yeux. D'où vient que, la lumière spirituelle de Dieu étant si immense et surpassant tellement l'intellect naturel, quand elle en approche plus près, elle l'aveugle et obscurcit. C'est pourquoi dans le psaume 17 David dit que *Dieu a mis les ténèbres pour sa cachette et sa couverture; et son tabernacle autour de soi, de l'eau ténébreuse en les nuées de l'air.* Laquelle eau ténébreuse en les nuées de l'air est l'obscure contemplation et Sagesse divine en les âmes (comme nous disons). Ce qu'elles sentent comme chose qui est près de lui, comme le tabernacle où il habite, quand Dieu les va conjoignant plus à soi. Et ainsi ce qui est en Dieu lumière et plus haute clarté, c'est pour l'homme des ténèbres plus obscures, comme dit saint Paul, et selon que le déclare David au même psaume, disant: *A cause de la splendeur qui est en sa présence, les nuées passèrent,* à savoir pour l'entendement naturel, dont *la lumière,* comme dit Isaïe au chapitre 5, *est offusquée en ses ténèbres.*

Ps 17 (18),12 — 1 Co 2,6-9 — Ps 17 (18),13 — Is 5,30

O misérable condition que celle de notre vie, où l'on vit avec tant de périls et où la vérité se connaît si difficilement! Vu que ce qui est le plus clair et le plus véritable nous est le plus obscur et le plus douteux, ce qui est cause que nous le fuyons – étant néanmoins ce qui nous est le plus convenable – et nous courons après ce qui reluit à nos yeux et nous les remplit – quoiqu'il soit contraire et nous fasse trébucher à chaque pas. Que l'homme vit en grand péril et crainte, puisque la propre lumière naturelle de ses yeux dont il se doit conduire, c'est la première qui l'éblouit et le trompe pour aller à Dieu!

Et que s'il veut bien voir par où il va, il ait besoin de fermer les yeux et de cheminer à tâtons, pour être en sûreté des ennemis domestiques de sa maison, qui sont ses sens et ses puissances!

L'âme est donc bien ici cachée et à couvert en cette eau ténébreuse qui est autour de Dieu. Car, comme elle sert de tabernacle et de demeure à Dieu même, elle lui en servira aussi, et d'un fort rempart, et d'une parfaite sûreté, quoique en ténèbres, où elle est cachée et garantie de soi-même et de tous les dommages des créatures (comme nous avons dit); parce que de telles âmes on peut aussi entendre ce verset de David:
Ps 30 *Vous les cacherez, dans le secret de votre face, du trouble des hommes;*
(31),21 *vous les défendrez, en votre tabernacle, de la contradiction des langues,*
où il entend toute sorte de protection, car être cachés dans la face de Dieu du trouble des hommes, c'est être fortifiés par cette obscure contemplation contre toutes les occasions qui leur pourraient survenir de la part des hommes; et être en son tabernacle à l'abri de la contradiction des langues, c'est être l'âme engloutie dans cette eau ténébreuse, qui est le tabernacle de Dieu que nous avons dit, selon David. Où l'âme, pour avoir ses appétits et affections sevrés et ses puissances obscurcies, demeure libre de toutes les imperfections qui contredisent à l'esprit – tant de sa chair que des autres créatures. D'où cette âme peut bien dire qu'elle va *à l'obscur et en assurance.*

Il y a encore une autre cause non moins efficace que la précédente pour achever d'entendre que cette âme va en assurance dans l'obscurité, et c'est pour la force que cette obscure, pénible et ténébreuse eau de Dieu met aussitôt dans l'âme. Car enfin, quoiqu'elle soit obscure, c'est toujours de l'eau, et partant elle ne cesse pas de rafraîchir et de fortifier l'âme en ce qui lui est le plus convenable, quoique obscurément et péniblement. Car, dès lors, l'âme voit en soi une vraie détermination et efficace de ne faire chose qu'elle connaisse être offense de Dieu et de ne laisser de faire aucune chose qui lui semble être de son service. Parce que cet amour obscur s'attache à elle avec un soin très vigilant et avec une sollicitude intérieure de ce qu'elle fera ou omettra de faire pour le contenter, regardant et faisant mille tours pour voir si elle ne lui a donné sujet de s'irriter, et tout cela avec beaucoup plus de soin et de sollicitude qu'auparavant, comme nous avons dit en les angoisses d'amour. Parce qu'ici tous les appétits, toutes les forces et puissances de l'âme sont retirés de toutes les autres choses, et emploient tous leurs nerfs et toute leur vigueur seulement en l'obéissance de leur Dieu. C'est ainsi que l'âme sort de soi-même et de toutes les choses créées à la douce et délicieuse union d'amour de Dieu, *à l'obscur et en assurance.*

Par l'échelle secrète, déguisée. CHAPITRE 17

Il faut ici expliquer trois propriétés touchant trois mots que ce vers contient. Les deux premiers, qui sont: *secrète* et *échelle*, appartiennent à la nuit obscure de contemplation dont nous allons traitant. Mais le troisième, qui est *déguisée*, appartient à l'âme en raison de la manière dont elle se comporte en cette nuit. Quant au premier, il faut savoir que l'âme appelle ici cette obscure contemplation, par où elle sort à l'union d'amour, *secrète échelle*, à cause de ces deux propriétés qu'elle a, savoir d'être *secrète* et d'être *échelle*, et nous parlerons de chacune séparément.

Premièrement, elle appelle cette contemplation ténébreuse *secrète*, parce que (comme il a été dit ci-dessus) c'est la théologie mystique, que les théologiens appellent sagesse secrète, laquelle, selon saint Thomas, se communique et est infuse en l'âme par amour[1]. Ce qui advient secrètement avec l'exclusion de l'œuvre de l'entendement et des autres puissances. C'est pourquoi, à cause que lesdites puissances ne la peuvent acquérir, si ce n'est que le Saint Esprit la verse et l'ordonne dans l'âme Ct 2,4
– comme dit l'Épouse des Cantiques – à son insu et sans qu'elle entende comme elle est, on la nomme *secrète*. Et à la vérité, non seulement elle ne la comprend pas, mais encore personne, ni même le démon; à raison que le Maître qui l'enseigne est au-dedans de l'âme substantiellement, où ne peut atteindre le démon, ni le sens naturel, ni l'entendement.

Et non seulement à cause de cela elle se peut appeler *secrète*, mais aussi à raison des effets qu'elle cause en l'âme. Car non seulement en les ténèbres et pressures de la purification, quand cette sagesse d'amour purifie l'âme, elle est secrète – à cause que l'âme n'en saurait rien dire; mais aussi après, en l'illumination, quand on lui communique cette sagesse plus clairement, elle est si secrète à l'âme pour la pouvoir exprimer et lui donner un nom afin de la donner à entendre, que, outre qu'elle ne

1. Cf. II^{a}-II^{ae}, q. 45, a. 2, in c, et q. 180, a. 1.

donne aucune envie à l'âme de la dire, elle[1] ne trouve ni moyen, ni manière, ni similitude qui lui convienne pour pouvoir signifier une intelligence si relevée et un sentiment spirituel si délicat. De façon que, quelque envie qu'elle aurait de le dire, et quelque effort qu'elle fît pour le bien déclarer, cela demeurerait toujours secret et inexprimé. Car comme cette sagesse intérieure est si simple, si générale et spirituelle qu'elle n'est point entrée dans l'entendement enveloppée ni palliée d'aucune espèce ou image sujette au sens, de là vient que le sens et l'imaginative (par où elle n'est entrée et qui n'ont senti son vêtement ni sa couleur) ne sauraient en rendre raison ni l'imaginer pour en dire quelque chose – encore que l'âme voie clairement qu'elle entend et goûte cette savoureuse et étrange sagesse. De même que celui qui regarderait une chose qu'il n'a jamais vue, ni aucune ressemblance d'elle: car, encore qu'il l'entendît et la goûtât, il ne la pourrait toutefois nommer, ni dire ce que c'est – quoi qu'il fît, et bien que ce fût chose qu'il eût comprise par les sens. Comment donc pourra-t-on manifester ce qui n'est point entré par leurs portes? Car le langage de Dieu a cela que, étant très intime et spirituel – car il surpasse tout sens – il fait aussitôt taire et cesser toute l'harmonie et habileté des sens extérieurs et intérieurs.

Dont nous avons conjointement des autorités et des exemples dans l'Écriture Sainte. Parce que Jérémie montra l'impuissance de le manifester et de le dire extérieurement, lorsque, Dieu lui
Jr 1,6 ayant parlé, il ne sut que dire sinon: *A, A, A.* Et pour l'incapacité intérieure, c'est-à-dire du sens intérieur de l'imagination, et conjointement pour celle de l'extérieur touchant ceci, Moïse la témoigna devant Dieu au buisson, lorsque non seule-
Ex 4,10 ment il lui dit que depuis qu'Il parlait avec lui il ne savait parler ni ne réussissait à le faire, mais même (selon qu'il est dit
Ac 7,32 en les Actes des Apôtres) *il n'osait le considérer* avec l'imagination intérieure, lui semblant que l'imagination était trop éloignée et trop muette non seulement pour formuler quelque chose de ce qu'il entendait en Dieu, mais il lui semblait même qu'elle n'avait point de capacité pour en recevoir quelque chose. De là vient que, comme la sagesse de cette contemplation est langage de Dieu à l'âme de pur esprit à esprit pur, tout ce qui est moins qu'esprit – comme sont les sens – ne le peuvent

1. Il s'agit de l'âme.

percevoir, et ainsi cela leur est caché et ils ne le savent ni ne le peuvent dire, ni n'en ont envie puisqu'ils ne le voient.

De là nous pouvons tirer la cause pour laquelle certaines personnes qui vont par ce chemin – lesquelles, ayant l'âme bonne et craintive, voudraient bien rendre compte à ceux qui les gouvernent de ce qu'elles ont – ne le savent ni ne le peuvent. D'où vient qu'elles ont beaucoup de répugnance à le dire, principalement quand la contemplation est un peu plus simple et que l'âme ne la sent guère; car elles ne peuvent dire sinon que l'âme est contente, tranquille et satisfaite, qu'elles sentent Dieu, et qu'à leur avis elles vont bien; mais elles ne peuvent exprimer ce qu'a l'âme et on ne leur tirera que des termes généraux semblables aux susdits. Il n'en va pas de même quand les choses que l'âme reçoit sont particulières, comme visions, sentiments, etc.; lesquelles, comme ordinairement elles se reçoivent sous quelque espèce dont le sens participe, alors on les peut exprimer sous cette espèce ou autre ressemblance. Mais cette puissance de le déclarer n'est déjà plus dans les termes de la pure contemplation, parce que celle-là est indicible (comme nous avons dit) et c'est pourquoi on l'appelle *secrète*.

Et non seulement pour cela elle est appelée *secrète*, et est telle, mais aussi parce que cette sagesse mystique a la propriété de cacher l'âme en soi. Parce que, outre l'ordinaire [1], quelquefois elle absorbe tellement l'âme et l'enfonce de telle sorte dans son abîme secret, que l'âme connaît clairement qu'elle demeure très à l'écart et très éloignée de toute créature; de façon qu'il lui semble qu'on la met dans une profonde et très spacieuse solitude, où ne peut arriver aucune créature humaine, comme en un désert immense qui n'est borné d'aucun endroit, d'autant plus délectable, savoureux et aimable qu'il est plus profond, plus vaste et plus solitaire, où l'âme se voit autant en secret qu'elle se voit élevée au-dessus de toute créature temporelle. Et alors cet abîme de sagesse élève et agrandit tellement l'âme, la mettant en les veines de la science d'amour, qu'il lui fait connaître non seulement que toute condition de créature demeure très basse touchant ce souverain savoir et sentiment divin; mais aussi elle voit combien les termes et paroles dont on exprime les choses divines en cette vie sont bas, courts et en

1. Cette expression revient à dire: en dehors de l'effet ordinaire signalé plus haut et, donc, dans quelques cas qui sortent de l'ordinaire.

quelque manière impropres, et qu'il est impossible par la voie et façon naturelles, quoiqu'on en parle le plus hautement et le plus sagement qu'on pourra, de les pouvoir connaître et d'avoir un sentiment d'elles comme elles sont, sans l'illumination de cette théologie mystique. Et ainsi, l'âme voyant en son illumination cette vérité: qu'on n'y peut atteindre et moins encore la déclarer par des termes humains et vulgaires, elle a raison de la nommer *secrète*.

Cette contemplation divine a cette propriété d'être secrète et par-dessus la capacité naturelle, non seulement parce qu'elle est chose surnaturelle, mais aussi en tant qu'elle est la voie qui conduit et mène l'âme aux perfections de l'union de Dieu; lesquelles, étant choses qui ne sont humainement sues, il s'y faut acheminer ne sachant humainement et divinement ignorant. Car, parlant mystiquement (comme nous faisons ici), les choses et perfections divines ne se connaissent ni ne s'entendent pas comme elles sont quand on les cherche et met en exercice, mais quand on les a déjà trouvées et exercées. Le prophète
Ba 3,31 Baruc dit à ce propos de cette Sagesse divine: *Il n'y a personne qui puisse savoir ses voies ni qui puisse penser ses sentiers.* Le prophète royal aussi, parlant à Dieu, dit ceci de ce chemin de l'âme:
Ps 76 (77), 19-20 *Vos splendeurs ont lui sur la rondeur du monde et l'ont éclairée; la terre s'est émue et a tremblé; votre voie est dans la mer et vos sentiers en de nombreuses eaux, et vos vestiges*[1] *ne seront point connus.*

Tout cela, parlant spirituellement, s'entend à notre propos. Parce que, dire que les éclairs de Dieu illuminent la rondeur de la terre, c'est donner à entendre l'illumination que fait cette contemplation divine en les puissances de l'âme; et cette émotion et ce tremblement de la terre, c'est la purification pénible qu'elle opère; et dire que la voie et le chemin de Dieu, par où l'âme s'achemine vers lui, est en la mer et ses pistes en de nombreuses eaux et que pour cela elles seront inconnues, c'est dire que la voie pour aller à Dieu est aussi secrète et cachée pour le sens de l'âme que l'est, pour celui du corps, celle qui va par la mer, qui ne laisse ni trace ni piste. Car les pas et les pistes que Dieu va donnant dans les âmes qu'il veut conduire à soi, les faisant grandes en l'union de sa Sagesse, ont cette propriété

1. C'est-à-dire vos traces. Quelques lignes plus bas, Cyprien traduira le même mot (*pisadas*) par pistes.

qu'on ne les connaît point. C'est pourquoi, dans Job, enchérissant ce point, nous lisons ces paroles : *Par hasard, as-tu connu les grands sentiers des nuées et les parfaites sciences?* (Jb 37,16) entendant par cela les voies et les chemins par où Dieu agrandit les âmes et les perfectionne en sa sagesse, lesquelles âmes sont signifiées ici par les nuées. Il demeure donc conclu que cette contemplation qui conduit l'âme à Dieu est sagesse secrète.

Il reste à voir le second, c'est à savoir comment cette sagesse secrète est aussi une *échelle*. (CHAPITRE 18) A ce propos, il faut savoir que pour maintes raisons nous pouvons appeler cette secrète contemplation *échelle*. Premièrement, parce que, comme l'on monte avec l'échelle et on escalade les biens, les trésors et les choses qui sont dans les forteresses, de même par cette secrète contemplation, sans savoir comment, l'âme monte à escalader, à connaître et posséder les biens et trésors du ciel. Le prophète royal, David, donne bien à entendre ceci, quand il dit : *Bienheureux celui qui a votre faveur et aide ; car il a disposé en son cœur les montées, en la vallée de larmes, au lieu qu'il a mis ; car de cette manière le Législateur donnera bénédiction ; ils iront de vertu en vertu ; le Dieu des dieux sera vu en Sion*, (Ps 83 (84), 6-8) lequel est le trésor de la forteresse de Sion, qui est la béatitude.

Nous pouvons aussi l'appeler *échelle*, parce que, comme les mêmes degrés que l'échelle a pour monter, elle les a aussi pour descendre, de même cette secrète contemplation : les mêmes communications qu'elle fait à l'âme avec lesquelles elle l'élève à Dieu, elle les emploie pour l'humilier en soi. Car les communications qui sont véritablement de Dieu ont cette propriété d'humilier et d'élever l'âme tout d'un coup. Parce qu'en cette voie, descendre c'est monter, et monter c'est descendre, puisque *celui qui s'humilie est exalté et celui qui s'exalte est humilié*. (Lc 14,11) Et outre que la vertu d'humilité est une hauteur pour y exercer l'âme, Dieu a coutume de la faire monter par cette échelle afin qu'elle descende, et de la faire descendre afin qu'elle monte, accomplissant en cette manière le dire du Sage : *Avant que l'âme soit exaltée, elle est humiliée ; et avant que d'être humiliée, elle est exaltée*. (Pr 18,12) Ce que, parlant maintenant de façon courante, l'âme verra bien, si elle y veut prendre garde (laissant à part le spirituel qu'on ne sent point), combien il y a de hauts et bas en cette voie, et comme après la prospérité dont elle jouit, il survient l'orage et du travail ; de façon qu'il semble qu'on lui ait donné ce calme pour la prévenir et encourager pour la pénurie qui fait suite; comme aussi, après la misère et la tourmente, suit l'abondance et la bonace. De manière qu'il semble à l'âme que, pour lui faire cette fête, on l'a premièrement mise dans cette veille[1]. Et c'est là le style ordinaire et l'exercice de l'état de contemplation, de monter et de descendre et ne demeurer jamais en même état, jusqu'à ce qu'on soit parvenu à la tranquillité.

La cause de cela est que, comme l'état de perfection qui consiste au parfait amour de Dieu et mépris de soi-même, ne peut être sans ces deux parties – connaissance de Dieu et de soi-même – il faut nécessairement que l'âme soit exercée premièrement en l'une puis en l'autre, lui faisant tantôt goûter l'une en l'agrandissant, et tantôt lui faisant éprouver l'autre en l'humiliant, jusqu'à ce qu'ayant acquis les parfaites habitudes, le monter et le descendre cessent, étant désormais parvenue et s'étant unie avec Dieu, lequel est au bout de cette échelle et sur qui elle est appliquée et appuyée. Car cette échelle de contemplation, laquelle (comme nous avons dit) dérive de Dieu, est figurée
Gn par celle que Jacob vit en dormant, *par laquelle les anges mon-*
28,12 *taient et descendaient de Dieu à l'homme et de l'homme à Dieu; lequel s'appuyait sur le bout de l'échelle.* Ce que l'Écriture Sainte dit s'être passé de nuit et Jacob étant endormi, pour donner à entendre combien cette voie et montée à Dieu est secrète et différente du savoir de l'homme. Ce qui se voit bien, puisque ordinairement ce qui est de plus grand profit en lui – qui est de se perdre et anéantir à soi-même – il l'estime le pire; et ce qui vaut le moins – qui est de trouver sa consolation et son goût, où d'ordinaire il perd plutôt qu'il ne gagne – il croit que c'est le meilleur.

Mais parlant maintenant plus substantiellement et plus proprement de cette échelle de contemplation secrète, nous dirons que la principale propriété pourquoi elle s'appelle ici *échelle*, c'est parce que la contemplation est science d'amour, laquelle (comme nous avons dit) est une notice infuse de Dieu amoureuse, et qui conjointement illustre et enflamme d'amour l'âme, jusqu'à la monter de degré en degré à Dieu son Créateur. Car seulement l'amour est celui qui unit et joint l'âme avec Dieu. D'où vient que, pour montrer cela plus clairement, nous toucherons ici les degrés de cette échelle divine, disant

1. Au sens de vigile, jour de jeûne et de pénitence.

succinctement les signes et les effets de chacun, afin que par là l'âme puisse conjecturer auquel d'eux elle est; et ainsi nous les distinguerons par leurs effets, comme font saint Bernard et saint Thomas[1], d'autant qu'il est impossible par voie naturelle de les connaître comme ils sont en soi – parce que cette échelle d'amour est (comme nous avons dit) si secrète que Dieu seul est celui qui la mesure et qui la pèse.

Nous disons donc qu'il y a dix degrés de cette échelle CHA-
d'amour par où l'âme, de l'un à l'autre, monte à Dieu. Le pre- PITRE 19
mier degré rend l'âme utilement malade. L'Épouse parle en ce
degré d'amour quand elle dit: *Je vous conjure, ô filles de Jéru-* Ct 5,8
salem, que si vous rencontrez mon Bien-Aimé, vous lui disiez que
je languis d'amour. Mais *cette maladie n'est pas à la mort, mais* Jn 11,4
pour la gloire de Dieu, parce qu'en cette maladie, l'âme défaille
au péché et à tout ce qui n'est pas Dieu, pour Dieu même,
comme David témoigne, disant: *Mon âme a défailli,* c'est-à-dire Ps 118
touchant toutes choses, *à votre salut.* Car comme le malade (119),81
perd l'appétit et le goût de toutes les nourritures et change sa
première couleur, de même aussi en ce degré d'amour l'âme
perd le goût et l'appétit de toutes choses, et pâlit comme un
amant et n'a plus l'apparence qu'elle avait avant. Or, elle ne
tombe point en cette maladie si on ne lui envoie d'en haut
l'excès de chaleur, selon qu'il se donne à entendre par ce vers
de David: *Pluviam voluntariam segregabis, Deus, hereditati tuæ, et* Ps 67
infirmata est, etc. Vous écarterez, ô Dieu, une pluie volontaire pour (68),10
votre héritage[2], *et elle a été malade; mais vous l'avez perfectionnée.*
Quant à cette infirmité et défaillance de toutes choses, qui est le commencement et le premier degré pour aller à Dieu, nous l'avons assez expliqué plus haut, parlant de l'anéantissement où l'âme se voit quand elle commence à entrer en cette échelle de purification contemplative, lorsqu'elle ne peut trouver de goût, d'appui ni de consolation, ni d'assiette en aucune chose. Si bien que de ce degré elle commence aussitôt à monter au second.

Le second degré fait que l'âme cherche Dieu incessamment.
D'où vient que, quand l'Épouse dit que le cherchant de nuit Ct 3,1
dans son lit (où selon le premier degré d'amour elle était

1. L'opuscule *De decem gradibus amoris secundum Bernardum,* auquel se réfère ici le saint, a été longtemps attribué à saint Thomas. Il est en réalité l'œuvre de Helwic de Germar.
2. L'âme, en l'occurrence.

Ct 3,2 languissante) et qu'elle ne le trouva point, elle ajoute: *Je me lèverai et chercherai Celui qu'aime mon âme.* Ce que l'âme (comme
Ps 104 (105),4 nous disons) fait sans cesser, selon le conseil de David: *Cherchez toujours la face du Seigneur* et, le cherchant en toutes choses, ne vous arrêtez point jusqu'à ce que vous l'ayez trouvé. Comme
Ct 3,3-4 l'Épouse qui, après en avoir demandé des nouvelles aux gardes,
Jn 20,14 passa outre aussitôt et les quitta. Marie-Madeleine ne s'arrêta pas même aux anges du sépulcre. En ce degré, l'âme va avec tant de soin qu'elle cherche son Bien-Aimé en toutes choses: en tout ce qu'elle pense, elle pense aussitôt à son Bien-Aimé; en tout ce qu'elle dit, en toutes les affaires qui se présentent, elle se met aussitôt à parler et à traiter de son Ami; quand elle mange, quand elle dort, quand elle veille et quoi qu'elle fasse, tout son soin est en son Ami, suivant ce qui a été dit plus haut en les angoisses d'amour. Ici, comme l'amour est déjà convalescent et prenant des forces en l'amour de ce second degré, elle commence aussitôt à monter au troisième par le moyen de quelque degré de nouvelle purification dans la nuit, comme nous dirons ci-après, lequel opère en l'âme les effets suivants.

Le troisième degré de l'échelle amoureuse est celui qui fait opérer l'âme et lui donne de la chaleur pour ne point défaillir.
Ps 111 (112),1 De celui-là le prophète royal dit: *Bienheureux l'homme qui craint le Seigneur; il sera porté d'un grand désir en ses commandements.* D'où vient que, si la crainte, pour être fille d'amour, lui fait cet effet de désir, que fera l'amour même? En ce degré, les grandes œuvres qu'on fait pour l'Aimé sont estimées petites, la multitude pour peu, le long temps qu'on sert fort court, à cause du brasier d'amour dont l'âme est ardente. Comme à
Gn 29,20 Jacob, lequel, *après avoir servi sept années* par-dessus les sept années précédentes, *estimait cela peu de chose à cause de la grandeur de son amour.* Donc, si l'amour qui n'était que d'une créature eut tant de pouvoir sur Jacob, que pourra celui du Créateur, lorsqu'en ce troisième degré il s'emparera de l'âme? Ici le grand amour qu'elle porte à Dieu la met en de terribles ennuis et peines du peu qu'elle fait pour lui, et elle serait consolée s'il lui était permis de mourir mille fois pour lui. Et pour cela elle s'estime inutile en tout ce qu'elle fait, et il lui semble qu'elle vit inutilement. Et d'ici, il lui naît un autre admirable effet, qui est qu'elle s'estime véritablement plus méchante que toutes les autres âmes, tant parce que l'amour lui va enseignant ce que Dieu

mérite, que parce que les œuvres qu'elle fait ici pour Dieu étant en grand nombre et qu'elle les tient pour imparfaites et défectueuses, elle tire de la peine et de la confusion de toutes, connaissant que son opération est très basse pour un si haut Seigneur. En ce troisième degré, l'âme est fort éloignée de la vaine gloire ou présomption, ou de condamner les autres. Ce degré d'amour cause ces effets de souci en l'âme avec beaucoup d'autres de cette manière. C'est pourquoi elle y prend courage et des forces pour monter jusques au quatrième qui suit.

Le quatrième degré de cette échelle d'amour est celui où il naît en l'âme, pour le Bien-Aimé, un pâtir ordinaire sans se lasser. Car, comme dit saint Augustin, l'amour rend comme nulles toutes les choses grandes, pénibles et fâcheuses [1]. L'Épouse parlait en ce degré quand, désirant déjà de se voir au dernier, elle dit à l'Époux: *Mettez-moi comme un cachet sur votre cœur,* Ct 8,6
comme un cachet sur votre bras, car la dilection, c'est-à-dire l'acte et l'œuvre de l'amour, *est forte comme la mort, et l'émulation est dure et s'obstine comme l'enfer.* L'esprit a ici tant de force et tient la chair si sujette, qu'il en fait aussi peu de compte que l'arbre de l'une de ses feuilles. L'âme ne cherche plus ici en aucune manière sa consolation ni son goût, ni en Dieu, ni en aucune autre chose; et ne désire ni ne demande plus de faveurs à Dieu, car elle voit clairement que Dieu lui en a faites d'innombrables, et tout son soin est désormais comment elle pourra plaire à Dieu et le servir à cause de ce qu'il mérite et de ce qu'elle a reçu de lui, quoi qu'il lui en dût coûter. Elle dit en son cœur et en son esprit: « Hélas! mon Dieu et mon Seigneur, combien il y en a qui vont chercher de la consolation et du goût en vous, et vous cherchent afin que vous leur fassiez des grâces et des faveurs. Mais ceux qui veulent vous plaire et vous donner quelque chose à leurs dépens, laissant en arrière tout intérêt particulier, sont en fort petit nombre; car, mon Dieu, la faute n'en est point que vous ne vouliez nous faire de nouvelles grâces, mais c'est que nous n'employons point uniquement à votre service celles que nous avons reçues, pour vous obliger à nous les continuer. » Ce degré d'amour est fort relevé; parce que l'âme allant toujours ici après Dieu avec un si véritable amour et un esprit de pâtir pour lui, Sa Majesté lui donne souvent et très ordinairement la jouissance, la visitant en l'esprit

1. *Serm. 70* (alias *Serm. 9, De verbis Domini in Mt*), c. 3: P. L. 38, 444.

savoureusement et délicieusement; car l'immense amour du Verbe le Christ ne peut voir souffrir des peines à son amant
Jr 2,2 sans le secourir, comme Il affirme par Jérémie, disant: *Je me suis souvenu de toi, ayant pitié de ton adolescence, quand tu m'as suivi au désert.* Ce qui est, parlant spirituellement, le détachement que l'âme a intérieurement de toute créature, ne s'arrêtant ni reposant sur chose que ce soit. Ce quatrième degré enflamme tellement l'âme et la brûle dans un tel désir de Dieu qu'il la fait monter au cinquième, qui est le suivant.

Le cinquième degré de cette échelle d'amour fait que l'âme désire et souhaite impatiemment Dieu. En ce degré l'amant a une telle véhémence de tenir le Bien-Aimé et de s'unir avec lui, que le moindre délai que ce soit lui est très long, très fâcheux et fort ennuyeux, et qu'il pense toujours trouver son Ami; et quand il se voit frustré de son désir (ce qui est presque à tout moment), il se pâme dans son désir, selon que dit le psalmiste
Ps 83 (84),3 en parlant de ce degré: *Mon âme soupire et défaille en les demeures du Seigneur.* En ce degré l'amant ne peut manquer de voir ce qu'il aime, ou de mourir, ainsi que Rachel, pour la grande envie qu'elle avait d'avoir des enfants, dit à Jacob son époux:
Gn 30,1 *Donnez-moi des enfants, autrement je mourrai.* Ici *on souffre la*
Ps 58 (59), 15-16 *faim comme les chiens qui rôdent autour de la cité de Dieu.* En ce degré affamé l'âme se repaît en amour, car le rassasiement est conforme à la faim; de manière que d'ici on peut monter au sixième degré, lequel fait les effets qui suivent.

CHAPITRE 20 Le sixième degré fait courir l'âme légèrement à Dieu et le lui fait atteindre souvent, et sans défaillir elle court par l'espérance; parce qu'ici l'amour qui l'a fortifiée, la fait voler
Is 40,31 légèrement. Isaïe parle de ce degré quand il dit: *Les saints qui espèrent au Seigneur changeront de force, ils prendront des ailes comme des aigles, ils voleront et ne défailliront point*, comme ils faisaient au cinquième degré. C'est aussi à ce degré qu'appar-
Ps 41 (42),2 tient ce dire du psalmiste: *Ainsi que le cerf désire les sources des eaux, de même mon âme vous désire, mon Dieu.* Parce que le cerf altéré court avec vitesse aux eaux. La cause de cette vitesse d'amour qu'a l'âme en ce degré, c'est que la charité est déjà fort dilatée en elle, et que l'âme est presque entièrement puri-
Ps 58 (59),5 fiée, comme il est dit dans le psaume: *J'ai couru sans iniquité.*
Ps 118 (119),32 Et ailleurs: *Quand vous avez dilaté mon cœur, j'ai couru la voie de vos commandements.* Et ainsi de ce sixième on vient aussitôt au septième, qui est celui qui suit.

Le septième degré de cette échelle enhardit l'âme avec véhémence. Ici l'amour ne se laisse pas conduire par le jugement pour attendre, et n'use point de conseil pour se retirer, et ne peut être retenu par la vergogne, parce que la faveur que Dieu fait désormais ici à l'âme la fait agir avec une hardiesse véhémente. D'où s'ensuit ce que dit l'Apôtre, à savoir que *la charité croit tout, espère tout et peut tout.* Moïse parle de ce degré quand il prie Dieu de pardonner au peuple ou de l'effacer du livre de vie où Il l'avait écrit. Ceux-là obtiennent de Dieu ce qu'ils lui demandent avec goût: *Délectez-vous en Dieu,* dit David, *et il vous octroiera les demandes de votre cœur.* L'Épouse prit la hardiesse, en ce degré, de dire qu'*il lui donnât un baiser de sa bouche.* Mais il n'est pas permis à l'âme de s'enhardir à ce degré, si elle ne sent la faveur intérieure du sceptre du roi incliné vers elle, de peur que peut-être elle ne tombe des autres degrés qu'elle a montés jusque-là, en lesquels elle se doit toujours conserver avec humilité. De ce courage et liberté que Dieu donne à l'âme en ce septième degré pour s'enhardir vers lui avec véhémence d'amour, s'ensuit le huitième, qui est de tenir le Bien-Aimé et s'unir avec lui, selon qu'il suit.

1 Co 13,7 — Ex 32, 31-32 — Ps 36 (37),4 — Ct 1,1 (2) — Est 8,4

Le huitième degré d'amour fait que l'âme embrasse et étreint son Ami avec une liaison indissoluble, selon que dit l'Épouse en cette manière: *J'ai trouvé celui qu'aiment mon cœur et mon âme, je l'ai tenu et ne le laisserai point aller.* En ce degré d'union l'âme satisfait son désir, mais non pas continuellement; car quelques-uns arrivent à y mettre le pied et l'en retirent aussitôt; que s'ils pouvaient persévérer en ce degré, ils jouiraient en cette vie d'une certaine manière de gloire, et ainsi l'âme y pause bien peu de moments. Il fut dit de la part de Dieu au prophète Daniel, parce qu'il était homme de désirs, qu'il demeurât en ce degré: *Daniel, demeure en ton degré, parce que tu es homme de désirs.* Après ce degré suit le neuvième, qui est déjà des parfaits, comme nous dirons ci-après, et c'est celui-ci.

Ct 3,4 — Dn 10,11

Le neuvième degré d'amour fait que l'âme brûle avec suavité. Ce degré est des parfaits, lesquels déjà ardent suavement en Dieu. Parce que cette ardeur suave et délectable leur est causée par le Saint Esprit, à raison de l'union qu'ils ont avec Dieu. C'est pourquoi saint Grégoire dit que les apôtres, quand ils reçurent visiblement le Saint Esprit, en leur intérieur ils brûlèrent suavement d'amour [1]. On ne saurait parler des biens et richesses

1. *Homil. 30 in Evang.*: P. L. 76, 1220.

de Dieu dont l'âme jouit en ce degré: on en ferait maints livres avant que d'en dire la moitié. Ce qui est cause – joint aussi que nous en dirons un mot ci-après – que je n'en dis ici davantage, sinon que de celui-ci suit le dixième et dernier degré de cette échelle d'amour, lequel n'est plus de cette vie.

Le dixième et dernier degré de cette échelle secrète d'amour fait ressembler[1] l'âme totalement à Dieu, à raison de la claire vision de Dieu que l'âme possède immédiatement, aussitôt qu'après être montée en cette vie au neuvième degré elle sort de la chair. Car ceux-ci – ils sont peu nombreux – vu qu'ils sont déjà très purifiés par l'amour, n'entrent pas au purgatoire.
Mt 5,8 D'où saint Matthieu dit: *Bienheureux ceux qui ont le cœur net, parce qu'ils verront Dieu.* Et comme nous avons dit, cette vision est cause de l'entière ressemblance de l'âme à Dieu, car ainsi
1 Jn 3,2 le dit saint Jean: *Nous savons que nous serons semblables à lui.* Non que l'âme demeure d'une capacité égale à celle de Dieu – vu que c'est impossible – mais parce que tout ce qu'elle est sera semblable à Dieu; c'est pourquoi elle s'appellera et sera Dieu par participation.

C'est là l'*échelle secrète* de laquelle l'âme parle ici: encore qu'en ces degrés ci-dessus rapportés[2] elle n'est pas trop secrète pour l'âme, parce que l'amour se découvre grandement à elle par les grands effets qu'il opère en elle. Mais en ce dernier degré de claire vision, qui est le dernier de l'échelle où Dieu s'appuie (comme nous avons déjà dit), il n'y a plus rien de couvert à l'âme, à cause de la totale ressemblance[3]. D'où vient
Jn 16,23 que Notre Sauveur dit en saint Jean: *Et en ce jour vous ne me prierez d'aucune chose*, etc. Mais jusqu'à ce jour, si haut que monte l'âme, quelque chose lui sera couvert, et ce, à proportion de ce qui lui manquera pour la ressemblance totale à la divine essence. En cette façon, par cette théologie mystique et par cet amour secret, l'âme va sortant de toutes choses et de soi-même, et montant à Dieu: parce que l'amour est semblable au feu qui monte toujours vers le haut, avec une inclination à s'engolfer dans le centre de sa sphère.

CHAPITRE 21 Il nous reste maintenant, après avoir déclaré les causes pour lesquelles l'âme appelait cette contemplation *secrète échelle*, d'expliquer aussi à propos du troisième mot du vers, à savoir

1. L'espagnol dit: *asimilarse*, s'assimiler.
2. C'est-à-dire les plus élevés.
3. Ici, comme cinq lignes plus loin, l'espagnol porte: *total asimilación*.

déguisée, pourquoi l'âme dit qu'elle sortit déguisée par cette échelle secrète.

Pour entendre cela, il faut savoir que se déguiser n'est autre chose que se dissimuler et se couvrir d'un autre habit et aspect que celui qu'on porte d'ordinaire : ou pour montrer, sous cette forme ou habit, la volonté et prétention qu'on a dans le cœur pour gagner les bonnes grâces et l'affection de celui qu'on aime bien, ou encore pour se cacher de ses ennemis et pouvoir ainsi mieux faire son affaire. Et alors, on prend les façons et la livrée qui représentent et signifient davantage l'affection du cœur, et avec lesquelles on se peut mieux cacher à ses adversaires.

L'âme, donc, ici touchée de l'amour de son Époux le Christ, prétendant d'acquérir sa grâce et de lui gagner le cœur, elle sort déguisée en la forme qui représente plus au vif les affections de son esprit et avec laquelle elle soit plus assurée de ses adversaires et ennemis qui sont : le démon, le monde et la chair. Et ainsi, la livrée qu'elle porte est de trois couleurs principales, blanc, vert et rouge, qui signifient les trois vertus théologales, foi, espérance et charité, avec lesquelles elle ne gagnera pas seulement la grâce et la volonté de son Bien-Aimé, mais aussi elle sera très assurée et très à couvert de ses trois ennemis : parce que la foi est une tunique intérieure d'une blancheur si relevée qu'elle éparpille la vue de quelque entendement que ce soit. Et ainsi, l'âme allant revêtue de foi, le démon ne voit et ne trouve point à l'endommager, parce qu'en la foi elle va bien remparée – plus qu'avec toutes les autres vertus – contre le démon qui est l'ennemi le plus fort et le plus rusé.

Saint Pierre n'a point trouvé d'armure plus à l'épreuve pour s'en délivrer, quand il dit : *Auquel résistez, forts en foi*. Et pour 1 P 5,9
acquérir la grâce et l'union de l'Aimé, l'âme ne peut prendre de meilleure tunique et chemise intérieure, pour fondement et principe des autres vêtements de vertus, que cette blancheur de foi, parce que *sans elle*, comme dit l'Apôtre, *il est impossible* He 11,6
de plaire à Dieu ; et avec elle, il est impossible de ne pas lui plaire, puisque lui-même dit par un prophète : *Je t'épouserai* Os 2,20
en foi, comme qui dirait : Si tu veux, ô âme, t'unir avec moi (22)
et m'épouser, tu dois venir intérieurement revêtue de foi.

L'âme porte cette blancheur de la foi à la sortie de cette nuit obscure lorsque, cheminant (comme nous avons dit plus haut) en ténèbres et en angoisses intérieures, son entendement ne lui

donnant aucun soulagement de lumière ni d'en haut – puisque le ciel lui paraissait fermé et que Dieu lui semblait caché – ni non plus d'en bas – puisque ceux qui l'enseignaient ne lui satisfaisaient point – elle a souffert avec constance et a persévéré, passant par ces travaux sans perdre courage ni manquer à l'Aimé; lequel éprouve la foi de son épouse en les travaux et tribulations, en sorte qu'elle peut après dire avec vérité ce trait
Ps 16 de David: *Pour les paroles de vos lèvres, j'ai gardé de rudes chemins.*
(17),4 Sur cette chemise de la foi, l'âme aussitôt met la seconde couleur, qui est un pourpoint vert. Par lequel est signifiée (comme nous l'avons dit) la vertu d'espérance avec laquelle l'âme premièrement se délivre et se défend du second ennemi, qui est le monde. Parce que cette verdure de vive espérance en Dieu donne à l'âme une telle vivacité, animosité [1] et élèvement aux choses de la vie éternelle, qu'en comparaison de ce qu'elle espère là, tout le monde – comme il est en effet – lui semble sec, flétri, mort et de nulle valeur. Elle se dénue ici et se dépouille de tous ces vêtements et façons du monde, ne mettant son cœur en rien et n'espérant rien de ce qui est ou doit être en lui, vivant vêtue seulement de l'espérance de la vie éternelle. C'est pourquoi, ayant le cœur si élevé du monde, tant s'en faut qu'il le puisse toucher et s'y attacher, que même il ne peut l'atteindre de vue.

De façon qu'avec cette verte livrée et ce déguisement, l'âme est très en sûreté du second ennemi qui est le monde. Car saint
1 Th 5,8 Paul appelle l'espérance *le casque du salut*, qui est une armure qui défend toute la tête et la couvre tellement qu'il n'y a rien de découvert qu'une visière pour se conduire. Et l'espérance a cela qu'elle couvre tous les sens de la tête de l'âme, en sorte qu'ils ne s'engolfent en aucune chose du monde et qu'il ne lui reste point de jour pour être atteinte des flèches du siècle; il ne demeure qu'une visière afin que les yeux puissent regarder en haut et non ailleurs, qui est l'office ordinaire que fait l'espérance en l'âme, de ne hausser les yeux que pour voir Dieu, comme
Ps 24 David dit qu'il faisait vers lui, en ces mots: *Mes yeux sont*
(25),15 *toujours vers Dieu*, n'espérant point de bien d'ailleurs, mais
Ps 122 comme il dit en un autre psaume: *Comme les yeux de la servante*
(123),2 *sont aux mains de sa maîtresse, de même les nôtres à Dieu notre Seigneur, jusqu'à ce qu'il ait pitié de nous*, espérant en lui.

1. C'est-à-dire courage.

Pour cela, cette livrée de vert (parce qu'elle regarde toujours Dieu et ne met les yeux en autre chose et ne se contente que de lui seul) est si agréable à l'Aimé, qu'il est vrai de dire que l'âme obtient autant de lui qu'elle espère de lui. C'est pourquoi l'Époux lui dit dans les Cantiques que *seulement par un regard de l'un de ses yeux elle lui a blessé le cœur*. Sans cette livrée verte de seule espérance en Dieu, il n'était pas convenable à l'âme de sortir à cette prétention d'amour, parce qu'elle n'eût rien obtenu, attendu que c'est l'espérance opiniâtre qui émeut et surmonte. Ct 4,9

L'âme va déguisée de cette livrée d'espérance par cette secrète et obscure nuit que nous avons dite, puisqu'elle marche si vide de toute possession et appui, qu'elle ne jette la vue en autre chose, ni le soin, si ce n'est en Dieu, *mettant la bouche en la poussière, si par aventure il y avait de l'espérance*, comme nous avons rapporté de Jérémie. Lm 3,29

Sur le blanc et le vert, pour accomplissement et perfection de ce déguisement et de cette livrée, l'âme porte ici la troisième couleur, qui est une excellente robe rouge. Par laquelle est signifiée la troisième vertu, qui est la charité, avec laquelle elle ne donne pas seulement la grâce aux deux autres couleurs, mais aussi elle relève tellement l'âme qu'elle la met auprès de Dieu, si belle et si agréable qu'elle ose dire : *Je suis noire, mais néanmoins belle, ô filles de Jérusalem*, c'est pourquoi *le Roi m'a aimée et m'a mise en son lit*. Avec cette livrée de charité, qui est celle de l'amour, et qui accroît encore l'amour du Bien-Aimé, l'âme non seulement se défend et se couvre du troisième ennemi qui est la chair (parce que, où il y a un véritable amour de Dieu, l'amour de soi-même ni des choses propres n'a point d'entrée), mais encore elle valide les autres vertus, leur donnant force et vigueur pour protéger l'âme, et grâce et beauté pour plaire à l'Aimé, parce qu'il n'y a point de vertu qui soit agréable à Dieu sans charité. Car c'est la pourpre sur laquelle Dieu se repose, comme il est dit en les Cantiques. L'âme est parée de cette livrée rouge, lorsque (selon ce qui a été dit au premier cantique) en la nuit obscure elle sort de soi-même et de toutes les choses créées, *ardente d'un amour plein d'angoisses*, par cette secrète échelle de contemplation, à la parfaite union d'amour de Dieu, son salut aimé. Ct 1,4 (5) *Ibid.* 3(4) Ct 3,10

Voilà le déguisement que l'âme dit qu'elle a en la nuit de foi, par cette secrète échelle, et ce sont les trois couleurs de ce

déguisement. Lesquelles sont une disposition très accommodée pour que l'âme s'unisse avec Dieu selon ses trois puissances, qui sont l'entendement, la mémoire et la volonté. Car la foi vide et obscurcit l'entendement de toute son intelligence naturelle, et en cela le dispose pour l'unir avec la Sagesse divine. Et l'espérance vide et sépare la mémoire de toute possession de créa-
Rm 8, 24-25 ture, parce que, dit saint Paul, l'espérance est de ce dont on ne jouit pas. Et ainsi elle sépare la mémoire de ce qui se peut posséder, et la met en ce qu'elle espère. C'est pourquoi l'espérance de Dieu seul dispose purement la mémoire pour l'unir avec Dieu. La charité semblablement vide et annihile les affections et appétits de la volonté de tout ce qui n'est point Dieu, et les met en lui seul; partant, cette vertu dispose cette puissance et l'unit avec Dieu par amour. Et ainsi, parce que ces vertus ont pour office de séparer l'âme de tout ce qui est moins que Dieu, elles ont aussi par conséquent celui de l'unir avec lui.

De façon qu'il est impossible d'arriver à la perfection de l'union avec Dieu par amour sans cheminer véritablement avec l'habit de ces trois vertus. D'où vient que l'âme, pour obtenir ce qu'elle prétendait – qui est cette amoureuse et délectable union avec son Ami – a pris un costume et déguisement qui était très nécessaire et très convenable. Comme aussi, d'avoir réussi de la sorte à s'en revêtir et à y persévérer jusqu'à obtenir sa prétention et fin tant désirée, comme était l'union d'amour, ce fut une grande aventure et c'est pourquoi elle dit aussitôt le vers suivant:

CHAPITRE 22

Oh! l'heureuse fortune!

Il est bien clair que ce fut une heureuse aventure à l'âme de venir à bout d'une telle entreprise que celle-ci; en cette sortie[1] elle se délivra du démon, du monde et de sa propre sensualité (comme nous avons dit) et, ayant obtenu la précieuse liberté de l'esprit qui est désirée de tous, elle sortit du bas en haut; de terrestre elle se fit céleste, et d'humaine divine, venant à
Ph 3,20 *tenir sa conversation dans les cieux*, comme il advient à l'âme en cet état de perfection, selon qu'il se dira ci-après, bien qu'un peu plus succinctement.

1. Pour rendre ce qui en espagnol est un jeu de mots, il faudrait dire: « Ce fut une heureuse aventure *de sortir* d'une telle entreprise; en cette *sortie*... »

Car ce qui était de plus grande importance (et que j'ai principalement prétendu en ceci, à savoir de déclarer cette nuit à maintes âmes qui y passaient sans la connaître, comme nous avons dit au prologue) est déjà quelque peu expliqué, et il a été aussi donné à entendre (encore que beaucoup moins de ce qui en est) combien de richesses elle[1] apporte à l'âme avec soi, et quelle heureuse aventure c'est pour celle qui y passe – afin que, quand elles s'épouvanteront de l'horreur de tant de travaux, elles s'encouragent avec l'espérance certaine de tant de biens de Dieu, et si avantageux, qu'on acquiert là. Outre cela, ce fut aussi une heureuse aventure à l'âme pour ce qu'elle dit aussitôt au vers suivant:

A l'obscur et en cachette.

CHAPITRE 23

En cachette, c'est autant que dire en secret ou à couvert. Et ainsi, quand l'âme dit ici qu'elle sortit *à l'obscur et en cachette*, c'est pour donner une plus entière connaissance de la grande sûreté – qu'elle a dite au premier vers de ce cantique – de laquelle elle jouit par le moyen de cette obscure contemplation au chemin de l'union d'amour de Dieu.

Donc, quand l'âme dit: *à l'obscur et en cachette*, c'est dire qu'en tant qu'elle allait à l'obscur, à la manière que nous avons dite, elle était couverte et cachée du démon, de ses ruses et de ses embûches. Or, la cause pour laquelle l'âme en l'obscurité de cette contemplation va libre et exempte des embûches du démon, c'est parce que la contemplation infuse qu'elle a ici se verse passivement et secrètement dans l'âme, au déçu des sens et puissances tant intérieurs qu'extérieurs de la partie sensitive. Et de là vient que, non seulement elle est cachée et libre de l'empêchement que ces puissances lui peuvent apporter avec leur naturel et leur faiblesse, mais aussi du démon; lequel, si ce n'est par le moyen de ces puissances de la partie sensitive, ne peut pénétrer ni connaître ce qui est dans l'âme, ni ce qui s'y passe. D'où vient que, tant plus la communication est spirituelle, intérieure et éloignée des sens, tant moins le démon arrive à l'entendre.

De manière qu'il importe grandement pour la sûreté de l'âme que la communication intérieure avec Dieu soit telle

1. La nuit.

que les sens de la partie inférieure demeurent à l'obscurité et à jeun de cela, et n'y arrivent point: d'une part, afin qu'il y ait lieu à ce que la communication spirituelle soit plus abondante – la faiblesse de la partie sensitive n'empêchant point la liberté de l'esprit – de l'autre, parce que l'âme est plus assurée (comme nous avons dit), le démon ne pénétrant point si avant. Et, parlant spirituellement, nous pouvons entendre à ce propos
Mt 6,3 cette autorité de Notre Sauveur: *Que ta gauche ignore ce que fait ta droite.* Ce qui est comme s'il disait: que ce qui se passe en la partie droite – qui est la supérieure et spirituelle de l'âme – la gauche ne le sache; c'est-à-dire, qu'il soit en sorte que la portion inférieure de votre âme, qui est la partie sensitive, n'y arrive point, et que ce soit un secret entre l'esprit et Dieu.

Il est bien vrai que souvent, quand il y a et se passe en l'âme de ces communications spirituelles très intérieures et très secrètes, encore que le démon ne puisse découvrir quelles ni comment elles sont, néanmoins, pour la grande pause et le grand silence que quelques-unes causent dans les sens et les puissances de la partie sensitive, il conjecture de là qu'elle les a, et que l'âme reçoit quelque bien. Et alors, comme il voit qu'il ne peut atteindre à les contredire au fond de l'âme, il fait tout ce qu'il peut pour soulever et troubler la partie sensitive – qui est celle où il peut atteindre – tantôt avec des douleurs, tantôt avec des horreurs et craintes, en intention d'inquiéter et de troubler par ce moyen la partie supérieure et spirituelle de l'âme, touchant le bien qu'elle reçoit et dont elle jouit alors. Toutefois, bien souvent, quand la communication d'une telle contemplation saisit purement l'esprit et exerce sa force en lui, toute la diligence dont se sert le démon pour l'empêcher ne lui profite de rien; tant s'en faut: l'âme reçoit pour lors un nouveau profit et plus grand, et une paix plus assurée. Car, en sentant la séditieuse présence de l'ennemi, chose admirable! que, sans savoir comment cela se fait et sans qu'elle y soit pour rien de son côté, elle entre plus avant dans le fond intérieur, sentant fort bien qu'elle se met en un certain refuge où elle se voit être plus éloignée et plus cachée de l'ennemi: et ainsi la paix et la jouissance que le démon lui veut ôter lui sont augmentées. Et, pour lors, toute cette crainte lui tombe au-dehors, ce qu'elle sent clairement, et elle se va réjouissant de posséder si sûrement cette tranquille paix et saveur de l'Époux caché, que ni le monde ni le démon ne peuvent donner ni ôter – l'âme sentant ici la vérité de ce que l'Épouse dit à ce propos dans les Cantiques: *Voyez que le lit de Salomon est environné de soixante forts, etc., à cause des frayeurs nocturnes.* Et elle sent cette force et cette paix, encore que souvent elle sente la chair et les os tourmentés au-dehors. Ct 3,7-8

D'autres fois, quand la communication spirituelle n'a pas lieu tellement en l'esprit mais participe avec le sens, le démon arrive plus facilement à troubler l'esprit et à l'émouvoir, par le moyen du sens, avec ses horreurs. Et c'est pour lors que le tourment et la peine qu'il cause dans l'esprit sont grands, voire quelquefois plus qu'on ne saurait exprimer; car comme c'est un combat d'esprit à esprit nûment, l'horreur que le mauvais cause dans le bon est insupportable, je veux dire dans celui de l'âme, quand il y peut mettre son trouble. Ce que l'Épouse donne fort bien à entendre en les Cantiques, quand elle dit que cela lui est arrivé au temps où elle voulait descendre au recueillement intérieur pour jouir de ces biens, disant: *J'ai descendu au jardin des noix, pour voir les pommes des vallées et si la vigne était fleurie; je ne sus; mon âme me troubla à cause des quadriges*, c'est-à-dire des chariots et des fracas, *d'Aminadab*[1], qui est le démon. Ct 6, 10-11 (11-12)

D'autres fois il arrive – et cela quand c'est par le moyen du bon ange – que quelquefois le démon aperçoit certaines faveurs que Dieu veut faire à l'âme; parce que celles qui sont par cet intermédiaire du bon ange, Dieu permet ordinairement que l'adversaire les connaisse: afin qu'il fasse ce qu'il pourra contre elles, selon la proportion de la justice, et qu'ainsi le démon ne puisse répliquer de son droit, disant qu'on ne lui donne point de lieu pour terrasser l'âme, comme il dit de Job. Ce qui serait si Jb 1,10
Dieu ne lui laissait lieu à ce qu'il y ait une certaine égalité entre les deux guerriers, à savoir le bon et le mauvais ange, en ce qui concerne l'âme, et qu'ainsi la victoire de l'un ou de l'autre soit plus estimée, et l'âme, victorieuse et fidèle en la tentation, soit mieux récompensée.

Où il nous faut remarquer que c'est la cause pour laquelle, à la même mesure et avec les mêmes moyens avec lesquels Dieu conduit l'âme et se comporte avec elle, il permet au démon de se comporter avec elle de cette même manière:

1. C'est ainsi que la Vulgate a compris ce texte obscur du *Cantique des Cantiques*.

que si elle a de véritables visions par l'intermédiaire du bon ange (et, ordinairement, c'est par cet intermédiaire qu'elles se produisent, même quand le Christ se manifeste, car il n'apparaît quasi jamais en sa propre personne), Dieu donne aussi congé au mauvais ange de lui en pouvoir représenter de fausses en ce même genre, de manière que, selon leur apparence, l'âme qui n'est pas assez avisée peut aisément être trompée, comme beaucoup l'ont été de cette sorte. Dont il y a une figure dans
Ex 7, 11-12 l'Exode, où il est dit que tous les signes véritables que Moïse faisait, étaient faits aussi en apparence par les magiciens de
Ex 8,2-3 Pharaon. S'il faisait venir des grenouilles, ils en faisaient
Ex 7, 20-22 autant; s'il convertissait l'eau en sang, ils la changeaient aussi.

Et non seulement il imite en ce genre de visions corporelles, mais aussi, en les communications spirituelles qui sont par le moyen de l'ange, quand il vient à les connaître (vu que, comme
Jb 41, 25(26) dit Job, *il voit tout ce qui est haut*), il imite et s'entremet. Encore qu'en celles-ci, comme elles sont sans forme ni figure (car c'est la nature de l'esprit de n'en avoir point), il ne les saurait imiter ni former comme les autres qui se représentent sous quelque espèce ou figure. Et ainsi, pour combattre l'âme en la façon qu'elle est visitée, il lui représente son esprit horrible, afin de combattre et détruire le spirituel par le spirituel. Quand il en arrive ainsi – au temps que le bon ange va communiquer à l'âme la contemplation spirituelle – l'âme ne peut se réfugier si vite dans le secret et la cachette de la contemplation qu'elle ne soit vue du démon, et il l'atteint du regard avec quelque horreur et trouble spirituel, parfois fort pénible à l'âme. Et alors, parfois elle peut s'en dépêtrer rapidement, sans qu'il y ait lieu que la dite horreur de l'esprit mauvais lui fasse impression, et elle rentre au-dedans de soi, étant pour cela favorisée de l'aide spirituelle qu'elle reçoit alors du bon ange.

D'autres fois le démon prévaut: le trouble et l'horreur saisissent l'âme – ce qui lui est plus pénible qu'aucun tourment de cette vie; car, vu que cette horrible communication va d'esprit à esprit, assez nûment et clairement, sans rien de tout ce qui est corporel, elle est pénible au-dessus de tout sens; et cela dure quelque peu dans l'esprit, mais non beaucoup, car l'esprit sortirait de la chair sous l'effet de la véhémente communication de l'autre esprit – et après, le souvenir en demeure, qui est suffisant pour causer un grand tourment.

Tout ceci que nous avons dit se passe passivement dans l'âme, sans qu'elle opère rien, soit à faire, soit à défaire cette représentation. Mais il faut savoir ici que, quand le bon ange permet au démon cet avantage d'atteindre l'âme avec cette horreur spirituelle, il le fait pour la purifier et disposer par cette veille spirituelle à quelque grande fête et faveur spirituelle que lui veut départir Celui qui ne mortifie jamais que pour vivifier, 1 Sm
et n'humilie que pour exalter – ce qui arrive un peu après. 2,6 et 7
Car l'âme, conformément à la purification ténébreuse et horrible qu'elle a soufferte, jouit d'une admirable et savoureuse contemplation spirituelle, quelquefois si relevée qu'on ne la peut exprimer par paroles. Mais la précédente horreur de l'esprit mauvais affine beaucoup l'esprit pour qu'il puisse recevoir ce bien; car ces visions spirituelles sont plus de l'autre vie que de celle-ci, et quand l'une est donnée, elle dispose pour l'autre.

Ce qui a été dit s'entend lorsque Dieu visite l'âme par le moyen du bon ange, en quoi elle n'est pas (comme il fut dit) tout à fait si à l'obscur ni si cachée, que l'ennemi n'en découvre quelque chose. Mais quand Dieu la visite lui-même, c'est alors que se vérifie bien le vers susdit, parce que tout à fait *à l'obscur et en cachette* de l'ennemi, elle reçoit les faveurs spirituelles de Dieu. La cause en est que, comme Sa Majesté demeure substantiellement en l'âme, où ni l'ange ni le démon ne sauraient aborder pour entendre ce qui se passe, ils ne peuvent connaître les intimes et secrètes communications qui se traitent là entre Dieu et elle. Celles-ci, vu que le Seigneur les fait par soi-même, sont totalement divines et souveraines, car elles sont toutes des attouchements substantiels d'union divine entre l'âme et Dieu; en l'un desquels, vu que c'est le plus haut degré d'oraison, l'âme reçoit un plus grand bien qu'en tout le reste.

Car ce sont ces attouchements qu'elle lui demanda dans les Cantiques disant: *Qu'il me donne un baiser de sa bouche.* Pour Ct 1,1
ce que cela est une chose qui se passe si conjointement avec (2)
Dieu, où l'âme avec tant d'angoisses désire de parvenir, elle estime et souhaite davantage un attouchement de cette Divinité que toutes les autres faveurs que Dieu lui fait. C'est pourquoi, après en avoir reçu beaucoup, qu'elle lui avait chantées dans les Cantiques, ne se trouvant satisfaite et lui demandant ces attouchements divins, elle dit: *Qui ferait, mon frère, que je vous* Ct 8,1
trouvasse seule dehors, suçant les tétins de ma mère, afin qu'avec la

bouche de mon âme je vous baisasse, et qu'ainsi personne ne me méprisât et n'eût la hardiesse de m'offenser! Donnant à entendre par cela que la communication que Dieu lui ferait serait par lui seul (comme nous le disons), au-dehors et à l'exclusion de toutes les créatures. Car ces mots veulent dire cela, *seule et suçant les mamelles, dehors,* c'est-à-dire desséchant et apaisant les mamelles des appétits et des affections de la partie sensitive. Ce qui est quand, désormais, avec liberté d'esprit, sans que la partie sensitive le puisse empêcher, ni le démon par son moyen le contredire, l'âme jouit, en saveur et en une paix intime, de ces biens. Parce que, pour lors, le démon n'oserait l'attaquer, car il n'y pourrait atteindre, ni entendre ces divins attouchements en la substance de l'âme de l'amoureuse substance de Dieu. Personne n'arrive à ce bien-là, si ce n'est par intime purification, nudité et cachette spirituelle de tout ce qui est créature; et c'est là être *à l'obscur,* comme nous l'avons dit longuement plus haut et le disons au sujet de ce vers, en secret *et en cachette,* dans laquelle cachette, comme nous venons de le dire, l'âme se va confirmant en l'union avec Dieu par amour, c'est pourquoi elle le chante dans le vers susdit: *A l'obscur et en cachette.*

Quand il arrive que ces faveurs se font à l'âme *en cachette,* c'est à savoir (comme nous avons dit) seulement en l'esprit, l'âme a de coutume de se voir en quelques-unes d'elles – sans savoir comment cela est – si séparée et si éloignée, selon la partie spirituelle et supérieure, de la portion inférieure et sensitive, qu'elle connaît en soi deux parties si distinctes entre elles, qu'il lui semble que l'une n'a rien de commun avec l'autre, lui étant avis que l'une est très éloignée et très séparée de l'autre. Et, véritablement, il est ainsi en certaine façon, parce que, selon l'opération qu'elle fait pour lors, qui est toute spirituelle, elle ne communique point avec la partie sensitive. En cette manière, l'âme devient toute spirituelle; et, en cette cachette de contemplation unitive, les passions et appétits spirituels sont enfin éteints en haut degré. Et ainsi, parlant de la partie supérieure de l'âme, elle dit aussitôt le dernier vers:

CHAPITRE 24

Ma maison étant désormais accoisée.

C'est comme qui dirait: la partie supérieure de mon âme, aussi bien que l'inférieure, étant désormais apaisée selon ses appétits et puissances, je sortis à la divine union d'amour de Dieu.

Car, comme l'âme est combattue et purifiée en deux façons par le moyen de cette guerre de la nuit obscure (suivant ce qui a été dit) – c'est à savoir selon la partie sensitive et selon la spirituelle, avec leurs sens, puissances et passions – aussi en deux manières – c'est à savoir selon ces deux parties, sensitive et spirituelle, avec toutes leurs puissances et appétits – l'âme vient à acquérir la paix et le repos. C'est pourquoi (comme il a été dit) elle répète deux fois ce vers: en ce cantique et au précédent, à raison de ces deux parties de l'âme, spirituelle et sensitive; lesquelles, afin de parvenir à la divine union d'amour, doivent être premièrement réformées, ordonnées et accoisées touchant le sensible et le spirituel, à la façon de l'état d'innocence qui était en Adam. Et ainsi ce vers, qui au premier cantique s'entendait du repos de la portion inférieure et sensitive, se prend particulièrement en ce second de la supérieure et spirituelle: et, pour ce sujet, elle le répète deux fois.

Ce repos et quiétude de cette maison spirituelle vient à être gagné par l'âme, habituellement et parfaitement (selon que la condition de cette vie le peut permettre), par le moyen de ces actes de touches substantielles d'union divine que nous venons de dire, qu'elle a reçues de la Divinité secrètement et en cachette du trouble du démon, et des sens, et des passions: où l'âme a été purifiée (comme je le dis), accoisée et rendue forte et stable pour recevoir avec durée ladite union, qui est le mariage divin entre l'âme et le Fils de Dieu. Lequel, aussitôt que ces deux maisons de l'âme sont apaisées et fortifiées en un avec tous leurs domestiques – c'est à savoir les puissances et appétits – les endormant et faisant taire à l'égard de toutes les choses d'en haut et d'en bas, cette divine Sagesse[1] s'unit immédiatement en l'âme avec un nouveau nœud de possession d'amour, et ce qu'elle dit au livre de la Sagesse s'accomplit: *Lorsque toutes choses étaient en un tranquille silence et que la nuit était au milieu* Sg 18,
de sa course, votre toute-puissante parole, Seigneur, est venue des 14-15
sièges royaux du ciel. L'Épouse donne à entendre le même en
les Cantiques, disant qu'après qu'elle eût dépassé ceux qui lui Ct 3,4
ôtèrent son manteau durant la nuit et qui la blessèrent, elle trouva celui que son âme désirait.

1. Grammaticalement, la phrase est incorrecte. Mais cette incorrection est due à ce que *le Fils de Dieu* est aussi *la Sagesse divine.*

On ne peut parvenir à cette union sans une grande pureté, et cette pureté ne s'acquiert sans une grande nudité de toute
Ct 5,7 chose créée et une vive mortification. Ce qui est signifié par ce dépouillement du manteau de l'Épouse et par les blessures qu'elle reçut dans la nuit, en la quête et la prétention de son Époux; parce qu'elle ne pouvait se vêtir du nouveau manteau des noces, comme elle prétendait, qu'elle n'eût auparavant quitté le vieux. Partant, celui qui refusera de sortir en la nuit susdite pour chercher son Bien-Aimé et ne voudra se dépouiller
Ct 3,1 de sa volonté et être mortifié, mais qui le cherche seulement dans son lit et dans ses commodités, comme faisait l'Épouse, il ne le trouvera point, comme cette âme dit de soi qu'elle le trouva, sortant à l'obscurité et avec angoisses d'amour.

CHAPITRE 25

Troisième Cantique

Au sein de la nuit bénie,
En secret – car nul ne me voyait,
Ni moi je ne voyais rien –
Sans autre lueur ni guide,
Hors celle qui brûlait en mon cœur.

L'âme, continuant toujours la métaphore et la similitude de la nuit temporelle en cette spirituelle, va encore chantant et exaltant les excellentes propriétés qu'il y a en elle et que par son moyen elle a trouvées et obtenues, au point de parvenir promptement et sûrement à sa fin désirée; desquelles propriétés elle en met ici trois.

Pour la première, elle dit qu'en cette heureuse nuit de contemplation, Dieu conduit l'âme par un si solitaire et secret moyen de contemplation, et si distant et si éloigné du sens, qu'aucune chose qui lui appartienne, ni aucune touche de créature ne vient atteindre l'âme, en sorte qu'il la détourne et arrête au chemin de l'union d'amour.

La seconde propriété qu'elle dit, provient des ténèbres spirituelles de cette nuit, où toutes les puissances de la partie supérieure de l'âme sont en obscurité. D'où vient que l'âme, ne regardant ni pouvant regarder chose aucune, ne s'arrête qu'en Dieu pour aller à lui, attendu qu'elle est libre des obstacles des formes et figures et des appréhensions naturelles, qui sont celles qui ont coutume d'empêcher l'âme de s'unir toujours avec Dieu.

La troisième est qu'encore qu'elle ne soit appuyée sur aucune lumière particulière intérieure de l'entendement ni sur aucune conduite extérieure pour recevoir satisfaction d'elle en ce haut chemin – ces obscurités ténébreuses l'ayant privée de tout cela – néanmoins l'amour seul qui brûle alors, sollicitant le cœur pour l'Aimé, est celui qui meut et guide pour lors l'âme, et qui la fait voler à son Dieu par le chemin de la solitude, sans qu'elle sache comment ni en quelle manière.

Suit le vers:

Au sein de la nuit bénie[1].

1. Ainsi finissent presque tous les manuscrits, laissant le champ libre à toutes les suppositions susceptibles d'expliquer pourquoi ce deuxième ouvrage reste, comme le premier, inachevé.

TABLE DES MATIÈRES

Bulle du Doctorat IX
Approbation de l'Université d'Alcalá XIII
Table des sigles XIV

INTRODUCTION À SAINT JEAN DE LA CROIX 1
Avertissement 29

LA MONTÉE DU MONT CARMEL

INTRODUCTION À LA MONTÉE DU MONT CARMEL 35
Le Mont de Perfection 68
Le chemin d'union avec Dieu 70
POÈME 73
PROLOGUE 75

LIVRE I

Où il est dit ce que c'est que nuit obscure et combien il est nécessaire de passer par là pour parvenir à l'union avec Dieu. Et spécialement il est traité de la nuit obscure du sens et de l'appétit, et des dommages qu'ils font à l'âme 79

CHAPITRE PREMIER. Premier cantique. – Des deux différences de nuits par lesquelles passent les spirituels, selon les deux parties de l'homme, la supérieure et l'inférieure 81

CHAPITRE 2. Il explique quelle est cette obscure nuit par laquelle l'âme doit avoir passé à l'union 83

CHAPITRE 3. Auquel on commence à traiter de la première cause de cette nuit, qui est la privation de l'appétit en toutes choses, et la raison pour laquelle on l'appelle nuit 84

CHAPITRE 4. Où il est dit combien il est nécessaire à l'âme de passer à bon escient par cette nuit obscure du sens, qui est la mortification de l'appétit, pour s'acheminer à l'union de Dieu 87

CHAPITRE 5. Où se poursuit ce qui a été dit, montrant par des autorités et des figures de l'Écriture Sainte combien il est nécessaire à l'âme d'aller à Dieu par cette nuit obscure de la mortification de l'appétit en toutes choses 91

CHAPITRE 6. Où il est traité des deux principaux dommages que les appétits causent en l'âme, l'un privatif et l'autre positif 95

CHAPITRE 7. Comment les appétits tourmentent l'âme: ce qui est prouvé par des comparaisons et autorités . 98

CHAPITRE 8: Comment les appétits obscurcissent et aveuglent l'âme 100

CHAPITRE 9. Comment les appétits souillent l'âme: ce qui est prouvé par comparaisons et autorités de la Sainte Écriture 103

CHAPITRE 10. Comment les appétits attiédissent et affaiblissent l'âme en la vertu 106

CHAPITRE 11. Où il est prouvé que l'âme se doit priver des moindres appétits, pour arriver à l'union divine . 108

CHAPITRE 12. Où l'on traite comment répondre à l'autre demande, en déclarant quels sont les appétits qui suffisent pour causer en l'âme les dommages déduits . . 112

CHAPITRE 13. Où il est traité de la manière et du moyen qu'on doit tenir pour entrer en cette nuit du sens . . 115

CHAPITRE 14. Où est déclaré le second verset du cantique 118

CHAPITRE 15. Où sont déclarés les autres vers du cantique 119

LIVRE II

Où il est traité du plus proche moyen de monter à l'union avec Dieu, qui est la foi, et de la seconde partie de cette nuit que nous avons dit appartenir à l'esprit 121

CHAPITRE PREMIER. Cantique second 123

CHAPITRE 2. Où l'on commence à traiter de la seconde partie ou cause de cette nuit, qui est la foi. Et avec deux raisons il est prouvé qu'elle est plus obscure que la première et que la troisième 125

CHAPITRE 3. Comment la foi est nuit obscure à l'âme. – Ce qui est prouvé par raisons et autorités et figures de la Sainte Écriture 126

CHAPITRE 4. Où il est traité en général comment l'âme doit aussi être en l'obscurité en ce qui est de sa part, pour être bien conduite par la foi à une très haute contemplation 129

CHAPITRE 5. Où il est déclaré ce que c'est que l'union de l'âme avec Dieu, et ceci avec une comparaison . . . 132

CHAPITRE 6. Où il est traité comment les trois vertus théologales doivent établir en la perfection les trois puissances de l'âme et comment ces vertus font en elle du vide et des ténèbres 137

CHAPITRE 7. Où il est déclaré combien est étroit le sentier qui conduit à la vie éternelle, et combien ceux qui y veulent cheminer doivent être dénués et désembarrassés. – On commence à parler de la nudité de l'entendement 140

CHAPITRE 8. Où il est traité en général comment nulle créature ni aucune connaissance qui puisse tomber en l'entendement ne lui peut servir de prochain moyen pour s'unir à Dieu 145

CHAPITRE 9. Où il est prouvé que la foi est le moyen le plus proche et le plus proportionné à l'entendement, afin que l'âme puisse parvenir à l'union d'amour divin. – On le prouve avec autorités et figures de la Sainte Écriture 149

CHAPITRE 10. Où il est fait distinction de toutes les appréhensions et de toutes les intelligences qui peuvent tomber en l'entendement 151

CHAPITRE 11. De l'empêchement et du dommage que l'âme peut recevoir en les appréhensions de l'entendement par voie de ce qui est surnaturellement représenté aux sens corporels et extérieurs, et comment l'âme s'y doit conduire 152

CHAPITRE 12. Où il est traité des appréhensions imaginaires naturelles. – On dit ce que c'est et prouve que ce n'est pas un moyen proportionné pour parvenir à l'union de Dieu et le tort qu'on se fait de ne s'en défaire 158

CHAPITRE 13. Où l'on met les signes que le spirituel doit avoir en soi, par lesquels on connaît en quel temps il lui convient de laisser la méditation et le discours pour passer à l'état de contemplation 163

CHAPITRE 14. Où l'on prouve la convenance de ces signes, donnant la raison de la nécessité des choses qui ont été dites à leur sujet pour s'avancer 165

CHAPITRE 15. Où il est déclaré comme il est expédient à ceux qui s'avancent et qui commencent à entrer en cette connaissance générale de contemplation, de se servir quelquefois du discours naturel et des opérations des puissances naturelles 172

CHAPITRE 16. Où il est traité des appréhensions imaginaires qui se présentent surnaturellement à l'imagination. On montre comment elles ne peuvent servir à l'âme de prochain moyen pour l'union avec Dieu . . 175

CHAPITRE 17. Où il est traité de la fin et du style que Dieu a, communiquant les biens spirituels par la voie du sens, et l'on répond au doute qui a été ouvert 181

CHAPITRE 18. Où il est traité du dommage que les maîtres spirituels peuvent faire aux âmes, faute d'une bonne manière de les conduire touchant ces visions, et combien il y peut avoir de tromperie en elles, quoiqu'elles soient de Dieu 186

CHAPITRE 19. Où il est traité et prouvé qu'encore que les visions ou les paroles qui viennent de la part de Dieu soient véritables en soi, on s'y peut bien tromper. – On le prouve par les autorités de la divine Écriture . . 190

CHAPITRE 20. Où il est prouvé par autorités de la Sainte Écriture, qu'encore que les propos et les paroles de Dieu soient toujours véritables, elles ne sont pas toujours certaines en leurs propres causes 197

CHAPITRE 21. Où il est déclaré qu'encore que Dieu réponde quelquefois à ce qu'on lui demande, il ne prend pas plaisir qu'on use de cette procédure. – Il est prouvé qu'encore qu'il y condescende et réponde, il s'indigne souvent 201

CHAPITRE 22. Où il est déclaré un doute: pourquoi il n'est plus permis en la loi de grâce de consulter Dieu par voie surnaturelle, comme on faisait en l'ancienne loi. – On le prouve par une autorité de saint Paul 208

CHAPITRE 23. Où l'on commence à parler des appréhensions de l'entendement qui sont purement par voie spirituelle. On dit quelles elles sont 217

CHAPITRE 24. Où il est traité de deux manières qu'il y a de visions spirituelles par voie surnaturelle 219

CHAPITRE 25. Où il est traité des révélations. On dit ce que c'est et on y met une distinction 224

CHAPITRE 26. Où il est traité des intelligences de vérités nues en l'entendement. – On dit qu'il y en a de deux sortes et comment l'âme s'y doit conduire 225

CHAPITRE 27. Où il est traité du second genre de révélations, qui est une manifestation de secrets cachés. On dit en quelle façon elles peuvent servir à l'union de Dieu, et en quelle manière elles en peuvent détourner, et comme le démon peut beaucoup tromper de ce côté 233

CHAPITRE 28. Où il est traité des paroles intérieures qui peuvent surnaturellement se présenter à l'esprit et combien il y en a de sortes 236

CHAPITRE 29. Où il est traité de la première sorte de paroles que quelquefois l'esprit recueilli forme en soi. – La cause en est déclarée, avec le profit et le dommage qu'il peut y avoir en elles 237

CHAPITRE 30. Où il est traité des paroles intérieures qui formellement se font à l'esprit par voie surnaturelle. – Du dommage qu'elles peuvent faire et du moyen nécessaire pour se garder d'y être trompé 242

CHAPITRE 31. Où il est traité des paroles substantielles qui se font intérieurement à l'esprit. – Et quelle différence il y a d'elles aux formelles, quel profit elles causent et la résignation et l'égard que l'âme y doit avoir 245

CHAPITRE 32. Où il est traité des appréhensions que l'entendement reçoit des sentiments intérieurs qui se font surnaturellement en l'âme. – De leur cause, et comment l'âme se doit comporter pour n'empêcher la voie de l'union divine en elles 247

LIVRE III

Où il est traité de la purification et de la nuit active de la mémoire et de la volonté. – Il donne l'instruction comment l'âme se doit comporter touchant les appréhensions de ces deux puissances pour venir à s'unir à Dieu, selon ces deux puissances, en parfaite espérance et charité 251

CHAPITRE PREMIER 253

CHAPITRE 2. Où il est traité des appréhensions naturelles de la mémoire, et comme il la faut évacuer d'elles, afin que l'âme se puisse unir à Dieu selon cette puissance . 254

CHAPITRE 3. Où sont rapportés trois sortes de dommages que l'âme reçoit, ne s'obscurcissant pas touchant les notices et les discours de la mémoire. – La première est ici déduite 260

CHAPITRE 4. Où il est traité du second dommage qui peut venir à l'âme, de la part du démon, par la voie des appréhensions de la mémoire 262

CHAPITRE 5. Du troisième dommage qui vient à l'âme par les notices distinctes naturelles de la mémoire 263

CHAPITRE 6. Des profits que l'âme reçoit dans l'oubli et le vide de toutes les pensées et notices qu'elle peut naturellement avoir touchant la mémoire 265

CHAPITRE 7. Où il est traité du second genre d'appréhensions de la mémoire, qui sont les imaginaires et notices surnaturelles 266

CHAPITRE 8. Des dommages que les notices des choses surnaturelles peuvent faire en l'âme, si elle y fait réflexion. – On dit combien il y en a 268

CHAPITRE 9. Du second genre de dommages, qui est le danger de tomber en quelque propre estime et vaine présomption 269

CHAPITRE 10. Du troisième dommage que l'âme peut recevoir de la part du démon, par le moyen des appréhensions imaginaires de la mémoire 271

CHAPITRE 11. Du quatrième dommage que l'âme peut recevoir des appréhensions surnaturelles distinctes de la mémoire, qui est d'empêcher l'union 272

CHAPITRE 12. Du cinquième dommage que l'âme peut recevoir en les formes et appréhensions imaginaires surnaturelles, qui est de juger de Dieu bassement et improprement. 273

CHAPITRE 13. Des profits que l'âme tire, rejetant les appréhensions de l'imaginative. On répond à une objection et déclare la différence qu'il y a entre les appréhensions imaginaires naturelles et surnaturelles 274

CHAPITRE 14. Où il est traité des notices spirituelles en tant qu'elles peuvent tomber en la mémoire 279

CHAPITRE 15. Où l'on met le moyen général comment le spirituel se doit conduire touchant ce sens 281

CHAPITRE 16. Où l'on commence à traiter de la nuit obscure de la volonté. On met la division des affections de la volonté 282

CHAPITRE 17. De la première affection de la volonté, et comment rien de ce qui tombe sous l'appétit ne peut être moyen proportionné pour que l'âme s'unisse à Dieu selon la volonté 285

CHAPITRE 18. Comment, pour s'unir à Dieu, il est nécessaire que la volonté soit vide de son appétit naturel . 287

CHAPITRE 19 (17). Où l'on commence à traiter de la première affection de la volonté. On dit ce que c'est que joie et donne une distinction des choses dont la volonté peut jouir 288

CHAPITRE 20 (18). Où il est traité de la joie des biens temporels. – Il est dit comme il la faut dresser à Dieu . . 289

CHAPITRE 21 (19). Des dommages qui peuvent venir à l'âme de mettre la joie en les biens temporels 292

CHAPITRE 22 (20). Où il est traité des profits que reçoit l'âme de ne se réjouir des choses temporelles 297

CHAPITRE 23 (21). Que c'est vanité de mettre la joie de la volonté en les biens naturels, et comme on doit se dresser à Dieu par eux 299

CHAPITRE 24 (22). Des dommages qui s'ensuivent pour l'âme de mettre la joie de la volonté en les biens naturels 301

CHAPITRE 25 (23). Des profits que tire l'âme de ne mettre sa joie en les biens naturels 304

CHAPITRE 26 (24). Où il est traité du troisième genre des biens où la volonté peut mettre l'affection de la joie, qui sont les sensibles. – On dit quels ils sont et de combien de sortes et comme en eux il faut dresser la volonté à Dieu, se purifiant de cette joie. 306

CHAPITRE 27 (25). Où il est traité des dommages que l'âme reçoit à vouloir mettre la joie de la volonté en les biens sensibles 309

CHAPITRE 28 (26). Des profits que reçoit l'âme en la négation de la joie en les choses sensibles, lesquels profits sont spirituels et temporels 311

CHAPITRE 29 (27). Où l'on commence à traiter de la quatrième sorte de biens qui sont les moraux. – On dit quels ils sont et comment la joie de la volonté y est licite 314

CHAPITRE 30 (28). De sept dommages où l'on peut tomber, mettant la joie de la volonté en les biens moraux 317

CHAPITRE 31 (29). Des profits que reçoit l'âme d'ôter la joie des biens moraux 320

CHAPITRE 32 (30). Où l'on commence à parler du cinquième genre de biens où la volonté peut se réjouir, qui sont les surnaturels. – On dit quels ils sont et comment ils sont distingués des spirituels et comment il faut dresser à Dieu la joie qu'on en peut tirer 321

CHAPITRE 33 (31). Des dommages qui peuvent arriver à l'âme de mettre la joie de la volonté en cette sorte de biens 324

CHAPITRE 34 (32). De deux profits qu'on reçoit à rejeter la joie en ce qui concerne les grâces surnaturelles . . 328

CHAPITRE 35 (33). Où l'on commence à traiter du sixième genre de biens desquels la volonté peut se réjouir. – On dit quels ils sont et en fait la première division . . . 329

CHAPITRE 36 (34). Des biens spirituels qui peuvent distinctement tomber en l'entendement et en la mémoire. – On dit comment la volonté s'y doit comporter touchant la joie qui les concerne 330

CHAPITRE 37 (35). Des biens spirituels savoureux qui peuvent distinctement tomber en la volonté. – On dit combien il y en a de sortes 331

CHAPITRE 38 (36). Où l'on poursuit la matière des images et rapporte l'ignorance que quelques personnes ont en cela 334

CHAPITRE 39 (37). Comment il faut acheminer à Dieu la joie de la volonté par l'objet des images, de sorte que la volonté ne tombe en erreur et ne trouve de l'empêchement par elles 337

CHAPITRE 40 (38). Où l'on poursuit la même matière des biens motifs. – On parle des oratoires et des lieux dédiés à l'oraison 338

CHAPITRE 41 (39). Comment il faut user des oratoires et des temples, acheminant l'esprit à Dieu 341

CHAPITRE 42 (40). On continue d'acheminer l'esprit au recueillement intérieur, touchant les choses mentionnées 342

CHAPITRE 43 (41). De quelques dommages où tombent ceux qui s'adonnent au goût sensible des choses et lieux dévots, selon la façon que nous avons dite 343

CHAPITRE 44 (42). Des trois différences de lieux dévots, et comment la volonté se doit comporter à leur égard . . 344

CHAPITRE 45 (43). Où il est traité d'autres motifs pour prier dont se servent de nombreuses personnes, qui sont une grande variété de cérémonies 346

CHAPITRE 46 (44). Comment il faut dresser à Dieu la joie et la force de la volonté par ces dévotions 347

CHAPITRE 47 (45). Où il est traité du second genre de biens distincts en lesquels la volonté se peut vainement réjouir 350

LA NUIT OBSCURE

INTRODUCTION À LA NUIT OBSCURE 353

Exposition des cantiques qui contiennent la manière de l'âme en la voie spirituelle, pour arriver à la parfaite union d'amour avec Dieu, telle qu'elle peut être en cette vie. On dit aussi les propriétés qu'a celui qui est parvenu à la dite union, selon qu'il est contenu aux mêmes cantiques 379

PRÉFACE ET POÈME 381

LIVRE PREMIER. *Nuit du sens* 383

De quelques imperfections spirituelles des commençants touchant la superbe 386

De certaines imperfections que quelques-uns de ceux-ci ont coutume d'avoir touchant le second vice capital, qui est l'avarice, parlant spirituellement 389

D'autres imperfections que ces commençants ont coutume d'avoir touchant le troisième vice, à savoir la luxure 391

Des imperfections en lesquelles tombent ceux qui commencent touchant le vice de la colère 395

Des imperfections qui concernent la gourmandise spirituelle 396
Des imperfections touchant l'envie et la tristesse spirituelles 399
Des signes pour connaître si le spirituel marche par le chemin de cette nuit et purification sensitive 403
Comment il se faut conduire en cette nuit obscure . 407
Des profits que l'âme reçoit de cette nuit 412

LIVRE II. *Nuit Obscure de l'esprit* 423
Où l'on commence à traiter de l'obscure nuit de l'esprit, et dit en quel temps elle commence 423
Suite de quelques imperfections de ceux qui profitent 424
Explication du premier cantique 428
Second cantique 462
Troisième cantique 492

Achevé d'imprimer en France
le 19 décembre 2007
sur les presses de

52200 Langres - Saints-Geosmes
Dépôt légal : janvier 2008 - N° d'imprimeur : 6957

Pour être informé des publications des Éditions Desclée de Brou
et recevoir notre catalogue, envoyez vos coordonnées à :

Éditions Desclée de Brouwer
2, Passage de la Boule Blanche
75012 Paris

..............................✂..............................

Nom : ....
Prénom : ....
Adresse : ....
....
Code postal : ....
Ville : ....
E-mail : ....
Téléphone : ....
Fax : ....

Je souhaite être informé(e) des publications des Éditions Descl
Brouwer

Groupe Elidia

10, rue Mercœur - 75011 Paris
9, espace Méditerranée - 66000 Perpignan

www.elidia.fr

Imprimé en France
FRHW010625201222
33244FR00013B/164